Jahrbuch für Liturgik und Hymnologie
60. Band
2021

Jahrbuch für Liturgik und Hymnologie

60. Band – 2021

Herausgegeben von

Jörg Neijenhuis
Daniela Wissemann-Garbe
Alexander Deeg
Irmgard Scheitler
Matthias Schneider
Helmut Schwier

in Verbindung mit

der Internationalen Arbeitsgemeinschaft für Hymnologie,
dem Interdisziplinären Arbeitskreis Gesangbuchforschung Mainz,
dem Liturgiewissenschaftlichen Institut Leipzig,
der Liturgischen Konferenz Deutschlands

Vandenhoeck & Ruprecht

Begründet 1955 von Konrad Ameln, Christhard Mahrenholz
und Karl Ferdinand Müller

Schriftleiter:
Prof. Dr. Jörg Neijenhuis, Mombertstr. 11, 69126 Heidelberg
E-Mail: joerg.neijenhuis@pts.uni-heidelberg.de
(Liturgik)
Dr. Daniela Wissemann-Garbe, Moischter Str. 52, 35043 Marburg
E-Mail: daniela.wissemann@posteo.de
(Hymnologie)

**Manuskripte und Rezensionsexemplare
bitte nur an die Schriftleiter schicken.**

Bibliografische Information der Deutschen Nationalbibliothek:
Die Deutsche Nationalbibliothek verzeichnet diese Publikation in der
Deutschen Nationalbibliografie; detaillierte bibliografische Daten sind
im Internet über https://dnb.de abrufbar.

© 2022 Vandenhoeck & Ruprecht, Theaterstraße 13, D-37073 Göttingen,
ein Imprint der Brill-Gruppe
(Koninklijke Brill NV, Leiden, Niederlande; Brill USA Inc., Boston MA, USA;
Brill Asia Pte Ltd, Singapore; Brill Deutschland GmbH, Paderborn, Deutschland;
Brill Österreich GmbH, Wien, Österreich)
Koninklijke Brill NV umfasst die Imprints Brill, Brill Nijhoff, Brill Hotei,
Brill Schöningh, Brill Fink, Brill mentis, Vandenhoeck & Ruprecht, Böhlau,
Verlag Antike und V&R unipress.

Alle Rechte vorbehalten. Das Werk und seine Teile sind urheberrechtlich geschützt.
Jede Verwertung in anderen als den gesetzlich zugelassenen Fällen bedarf der
vorherigen schriftlichen Einwilligung des Verlages.

Satz: textformart, Göttingen
Druck und Bindung: ⊕ Hubert & Co. BuchPartner, Göttingen
Printed in the EU

Vandenhoeck & Ruprecht Verlage | www.vandenhoeck-ruprecht-verlage.com

ISSN 0075-2681
ISBN 978-3-525-55798-3

INHALT

Geleitwort 7

LITURGIK

Ordnung – Struktur – Weg
Auf der Suche nach dem leitenden Paradigma liturgischer Erneuerung
Thomas Melzl 9

Beten zu Gott und Bitten für die Welt
Herausforderungen des Fürbittgebets
Johannes Greifenstein 47

Der Gothaer Hof als Raum konfessioneller Musikkultur
Ernst Koch 77

LITERATURBERICHTE ZUR LITURGIK

Literaturbericht zum Neuen Testament
und der antiken Welt 2019–2020 (2018)
Verstehen, Glauben und Handeln
Helmut Schwier 102

Review of Liturgical Work in North America 2018–2020
E. Byron Anderson 137

Literaturbericht Liturgik
Deutschsprachige Länder 2020 (2019, 2018)
Jörg Neijenhuis 152

HYMNOLOGIE

50 Jahre Arbeitsgemeinschaft für ökumenisches Liedgut
Einführung und Bibliographie
Matthias Schneider/Daniela Wissemann-Garbe 202

„So werden alle wir zugleich … für solche Gnade preisen dich."
50 Jahre Arbeitsgemeinschaft für ökumenisches Liedgut (AÖL)
Franz Karl Praßl 209

6 Inhalt

Verschlossene Türen
Die Liedwanderungen zwischen der katholischen und
der evangelischen Kirche vom 16. bis zum 20. Jahrhundert
Ansgar Franz/Christiane Schäfer 223

Kleine Kirchen und ihr weltweit großer Liederschatz
Günter Balders 239

Der Weg zu den Schweizer Gesangbüchern –
römisch-katholisch, christkatholisch, reformiert
Andreas Marti 259

Shared hymns and ecumenical practice
in recent Scandinavian Catholic hymnals 2000–2013
A majority-church perspective from Norway
David Scott Hamnes 271

„Der Geist weht, wo er will"
Taizé als Modell ökumenischen Singens
Richard Mailänder 292

Die Einheit wächst im Gesang
Orgelkonzert mit Singstunde
Mechthild Bitsch-Molitor/Ansgar Franz/Matthias Schneider 306

Gertrud Möller as author of "anonymous" songs
Patricia Milewski 314

Es ist das Heil uns kommen her
Anmerkungen zur Entstehungs- und Wirkungsgeschichte einer Melodie
Helmut Lauterwasser 331

LITERATURBERICHTE ZUR HYMNOLOGIE

Literaturbericht Hymnologie
Deutschsprachige Länder (2018, 2019) 2020
Daniela Wissemann-Garbe 337

Literaturbericht Hymnologie
Französischsprachige Länder (2019) 2020
Beat Föllmi, Édith Weber 356

Verzeichnis der zitierten Lieder und Strophen 360
Verzeichnis der Personennamen 366
Ständige Berater 378
Autorinnen und Autoren 379

GELEITWORT

Der liturgische Teil des Jahrbuchs wird mit einem Beitrag von *Thomas Melzl* zur Leitbildfunktion verschiedener Begriffe für die Wahrnehmung und Gestaltung von Gottesdiensten eröffnet. Leitbilder kennzeichnen bestimmte Konzepte, mit denen Agenden erarbeitet oder weiterentwickelt und manchmal auch einer Revision unterzogen wurden. So kann zu Recht gefragt werden, ob das 1999 eingeführte Evangelische Gottesdienstbuch mit seinem Leitbild von gleichbleibender Struktur mit Ausformungsvarianten sich bewährt hat oder ob es weiterentwickelt oder gar grundlegend revidiert werden sollte. Frühere Agenden haben sich am Begriff der Ordnung orientiert, das Evangelische Gottesdienstbuch am Begriff der Struktur. In der Liturgiewissenschaft wurden weitere Begriffe eingebracht, wie z. B. das Leitbild der Inszenierung, der Dramaturgie, des Weges, aber auch des Stils oder des Klangraums. *Johannes Greifenstein* hat sich mit den Herausforderungen des Fürbittgebets auseinandergesetzt. Das Fürbittgebet ist gekennzeichnet durch das Beten zu Gott wie auch durch das Bitten für die Welt. Unter dieser Prämisse werden die expressive, rhetorische, liturgische, dogmatische, ethische, pragmatische und die historisch-kulturelle Dimension herausgearbeitet; abschließend werden die Praxis und die Praxistheorie der Fürbitte dargelegt. *Ernst Koch* stellt anhand von Quellen den Gothaer Hof im 18. Jahrhundert als einen Raum konfessioneller Musikkultur vor. Da sind zum einen die Landesherren mit ihrer Politik, zum anderen aber ebenso die Geistlichkeit von prägender Bedeutung, wobei die jeweiligen Traditionen ihre eigene, manchmal auch langlebige Wirkung entfalten. Das Zusammenspiel dieser Elemente zeigt sich deutlich in der Musikkultur der Gottesdienste. Drei Literaturberichte – zum Neuen Testament und der antiken Welt (2019–2020), zur nordamerikanischen (2018–2020) und zur deutschsprachigen Liturgiewissenschaft (2020) – zeigen die weitreichenden liturgiewissenschaftlichen Diskussionsfelder auf, die derzeit bearbeitet werden.

Im hymnologischen Teil des Jahrbuches ist im Wesentlichen die Tagung zum 50jährigen Jubiläum der Arbeitsgemeinschaft für ökumenisches Liedgut (AÖL) von 2019 dokumentiert. Dabei wurde die Migration von Kirchenliedern über Konfessionsgrenzen hinweg aus verschiedenen Blickwinkeln betrachtet. Nach einer kurzen Einführung (*Matthias Schneider*) mit einer Übersicht über die wichtigsten kirchlichen Gesangbücher der unterschiedlichen deutschsprachigen Konfessionen seit 1950 mitsamt den gebräuchlichen Abkürzungen gilt der erste Beitrag der Geschichte der AÖL (*Franz-Karl Praßl*). Es folgen Aufsätze zu Liedwanderungen zwischen evangelischer und katholischer Kirche vom 16. bis zum 20. Jahrhundert (*Ansgar Franz/Christiane Schäfer*), zum Liedgut der Freikirchen innerhalb der weltweiten Ökumene (*Günter Balders*), der Entstehung der Schweizer Gesangbücher unterschiedlicher Konfessionen (*Andreas Marti*), zu geteilten Liedern und ökumenischer Praxis in skandinavischen katholischen und lutherischen Gesangbüchern (*David Scott Hamnes*) sowie zu den Gesängen der ökumenischen Kommunität Taizé (*Richard Mailänder*). Die abendliche Singstunde aller Teilnehmenden nach Herrnhuter Vorbild mit Orgelkonzert (*Mechthild Bitsch-Molitor/Ansgar Franz/Matthias Schneider*) ist mitsamt den dazugehörigen Erläuterungen ebenfalls dokumentiert. Dazu fügen sich zwei von der Tagung unabhängige Beiträge. Der erste widmet sich zwei anonym im Freylinghausenschen Gesangbuch überlieferten Liedern Gertraud Möllers (*Patricia Milewski*), die eine breite Rezeption über geografische und konfessionelle Grenzen hinweg erfahren haben. Das gleiche gilt für die Melodie von *Es ist Heil uns kommen her* (*Helmut Lauterwasser*), der sich der letzte Aufsatz widmet, bevor die Literaturberichte deutschsprachiger (*Daniela Wissemann-Garbe*) und französischsprachiger Länder (*Beat Föllmi/Édith Weber*) das Jahrbuch beschließen.

Im September 2021   Die Herausgeber

Ordnung – Struktur – Weg

Auf der Suche nach dem leitenden Paradigma liturgischer Erneuerung

Thomas Melzl

1. Einleitung

Das Evangelische Gottesdienstbuch ist in den allermeisten Gliedkirchen der EKD im Jahr 1999 eingeführt worden,[1] seine tragenden Grundideen gehen aber bereits auf den Anfang der 1970er Jahre zurück. Somit sollte es also nicht verwunderlich sein, das Evangelische Gottesdienstbuch und das hinter ihm stehende Konzept zu überprüfen und einer Revision zu unterziehen. Hat sich die Grundidee der gleichbleibenden Struktur und der Grundformen mit Ausformungsvarianten bewährt? Oder bedarf es eines neuen Leitbildes, an dem sich sowohl die Wahrnehmung von Gottesdiensten als auch ihre Gestaltung in den kommenden Jahren orientieren können soll?

Im Folgenden sollen verschiedene in den letzten Jahren in der Liturgiewissenschaft verwendete Begriffe hinsichtlich dieser Leitbild-Funktion überprüft werden. Dabei müssen wir uns vor Augen halten, dass uns die gebrauchten Begriffe, ihrer inneren Teleologie gemäß, immer eine bestimmte Sichtweise und damit auch ein bestimmtes Verständnis von Gottesdienst aufnötigen. Begriffe steuern die Wahrnehmung. In Frage steht aber, ob diese Begriffe auch geeignet sind, den Gottesdienst zu gestalten, ob wir mit ihrer Hilfe imstande sind, begründete Eingriffe in die Gottesdienst-Ordnung vorzunehmen, oder ob sie uns umgekehrt davon abhalten und sogar den Weg in eine andere als z. B. der mit dem Evangelischen Gottesdienstbuch beschrittenen Richtung weisen. Noch einmal: mir ihrer Hilfe, denn aus ihnen selbst heraus wird man das nicht erwarten dürfen, sondern nur aus dem Kontext ihres liturgiewissenschaftlichen Gebrauchs.

---

1 In der Evangelisch-Lutherischen Kirche in Bayern ist es nur zum Gebrauch empfohlen, aber nicht eingeführt.

2. Der Ordnungsbegriff von Agende I

2.1 Es ist eine nicht leicht zu beantwortende Frage, welchen Status eine Gottesdienst-Ordnung im Verständnis der evangelisch-lutherischen Kirche innehat:[2] Ist sie den sogenannten Adiaphora zuzurechnen, also jenen von Menschen gemachten Satzungen, denen keine heilsbedeutsame Wirkung zukommt, die also nicht notwendig sind und daher ganz verschieden gehandhabt werden können? Oder zählt sie nicht doch in gewisser Weise (aufgrund von Predigt und Abendmahl) zu den *media salutis*, und, wenn sie das täte, wäre dann nicht die Frage nach dem Vorhandensein bestimmter Elemente und ihrer Reihenfolge in einem überlieferten Ablauf alles andere als in das Belieben menschlicher Festlegung gestellt? Für beide Seiten gibt es Anhaltspunkte, die wiederum davon abhängig sind, wieweit man gewillt ist, Dogmatik und Liturgik prinzipiell zusammen zu denken oder in getrennte Bereiche zu verweisen.[3] Hinzu kommt der rechtliche Aspekt, welcher der Gottesdienstordnung spätestens in der Zeit der Konfessionalisierung eine andere Dignität verleiht, da sie zu einem wesentlichen Bestandteil der landeskirchlichen Kirchenordnungen geworden war.

Eine Gottesdienst-Ordnung beinhaltet demnach nicht nur einen Vorschlag, wie die gottesdienstlichen Elemente hintereinander aufgereiht werden können, sondern erklärt diese Reihung als eine zielführende Abfolge für (auch rechtlich) verbindlich, von der also nicht einfach (dem eigenen Belieben entsprechend) abgewichen werden kann oder sollte.

Als Leitbild von Agende I aus dem Jahr 1955 wird diese verbindliche Abfolge wie folgt beschrieben: „Der Hauptgottesdienst an Sonn- und Feiertagen wird nach einer bestimmten Ordnung gehalten, welche Lieder, Gebete, Schriftlesungen, Wechselgrüße, das Glaubensbekenntnis, die Predigt und die Feier des Altarsakraments in einer ganz bestimmten, festgelegten Reihenfolge umfasst. Diesen Aufbau des Gottesdienstes bezeichnet man als ‚die Liturgie‘.“[4]

Die Verbindlichkeit erstreckt sich dabei nicht nur auf das Vorhandensein bestimmter Elemente, sondern auch auf die mit diesen Elementen verbundene festgelegte Textgestalt, die zwar nach Maßgabe des Kirchenjahres abwechseln können, die sich aber Jahr für Jahr wiederholen.[5] Dies lässt sich exemplarisch am Kollektengebet ersehen. In der Phase der Erarbeitung von Agende I war es – so das Referat von Christhard Mahrenholz auf der Lutherischen General-

---

2 Vgl. dazu Scheidhauer, Gerhard: Das Recht der Liturgie. Zum Liturgie- und Rechtsbegriff des evangelischen ius liturgicum, Hamburg 2001, 96 ff. Vgl. dazu jetzt auch: Goldenstein, Johannes: Zur Zukunft der Agendenarbeit, in: Konstanze Kemnitzer (Hrsg.): Gussformen der Gottesdienstgestaltung. Das Agendenwerk der VELKD zwischen Neuaufbruch und Restauration, Leipzig 2021, 273–282, bes. 274 ff.

3 Dabei kann das, was zwar theologisch als nicht heilsnotwendig erachtet wird, anthropologisch dann doch die „Notwendigkeit“ gemeinsamer Formen bedeuten.

4 Agende für evangelisch-lutherische Kirchen und Gemeinden, Erster Band: Der Hauptgottesdienst mit Predigt und heiligem Abendmahl und die sonstigen Predigt- und Abendmahlsgottesdienste. Ausgabe für den Pfarrer, Berlin 1955, 41*. Im Folgenden: Agende I.

5 Vgl. Agende I, a. a. O., 19*.

synode von 1953 – der Wunsch einiger Gliedkirchen, nicht für jeden Sonn- oder Festtag ein eigenes Kollektengebet anzubieten, sondern die gleichen Kollekten sich öfters wiederholen zu lassen, „damit die Gemeinde sich an diese Kollekten gewöhnt, mit ihnen innerlich vertraut wird und sie sich innerlich aneignet. Denn die Kollekte soll ja eben ein Gebet sein, das zu Wiederholungen bestimmt ist und irgendwie doch innerlich von dem Menschen aufgenommen wird."[6] Im Ergebnis hat man sich dann aber doch für ein Kollektengebet entschieden, das vom Proprium des Tages bestimmt wird.[7]

Ein drittes Merkmal ist die sehr ausführliche Rubrizierung mit Ausführungsbestimmungen zu den jeweiligen Elementen, die sowohl der Anleitung als auch der Liturgischen (Aus-)Bildung dienen, und dazu verhelfen, eine gleichbleibende Feiergestalt zu gewährleisten.[8]

Der Begriff der Ordnung meint in diesem Sinne also nicht nur eine sinnvolle An-Ordnung der einzelnen liturgischen Elemente, sondern auch eine „bestimmte, festgelegte Reihenfolge", die durchlaufen werden muss, die sich freilich weniger (aber dabei doch auch, wenn man sich nur das dem Evangelischen Kirchengesangbuch beigegebene Schaubild vergegenwärtigt[9]) auf den Raum als vielmehr auf die Zeit bezieht.

2.2 In Agende I wird dieses Erleben auch aufgrund bestimmter Gebetsanweisungen für Liturg und Gemeinde gesteuert, wodurch das Erleben des Gottesdienstes zu einem doppelten geistlichen Weg, einem „Übungsweg des Glaubens", wird, wie Klaus Raschzok nachgewiesen hat.[10] In Agende I wird die „Evangelische Messe als umfassendes Gebetshandeln der Feiernden neu interpretiert" und diese Interpretation bedeutet „einen eigenständigen Akzent im Sinne einer Gebetsdramaturgie"[11]. Dabei greift das betende Handeln der Feiernden ineinander und ergänzt und stützt sich wechselseitig.[12] Aufs Ganze gesehen wird diese Dramaturgie vom Wort Gottes her geordnet und verstanden.[13] Auf den Agende I zugrunde liegenden Ordnungs-Gedanken bezogen wird diese Ge-

---

6 Mahrenholz, Christhard: in: Lutherische Generalsynode 1953. Bericht über die 5. Tagung der 1. Generalsynode der VELKD vom 16. bis 21. April 1953 in Berlin-Spandau, i. A. d. VELKD hrsg. v. Lutherischen Kirchenamt Hannover, Hamburg 1974, 156.

7 Vgl. Agende I, a. a. O., 17*.

8 Vgl. dazu Kerner, Hanns: Baustelle Gottesdienst. Die Rolle des Pfarrers und der Pfarrerin im Wandel, in: ders./Johannes Rehm/Hans-Martin Weiss (Hrsg.): Das geistliche Amt im Wandel. Entwicklungen und Perspektiven, FS Helmut Völkel, Leipzig 2017, 105–122.

9 Vgl. Evangelisches Kirchengesangbuch. Ausgabe für die Evangelisch-Lutherische Kirche in Bayern, Würzburg 1958, 68*.

10 Raschzok, Klaus: Die Tiefenstruktur des lutherischen Gottesdienstes und ihre Konsequenzen für die gegenwärtige Lutherische Identität. Dargestellt am Beispiel der Evangelischen Messe nach Band I des VELKD-Agendenwerks von 1955, in: Hanns Kerner/Konrad Müller (Hrsg.): Tiefendimensionen des Gottesdienstes, Leipzig 2016, 19–53. Vgl. dazu auch: ders.: Gottesdienst und Geistliches Amt bei Christhard Mahrenholz (1900-1980). Ein Beitrag zum Verständnis von Band I des VELKD-Agendenwerkes, in: Kemnitzer: Gussformen der Gottesdienstgestaltung, a. a. O., 283–317, bes. 312 ff.

11 Ebd.

12 Vgl. Raschzok, Klaus: Die Tiefenstruktur des lutherischen Gottesdienstes (wie Anm. 10), 34.

13 Ebd.

12 Thomas Melzl

betsdramaturgie einerseits an den Übergängen zwischen den einzelnen Gottesdienstteilen ersichtlich, an denen jeweils Gebete stehen: Eingangsteil → Wortteil: Kollektengebet; Wortteil → Sakramentsteil: Allgemeines Kirchengebet; Sakramentsteil → Schlussteil: Schlusskollekte. Andererseits wird „das gesamte Feiergeschehen von einem Kranz an stillen Gebeten umgeben."[14]

2.3 Anders als es das abschließende Urteil Peter Cornehls will, war die Erarbeitung und Einführung von Agende I keineswegs ein auf Restauration ausgerichtetes Unterfangen.[15] Dies kann schon allein deswegen nicht der Fall sein, weil es kein einheitliches Vorläufermodell gegeben hat, das nun – nach einer Phase des Niedergangs oder der Zerstörung – wiederhergestellt hätte werden müssen. Vielmehr stellte Agende I ja eine Neuerung gegenüber den Vorgängeragenden der einzelnen lutherischen Landeskirchen dar, die nun in *einer* Gottesdienstordnung vereinigt und vereinheitlicht werden sollten.

Man wird hier also einerseits die zeitgeschichtliche Situation ihres Erscheinens noch stärker in Rechnung stellen müssen als dies bisher geschehen ist, zumal ihre Erarbeitung nicht nur in dem besonderen Setting der liturgischen Bewegungen seit den 1920er Jahren sondern auch unter den Vorzeichen kirchlicher Möglichkeiten im Dritten Reich stattgefunden hatte, in der die Agende doch wohl auch als das einigende Band der Landeskirchen konzipiert worden war, die sich der Bedrohung ihrer Zerschlagung ausgesetzt sahen. Da die Arbeit an der Agende während des Zweiten Weltkrieges nur schleppend vonstattengehen konnte[16] ist Agende I also die verspätete Frucht, einer Arbeit, die zu einer anderen Zeit und mit Blick auf andere Umstände begonnen worden war, und die nach dem Zweiten Weltkrieg nun auf andere als die ursprünglich auslösenden Voraussetzungen getroffen ist.

Man wird aber andererseits auch nicht der Meinung verfallen dürfen, Agende I wäre umstandslos und als ein jeder Kritik erhabenes liturgisches Meisterwerk approbiert worden. Die auf der Lutherischen Generalsynode geführte Debatte zwischen Mahrenholz, Georg Merz (1892–1959), dem Vertreter der bayerischen Landeskirche, und Carl Ihmels (1888–1967), einem berufenen Mitglied, zeichnet ein ganz anderes Bild:[17]

Schon Ihmels weist einerseits auf den Umstand hin, dass es sich bei der einzuführenden Agende um etwas handelt, das in seiner Vollform in gebührender

---

14 Vgl. Raschzok, Klaus Die Tiefenstruktur des lutherischen Gottesdienstes (wie Anm. 10), 36 ff.

15 Vgl. Cornehl, Peter: Öffentlicher Gottesdienst. Zum Strukturwandel der Liturgie, in: ders./Bahr, Hans-Eckehard: Gottesdienst und Öffentlichkeit. Zur Theorie und Didaktik neuer Kommunikation. Hamburg 1970, 118–196, hier: 177 f. mit Mahrenholz, Christhard: Lutherische Generalsynode 1953 (wie Anm. 6), 203.

16 Vgl. zur Liturgischen Arbeit in der Kriegszeit: Rheindorf, Thomas: Liturgie und Kirchenpolitik. Die Liturgische Arbeitsgemeinschaft von 1941 bis 1944 (APrTH 34). Leipzig 2007. Zur historischen Einordnung von Agende I vgl. Michael Meyer-Blanck: Zwischen den Zeiten. Grundsätzliches zu Agende I von 1955 (1959), in: Kemnitzer (wie Anm. 1), 21–31; Peter Cornehl: Restauration oder Aufbruch? Welchen Sinn macht es, noch einmal die alten Schlachten zu schlagen?, in: Kemnitzer (wie Anm. 1), 189–200 sowie Raschzok, Gottesdienst und Geistliches Amt bei Christhard Mahrenholz (wie Anm. 10), 303–306.

17 Vgl. Mahrenholz, Christhard: Lutherische Generalsynode 1953 (wie Anm. 6), 195–203.

Weise nur mit unterschiedlichen hochkarätig besetzten Positionen durchgeführt werden kann; andererseits steht bei seinen Ausführungen um die Stellung des Glaubensliedes die Sorge nach dem Verhältnis von Agende I und den bisherigen landeskirchlichen Gottesdienstordnungen im Hintergrund.[18]

Merz greift nun diese beiden Linien auf und führt sie weiter, indem er zunächst anmerkt, dass die neue Agende nur mit einem entsprechend großen Freiheitsspielraum eingeführt werden kann, in dem nicht nur die liturgischen Besonderheiten der jeweiligen Landeskirchen ihren Platz haben können, sondern auch – und das ist das eigentliche Anliegen von Merz – eine Form gefunden werden kann, die sehr viel einfacher gefeiert werden kann, als die sehr anspruchsvolle Form von Agende I.[19] Interessanterweise dringt Merz hier auf eine Art lutherisches Kernritual, indem er die Synode um einen Beschluss bittet, in dem die unerlässlichen Stücke eines evangelisch-lutherischen Gottesdienstes benannt werden und ansonsten Freiheit herrschen soll.[20] „Da ist es nicht notwendig, zu sagen: es gibt zwei Lesungen. Es ist nicht notwendig, zu sagen: es muss ein Gradual-Lied da sein. Es ist nicht notwendig, bestimmte Anordnungen dieser oder jener Art zu geben. Aber es ist notwendig, zu zeigen, daß lutherisch nicht identisch ist mit einer ganz besonderen Form der Agende."[21]

Mahrenholz antwortet darauf, dass genau das das Ziel des liturgischen Ausschusses gewesen sei: Weder solle „die eine oder andere Fassung zu dem allein gültigen Gottesdienst" erklärt werden, vielmehr herrsche in der lutherischen Kirche von Anfang an die Freiheit vor, „die verschiedenen Arten der Gottesdienste zu profilieren und sie gerade darum unseren Gemeinden bekanntzumachen."[22] Noch solle eine „Maximalordnung" aufgebaut werden, die alles enthält, um dann zu sagen: „in dieser Maximalordnung sind die und die Stücke unerläßlich, und die anderen kann man weglassen, sondern dass man daneben für die Gelegenheit, an die man hier denkt, nämlich den besondern Predigtgottesdienst – sei es statt des Hauptgottesdienstes, sei es nicht statt des Hauptgottesdienstes – eine eigenständige andersartige Gottesdienstordnung macht"[23].

2.4 Die Debatte zwischen Mahrenholz, Ihmels und Merz wirft ein interessantes Licht nicht nur auf die Wahrnehmung und das Selbstverständnis von Agende I, sondern auch auf den weiteren Gang der Dinge.

2.4.1 Zunächst einmal wird man aus diesem Schlaglicht aus der Debatte entnehmen dürfen, dass es sich bei Agende I, d. h. bei der Evangelischen Messe, um eine in vielerlei Hinsicht voraussetzungsreiche Ordnung handelt, die in der für ihre Aufführung notwendigen Weise gar nicht in allen Gemeinden umgesetzt werden kann. Wo dies nicht möglich hätte sein können, hätte man

---

18 Vgl. Ihmels, Carl: Lutherische Generalsynode 1953, in: Mahrenholz, Christhard: Lutherische Generalsynode 1953 (wie Anm. 6), 195–197.

19 Vgl. Merz, Georg: Lutherische Generalsynode 1953, in: Mahrenholz, Christhard: Lutherische Generalsynode 1953 (wie Anm. 6), 198 f.

20 A. a. O., 200.

21 A. a. O., 200 f.

22 Mahrenholz, Christhard: Lutherische Generalsynode 1953 (wie Anm. 6), 202.

23 Ebd.

in ebenbürtiger und ebenfalls vollgültiger Weise auf die Ordnung des Predigt-gottesdienstes zurückgreifen können und sollen. Darin nämlich würde nach Auskunft von Mahrenholz die evangelische Freiheit bestehen: zwischen zwei gleichrangigen Ordnungen zu wählen, nicht aber innerhalb einer Ordnung ver-schiedene Elemente zu wählen, bzw. wegzulassen, um durch Reduktion auf den unaufgebbaren Kern zu kommen. Daran ist nun bemerkenswert, dass man im Rückblick doch den gegenteiligen Eindruck gewinnen kann, es wäre nicht nur immer ausschließlich um die Evangelische Messe gegangen, sondern sie wäre auch als die im Grunde alternativlose Ordnung der Evangelisch-Lutherischen Kirche herausgestellt worden. Dieser Eindruck wird einerseits dadurch bestä-tigt, dass Agende I immer nur mit der Evangelischen Messe gleichgesetzt wird, der darin enthaltene Predigtgottesdienst aber nicht erwähnenswert erscheint. Die dadurch erzeugte doppelte Schieflage – sowohl der einseitigen Konzent-ration auf die Evangelische Messe als auch der sehr anspruchsvollen Auffüh-rungspraxis – wird in der Gegenwart zunehmend zum Problem, was sich in einer doppelten Infragestellung der Evangelischen Messe ausdrückt: Zum einen macht sich das beispielhaft an dem liturgischen Element des Eingangspsalms bemerkbar, dessen Performanz durch die Gemeinde auf immer größere Schwie-rigkeiten trifft, so dass nach alternativen Modellen gesucht wird.[24] Zum anderen wird nach einer Vereinfachung der Evangelischen Messe gefragt, um deren Feier auch für ungeübte oder kleine Gemeinden möglich zu machen. Allerdings stellt sich dabei die Frage, was eine Vereinfachung in diesem Fall bedeuten soll: Ist eine Evangelische Messe ohne ihre wesenhaften Elemente überhaupt noch eine Evangelische Messe? An dieser Stelle rächt sich die einseitige Konzentration auf die Evangelische Messe, so dass der Predigtgottesdienst nicht als die einfachere alternative Möglichkeit wahrgenommen werden konnte und (bis in die Gegen-wart hinein) kann.

2.4.2 Ein solcher Eindruck könnte freilich aus dem hinter der Erarbeitung und der Einführung von Agende I stehendem Einheitsdenken resultieren. Denn so sehr auf der einen Seite zwar die Möglichkeit unterschiedlicher aber gleich-wertiger Gottesdienstordnungen ins Spiel gebracht worden ist, so sehr muss sich die damit prinzipiell freigegebene Pluralität an dem Gedanken der Einheit stoßen, zumindest solange nicht hinreichend geklärt ist, wie sich beide Seiten zueinander verhalten. Denn, wie es scheint, können die Einheit der Kirche und die Einheitlichkeit der Form nur im Verbund miteinander auftreten. Da es wohl als nicht gangbar erschien, das Verhältnis von Einheit und Pluralität in Richtung der Pluralität zu entwickeln und damit womöglich die Einheitlichkeit der Form zugunsten der Eigenheiten der landeskirchlichen Gottesdienstordnungen zu opfern, musste ein ganz anderes Konzept der Einheit gesucht werden. Vielleicht

---

24 So sollen z. B. die bislang gebräuchlichen antiphonalen Psalmodien durch responsoriale Psal-modien ergänzt oder ersetzt werden können, vgl. Evangelisches Kantional. Singbuch für Chöre im Gottesdienst, hrsg. v. d. Evangelisch-Lutherischen Kirche in Bayern, Nürnberg ²2015, Hinweise zum Gebrauch.

wird man die in den 1970er Jahren nachfolgende agendarische Erneuerung als den Versuch ansehen dürfen, dieses liegen gebliebene Problem von Agende I doch noch zu lösen. Zumindest wird man nicht übersehen dürfen, dass auch der Struktur-Begriff eine Konsequenz aus dem Gedanken der erst noch herzustellenden Einheit ist.

2.5 Der durch den nachfolgenden Diskurs nachhaltig infrage gestellte Ordnungs-Begriff darf allerdings nicht verkennen lassen, dass dieser in der Ökumene nach wie vor eine prominente Rolle spielt: Dort ist es selbstverständlich, von einem „order of Worship" zu sprechen, auch wenn freilich zu klären ist, welche Implikationen mit dem Begriff des „order" verbunden sind.[25] Schon von daher wird man gut daran tun, ihn nicht allzu schnell von der Liste möglicher neuer (und in diesem Fall eines alten) Begriffs-Kandidaten zu streichen.

3. Leitbegriffe der Phase experimenteller Gottesdienste in den 1960er und 1970er Jahren

3.1 Als Zwischenschritt hin zum Struktur-Begriff sollen zunächst zwei Begriffe genannt werden, mit deren Hilfe – und in deutlicher Abkehr von Agende I und ihrem Begriff der Ordnung – in der experimentellen Gottesdienst-Phase in den 1960er und 1970er Jahre versucht worden ist, sowohl den Verlauf als auch das Wesen eines Gottesdienstes neu zu beschreiben.

3.2 Einer dieser Leitbegriffe, der den Gottesdienst erneuern sollte, war das *Gespräch*.

3.2.1 Von ganz unterschiedlichen Seiten her und auf die verschiedenen Dimensionen des Gottesdienstes angewandt ging es unter diesem Leitbild des Gesprächs darum, den Gottesdienst dialogischer zu gestalten. Der bisherige Gottesdienst ist nämlich als eine monologische Veranstaltung empfunden worden, die es nun dialogisch aufzubrechen galt. Dabei geht es sowohl um die Sprachformen im Gottesdienst als auch um die soziale Gestalt, die solche Sprachformen bedingen. Die Kritik richtete sich dementsprechend auf den Zusammenhang des Monologs mit dem Selbstverständnis der Gottesdienstbesucher als „Gäste".[26] Denn – so Johannes Harder (1903–1987) – „Gemeinde ist kein Auditorium. Sie ist kein Ort der Rede, sondern des Gesprächs, durch das Menschen erst miteinander verbunden werden."[27] Vorbild dieser dialogischen Erneuerung des Gottes-

---

25 Wer nur einmal bei Google die Begriffe „order" und „Worship" gemeinsam in das Suchfeld eingibt, dem werden schnell unzählige Seiten von Kirchen genannt, die darauf ihre Gottesdienstordnung bekannt machen, worunter oftmals aber nicht allein die liturgischen Elemente verstanden werden, sondern „Worship" als eine das ganze Leben umfassende und gestaltende „order" begriffen wird (Beispiel: https://www.amesucc.org/order-of-worship.html).

26 Vgl. Harder, Johannes: Plädoyer für das Gespräch oder Gedanken über das Elend unserer Gottesdienste, in: Zum Gottesdienst morgen. Ein Werkbuch, hg. v. Heinz G. Schmidt, Wuppertal 1969, 34–42, hier: 34.

27 A.a.O., 35.

dienstes ist Jesus Christus selbst, der – so Harder – „dialektisch" sprach, „indem er den Hörenden zugleich zu seinem Gesprächspartner machte."[28] Gerade an der Predigt Jesu, die er in der Dialektik von Wort und Antwort verortet, erkennt Harder „die ganze Weite und Tiefe der Funktion des christlichen Gottesdienstes umschrieben."[29] Die dialogische Predigt Jesu wird damit zum Grundmodell des Gottesdienstes, bzw. ist dieser Gottesdienst schon selbst. Denn in dieser Predigt kann nun wieder zusammenkommen, was im Monolog vor einem Auditorium getrennt war: „die Selbstveröffentlichung Gottes für die jeweilige Gegenwart."[30]

Letztendlich geht es also um das Kardinalproblem, dessen Lösung man nicht länger vom geläufigen agendarischen Gottesdienst erwartete und dass deshalb überhaupt zu der Entwicklung von „Gottesdiensten in neuer Gestalt" geführt hat, nämlich um das Problem der Verbindung von kirchlicher Tradition und Gegenwart, um das Zusammenkommen von Verheißung und Wirklichkeit, wie es dann ja später Ernst Lange in kongenialer Weise zur Grundlage seiner Gottesdiensttheorie gemacht hat.[31]

3.2.2 Bezeichnenderweise für das Verständnis von „Gottesdiensten in neuer Gestalt" hatte Harder nur die Predigt im Blick. Demgegenüber wendet sich Klaus Meyer zu Uptrup den liturgischen Formen im Gottesdienst zu und unterscheidet vor dem Hintergrund der Analyse von Tagungsgottesdiensten zwischen einer ersten direkten gottesdienstlichen Gesprächsrichtung als dialogischen Vorgang zwischen Gott und Mensch und einer zweiten indirekten Gesprächsrichtung „darüber" als dialogischen Vorgang zwischen Menschen untereinander.[32] In beiden Gesprächsrichtungen drücken sich unterschiedliche Anliegen aus, die nach Meyer zu Uptrup eigentlich nicht verwechselt oder vermischt werden sollten, die aber in einer „Umkehr der Sprachrichtung"[33] zusammengehören können. Im besten Fall erwächst – im Setting einer Tagung – aus einem Gespräch vor dem Gottesdienst, der sich mit dem Thema befasst, die anschließende Gestaltung des Gottesdienstes. Dabei wird in dem vorgängigen Gespräch an Bibeltexten so gearbeitet, dass ihre Bedeutung für das Leben von heute zum Tragen kommen kann.[34]

Es lässt sich nur vermuten, dass die Unterscheidung zwischen den beiden Sprechrichtungen bei Meyer zu Uptrup bereits eine Reaktion auf die Praxis von „Gottesdiensten in neuer Gestalt" war, in denen beide Sprechrichtungen miteinander verbunden – oder eben nicht miteinander verbunden, sondern als unbewusster oder bewusster Bruch nebeneinandergestellt worden waren. So sollte eben der Monolog der Predigt durch ein direkt im Anschluss an die Predigt

---

28 A.a.O., 36.

29 A.a.O., 37.

30 Ebd.

31 Vgl. Lange, Ernst: Chancen des Alltags. Überlegungen zur Funktion des christlichen Gottesdienstes in der Gegenwart, Stuttgart/Gelnhausen 1965.

32 Vgl. Meyer zu Uptrup, Klaus: Zur Transformation des Gottesdienstes, in: Werkbuch Gottesdienst. Texte – Modelle – Berichte, hrsg. v. Gerhard Schnath, Wuppertal 1967, 9–52, hier: 14.

33 A.a.O., 15.

34 A.a.O., 16ff.

anberaumtes Gespräch über das Gehörte durchbrochen werden.[35] Nicht selten sind auch die traditionellen Gebetsformen durch Meditationen oder Nachdichtungen ersetzt worden. An diesem Punkt setzt nun Meyer zu Uptrup – vom Alten Testament herkommend – an. Denn schon in den alttestamentlichen Psalmen sieht Meyer zu Uptrup beide Gesprächsrichtungen – die direkte und die indirekte – miteinander vermittelt. Dementsprechend untersucht er nun die neuen Versuche, Psalmen in einer freien Weisen nachzugestalten und in dieser Nachgestaltung die gegenwärtige Situation einzutragen.

Aus heutiger Sicht wird man freilich kaum noch so überschwänglich antworten mögen, wie Meyer zu Uptrup das in seiner Zeit getan hat. Denn allzu oft wird in den Meditationen und Nachdichtungen von Psalmen eben nicht, wie Meyer zu Uptrup lobend hervorhebt, „die vergegenwärtigende Auslegung aus der reflektierenden Sprachrichtung ‚darüber' herausgenommen"[36]. Vielmehr wird der Wechsel der Sprechrichtung oftmals nicht oder nur unzulänglich vollzogen. Es handelt sich dann nicht mehr um ein Gespräch zu oder mit Gott als vielmehr um ein Gespräch mit sich selbst und den Anwesenden über die eigene Situation vor Gott.[37] Beides kann manchmal sehr nah beieinander liegen und täuschend ähnlich sein, und ist doch nicht dasselbe.[38]

3.2.3 Der Leitbegriff des Gesprächs hat also zu einer „Transformation des Gottesdienstes" in seinen grundlegenden liturgischen Elementen geführt, sei es, dass sie inhaltlich nun dialogisch angelegt, sei es, dass neue dialogische Elemente eingeführt worden sind. Zwar will Meyer zu Uptrup aus der direkten gottesdienstlichen Gesprächsrichtung auch eine minimale Abfolge des Gottesdienstes mit den Elementen (1) Klage als Frage an Gott – (2) Vermittelte Antwort Gottes (Wort und Mahl) – (3) Lob – (4) Fürbitte ableiten,[39] Doch lassen sich solche schon sehr konkreten Inhalte kaum aus dem Allgemeinbegriff eines direkten Gesprächs mit Gott gewinnen, sondern verdanken sich immer schon einer vorfindlichen Geschichte des Gottesdienstes und seiner Formen. Dem Begriff des Gesprächs kann dabei allenfalls einerseits eine hermeneutische Funktion zukommen, unterschiedlichen Gesprächsrichtungen auf die Spur zu kommen und er kann andererseits die regulative Funktion ausüben, beide Gesprächsrichtungen zu unterscheiden.

Auch wenn das Leitbild des Gesprächs eine nachhaltige Wirkung auf die nachfolgende liturgische und liturgiewissenschaftliche Diskussion ausgeübt hat, so musste der Begriff für sich alleinstehend doch theoretisch unterbestimmt bleiben. Eine solche Theorie hätte in Auseinandersetzung mit dem von Ernst Lange so prominent eingeführten Begriff der Kommunikation gewonnen wer-

---

35 A.a.O., 15.

36 A.a.O., 29.

37 Das trifft sich mit der zu dieser Zeit von Walter Bernet formulierten doppelten Funktion des Gebets als Reflektieren und als Erzählen, vgl. Walter Bernet: Gebet. Mit einem Streitgespräch zwischen Ernst Lange und dem Autor, Berlin 1970.

38 An dieser Stelle können leider keine Beispiele gegeben werden, solche lassen sich in der Literatur der „Gottesdienste in neuer Gestalt" aber zuhauf finden.

39 Vgl. Meyer zu Uptrup, Klaus: Zur Transformation des Gottesdienstes (wie Anm. 32), 14.

18   Thomas Melzl

den können, die merkwürdigerweise in jenen Jahren unterblieben ist,[40] obwohl Lange hier sowohl praktisch[41] als auch theoretisch[42] eine Vorreiterrolle innegehabt hatte. Eine solche theoretische Grundlegung gelingt erst in der Rezeption der Semiotik, da erst auf diese Weise der Gottesdienst als vielschichtiger Kommunikationsprozess erhellt werden konnte.[43] Freilich trägt diese Ebene vor allem etwas zur Analyse gefeierter Gottesdienste bei und sagt weniger etwas über die konkrete Gestaltung von Gottesdiensten aus, obwohl das ja gerade das ursprüngliche Anliegen des Leitbildes war. Diese kommt eher in den Blick, wenn die rein zeichentheoretische Ebene verlassen und zurückgegangen wird auf die Erkenntnis, dass sich Kommunikationsstruktur und Sozialgestalt einander bedingen. Denn unter diesem Gesichtspunkt kommt der Gemeinde eine konstitutive Funktion im Gottesdienst zu, was unter dem Stichwort der „Beteiligung" hineingewirkt hat in den Prozess der agendarischen Erneuerung.[44]

3.3 Der zweite Leitbegriff, welches das Anliegen der „Gottesdienste in neuer Gestalt" begrifflich zusammenfassen wollte, ist der des *Lernprozesses*, der insbesondere von Dieter Trautwein ausgearbeitet worden ist.[45] Dieser Leitbegriff

---

40 Harder beispielsweise erwähnt Lange gar nicht, Meyer zu Uptrup kennt Langes oikodomisch-liturgisches Hauptwerk zumindest, vgl. Meyer zu Uptrup: Zur Transformation des Gottesdienstes (wie Anm. 32), 52, Fußnote 1. Der von Peter Cornehl und Hans-Eckehard Bahr herausgegebene Aufsatzband: Gottesdienst und Öffentlichkeit. Zur Theorie und Didaktik neuer Kommunikation, Hamburg 1970, bringt den hier in Rede stehenden Begriff zwar bereits im Untertitel, eine Bezugnahme auf Lange sucht man aber vergeblich. Auch die Beiträge von Jürg Kleemann und Jürgen Roloff zur Sozialpsychologie des Gottesdienstes verwenden zwar den Begriff der Kommunikation, gehen aber ebenfalls nicht auf Lange ein, vgl. Kleemann Jürg: Wiederholen als Verhalten – Beobachtungen und Hypothesen zur Kommunikation in agendarischen und neuen Gottesdiensten, in: Spiegel, Yorick (Hg.): Erinnern – Wiederholen – Durcharbeiten. Zur Sozialpsychologie des Gottesdienstes, Stuttgart 1972, 34–87 und Jürgen Roloff: Anamnese und Wiederholung im Abendmahl, in: ebd., 107–130.
41 Im Experiment der Ladenkirche hatte Lange dialogische Formen kirchlichen Lebens probiert, vgl.: Aus der „Bilanz 65", in: Lange, Ernst: Aufsätze zur Theorie kirchlichen Handelns, hg. u. eingeleitet v. Rüdiger Schloz, München 1981, 66–160.
42 Lange prägte dazu den Begriff von der *Kommunikation des Evangeliums*, aber auch sonst verwendete Lange den Begriff in seinem liturgischen Hauptwerk, vgl.: Ernst Lange: Chancen des Alltags. Überlegungen zur Funktion des christlichen Gottesdienstes in der Gegenwart, Stuttgart/Gelnhausen 1965, 119 u. ö.
43 Vgl. dazu: Zeichen im Gottesdienst. Ein Arbeitsbuch von Günther Schiwy, Hellmut Geißner, Herbert Lindner, Heiner Michel, Herbert Muck, Klaus Pfitzner, Rainer Volp, München 1976. Bezeichnenderweise wird auch in dieser Publikation der Name von Ernst Lange nicht erwähnt. Allerdings hat der von Lange genutzte Begriff der „Kommunikation" Schule gemacht, sodass bereits mit einer gewissen Selbstverständlichkeit gesagt werden kann: „Der Gottesdienst ist Kommunikation zwischen Gott und Mensch.", vgl. Karl-Fritz Daiber/Hanns Werner Dannowski/Wolfgang Lukatis/Ludolf Erich: Gemeinden erleben ihre Gottesdienste. Erfahrungsberichte, Gütersloh 1978, 18. Um die veränderten Zeiten erfassen zu können, vergleiche man das auf der Folgeseite abgedruckte Schaubild, das die „Struktur des Gottesdienstes als symbolischer Darstellung des Kommens Gottes" erläutern soll, mit dem Schaubild aus dem Evangelischen Kirchengesangbuch, das die Gottesdienstordnung von Agende I veranschaulichen sollte.
44 Vgl. das Kapitel „Die Beteiligung der Gemeinde am Gottesdienst", in: Erneuerte Agende. Vorentwurf, hg. v. d. VELKD u. d. EKU, Hannover/Bielefeld 1990, 23–26.
45 Vgl. Trautwein, Dieter: Lernprozess Gottesdienst. Ein Arbeitsbuch unter besonderer Berücksichtigung der „Gottesdienste in neuer Gestalt", Gelnhausen/Berlin 1972.

Ordnung – Struktur – Weg

wirft ein Licht auf die gesellschaftliche Situation der 1960er und 1970er Jahre in der Bundesrepublik Deutschland und hat damit Anteil an der pädagogischen Aufbruchsstimmung jener Jahre, die von der Zuversicht getragen war, mittels der zu Bildungszielen erklärten Ideale von Emanzipation und Autonomie, eine neue Gesellschaftsstruktur zu schaffen.

3.3.1 Auch der christliche Gottesdienst – so Trautwein – intendiere immer „Verhaltensänderung des einzelnen wie der Gesellschaft", gelte er doch „dem ganzen Menschen, aber nicht minder auch einer im Ganzen erneuerten Gemeinschaft der Menschen."[46] Dabei deutet der von Trautwein verwendete Begriff des Lernprozesses auf ein mindestens Zweifaches hin: Einerseits darf der Begriff des Lernprozesses nicht zu eng verstanden werden, geht es doch in umfassender Weise um das Werden des Menschen in seiner Wechselbeziehung zur Welt.[47] Andererseits lässt sich ein Lernprozess in Lernschritten operationalisieren. Trautwein legt dabei eine Synthese von verschiedenen Lerntheorien zu einem fünfphasigen Lernprozess zugrunde, zu dem er Entsprechungen im Gottesdienst aufzeigt:[48]

In der ersten Lernphase motiviert ein Problem zum Lernen.[49] Kein Gottesdienst kann darauf verzichten, „in den Konflikten der je neuen Situation nach dem je neuen Willen Gottes zu fragen."[50] In der zweiten Lernphase erfolgt zunächst eine Einordnung, Begrenzung und Präzisierung des Problems, bevor nach Lösungsmöglichkeiten gesucht werden kann.[51] Für den Gottesdienst käme es darauf an, dass „dort Urteile so lange aufgeschoben werden, bis die entsprechenden Schwierigkeiten lokalisiert und präzisiert sind."[52] In der dritten Lernphase kommt es zu einer ersten Verarbeitung: Es wird „nach Ansätzen für die Bewältigung des betreffenden Konflikts"[53] gesucht. Im Gottesdienst bedarf es eines dialogisch-experimentellen Arbeitsganges.[54] Hier werden dann „die biblischen Texte und ihre Wirkungsgeschichte verknüpft mit dem Geflecht der verschiedensten persönlichen Einstellungen und Erfahrungen von Gottesdienstteilnehmern", um so zu neuen Lösungsansätzen zu kommen.[55] In der vierten Lernphase erfolgt eine Auswahl und somit eine Begrenzung der Lösungsvorschläge; sie werden nach allen Seiten hin bedacht und auf absehbare Folge überprüft.[56] Im Gottesdienst entspräche dies einer Meditationszeit und Diskussionsgruppen, die sich dann zu einer Aktion verabreden.[57] Die fünfte Lernphase ist gekennzeichnet durch die „Anwendung einer oder mehrerer

---

46 A.a.O., 19.
47 A.a.O., 22.
48 A.a.O., 22–33.
49 A.a.O., 23.
50 Ebd.
51 A.a.O., 25.
52 A.a.O., 27.
53 A.a.O., 21.
54 A.a.O., 28f.
55 A.a.O., 29.
56 A.a.O., 21, 30.
57 A.a.O., 31.

Lösungsmöglichkeiten in der Realsituation."[58] Der Sonntagsgottesdienst weitet sich zum Lebensprozess. Der gottesdienstliche Lernprozess muss nämlich als einen das ganze Verhalten umfassenden und durchdringenden Veränderungsprozess verstanden werden. Konkret wird solcher Gottesdienst in der Verabredung von Aktionen.[59]

Diese fünf Lernstufen wollen schon im Prozess der Vorbereitung und dann schließlich im Vollzug des Gottesdienstes bedacht werden.[60] Interessant ist aber vor allem die Zuordnung der Lernphasen zu den Grundbestandteilen des Gottesdienstes. Trautwein möchte diese Grundbestandteile „jeweils als Phasen eines dialogischen und kommunikativen Geschehens ... begreifen, in denen sich die einzelnen Lernschritte und ein dreiteiliges Grundschema des kommunikativen Ablaufs ... vollziehen."[61] Die Arbeitshypothese Trautweins lautet: „Ein als Lernprozess verstandener christlicher Gottesdienst kennt fünf Elemente, die sich zugleich als fünf Phasen darstellen. Es sind: Eingangsphase, Problemlösungsphase, Reaktions- und Rekreationsphase, Antezipationsphase, Ausgangsphase."[62]

Die folgende Tabelle zeigt diese Phasen in ihrer inhaltlichen Zuordnung zu gottesdienstlichen Elementen:

Lernphasen	Gruppenprozess	Gottesdienstelemente
(1) Eingangsphase	Kontaktaufnahme	Dokumentarische Revue
(2) Problemlösungsphase	Standortbestimmung	Verkündigung/Predigt
(3) Reaktions- u. Rekreationsphase	Zielorientierung	Gebet /Meditation/ Bekenntnis/Akklamation
(4) Antezipationsphase	Abendmahl	Abendmahl/ Mahlgemeinschaft
(5) Ausgangsphase	Aufbruch	Verabredung/Segen/ Aktivitäten/Effektivität

3.3.2 Aus heutiger Sicht wird man nicht nur die pädagogische Euphorie in Frage stellen müssen, die sich mit dieser Sichtweise des Gottesdienstes verbunden hat. Es ist auch fraglich, ob es im Gottesdienst wirklich darum geht, ein Problem auf die Tagesordnung zu setzen und zu lösen. Nicht lange hat denn auch das Gegenprogramm auf sich warten lassen, das neu – anknüpfend an Schleiermacher – die Zweckfreiheit des Gottesdienstes unter dem Leitbild „Fest" entdeckt hat.[63] Allerdings muss man diesem Konzept hinsichtlich unserer Fragestellung zugute halten, dass der Begriff des Lernprozesses die beiden an ein neues leitendes Para-

---

58 A. a. O., 32.
59 A. a. O., 32.
60 A. a. O., 53–112.
61 A. a. O., 113.
62 A. a. O., 113 f.
63 Auch Trautwein selbst hat diesen Paradigmenwechsel mit vollzogen, vgl. ders.: Mut zum Fest. Entdeckungen, Anstöße, Beispiele für Familien, Gruppen, Gemeinden, München 1975.

Ordnung – Struktur – Weg

digma liturgischer Erneuerung gestellten Bedingungen erfüllt: Er wirft nicht nur ein neues Licht auf den Gottesdienst und leistet damit einen Beitrag zu dessen Verständnis, er ermöglicht auch einen begründeten Eingriff in die Liturgie. Man wird sich dennoch davor hüten müssen, diesen Begriff einer anderen gesellschaftlichen und auch liturgischen Zeit wiederzubeleben. Es sind nicht nur die mit ihm verbundenen problematischen Implikationen, die ihn ungeeignet machen, es ist der Begriff selbst, da er ein Programm beim Namen nennt, das den Prozess der liturgischen Erneuerung in einer völlig unsachgemäßen Weise einschränken und festlegen würde.

3.4 Die beiden hier vorgestellten Leitbilder haben nachhaltig auf den liturgischen bzw. liturgiewissenschaftlichen Diskurs gewirkt und wirken bis heute nach, wenn Gottesdienst auch als gruppendynamischer Prozess verstanden wird, bei dem die Liturgie und ihre Elemente von ihrer kommunikativen Wirkung her beurteilt werden. Wird dieser Maßstab an den agendarischen Gottesdienst herangetragen, dann muss allerdings gefragt werden, ob er seinem Gegenstand auch gerecht werden kann. Zu leicht erliegt man sonst der Gefahr, liturgische Elemente entgegen ihrer historisch gewachsenen Intension verstehen zu wollen, was faktisch immer auf ihre Ablehnung und den Versuch einer Neuinterpretation hinausläuft. Der pastoralpsychologische Effekt besteht dann darin, die Liturgin/den Liturgen in eine innere Distanz zu den liturgischen Elementen zu bringen, die sie in der Liturgie eigentlich präsent umsetzen sollen. Dieser Zwiespalt führt dann nicht selten zu einer kommunikativen Abfederung des nicht mehr verstandenen (oder mit Blick auf die Gemeinde: nicht mehr verstehbaren) liturgischen Elements und damit zu einem (bewusst vollzogenen oder unbewusst zugelassenen) Bruch in der Liturgie.

4. Der Strukturbegriff der agendarischen Erneuerung

Wie kein anderer Begriff ist der Begriff der Struktur mit der Erneuerten Agende und dem Evangelischen Gottesdienstbuch verbunden. Eingeführt wurde er von Frieder Schulz in dem maßgeblich von ihm verfassten sog. „Strukturpapier"[64], das den Prozess der agendarischen Erneuerung nach Agende I zu Beginn der 1970er Jahre einläutete und wesentlich bestimmte.

4.1 Die Einführung des Begriffs der Struktur[65] und die mit ihm einhergehende Unterscheidung zwischen einer stabilen Grundstruktur und variablen

---

64 Versammelte Gemeinde. Struktur und Elemente des Gottesdienstes, Hannover 1974, enthalten in: Gottesdienst als Gestaltungsaufgabe. Praktische Anregungen zur Gestaltung des Gottesdienstes aufgrund der Denkschrift Versammelte Gemeinde" (Strukturpapier), Hamburg 1979, 9–17 (reihe gottesdienst 10).

65 Über die vielfältigen Wurzeln, Verwendungsweisen und Verstehensmöglichkeiten des Begriffs der Struktur informiert Helmut Schwier: Die Erneuerung der Agende. Zur Entstehung und Konzeption des „Evangelischen Gottesdienstbuches", Hannover 2000, 107–159, bes. 107 f.

Ausformungsvarianten war mit hohen Erwartungen verbunden und hatte weitreichende Folgen.

Er ist in einer Zeit in die Diskussion eingebracht worden, als zum einen die Gefahr auf der Hand zu liegen schien, der Gottesdienst der Kirche – man hatte hier vor allem Agende I im Blick – würde in den vielen Gottesdienstexperimenten der 1960er Jahre seine wiedererkennbare Gestalt verlieren. Hier sollte der Struktur-Begriff ein Zweifaches ermöglichen: Er sollte einerseits die Gottesdienstexperimente als strukturell verwandt mit dem agendarischen Gottesdienst ausweisen. Er sollte aber andererseits auch ein gestalterisches Prinzip an die Hand geben, um experimentelle Gottesdienste letztlich in Gleichklang mit dem agendarischen Gottesdienst zu gestalten.

Zum anderen sind in den späten 1960er und frühen 1970er Jahren erste Überlegungen zu einer zukünftigen Agende entwickelt worden, die mehr sein sollte als nur eine Revision von Agende I. Das Fernziel sollte vielmehr darin bestehen, unterschiedliche Gottesdienstkulturen unter dem Dach eines einheitlichen Agendenwerkes zu vereinigen. Auch hier schien der Struktur-Begriff es zu ermöglichen, diese unterschiedlichen Gottesdienstkulturen aufeinander abzubilden und miteinander so zu vergleichen, dass weniger das trennendunterschiedliche als vielmehr das verbindend-gemeinsame sichtbar wurde. Hier machte sich auch die ökumenische Herkunft der Grundstruktur aus dem Vier-Akte-Schema des anglikanischen Liturgiewissenschaftlers Gregory Dix bemerkbar.[66] Überhaupt hatte diese Idee einer alle Gottesdienste gemeinsamen Grundstruktur eine ökumenische Relevanz, die vermutlich auch auf die Formel von der „Einheit in versöhnter Verschiedenheit" zurück zu führen ist.[67] Die strukturelle Aufschlüsselung des Gottesdienstes mutet jedenfalls wie die liturgiewissenschaftliche Umsetzung dieses Programms an, die der ökumenische Theologe Harding Meyer in jenen Jahren in die Diskussion eingeführt hatte.[68]

4.3 Der Erfolg des Modells sollte eigentlich für sich sprechen. Der Struktur-Begriff hat sich weitgehend durchgesetzt, und das nicht nur innerhalb der evangelischen Liturgiewissenschaft, sondern auch darüber hinaus, bis hinein in die Freikirchen.[69] Und auch ökumenisch scheint der Begriff als „pattern" eine gewisse Relevanz zu besitzen.[70] Freilich darf auch die Kritik nicht übersehen werden.

---

66 Dix, Gregory: The Shape of the Liturgy, Westminster 1954.

67 Freilich hatte schon Christhard Mahrenholz die Weichen in diese Richtung gestellt, indem er in seinem Kompendium der Liturgik aus dem Jahr 1963 die Gottesdienstordnungen von VELKD und EKU ganz unabhängig von der jeweiligen konfessionellen Identität gemeinsam bespricht, vgl. Raschzok, Klaus: Die Tiefenstruktur des lutherischen Gottesdienstes (wie Anm. 10), 28, 31.

68 Meyer, Harding: „Einheit in versöhnter Verschiedenheit". Hintergrund, Entstehung und Bedeutung des Gedankens, in: ders.: Versöhnte Verschiedenheit. Aufsätze zur ökumenischen Theologie, Bd. 1, Frankfurt/Paderborn 1998, 101–119.

69 Spangenberg, Volker: Der christliche Gottesdienst – grundlegende Überlegungen, in: Werkstatt Gottesdienst. Ein Arbeitsbuch aus dem Dienstbereich Gemeindeentwicklung des Bundes Evangelisch-Freikirchlicher Gemeinden in Deutschland, Wustermark ²2014, 10–15.

70 So stellt die „United Methodist Church" auf ihrer Homepage den „Basic Pattern of Worship" heraus, der in folgendem besteht: Entrance, Proclamation and Response, Thanksgiving and Communion, Sending Forth, vgl. https://www.umcdiscipleship.org/book-of-worship/the-basic-pattern-

Ordnung – Struktur – Weg

Ein erster Kritikpunkt ist darin zu sehen, dass die Funktion des Begriffs nicht abschließend geklärt ist und von daher den alten Universalienstreit wiederholt:[71] Handelt es sich „nur" um eine Modellvorstellung, also um etwas, mit dessen Hilfe der Gottesdienst unter einem besonderen Gesichtspunkt betrachtet werden kann, oder wird mit dem Struktur-Modell tatsächlich eine ontologische Aussage über den Gottesdienst getätigt? Ihren Wurzelgrund hat die ontologische Vorstellung in der historisch ausgerichteten Liturgiewissenschaft vor und nach dem Zweiten Weltkrieg, in der die kontingente Entwicklung liturgischer Gegebenheiten als Wesensaussagen gedeutet worden sind, aus denen dann auch die gegenwärtige Gestaltung von Gottesdiensten abgeleitet werden kann.[72] Diese ontologische Schlagseite des Struktur-Modells stößt mit der Übernahme semiotischer Theorien allerdings an eine Grenze, derzufolge zwar immer noch Strukturen an dem Sich-Zeigenden entdeckt werden können, diese aber weniger einen Anhalt an dem Sein, das dem Sich-Zeigenden zu Grunde liegt, haben als vielmehr in der strukturierenden Vorstellungskraft des Wahrnehmenden. Unter dem Eindruck, man hätte mit dem Strukturmodell eine alles erklärende Theorie gefunden,[73] sind allerdings andere mögliche Wahrnehmungsweisen von Gottesdienst unterdrückt worden.

Ein weiterer gewichtiger Kritikpunkt besteht in der durch die strukturelle Sichtweise bedingten Abstraktion der liturgischen Elemente zu Platzhaltern und der damit implizit getätigten Aussage, dass die Inhalte unterhalb eines Platzhalters prinzipiell auf gleicher Ebene stehen und damit ausgetauscht werden können. Dies ist vielfach als Baukastenprinzip, dem aber die Bauanleitung fehle, kritisiert worden,[74] und kann zur Zusammenfügung von solchen liturgischen Elementen führen, die in sich selbst jeweils eine andere Richtung verfolgen. Dadurch wird dem doppelten Missverständnis Vorschub geleistet, als ließe sich einerseits ein liturgischer Text einer bestimmten Prägung umstandslos durch einen liturgischen Text einer anderen Prägung ersetzen (auch wenn man sie derselben Gattung zuordnen kann) und als könnte man andererseits liturgische Texte unterschiedlicher Prägung zusammenfügen, ohne dadurch den jeweils spezifischen liturgischen Kontext zu missachten, dem sie entnommen sind. Nicht die Struktur macht den Gottesdienst aus, sondern die Texte und ihre Aufführung.

---

of-worship. Die „Church of England" hat „New Patterns for Worship" (2007) veröffentlicht (auch online: https://www.churchofengland.org/prayer-and-worship/worship-texts-and-resources/common-worship/common-material/new-patterns-worshp).

71 Vgl. Schwier, Helmut: Die Erneuerung der Agende (wie Anm. 65), 108 f.

72 Beispielsweise sollte das von Peter Brunner in die Liturgische Arbeitsgemeinschaft eingebrachte Instrument der „liturgiegeschichtlichen Analyse" zu solcher Objektivität verhelfen, vgl. Rheindorf, Thomas: Liturgie und Kirchenpolitik (wie Anm. 16), 74 ff.

73 Ähnlich sind die Physiker seit Jahren auf der Suche nach der Grand Unified Theory (GUT), mit der drei der vier bekannten physikalischen Grundkräfte vereinigt werden, nämlich die starke Wechselwirkung, die schwache Wechselwirkung und die elektromagnetische Kraft.

74 Josuttis, Manfred: Die Erneuerte Agende und die agendarische Erneuerung, in: PTh 80 (1991), 504–516.

Ein dritter Kritikpunkt betrifft die Gliederung des Gottesdienstes. Über den Begriff der Struktur sollen im Gottesdienst bestimmte Einheiten voneinander abgetrennt und andere zusammengefügt werden. Dafür werden Überschriften in den Gottesdienst eingefügt. Die Probleme solcher strukturell gliedernden Überschriften werden gerade an den Übergängen erkennbar: Wohin gehört ein liturgisches Element? Wird nicht der Charakter eines liturgischen Elements von der Strukturüberschrift her bestimmt? Gäbe es nicht auch andere Möglichkeiten der Zuordnungen in mikro- und makrostrukturellen Einheiten? Jedenfalls gibt es Grund zu der Annahme, dass die Überschriften mehr als nur Überschriften sind. Sie tätigen auch eine inhaltliche Aussage, durch die unter einer Überschrift versammelten liturgischen Elemente eine bestimmte Richtung erhalten.

Ein vierter Kritikpunkt richtet sich gegen die mit dem Begriff der Struktur verbundene Wahrnehmung, die dem tatsächlichen Erleben des Gottesdienstes widerspricht. Gottesdienstfeiernde erleben keine Strukturen,[75] sie erleben dichtere und weniger dichte Abschnitte im Gottesdienst, Übergänge und Brüche, Abschlüsse und Anfänge, und nicht zuletzt Atmosphären, die nicht mit dem Begriff der Struktur erfasst werden können. Und würde man Gottesdienstfeiernde dahingehend befragen, in welche Abschnitte sie den Gottesdienst aus ihrem Erleben heraus einteilen würden, dann würden hier sicher andere Zusammenstellungen liturgischer Elemente genannt werden, als es die Strukturierung des Evangelischen Gottesdienstbuches vorsieht. Auch wenn man nicht so weit gehen wird wie Reiner Preul, der drei Teile in der „normalen Wahrnehmung" des Gottesdienstes unterscheidet: „vor der Predigt, Predigt, nach der Predigt"[76], so dürften wohl die wenigsten Gottesdienstfeiernden einen Bruch zwischen dem Kollektengebet und der ersten Lesung im Gottesdienst wahrnehmen, so dass das Kollektengebet den ersten Teil des Gottesdienstes abschließt und die erste Lesung den zweiten Teil des Gottesdienstes eröffnet. Man würde Schulz allerdings Unrecht tun, würde man ihm vorwerfen, nicht das Erleben der Gemeinde im Blick gehabt zu haben. Schwerpunktsetzungen durch Ausformungsvarianten sollen ja auch der Versuch sein, unterschiedliche Erlebensweisen zu ermöglichen. Bezeichnend ist dabei der Wechsel der Begrifflichkeit von Struktur zu Form, auf die wir weiter unten noch eingehen werden.

4.4 Man wird nicht fehlgehen, wenn man für den in der Gegenwart (mehr als 40 Jahre nach seiner Einführung!) immer noch gebräuchlichen Begriff der Struktur zwei unterschiedliche Verstehens- und Verwendungsweisen feststellt: eine „starke" und eine „schwache" Weise, wobei mit „stark" und „schwach"

---

75 Bieritz, Karl-Heinrich: Struktur. Überlegungen zu den Implikationen eines Begriffs im Blick auf künftige Funktionen liturgischer Bücher (1979), in: ders.: Zeichen setzen. Beiträge zu Gottesdienst und Predigt (PTHe 22), Stuttgart 1995, 61–81, vgl. dazu aber Schwier, Helmut: Die Erneuerung der Agende (wie Anm. 65), 152, der ein strukturgeleitetes Erleben und Wahrnehmen des Gottesdienstes durch die Gemeinde annimmt, auch wenn dieser die Struktur nicht bekannt oder bewusst ist.

76 Preul, Reiner: Zur Morphologie und zum Erleben des evangelischen Gottesdienstes, in: Elisabeth Gräb-Schmidt/ders. (Hrsg.): Marburger Jahrbuch Theologie XXX (Marburger Theologische Studien 130): Gottesdienst. Leipzig 2018, 99–123, hier: 115.

Ordnung – Struktur – Weg 25

zwei unterschiedlich bestimmte Verbindlichkeiten benannt werden:[77] Die „starke" Weise versucht das vom Strukturdenken bestimmte Evangelische Gottesdienstbuch im Sinne der bisherigen vom Gedanken der Ordnung geleiteten Agenden-Tradition zu deuten und in diesem Sinne anzuwenden, versteht und gebraucht es also als Altaragende. Die „schwache" Weise dagegen sieht darin einen verbindenden Rahmen, der einen Gestaltungsspielraum eröffnet, versteht das Evangelische Gottesdienstbuch also eher im Sinne eines Werkbuches. Damit verbinden sich jeweils zwei unterschiedliche Rollen-Zuschreibungen für den Liturgen/die Liturgin: In der „schwachen" Verwendungsweise ist der Liturg/die Liturgin deutlich mehr gefordert, mit dem vorhandenen Material strukturierend zu arbeiten als in der „starken" Verwendungsweise.

Nun müssen sich diese beiden Weisen nicht als sich ausschließende Alternativen gegenüberstehen. Schon Frieder Schulz hatte ja auf die noch nicht ausgeloteten Gestaltungsmöglichkeiten von Agende I hingewiesen,[78] also auch einer mit einer starken Verbindlichkeit versehenen Gottesdienstordnung die prinzipielle Möglichkeit einer gestalterischen Freiheit attestiert. Dennoch ist damit eine Tendenz angezeigt, die überhaupt nach der Sinnhaftigkeit von Agenden und deren Verbindlichkeit fragen lassen.

4.5 Auf der Suche nach einem neuen leitenden Paradigma für den Prozess liturgischer Erneuerung wird man sicher gut daran tun, sich zunächst von dem Struktur-Begriff soweit es geht zu distanzieren. Nur auf diese Weise kann es gelingen, zu einer neuen Sichtweise und einem neuen Verständnis des Gottesdienstes zu kommen. Freilich wird man sich nicht ganz von ihm lösen können, da er sich für eine ganz bestimmte Betrachtungsweise als nützliches Instrument erwiesen hat. Er sollte aber nur auf diese beschränkt bleiben und nicht den gesamten Diskurs dominieren. Hier wird man nicht umhin können, ihn in seine Schranken zu weisen.

---

77 Das ist freilich eine sehr grobe Gegenüberstellung, ergibt sich aber z. B. aus dem grundlegenden Gebrauch als Altaragende oder als Werkbuch. Wer das Evangelische Gottesdienstbuch im Sinne einer herkömmlichen Altaragende nutzt, der übernimmt ja die dort vorhandenen Formen und Gebete direkt aus ihr. Wer es dagegen als Werkbuch benutzt, der hat es gewissermaßen zu Hause auf dem Schreibtisch liegen und produziert damit erst seine Liturgie, indem er Texte und Form zusammenbindet und in diesem Prozess auch verändert. Vgl. dazu z. B. Tabea Spieß: Idealtypen der Gottesdienstgestaltung: Eine Auswertung der quantitativen Erhebung zum liturgischen Verständnis von Pfarrerinnen und Pfarrern, in: Gottesdienstgestaltung in der EKD. Ergebnisse einer Rezeptionsstudie zum „Evangelischen Gottesdienstbuch" von 1999, i. A. der Liturgischen Konferenz hrsg. v. Claudia Schulz/Michael Meyer-Blanck/Tabea Spieß, Gütersloh 2011, 71–95, hier: 91. Diese Gegenüberstellung bildet sich in gewisser Weise auch ab im Vergleich zwischen der Evangelischen Kirche in Rheinland und der Evangelischen Kirche in Berlin, Brandenburg und schlesische Oberlausitz, vgl. Martin Evang/Ilsabe Seibt: Das Gottesdienstbuch in Ost und West. Ein Vergleich zur Rezeption besonders in der EKBO und EKiR, in: Gottesdienstgestaltung in der EKD, 207–226. Die benannte Problematik kommt immer wieder auch in den Gruppendiskussionen zum Vorschein, die Frank Peters ausgewertet hat: Agende und Gemeindealltag. Eine empirische Studie zur Rezeption des Evangelischen Gottesdienstbuches, Stuttgart 2011.
78 Vgl. Gottesdienst als Gestaltungsaufgabe (wie Anm. 64), 9.

5. Begriffe der performativen Wende

Die Begriffe Inszenierung und Dramaturgie sind in der performativen und ästhetischen Wende der Liturgiewissenschaft seit den 1990er Jahren entweder neu entdeckt oder erstmals in den Blick genommen worden.[79] Sie setzen eine Ordnung des Gottesdienstes, eine Anordnung liturgischer Elemente zunächst als gegeben voraus. Inszenierung und Dramaturgie liegen damit also keinesfalls auf derselben Ebene wie die Begriffe der Ordnung oder der Struktur. Anders als diesen Begriffen sind den Begriffen der Inszenierung oder Dramaturgie aber bereits das Erleben des Gottesdienstes eingeschrieben, denn sie stehen gerade dafür, für das Erleben des Gottesdienstes zu sorgen.

Dabei kann der Begriff der Performanz als Überbegriff angesehen werden, in dessen Bedeutungsspielraum auch der Gottesdienst als eine Spielart von Performance seinen Platz hat. Ein wesentliches Merkmal dieser performativen Sichtweise von Gottesdienst besteht darin, ihn als Ko-Produktion von Liturg und Gemeinde zu verstehen. Gottesdienst ist kein Werk, das ein einzelner für eine größere Gruppe von Menschen aufführt, die dieses dann in gewisser Distanz betrachten und aufnehmen. Gottesdienst ist vielmehr ein Werk, das im gemeinsamen Handeln von Liturg und Gemeinde entsteht und in das beide von vorne herein in verteilten Rollen mit verschieden hoher aktiv- oder passiv-rezeptiver Anteilnahme eingebunden sind. Das setzt dann weitere Fragen nach der Räumlichkeit, der Zeitlichkeit und der Leiblichkeit eines solchen Geschehens aus sich heraus, denen wir aber hier nicht nachgehen können.

5.1 Inszenierung

5.1.1 Der Begriff der Inszenierung wurde von dem Journalisten August Lewald (1792–1871) zu Beginn des 19. Jahrhunderts als Übersetzung des Französischen „mise en scène" geprägt. „,In die Szene zu setzen' heißt, ein dramatisches Werk vollständig zur Anschauung bringen, um durch aeußere Mittel die Intention des Dichters zu ergaenzen und die Wirkung des Dramas zu verstaerken"[80].

Mit dem Begriff der Inszenierung verbindet sich – der Definition Lewalds folgend – die Vorstellung einer doppelten Wirklichkeit: Unterschieden wird zwischen dem dramatischen Werk auf der einen Seite und den äußeren Mitteln der Umsetzung des dramatischen Werkes auf der anderen Seite. Die Inszenierung ist das Medium, in dem ein dramatisches Werk zur Anschauung gebracht wird. Es geschieht hier also ein Wechsel der Wirklichkeiten, in dem von der

---

79 Roth, Ursula: Die Theatralität des Gottesdienstes (PThK 18), Gütersloh 2006, und Irene Mildenberger/Klaus Raschzok/Wolfgang Ratzmann (Hg.): „Gottesdienst und Dramaturgie". Liturgiewissenschaft und Theaterwissenschaft im Gespräch (Beiträge zu Liturgie und Spiritualität 23), Leipzig 2010.

80 Lewald, August: „In die Scene setzen", in: Allgemeine Theater-Revue 3 (1838), 252.

Wirklichkeit des als Text verfügbaren dramatischen Werkes eine weitere Wirklichkeit auf der Bühne geschaffen wird. Das dramatische Werk ist also schon in Textform vorhanden und ist somit eine eigene Welt, die sich durch das Lesen des Textes erschließt und zu Bildern innerer Anschauung führt. Durch Inszenierung wird diese im Text gegebene Wirklichkeit in eine andere Form der Wirklichkeit mit den Mitteln äußerer Anschauung überführt und entfaltet hier ihre Wirkung auf die Zuschauenden.[81]

In der Spätmoderne ist der Begriff der Inszenierung allerdings in Misskredit geraten. Man hegt den Verdacht, dass die erste Wirklichkeit hinter der inszenierten zweiten Wirklichkeit nicht mehr existiert, und spricht davon, dass etwas doch „nur" inszeniert sei, und meint damit z. B. die Vorspiegelung falscher Tatsachen, den schönen Schein, die reine Äußerlichkeit. Der Verdacht richtet sich darauf, dass dem Begriff der Inszenierung eine Doppelbödigkeit eingezeichnet ist, wie sie dem Bühnentrick eines Illusionisten eignet.[82] Der Verdacht richtet sich gegen die damit verbundene Verzweckung der Inszenierung, die einer einfachen Handlung eine zusätzliche selbstdarstellerische und in dieser Selbstdarstellung sich selbst beobachtende Ebene verleiht: „Man konsumiert nicht nur, sondern stellt den Konsum zugleich aus und dar."[83] Wobei dann diese zweite Ebene die erste Ebene in den Hintergrund treten lässt. Die Art und Weise dieses In-Szene-Setzens gibt aufgrund medialer Verstärkung zur Nachahmung Anlass und wird so zu einem breiten gesellschaftlichen Phänomen, was wiederum zu einer inflationären Verwendung des Begriffs der Inszenierung führt.[84] Gegenüber dieser spätmodernen negativen Konnotierung des Inszenierungs-Begriffs muss allerdings festgehalten werden, dass Inszenierung schon immer ein gesellschaftliches Phänomen gewesen ist, wenn auch in unterschiedlich starker Ausprägung und Reichweite.[85]

---

81 Nach der Definition von Erika Fischer-Lichte ist die Inszenierung nicht die Umsetzung des dramatischen Werkes als solchem, sondern dient der Hervorbringung der Aufführung, vgl. Fischer-Lichte, Erika: Art. Inszenierung, in: Metzler Lexikon Theatertheorie, hg. v. dies. u. a., Stuttgart 2005, 146b–153b, hier: 146b. Zwischen dem dramatischen Werk und der Inszenierung steht also die Aufführung. Inszenierung ist demnach eine Funktion der Aufführung, um diese in strategischer Weise anzupassen. Dass wir dennoch diesem Pfad nicht folgen liegt daran, dass der hier angeführte Michael Meyer-Blanck diesen Zwischenschritt nicht mitvollzieht.

82 In dem Film *The Prestige* aus dem Jahr 2006, der von dem zunächst freundschaftlichen Wettstreit zweier aufstrebender Magier des ausgehenden 19. Jahrhunderts erzählt, der in erbitterter Rivalität endet, wird eine Grundformel für jeden magischen Trick vorgestellt. Demnach bestehe jeder magische Trick aus drei Akten: Im ersten Akt *The Pledge* (Die Ankündigung) zeigt der Magier etwas Gewöhnliches, im zweiten Akt *The Turn* (Die Wendung) bringt der Magier das Gewöhnliche dazu etwas Ungewöhnliches zu tun, im dritten Akt *The Prestige* (Die perfekte Illusion) sieht man tatsächlich etwas, was man zuvor nie gesehen hat.

83 Fischer-Lichte, Erika: Art. Inszenierung (wie Anm. 81), 150a.

84 Willems, Herbert: Inszenierungsgesellschaft? Zum Theater als Modell, zur Theatralität von Praxis, in: ders./Martin Jurga (Hg.): Inszenierungsgesellschaft. Ein einführendes Handbuch, Wiesbaden 1998, 23–79.

85 In diesem Sinn darf auch die barocke Hofgesellschaft als Inszenierungsgesellschaft gelten.

5.1.2 Der Begriff der Inszenierung wurde in die neuere Liturgiewissenschaft von Michael Meyer-Blanck als Interpretation der Erneuerten Agende eingebracht.[86] Meyer-Blanck geht zunächst ebenfalls von dem mit dem Begriff der Inszenierung gegebenen problematischen „Verhältnis von Wirklichkeit und dargestellter Wirklichkeit" aus, wendet die darin angelegte Spannung dann aber ins Positive:[87] „Die Menschen sind skeptisch gegenüber dem Inszenierten, weil sie das Wirkliche suchen."[88] Der ästhetische Begriff der Inszenierung ist also als Reflexionsbegriff für den Gottesdienst darum geeignet, weil er eben nicht (wie es die Kritik an ihm bemängelt) auf die Ebene der „dargestellten Wirklichkeit" zielt und auf ihr verbleibt, sondern nach der ihr zugrunde liegenden Wirklichkeit fragen lässt. Diese der gottesdienstlichen Inszenierung zugrunde liegende Wirklichkeit identifiziert Meyer-Blanck mit der göttlichen Verheißung bzw. mit dem Evangelium.[89] Dies bleibt leider etwas unklar, wie auch „das Verhältnis von unverfügbarer Wirklichkeit und menschlich verantworteter, dargestellter Wirklichkeit des Evangeliums"[90], das er auch als „Verhältnis von Form und Inhalt"[91] reformulieren kann.

5.1.3 Auch wenn solche Verkürzungen zur Sache einer Programmschrift gehören, sei es doch erlaubt, gerade an dem neuralgischen Punkt dieser Verhältnisbestimmung anzusetzen und kritisch zurückzufragen, denn es bleibt in dieser Formel „Inszenierung des Evangeliums" sowohl unklar, was hier mit „Inszenierung" gemeint ist, als auch, was „Evangelium" bedeuten soll, vor allem dann, wenn der Gottesdienst eine Inszenierung „des" Evangeliums sein soll.

Der von Meyer-Blanck verwendete Begriff von „Evangelium" changiert zwischen seinem Abstraktum und seinem Konkretum. Auf der einen Seite scheint „Evangelium" als Abstraktum verstanden zu werden, als eine theologische Leitidee, die – platonisch? – in der konkreten Liturgie als wirksam gedacht wird. Auf der anderen Seite kann mit „Evangelium" aber auch ein Konkretum bezeichnet werden, wie z. B. das Evangelium als Lesungstext eines Sonn- oder Festtages, das dessen gesamte Ausrichtung bestimmt (Meyer-Blanck führt als Beispiel den Sonntag Jubilate an)[92], wobei dann wohl auch in diesem Konkretum das Abstraktum als seine geschichtliche Erscheinungsform abgebildet ist. Ist mit der Verbindung von „Inszenierung" und „Evangelium" also gemeint, dass der Gottesdienst auf der einen Seite, das „Evangelium" aber auf der anderen steht – und nun müsse das eine im anderen (oder durch das andere) mittels „Inszenierung" zur Wirklichkeit gebracht werden? Einer solchen Deutung steht nun allerdings entgegen, dass Meyer-Blanck das „Evangelium" aus dieser Gleichung selbst entfernt und es zur „unverfügbaren Wirklichkeit" erklärt – im Gegensatz zur

---

86 Michael Meyer-Blanck: Inszenierung des Evangeliums. Ein kurzer Gang durch den Sonntagsgottesdienst nach der Erneuerten Agende, Göttingen 1997.
87 A. a. O., 18.
88 Ebd.
89 Ebd.
90 Ebd.
91 Ebd.
92 A. a. O., 18 f.

"Inszenierung" als "dargestellter Wirklichkeit". Damit erfährt das ganze Programm freilich eine Art von inkarnationstheologischer Zuspitzung, indem es nun auch um das Verhältnis von göttlicher und menschlicher Wirklichkeit geht.[93]

Vor diesem Hintergrund kann aber in Zweifel gezogen werden, ob ein so verstandenes Evangelium überhaupt sinnvollerweise inszeniert werden kann. Denn eine "unverfügbare Wirklichkeit" muss nun einmal unverfügbar bleiben. Wir dagegen haben sie immer nur in einer ihrer geschichtlichen Erscheinungsformen, sei es als theologische Leitidee, sei es als Evangelienlesung. Und nur als diese können sie auch als Grundlage einer "Inszenierung" dienen. Dabei bleibt freilich offen, in welcher Weise sich diese theologische Leitidee genau umsetzt, bzw. was hier "Inszenierung" genau meint, ist doch "das" Evangelium gerade kein Drehbuch mit Regieanweisungen: Lässt sich daraus eine Gestalt des Gottesdienstes bzw. eine Regel für die Zuordnung liturgischer Elemente ableiten? Oder gibt sie uns einen Maßstab an die Hand, mit dem wir liturgische Texte formulieren oder doch zumindest beurteilen können?

Man wird den von Meyer-Blanck gebrauchten Ausdruck einer "unverfügbaren Wirklichkeit" seiner Intension nach freilich im Sinne einer dem menschlichen Zugriff entzogenen Wirklichkeit zu verstehen haben, einer Wirklichkeit also, die nicht von vornherein solchen Bedingungen unterliegt, die sie in Frage stellen und ihrer Wirkung berauben, sondern gerade in ihrer Unverfälschtheit auf die "verfügbare Wirklichkeit" Einfluss nehmen kann.

Auch wenn das Anliegen Meyer-Blancks darin besteht, mit dem Inszenierungs-Begriff das inkarnationstheologische Paradox auch für den Gottesdienst in Anspruch zu nehmen, um nämlich zwar einerseits festzuhalten, dass göttliches Handeln in dieser Welt gar nicht anders denn als menschliches Handeln in Erscheinung zu treten vermag und andererseits das menschliche Handeln doch nicht mit dem göttlichen Handeln zu identifizieren, sondern an dessen Unverfügbarkeit festzuhalten, könnte es sein, dass er damit letztlich doch der negativen Konnotation des Inszenierungs-Begriffs (trotz gegenteiliger Absicht) erlegen ist, die ja meint feststellen zu können, dass die einer Inszenierung zugrunde liegende Wirklichkeit abhanden gekommen und durch bloßen Schein ersetzt worden ist. Eine solche Sichtweise kann aber nur dann entstehen, wenn zwischen einem eigentlichen und einem uneigentlichen Handeln, einem echten Tun und einem Tun Als-ob unterschieden wird, wie dies ja auch Meyer-Blanck tut, wenn er das "eigentliche" weil dem menschlichen Zugriff entzogene Evangelium von seiner menschlichen verantworteten Darstellung als dessen "uneigentlicher" Form unterscheidet. Trotz des darin aufgeworfenen Darstellungsproblems ist der Weg hin zu einem performativen Verständnis – wenn überhaupt – nur halb beschritten. Denn in der Sichtweise des *performative turn* muss diese Unterscheidung zwischen "eigentlich" und "uneigentlich", zwischen Sein und Schein, hinfällig werden, da es für eine bestimmte Anzahl von Menschen, die sich an einem bestimmten Ort und zu einer bestimmten Zeit versammeln, nichts anderes gibt als diese von ihnen erlebte Inszenierung, in der also

---

93 A. a. O., 41–53.

sowohl Produktion als auch Rezeption in einem geteilten Ereignis zusammen-kommen, und die nichts davon wissen, wie das Stück „eigentlich" – abgesehen von seiner Inszenierung – gedacht oder gemeint war.

5.1.4 Nach der Maßgabe unserer Einleitung zielt der Begriff der Inszenierung eher auf eine neue Wahrnehmung des Gottesdienstes und weniger auf eine Anleitung zu seiner Gestaltung ab.[94] Als wahrnehmungsleitender Begriff ist er vor allem wegen der mit ihm geleisteten Einführung des Begriffs der Szene von Interesse.

Was im theatralen Kontext eine „Szene" genannt wird, kann in zwei Richtun-gen unterschieden werden:[95] Zum einen ist Szene „eine Segmentierungseinheit im Drama und weitgehend mit ‚Auftritt' austauschbar", zum anderen „ist sie ein Synonym für die Bühne mit vielfältigen metaphorischen Assoziationen, die in die Alltagssprache hineinreichen." Um als „Segmentierungseinheit" im Drama fungieren zu können, muss sich mit dem Begriff der „Szene" ein unterschei-dendes Merkmal verbinden: Während dies in der klassischen Dramentheorie eine einheitliche Personenkonstellation war, die während einer „Szene" auf der Bühne zu sehen war, so verschiebt sich der Begriff um 1800 hin zu einer einheit-lichen Bühnendekoration.[96] Wie viele theatrale Begrifflichkeiten hat natürlich auch der Begriff der „Szene" eine Übertragung auf alltagssprachliche Gegeben-heiten erfahren, so dass dieser nun eine bestimmte Konfiguration meint, die gewisse typologische Merkmale hinsichtlich des Rollenverhaltens der daran Beteiligten oder der prägenden Atmosphäre, in der sie angesiedelt ist, aufweist.[97] So gibt es sicher nicht nur typische Szenen des Alltags, sondern auch biographi-sche Schlüsselszenen und religiöse Ur-Szenen, die erinnert, erzählt und weiter-tradiert werden und ineinander übergehen und die so auch bedeutsam für den Gottesdienst werden. Denn die theatrale Strukturiertheit der eigenen Identität und Biographie setzt sich auch im Gottesdienst fort: das, was dort geschieht und erlebt wird, wird demnach szenisch wahrgenommen und als Szene in die eigene Biographie integriert.

Der letztgenannte Punkt, so bedeutsam er für das Erleben des Gottesdienstes auch sein mag, ist noch nicht die Antwort auf unsere Frage nach der Tauglichkeit des Inszenierungs-Begriffs für ein neues leitendes Paradigma der liturgischen Erneuerung. Diese könnte nach dem eben Gesagten vor allem darin bestehen, die szenische Strukturiertheit der Liturgie in den Blick zu nehmen: Was sind eigentlich (typische) Szenen im Ablauf des Gottesdienstes? Und durch welche Merkmale werden sie bestimmt und voneinander abgegrenzt? Es steht zu ver-

---

94 Der Begriff der Inszenierung ist innerhalb der Liturgiewissenschaft vielfach kritisiert worden, vgl. z. B. Albrecht Haizmann: Warum ein evangelischer Gottesdienst keine Inszenierung ist. Drei Einwände, in: Hans-Peter Großhans/Malte Dominik Krüger (Hrsg.): In der Gegenwart Gottes. Beiträge zur Theologie des Gottesdienstes, Frankfurt a. Main 2009, 347–368.

95 Balme, Christopher: Art. *Szene*, in: Metzler Lexikon Theatertheorie, hrsg. v. Erika Fischer-Lichte/Doris Kolesch/Matthias Warstat, Stuttgart 2005, 320b–322a, hier: 320bf.

96 A. a. O., 321b.

97 Vgl. dazu die „Szenische Anthropologie" von David Plüss, in: ders: Gottesdienst als Textin-szenierung. Perspektiven einer performativen Ästhetik des Gottesdienstes, Zürich 2007, 111–154.

muten, dass eine szenische Gliederung des Gottesdienstes zu einem anderen Ergebnis als eine strukturelle Gliederung kommen wird.

5.2 Dramaturgie

5.2.1 Dass der Begriff der „Dramaturgie" in seinem liturgiewissenschaflichen Gebrauch umstritten ist,[98] dürfte seinen Grund in diesem selbst haben, da er unterschiedliche Bedeutungen annehmen kann. Auf der einen Seite lässt sich der Begriff von seiner Begriffsgeschichte her erhellen: So leitet er sich vom griechischen *dramaturgein* her und meint dort „ein Drama verfassen". Der Begriff des Dramas wiederum nimmt gemäß seinem Ursprung im griechischen *drôma* besonders die Handlung in den Blick. Wenn die Inszenierung also die äußeren Darstellungsformen eines Stücks zum Inhalt hat, so beschäftigt sich die Dramaturgie im weitesten Sinn mit dem inneren Kompositionsprinzip dieses Stücks, das dann enger gefasst auf die Gestaltung eines Spannungsbogens zielt. Auf der anderen Seite wird mit dem Begriff der Dramaturgie aber auch das in der Gegenwart weitgefächerte Tätigkeitsfeld eines Dramaturgen bezeichnet, das einmal darin bestanden hatte, sowohl eigene Texte zu verfassen als auch Texte anderer durch deren Bearbeitung für die Aufführung vorzubereiten.

Daraus lässt sich die Frage formulieren: Ist Dramaturgie etwas, das einem Stück innewohnt, *hat* ein Stück also eine bestimmte Dramaturgie, oder wird Dramaturgie einem Stück – durch die Arbeit des Dramaturgen – erst noch beigelegt, ist Dramaturgie also Sache einer bestimmten Gestaltung, die erst in ihrer Rezeption wirksam wird? Man darf zwischen diesen beiden Seiten freilich keinen Widerspruch konstruieren wollen, da die Kunst der Dramaturgie genau darin besteht, zwischen diesen beiden Seiten zu vermitteln. Wenn der Begriff der Dramaturgie „auf das Wissen um die Kenntnis der semantischen Dimensionen wie auch der strukturellen Gesetzmäßigkeit und Regelhaftigkeit von Texten [zielt, TM], die dazu geschaffen sind, in eine Bühnenhandlung transformiert zu werden"[99], dann wäre auch der Begriff der Dramaturgie – wie der Begriff der Inszenierung – ein Vermittlungsbegriff, der „sich damit sowohl auf den Bereich der Produktion als auch den der Rezeption"[100] bezieht und nicht schon inhaltlich eine bestimmte Dramaturgie im Sinne eines bestimmten Aufbaus im Blick hat. Die zwischen diesen beiden Seiten festgestellte Spannung kann aber auf die dramaturgische Binnenlogik bestimmter Stücke aufmerksam machen, die durch interpretierende Aufführungen womöglich sogar zu einem gegenläufigen Ergebnis führen können. Dann steht die dramaturgische Binnenlogik einzelner Stücke plötzlich in einem Widerspruch zu den ihnen neu beigelegten sinner-

---

98 Kerner, Hanns: Dem Gottesdienst Gestalt geben – eine kleine Kompositionslehre des evangelischen Gottesdienstes, in: MLLKB 1 (2008), 6–27.

99 Weiler, Christel: Art. Dramaturgie, in: Metzler Lexikon Theatertheorie, hrsg. von Erika Fischer-Lichte/Doris Kolesch/Matthias Warstat, Stuttgart 2005, 80b–83a, hier: 80b.

100 Ebd.

schließenden Interpretationen. Solche Widersprüche können einerseits erhellend sein, weil sie das gewohnte Verständnis erschüttern und das Stück damit in ein neues Licht setzen. Sie können aber auch in einer Weise irritierend wirken, dass der damit angerichtete Schaden nicht mehr so einfach gut zu machen ist.

Diese Reflexion hat nun auch Bedeutung für den Gottesdienst, der sich als historisch gewachsenes Kulturgut aus mehreren Elementen zusammensetzt, denen eine solche dramaturgische Binnenlogik eignet. Ein Beispiel wäre die Aufwertung der Predigt im evangelischen Gottesdienst, die nun einen eigenen dramaturgischen Höhepunkt noch vor dem Abendmahl bildet, das lange Zeit die einzige unangefochtene Spitze war. Wie verhalten sich nun beide Höhepunkte zueinander? Und gibt es eine Möglichkeit, die beiden Stücke in ein übergreifendes dramaturgisches Konzept einzubinden? Um eine solche Frage überhaupt sinnvollerweise beantworten zu können, bedürfte es zunächst eines Verständnisses darüber, wie ein solches dramaturgische Konzept des Gottesdienstes aussehen soll. Geht es doch nicht einfach darum, einen allgemeinen Begriff von Dramaturgie auf den Gottesdienst anzuwenden, sondern anhand solcher allgemeinen Überlegungen einen spezifischen Begriff gottesdienstlicher Dramaturgie zu gewinnen.

Das würde womöglich schon an der oben probeweise eingeführten Definition von Dramaturgie als der Kenntnis der textimmanenten dramaturgischen Regeln scheitern. Zwar liegt auch dem Gottesdienst ein solcher Text zugrunde, der sicher auch ausgelegt und hinsichtlich der ihm innewohnenden Regeln gelesen werden kann. Aber schon an dieser Stelle tut sich ein Problem auf, da die ehemals beigefügten praktischen Aufführungsregeln – die Rubriken – immer weiter ausgedünnt worden sind, so dass nun die dramaturgische Last weg von den Texten und hin zum Aufführenden verlagert worden ist. Das hatte sicher seinen guten Sinn darin, dass solche Rubriken ja keine direkte praktische Umsetzung ermöglichen, sondern erst in liturgischer Praxis angeeignet werden müssen. Die Aufhebung der Normierung hat damit also zwar zur liturgischen Freiheit beigetragen. Sie hat aber auch dazu geführt, dass solche Normierungen nun an anderen Orten erlernt werden müssen, wie z. B. in den Kursen für *Liturgische Präsenz* von Thomas Kabel, denn der rubriklose Agendentext gibt nur wenig von seiner Aufführungspraxis preis.

5.2.2 Die folgenden Annäherungen an das mit dem Begriff der Dramaturgie aufgeworfene Problem der adäquaten Anwendung auf den Gottesdienst wollen und können noch keine Antwort sein, sie sollen vielmehr die Dringlichkeit der Aufgabe anzeigen.

(1) Es war der Schriftsteller Gustav Freytag (1816–1895), der der Dramentheorie ihre klassisch-handwerkliche Gestalt gegeben hat.[101] Er hat die bereits bei Horaz (65–8 v. Chr.) in seiner *ars poetica* formulierte Vorstellung von einer Aufteilung des Dramas in fünf Akte zu einem fünfteiligen pyramidalen Aufbau des Dramas weiterentwickelt: Der pyramidale Aufbau ergibt sich für Freytag

---

101 Freytag, Gustav: Die Technik des Dramas, Darmstadt 1969 (= Leipzig 1922[13], ursprünglich 1863).

zunächst aus dem grundlegenden dramatischen Prinzip von Spiel und Gegenspiel, der das Drama in zwei Hauptteile gliedert und die durch einen in der Mitte liegenden Höhepunkt verbunden sind.[102] Von daher bedeuten die von ihm benannten fünf Akte zugleich einen Spannungsverlauf: I. Exposition, II. Steigende Handlung mit erregendem Moment, III. Höhepunkt und Peripetie, IV. Fallende Handlung mit retardierendem Moment, V. Katastrophe.[103]

Es nimmt nicht Wunder, sondern zeigt die Eingebundenheit liturgischen Nachdenkens in die Kultur einer Zeit, wenn etwa zur selben Zeit Wilhelm Löhe vom Gottesdienst als eines zweigipfligen Geschehens spricht. In seiner für evangelisch-lutherische Gemeinde in Nordamerika bestimmte „Agende für christliche Gemeinden des lutherischen Bekenntnisses" von 1844 vergleicht Löhe den „Gedankengang der Liturgie ... mit einem zweigipfeligen Berge ..., dessen einer Gipfel, wie etwa bei Horeb und Sinai, niedriger ist, als der andere. Der erste Gipfel ist die Predigt, der zweite das Sakrament des Altars, ohne welches ich mir einen vollendeten Gottesdienst auf Erden nicht denken kann."[104] Löhe beschreibt den Gottesdienst als eine zweifache Bewegung von Gemeinde und Christus: die Gemeinde ist über die Etappen der verschiedenen liturgischen Elemente immer im Steigen begriffen. In einer gegenläufigen Bewegung kommt der so aufwärts steigenden Gemeinde ihr Herr entgegen, bis sie sich gewissermaßen im Abendmahl vereinen. Die Gemeinde kann nun nicht mehr höher steigen, „es sei dann durch den Tod"[105]. In dieser Beschreibung Löhes ist gar nicht so sehr der Übergang von dem einen zum anderen Gipfel das Problem als vielmehr der Schluss, der Abstieg in den Alltag, der in der Beschreibung zwar treffend, aber aus unserer heutigen Sicht unterbestimmt bleibt: „man sucht den Uebergang zu dem, was Gott im irdischen Berufe einem jeden zur Vorbereitung auf den Himmel auferlegt."[106]

Die klassische, von Aristoteles herkommende Grundstruktur des Dramas ist nun allerdings in der Neuzeit hinterfragt worden. Diese Grundstruktur ist nämlich keineswegs die einzig mögliche Struktur des Dramas, auch wenn sie „meist als *die* Struktur des Dramas schlechthin proklamiert wurde."[107] „So weit aber das abendländische Drama reicht, hat es eine zweite Dramenstruktur gegeben, der man lange wenig Beachtung geschenkt hat"[108], und die man mit Bertolt Brecht als das nichtaristotelische Drama bezeichnen kann. Dieses nichtaristotelische Drama zeichnet sich durch die Aufeinanderfolge verschiedener Szenen aus, die nacheinander als Stationen durchlaufen werden.

---

102 A.a.O., 93f.

103 A.a.O., 102.

104 Agende für christliche Gemeinden des lutherischen Bekenntnisses, hrsg. v. Wilhelm Löhe, Nördlingen 1844. Das Zitat befindet sich in den Vorbemerkungen Löhes, denen allerdings Seitenzahlen fehlen.

105 Ebd.

106 Ebd.

107 Kesting, Marianne: Das epische Theater. Zur Struktur des modernen Dramas, Stuttgart ³1967, 10.

108 Ebd.

Einen gewissen wenn auch kaum bewussten Reflex auf diese neue Sichtweise des Theaters in den 1920er Jahren darf man in den Aussagen von Hans
Asmussen zum Aufbau des Gottesdienstes vermuten, die zugleich eine schroffe
Absage jedes dramaturgischen Verständnisses des Gottesdienstes sind, wie er sie
bei Löhe, in der sog. älteren liturgischen Bewegung, aber auch bei den Berneuchenern, die Asmussen im Blick hat, vorliegen sieht: „Die christliche Gemeinde
,schwingt sich' in ihrem Gottesdienst nicht aus der staubigen Ebene des Alltags
allmählich zu den ,lichten Höhen' der Erbauung empor, um dann wieder am
Schluß in den Staub des Alltags entlassen zu werden"[109], vielmehr „verbleibt"
der Gottesdienst „auf einer Höhe vom Eingangslied bis zum Segen."[110] Für Asmussen geht kein liturgisches Stück aus einem anderen hervor, keines bereitet
ein anderes vor oder legt es rückblickend aus. Der Gottesdienst hat auch keinen
„Gedankengang", er ist weder „Schaustück" noch „Führung durch das Christentum", vielmehr ist er „ein Leben, das sich nach den verschiedenen Seiten hin
auslebt: in Hören und Bekennen, in Bitte und Anbetung."[111] Für die liturgischen
Stücke aber hat das zur Konsequenz, dass sie alle auf derselben Linie liegen, alle
im Grunde dasselbe besagen, wenn auch in unterschiedlichen Ausdrucksweisen.

Die beiden Positionen von Löhe und Asmussen mögen je auf ihre Weise zwei
Extrempositionen sein. Aus ihrer Gegenüberstellung ergibt sich aber unweigerlich die Frage, ob es sachgemäßer ist, dem Gottesdienst nun einen Höhepunkt
(oder zwei Höhepunkte?) zuzuschreiben oder doch besser von hintereinander
aufgereihten einzelnen Szenen zu sprechen, die alle auf derselben Höhe liegen?

(2) Entsprechend seiner ursprünglichen Bedeutung könnte man unter Dramaturgie einen gestalteten Handlungsablauf verstehen. Obgleich Handlungen
selbstverständlich räumlich ausgebreitet sind und an unterschiedlichen Orten
im Raum stattfinden können, wird Dramaturgie durch einen solchen Ansatz im
Wesentlichen zu einer Funktion der Zeit. Zugleich ist damit eine Rückkopplung
im Erleben verbunden. Handlungsabläufe können als in der Zeit verdichtet oder
gedehnt erlebt werden, wodurch wiederum die Zeit jeweils anders wahrgenommen wird.

Ein solcher Versuch, vor dem Hintergrund des Strukturmodells verdichtete
Handlungsabläufe zu erzeugen, waren die sogenannten Ausformungsvarianten
der Grundformen. Durch sie sollten – ohne das grundlegende Strukturmodell
zu verlassen – mittels Schwerpunktsetzungen bestimmte Gottesdiensttypen
dargestellt werden. Als Grundsatz galt dabei: Wo ein Schwergewicht im Gottesdienst entsteht, dann muss an anderer Stelle gekürzt werden, um das Gesamt-
gewicht aufrechtzuerhalten.[112]

Die Dualität von Grundformen und Ausformungsvarianten erscheint zunächst als geschickte Aufhebung der sich gegenüberstehenden Prinzipien von
Tradition und Innovation, um auf diese Weise sowohl der bisherigen Agende

---

109 Asmussen, Hans: Die Lehre vom Gottesdienst, Bd. 1: Gottesdienstlehre, München 1937, 200.
110 A.a.O., 203.
111 A.a.O., 202.
112 Vgl. die Beispiele in: Gottesdienst als Gestaltungsaufgabe (wie Anm. 64), 18–43, 48–54.

als auch den „Gottesdiensten in neuer Gestalt" gerecht zu werden. Damit wird gewissermaßen eine zweite Ebene in das Strukturkonzept eingezogen. Sollte nämlich das Strukturkonzept die prinzipielle Gleichartigkeit und wohl auch Gleichrangigkeit aller Gottesdienste erweisen, so sollte das Formkonzept nun für die Pluralität der Gottesdiensttypen sorgen. Es muss sich aber die Frage stellen, ob dabei nicht das Formkonzept durch das Strukturkonzept in einer Weise dominiert wird, die das Potential des Formkonzepts verkennt. Denn es wären ja auch Gottesdienstformen denkbar, die gar nicht im Schema des Strukturkonzepts erfasst werden können, denen dann aber Gewalt angetan wird, wenn sie in seine Vorgaben gepresst werden. Oder anders: Dem Strukturkonzept eignet eine eigene Art der Dramaturgie, die dann den jeweiligen Eigendramaturgien der Gottesdienstformen aufgenötigt wird. Freilich: je länger Strukturkonzept und Formkonzept in eins gesehen und gleichgestaltet werden, desto weniger wird überhaupt noch wahrgenommen werden können, dass hier eine Spannung vorliegt.[113]

Vielleicht verhält es sich wie mit der Heisenbergschen Unschärferelation. Man kann nicht beides haben: Legt man das Augenmerk auf die Struktur als einem makroskopischen Blick, dann übersieht man die gravierenden Unterschiede zwischen den einzelnen Gottesdienstarten, die eben nicht auf der Strukturebene zu erfassen sind, da ja „Struktur" für das Prinzip der Vereinheitlichung steht, sondern auf der Ebene der einzelnen gottesdienstlichen Elemente, die jeweils durch einen Inhalt, einen Ort, eine Handlung oder ein Verhalten bestimmt sind. Auf dieser Ebene können sich ganz andere Zusammenhänge zwischen den einzelnen Gottesdienstteilen ergeben, als sie auf der Strukturebene zutage treten. Auf der anderen Seite kann aber das Augenmerk auf die Ebene der einzelnen gottesdienstlichen Elemente dazu führen, den übergreifenden Zusammenhang aus dem Blick zu verlieren, der z.B. mit dem Begriff der „Dramaturgie" bezeichnet werden kann. Während aber der Begriff der „Struktur" eine statische Anordnung meint, hat der Begriff der „Dramaturgie" den Vorteil, eine Bewegung zu implizieren.

(3) Die weitestgehende dramaturgische Durchdringung des Gottesdienstes dürfte in der Liturgischen Präsenz nach Thomas Kabel vorliegen. Dort wird der Gottesdienst in drei bzw. vier Akte gegliedert, an deren Schwellen sogenannte plot-points in den jeweiligen neuen Akt hinein- bzw. hinüberführen.[114] Zum ersten Akt, die *Exposition*, rufen die Glocken zu Beginn des Gottesdienstes auf. In den zweiten Akt, die *Konfrontation*, führt das Tagesgebet hinüber. Das Lied nach der Predigt oder die Kanzelabkündigungen stehen an der Schwelle vom

---

113 Um ein Beispiel zu nennen: So haben sich die Gottesdienst-Elemente für einen Lobpreis- und Anbetungsgottesdienst, wie er vom Gottesdienst-Institut der Evangelischen-Lutherischen Kirche in Bayern veröffentlicht worden ist, nicht in das Strukturschema pressen lassen, vgl. Gottesdienst feiern. Loben und Preisen, hg. v. Landeskirchenamt der Evangelisch-Luthersichen Kirche in Bayern, Nürnberg 2018.

114 Kabel, Thomas: Handbuch Liturgische Präsenz. Bd. 1: Zur praktischen Inszenierung des Gottesdienstes. Gütersloh ²2003, 189ff.

36 Thomas Melzl

zweiten zum dritten Akt, der *Auflösung*. Aus dem dritten Akt führt die *Sendung* hinaus in die Welt.[115]

Sodann wird innerhalb der einzelnen Akte noch zwischen Sequenzen unterschieden. Der erste Akt besteht auf den Sequenzen „Eröffnung" (Orgelvorspiel – Begrüßung – Sündenbekenntnis – Eingangspsalm) und „Anrufung" (Gloria patri – Kyrie – Gloria – Kollekten-/Tagesgebet). Der zweite Akt besteht aus den Sequenzen „Die Lesungen und unsere Antwort" (Biblische Lesungen – Halleluja – Bekenntnis – Wochenlied) und „Verkündigung und Ausblick" (Kanzelgruß – Lesung: Predigttext – Predigt – Kanzelsegen – Kanzelabkündigungen). Der dritte Akt schließlich aus der Sequenz „Gebet und Segen" (Fürbitten – Vaterunser – Sendung und Segen – Orgelnachspiel).[116]

1. Akt: Exposition		2. Akt: Konfrontation		3. Akt: Auflösung
1. Sequenz: Eröffnung	2. Sequenz: Anrufung	3. Sequenz: Die Lesungen	4. Sequenz: Verkündigung	5. Sequenz: Gebet und Segen

Wir lassen die Frage, welche Gottesdiensttradition dieser Einteilung zugrunde liegt, beiseite und bemerken zunächst, dass nicht alle liturgischen Elemente in der Aufzählung der Sequenzen aufgeführt sind: So fehlt nicht nur das Eingangslied, sondern auch das Lied nach der Predigt, obwohl dieses sogar als plot-point markiert worden war. Desweiteren lässt sich einerseits feststellen, dass trotz der dramaturgischen Auflösung des Gottesdienstes nach Akten doch immer noch sowohl die Einteilung als auch die Begrifflichkeit des Strukturmodells durchschimmern. So wird die dort vorgenommene Strukturierung und die damit hergestellten Zusammengehörigkeiten von liturgischen Elementen zu größeren Einheiten auch mit der Einteilung in Akte nachvollzogen. Die Einschnitte werden zumindest an denselben Stellen gesetzt. Hier lassen sich zwei mögliche Rezeptionswege denken: Entweder zeigt sich darin die Diskursmächtigkeit des Strukturmodells, die zu einer tiefsitzenden Prägung der Wahrnehmung und des Denkens geführt hat, oder es könnte umgekehrt ein Hinweis darauf sein, dass das Strukturmodell schon implizit nach dramaturgischen Gesichtspunkten verfahren ist. Aber auch bei den verwendeten Begriffen wie „Eröffnung" und „Anrufung" wird die Rezeption des Strukturmodells deutlich. Beides war ja auch im Strukturmodell zunächst getrennt und ist erst im Fortgang der Überlegungen zu „Eröffnung und Anrufung" zusammengefasst worden.[117] Auf der anderen Seite aber wird das Strukturmodell an bemerkenswerten Stellen verlassen. Während das Strukturpapier zur „Eröffnung" die Elemente *Musik – Rüstgebet – Gebetsstille – Einführung* und zur „Anrufung" die Elemente *Psalm/ Lied – Bittruf (Kyrie) – Lobpreis (Gloria in excelsis) – Kollektengebet* zählt,[118]

---

115 Ebd., 194.
116 Ebd., 202 ff.
117 Schwier, Helmut: Die Erneuerung der Agende (wie Anm. 65), 19–32 und 70–74.
118 Gottesdienst als Gestaltungsaufgabe (wie Anm. 64), 12 f.

Ordnung – Struktur – Weg

setzt Kabel einen dramaturgischen Schnitt erst nach dem Eingangspsalm, bzw. rechnet sogar das eigentlich noch dem Psalm angefügte „gloria patri" schon der nächsten Sequenz zu.

(4) Ganz andere Zusammenhänge im Gottesdienst jenseits des Strukturmodells werden dann sichtbar, wenn die äußere Haltung der Gemeinde berücksichtigt wird, die für das Erleben des Gottesdienstes eine nicht zu unterschätzende Bedeutung hat. Im Folgenden soll das an Agende I der VELKD gezeigt werden, da dort auch das Verhalten der Gemeinde in ausreichendem Maße rubriziert ist. Für die folgende Übersicht wurde der Einfachheit halber das Eingangslied vor dem fakultativen Rüstgebet und die Form B beim Abendmahl gewählt.[119] Bei den rubrizierten Haltungen wird die Möglichkeit des Kniens nicht berücksichtigt. Vielmehr werden nur die beiden Haltungen des Sitzens oder Stehens der Gemeinde beachtet. Allerdings wird im Sakramentsteil nur jene Variante dargestellt, bei der die Gemeinde mit Beginn der Präfation steht.

In der folgenden Grafik wird die vierfache Gliederung des Gottesdienstes nach Agende I übernommen. Unterhalb dieser Überschrift stellen die jeweiligen Kästchen die liturgischen Elemente dar, die in dem jeweiligen Teil des Gottesdienstes vorkommen. Bei den grau markierten liturgischen Elementen steht die Gemeinde, bei den weiß gebliebenen Kästchen sitzt sie. Nur einmal kommt es vor, dass eine Wahl zwischen Sitzen und Stehen möglich ist, so dass das entsprechende Kästchen geteilt ist.

Eingangsteil	Wortteil	Sakramentsteil	Schlußteil

Aus der Übersicht wird deutlich, dass die Übergänge zwischen den einzelnen Teilen des Gottesdienstes durch die körperliche Haltung der Gemeinde anders gesetzt werden als dies in der Gliederung beabsichtigt ist. Zum einen ergibt sich ein Zusammenhang zwischen dem Kollektengebet und der Lesung der Epistel. Zum anderen wird durch das Stehen der Gemeinde das Allgemeine Kirchengebet mit der Präfation verbunden, oder, wenn kein Abendmahl gefeiert wird, mit der Entlassung.

Wir bleiben bei diesem interessanten und vielfach missverstandenen Übergang zwischen dem Kollektengebet und der Lesung: Gehört das Kollektengebet in den Eingangsteil des Gottesdienstes als dessen zusammenfassenden Abschluss oder ist es das erste Gebet des zweiten Teils als Vorbereitung der Lesung?

Schon Mahrenholz unterscheidet in seiner Einführung zu Agende I zwischen makro- und mikrostrukturellen Einheiten, wenn er beispielsweise die liturgischen Elemente „Kyrie eleison", „Gloria in excelsis" und „Kollektengebet" zusammengefasst als Eingangsgebet versteht.[120]

---

119 Agende für evangelisch-lutherische Kirchen und Gemeinden, Erster Band (wie Anm. 4), 50*–83*.

120 Agende für evangelisch-lutherische Kirchen und Gemeinden, Erster Band (wie Anm 4), 43*.

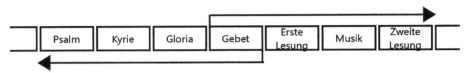

Nach dem Verständnis von Mahrenholz ist das Kollektengebet ein Gebet, dass den ersten Teil des Gottesdienstes zusammenfasst und mit den Elementen von Psalm, Kyrie und Gloria ein zusammenhängendes und umfassendes Eingangsgebet bildet. Auch wenn dieser Begriff des Eingangsgebets an dieser Stelle sicher misslich ist, so ist damit einerseits ein theologischer Zusammenhang zwischen den sonst lose aneinander gereihten Stücken hergestellt und andererseits – wiederum als theologische Aussage – der Charakter dieser mikrostrukturellen Einheit getroffen: Es handelt sich um ein gestaltetes Gebet. Das Gebet weist also strukturell zurück auf die hinter ihm liegenden Stücke.

Ein anderes Bild ergibt sich, wenn man auf die dabei jeweils eingenommene Haltung achtet und das hier in Rede stehende Gebet auch noch als Tagesgebet versteht, als ein Gebet also, dass sich am Proprium des Tages orientiert, welches sich wiederum aus der Evangelienlesung ergibt. Dann wird ein Zusammenhang mit den nach diesem Gebet folgenden Stücken hergestellt. Diese Sichtweise wird außerdem durch die in Agende I eingesetzten Salutationen unterstrichen. In Agende I kommt der Salutatio[121] nämlich eine bemerkenswerte Funktion als plot-point zu. Sie findet sich vor dem Kollektengebet, am Beginn des Sakramentsteils und vor der Schlusskollekte und gliedert den Gottesdienst wiederum etwas anders, als es die Einteilung in Eingangsteil, Wortteil, Sakramentsteil und Schlußteil vorsieht. Es ist aber gerade dieser gegenseitig zugesprochene Gruß in Verbindung mit der Aufforderung zum Stehen, die im Erleben der Gemeinde das Kollekten-/Tages-Gebet eher auf die folgende Lesung hin orientieren als auf die zurückliegenden Gebete.

Angesichts dieser letzten Annäherung stellt sich die Frage, wie sich die Stimmigkeit einer Dramaturgie überprüfen lässt? Gibt es äußere oder auch innere Kriterien, die Rückschlüsse auf die Stimmigkeit einer Dramaturgie erlauben? Oder lässt sich diese nur aus der Aufführung des Stücks selbst erheben, also nur empirisch aus der Erfahrung des Stücks? Und umgekehrt lässt sich fragen: Wo liegen die Regeln, nach denen man einen neuen Gottesdienst komponieren könnte? Kann es solche Regeln überhaupt geben? Dann müsste man sagen können, welche Elemente in welche Reihenfolge sinnvoll einander zugeordnet werden sollten, um – wenn man das überhaupt will – diese oder jene Form zu erzeugen. Aber das ist nur die eine Seite des Problems, denn selbst wenn man äußerlich alles richtig gemacht hat, dann käme doch noch die Aufgabe einer inhaltlichen Füllung hinzu, also die Frage welche Art von Texten eingesetzt werden und wie lange diese Texte auf der Zeitachse dauern sollen.

---

121 Agende für evangelisch-lutherische Kirchen und Gemeinden, Erster Band (wie Anm. 4), 55*.65*.78*.

6. Der Begriff des Weges

6.1 Angesichts der breitgestreuten Verwendung des Weg-Begriffs sowohl im Alten und Neuen Testament wie auch in der Geschichte von Theologie und Kirche[122] muss es verwundern, dass er innerhalb der Liturgiewissenschaft nicht längst zu einem programmatischen Begriff erhoben worden ist, um mit ihm den „Ablauf" von Gottesdiensten zu beschreiben. Das bedeutet freilich nicht, dass er implizit immer wieder gebraucht worden ist und wird, etwa wenn Löhe den Gang der lutherischen Messe im Bild einer Bergbesteigung beschreibt. Es wird daher sicher auch zu fragen sein, ob diese negative Feststellung als ein dem Weg-Begriff inhärentes Problem zu begreifen ist, oder ob dafür andere Gründe genannt werden können.

6.2 Für die neuere liturgiewissenschaftliche Aufmerksamkeit für das Motiv und den Begriff des Weges muss zunächst Manfred Josuttis genannt werden.[123] Dabei muss allerdings erstaunen, dass Josuttis den Weg-Begriff, obwohl er ihn so prominent auf den Titel seines Buches platziert, selbst nur am Rande definiert,[124] auch wenn er natürlich ständig eine Rolle spielt. Josuttis will Gottesdienst vielmehr als „Verhaltenssequenz" verstehen, die aus der Binnenlogik ihres Ablaufs heraus erklärt werden müsse.[125] Wenn er dabei grundsätzlich erklärt, dass „das rituelle Verhalten im Gottesdienst" dazu dient, „sich der Wirklichkeit des Göttlichen auf angemessene Weise zu nähern"[126], dann ist es der in dieser Metaphorik beschlossene Weg-Begriff, der nun an den Verhaltenselementen im Gottesdienst verifiziert werden soll. Josuttis benennt darum „Einzelschritte" (Gehen, Sitzen, Sehen, Singen, Hören, Essen, Gehen) aus denen sich der „Weg in das Leben, den

---

122 Hingewiesen sei in aller Kürze darauf, dass „Weg" als Metapher den Lebenswandel eines Menschen bezeichnen kann (Ps 119,168). Weil dieser Lebenswandel in positiver Weise von den Geboten, Satzungen und Rechten Jahwes bestimmt ist (1Kön 8,58), können auch diese als „Weg" zusammengefasst werden (vgl. 5Mo 30,16), vgl. Zehnder, Markus: Art. Weg, in: Das Wissenschaftliche Bibellexikon im Internet (www.wibilex.de), 2009. Diese Bedeutung einer grundsätzlichen und grundlegenden Lebensausrichtung klingt auch darin an, wenn die ersten Christen im Neuen Testament als „Anhänger dieses Weges" (Apg 9,20) genannt werden, worin sich auch niederschlägt, dass der irdische Jesus Menschen in seine Nachfolge berufen hat, die ja gerade darin bestanden hat, über den gemeinsam geteilten Weg die Lebensweise des Meisters zu lernen. Dem entspricht wohl auch, dass die ganze Existenzweise der Gläubigen in das das Wegmotiv aufnehmende Bild der Wanderschaft gefasst werden kann, das sich realiter auf das Unterwegssein der Erzväter und später des Volkes Israel in das verheißene Land bezieht und das im Hebräerbrief aufgenommen wird (Hebr 11,13ff.), das aber erst von Augustinus auf den Begriff des „wandernden Gottesvolks" (civitas peregrina) gebracht wird und durch John Bunyans (1628–1688) Hauptwerk „Pilgerreise zur seligen Ewigkeit" (1678) einen nachhaltigen Eindruck auf die persönliche Frömmigkeitsübung gemacht hat. Schließlich darf nicht vergessen werden, dass im Mittelalter die beiden bedeutenden scholastische Lehrausrichtungen als „via moderna" bzw. „via antiqua" unterschieden worden sind.
123 Josuttis, Manfred: Der Weg in das Leben. Eine Einführung in den Gottesdienst auf verhaltenswissenschaftlicher Grundlage, Gütersloh (1991) ³2000.
124 Die einzige ausführliche Stelle findet sich a.a.O. 161–163.
125 A.a.O., 11.
126 A.a.O., 34.

der Gottesdienst geht" zusammensetzt.[127] An anderer Stelle nennt er sie „Etappen, die den liturgischen Vollzug strukturieren"[128]. Sicher impliziert auch schon die auf dem Weg hin zum Gottesdienst und im Gottesdienst anzutreffende Verhaltensweise des Gehens,[129] diesen insgesamt als Weggeschehen zu deuten, aber damit wäre Josuttis eigentliche Absicht längst nicht eingeholt, da es ja eigentlich nicht (oder nicht nur) um die körperliche, sondern um eine innere Bewegung geht,[130] die freilich durch eigene (z. B. anhand des Gesangbuchs bzw. im Akt des Singens durchgeführte)[131] oder mimetisch angeeignete (z. B. durch „Identifikation mit dem kultischen Personal"[132]) äußere Verhaltensformen ausgelöst oder unterstützt wird. Nicht von ungefähr bemüht Josuttis darum auch den Vergleich mit dem mystischen Erleben.[133] Interessant daran ist, dass Josuttis davon spricht, dass es der Gottesdienst ist, der diesen Weg geht, und nur mittelbar gehen ihn die am Gottesdienst Teilnehmenden mit. Der Gottesdienst stellt also gewissermaßen Verhaltensformen bereit, die in sich selbst als Annäherung an das Heilige und den Weg zurück in den Alltag angelegt sind, und die die am Gottesdienst Teilnehmenden übernehmen und so auf demselben Weg geführt werden, den sie ohne sie nicht gegangen wären, ja, nicht hätten gehen können. Über die Einzelschritte hinaus benennt Josuttis – in bewusster Absetzung vom Struktur-Begriff – dann aber auch noch drei Teile des Gottesdienstes, die er mit den Phasen des mystischen Erlebens kombiniert: (1) Gebetsgottesdienst (= purificatio), (2) Wortgottesdienst (= illuminatio), (3) Sakramentsgottesdienst (= unio).[134]

6.3 Auch Martin Nicol greift den Begriff des Weges auf.[135] Aber anders als Josuttis, der den Gottesdienst als Weg der Annäherung an das Geheimnis versteht, verläuft für Nicol der Weg des Gottesdienstes bereits selbst im Geheimnis.[136] Das Bild hinter dem Bild ist für Nicol dabei der „über Jahrhunderte gespurte[n] und begangene[n] Pilgerweg, der einlädt, neue Erfahrungen auf alten Wegen zu machen."[137] Obwohl sich Nicol dessen bewusst ist, dass die Metapher vom Weg „kirchlich verbraucht" ist,[138] soll der Begriff bzw. die Begriffskombination doch ein Zweifaches für den Gottesdienst erhellen: Auf der einen Seite

---

127 A.a.O., 47.

128 A.a.O., 162.

129 A.a.O., 51: „Die erste Verhaltensweise, die bis heute zu jedem Gottesdienst gehört, besteht darin, daß man geht." Und 119: „Die grundlegende Verhaltensform im Kult ist nicht das Sitzen, sondern die Bewegung. Einen Gottesdienst feiern heißt: ihn be-gehen." Schließlich 299: „Kultische Praxis beginnt und endet im Gehen."

130 A.a.O., 164: „Der Weg in das Leben, den der Gottesdienst geht, vollzieht sich über weite Strecken im Sitzen. Das bedeutet ..., daß sich die meisten Bewegungen, die hier angeregt werden, im Inneren vollziehen".

131 A.a.O., 196.204.

132 A.a.O., 164.

133 A.a.O., 162.

134 Ebd.

135 Nicol, Martin: Weg im Geheimnis. Plädoyer für den Evangelischen Gottesdienst. Göttingen 2009.

136 A.a.O., 9, 19–42.

137 A.a.O., 19.

138 A.a.O., 28f.

Ordnung – Struktur – Weg 41

geht Nicol davon aus, „dass der Mensch immer schon im Geheimnis lebt."[139] Allerdings erschließt sich dieses Geheimnis nicht einfachhin, sondern nur über Wege, über deren Begehung Erfahrungen mit diesem Geheimnis gemacht werden können. Einer dieser Wege ist der Gottesdienst. Auf der anderen Seite bedeutet das für die Dramaturgie des Gottesdienstes, dass dieser eigentlich keine Spannungssteigerung oder Höhepunkte aufweisen kann, da es ja nicht um eine Annäherung an das Geheimnis geht.[140] Weil dieses Ziel vielmehr eschatologisch voraus liegt, kann der Gottesdienst „eine ruhigere Gangart" einschlagen, während der es zu „bemerkenswerten Erfahrungen und Erkenntnissen kommen" kann, aber nicht muss.[141] Freilich steht dieser Sichtweise von gottesdienstlicher Dramaturgie entgegen, dass der evangelischen Messe traditionell zwei Höhepunkte zugeschrieben werden: die Eucharistie und die Predigt. Daher muss Nicol seine von seiner Begriffsbestimmung vorgegebenen Anschauung einer im Grunde höhepunktlosen Dramaturgie mit der musikalischen Metapher des Kontrapunkts korrigieren: „Man könnte sagen, eine Dramaturgie der Höhepunkte werde kontrapunktisch begleitet und unterlegt von einer Dramaturgie der Wiederholung."[142]

6.4 Wir können an dieser Stelle das jeweils unterschiedliche Gottesdienstverständnis von Josuttis und Nicol, das aus einem jeweils unterschiedlichen Gebrauch des Weg-Begriffs resultiert, nicht weiter vertiefen. Soviel sollte aber deutlich geworden sein, dass der Weg-Begriff nicht nur in sich selbst äußerst vielschichtig ist, er ist auch eine Größe, die von dem jeweiligen theologischen Wirklichkeitsverständnis abhängig ist.

Der Weg-Begriff ist demnach für beides offen: Mit ihm kann sowohl eine Steigerung als auch ein gleichmäßiges Voranschreiten beschrieben werden. Er dient dazu, sowohl den „Ablauf" insgesamt als auch einzelne „Etappen" in den Blick zu nehmen. Er verweist einerseits auf die Vorgegebenheit eines Weges hin, den zu betreten und zu begehen man sich einlassen muss, um so überhaupt erst das mit diesem Weg verbundene Erlebnis machen zu können; insofern eignet ihm das Moment der Tradition. Andererseits ist nicht ausgemacht, dass es sich bei diesem Weg um einen bereits bekannten handeln muss, der vielleicht sogar als ausgetreten angesehen werden kann, es können auch neue Wege sein, die womöglich erst beim Gehen entstehen; insofern eignet ihm das Moment der Innovation.[143]

Aber gerade diese Unbestimmtheit des Begriffs erschwert seine Rezeption als liturgischen Programm-Begriff: er ist einfach zu unspezifisch. So bedarf es jedenfalls weiterer Klärung, wie denn genau durch den Weg-Begriff „die besondere Dynamik zwischen Ruhe und Bewegung, die charakteristischen Eigenhei-

---

139 A.a.O., 30.
140 A.a.O., 30f.
141 A.a.O., 31.
142 Ebd.
143 Vgl. z.B. Christensen, James L.: New Ways to Worship. More Contemporary Worship Services. New Jersey 1973.

ten der verschiedenen Liturgiephasen sowie die Notwendigkeit der sachlichen Verknüpfung der einzelnen Elemente"[144] hervorgehoben werden können soll.

Für diese Klärung lohnt sich ein Blick in die Geschichte der ökumenischen Bewegung, denn dort ist bereits relativ früh der Weg-Begriff zu einem bedeutsamen Begriff erhoben worden, mit dem offensichtlich die Hoffnung verbunden worden ist, unterschiedliche Liturgie-Traditionen zu differenzieren.[145] So ist der im Jahr 1951 erschienene Report der theologischen Kommission von „Faith and Order" in Vorbereitung ihrer dritten Weltkonferenz mit „Ways of worship"[146] betitelt worden. Der Bericht unterscheidet zunächst grundsätzlich zwei „modes of worship": (1) Liturgical worship und (2) „Free" worship, um darauf dann drei Zentren „around which worship moves" zu benennen: (1) Eucharist-centred worship, (2) Preaching-centred worship und (3) Waiting upon the Spirit. Auch wenn aus heutiger Sicht sowohl die Unterscheidung zweier grundsätzlicher Gottesdienst-Weisen als auch die Unterscheidung in drei zentrale Gehalte alles andere als hinreichend sein kann, so ist damit doch der Versuch gewagt worden, verschiedene liturgische und damit auch konfessionelle Wege in ihrer Eigenart zu beschreiben. Hinter diesen Versuch sollte man nicht mehr zurückgehen. Denn soviel sollte klar sein: Ist der Weg-Begriff einmal eingeführt, dann kann er schlechterdings weder auf zwei Grundformen festgelegt noch können unterschiedliche Wege allein durch Schwerpunktsetzungen innerhalb einer Grundform hergestellt werden. Vielmehr müsste es dann gelten, unterschiedliche Feierformen als eigene Wege wahrzunehmen und anzuerkennen.

7. Neueste liturgiewissenschaftliche Begriffsbildung

7.1 Um das Bild der begrifflichen Erfassung gottesdienstlichen Geschehens zu vervollständigen, sollen, bevor ein Ausblick gewagt werden kann, noch zwei Begriffe genannt werden, die bislang ohne nennenswerten Widerhall in den liturgiewissenschaftlichen Diskurs eingebracht worden sind, die aber gewisse Gemeinsamkeiten aufweisen.[147]

---

144 Ehrensperger, Alfred: Liturgie als Weg, in: Peier-Plüss, Martin (Hg.): Beim Wort genommen. Kommunikation in Gottesdienst und Medien. Zürich 2007, 97–116, hier: 106 f.

145 Dass in Folge dieser programmatischen Schrift der Begriff des Weges in der deutschsprachigen Liturgiewissenschaft nicht rezipiert worden ist mag daran liegen, dass generell der liturgiewissenschaftlichen Arbeit der ökumenischen Bewegung kaum Beachtung geschenkt worden ist. Aber das wäre ein eigenes Thema.

146 Vgl. Ways of Worship. A Report of a Theological Commission of the Faith and Order Commission of the World Council of Churches in preparation for the Third World Conference on Faith and Order to be held at Lund, Sweden in 1952, hier: 4 f. (= Faith and Order Commission Papers No. 6). Zum Hintergrund vgl. Lamparter, Hanne: Gebet und Gottesdienst. Praxis und Diskurs in der Geschichte des ökumenischen Rates der Kirchen. Leipzig 2019, 173–181.

147 Einen Begriff, der einer näheren Betrachtung wert wäre, müssen wir an dieser Stelle aber übergehen: Der Begriff der „Konstellation", wie ihn Inge Kirsner für die besondere Beziehung von Film und Gottesdienst in Filmgottesdiensten vorgeschlagen hat, vgl. Kirsner, Inge: Epiphanien –

Ordnung – Struktur – Weg 43

7.2 Der Berner Praktische Theologie David Plüss geht von einer unhintergehbar plural gewordenen Gottesdienstlandschaft aus und differenziert mit Hilfe des Begriffs des „Stils"[148] unterschiedliche Gottesdienste.[149] Der Stil-Begriff soll in diesem Zusammenhang ein Doppeltes leisten: Er kann einerseits liturgische Individualität erfassen, andererseits können individuelle Stile zu einer Gruppe von Stil-Typen zusammengefasst werden. Dabei ist natürlich von Bedeutung, wie man überhaupt dazu kommt, von einem „Stil" zu sprechen. Ob der Stil-Begriff tatsächlich als noch liturgisch wertneutrale Perspektive eingeführt werden kann, mag dahingestellt bleiben. Beachtenswert ist jedenfalls die explorativ-empirische Ebene, die mit ihm verbunden sein soll. Für Plüss ist „Stil" daher ein ästhetischer Begriff, der sowohl die Rezeptions- als auch die Produktionsperspektive von Gottesdiensten in den Blick nimmt. Ausgehend von einer „heuristischen" Definition eines liturgischen Stils: „Ein liturgischer Stil besteht aus der Komplexion der Elemente *theologisch-liturgische Intention* (der Liturgin bzw. des Liturgen), *Individualität* (oder Persönlichkeit), *Rollenidentität* und *Gemeinde*"[150] und den vier Stil-Dimensionen: „(1) *Traditionsbezug*, (2) *Erfahrungsbezug*, (3) *Situationsbezug* und (4) *Inszenierungsbezug*"[151] kommt Plüss zu vier liturgischen Stil-Typen.[152]

7.3 Jüngst hat Alexander Deeg das Leitbild unterschiedlicher „Klangräume" für den Gottesdienst entwickelt.[153] Es sind vor allem zwei Beobachtungen, die ihn (vor dem Hintergrund einer liturgiewissenschaftlichen Fachtagung zu Jazz und dessen Bedeutung für den Gottesdienst) zu diesem neuen Leitbild geführt haben: Da ist zunächst der unfruchtbare Gegensatz von „traditionsorientierten"

Konstellationen zwischen Kino und Kirche, in: Dietmar Adler/Jochen Arnold/Julia Helmke/dies. (Hg.): Mit Bildern bewegen – Filmgottesdienste (ggg 24), Hannover 2014, 22–35, bes. 31f. Mit diesem Begriff soll die „liturgische Kunst" bezeichnet werden, „die Fremdheit christlicher Überlieferung sichtbar zu machen, die Selbstverständlichkeit von Traditionen aufzubrechen, die diese Fremdheit verhüllen und die Wirksamkeit biblischer Stücke oft genug entkräften", indem sie über eine Begegnung „mit heutiger (Medien-)Wirklichkeit" in einen Dialog gebracht werden. Dabei soll die „liturgische Konstellierung von heutigen Kinowelten, alten biblischen Texten und kirchlichen Liedern" das „facettenreiche[n], fragmentierte[n] Leben[s] der Gegenwart" spiegeln. Dadurch wird die „Fremdheit bzw. Eigentümlichkeit biblischer Texte … sichtbar und zugleich wird eine neue Zugangsweise zu ihnen eröffnet." Was hier speziell für den Filmgottesdienst gesagt ist, soll nach Kirsner aber nicht nur für „gottesdienstliche Liturgie, sondern praktisch-theologische Theoriebildung generell" gelten: sie soll „als Inszenierung der Fremdheit, als harter Schnitt, als Kunst der Konstellation" betrieben werden.
148 Vgl. zu diesem Begriff: Gumbrecht, Hans U./Pfeiffer, K. Ludwig (Hrsg.): Stil. Geschichten und Funktionen eines kulturwissenschaftlichen Diskurselements. Frankfurt a. Main 1986.
149 Plüss, David: Liturgie ist Stilsache. Eine stiltheoretische Typologisierung ganz normaler Gottesdienste, in: PrTh 38 (2003), 275–286, bes. 277f.
150 A.a.O., 278f.
151 A.a.O., 279.
152 A.a.O., 280–284.
153 Deeg, Alexander: ImproRitus und HeteroEchie. Improvisation und Klangfarbe als Herausforderungen für den evangelischen Gottesdienst und die liturgische Arbeit, in: Steinmetz, Uwe/ders. (Hg.): Blue Church. Improvisation als Klangfarbe des Evangelischen Gottesdienstes (Beiträge zu Liturgie und Spiritualität 31). Leipzig 2018, 293–303. Vgl. dazu jetzt auch: Alexander Deeg/David Plüss: Liturgik, Gütersloh 2021, 537–550.(= Lehrbuch Praktische Theologie 5)

und „neuen" Gottesdienstformen, der im Licht einer Improvisationskultur, wie sie im Jazz praktiziert wird, zu der Einsicht führen kann, dass (liturgische) Improvisation nicht nur der rituellen Erstarrung vorbeugen kann, sondern mit dem Ritus so vertraut sein muss, um davon abweichen zu können.[154] Sodann verhilft die musikalische Betrachtung des Gottesdienstes zu der Entdeckung, dass es sich auch beim Gottesdienst – ungeachtet der bislang beklagten Wortlastigkeit – um ein Klangphänomen handelt: Der Gottesdienst spannt gewissermaßen einen Resonanzraum auf, in dem ganz unterschiedliche Klänge zu hören sind, in dem aber doch vor allem der ganz andere Klang Gottes zu hören sein soll (auch wenn dies nicht in unserer Macht steht).[155] Die Konsequenz aus beiden Beobachtungen ist, dass Gottesdienste nicht als Strukturen (so der Versuch des bisherigen Evangelischen Gottesdienstbuches jene in der ersten Beobachtung benannte unfruchtbare Spannung zwischen „traditionsorientierten" und „neuen" Gottesdienstformen zu überwinden) erlebt werden, sondern als „Klangräume".[156] In Aufnahme des „Renewing-Worship-Projekts" amerikanischer Lutheraner könnten daher auch für den evangelischen Gottesdienst unterschiedliche „Klanggestalten" komponiert werden, „bei denen Elemente verbunden werden, die dem Gottesdienst in diesem ‚Setting' von Anfang bis Ende eine bestimmte Gestalt geben. Die Idee ist: Ich springe als Liturg nicht munter hin und her zwischen einer recht traditionellen Eröffnung, einem Taizé-Kyrie und einem musikalisch ganz anders gestalteten Abendmahl, sondern bleibe (für diesen Gottesdienst) bei dieser Klanggestalt."[157] Freilich möchte Deeg dabei das Element der Improvisation nicht vermissen, so dass eine neue Agende „so etwas wie die Liturgie-Standards bereitstellen" würde, „die in den Gemeinden improvisierend jeweils neu werden."[158]

7.4 Die neueste liturgiewissenschaftliche Begriffsbildung ist gekennzeichnet durch den Versuch, der Pluriformität von Gottesdiensten von vornherein Rechnung zu tragen. Insofern macht sich der Einfluss des Weg-Begriffes positiv bemerkbar. Das sollte als ein unhintergehbarer Fortschritt gegenüber der bisherigen Diskurslage, die wohl immer noch insgeheim zwischen verschiedenen Klassen von Gottesdiensten unterscheidet, festgehalten werden. In diesem Sinne kann es also keinen Haupt- und weitere Nebengottesdienste mehr geben. Damit wird aber auch die Idee einer Schwerpunktsetzung innerhalb einer Form verlassen und die Vielfalt der Formen gewürdigt, die sich eben nicht durch den Austausch von Texten innerhalb einer Grundform abbilden lassen. Freilich wird dann die Frage beantwortet werden müssen, wie sich die Einheit der Gemeinde angesichts der Vielfalt der gottesdienstlichen Landschaft darstellen lässt. An dieser Stelle geht der Diskurs der Liturgik in den Diskurs der Oikodomik über.

---

154 A. a. O, 294 f.
155 A. a. O., 298 f.
156 A. a. O., 300.
157 A. a. O., 301.
158 Ebd.

Die beiden eingebrachten Begriffe haben den Vorteil, nicht schon mit dem Ballast herkömmlicher Begriffe gegen liturgiewissenschaftliche Vorurteile ankommen zu müssen. Allerdings ist der Stil-Begriff von anderer Seite so sehr vorbelastet, dass man in seiner Gegenwart spontan sagen möchte, dass Liturgie eben nicht nur Stilsache ist oder sogar keinesfalls Stilsache sein sollte. Bei diesem Begriff scheint nämlich die Gefahr auf der Hand zu liegen, dass das persönlich-gestalterische Moment die absolute Oberhand gewinnt, sich also der persönliche Stil über Gebühr durchsetzt. Das Leitbild des Klangraums ist dagegen auf den ersten Blick unverfänglicher, hat aber das Problem, dass *ein* – wenn auch ein äußerst bedeutsames – Merkmal des Gottesdienstes für das ganze Geschehen eingesetzt wird.

8. Ausblick

8.1 Wer am Ende dieses Durchgangs durch verschiedene Begriffe nun eine Entscheidung für *einen* Begriff aufgrund einer Gewichtung des Für und Wider oder den Vorschlag eines neuen noch gänzlich unverbrauchten und überraschenden Begriffs erwartet, der muss leider enttäuscht werden.

Es ist nämlich die Frage, ob am Ende dieses Durchgangs überhaupt wieder ein einzelner Begriff stehen kann, der das gesamte Feld liturgischen und liturgiewissenschaftlichen Arbeitens mindestens ebenso kreativ bestimmen kann, wie das einst der Begriff der Struktur vermocht hat? Dagegen spricht einiges.

Zunächst ist es der damit verbundene Rückfall hinter die Erkenntnis pluraler Erklärungsmuster, die jeweils immer nur einen Teilbereich des Geschehens beleuchten und darum nur in ihrer Kombination ein hinreichendes Modell bieten können. Ein monolithischer Begriff aber, der alle in der Geschichte der letzten Jahrzehnte eingebrachten Aspekte in sich vereinigen könnte, scheint es nicht mehr zu geben. Oder anders: ein neues leitendes Paradigma wird sich daran messen lassen müssen, wie viele der mit den jeweils einzelnen Begriffen verbundenen Aspekte es in sich vereinigen kann.

Desweiteren bleibt zwar das Anliegen der Verbindung unterschiedlichster Gottesdienstformen bestehen, aber auch dieses wird sich womöglich nicht länger über einen gemeinsamen Begriff lösen lassen. Will man nicht der Binsenweisheit verfallen, dass Gottesdienste einen Anfang, einen Mittelteil und einen Schluss haben, so wird man andere Möglichkeiten finden müssen, das Gemeinsame aller Gottesdienste auszudrücken, ohne die jeweiligen Besonderheiten zu übergehen. Um der Einheit des Leibes Christi willen zwingt gerade die Anerkenntnis unterschiedlicher liturgischer Wege, nach dem alle Wege Verbindenden zu fragen.

8.2 Ordnung, Struktur oder Weg – das ist sicher keine Frage auf Leben oder Tod. Es ist aber eine Anfrage, von welchem Paradigma sich die Arbeit der liturgischen Erneuerung, konkret: die Arbeit an den Gottesdienstordnungen und Liturgien, die Arbeit an den Texten und Handlungsanweisungen, die Arbeit an liturgischen Büchern,[159] aber auch die Arbeit an der eigenen Auffassung von Gottesdienst und der liturgischen Bildung anderer, leiten lassen soll. Die vorliegenden Überlegungen sollten einen ersten Überblick über die Vielfalt der Begriffe schaffen, mit denen wir es zu tun haben. Denn ein solcher Überblick ist die Voraussetzung für einen funktionierenden zukunftsträchtigen Diskurs, der nicht einfach nur wiederholt, was immer schon war, sondern der sich jenseits aller liturgietheologischen wie kirchenpolitischen Vorurteile ehrlich auf die Suche begibt.

Abstract:

On the basis of the key terms order, structure and path, leading paradigms for liturgical renewal endeavours are examined. Order was the key term for the renewal of the Agenda after the Second World War. Structure was the new paradigm that characterises the „Evangelisches Gottesdienstbuch" now in use. Since the performative and aesthetic turn in liturgics, the terms staging and dramaturgy have been introduced. This new terminology can be subsumed under the term of the path, which has biblical references and bears important meaning in the works of Löhe, Josuttis and Nicol. Two more, completely new expressions were developed: style and soundscapes. These terms and their functions are presented in the context of their corresponding concepts and can be brought to bear fruit when looking for a new key term for another Agenda reform.

---

159 Hier steht einmal mehr die Leistungskraft einer Agende auf dem Spiel, die wohl weit mehr durch die Digitalisierung in Frage gestellt ist, als durch den Prozess der agendarischen Erneuerung selbst. Es ist nicht nur die Frage, wie viel noch in Papierform oder doch schon in digitaler Weise zur Verfügung gestellt werden kann. Aber allein diese Frage verschiebt die Gewichtung und damit auch die Verbindlichkeiten von agendarischer und para-agendarischer Literatur.

Beten zu Gott und Bitten für die Welt

Herausforderungen des Fürbittgebets

Johannes Greifenstein

In seiner kürzlich vorgelegten Schrift zum Gebet betont Michael Meyer-Blanck, der Pfarrberuf zeichne sich gegenüber anderen Berufen insbesondere durch das Beten aus, stärker als durch das Predigen, das seelsorgliche oder pädagogische Handeln.[1] Diese Einschätzung kann sich in jedem Fall auf den Umstand berufen, dass das Beten zum Gemeindepfarrberuf immer wieder als förmliche Berufsaufgabe zählt.[2] Denkt man dabei nun in erster Linie an das Beten im Gottesdienst, dann unterscheidet es sich von einem privaten Gebet nicht allein durch seine Öffentlichkeit. Vielmehr kann es auch dadurch geprägt sein, dass es weder spontan und frei erfolgt, noch eine feste Vorgabe hat – darin würden sich ein gottesdienstliches und ein privates Vaterunser gleichen –, sondern dass es einer eigenen Vorbereitung bedarf. Deshalb heißt ‚Beten als Beruf' nicht nur, dass Pfarrerinnen und Pfarrer beten, sondern dass sie auch Gebete ‚erarbeiten' – eine summarische Bezeichnung für einen ganzen Handlungszusammenhang, der vorläufig als Verbund von Konzipieren, Strukturieren und Formulieren, aber auch Ausprobieren, Überprüfen und Verbessern beschreibbar ist, der aber auch ein Verständnis von dieser Praxis als solcher voraussetzt, die nicht zu verrichten, sondern in einem pastoralethisch hinreichend anspruchsvollen Sinne zu verantworten ist.[3]

Als eine konkrete Form solchen gottesdienstlichen Betens nehme ich die Fürbitten in den Blick und konzentriere mich dabei auf jenes Verständnis von dieser Praxis. Nicht ohne Grund beurteilt man dieses Gebet als besonders komplex, denn tatsächlich lässt sich eine ganze Reihe von Herausforderungen wahrnehmen.[4] Im Sinne einer Annäherung an die Probleme gehe ich von einem

---

1 Meyer-Blanck, Michael: Das Gebet, Tübingen 2019, 48–57.316.

2 Obgleich auch andere Personen als Autoren und Autorinnen in Betracht kommen, spreche ich der Einfachheit halber durchgängig von Pfarrerinnen und Pfarrern.

3 Ich sehe von dem Fall ab, dass die Fürbitten nicht selbst erarbeitet, sondern (ganz oder teilweise) aus Vorlagen übernommen werden.

4 Vgl. Preul, Reiner: Überlegungen zum Allgemeinen Kirchengebet im evangelischen Gottesdienst, in: Ders.: Die soziale Gestalt des Glaubens. Aufsätze zur Kirchentheorie, Leipzig 2008, 256–268, 256: „Abgesehen von der Predigt macht nichts soviel Arbeit bei der Vorbereitung eines Gottesdienstes wie die jeweilige Gestaltung des Allgemeinen Kirchengebets" A. a. O., 265, gilt „die außerordentliche Leistung, die jedes gelungene Allgemeine Fürbittengebet erbringt", als „eine Leistung, die allenfalls von der Predigt übertroffen werden kann". Arnold, Jochen: Was geschieht

48   Johannes Greifenstein

vereinfachenden Begriff ‚des' Fürbittgebets[5] aus und diskutiere eine expressive (1.), rhetorische (2.), liturgische (3.), dogmatische (4.), ethische (5.), pragmatische (6.) und historisch-kulturelle (7.) Dimension.[6] Zum Schluss reflektiere ich auf eine Praxistheorie des Fürbittgebets, die der Komplexität ihres Gegenstands entspricht (8.).

1. Expressive Dimension

1. Fürbitten sind als Gebete durch eine expressive Dimension geprägt.[7] Dabei können es sehr unterschiedliche ‚Gehalte' sein – abstrakt gesagt –, die in diesem und durch dieses Handeln zum Ausdruck gelangen. Und dieser Ausdruck kann seinerseits eine unterschiedliche Form aufweisen und mehr explizit oder implizit erfolgen. So ist es möglich, auch in einer Fürbitte nicht nur eine Bitte zu artikulieren, sondern auch ihren Ausgangs- oder Bezugspunkt: Wo man bestimmte Gefahren oder Bedrohungen erlebt, ist es naheliegend, mit Angst zu reagieren, wo man das Unglück oder die Not anderer wahrnimmt, empfindet man Mitleid. Solche Gefühle können Anlass und dann auch Gegenstand des Fürbittgebets sein, bevor es zur Bitte kommt. Der Ausdruck in der Fürbitte kann sodann auf so etwas wie Einstellungen bezogen sein: Weil es Armut gibt, spricht sich in einer Bitte ein Sinn für Gerechtigkeit aus, angesichts von Umweltkatastrophen der Respekt vor der Schöpfung. Schließlich kann Ausdruck auch bedeuten, dass die Ausrichtung an bestimmten Zielen und ein Urteil über deren Relevanz zur Sprache gelangt: Es ist wichtig, dass die Kirche einig oder die Gesellschaft offen für Migration ist. So gesehen bedeutet ein entsprechender Ausdruck das Zugleich eines Themas und eines Motivs.[8] Ein Thema wird eben deshalb *im* Gebet laut,

---

im Gottesdienst? Zur theologischen Bedeutung des Gottesdienstes und seiner Formen, Göttingen 2010, 113, erkennt hier „vielleicht das schwierigste Stück im Gottesdienst".

5 Gemeint ist eine verbreitete Mischform aus Prosphonese und Ektenie, mit ausformulierten Bitten, die als mehr oder weniger umfängliche Teile vorgesprochen werden (prosphonetisches Moment), zwischen die ein allgemeiner (auch gesungener) Gebetsruf wie ‚Herr, erbarme dich!' tritt (ektenisches Moment). Auf Dank als Moment der Fürbitte gehe ich nicht ein, auf Klage (oder Anklage) nur am Rand.

6 Weder hinsichtlich der Anzahl dieser Dimensionen noch hinsichtlich der jeweils diskutierten Aspekte ist Vollständigkeit intendiert. Die herangezogenen Beispiele dienen der Veranschaulichung und erheben keinen Anspruch, repräsentativ zu sein.

7 Vgl. Greifenstein, Johannes: Ausdruck und Darstellung von Religion im Gebet. Studien zu einer ästhetischen Form der Praxis des Christentums im Anschluß an Friedrich Schleiermacher, Tübingen 2016.

8 Vgl. Harnack, Theodosius: Liturgik, in: Zöckler, Otto (Hg.): Handbuch der theologischen Wissenschaften in encyklopädischer Darstellung mit besonderer Rücksicht auf die Entwicklungsgeschichte der einzelnen Disziplinen. Band IV. Praktische Theologie, München ³1890, 397–469, 432: „Das Bewußtsein der Sünde wird notwendig zum Bekenntniß der Schuld und zur Bitte um Vergebung treiben, das der Gnade wird zum Dank gegen Gott und zum Lobpreis seines Namens, die innere und äußere, eigene und fremde Not werden zur Bitte und Fürbitte bewegen." In einer religiösen Perspektive kann der menschliche Anteil zugunsten einer (alleinigen) göttlichen Aktivi-

Beten zu Gott und Bitten für die Welt

weil es ein Thema *für* ein solches Lautwerden ist. Immer wieder wird denn auch ein entsprechendes Bittbedürfnis mit der Bitte formuliert.[9]

Nun lässt sich die Perspektive auf den Zusammenhang von Motiv und Thema beim Fürbittgebet analog zu bestimmten Formen der Ausdrucksästhetik zuspitzen. Eine Regel wäre dann: Das Fürbittgebet enthalte nichts, was nicht auch wirklich zum Ausdruck ‚treibt'. Als Ausdrucksgebete sollen die Fürbitten nicht Themen benennen, wie es Nachrichten zugunsten von Information tun. Sie sollen keine Berichterstattung dessen sein, was passiert ist in der Welt, die dann auch noch mit einer Bitte an Gott um die passende Hilfe verbunden wird. Sie wären zu orientieren an dem Wort „wes das Herz voll ist, des geht der Mund über" (Mt 12,34), das bestens zu ausdrucksästhetischen Vorstellungen von einem Herausquillen und Empordrängen passt.

Solche Zuspitzung lässt wohl zuerst die Grenze dieser Perspektive bemerken, soll aber auch ihr Recht nicht außer Acht fallen lassen. Die Grenze besteht hinsichtlich der Ausdrucksdimension zunächst darin, dass die Fürbitten ein Gebet mit einer Aufgabe sind. Beten heißt hier nicht *nur*, sich vor Gott aussprechen. Fürbitten sind als solche thematisch vorgeprägt, deshalb sind ihre Gegenstände nicht gänzlich ins Belieben eines Ausdruckswillens gestellt. Sodann ist dem Verhältnis von Individualität und Kollektivität dieser Praxis Rechnung zu tragen. Die Prüffragen lauten: Inwiefern ist ein subjektiver Ausdruck auch als überindividueller Ausdruck tauglich (wobei hier die oft vernachlässigte Differenz von Subjektivität und Individualität zu beachten ist)? Und in welchem Verhältnis stehen die Individualität der von einer Person zu verantwortenden Fürbitten zu der professionellen Funktion dieser Person, die hier auch darin besteht, stellvertretend und öffentlichkeitsfähig zu agieren?[10] Schließlich sind die Fürbitten eine Form institutionalisierten Betens. Sie sind als Gebet mit einer Aufgabe selbst

---

tät auch getilgt sein. So urteilt Fischer, Martin: Von der Arbeit am Gebet, in: Ders.: Überlegungen zu Wort und Weg der Kirche, Berlin 1963, 519–525, 520, ein in den paulinischen Briefen festzustellender „Überschwang stammt nicht aus einer Stimmung, die ins Gebet getrieben hätte, sondern Gott selber hat getrieben".

9 Von einem Ausdrucksbegriff, der sich auf die leibliche Dimension des Betens bezieht, sehe ich ab. So spricht Stäudlin, Carl Friedrich: Geschichte der Vorstellungen und Lehren von dem Gebete, Göttingen 1824, 10, von einem „Ausdruck des Gebets in Bewegungen und Stellungen des Körpers, in Mienen und Geberden" und den „mannichfaltige[n] damit verknüpfte[n] Gebräuche[n]". Vgl. für diesen Fokus Schirr, Bertram J.: Fürbitten als religiöse Performance. Eine ethnographisch-theologische Untersuchung in drei kontrastierenden Berliner Gottesdienstkulturen, Leipzig 2018.

10 Das Stellvertreten besteht nicht im Beten selbst (vgl. 6.), sondern im Erarbeiten, in der professionellen Verantwortlichkeit und öffentlichen Durchführung. Schleiermacher, Friedrich: Kurze Darstellung des theologischen Studiums zum Behuf einleitender Vorlesungen (1811/1830), hg. von Dirk Schmid, Berlin/New York 2002, 125 [KGA I.6, 311], spricht von einer „repräsentativen Thätigkeit" des Liturgen. Das Thema berührt die pastoraltheologische Diskussion um ‚Amt und Person'. Mit anderer Ausrichtung blickt Schirr, Bertram J.: Fürbitten als religiöse Performance (wie Anm. 9), angesichts einer „Spannung zwischen Pastoralisierung und Gemeindebeteiligung" (a.a.O., 16) und einer „Reduktion auf die Aktivitäten der Ordinierten" (a.a.O., 15) im Interesse am „Fokuswechsel von den Liturgen und Liturginnen [...] zur Gemeinde" (a.a.O., 390) auf Fürbitten „als ein von allen Beteiligten produziertes Ereignis" (a.a.O., 17).

aufgegeben und im Regelfall eines ‚geordneten' Gottesdienstes eine feste Größe, deren Existenz nicht davon abhängt, ob gerade ein entsprechendes Ausdrucksbedürfnis besteht.

Gleichwohl besteht ein Recht der Ausdrucksperspektive im Gedanken an eine Ausdrucksmotivation, der nicht schon dadurch abwegig wird, dass man ihn mit zu viel Emphase vereinseitigen kann – *abusus non tollit usum*. Fürbitten sind nicht *nur* eine Aufgabe. Was erbitten wird, sollen die hierfür Verantwortlichen auch erbitten wollen. Dabei sollen sie davon ausgehen können, dass das auch für die in die Bitte Einstimmenden gelten kann. Beten, so ist zu ergänzen, heißt zwar nicht *nur*, sich vor Gott aussprechen, aber als Beten muss es das *auch* heißen. Deshalb bestünde eine etwas konstruierte Überprüfung, die aber die Richtung anzeigt, in einer Art Entgottesdienstlichung der Fürbitten: Kann ich als liturgisch verantwortliche Person die Fürbitten auch für mich selbst beten, also vorab im ‚Kämmerlein' (Mt 6,6)?[11]

In dieser Perspektive ist die kollektive Fürbittgebetspraxis nichts anderes als der Verbund eines Betens, das grundsätzlich als jeweils subjektiver Ausdruck plausibel ist. Die expressive Grundsignatur sollte nicht, muss aber auch nicht mit der Rücksicht auf die Gemeinde verschwinden.[12] Unterstrichen wird der kollektive Charakter dieser Praxis, wenn erstens die Gemeinde zum Beten aufgefordert wird und dafür eigens aufsteht (Lasst uns beten!), wenn sie zweitens den Vollzug zumindest eigens benennt (Wir bitten dich, erhöre uns!), und wenn die Fürbitten drittens in der 1. Person Plural formuliert sind (‚Wir' oder ‚uns').

2. Beim Verhältnis zwischen Vorgegebenheit und Vollzug des Gebets ist in ausdrucksästhetischer Hinsicht noch ein anderer Aspekt zu bedenken. Vor allem die ältere Literatur führt vor Augen, dass die heute übliche Praxis eines jeweils neu erarbeitenden Gebets nicht kontinuierlich verbreitet war. Freilich gibt es auch heute Vorlagen, doch handelt es sich dabei in erster Linie nicht um Gebetsformulare, die auch den Pfarrerinnen und Pfarrern vorgegeben sind und bei denen man eine gewisse Vertrautheit der Gemeinde voraussetzt. Anders als das Vaterunser ist das Fürbittgebet nicht auch selbst ein (zumindest der Idee nach) kollektives, einen Gemeinbesitz darstellendes Gebet, sondern ein fremdes Gebet mit dem Anspruch auf jeweils eigenes Gebetetwerden.

Für ein verbreitetes Verständnis von Ausdruck ist nun freilich kennzeichnend, dass er ‚eigentlich' auf subjektive Gehalte bezogen sein muss: Nur ich selbst weiß, wes mein Herz voll ist. Dennoch ist denkbar, dass mir etwas als *möglicher* eigener Ausdruck vorgestellt, von mir als solcher affirmiert und schließlich als *wirklicher* eigener Ausdruck realisiert wird. In diesem Zusammenhang ist es auffällig, wenn die Fürbitten selbst als solcher Prozess des An-

---

11 Vgl. Hupfeld, Renatus: Das kultische Gebet, in: Horn, Curt (Hg.): Grundfragen des evangelischen Cultus, Berlin o. J. [1927?], 48–79, 49.52.

12 So spricht Rietschel, Georg: Lehrbuch der Liturgik. Band I. Die Lehre vom Gemeindegottesdienst. Zweite neubearbeite Auflage von Paul Graff, Göttingen 1951, 460, vom *„unmittelbare[n] Ausdruck* dessen, was die Gemeinde nach dem erbauenden Teil des Gottesdienstes *bewegt* und zur Anbetung, Dank, Bitte und Fürbitte *treibt*" (Hervorhebung JG).

Beten zu Gott und Bitten für die Welt

nehmens und Affirmierens gestaltet sind. Vereinfachend gesagt: Zuerst werden zugunsten einer Ausdrucksmotivation die Gehalte der Bitte genannt, dann wird die darauf bezogene Bitte schon zum Gegenstand eines entsprechendes Ausdrucksbedürfnisses werden.

„[…] wir denken vor dir an Menschen, die sich am Ende fühlen: an Trauernde und an Verzweifelte, an Menschen, die kaum Kraft zum Atmen finden. Wir bitten dich […]“[13].

Hier ist Ausdruck differenziert und die beiden Ausdrucksgehalte sind miteinander verbunden: Indem man zunächst sagt, dass man an jene Menschen *denkt*, legt es sich dann zu sagen nahe, dass man für sie *bittet*. Der erste Ausdruck wird zum Eindruck für den zweiten. Man kann auch von einem Verhältnis von Klage und Bitte sprechen, das in die Fürbitten als in sich differenzierten Gebetskomplex integriert ist.[14] Das unterscheidet sich von Gebeten, in denen der Ausdruck sozusagen zusammengenommen ist und bei denen sich deshalb – auch unabhängig vom Sprechtempo – das Problem einer hohen Geschwindigkeit ergeben kann: ‚Barmherziger Vater, wir bitten für die Armen dieser Welt, für die Hungernden und für die Kranken.‘ Jedoch gilt es dann, wenn der Ausdruck auf die beschriebene Weise differenziert wird, eine innere Proportion zu beachten – schließlich hat das Gebet mit dem Bitten ein vorgegebenes Ziel. Im folgenden Fall bleibt der erste Ausdruck nicht auf eine transitorische Funktion eingeschränkt, er dominiert das Gebet und im Effekt kommt die Bitte kurz.

„Gott, in Dir ist ewige Kraft und überfließendes Leben. Jahrmillionen begleitest Du Deine Schöpfung, Zehntausende von Jahren gehst Du mit Deinen Menschen durch Dick und Dünn. Nach allem dem bist Du unverbraucht wie am ersten Schöpfungsmorgen. Deine Energie ist neu und unerschöpflich wie am ersten Tag. Gott, unser Schöpfer, wir sind nicht wie Du. Manchmal sind wir am Ende: Mit unseren Kräften, mit unserem Tatendrang, mit unserer Weisheit. Wir sprechen vor Dir nicht nur für uns. Vor Dir denken wir heute auch an Erschöpfte und Ausgebrannte. So hoffnungsvoll sind sie in das Leben gestartet, mit fröhlichem Kinderlachen und großen Plänen. Sie haben sich verliebt und sind aufgeblüht. Mit Idealismus in den Beruf. Jung und unverwüstlich schön sind sie einmal gewesen. Sieh doch, Herr, sie haben wie wir Niveau und Frische nicht halten können und leiden an ihrem eigenen Frust. Herr, wir kennen Menschen, die müde geworden sind vor lauter Eintönigkeit. Uns begegnen Überforderte, die ihre Kraftlosigkeit für sich behalten und hinter ihrem Lächeln und Funktionieren innerlich fast abgestorben sind. Manchmal sehen wir Menschen, die mit traurigen Augen und geballten Fäusten durch ihre Tage gehen. Wenn wir heute mit Dir reden, dann sprechen wir zu Dir für sie und für uns selbst. Es gibt so vieles, das anstrengt und auslaugt. Wir bitten Dich: Führe uns

---

13 13.12.2020. 3. Sonntag im Advent (Christiane Murner), in: Lesegottesdienste. Jahrgang 2010/11 – Predigtreihe III. 1. Advent – Christi Himmelfahrt, im Auftrag des Evang.-Luth. Landeskirchenrates München hg. vom Gottesdienst-Institut der Evang.-Luth. Kirche in Bayern, Nürnberg 2020, 37–48, 48.

14 Vgl. ohne speziellen Bezug auf die gottesdienstliche Fürbitte Korsch, Dietrich: Antwort auf Grundfragen christlichen Glaubens. Dogmatik als integrative Disziplin, Tübingen 2016, 244: „Nicht unwahrscheinlich ist es, daß sich als erstes das Klagen aufdrängt – also die Artikulation des Zustandes, der als lebenseinschränkend, als lebensbedrohlich erlebt wird. Daraus resultiert das Bitten – um die Abwendung der Not und die Wiedergewinnung lebenswerten Lebens.“

52 Johannes Greifenstein

zum frischen Wasser. Gib unseren matten Gemütern neues Leben und Lust auf Zukunft. Segne uns mit überraschenden Gedanken, mit Tatendrang und Vorfreude auf jeden neuen Tag. Du hast Christus von den Toten auferweckt, erwecke auch uns."[15]

2. Rhetorische Dimension

Das Fürbittgebet weist als gestaltete Kommunikation eine rhetorische Dimension auf. Zwar kann bereits das Stichwort ‚Rhetorik' Grund zu Kritik geben: Das Gebet ist keine Rede und wird es auch dann nicht, wenn es ablesend und nicht frei gesprochen wird.[16] Doch im Anschluss an einen weiten Begriff von einer rhetorischen Dimension bleibt die Annahme sinnvoll, es bestehe zwischen einem privaten und dem öffentlichen Gebet des Gottesdienstes auch der Unterschied, dass das erste ohne „Kunstfertigkeit"[17] auskommen kann, das zweite aber nicht – zumindest im Regelfall, auf Einschränkungen komme ich noch. Man kann hier auf den Kontext verweisen, nämlich auf den vielfach und grundsätzlich positiv an ‚Kunst' orientierten Gottesdienst. Man kann auch erneut an die überindividuelle Zugänglichkeit der Fürbitten denken, die eine entsprechende Gestaltung voraussetzt. Zwei Perspektiven auf den Umgang mit der rhetorischen Dimension seien verfolgt.

1. Wird das Gebet in seinem Bezug auf Gott gesehen, lässt sich die Frage nach seiner Gestaltung in ein spannungsvolles Verhältnis einzeichnen. Damit ist gemeint, dass eine Spannung, die das Verhältnis von Gott und Mensch in religiöser Perspektive grundsätzlich kennzeichne, mit einer rhetorischen Herausforderung der menschlichen Gebetspraxis verschränkt wird. Im Effekt wird eine bestimmte Auffassung von der Relation von Mensch und Gott im allgemeinen auf die Relation der Gebetssprache zu Gott im speziellen ausgedehnt. Vom Gegenüber des sündigen Geschöpfes zum heiligen Schöpfer gelangt man zur Frage: ‚Wie kannst Du mit diesen Worten zu Gott beten?'[18]

Hier steht eine schwerwiegende Prämisse im Hintergrund. Sie problematisiert wie grundsätzlich alle fromme Praxis (‚Religion') auch das gottesdienstliche Handeln hinsichtlich seiner Möglichkeit (und Zulässigkeit), sich auf Gott zu beziehen. Ihm gegenüber gestellt werden dann etwa das göttliche Wort oder

---

15 2. Sonntag im Advent. 6.12.2020 2020/2021 (Werner Busch), in: Gorski, Horst (Hg.): Die Lesepredigt. 54. Jahrgang 2020/2021. Ordnung der Predigttexte 3. Reihe, Gütersloh 2020, 9–15, 14.

16 Krauß, Alfred: Lehrbuch der Praktischen Theologie. Erster Band. Allgemeine Einleitung. Liturgik. Homiletik, Freiburg i. B. 1890, 78: „[D]as Rhetorische darf nicht hervortreten. Der Rhetor spricht zu Menschen, um auf sie einzuwirken, der Liturg im Namen der ganzen Gemeinde zu Gott, um ihm das Herz der Gemeinde auszuschütten."

17 Fischer, Martin: Von der Arbeit am Gebet (wie Anm. 8), 521.

18 A. a. O., 523: „Meint ihr, daß dies die Worte und Anliegen sind, in denen Gott heute angerufen und gebeten sein will? Meint ihr wörtlich und im genauesten Sinne diese ganz bestimmten Worte und meint ihr, sie im Namen Jesu zu dieser ganz bestimmten Zeit sagen zu dürfen und sagen zu müssen?" A. a. O., 524: „Wer dem Mißbrauch des Namens Gottes entgehen will, hat sein Gebet in seinem Wortlaut zu wägen, denn er will ja meinen, was er sagt."

Beten zu Gott und Bitten für die Welt 53

die alleinige Gnade. Als „Problem des Kultischen"[19] wurde dieses Thema vieldiskutiert, allerdings bleibt diese Prämisse auch nicht unumstritten. Mit Bezug auf die Fürbitten ist abzuwägen.

Zum einen ist der Gedanke wichtig, die rhetorische Gestaltung dieser Praxis sei von ihrer Einordnung in das Gottesverhältnis nicht zu trennen. Wer Fürbitten erarbeitet, schreibt auch dann, wenn sie die Form eines Textes aufweisen, keinen Text, sondern ein Gebet. Und die Fürbitten sind nicht zu *verlesen*, sondern sie werden auch dann, wenn sie *ab*gelesen werden, gebetet. Das Gebet ist sozusagen rückwärtig vom tatsächlichen gottesdienstlichen Handeln zu erarbeiten. Dann aber gilt es dabei in rhetorischer Hinsicht, den in dem bekannten Wort *rem tene, verba sequentur* angesprochenen Zusammenhang insbesondere in umgekehrter Richtung zu beachten, dabei jedoch weniger im Blick auf eine Erkenntnis, sondern im Sinne der religiösen Andacht: Was sind das für ‚Sachen‘, die ich verbalisiere! Krieg, Hunger, Armut, Krankheit und so fort. Es gibt nichts ernsteres im Gottesdienste als die Fürbitten. Alle Gestaltung der auf solche *res* bezogenen *verba* hat ihre funktionale Norm an einem so schlichten Wort wie ‚Herr hilf!‘

Zum anderen grenzt man das Beten als Glaubenspraxis mit Recht von einem ‚frommen Werk‘ ab, das unter Leistungsgesichtspunkten zu wägen sei. Hier kommt erneut eine religiöse Grundüberzeugung zur Geltung, die für die Gottesdiensttheorie im Allgemeinen Bedeutung gewinnen kann, und die sich nun aber gegenläufig zu jener Problematisierung kultischer Praxis ausrichtet: Christen beten als Kinder zu ihrem Vater, keine Gestaltungsregel mindere die mit diesem Gebetsrecht verbundene Gebetsfreiheit![20] Es bedarf weder eines „heiligen Geschmackes"[21] noch eines „guten Geschmacks"[22], denn das Verhältnis von

---

19 Harbsmeier, Götz: Das Problem des Kultischen im evangelischen Gottesdienst [1949], in: Ders.: Daß wir die Predigt und sein Wort nicht verachten. Eine Aufsatzsammlung zur Theologie und Gestalt des Gottesdienstes, München 1958, 11–41. Vgl. zuvor Allwohn, Adolf: Das liturgische Problem, in: ThR N.F. 3 (1931), 147–178.

20 Vgl. Fuchs, Ernst: Gebet und Gebetssituation, in: EvTh 29 (1969), 133–144, 135, zum Vaterunser: „Ausschlaggebend für dieses Gebet ist eine *Gebetssituation*, wie sie Jesus mit den Seinen geteilt hat. Alle bleiben zwar auf Gottes Herrschaft angewiesen […]. Aber allen teilt sich Gottes Herrschaft auch schon […] mit. Sie wissen, daß sie das Wichtigste von Gott zu erwarten haben, weil sie Gott als Vater anzurufen alle schon in der Lage sind. […] Beten heißt jetzt nicht mehr, eine Ferne von Gott kultisch zu überbrücken" (Hervorhebung i. O.). Zur „Freiheit des Gebets" a. a. O., 139. Hinsichtlich der „Gestaltung der liturgischen Gebete" erachtet es Rietschel, Georg: Lehrbuch der Liturgik (wie Anm. 12), 483, als „große Schwierigkeit", dass „unter der äußerlich korrekten Form die Unmittelbarkeit und Innerlichkeit des Gebets leicht Schaden leiden kann". Allgemein benennt Claussen, Johann Hinrich: Die Haltung des Gebets, in: Lehnert, Christian (Hg.): „Denn wir wissen nicht, was wir beten sollen …" Über die Kunst des öffentlichen Gebets, Leipzig 2014, 79–83, 80, die Möglichkeit, „das Gebet als eine Tätigkeit missszuverstehen, die man falsch oder richtig machen könnte".

21 Schoeberlein, Ludwig: Ueber den liturgischen Ausbau des Gemeindegottesdienstes in der deutschen evangelischen Kirche, Gotha 1859, 210.

22 Voigt, Gottfried: Allgemeines Kirchengebet, in: Schmidt-Lauber, Hans-Christoph/Seitz, Manfred (Hg.): Der Gottesdienst. Grundlagen und Predigthilfen zu den liturgischen Stücken, Stuttgart 1992, 156–165, 157.

Glaube und Glaubenshandeln legitimiert diese Praxis so grundsätzlich, dass seine rhetorische Dimension im Wortsinne relativiert wird.

2. Wie auch immer man sich zu der Einschätzung verhält, die Vorbereitung der Fürbitten und der Predigt erforderten annähernd gleichen Aufwand, sind die Fürbitten in der Regel der zweitlängste Text für den Gottesdienst – in produktionsästhetischer Perspektive nun also doch auch als Gebetstexte „Texte"[23]. Zu den vieldiskutierten Aspekten einer Gestaltung der Fürbitten zählt ihre Konkretheit. Hier stellt sich trotz der Zeitgebundenheit oder gar Tagesaktualität vieler Fürbittgehalte die Frage, ob eine Wiederkehr des Gleichen nicht in gewissem Maße unvermeidlich ist – oder sogar sein muss: Der Krieg in Syrien ist Krieg, der Hunger im Sudan ist Hunger – ‚Vorkommnisse' von Konflikten, ‚Veranlassungen' von Flucht oder ‚Orte' der Armut sind ohne den Gebrauch solcher allgemeinen Begriffe schwer zu benennen. Aber auch eher beschreibende Formen für das Leid oder für eine göttliche Hilfeleistung können eigentümlich vertraut und damit eventuell verbraucht wirken. Ist die Rhetorik der Fürbitte anhand einer Kategorie wie Langeweile zu überprüfen, ähnlich wie das aus der homiletischen Debatte bekannt ist?

Auch abgesehen von der erneuten Rücksicht auf eine religiöse Relativierung aller Gestaltungsfragen braucht es hier einen behutsamen Umgang. Auf der einen Seite beziehen sich Forderungen nach Konkretheit auf Formulierungen wie (zugleich) auf Gehalte, zielen damit also auch auf eine Konkretheit der Zeit und des Ortes. Etwa: Nicht ‚Menschen auf der Flucht', sondern Jugendliche aus Nordafrika, die mit Schlauchbooten über das Mittelmeer fliehen. Oder auch: nicht ‚Menschen', sondern Kinder aus Syrien, nicht: ‚Terrorismus', sondern: der Anschlag auf den Weihnachtsmarkt am Berliner Breitscheidplatz. Fürbitten im Jahr 2022 müssten dann anders lauten und anderes laut werden lassen als Fürbitten zehn Jahre zuvor. Auf der anderen Seite sei zunächst beachtet, dass man alle konkrete Not in eine Art Grundverständnis des Menschen (und der Welt) und zudem in ein Grundverhältnis von Mensch (Welt) und Gott einzeichnen kann – setzt man bestimmte religiöse Perspektiven auf Schöpfung und Schöpfer, Endlichkeit und Ewigkeit oder Verheißung und Vollendung des Heils voraus. Das muss der Rücksicht auf Konkretheit nicht widersprechen, wirft aber die Frage auf, wie man ein Bemühen um das aktuell Besondere und seine Anschaulichkeit zu dieser Perspektive ins Verhältnis setzt. Sodann ist wichtig, so etwas wie ein Eigenrecht der ‚Sachen' gegenüber ihrer Verbalisierung zu wahren. Die abstrakte Rede vom Leid mag ein rhetorisches Problem darstellen, doch was ist es nicht demgegenüber für ein ‚Problem', zu leiden?

Freilich lässt sich auch argumentieren, gerade die *gravitas* des Inhalts bedürfe doch eines Aufwands der Form. Doch wie etwa das Phänomen ‚Liebe Gottes' nicht deshalb für eine christlich-religiöse Anthropologie irrelevant wird, weil man zu oft oder zu plakativ davon spricht, so wenig verliert etwa das Phänomen der Vertreibung durch eine möglicherweise defizitäre Rhetorik als solches an Gewicht. Weder sei das Problem einer Banalisierung geleugnet noch die Re-

---

23 Meyer-Blanck, Michael: Das Gebet (wie Anm. 1), 316.

3. Liturgische Dimension

Fürbitten sind als Gebete im Gottesdienst hinsichtlich ihrer liturgischen Dimension zu reflektieren. Ich konzentriere mich auf das Verhältnis zwischen Gebundenheit und Freiheit oder zwischen Förmlichkeit und Offenheit.[24]

Fürbitten zählen nicht zum *ordinarium* des Gottesdienstes, man kann sie aber auch nicht ohne weiteres zum *proprium* zählen. Sie sind grundsätzlich durch verschiedene Themen oder wechselnde Anliegen geprägt und werden auch individuell verfasst. Gleichwohl können sie immer wieder gleiche oder ähnliche Inhalte aufweisen und sich auch der Struktur nach an einer bestimmten Ordnung ausrichten. Dafür gibt es Gründe, allen voran die Tradition einer dreiteiligen Gliederung in Bitten für die Kirche, für die Welt (die ‚Obrigkeit‘ oder den ‚Staat‘) und für Menschen in Not. Man denke aber auch an eine plausible Konstanz möglicher Ausgangs- und Bezugspunkte von Armut über Einsamkeit, Hunger und Krieg bis zur Vertreibung – wobei sich zumindest in einer Fernperspektive Veränderungen zeigen (7.). Insofern wundert es nicht, wenn die Fürbitten durch eine Art internes *ordinarium* geprägt sind: Auch wenn sich die Schauplätze notvoller Ereignisse oder die Kontexte des Leids ändern, betreffen sie letztlich „die immer auftretenden Probleme"[25]. Und insofern muss es auch nicht wundern, wenn die ältere Literatur darüber belehrt, dass das Fürbittgebet früher an vorgegebenen *Formularen* zu orientieren war.[26]

Im Ergebnis besteht eine gewisse Uneindeutigkeit. Einerseits werden die Fürbitten individuell erarbeitet und unterscheiden sich denn auch im gottesdienstlichen Vollzug etwa vom Vaterunser, andererseits weisen sie ein bestimmtes Maß an Förmlichkeit und Ordnung, Kontinuität und Stabilität auf. Einerseits kommt ihnen als Gemeindegebet nicht die gleiche persönliche Qualität zu

---

24 Ausgeklammert bleiben etwa die Stellung im Ablauf des Gottesdienstes, der räumliche Ort oder das Verhältnis zu Kasualfürbitten (eventuell auch im Kontext der Abkündigungen).

25 Preul, Reiner: Überlegungen zum Allgemeinen Kirchengebet im evangelischen Gottesdienst (wie Anm. 4), 263.

26 Achelis, E.[rnst] Chr.[istian]: Lehrbuch der Praktischen Theologie. Zweiter Band. Die Lehre vom Kultus (2. Buch: Theorie des Gemeindegottesdienstes) Homiletik Katechetik, Leipzig ³1911, 46, spricht von „der feststehenden Form [...] des Fürbittegebetes". Zur Begrifflichkeit vgl. Kapp, Georg Friedrich Wilhelm: Grundsätze zur Bearbeitung evangelischer Agenden mit geschichtlicher Berücksichtigung der früheren Agenden. Ein kritischer Beitrag zur evangelischen Liturgik, Erlangen 1831, 17: „[J]edes vorgeschriebene Gebet ist auch ein Formular. Denn *Formular* ist Alles, was zu irgend einem wiederholbaren Gebrauch vorgezeichnet ist, und kirchliche Formulare sind Gebete und Anreden, welche beim Gottesdienst gebraucht werden, den kirchlichen Glauben und die kirchliche Gesinnung enthalten und eine öffentliche Auctorität haben." (Hervorhebung i.O.) Gebetsformulare müssen allerdings kein wörtliches Reproduzieren bedeuten. Vgl. Schulz, Frieder: Das freie Gebet im Gottesdienst, in: MPTh 50 (1961), 262–272, 262.266.

wie der Predigt, andererseits stellen sie auch keinen Gemein(de)besitz dar wie (potentiell) die im strengen Sinn festen Bestandteile. Diese Uneindeutigkeit hat überdies eine Parallele in der Doppelheit der pragmatischen Intention und der kommunikativen Rezeption: Die Fürbitten sind an Gott adressiert, werden aber von der Gemeinde gehört.

Dieser Befund lässt sich mithilfe allgemeinerer Überlegungen zum Verhältnis einer homiletischen und einer liturgischen Dimension des Gottesdienstes kontextualisieren. So geht man auf der einen Seite davon aus, es sei „in den liturgischen Formen das immer gleiche Bedürfen, das zum Ausdruck ringt". Es seien „für den gleichen Inhalt immer die gleichen und stets wiederkehrenden Ausdrucksweisen bezeichnender und wirksamer", denn sie würden „bezeichnender ausdrücken, daß eben Gleiches hier immer wieder eingeprägt werden soll, weil es dessen fort und fort bedarf"[27]. Das scheint zu einem bestimmten Grad auf die Fürbitten zuzutreffen. Wenn man aber auf der anderen Seite über „den lebendigen Wechsel des Predigtwortes" urteilt, er habe „allen Verschiedenheiten des Bedürfens und Suchens sich anzufügen und Handreichung zu thun"[28] – passt das zu diesem Gebet nicht ebenso? Wenn für das Liturgische grundsätzlich gelten soll, es „halte sich stets innerhalb des Positiven und Stehenden, und erweitert dasselbe nicht", während es „der Predigt gestattet [ist], sich frei auf alle Seiten hin zu bewegen, alles nah und fern liegende zu betrachten"[29] – ist dann eine gewisse ‚Homiletizität' der Fürbitte nicht geradezu wesentlich, und zwar trotz der bekannten Warnung davor, dass sie die Predigt fortsetzen?[30]

Diese Uneindeutigkeit ist nicht aufzulösen, sondern erfordert einen reflektierten Umgang. Vielleicht führt es hier weiter, die geläufige Idee von einem ‚roten Faden' der Liturgie zu vertiefen, womit meist eine thematische Kohärenz gemeint ist, die nicht zuletzt mittels einer Abstimmung von Predigt und Fürbitten erzielt werden könne. Nun kann man sagen, es ist grundsätzlich nicht die Aufgabe dieses (oder irgendeines) Gebets, zur Predigt zu passen. Jedoch lässt sich erwägen, ob man nicht an diesem Punkt eine Art ‚Ordnungsfunktion' ernst nehmen sollte, die dem liturgischen *proprium* eigen ist. Auch der Verweis auf eine grundsätzliche Identität jedes Sonntagsgottesdienstes enthebt ja bei den Fürbitten nicht der Aufgabe, unter möglichen Themen zu wählen oder sich für bestimmte Anliegen zu entscheiden. Für was könnte man nicht alles beten! Insofern empfiehlt sich die Rücksicht auf den kirchenjahreszeitlichen Ort, auf die damit verbundenen Lesungs- und Predigttexte und auch auf die Lieder – zumindest grundsätzlich lässt sich den genannten Faktoren

---

27 Kleinert, Paul: Zur praktischen Theologie. Zweiter Artikel, in: ThStKr 55 (1882), 7–104, 77.

28 A. a. O., 76 f.

29 Kapp, Georg Friedrich Wilhelm: Grundsätze zur Bearbeitung evangelischer Agenden mit geschichtlicher Berücksichtigung der früheren Agenden (wie Anm. 26), 31.

30 Vgl. die Parallelisierung bei Schlink, Edmund: Die Struktur der dogmatischen Aussage als oekumenisches Problem, in: KuD 3 (1957), 251–306, 264: „Wesensgemäß aber bleibt das Bittgebet und die Predigt [...] freier von festen Formen als die Lehre, das Bekenntnis und die Doxologie. Denn im Bittgebet wird jeweils die konkrete geschichtliche Situation vor Gott ausgebreitet, und in der Predigt stößt das Zeugnis in diese konkrete geschichtliche Situation vor."

von Gleichheit und Wechsel oder von Positivität und Beweglichkeit gleichermaßen Rechnung tragen.

In jedem Fall aber bleibt es eine liturgische Herausforderung, dass die Fürbitten einen eigentümlichen Aufgabencharakter aufweisen. Der Gottesdienst kann als Gegenstand der Gestaltung und auch der Reform begriffen werden, doch sollen die Fürbitten in jedem Fall dazugehören. Der Gottesdienst kann als Fest und als Feier bestimmt werden, damit muss sich jedoch der Ernst vertragen können, der mit dem Blick auf die Not und das Unglück verbunden ist. Der Gottesdienst mag die Gläubigen auf so etwas wie ihre Mitte hin sammeln, doch nicht von ungefähr plädiert man für die Fürbitten an seinem Ende, „bevor man den Kirchenraum verlässt, um wieder in den Alltag zurückzukehren"[31]. Die im Anschluss an Schleiermachers bekannte Unterscheidung vieldiskutierte Frage nach dem Verhältnis von darstellendem und wirksamem Handeln lässt sich zwar im Horizont von Schleiermachers Überlegungen zum gottesdienstlichen Gebet so beantworten, dass hier nichts anderes zur *Darstellung* kommt (kommen soll), als die Orientierung an einer recht bestimmten *Wirksamkeit* – an dem letztlich in Gottes Wirken gründenden Reich Gottes nämlich. Doch diesseits einer solchen dogmatisch-ethischen Zielvorgabe stellen die Fürbitten ein Element des Gottesdienstes dar, durch das sozusagen darzustellen ist, ob man will oder nicht, und bei dem das darzustellende ‚religiöse Bewußtsein‘ hinsichtlich seines ‚Erhöhtseins‘ eine konkrete Maßgabe hat.

4. Dogmatische Dimension

Fürbitten richten sich nicht nur an Gott, sondern sie sprechen vom göttlichen Handeln sowie vom Verhältnis von Gott und Mensch oder Gott und Welt – *vice versa*. Deshalb weisen sie eine dogmatische Dimension auf und können näherhin als Ergebnis eines praktisch-dogmatischen Handelns verstanden werden.[32] Ich konzentriere mich auf unterschiedliche Aspekte des Verhältnisses von dogmatischen Vorstellungen und lebensweltlichen Erfahrungen. Damit konkretisiert sich eine zentrale Frage des allgemeineren Nachdenkens über Dogmatik an einem spezifischen Ort kirchlicher Praxis.

1. Die Fürbitte weist grundsätzlich ein Merkmal allen bittenden Betens auf: Sie adressiert sich an Gott als den, der helfen kann, will – und soll. Indem die Bitte eine Erwartung impliziert, wird allerdings eine Herausforderung sichtbar, die auch ein privates Beten betreffen kann, wenn es sich womöglich auf das betende Individuum selbst oder seinen sozialen Nahbereich bezieht. Das Bitten und seine Erwartung sind das eine, die Erfahrungen mit Unglück und Not sind

---

31 Preul, Reiner: Überlegungen zum Allgemeinen Kirchengebet im evangelischen Gottesdienst (wie Anm. 4), 260.
32 Vgl. Greifenstein, Johannes: Was ist praktische Dogmatik? Überlegungen aus der Sicht der Praktischen Theologie, in: ZThK 118 (2021), 350–376.

das andere, und zwar sind sie immer wieder auch andere als die, die man erbeten hat. Das damit gegebene Problem scheint bei den gottesdienstlichen Fürbitten durch den ihnen eigenen Universalismus noch gesteigert (dazu mehr): Gott wird gebeten angesichts von Kriegen, Naturkatastrophen oder Hungersnot. Auch hier sind Erwartung und Erfahrung nicht kongruent.

Vor diesem Hintergrund dürfte es bei der Einschätzung, in der Fürbitte lebe „letztlich der Mut, die Rettung aller natürlichen und kulturellen Dinge durch Gericht und Tod hindurch allein von Gottes Liebe zu erwarten"[33], viel darauf ankommen, dass von einer Rettung „durch Gericht und Tod hindurch" sowie von einem „letztlich" lebenden Mut die Rede ist. Eine Rettung durch Gericht und Tod hindurch ist Gegenstand einer bereits ‚geläuterten', reflektierten oder normativ orientierten Erwartung. Man kann sich vorstellen, dass das ‚reguläre' Bitten sich oft *gegen* Gericht und Tod wendet. Auch dass solcher Erwartungsmut in der Fürbitte letztlich lebe, erweist jenes Urteil als Urteil über einen Zielbegriff, der nicht immer eingeholt werden dürfte. Das theologische Nachdenken arbeitet sich daran ab, dass das Problem der Theodizee die Praxis des Fürbittgebets zwar betrifft, aber keine gleichsam antipraktischen, das Beten hindernden Konsequenzen haben soll: Weshalb sollte man den gegen das Leid anrufen, der es zulässt?

2. Das Verhältnis von Lehre und Lebenswelt wirft die Frage auf, wie dogmatische Vorstellungen, die in den Fürbitten begegnen, hinsichtlich ihrer Bedeutung auf irgendeine Weise anschaulich oder zugänglich gemacht werden. Auch diese Frage erinnert an die Diskussion sogenannter Konkretionen in der Predigt. Und obgleich man das Problem am Vorkommen bestimmter Wörter festmachen kann – Sünde, Heil oder Nachfolge –, geht es (wie in der Predigt) nicht allein um ‚äußerliche' Gestaltung. Vielmehr erfordert der Rekurs auf Bestände der dogmatischen (und biblischen) Überlieferung zunächst reflexive Klärung: Was soll man sich angesichts dieser oder jener Bitte eigentlich denken? Wie kann man sich dies oder das vorstellen? Dann auch: Wie stimmt diese Vorstellung zu anderen Vorstellungen? Welcher Eindruck vom Verhältnis Gottes zur Welt ergibt sich insgesamt?

Von solcher Reflexion können Gebete auf unterschiedliche Weise betroffen sein. So benötigen einzelne Vorstellungen für sich genommen dogmatisches Nachdenken. Sie können eigentümlich isoliert von dem wirken, was man etwa in einer Predigt sagen würde („Bewahre sie durch deine heiligen Engel."[34]). Sie können Fragen nach ihrer Stimmigkeit aufwerfen („für die christlichen Kirchen, dass sie eins werden im Glauben und in der Hoffnung"[35]). Auch unterschiedliche Zugänge zu dogmatischen Themen fallen auf.

---

33 Bayer, Oswald: Art. ‚Fürbitte III. Systematisch-theologisch', in: RGG⁴ 3 (2000), 441f, 441.

34 Gottesdienst feiern. Gottesdienste an Sonn- und Feiertagen. Ordnungen und liturgische Texte [= Gottesdienst feiern], hg. vom Landeskirchenamt der Evangelisch-Lutherischen Kirche in Bayern, o. O. o. J. [2014], 359.

35 24.01.2021, 3. Sonntag nach Epiphanias (Ursula Leitz-Zeilinger), in: Lesegottesdienste. Jahrgang 2010/11 – Predigtreihe III. 1. Advent – Christi Himmelfahrt, im Auftrag des Evang.-Luth. Landeskirchenrates München hg. vom Gottesdienst-Institut der Evang.-Luth. Kirche in Bayern,

Beten zu Gott und Bitten für die Welt

„Wir bitten dich für alle [!] Menschen, dass du ihnen Anteil gibst an der Auferstehung und dem Leiden deines Sohnes."[36] / „Stärke unseren Glauben, dass wir durch Leiden und Kreuz zur Herrlichkeit der Auferstehung gelangen."[37] / „Du hast die Tür zum Paradies wieder geöffnet: Lass unsere Verstorbenen geborgen sein in seinem Licht."[38] / „Für unsere Verstorbenen: dass sie durch dein gnädiges Gericht den ewigen Frieden finden."[39]
„Schenke der Welt deinen Frieden, den sie sich selbst nicht geben kann."[40] / „dass wir [...] Werkzeuge deines Friedens sind"[41] / „Hilf ihnen, Frieden zu schaffen und zu erhalten."[42]

Weiter ist auf Herausforderungen aufgrund des bereits angesprochenen Universalismus zu verweisen, der seinerseits darin gründet, dass die Bitte in ihrer Reichweite nicht begrenzt werden kann.[43] Fürbitten sind oft orientiert an Totalvorstellungen von ‚Welt‘ und ‚Menschheit‘ sowie an Gott als Schöpfer und Erhalter aller Dinge. Je nach Perspektive bedeutet das entweder den Anspruch, in der Konsequenz dieses Gedankens auch sozusagen beherzt auszugreifen, oder die Möglichkeit, nichts außen vor lassen zu müssen. Zuweilen fällt bei diesem Universalismus eine gewisse Maßlosigkeit oder auch ‚Supranaturalität‘ auf, die mit erheblicher Abstraktheit einhergehen kann („Hilf, dass überall die Würde des Menschen geachtet wird."[44] / „Für die Völker der Erde: Senden ihnen deinen Geist, dass sie in Christus den Retter erkennen."[45]). Zuweilen ist fraglich, wie sich eine dezidiert christliche Perspektive zu jener Universalität verhält, wie etwa das ‚Heil‘ (zumal als von Jesus erbetenes Gut) ins Verhältnis zu religiöser Pluralität zu setzen ist.

„Jesus, Gott am Kreuz, deine Geschöpfe sind dir heilig. Unter deinem Kreuz bitten wir dich um Segen und Heil für den gesamten Kosmos für die ganze Menschheit."[46]

Nürnberg 2020, 193–204, 203. Der Pluralbegriff christliche Kirchen verweist auf historische Gebilde, die zumindest in protestantischer Perspektive von einem religiösen Begriff der christlichen Kirche (Luthers ‚Christenheit‘) zu unterscheiden sind – damit aber wird doch das Verhältnis zur religiösen Idee jener Einheit unklar.

36 Gottesdienst feiern (wie Anm. 34), 354.

37 A. a. O., 383.

38 A. a. O., 360 (ohne Rücksicht auf Angaben zur Aufteilung des Gebets).

39 A. a. O., 416.

40 A. a. O., 389.

41 A. a. O., 391.

42 A. a. O., 393.

43 Harnack, Theodosius: Liturgik (wie Anm. 8), 433: Das christliche Gebet enthält die Fürbitte, „und zwar, da die Gnade eine allgemeine ist (Tit. 2,11), für alle Menschen (1 Thess. 3, 12; 2 Petri 1,7)". [Höfling, Johann Wilhelm Friedrich:] Liturgische Studien. Dritter Artikel, in: ZPK N.F. 1 (1841), 65–103, 80f: „Der christliche Erlösungsglaube faßt die ganze Menschheit vor Gott in eine Einheit zusammen [...]. Das gottesdienstliche Gebet der Christen wird daher notwendig Fürbitte enthalten müssen für alle Menschen".

44 Gottesdienst feiern (wie Anm. 34), 379.

45 A. a. O., 421.

46 Fürbitten aus einem Gottesdienst zum Karfreitag, 29. März 2013 aus St. Sebald, Nürnberg, übertragen in der ARD und im Hörfunk (BR 1). Für den Text danke ich Melitta Müller-Hansen, Beauftragte für Hörfunk und Fernsehen der Evangelisch-Lutherischen Kirche in Bayern.

60 Johannes Greifenstein

Schließlich können Probleme dort entstehen, wo sich eine relativ konkrete Perspektive auf die Anliegen des Gebets mit einer religiösen Perspektive auf die Eigenart des göttlichen Handelns verbindet.

„Sprich zu denen, die Macht haben, zu denen, die die politische Zukunft Europas verhandeln [...]. Rühre ihre Herzen an und leite sie auf den Weg zu deiner Barmherzigkeit."[47] „[S]ieh auf die zahllosen Opfer an den Frontlinien des Kapitalismus, auf die neuen Sklaven in Asien und Afrika und all die ohne Arbeit, auf die Näherinnen und Färber, auf die Lagerarbeiter und die abhängigen Kinder in Plantagen und Rodungen, kleine Rädchen, rotierend auf Verschleiß in der Profitmaschinerie globaler Konzerne, erbarme dich, mit ewiger Gnade, du, unser Erlöser."[48]

Was soll es denn heißen, dass eine Verhandlung über ‚die politische Zukunft Europas' durch Menschen erfolgt, die auf den Weg zu Gottes Barmherzigkeit geleitet wurden? Wie kann das gnädige Erbarmen angesichts einer so konkreten Vielzahl der Übel wirksam werden?

Zur Auseinandersetzung mit der Frage nach der Zugänglichkeit dogmatischer Themen zählt es aber nicht allein, die in einem Gebet geäußerten Vorstellungen zu überprüfen – eine gedankliche Rechenschaft (λόγον διδόναι), die nicht mitzubeten, aber vorauszusetzen ist. Selbstkritisch sind auch das Recht und die Grenze solcher Prüfung zu reflektieren. Darf nicht der Hilflosigkeit in der Sache (als Grund der Bitte) ein bestimmtes Ausmaß der Hilflosigkeit ihrer Artikulation entsprechen – ohne das Wahrheitsmoment dieser Erwägung zu strapazieren? Ist hier nicht grundsätzlich einer spezifischen Freiheit der Praxis des Betens in Rechnung zu tragen, die auch sehr elementare und prinzipielle Gedanken über Rettung und Hilfe ermöglicht – grundsätzlich, weil damit weder ein Reservat für Gedankenlosigkeit noch für einen „Gott des Sonntags"[49] gemeint ist?

Vielleicht führt die Orientierung an Kategorien wie Einfachheit oder Schlichtheit weiter, wie sie in der Theologie des 18. Jahrhunderts in konstruktiver wie kritischer Absicht beliebt waren. Dann könnte an die Stelle vieler Worte auch einmal nur die ‚Sünde' treten[50], an die Stelle einer ganzen Aufzählung die ‚Erlösung vom Bösen'.[51] Aber es ist freilich auch in ästhetischer Hinsicht ein

---

47 2. Sonntag vor der Passionszeit (Sexagesimä). 24. Februar 2019, Quelle: Wochengebet der VELKD, www.velkd.de (9.02.2021).

48 4. Sonntag der Passionszeit (Lätare). 30. März 2014, Quelle: Wochengebet der VELKD, www.velkd.de.

49 Müller, Karl Ferdinand: Das Gebet im Leben der Gemeinde, in: JLH 9 (1964), 1–28, 4.

50 4. Sonntag der Passionszeit (Lätare) (wie Anm. 48): „Vor Habgier und Egoismus bewahre uns, vor Irrwegen und Gewalt, vor Manipulation und Entmündigung, vor zerstörerischen Abhängigkeiten, vor der perfiden Fantasie, die intelligente Waffen erfindet und neue Methoden zur geistigen Unterdrückung von Menschen, vor der entfesselten Gewinnsucht, vor der Maßlosigkeit [...]".

51 Letzter Sonntag nach Epiphanias. 17. Januar 2016, Quelle: Wochengebet der VELKD, www.velkd.de: „Wir ahnen das Leid der Angehörigen, die Schmerzen der Verwundeten, die Ohnmacht der Rettungskräfte. [...] Wir klagen dir den Hass und die Gewalt in unserer Gesellschaft. Wir lesen, wie andere beleidigt und bedroht werden, wie Schlägertruppen Brände legen und Wehrlose verletzen. Wir hören, wie andere entwürdigt werden. Wir sehen, wie Angst geschürt wird. [...] Wir

Beten zu Gott und Bitten für die Welt

alter Streit: Das Einfache und Schlichte kann eindrücklich sein oder blass. Der Umgang mit der dogmatischen Dimension bleibt ein Umgang mit Ambivalenz.

3. Ein letzter Aspekt betrifft eine Art fundamentaltheologischen Kern der dogmatischen Dimension der Fürbitten. Inwiefern geht es hier bei aller Beziehung auf das Leben und die Welt auch um den Glauben als Beziehung zu Gott?[52] Oder führt die doch vorwiegend ‚ethische‘ Ausrichtung der Fürbitten auf Gebiete, die zwar vom Glauben aus mit Gott in Verbindung gebracht werden können, aber den Glauben selbst keineswegs integrieren? Bittet man also etwa ‚Beende diesen Krieg!‘ oder ‚Sei den Opfern dieses Kriegs nahe!‘? Zielen Gebete darauf, dass die „Kranken genesen"[53], oder bittet man Gott, er „[s]chenke den Kranken seine Nähe"[54]? Freilich kann man „Heilung und Heil"[55] auch zusammennehmen. Aber es sind doch zwei Perspektiven: Ob man einen Gott bittet, der dem Übel direkt begegnet („Beende den Terror von Mächtigen gegen ihre eigenen Völker."[56]) und gleichsam weltpolizeiliche Aufgaben übernimmt, oder ob man einen Gott bittet, der mit einem Wort Johann Albrecht Bengels nicht am Leiden vorbei, aber durch es hindurch hilft.[57] Die Tradition hält beides bereits: Den starken Arm, der eingreift (Jer 32,31), und das Abwischen der Tränen, die nicht verhindert wurden (Offb 21,4). Insofern lassen sich auch beide Perspektiven reflektieren.

Einerseits können Fürbitten Bitten um ‚gelebte Religion‘ sein. Sie stellen dann die *Weltbeziehung* Gottes und der Menschen in den Kontext der menschlichen Gottesbeziehung. Man kann in dieser Perspektive mit durchaus normativem Interesse von einer „Spiritualisierung des Bittgebets"[58] sprechen. Vor allem in der älteren Literatur war es eine geläufige Forderung, die agendarisch geordneten gottesdienstlichen Gebete hätten im Unterschied von einer „Privat-Andacht" grundsätzlich „mehr den Christen als den Menschen [...] im Sinne zu behalten"[59] und insofern den „Fehler" zu vermeiden, „daß dem Irdischen zu viele Ehre ange-

---

klagen dir die unerträgliche Lage der Menschen in Syrien, die Verzweiflung in allen Kriegsgebieten und auf den Fluchtrouten, die Gewalt der Diktatoren und ihrer Handlanger."

52 Vgl. Gottesdienst feiern (wie Anm. 34), 408: „Stärke unseren Glauben".

53 Letzter Sonntag nach Epiphanias. 31. Januar 2021, Quelle: Wochengebet der VELKD, www. velkd.de.

54 Gottesdienst feiern (wie Anm. 34), 418.

55 A.a.O., 389.

56 10. Sonntag nach Trinitatis. 20. August 2017, Quelle: Wochengebet der VELKD, www. velkd.de.

57 5. Sonntag nach Trinitatis. 01. Juli 2018: „Du tröstest, wenn wir weinen. Du erfüllst mit Hoffnung, wenn wir uns fürchten." (Quelle: Wochengebet der VELKD, www.velkd.de)

58 Schneider, Jörg: Das Bittgebet in der Spannung zwischen Anfechtung und Glaube, Hoffnung und Liebe. Eine protestantische Perspektive, in: Eisele, Wilfried (Hg.): Gott bitten? Theologische Zugänge zum Bittgebet, Freiburg i.B. 2013, 223–261, 257. Ebd.: „Gott ist nichts fremd. Deshalb kommt auch unser ganzes Leben im Gebet und auch im Bittgebet vor. Die Hauptsorge sollte aber doch sein: Wie steht es um das Heil? [...] Die Welt und wir sind nur das vorletzte. [...] Das Bittgebet führt vor das innere Auge, wohin es blicken soll."

59 Kapp, Georg Friedrich Wilhelm: Grundsätze zur Bearbeitung evangelischer Agenden mit geschichtlicher Berücksichtigung der früheren Agenden (wie Anm. 26), 25f.

62   Johannes Greifenstein

than"[60] werde. Andererseits ist die *Gottesbeziehung* des Menschen im Horizont ihrer Weltbeziehung und der Weltbeziehung Gottes zu sehen. Polemisch könnte man fragen, ob die Relativierung eines sogenannten Vorletzten nicht stets nur eine im wörtlichen Sinne letzte Fürbitte als Fürbitte für die Toten übrigließe. Und muss nicht auch eine dezidiert ‚geistliche' Fürbitte stets einen Glauben im Hier und Jetzt betreffen – und damit das Erdendasein mit ins Gebet nehmen?[61]

Neben die Aufgabe, die soteriologische Ausrichtung der Fürbitten am inneren *und* äußeren oder am neuen *und* alten Menschen[62] zu balancieren, tritt schließlich auch die Aufgabe, mit einer unterschiedlichen Intensität der Anliegen und einer entsprechend unterschiedlichen religiösen Qualität der Bitte umzugehen. So bittet man in ein und demselben Gebet: „Führe unsere Verstorbenen zum Festmahl des ewigen Lebens." und „Gib uns die Weisheit, Wichtiges und weniger Wichtiges zu unterscheiden."[63] Oder: „Schenke uns Geduld mit den Schwächen unserer Mitmenschen" und „führe uns zur Vollendung in deinem Reich"[64]. Oder: „Für alle, die im Urlaub sind: [...] schenke ihnen Erholung an Leib und Seele" und „Für Menschen, die Angst vor dem Leben haben und sich vor der Zukunft fürchten: Hilf ihnen, im Vertrauen auf dich zu leben."[65] Dass man grundsätzlich alles vor Gott bringen kann, ist nicht umstritten. Die Frage einer angemessenen Gewichtung ist aber damit erst gestellt.

5. Ethische Dimension

Die Fürbitten sind als christliches Handeln und aufgrund ihrer Zielsetzung durch eine ethische Dimension geprägt. Auf drei damit verbundene Aspekte gehe ich ein.

1. Das Fürbittgebet wird traditionell als eine Verpflichtung gesehen, die mit einer ethischen Qualität der christlichen Religion als solcher zu tun hat und im größeren Kontext des Verhältnisses von Handeln und Glauben steht.[66] Der im Gottesdienst fürbittend handelnde Glaube gerät als Praxis in den Blick, deren Gestaltung dem Praxissubjekt nicht gänzlich überlassen ist. Zuspitzend: Vor

---

60 A. a. O., 42. A. a. O., 43: „Zeitliche Angelegenheiten sind [...] in kirchlichen Gebeten eine Nebensache, die Hauptsache soll unverrückt das geistliche Wohl sein. Von solchem Sinne seien daher alle Formulare durchdrungen, sie müssen auf den innern Menschen gehen".

61 Vgl. a. a. O., 42f, das Zugeständnis: „Wären freilich alle Kirchen-Gebete nur aus dem Sinn und Zweck der Kirche hervorgegangen, so würde um nichts anders als um das Ewige gebetet werden, aber die Kirche besteht aus Einzelnen, die nicht Alle so weit sind, ihre Einzelheit hintanzusetzen, und daher Gebete für ihr und der Ihrigen äußeres Wohl verlangen".

62 Vgl. [Höfling, Johann Wilhelm Friedrich:] Liturgische Studien (wie Anm. 43), 78–80.

63 Gottesdienst feiern (wie Anm. 34), 399.

64 A. a. O., 401.

65 A. a. O., 407.

66 Vgl. die Einordnung der Fürbitten in die allgemeinere Deutung des Betens als „befelh" bei Luther, Martin: Ein gemeyne form, Wie zum beschluß der Predig das volck zum gemeynen Gebet soll vermanet werden", WA 52, 732,34 [Hauspostille 1544].

Gott bist du jemand, der für andere zu bitten hat! Im Anschluss an allgemeinere Überlegungen zum Verhältnis von Glaube und Gebet lassen sich die Fürbitten zugleich aber als ein Handeln begreifen, das dem Glauben nicht nur nachfolgt (*fructus fidei*), sondern ihn vollzieht. Auch die Fürbitte ist als Gebet Praxis des Glaubens im Doppelsinn von *genitivus subjectivus* und *objectivus*. Im Ergebnis hat ein überindividuelles Moment dann also auch dort Platz zu haben, wo die subjektive und individuelle Gottesbeziehung betroffen ist. Die Fürbitten sind dasjenige Zwiegespräch der Seele mit ihrem Gott, bei dem sie nicht nur an sich selbst denken soll. Im Anschluss an ein überbemühtes Wort Dietrich Bonhoeffers: Als Fürbitten ist Beten immer auch Beten ,für andere'.[67]

Dieser normative Aspekt einer ethischen Dimension der Fürbitten stellt sich noch einmal etwas anders dar, wenn ein enges Verhältnis von „Beten und Arbeiten, von liturgischer F.[ürbitte] und diakonischem Eintreten" oder von „Fürbitte und Fürsprache"[68] behauptet wird oder wenn das „Eintreten für andere vor der Welt" seine „Wurzel im Eintreten für andere vor Gott"[69] haben soll. Denn spätestens an diesem Punkt kann Kritik oder zumindest Nachfrage laut werden. Beten zu Gott, so das grundsätzliche Bedenken, verträgt keine fremde Funktionalität wie etwa Bewusstseinsbildung oder Handlungsmotivation. Auch der Gedanke an die Fürbitten als Gemeindegebet lässt sich hier aufbieten, wenn man dabei auf die Differenz eines (vereinfacht) empirischen und idealen Gemeindebegriffs abhebt. Allerdings: Spricht man von den „Gebetsanliegen, die die Gemeinde als Christengemeinde tatsächlich hat"[70], oder von einer „normalen christlichen Empfindung"[71] als Gebetsgrundlage, bewegt sich das nicht von ungefähr zwischen einem deskriptiven und einem präskriptiven Zugang.

Die hier offenkundig werdende Herausforderung kennt auch das Nachdenken über das Gebet im allgemeinen, wo man sie als Problem des Anfangens und

---

67 Vgl. Dalferth, Ingolf U.: Ein Reden des Herzens mit Gott. Christliches Beten als Vollzug des Liebesgebots, in: Ders./Peng-Keller, Simon (Hg.): Beten als verleiblichtes Verstehen. Neue Zugänge zu einer Hermeneutik des Gebets, Freiburg i.B. 2016, 83–107, 98.

68 Wannenwetsch, Bernd: Die ethische Dimension des Gottesdienstes, in: Klöckner, Martin/Häußling, Angelus A./Meßner, Reinhard (Hg.): Theologie des Gottesdienstes Band 2 (Gottesdienst der Kirche. Handbuch der Liturgiewissenschaft, Teil 2, Band 2), Regensburg 2008, 359–401, 385 f.

69 Bayer, Oswald: Art. ,Fürbitte III. Systematisch-theologisch' (wie Anm. 33), 441.

70 Preul, Reiner: Überlegungen zum Allgemeinen Kirchengebet im evangelischen Gottesdienst (wie Anm. 4), 267: „Der Pastor hat diejenigen Gebetsanliegen, die die Gemeinde als Christengemeinde tatsächlich hat, vor Gott zu bringen, nicht diejenigen, die sie nach seiner Meinung haben sollte." Niebergall, Friedrich: Praktische Theologie. Lehre von der kirchlichen Gemeindeerziehung auf religionswissenschaftlicher Grundlage. Zweiter Band. Die Arbeitszweige. Gottesdienst und Religionsunterricht. Seelsorge und Gemeindearbeit, Tübingen 1919, 212: „Darin liegt eine Schwierigkeit der ganzen Aufgabe, daß er [der Liturg] dem Gebete der Gemeinde Ausdruck und auch Richtung geben soll. – Daher kommt die zwiespältige Zug in die liturgischen Gebete hinein, der sie vielen so bedenklich macht: einmal bewegen sie sich auf der Ebene der Anliegen, wie sei die Leute wirklich haben, dann aber doch auch wieder auf einer viel höheren, wie sie bloß ihrem Ideal entspricht. So wird oft weniger das tatsächliche Ist der Gebetstriebe des Kirchenvolkes als das gewünschte Soll zum Ausdruck gebracht."

71 Vgl. Rietschel, Georg: Lehrbuch der Liturgik (wie Anm. 12), 486 f.

als Problem vorgegebener Formen diskutiert. Im Zentrum steht eine Prozessualität des Betens: Was, wenn die Glaubenshaltung, die doch zum Ausdruck kommen soll, noch nicht anfänglich vorliegt, sondern erst im Gebet entstehen muss? Was, wenn die Inhalte des Gebets zunächst nicht die eigenen sind, sondern erst angeeignet werden müssen? So sensibel dieser Aspekt ist: Das Fürbittgebet ist als Gebetspraxis zweifellos für normative Kriterien offen und kann zumal als gottesdienstliches Gebet eine „pädagogische Funktion"[72] aufweisen. Das bringt auch die Unterscheidung von Beten und Wünschen zum Ausdruck. Mit ihr lässt sich stichwortartig der Gedanke abkürzen, dass sich das Beten in einem Spannungsverhältnis von Selbstbezug und Gottesbezug und damit auch von Selbstbezug und Selbstrelativierung bewegt. Das wird noch verstärkt, wenn diese Praxis programmatisch ein *Bitten* ist. Ist es keine plausible Erwartung, dass aus der Frage ‚Was ist mir – vor Gott – wirklich wichtig?' *auch* die Frage wird ‚Wer ist mir – vor Gott – wirklich wichtig?' Und schließlich: ‚Wer *sollte* mir wichtig sein?' So gesehen sind die Fürbitten das Gebet nicht mit der Aufgabe, sondern mit der Chance, an andere zu denken. Und insofern kann die Fürbitte auch in Hinsicht auf ihre Form im Gottesdienst das, was sie tut, sinnvollerweise tun, nämlich etwas Fremdes zum Gegenstand des Eigenen vorgeben.

2. Vieldiskutiert ist das Verhältnis zwischen der Ausrichtung der Fürbitten auf Gott und auf den Menschen. Einerseits kann es als Fehler gelten, wenn die Fürbitten nicht das Verhältnis Gottes zur Welt und zum Menschen zum Thema haben, sondern das Verhältnis der Menschen zur Welt und zum Mitmenschen, wenn sie also gleichsam nicht vertikal, sondern horizontal ausgerichtet sind.[73] Dabei lässt sich unterscheiden ein Gebetsfehler im engeren Sinne – ein Gebet adressiert Gott, Appelle sind Gegenstand zwischenmenschlicher Kommunikation –, und ein fundamentalethischer Fehler – ein Gebet betrifft ein Wirken jenseits unserer Möglichkeiten (nur Gott kann Frieden schaffen), ein Appell allein das menschenmögliche Handeln. Die Erarbeitung des Gebets wäre dann von der Aufgabe einer Wahrnehmung und Gestaltung von Unterschieden bestimmt. So besteht eine Möglichkeit darin, dass menschliche Praxis als Intention der Bitte nicht infrage kommt.

„Jesus, Gott am Kreuz, deine Geschöpfe sind dir heilig. Unter deinem Kreuz bitten wir dich um Segen und Heil für den gesamten Kosmos, für die ganze Menschheit"[74]. Menschen können ‚ein Segen sein', Medizin kann ‚heilen', aber Autor von Segen und Heil in dem angesprochenen Sinne ist nur Gott.

---

72 Lohff, Wenzel: Erwägungen zur dogmatischen Lehre vom Gebet, in: Bargheer, Friedrich W./Röbbelen, Ingeborg [Hg.]: Gebet und Gebetserziehung, Heidelberg 1971, 9–31, 23. Vorsichtig Preul, Reiner: Überlegungen zum Allgemeinen Kirchengebet im evangelischen Gottesdienst (wie Anm. 4), 267: „Das Allgemeine Kirchengebet formiert zwar aufgrund seiner materialen und theologischen Struktur das Bewusstsein der Gemeinde, darf aber keine [...] Belehrung der Gemeinde sein".

73 Vgl. Nicol, Martin: Weg im Geheimnis. Plädoyer für den evangelischen Gottesdienst, Göttingen/Oakville ³2009, 203–206.

74 Fürbitten aus einem Gottesdienst zum Karfreitag (wie Anm. 46).

Möglich ist auch, den alleinigen Fokus auf Gott durch spezifisch religiöse Vorstellungs- und Redeweise zur Geltung zu bringen.

„Wir bitten Dich, Morgenstern [an Jesus Christus adressiert]: Mache unser Leben hell. Leuchte in unsere Herzen und auf unseren Weg, dass wir unseren Weg in die Zukunft finden."[75] Auf dem ‚Weg' wären vielleicht auch Formen psychologischer Beratung hilfreich, unser ‚Herz' wäre vielleicht auch von gemeinsamer Zeit mit Freunden positiv betroffen, aber das hier angesprochene Leuchten und Hellmachen suggeriert eine irgendwie übermenschliche Praxis.

Doch so sehr man einerseits an einer Adressierung an Gott festhalten will, so sehr ist andererseits eine strikte Trennung von göttlichem und menschlichem Handeln nicht immer möglich und sinnvoll. Tatsächlich lässt sich von vielen Gebetsanliegen nicht sagen, es wäre den Menschen grundsätzlich unmöglich, zu ihrer Bearbeitung selbst beizutragen. Zwar kann man Gott bitten, Menschen zu trösten oder ihnen nahe zu sein, aber zumindest prinzipiell können das auch Menschen untereinander und möglicherweise die Fürbittenden selbst.[76] So stellt sich in ethischer Hinsicht die Frage nach dem Umgang damit, dass nicht alles Gegenstand allein einer göttlichen Barmherzigkeit bleiben muss, was auch Gegenstand humaner Hilfspraxis sein kann. Gleichzeitig sehen sich Menschen aus verschiedenen Gründen nicht in der Lage, die Dinge wirklich selbst in die Hand zu nehmen und zu bewältigen: Man denke an die Dimension vieler Probleme (Krieg, Hunger), man denke an globale Perspektiven und eine entsprechende Fernsicht (Hunger in Afrika, ein Erdbeben in Asien), oder man denke schließlich an einen Mangel an konkreter Einsicht in Not oder an Kenntnis der Hilfsbedürftigkeit (Wer ist alles krank, wer ist überhaupt verzweifelt?). Nun muss es eine Ausrichtung auf Gott jedoch nicht ausschließen, zugleich *auch* an humane Hilfe zu denken. Deshalb begegnen immer wieder Mischformen, in denen die Bitten auf Gottes Handeln zielen, dessen Inhalt aber das menschliche Handeln ist, das befördert und befähigt werden soll.[77]

An Beispielen werden zunächst unterschiedliche Möglichkeiten auffällig, die Ebenen zugleich zu differenzieren und zuzuordnen – mit unterschiedlichem Erfolg. Möglich ist beispielsweise der Rekurs auf eine Art teleologische Struktur:

---

75 Letzter Sonntag nach Epiphanias. 31.1.2021 (Maria Stettner), in: Gorski, Horst (Hg.): Die Lesepredigt. 54. Jahrgang 2020/2021. Ordnung der Predigttexte 3. Reihe, Gütersloh 2020, 137–145, 144.

76 3. Sonntag nach Epiphanias. 24. Januar 2021: „Du Gott der Armen, in der Kälte leiden die Schwachen, frieren ohne Obdach, suchen nach Essbarem, verlieren die Hoffnung. Du bist das Leben. Du kannst retten und beschirmen." Quelle: Wochengebet der VELKD, www.velkd.de (9.02.2021).

77 Vgl. Preul, Reiner: Überlegungen zum Allgemeinen Kirchengebet im evangelischen Gottesdienst (wie Anm. 4), 264f, mit dem Ergebnis (a. a. O., 265): „Wo es jedoch um unser Tun und unsere Verantwortung geht, müssen Handeln Gottes und Handeln des Menschen als unterschiedene auch verbunden werden: Das Handeln Gottes ist die Voraussetzung dafür, dass unser Handeln gelingen kann, es ist die Bedingung der Möglichkeit guter Werke."

„Bleibe in uns und erfülle uns mit deiner Liebe, dass wir deine Schöpfung bewahren und Werkzeuge deines Friedens sind."[78] / „Erfülle uns mit deiner Liebe, dass wir barmherzig miteinander umgehen."[79] / „Stelle uns stets neu deine Liebe vor Augen, damit unsere Worte und Taten von ihr durchdrungen werden."[80]

Hier ist das Interesse an einer göttlichen Erstursächlichkeit gewahrt, zugleich bedeutet das Verhältnis von Ursache und Wirkung auch eine Mittel-Zweck-Relation: Wir sollen etwas tun *können*, dafür musst du zuerst etwas für und an uns tun. Wird im konkreten Fall allerdings fraglich, ob der Zusammenhang von Ursache und Wirkung auch wirklich funktioniert – Wenn wir von deiner Liebe erfüllt sind, bewahren wir dann die Schöpfung? –, lässt sich das menschliche Handeln auch auf eine direktere Form an Gott rückbinden.

„Zeige uns, wo wir gebraucht werden, und gib uns Kraft zum Handeln."[81] / „Mach uns bereit zum Helfen und zum Teilen."[82] / „Lass uns sorgsam umgehen mit deiner Schöpfung und den Kräften der Natur."[83]

3. Nicht nur die Gestaltung des Verhältnisses von göttlichem Wirken und menschlichem Handeln ist in ethischer Perspektive zu diskutieren, sondern dieses Verhältnis als solches. Beachtung verdient die Kritik, dass die Fürbittenden überhaupt ihr eigenes Handeln zum Gegenstand einer Bitte an Gott machen, statt das jeweilige Gute sozusagen ‚einfach zu tun'. Zunächst ist hier auf das Phänomen einer Art Fremdsetzung zu verweisen, die einen eigenen Beitrag im Umgang mit Leid und Not auch dann ausblendet, wenn das humane Handeln als solches in der Bitte vorkommt.

„Wir bitten für die Völker der Erde in Nord und Süd, in Ost und West: dass sie einander Vertrauen schenken; dass sie gemeinsam die Zukunft verantworten"[84]. Zwar sind ‚wir' Teil der Völker, kommen aber in der Außenperspektive auf ‚die Völker' nicht vor.

Hier wird deutlich, dass die Unterscheidung und Zuordnung von göttlichem Wirken und menschlichem Handeln potentiell von einem Problem betroffen ist, das man ‚Deethisierung' nennen könnte. Das Problem lässt sich auch fundamentaltheologisch reflektieren, etwa als eine

„Eigentümlichkeit, die vielleicht ein unglückliches Erbe des lutherischen Christentums der Ergebung und des Duldens ist: die *Passivität* der Gebete hinsichtlich der Betenden selbst. *Lass uns* – man lässt auch die erwünschte Heiligung über sich ergehen wie ein Geschick; kommt sie nicht, so kommt sie nicht. Gott muss alles tun."[85]

---

78 Gottesdienst feiern (wie Anm. 34), 391

79 A. a. O., 410.

80 A. a. O., 415.

81 A. a. O., 349.

82 A. a. O., 412.

83 A. a. O., 377.

84 Fürbitten aus einem Gottesdienst zum Karfreitag (wie Anm. 46).

85 Zillessen, Alfred: Ein Kapitel vom liturgischen Gebet, in: Evangelische Freiheit 31 (1909), 394–401, 401.

Die damit in den Blick geratene Herausforderung wird vor allem auffällig, wenn ‚die Kirche' oder die ‚Gemeinde' als Gegenstand des göttlichen Wirkens benannt wird, so dass das Objekt der Bitte und das Subjekt des Bittens zumindest partiell zur Deckung kommen (könnten).

„Für die Kirche in aller Welt: Gib ihr offene Augen für die Anliegen und Sehnsüchte der Jugend, der Konfirmandinnen und Konfirmanden, dass sie sich ernst genommen wissen und eine Heimat finden, die ihnen Freiraum ermöglicht und in der sie Liebe erleben."[86]

Man kann kritisch fragen, ob hier nicht Motivationsprobleme auf Gott hin umgeleitet werden. Oder soll die Verbundenheit mit den Anderen als mit ‚Brüdern' *im* Gebet eine Verbundenheit *außerhalb* des Gebets ersetzen, die nur verbalisiert aber nicht praktiziert wird?[87] Immerhin ist es auffällig, wenn man sehr genau weiß, was zu tun wäre, aber sehr bestimmt davon ausgeht, dass es nicht getan werden kann und sich insofern auch selbst bittend anempfiehlt.[88] Als Bitten zu Gott sind die Fürbitten menschliches Handeln. Doch auch der Umgang mit Fragen einer christlichen Ethik jenseits des Betens zählt zu einem Ethos dieses Betens selbst.

6. Pragmatische Dimension

Als Praxis des Bittens und als Praxis des Betens weisen die Fürbitten eine pragmatische Dimension auf. Ich konzentriere mich auf verschiedene Aspekte des Verhältnisses von Bitten und Glauben sowie von Glauben und Beten.

1. Was zunächst das Moment der Bitte betrifft, so legt sich ein Zugang über allgemeinere Überlegungen zum Beten nahe. Der betende Mensch tritt in einer besonderen Weise ins Verhältnis zu Gott. Ob in Dank oder Bitte, aber auch in Klage oder Lob, diese Praxis bringt die für ihn spezifische Stellung zu Gott als ‚seinem' Gott zum Ausdruck und zur Darstellung, zu dem, den er als seinen Vater, Herrn oder Schöpfer bitten kann und auch muss, den er loben will, dem er danken und alles klagen darf oder auf den er noch anklagend bezogen bleibt – stets allerdings in einem Verhältnis mit einem gewissen Gefälle, ob das im Einzelfall mehr oder weniger deutlich ist. Speziell hinsichtlich der Bitte liegt es nahe, auf eine Differenz zwischen dem uns Möglichen und dem uns Nötigen hinzuweisen. Wer fürbittet sagt immer auch, was ihm zu viel ist, und wird sich eigener Grenzen bewusst. Dass sich im Anschluss an eine religiöse Deutung

---

86 29.11.2020. 1. Sonntag im Advent (Wolfgang Oertel), in: Lesegottesdienste. Jahrgang 2010/11 – Predigtreihe III. 1. Advent – Christi Himmelfahrt, im Auftrag des Evang.-Luth. Landeskirchenrates München hg. vom Gottesdienst-Institut der Evang.-Luth. Kirche in Bayern, Nürnberg 2020, 2–12, 11.

87 Vgl. Müller, Karl Ferdinand: Das Gebet im Leben der Gemeinde (wie Anm. 49), 1.

88 Vgl. Gidion, Anne/Hirsch-Hüffell, Thomas: Wenn wir stockender sprächen … Überlegungen zur Sprache der Fürbitten im Gottesdienst, in: Lehnert, Christian (Hg.): „Denn wir wissen nicht, was wir beten sollen …" Über die Kunst des öffentlichen Gebets, Leipzig 2014, 54–63, 57.

68 Johannes Greifenstein

menschlicher „Schwachheit"[89] oder „Demüthigung und Abhängigkeit"[90] zuweilen auch Tendenzen einer diskurspolitischen ‚Weiterverwertung' zeigen, kann jetzt auf sich beruhen bleiben.[91]

Allerdings ist es nur die halbe Wahrheit, dass „die echte Bitte Selbstlosigkeit verlangt"[92], denn zugleich sind Fürbitten auf eine eigentümliche Weise selbstbezüglich. Wer fürbittend betet, denkt an andere und will etwas für andere. Man stelle sich einen pastoralen Geburtstagsbesuch vor, bei dem der Pfarrer oder die Pfarrerin zum Schluss im Einverständnis mit der besuchten Person ein Gebet spricht – eine etwas idealisierte, aber zugleich real mögliche Szene –, und zwar vor ihm, aber mit ihm und für ihn, wie bei den Fürbitten also, nur mit einer direkten Beziehung zwischen der Bittpraxis und dem Gegenstand der Bitte: Nachdem wir auf dein Leben geschaut haben, bitten wir für dich. Die gottesdienstliche Fürbitte erweitert eine solche Konstellation nicht um eine nochmals andere Größe, sondern verändert die Beziehung zu dem gemeinten Menschen lediglich im Blick auf Anwesenheit und Abwesenheit. Vereinfachend gesagt ist das Fürbittgebet ist ein Handeln, das sich für die Betenden nahelegt, wenn sie vor Gott an Menschen denken, mit denen sie es gut meinen. Bei all ihrer Ausrichtung auf andere gehört dieses Gebet als Bitte zutiefst zu den Menschen, die es beten.[93]

Vor diesem Hintergrund mag es zwar eine verständliche Einschätzung dieses Gebets sein, es sei „jedem klar, dass keine sofortige und konkrete Wirkung eintreten wird"[94]. Doch dem soeben skizzierten Verständnis zufolge gründen die Fürbitten sozusagen nicht vorne oder in einem Ziel, sondern hinten oder in ihrem Anfang. Ihr Effekt mag auch sein, akzeptieren zu können, was man nicht ändern kann (oder will – so sieht das letztlich der traditionelle Verweis auf Jesu ‚Gebetsergebung' in Gethsemane [Mt 26,39]). Aber ihr Motto als Bittgebet

---

89 Müller, Karl Ferdinand: Das Gebet im Leben der Gemeinde (wie Anm. 49), 5.

90 Nitzsch, Carl Immanuel: Der evangelische Gottesdienst. Ein Lehrbuch der evangelischen Liturgik (Praktische Theologie. Zweiter Band. Zweites Buch: Das kirchliche Verfahren oder die Kunstlehren. Zweite Abtheilung: Der evangelische Gottesdienst), Bonn ²1863, 324.

91 Vgl. Bohren, Rudolf: Bittgebet und Klage, in: Ders.: Geist und Gericht. Arbeiten zur praktischen Theologie, Neukirchen-Vluyn 1979, 158–164, 158: Für „den Bildungsbürger ärgerlich genug", hätten „Bittgebet und Klage [...] eine animalische Dimension" und etwas „tief Demütigende[s]", da der „Mensch, der bittet und klagt, [...] kein Gott, sondern eher ein Tier" sei.

92 Müller, Karl Ferdinand: Das Gebet im Leben der Gemeinde (wie Anm. 49), 5.

93 Erst in einem zweiten Schritt kommt der normative Gedanke zur Geltung, man habe vor Gott auch an Menschen zu denken, mit denen man es nicht ohne weiteres gut meint. Vgl. Mössinger, Richard: Zur Lehre des christlichen Gebets. Gedanken über ein vernachlässigtes Thema evangelischer Theologie, Göttingen 1986, 137: „Die Fürbitte erwächst im christlichen Gebet nicht aus einem mehr oder weniger ausgeprägten altruistischen Mitgefühl, sondern das vor Gott, dem Vater Jesu Christi, verantwortete Gebet äußert sich sachgemäß auch als Fürbitte, denn der christliche Beter sieht im Angesicht Jesu Christi immer auch den anderen. Dabei bleibt die Fürbitte nicht auf die Familie oder Nahestehende beschränkt. Das christliche Gebet gilt auch dem nicht genehmen Zeitgenossen, deutlicher gesagt, dem Feind".

94 Schneider, Jörg: Das Bittgebet in der Spannung zwischen Anfechtung und Glaube, Hoffnung und Liebe (wie Anm. 58), 250.

Beten zu Gott und Bitten für die Welt

bleibt: Akzeptiere *nicht*, was du nicht ändern kannst![95] In der Perspektive der Bitte besitzen sie deshalb eine Selbständigkeit diesseits eines ,Übergangs', an dem aus dem Wunsch das Gebet, aus dem Hoffen ,ohne Adresse' die Hoffnung auf Gott wird.[96] Dann aber stehen die gottesdienstlichen Fürbitten nicht nur aufgrund ihres Inhalts für einen sogenannten Weltbezug ein, sondern auch als Praxis.

Zu klären bleibt die an einer Schnittstelle der praktischen und rhetorischen Dimension angesiedelte Frage der Gestaltung. Die Benennung konkreter Gehalte muss als solche nicht bedeuten, dass es zu einer so unnötigen wie ungebührlichen Informationsveranstaltung komme. Man muss ja nicht sagen: ,Es gibt Menschen, die sich am Ende fühlen: Trauernde und Verzweifelte, Menschen, die kaum Kraft zum Atmen finden.' Sondern man kann das diesbezügliche Handeln *in diesem Handeln* eigens aussagen:

„Du, Gott unseres Lebens, wir denken vor dir an Menschen, die sich am Ende fühlen: an Trauernde und an Verzweifelte, an Menschen, die kaum Kraft zum Atmen finden."[97]

In dieser Form wird die Praxis als solche ausdrücklich, und zwar auch als Praxis, die explizit vor Gott erfolgt. Menschen denken an viele Dinge, jetzt, im Gottesdienst, wird *vor Gott* an etwas gedacht, und das wird auch *gegenüber Gott* noch einmal kund. Eine solche Praxis kann man, muss man aber nicht in erster Linie so interpretieren – und kritisieren –, dass hier Gott darüber informiert werde, was wir Menschen machen. In performanztheoretischer Sicht legt sich eine andere Deutung nahe: Der religiöse Vollzug kommt als religiöser Vollzug im religiösen Vollzug zur Geltung. Für diese doch recht komplexe Struktur kann es sprechen, dass sie den Vollzug der Fürbitten verlangsamt. Man kann allerdings auch einwenden, dass eine direktere Form auch energischer wirkt, etwa schlicht: ,Hilf den Trauernden und Verzweifelten!' Ein latent anleitender Charakter haftet einer Verbalisierung der Praxis als solcher durchaus an, man denke etwa an die Kritik einer Anreicherung des trinitarischen Votums zur Information ,Wir feiern diesen Gottesdienst im Namen des Vaters ...'.[98]

2. Mit Blick auf das Verhältnis von Glaubenspraxis und Gebetspraxis wird zu Recht die religiöse Qualität der Fürbitten betont. Das mag überflüssig scheinen, weil man doch den Gottesdienst insgesamt als Handeln aus dem Glauben heraus begreifen kann, und weil man nirgendwo ernsthaft bezweifelt, dass dies nicht gerade auch von den Gebeten gelten soll. Gleichwohl ist ein Verständnis dieses Gedankens trotz dieser vermeintlichen Selbstverständlichkeit erst zu gewinnen.

---

95 Mildenberger, Friedrich: Das Gebet als Übung und Probe des Glaubens, Stuttgart 1968, 21.

96 Die Rede von einem ,Übergang' von noch nicht religiöser zu religiöser Praxis ist voraussetzungsreich und soll nicht den Gedanken an klare Grenzziehung implizieren.

97 Lesegottesdienst 3. Sonntag im Advent (wie Anm. 13), 13.

98 Allgemein zur Direktheit der Gebetssprache Deeg, Alexander: Das äußere Wort und seine liturgische Gestalt. Überlegungen zu einer evangelischen Fundamentalliturgik, Göttingen/Oakville 2012, 527–530.

Als Ausgangspunkt kann die verbreitete Vorstellung dienen, die Fürbitte geschehe stellvertretend für die Gemeinde (im Gegenüber zur Pfarrerin oder zum Pfarrer). Das kann zunächst nur in einem eingeschränkten Sinn mit Recht gesagt werden, denn die Gemeinde soll der Idee nach *selbst* beten. Auch mag die Fürbitte kirchenräumlich zwar vor der Gemeinde erfolgen, aber auch damit ist kein Vor- und Nachsagen intendiert, denn die Gemeinde soll der Idee nach *gemeinsam* beten (als Gesamtgröße inklusive Pfarrerin oder Pfarrer). Gleichwohl ist die beruflich betende Person zuerst und einzeln hörbar (gegebenenfalls auch sichtbar), und das überdies mit eigenen Worten. Darum exponiert die Fürbitte sowohl die professionell Betenden in ihrer religiösen Praxis als auch diese ihre religiöse Praxis selbst.

Die Rezeption kann freilich unterschiedlich ausfallen. Dennoch scheint es sinnvoll, mit einer gewissen Beispielhaftigkeit der professionell Betenden zu rechnen und dabei auch einen eventuell normativen Charakter solcher Beispielhaftigkeit umsichtig zu bedenken. Früher war man hier – im Kontext einer entsprechenden Pastoralethik – vollmundiger (‚Vorbild‘). Heute denkt man eher an so etwas wie ein pädagogisches oder gruppendynamisches Moment, das ja auch dem inizitativen Potential eines ‚Lasst uns beten‘ entspricht. In jedem Fall zu beachten ist der Grundsatz, das Beten vertrage keine fremde Funktionalität. Jeder diesbezügliche Effekt ist deshalb streng an eine religiöse Qualität dieser Praxis rückzubinden, die gerade nicht auf die Gemeinde einwirken will, sondern bei sich selbst und damit in ihrem Gottesbezug bleibt.[99]

Dieser subjektive Gottesbezug, der bereits hinsichtlich der expressiven Dimension zur Sprache kam (1.), ist nun aber noch in einer anderen Hinsicht zu bedenken. ‚Beten als Beruf‘ heißt grundsätzlich: Glaubenspraxis als Beruf. Nun kann man beim Blick auf die konkrete Gottesdienstvorbereitung zwar erwägen, was eine vom Pathos nicht freie Wendung wie Glaubenspraxis als Beruf im Alltag tatsächlich heißt – und das Pathos entsprechend ermäßigen wollen. Gleichwohl ist ein bestimmter Anspruch an diese Praxis nicht aufzugeben. Bei Luther ist im Blick auf die Fürbitte einmal die Rede vom Beten „mit ernst und glauben"[100], Carl Immanuel Nitzsch spricht vom „ganzen Ernst der auf Gott gerichteten Handlung"[101] und Karl Ferdinand Müller erklärt: „Wer betet, muß wissen, daß er vor Gott steht."[102] Mag kurz vor Gottesdienstbeginn noch der Drucker gestreikt haben oder der Organist plötzlich erkrankt sein, irgendwann wird der Gottesdienst dort angelangt sein, wo die Pfarrerin oder der Pfarrer die zuvor erarbeiteten Fürbitten betet. Was aber bedeutet es für die Erarbeitung der

---

99 Diese Bedingung wäre erfüllt, wenn man mit Rosenmüller, Joh.[ann] Georg: Anleitung für angehende Geistliche zur weisen und gewissenhaften Verwaltung ihres Amts, Ulm 1778, 99, davon ausgeht, es könne „der Prediger viel dazu beytragen, daß das öffentliche Gebet mit mehr Andacht verrichtet wird, wenn er selber mit Erhebung des Herzens zu Gott betet". Nicht mehr erfüllt wäre sie dann, wenn er mit dieser Erhebung betete, *damit* jene Andacht gesteigert würde.

100 Luther, Martin: Von den guten Werken. 1520, WA 6, 196–276, 238,34.

101 Nitzsch, Carl Immanuel: Der evangelische Gottesdienst (wie Anm. 90), 330, Hervorhebung i. O. getilgt.

102 Müller, Karl Ferdinand: Das Gebet im Leben der Gemeinde (wie Anm. 49), 7.

Fürbitten, dass sie die Arbeit an einer religiösen Praxis ist? Muss nicht, wie aus der Diskussion der Predigt bekannt, der religiösen Praxis *dann* eine religiöse Praxis *jetzt* entsprechen?

Der professionelle Umgang mit der Aufgabe des Betens bewegt sich in einer Spannung. Einerseits soll das Beten spätestens im Gottesdienst echtes Beten sein. Als solches ist es in einer religiösen Perspektive gänzlich frei zu halten von aller Berufsmäßigkeit und ,Arbeitlichkeit'. Zur Not – und diese Wendung ist im Blick auf die Aufgabe der Fürbitten wörtlich zu nehmen – könnte irgendwer vorgehen und beten: Vater, hilf! Gott, rette! Es besteht hier eine letzte und grundsätzliche Freiheit der Gebetspraxis. Andererseits bedeutet die Vorbereitung jener Glaubenspraxis nicht einfach ihre Vorwegnahme, sondern die Erarbeitung von Glaubenspraxis umwillen von Glaubenspraxis, mitsamt allem Entwerfen, Sortieren, Formulieren und Verbessern. Die pragmatische Dimension der Fürbitten weist auf die Aufgabe, eine religiöse und eine professionsethische Perspektive zu verbinden.

7. Historisch-kulturelle Dimension

Fürbitten beziehen sich nicht nur auf allgemeine Nöte, sondern benennen sie auch im Horizont von Raum und Zeit sowie im Kontext kulturell bedingter Perspektiven auf das, was als Not gilt. Darüber hinaus verdanken sie sich dem Handeln von Menschen, die stets durch Geschichte und Gesellschaft geprägt sind. Drei Aspekte der damit gegebenen historisch-kulturellen Dimension will ich beleuchten.

1. Es hat mit ihrem Welt- und Zeitbezug zu tun, dass die Fürbitten in freier Anlehnung an Hegels bekanntes Diktum zur Philosophie stets auch so etwas wie die Welt und die Zeit ,ins Gebet gefasst' sind. So beinhaltet ein Beispiel Luthers die Bitte für heute unbekannte „Fürsten und Stände", und mag man stattdessen jetzt eben diejenigen nennen, die ,in der Politik Verantwortung tragen', so machen spätestens die Bitte, Gott wolle „sonderlich dem Türcken wehren", und die Bitte „für die armen leut, so noch unter dem Bapstumb in jrrthumb und bösem gewissen ligen"[103], die angesprochene Historizität und Kulturalität deutlich. Umgekehrt hätte man vor hundert Jahren nicht gebetet: „Wir bringen vor dich die Angst der Menschen, die sich gemobbt fühlen"[104] – ein Beispiel, das sich unter der insgesamt zeitbedingten Rubrik ,Gottesdienst geschlechtergerecht' findet. Und wie lange wird man noch für eine Überwindung der „Schranken" bitten, „die Rasse von Rasse trennen"?[105]

---

103 Luther, Martin: Von den guten Werken (wie Anm. 100), 733,4 und 733,31 f.
104 https://www.ekbo.de/service/gottesdienst-geschlechtergerecht/fuerbitte.html (09.02.2021).
105 Gottesdienst feiern (wie Anm. 34), 352.

Auf diesen Befund kann man unterschiedlich reagieren. Möglich ist, dass man eine Prägung durch „Sprache und Denken des Zeitgeistes"[106] kritisiert (oder ablehnt), zumindest dann, wenn man meint, eben auch diesen Zeitgeist kritisieren (oder ablehnen) zu müssen – oder was man als solchen identifiziert. Möglich ist aber auch eine gegenläufige Haltung. So kann man Veränderungen nicht nur in „Sprache, Denkungsart und Geschmack", sondern auch in den „Religionskenntnissen" zum Anlass für ein Plädoyer nehmen, die Gebete „den Zeiten und den Umständen gemäßer"[107] einzurichten. Offenkundig ist ein „Maßstab der Jetztzeit"[108] nicht nur unbestreitbar, er muss auch zum Gegenstand eines bewussten Umgangs werden.

Ein Beispiel für die damit zunächst verbundene analytisch-diagnostische Aufgabe sieht zu Beginn des 20. Jahrhunderts die liturgischen Gebete bezogen auf „das Empfinden und die Anliegen eines zumeist noch agrarisch lebenden, patriarchalisch-absolutistisch regierten, lutherischen Kirchenvolks", und stellt dem die Rücksicht auf das Leben „heutiger Kaufleute, Arbeiter, Beamte – ja überhaupt Bewohner grösserer Städte!"[109] entgegen:

> „Die Christen treten in so vielen Gebeten nicht auf in ihrer wirklichen Gestalt als heutige Menschen in unsrer hastenden, aufreibenden, oberflächlich machenden Zeit voll tausend Zielen und Wegen, sondern spielen immer noch die dumpfe Rolle törichter, halb verscheuchter, recht einfältiger Kinder."[110]

Freilich erweisen sich Produktion wie Rezeption oder Konstruktion wie Kritik der Fürbitten gleichermaßen als standpunktgebunden. Das Wahrheitsmoment des Urteils, „die modernsten Gebete veralten am raschesten"[111], ist ebenso zu bedenken wie seine Grenze: Kein Traditionalismus verhindere es, gegenwärtige Nöte und Schicksale als solche zum Gegenstand des Bittens zu machen!

2. Zur historisch-kulturellen Dimension in einem besonderen Sinne zählt auch die Situation einer konkreten Gemeinde, die gegenwärtige Lage der evangelischen Kirche, des Protestantismus oder des Christentums, und letztlich auch so etwas wie die religiöse Signatur einer Zeit und einer Gesellschaft im Allgemeinen – eingedenk aller Herausforderung solcher Themen! Mehr oder weniger intensiv können solche Aspekte dann den ‚Vorstellungshaushalt' der Fürbitten prägen: Vorstellungen vom christlichen Leben, vom Leben in der Kirche und von der Kirche in der Welt.

---

106 Schillhahn, Wolfgang: „Die Herzen in die Höhe!" Ein unvorsichtiges Plädoyer für die Gebete der Agende, in: Lutherische Beiträge 10 (2005), 95–106, 102. Ebd. weiter: „Emanzipation, Feminismus, Theologievergessenheit und Bibelkritik fließen in die Gebete ein".

107 Eisenschmid, Gottfried Benjamin: Geschichte der vornehmsten Kirchengebräuche der Protestanten. Ein Beytrag zur Verbesserung der Liturgie, Leipzig 1795, 349 f.

108 Kapp, Georg Friedrich Wilhelm: Grundsätze zur Bearbeitung evangelischer Agenden mit geschichtlicher Berücksichtigung der früheren Agenden (wie Anm. 26), 50, Anm. 1.

109 Zillessen, Alfred: Ein Kapitel vom liturgischen Gebet (wie Anm. 85), 397.

110 Ebd.

111 Schulz, Frieder: Das freie Gebet im Gottesdienst (wie Anm. 26), 268.

„Mache uns bereit, den Menschen zu dienen, wie dein Sohn es getan hat"[112]. / „Rufe junge Menschen in deinen Dienst, daß sie mit ganzem Herzen Jesus Christus nachfolgen."[113] / „Für unsere Kirche, dass sie aufbricht zu den Menschen, die auf dein Heil warten."[114] /„Hilf uns, jeden Tag auf dich zu hören und alles vor dich zu bringen, was uns bewegt."[115]

Wie aber verhalten sich die hier transportierten Vorstellungen zu aktuell in der Theologie diskutierten Perspektiven, zu empirischen Befunden und ihrer Diskussion, aber auch etwa zu religionssoziologischen Überlegungen? Liegen implizit Leitbilder zugrunde, ist eine bestimmte theologische ‚Position' erkennbar?

Solches Rückfragen will nicht falsche Maßstäbe anlegen, kann aber etwas deutlich machen. Aus der Predigttheorie ist die Auseinandersetzung mit einer ‚homiletischen Situation' oder einer Gegenwarts- und Kulturhermeneutik geläufig – wobei hier eine Hermeneutik von Religion und Kirche *in* dieser Gegenwart und *als* Teil dieser Kultur mitzubedenken ist. Von dieser Aufgabe können auch die Fürbitten nicht dadurch entlastet werden, dass sie gleichsam ‚doch nur ein Gebet' seien. Sie sind als gottesdienstliches Gebet zu einem freilich unterschiedlichen Ausmaß auch eine öffentlich artikulierte Selbstverortung des Glaubens. Was und wie dabei von jenen Vorstellungen die Rede ist – von Gemeinde und Kirche oder von Glaube im Alltag und Christsein in der Welt –, muss durchs Nadelöhr theologischer Reflexion.

3. Zu bedenken ist schließlich auch ein Verhältnis von Ferne und Nähe. Die Fürbitten können zwar auch traditionell so verstanden werden, dass sie die Betenden selbst und ihr unmittelbares Umfeld integrieren – insbesondere aufgrund der Bitten um die Kirche und um Menschen in Not. Offensichtlich können manche der angesprochenen Sachverhalte durchaus auch die Betenden selbst oder zumindest ihre nähere Umgebung angehen, ebenso den eigenen Ort und die Gesellschaft, der sie angehören (Armut, Krankheit, Verzweiflung). Doch erweisen sie sich oft gerade aufgrund der konkret benannten Phänomene oder Begebenheiten als Fürbitte für andere, die von Ereignissen betroffen sind, von denen die Gemeinde nicht betroffen ist (Krieg, Vertreibung, eine Naturkatastrophe).

Zuweilen wird eine förmliche Differenz der Ausrichtung einerseits an anderen, andererseits auch an sich selbst in rhetorischer Hinsicht eigens zur Geltung gebracht: ‚Wir bitten dich für uns selbst …' Dann kann es dazu kommen, dass die Betenden auf eine von zwei Seiten gestellt werden, obwohl sie sich selbst

---

112 10.01.2020 [richtig ist: 2021] 1. Sonntag nach Epiphanias (Elisabeth Küfeldt), in: Lesegottesdienste. Jahrgang 2010/11 – Predigtreihe III. 1. Advent – Christi Himmelfahrt, im Auftrag des Evang.-Luth. Landeskirchenrates München hg. vom Gottesdienst-Institut der Evang.-Luth. Kirche in Bayern, Nürnberg 2020, 170–180, 179.
113 Gottesdienst feiern (wie Anm. 34), 379.
114 A. a. O., 416.
115 A. a. O., 393.

womöglich anders positionieren würden.[116] Zudem ist zu bedenken, was die Adressierung der Fürbitten nach ‚außen' und/oder ‚innen' für die Wahrnehmung der eigenen Gemeinde ebenso wie des eigenen Ortes, Stadtteils oder der Region bedeutet. Braucht es mit Bezug auf ‚uns selbst' vielleicht eine Bitte für Menschen, die unter hohen Selbstansprüchen leiden (‚Leistungsgesellschaft')? Oder ist eine Bitte um Dankbarkeit angebracht, weil es den Anwesenden, den Menschen in dieser Gegend oder in diesem Land doch letztlich sehr gut geht? Eine Bitte darum, nicht überheblich und selbstgefällig zu werden, Erfolg nicht dem eigenen Vermögen zuzuschreiben oder andere nicht einseitig nach Schwächen zu beurteilen?

Die historisch-kulturelle Dimension der Fürbitten bringt es mit sich, den eigenen Ort in Zeit und Kultur bedenken zu müssen. Die Frage nach der Selbstwahrnehmung der betenden Gemeinde und nach ihrer Selbstverortung im größeren Horizont des Weltgeschehens liegt zunächst an einer Schnittstelle von Gottesdienst, Seelsorge und Diakonie – mittelbar berührt sind große Fragen einer Theologie der Kultur, einer Christentumstheorie oder einer Auffassung von der modernen Gesellschaft.

8. Praxis und Praxistheorie der Fürbitte

Zu Beginn dieses Beitrags war von den Fürbitten als von einer komplexen Praxis die Rede. Der Durchgang durch eine Reihe von Dimensionen und einige der damit verbundenen Herausforderungen dürfte diese Einschätzung selbst dann unterstrichen haben, wenn man aufgrund anderer Zugänge andere Problem wahrnimmt und andere Fragen verfolgt. Von dieser Komplexität ist aber offensichtlich nicht nur die Praxis betroffen, sondern zugleich die ihr verpflichtete Praxistheorie. Nun liegt es nicht fern, auch bei einer Diagnose der gegenwärtigen Lage der Fachdiskussion jenen Seitenblick auf die Predigt zu werfen, der sich in den vorstehenden Ausführungen nicht ohne sachlichen Grund immer wieder nahegelegt hat. Dabei käme man schnell zu dem Ergebnis, dass die Fürbitten gegenüber der Predigt erheblich weniger Beachtung finden, und dieses Ergebnis könnte zu dem Urteil führen, dass die Fürbitten zu wenig Beachtung finden. Eventuell ergäbe sich sogar eine Art Rangstreit um liturgische Relevanz, der sich durch den Blick etwa auf die Liedauswahl oder den Umgang mit der gottesdienstlichen Musik noch ausweiten ließe.

Im Interesse an der Orientierungsfähigkeit der Praktischen Theologie möchte ich den Seitenblick auf die Predigt abschließend jedoch auf andere Weise frucht-

---

116 Vgl. Herrmann, Eckhard: Neue Gebete für den Gottesdienst IV, München 2017, 159: „Wir denken an Menschen, die sich vor Anderen schämen, […]. Lass sie spüren, […]. Es sind so viele, Gott, die sich vor Anderen verkleiden, verstellen, verstecken müssen. Oft sind wir selbst die Anderen. Hilf uns, unsere Mitmenschen so zu sehen und anzunehmen, wie sie sind". Was ist mit denen, die hier beten und sich vor Anderen schämen oder verstecken müssen?

Beten zu Gott und Bitten für die Welt

bar machen. Die Predigt ist der Teil des Gottesdienstes, der in besonderer Weise ‚seine eigene Theorie' hat – eine Theorie, deren programmatischer Fokus auf diesen einen Teil des Gottesdienstes mit einem besonderen Engagement einhergeht, das auch verschiedene disziplinäre Perspektiven innerhalb wie außerhalb der Theologie involviert. Freilich kann dieser Fokus auch zur Ausblendung dessen führen, dass die Predigt im Regelfall Predigt im Gottesdienst ist.[117] Trotzdem *kann* die thematische Begrenzung auch entgrenzen, *können* Enge und Offenheit miteinander verbunden sein.

Ein solcher programmatischer Fokus ist für andere Teile des Gottesdienstes nicht nur ebenso denkbar, sondern auch nicht erst zu gewinnen. Das gilt auch hinsichtlich der Fürbitten, deren wissenschaftliche Diskussion ja keineswegs brachliegt. Der Blick auf die Predigt sollte aber in dem Vorhaben bestärken, praxistheoretische Anstrengungen gelegentlich an einem derart vereinzelten Punkt zu bündeln und damit zugleich zu vertiefen.[118] Zu solcher Vertiefung zählt das Ausloten von Bezügen, bei den Fürbitten etwa zur Dogmatik und Ethik. Hierzu zählen eingehendere Bemühungen um thematische Aspekte wie das hier nur am Rand angesprochene Verhältnis der Fürbitten zu Lesungen und gottesdienstlichen Liedern. Hierzu zählen schließlich grundsätzlichere Überlegungen zu so etwas wie einer Anthropologie des Bittens oder zum Verhältnis von Gottesdienst und Diakonie. Seinen Ausgangs- und Zielpunkt aber gewinnt ein solcher begrenzender und zugleich entgrenzender Fokus in nichts anderem als in der Praxis, zu deren Orientierung er beitragen will: Dem Beten zu Gott und Bitten für die Welt.

Abstact:

The intercession prayer poses all sorts of challenges to the liturgists, especially when also considering the practice of the intercession prayer. In doing so, one has to regard its expressive and rhetorical, its liturgical, dogmatic and ethical, its pragmatic and its historical and cultural dimensions. Some of the questions that need to be asked are: if just any issue coming to mind can be expressed in the intercession prayer; if there is a rhetorical distinction between public and private speech, considering that a prayer is a speech addressed at god; how from a liturgical perspective intercession prayers can take on fixed or free forms, because from a dogmatic viewpoint the intercession prayer is not only a dialogue with god, but also emphasizes the divine agency and broaches the issue of the rela-

---

117 Vgl. als Zusammenschau beispielhaft Meyer-Blanck, Michael: Gottesdienstlehre, Tübingen 2011, sowie bereits Schleiermacher, Friedrich: Die praktische Theologie nach den Grundsäzen der evangelischen Kirche im Zusammenhange dargestellt, hg. von Jacob Frerichs (SW I.13), Berlin/New York 1983 (Nachdruck der Ausgabe Berlin 1850), 829f (Manuskript 1833): „Indem wir nun zur *religiösen Rede* übergehen, ist uns das nur ein Kapitel in der Lehre von der Tätigkeit des Geistlichen im Cultus, nicht eine eigene Disciplin." (Hervorhebung i. O.)

118 Vgl. die Abfolge jeweils einzelner Beiträge in Bubmann, Peter/Deeg, Alexander (Hg.): Der Sonntagsgottesdienst. Ein Gang durch die Liturgie, Göttingen 2018.

tionship between god and human being. The ethical dimension is characteristic for Christian faith regarding human as well as divine agency. From a pragmatic viewpoint, it is about the relation between begging and faith, and between faith and prayer. In the historical and cultural dimension, the intercession prayer picks up the particular demands of the current political and social situation, the practical situation of the congregation and pleas concerning emergencies.

Der Gothaer Hof als Raum konfessioneller Musikkultur

ERNST KOCH

1. Die Landesherren

Als Gottfried Heinrich Stölzel seine Tätigkeit in Gotha antrat, fand er ein Land vor, das in einem Aufschwung begriffen war. Die Beseitigung der Schäden des verheerenden Krieges in der ersten Hälfte des 17. Jahrhunderts war nahezu überwunden, die Verluste unter der Bevölkerung und ihre Folgen waren nahezu ausgeglichen. Der älteste Sohn Herzogs Ernsts des I. (mit dem Beinamen „der Fromme"), Friedrich I. und sein tatkräftiger Enkel Friedrich II., hatten neben ihrer ambitionierten Außenpolitik die Sorge für fürstliche Repräsentation im Auge behalten, aber auch mit Sinn für das religiöse Erbe ihres großen Vorfahren für das kirchliche Leben im Lande gesorgt. In den Dörfern und Städten des Herzogtums wurde der Neubau von Kirchen gefördert, nicht zuletzt mit dem Ziel, dem Wachstum der Bevölkerung auch auf kirchlicher Ebene zu entsprechen. Friedrich II. war zwischen 1691 und 1729 an der Grundsteinlegung von 11 Dorf- und Stadtkirchen beteiligt. Nie zuvor und danach kam es zu einer so starken Zunahme von Kirchenneubauten wie in den vier Jahrzehnten nach 1692.[1] Zudem wurden zwischen 1710 und 1770 in Dorfkirchen des Landes viele Orgeln neu erbaut.[2] Offensichtlich lag Friedrich II. persönlich viel am Gedeihen des kirchlichen Lebens, womit auch sein außerordentlicher Einsatz für die Qualität von Musik für den Hofgottesdienst verbunden war, wie es sich beispielsweise an den sich ab 1717 jahrelang hinziehenden Verhandlungen um die Nachfolge von Christian Friedrich Witt als Hofkapellmeister zeigte.

Auch die Residenz konnte sich sehen lassen. Außerhalb der Stadt in der Nähe der Orangerie entstand 1711 das Sommerpalais Schloss Friedrichsthal. Der Enkel Ernsts des Frommen veranlasste den Umbau der Schlosskirche,[3] den Neubau der Waisenhauskirche sowie der Friedrichskirche am Ort der ehemaligen

---

1 Es handelte sich um 33 Neubauten. Vgl. Ortmann, Sabine: Die Gothaer Herzöge als Förderer des ländlichen Kirchenbaus im Absolutismus, in: Für die Praxis. Aus der Arbeit des Landesamtes (Arbeitshefte des Thüringer Landesamtes für Denkmalpflege 1 (1994), Bad Homburg-Leipzig 1993, 107–114.

2 Vgl. Ernst, H[ans] Peter: Die Gothaer Hof- und Landorgelmacher des 15. bis 18. Jahrhunderts, in: Gothaer Museumsheft. Abhandlungen und Berichte zur Regionalgeschichte 1983, 11–19.

3 Zur Gothaer Schlosskirche, ihrer Bau- und Ausstattungsgeschichte und ihrer Bedeutung für das fürstliche Selbstverständnis vgl. Fleck, Nils: „Schloss Friedenstein und die Inszenierung

Kapelle des Siechhofs St. Nicolai östlich der Stadt, den Ausbau des Hospitals in der bis zur Gegenwart wahrnehmbaren Gestalt und die Renovierung der Stadtkirche St. Margarethen (1727).[4]

Der Sohn des Herzogs Friedrich II., Friedrich III., unterschied sich von seinem Vater durch seinen persönlichen Charakter, der auch in seinem Regierungsstil zum Ausdruck kam. Lieselotte von der Pfalz begegnete ihm, als er mit seinem Bruder 1719/20 während einer Bildungsreise sich in Paris aufhielt. Sie, eine scharfe Beobachterin ihrer Umwelt, beschrieb ihn und seinen Bruder so: „[…] sie seindt weder hübsch noch heßlich, noch gar jung, sprechen gar wenig, aber nicht übel". „[…] die besten kinder von der welt, aber weder zu sieden noch zu braten",[5] und auch weitere Beschreibungen der Person Friedrichs III. bis in die Gegenwart haben sich in der Sache dieser Beschreibung angeschlossen. Seine Hinneigung zu Glaube und kirchlichem Leben mischte sich mit dem zielgerichteten Interesse seiner Frau und Cousine, einer sachsen-meiningischen Herzogstochter, der Welt der Aufklärung in „Hinneigung zu Preußen" im Herzogtum Raum zu verschaffen und damit die Geschicke des Landes zu lenken.[6] Für die Musikkultur bedeutete dies, dem Niveau zu entsprechen, das sie unter Friedrich II. erreicht hatte, allerdings verlagerte sich die Bedeutung der Musik an der Hofkirche allmählich auf die Oper. Gotha verdankt Friedrich III. die Einrichtung des Ekhof-Theaters.

2. Das Selbstbild der Herrschaft im Spiegel der Gesetzgebung

Bei den Aktivitäten der Landesherrn ist für das gesamte Jahrhundert nach 1680 eine Kontinuität in Intensität und Inhalt der Gesetzgebung zu beobachten, die auch den gesamten Bereich des kirchlich-gottesdienstlichen Lebens betraf. Mag dies ein Kennzeichen der gesamten Epoche gewesen sein, so hat es doch das Bild des Herzogtums im Blick der Außenwelt besonders nachhaltig geprägt. Die Mandate betrafen z.B. monatliche Bußpredigten in Zusammenhang mit Bußgottesdiensten (Gotha 1696, 1698), Instruktionen für Fast-, Buß- und Bettage (Altenburg 1680, Gotha zwischen 1694 und 1714, 1725, 1732, 1748), die Einschärfung der Teilnahme am Katechismusunterricht auch für die Landmiliz (1715), die Sonntagsheiligung insgesamt (1733 für das Fürstentum Altenburg)

---

lutherisch geprägter Landesherrschaft", in: Salatowsky, Sascha (Hg.): Im Kampf um die Seelen. Glauben im Thüringen der Frühen Neuzeit [Katalog]. Gotha 2017, 85–87.

4 Vgl. Kurt Schmidt: „Das Stadtbild im Wandel der Jahrhunderte", in: Ders./Rudolf Umbreit (Hg.): Gotha das Buch einer Stadt, Gotha 1930, 229–242, bes. 241–247) (Gotha in der Neuzeit. II).

5 „Lieselotte von der Pfalz an ihre Halbschwester Louise von der Pfalz, Paris 9. Dezember 1719 und 12. Dezember 1720," in: Wilhelm Ludwig Holland (Hg.): Briefe der Herzogin Elisabeth Charlotte von Orleans aus dem Jahre 1719. Tübingen 1877, S. 332. Ders.: Briefe der Herzogin Elisabeth Charlotte von der Pfalz aus dem Jahre 1720. Tübingen 1879, S. 359.

6 Vgl. Wolfgang Huschke: Politische Geschichte von 1572 bis 1775, in: Geschichte Thüringens, hg. von Patze, Hans/Schlesinger, Walter, Bd. V 1,1, Köln/Wien 1982, 431–433.

Der Gothaer Hof als Raum konfessioneller Musikkultur   79

sowie bezogen auf den Branntweinausschank während des Gottesdienstes und die Abstellung des Fuhrverkehrs wegen damit verbundener Lärmbelästigung an Sonn-, Fest-, Apostel- und Bußtagen (beides 1717). Auch die Landesordnung von 1685 (in der Ausgabe von 1727) enthielt in ihrem Teil „Von geistlichen Sachen" die Verordnung über den Gottesdienst für Hirten und Fuhrleute mit Ausführungsbestimmungen,[7] über die Gottesdienstfeier im Allgemeinen,[8] über die Bekämpfung des Kirchenschlafs durch Aufsichtspersonen,[9] den Katechismusunterricht,[10] die Einhaltung der Gottesdienstordnung, speziell das Knien bei den Fürbitten und bei der Konsekration der Abendmahlselemente[11] sowie die Feier der Vesper mit Psalmen und dem Magnificat in deutscher Sprache.[12] Damit waren zentrale gottesdienstliche Belange unter die Aufsicht der Landesherrschaft gestellt.

3. Hofgeistlichkeit und Generalsuperintendentur

3.1 Herkunft, Funktionen und Karrieren

Die Hofkirche war mit drei Stellen für hauptamtliche Geistliche ausgestattet: einem Oberhofprediger, einem Hofprediger und einem Hofdiakonus.[13] Kontinuierlich seit 1717 existierte das Amt eines Hofkollaborators. Ausnahmsweise konnte der Oberhofprediger sein Amt mit dem des Generalsuperintendenten als dem höchsten Geistlichen der Landeskirche verbunden führen, wenn er dazu berufen wurde und wie es bei Johann Benjamin Huhn der Fall war. Gelegentlich begegnet man klar erkennbaren Karrieren, die manchmal – vermutlich auf Grund verwandtschaftlicher Beziehungen – den Aufstieg eines Hofdiakonus zu den oberen Stellen erkennen lassen. Dies ist der Fall bei Johann Friedrich Sommer (1677–1716), Hofdiakonus von 1708 bis 1711, Hofprediger von 1711 bis 1716. Er hatte 1705 die Tochter des Hofpredigers Gottfried Rosenthal geheiratet, der 1709 Oberhofprediger wurde und selbst mit einer Tochter des Generalsuperintendenten Heinrich Fergen, zuvor 1676 bis 1688 als Hofprediger amtierend, verehelicht war. Eine ähnliche Karriere, allerdings ohne erkennbare verwandtschaftliche Beziehungen zu amtierenden Hofgeistlichen, lässt sich bei Johann Benjamin Huhn (1684–1744) beobachten. Er wurde nach einer Zeit als Feldprediger 1712 als Hofdiakonus berufen, stieg 1717 zum Hofprediger auf, wurde 1730 Generalsuperintendent und Oberkonsistorialrat und verband seit

---

7 Fürstlich-Sächsische Landes-Ordnung [...]. Gotha 1695/1727, 6–8.
8 Ebd., 10–11.
9 Ebd., 9.
10 Ebd., 14–17.
11 Ebd., 31.
12 Ebd., 35.
13 Die folgenden Angaben beruhen auf Daten des Pfarrerbuchs für das Herzogtum Gotha: Thüringer Pfarrerbuch. Bd, 1: Herzogtum Gotha, hg. von der Gesellschaft für Thüringische Kirchengeschichte, bearb. von Bernhard Möller u. a., Neustadt an der Aisch 1995.

80   Ernst Koch

1733 mit diesen Ämtern noch die Funktion eines Oberhofpredigers. Johann Christian Beumelburg, von1724 bis 1730 Hofkollaborator, wurde für die Jahre 1730 bis 1732 Hofdiakonus, um danach bis 1735 das Amt des Hofpredigers zu bekleiden. Er wechselte 1735 in das 1. Pfarramt in Schmölln. Sein Nachfolger als Hofprediger wurde, aus Coburg stammend und dort zuletzt als Kabinettprediger und Bibliothekar angestellt, Johann Georg Brückner. Brückner fungierte von 1745 bis zu seinem Tode 1771 als Oberhofprediger und Konsistorialrat. Seine Karriere stellte den seltenen Fall einer Berufung aus einer anderen ernestinischen Herrschaft Thüringens als Geistlicher am Gothaer Hof dar. Auch dies dürfte als Zeichen einer im Gange befindlichen kirchlichen Umorientierung zu werten sein.

Vergleichbar stellt sich die Wahl der Gothaer Generalsuperintendenten dar. Auch sie entstammten zum großen Teil der Geistlichkeit des Landes. Wurde diese Gewohnheit durchbrochen, so war dies wohl als Signal zu werten. Die Berufung von Georg Nitsch im Jahre 1709, der sich selbst als Pietist verstand und aus einem Hofpfarramt in Wolfenbüttel wegen Kritik an obrigkeitlicher Selbstherrlichkeit entlassen worden war,[14] dürfte aus diesem seinem Hintergrund zu erklären sein. Ein ähnlicher Eindruck, nur mit möglichweise anderer Motivierung, liegt für die Berufung von Johann Heinrich Feustking 1712 als Oberhofprediger, Oberkonsistorialrat und Kirchenrat nahe.

3.2 Theologische Orientierungen und dienstliche Verpflichtungen

Der Dienst als Geistlicher bei Hofe wie auch als Generalsuperintendent unterlag inhaltlich klaren Regelungen. Nicht nur für die Hofgeistlichen war sozusagen optisch deutlich, in welcher theologischen Tradition sie sich befanden. Die Inschrift von 1553 am Portal der Schlosskirche, an Kurfürst Johann Friedrich erinnernd und aus dem 1567 zerstörten Grimmenstein übernommen, gab deutliche Orientierung:

„Der wahren Kirchen thür ist Christus, dessen Geist
Durchs Wort, Tauff, Abendmahl zur seligkeit vns weist".[15]

So hatte der Generalsuperintendent bei der Eidleistung vor dem Oberkonsistorium unter Hinweis auf das Bekenntnis der Wittenberger Reformation zu versprechen, „allen Irrthümen, so dieser Norm ietzt albereit, oder noch künfftig im Buchstaben, Verstande oder Folge zu wieder sein wollte, entsagen und wiedersprechen. Darwieder nichts heimlich oder öffentlich practiciren, auch, wo Ihr vermercket, dass andere solches thun wollten, daßelbe nicht verhalten, sondern ohne Scheu bald offenbahren, wo auch Gott verhengen sollte, (das er doch Gnädiglich abwenden wolle) daß Ihr Euch selbst durch Menschen Witz oder Wahn

---

14 Zu Nitsch vgl. Schorn-Schütte, Luise: Evangelische Geistlichkeit in der Frühneuzeit. Deren Anteil an der Entfaltung frühmoderner Staatlichkeit und Gesellschaft [...]. Gütersloh 1996, 442–449.
15 Zum Portal vgl. Fleck, Nils (wie Anm. 3), 90 f.

Der Gothaer Hof als Raum konfessioneller Musikkultur 81

von solcher reinen Lehr und Bekäntniß Gottes entweder zu denen Papisten, oder anderen der obbemelten reinen Confession wiedrigen Secten abwenden würdet, Ihrer Hochfürstl. Durchl. solches also bald, vermüge dieser Eurer Pflicht, anmelden, und dero fernerer Verordnung und resolution erwarten".[16]

Dem Oberhofprediger oblag speziell die Vorbereitung und Leitung der Gottesdienste, in denen der Landesherr an der Kommunion teilnahm.[17] Der Geistliche hatte die während des Kirchenjahrs durch die Gottesdienstordnung nicht festgelegten Predigttexte auszuwählen, so die für die Liedpredigten im Advent und die für die Passionsgottesdienste. Er hatte die Aufsicht über den Gotteskasten. Sonntags hielt er 14tägig die Predigt im Amt (d.h. im Abendmahlsgottesdienst am Vormittag), ferner an Kommuniontagen des Herzogshauses, zu den zwei feierlichen jährlichen Buß- und Bettagen, an den 1. Festtagen der Hochfeste und am Gründonnerstag und nach fürstlicher Anordnung an den Geburtstagen des Herrscherpaares sowie die jeweiligen Präparationspredigten. Generell war dem Oberhofprediger freigestellt, sich in der Funktion des Liturgen vertreten zu lassen. Zu seinen Pflichten gehörte auch die Predigt in den Eröffnungsgottesdiensten der Landtage. Im Wechsel mit dem Generalsuperintendenten hatte er die Predigten an allen auf einen Wochentag fallenden ganzen Festen zu halten. Oberhofprediger und Hofprediger hatten sich bei Krankheit oder sonst dringenden Fällen gegenseitig zu vertreten. Um die übermäßige Belastung des Hofpredigers zu vermeiden, stand ihm für die eventuell außer der Predigt am Vormittag des Sonn- oder Festtages anfallende Nachmittagspredigt ein Student als Vertreter zur Verfügung.

Dem Oberhofprediger als fürstlichem Beichtvater war die Pflicht auferlegt, auch den Hofbediensteten und dem Adel zur Beichte zur Verfügung zu stehen. Es blieb ihm in jedem Falle die Aufgabe, diese Funktion zumindest für die der Hofordnung nach höheren Ränge bei Hofe auszuüben, die dann auch kommunizierten, wenn der Oberhofprediger die Leitung des Gottesdienstes innehatte. Gottfried Heinrich Stölzel wurde als Hofkapellmeister 1720 Oberhofprediger Albrecht Christian Ludwig als Beichtvater zugeordnet.[18] Die Aufgabe als Beichtvater den Kammerjungfern, Pagen, dem Hofmeister, dem Hof- und Prinzeninformator, den Lakaien und den Oboisten und deren Familien sowie auch Bürger aus der Stadt zur Verfügung zu stehen, war dem Hofprediger aufgetragen ebenso wie die Katechese seiner Beichtkinder, der ihnen zugehörigen Kinder vor deren Erstkommunion mit deren Prüfung am dritten Osterfesttag und die Konfirmation.

Auch der Generalsuperintendent hatte gottesdienstliche Verpflichtungen bei Hofe. Ihm fiel die Predigt jeweils an den zweiten Festtagen der Hochfeste zu. War er verhindert, wurde er durch den Oberhofprediger „nach vorgängiger zeitlicher Vermeldung" vertreten.

---

16 LATh – Staatsarchiv Gotha, Oberkonsistorium Generalia, Loc. 8, Nr. 11, Bl. 136r-v.

17 Zum Folgenden vgl. LATh – Staatsarchiv Gotha, Geheimes Archiv, UU, XXI, Nr. 12.

18 Vgl. das Kommunikantenregister der Hofkirche für 1720, LATh – Staatsarchiv Gotha, Schlosskirche Nr. 76, Bl. 259v (für 5. April 1710) und Bl. 279r (für 18. August 1720).

4. Kirchenjahr und Gottesdienstfeier

4.1 Der Festkalender

Selbstverständlich galt für den Hof die gleiche kirchenjahreszeitliche Festordnung wie für das ganze Herzogtum. Die Hochfeste Weihnachten, Ostern und Pfingsten wurden mit drei Festtagen begangen. Hinzu kamen weitere ganztägig gefeierte Feste wie das Fest zum Beginn eines neuen Jahrs (1. Januar, gleichzeitig das Fest der Beschneidung Christi), das Fest der Erscheinung Christi (Epiphanias, 6. Januar), die Feste der Karwoche, das Fest der Himmelfahrt Christi, der Gedenktag der Augsburgischen Konfession (25. Juni) und der Gedenktag der Reformation (31. Oktober) sowie eine Reihe von Festen, die als halbtägig zu feiernde Tage galten und somit Alltagsarbeit nach Abschluss des Gottesdienstes zuließen. Zu den letztgenannten gehörten die Apostelfeste nach den festen Kalenderdaten, ferner das Fest der Geburt Johannes des Täufers (24. Juni), die drei Marienfeste (2. Februar, 25. März und 2. Juli), das Fest des Erzengels Michael und aller heiligen Engel (29. September), der Gedenktag der Maria Magdalena (22. Juli) und der Gedenktag der Reformation (31. Oktober).[19] Spezielle Entscheidungen für ihre Feier betrafen ihre Verlegung auf den folgenden Sonntag, falls sie auf einen Sonnabend fielen. Dann aber sollte das zugehörige Evangelium des entsprechenden Festtages im Gottesdienst am Nachmittag des Sonntags in der Predigt erklärt werden.[20] Die „halben" Feiertage mussten jedoch, wenn es Terminüberschneidungen gab, der Begehung der Freitags- und Bußtagsgottesdienste weichen – dann durfte die „gewöhnliche Betstunde" nicht ausfallen.[21]

Eine Reihe von Besonderheiten galt es für einzelne Sonn- und Festtage zu beachten. Generell an den Hochfesten verlas der Geistliche im Nachmittagsgottesdienst bzw. der Vesper nach der Predigt die „Fragstücke", das heißt jeweils einen katechismusähnlich aufgebauten Text in Frage und Antwort, der, bereits im 16. Jahrhundert von dem Weimarer Hofprediger Bartholomäus Rosinus verfasst, auf den jeweiligen Festtag bezogen war und ursprünglich von zwei Knaben im Wechsel rezitiert worden war. Noch immer lernten ihn die Kinder als Lesetext im Schulunterricht kennen.[22] Am Fest der Heiligen Dreifaltigkeit (1. Sonntag nach Pfingsten) waren nach der Mittagspredigt die drei sogenannten altkirchlichen Bekenntnisse durch den Pfarrer zu verlesen: das Apostolische Bekenntnis, das Bekenntnis von Nicaea/Konstantinopel und das sogenannte Athanasianische Bekenntnis. Am Gedenktag der Augsburgischen Konfession

---

19 Vgl. Gothaisches Kirchen-Buch [...]. Gotha 1724, 94 f.

20 Fürstl. Sächsische Ernestinische Verordnungen / Das Kirchen und Schul-Wesen / Wie auch die Christliche Disciplin betreffende / [...]. Gotha 1720, 7.

21 Ebd., 8.

22 Teutsches Lese-Büchlein [...] für die Schulen im Fürstenthum Gotha. Gotha 1668, S. 144 (Zitat nach der Ausgabe Gotha 1728).

Der Gothaer Hof als Raum konfessioneller Musikkultur

galt das Gleiche für die Lehrartikel 1 bis 21 der Augsburgischen Konfession, die folgenden Artikel 22 bis 28 waren am folgenden Sonntag zu verlesen.[23]

Auch für Gotha, das Herzogtum und den Hof gilt, dass die vorösterliche Zeit in seiner gottesdienstlichen Gestaltung in starkem Maße auf die Passion Christi ausgerichtet war und eigene, von Jahr zu Jahr wechselnde Akzente kannte. Bereits während der fünf Wochen vor der Karwoche wurde jährlich wechselnd einer der vier neutestamentlichen Berichte von der Passion Jesu, abschnittweise auf die sonntäglichen Gottesdienste und die Wochenandachten am Dienstag und Freitag verteilt, betrachtet und ausgelegt,[24] beispielsweise im Jahre 1720 und 1740 die Passion nach dem Evangelium nach Lukas,[25] 1736 die Passion nach Matthäus,[26] 1742 die Passion nach Johannes.[27] Auf dem Höhepunkt dieser Zeit, am Karfreitag, wurde im Gottesdienst bei Hofe die Passionsgeschichte nach der auf Johannes Bugenhagen zurückgehenden Passionsharmonie, einer Zusammenstellung aus allen vier Evangelien, in vier „Actus" eingeteilt,[28] in der Predigt erklärt. Bereits 1718 ging man, davon abweichend, dazu über, lediglich die Passion nach dem Evangelisten Matthäus zu betrachten, um ab 1720 in zweijährigem Wechsel die vier Erzählungen der vier Evangelien für die Lesung und die Auslegung am Karfreitag vorzusehen, so 1720 nach dem Evangelium nach Markus, 1722 nach Lukas, 1724 nach Johannes.[29]

Eine auf den Synodalschluss vom Jahre 1645 zurückgehende Praxis, die nach wie vor für das ganze Herzogtum galt, betraf die unmittelbar vorweihnachtliche Zeit. Sie bestimmte, dass in der vorfestlichen Zeit jährlich Lieder des Gesangbuchs in Predigten auszulegen waren, damit sie „von dem gemeinen Mann recht und ohne Zerstümelung der Worte gelernet, und auch recht verstanden werden mögen".[30] Ob dies auch für die Gottesdienste am Hofe galt, ist aus den zur Verfügung stehenden Quellen bisher nicht zu eruieren.

4.2 Die Geistlichen im Gottesdienst

Im Vollzug des Gottesdienstes fand die Musik am Hof ihren wichtigsten Kontext. In der Liturgie bestanden zwischen Festtags- und Sonntagsgottesdienst Unterschiede im Eröffnungs- und im Schlussteil:[31] Die Festtagsliturgie, die auch

---

23 Verordnungen (wie Anm. 20), 9.

24 Die folgenden Verweise beziehen sich auf LATh – Staatsarchiv Gotha,, Oberkonsistorium Generalia, Loc. 47, Nr. 4.

25 Ebd., Bl. 29r und Bl. 28r.

26 Ebd., Bl. 27r.

27 Ebd., Bl. 31r.

28 Kirchen-Buch (wie Anm. 19), 281–318.

29 LATh – Staatsarchiv Gotha, Oberkonsistorium Generalia, Loc. 47, Nr. 4, Bl. 22r.

30 Verordnungen (wie Anm. 20), S. 8. Vgl. Rössler, Martin: Die Liedpredigt. Geschichte einer Predigtgattung, Göttingen 1976, 225 (die Bestimmungen von 1645).

31 Für das Folgende vgl. Brückner, Johann Georg: Sammlung verschiedener Nachrichten zu einer Beschreibung des Kirchen- und Schulenstaats im Herzogthum Gotha. Bd. I, 4. Stück, Gotha 1755, 3–9. Nach wie vor nützlich für die Geschichte des Gottesdienstes im Herzogtum Gotha

für die Gottesdienste an Geburtstagen des Herzogs und seiner Gemahlin,[32] die Landtagseröffnung und Erbhuldigungstermine galt, begann mit einem figuralen Kyrie der Hofkapelle, dem die lateinische Intonation des Liturgen zum ebenfalls von der Hofkapelle musizierten Gloria in excelsis folgte. Die Sonntagsliturgie begann mit einer Orgelintonation zur deutschen Adaptation des mittelalterlichen Tropus Kyrie Fons Bonitatis („Kyrie Gott Vater in Ewigkeit"), angestimmt durch den Hofkantor.[33] Danach intonierte der Liturg mit „Ehre sei Gott in der Höhe" das Lied „Allein Gott in der Höh sei Ehr". Festtags wie sonntags folgte das Kollektengebet, dem immer ein zu dem betreffenden Tag gehöriges Versikel mit Responsum von Chor und Gemeinde voranging.

Nach dem Kollektengebet wurde ein Kapitel aus der Bibel „mit Summarium" gelesen – befremdlich für eine Ordnung, die im Übrigen auf die frühe ernestinische Ordnung der Herzog-Heinrich-Agende von 1539/40 zurückging, in der an dieser Stelle die Lesung der für den jeweiligen Fest- oder Sonntag geltenden Epistel stand, also meist eines Textes aus einem der apostolischen Briefe des Neuen Testaments. Die im Herzogtum Sachsen-Gotha-Altenburg geltende alternative Regelung ging auf eine Anordnung Herzogs Ernsts des Frommen zurück. Herzog Ernst hatte bemerkt, dass es an der kirchlichen Basis an elementarer Kenntnis biblischer Zusammenhänge fehlte. So ordnete er an, dass an Sonn- und Festtagen außer am Gründonnerstag an diesem Ort im Gottesdienst die in einem speziellen Verzeichnis angegebene Kapitel aus der Bibel zu lesen seien.[34] Auf diesem Wege kamen innerhalb von zwei Jahren alle für wichtig gehaltenen ausgewählten Teile der Bibel zu Gehör. Das Gleiche galt für die Lesungen in den Wochengottesdiensten, für die ausgewählte Psalmen vorgesehen wurden. Zusätzlich waren, wenn nicht anders angeordnet, kurze Zusammenfassungen der gelesenen Texte in „Summarien" nach dem Biblischen Handbüchlein von Salomon Glass[35] vorzulesen. Die Epistellesung hatte ihren Ort an den Fest- bzw. Sonntagen im Nachmittagsgottesdienst und wurde dort auch in der Predigt ausgelegt.

---

ist Hess, E[wald]: „Geschichtliche Untersuchungen über die Ordnung des sonntäglichen Hauptgottesdienstes im Herzogtum Sachsen-Gotha", in: Theologische Studien und Kritiken 55 (1882), 470–520.

32 Vgl. LATh – Staatsarchiv Gotha, Geheimes Archiv, XX II., Nr. 76a, Bl. 73v und 75v (1734), Bl. 306r (1743), Bl. 255r (1752), Bl. 330r (1764).

33 Bei Brückner, Johann Georg: Sammlung verschiedener Nachrichten (wie Anm. 31), S. 3 wird als Text angegeben: „O Herre Gott Vater".

34 Vgl. dazu: „Fürstliches Ausschreiben Und Puncta, Wie es mit dem Bibel-Lesen in den Kirchen von den Pfarrern hinkünfftig gehalten werden soll"(1669), in: Verordnungen (wie Anm. 20), 328–337.

35 Glass, Salomon: Enchiridion S. Scripturae: Darinnen Nechst den Summarien und Abtheilung aller Capitel der heiligen Schrifft [...] Auch über ein jedes Theil derselben Capitel / ein gewisser Nutz / in Lehr / Trost / Vermahnung oder Warnung [...] kürtzlich angefüget wird. Gotha 1651. Zum liturgischen Gebrauch eingerichtet in: Erbaulicher Bibel-Brauch [...]. Gotha 1703 (weitere Auflage Gotha 1755).

Der Gothaer Hof als Raum konfessioneller Musikkultur

An diese Lesung mit den Summarien schloss sich als gemeinsamer Gesang „ein aufs Evangelium schicklicher Choral" an.[36] Dem folgte eine Musik der Hofkapelle in Form einer Kantate und das Credo. Das Gebetslied „Liebster Jesu, wir sind hier" diente der Vorbereitung auf die Predigt, in der in der Regel das Evangelium des Sonn- oder Festtags ausgelegt wurde. Eine Ausnahme betraf die genannten Festtage aus besonderem Anlass. Hier hatte der Landesherr den in der Predigt auszulegenden biblischen Text zu bestimmen, der gleichzeitig in Verse gebracht und dem Hofkapellmeister zur Komposition einer Kantate überreicht wurde. Die Predigt schloss mit dem Gebet des Vaterunsers. Am dritten Tag der Hochfeste wurde vor dem Vaterunser noch ein kurzes Lied gesungen, dem das Vaterunser folgte. Allgemeine Beichte und Absolution, das große Kirchengebet mit Abkündigungen und Fürbitten schlossen sich an. Hier hatte an Festtagen sowie an Geburtstagen der Landesherrschaft, zur Eröffnung des Landtags und an Huldigungstagen nochmals die Musik a capella oder instrumentaliter mit Tedeum ihren Platz. Schlussgebet und Segen beendeten die Feier des Gottesdienstes. Nötige Bekanntmachungen (Abkündigungen) im Anschluss an den Gottesdienst wurden nicht vom jeweiligen Liturgen, sondern von einer anderen Person vorgetragen.

Mit festlicher Musik ausgestattet war jeweils auch der Gottesdienst am Nachmittag der Fest- und Sonntage. Sie hatte vor der Predigt und vor der Schlussliturgie ihren Ort. Allerdings war bereits 1669 in einem herzoglichen Ausschreiben die Weisung ergangen, dass dem Eröffnungslied sogleich die biblische Lesung folgen solle, um „die Leute über Gebühr nicht auffzuhalten / das bey mancher Kirchen eingerissene allzulange zumal Figural-Singen / und Praeambuliren" fortfallen solle.[37]

Eine Verfügung vom 30. November 1713 zeichnete bis in Einzelheiten hinein Regeln für das zeremonielle Verhalten der Hofgeistlichen wie auch der teilnehmenden Gemeinde im Gottesdienst auf.[38] Der Oberhofprediger sollte den Gottesdienst in samtenem Rock und Alba feiern. Die Verfügung betraf auch die Gestaltung der Intonationen und Kollektengebete („etwas langsamer und mit mehrer Andacht abzusingen") und die Lesungen der gottesdienstlichen Perikopen („etwas distincter, damit die zuhörenden und behtenden es beser fasen und mitfolgen können"). Der jeweils als Liturg fungierende Geistliche sollte, „ehe der lezte versicul des Liedes oder der Music abgesung(en) wird, sich vor dem althar einfind(en)" und sollte dann auch die Schriftlesung stehend anhören. Für den Fall, dass er auch die Predigt zu halten hatte, hatte er selbst oder der als Diakon fungierende Geistliche das vorgesehene biblische Kapitel verlesen. Auch der habe, so hielt die Verfügung fest, sich rechtzeitig vor Beginn seiner nächsten Funktion auf seinem Platz einzufinden. So war es auch für den Schluss des Got-

---

36 Ein Verzeichnis für solche Lieder boten sowohl das Geistliche Gesang-Buch/Worinne D. Martin Luthers / und anderer frommer Christen geistliche Lieder und Gesänge enthalten waren. Gotha 1691, Bl. Y 12r – Z 6v, sowie Geistliches neu-vermehrtes Gothaisches Gesang Buch […]. Gotha 1699, Bl. a 8r – b 4v.

37 Ausschreiben (wie Anm. 34), 331–332.

38 Für das Folgende: LATh – Staatsarchiv Gotha, Schlosskirche Nr. 14 (unfoliiert) [Bl. 6r–v].

86 Ernst Koch

tesdienstes vorgesehen. Der Beginn der Betstunden und Vespern war auf 3 Uhr im Sommer, ½ 3 Uhr im Winter vorgesehen, „auch ist oft Erinnerung zuthun, das solche mehrer besuchet werden".

Die Taufen hatten am Vormittag stattzufinden, „wobey zu beachten, das wann Lieder dabey gesung(en) werden, allemahl der Geistliche nebst denen Gevattern zu anfang des lezten verses sich vor den Taufplatz einstellen". Der erste „Gevatter" bzw. die Gevatterin hatte das Kind so lange zu tragen, bis das Evangelium aus Mk 10, 13–16 gelesen worden war. Zum Vollzug der Taufe sollten die Paten zusammen mit dem Geistlichen auf die hohe Stufe treten und dem Kind das Westerhemd über das Haupt legen und es so lange halten, bis der Geistliche das Kind über das Taufbecken hielt und Gebet und Segen sprach. Danach sollten alle solange stehen bleiben, bis das Lied bis zum Ende gesungen worden ist.

4.3 Die Gemeinde im Gottesdienst

Was das Verhalten der Gemeinde, die Kommunion bei der Sakramentsfeier betraf – so bestimmte es die Ordnung –, blieb der Verfügung von 1713 zu erinnern, dass nach dem ersten Lied zunächst der Wechselgesang (nach 1Kor 11,26) zwischen dem Geistlichen und den Kommunikanten zu singen sei: „Sooft ihr von diesem Brot esst und von diesem Kelch trinkt / sollt ihr des Herrn Tod verkündigen, bis dass er kommt", und der Geistliche habe das zugehörige Kollektengebet zu beten. Es folgte die Vermahnung an die Kommunikanten und die Segnung (Konsekration) der Elemente Brot und Wein. Die Verfügung hielt es für notwendig festzustellen: „Die mitsingung der Gemeinde derer Worte des Vater Unsers und der Einsetzung [Text des neutestamentlichen Stiftungsberichts] ist abzustellen und zuerinnern". Darauf solle sofort „ohne vorhergehende praeludirung der Orgel" ein Lied begonnen werden. Die Kommunikanten hatten sich vor und nach der Kommunion „in die nächste Stühl [Bankreihen] beym Althar" zu stellen. Die Verfügung betonte zusätzlich, es wäre gut, „wann solche [die Kommunikanten] zu mehrer Bezeugung der devotion unter wehrenden handlung der Consecration niederknieheten auch bey und nach der Empfangung des Sacraments dergleich(en) auf einwenigs sich bedienten".

Bereits die Verordnung vom November 1713 bemerkte, es „wehre gar wohl anständig, wenn die sämtl(iche) Gemeinde bey ablehsung der Episteln, capitel und absonderlich der texte aufstünde".[39] Auch in anderer Hinsicht waren die geltenden Ordnungen auf das Verhalten der am Gottesdienst Teilnehmenden ausgerichtet. Sollten sie eingehalten werden können, musste dem auch das Inventar der Kirchen entsprechen – das galt für die Nutzung der Kniebänke an den Kirchenbänken. Für die Mitfeier wichtig erschien, dass die kniende Haltung während einzelner Teile des Gottesdienstes beachtet wurde. So wiederholten es die in die Verordnungen von 1720 aufgenommenen Regelungen. Sie verwiesen auch die Gemeinden des Herzogtums speziell auf die Freitags- und Bußandach-

---

39 LATh – Staatsarchiv Gotha, Schlosskirche Nr. 14 [Bl. 6r].

Der Gothaer Hof als Raum konfessioneller Musikkultur 87

ten mit ihren Gebeten um Vergebung und Verschonung vor dem Zorn Gottes. Knieend aber sollte in der Liturgie der Sonn- und Festtagsgottesdienste auch die Segnung der Abendmahlselemente Brot und Wein zusammen mit dem Gebet des Vaterunsers mitgefeiert werden. Hier sprachen die Ordnungen besonders die Männer an. Sie waren wohl mit der Warnung vor Missbrauch angesprochen, der sich in der Unterlassung des Knieens angeblich aus Gesundheitsgründen zeigte und „nur zum Vorwand" diente, „in der Wahrheit aber man sich des Knieens nur schämen thäte". Dabei diene doch die Beteiligung des Leibes am Gottesdienst „zur Erweckung mehrerer Andacht, und zur Bezeigung schuldiger Hertzens-Demuth", habe aber immer zu geschehen „aus Christlicher Freyheit", sodass sie „sehr dienlich und nützlich sey" gemäß biblischer Überlieferung, „auch vieler andern Evangelischen Lutherischen Kirchen".[40]

Für den Hof wurde 1712 angesichts der großen Zahl von niederen Bediensteten durch Herzog Friedrich II. angeordnet, dass diese jeweils in den Wochengottesdiensten am Dienstag kommunizieren sollten. Wie auch für die Kommunion der Herzogsfamilie und der Hofbeamten war die Teilnahme an der Beichte am Tag vor den entsprechenden Terminen verpflichtend. An sie wurden die Bediensteten am Sonntag zuvor erinnert. Auch die Bekanntgaben von Kasualien und die Fürbitte für Kranke aus den Reihen der Bediensteten hatten in diesen Gottesdiensten ihren Platz.[41]

Dem Verhalten der Gemeinde galten auch wiederholte Mandate gegen das Schwatzen im Gottesdienst. Um dem zu wehren, hatten schon der Synodalschluss von 1645 gemahnt, die Gottesdienstbesucher sollten ihre Gebetbücher mit in die Kirche nehmen, damit man „unter dem Figural-Singen oder Orgeln darinnen lese".[42] Bereits die Kinder erfuhren im Schulunterricht: „Wenn [...] georgelt oder figuraliter gesungen wird, und er [der am Gottesdienst Teilnehmende] nicht mitsingen, oder was gesungen wird, nicht verstehen kan, da mag er unterdessen in einem Christlichen erbaulichen Büchlein lesen, insonderheit aber aus den Gebeth-Büchern ihme die Gebeth lassen anbefohlen seyn, um rechte Heiligung des Feyertags und andächtige Betrachtung des Göttlichen Worts, um Vergebung der Sünden, um Erhaltung und Vermehrung des Glaubens, um die Gnade GOttes, um die Erhaltung des seligmachenden Worts, und dergleichen, oder sonst seine [sic! recte: „feine"?] gute Gedancken haben".[43] An die Kinder richtete sich auch die Aufforderung: „Bei Austheilung des H. Abendmahls soll er [sc. der Schüler] acht haben auf die Absingung des heiligen Vater Unsers, und die Worte vom Heil. Abendmahl und hernach etwas in einem nützlichen Buche lesen, oder die Christliche Lieder mitsingen".[44]

---

40 Verordnungen (wie Anm. 20), S. 4–5.

41 LATh – Staatsarchiv Gotha, Schlosskirche Nr. 11 (unfoliiert).

42 Verordnungen (wie Anm. 20), S. 6.

43 Lese-Büchlein (wie Anm. 22), S. 203–264. Vgl. auch die Gebete in: Neu-Aufgerichteter Gothaischer Beth-Tempel [...]. 2. Teil, 2. Aufl. Gotha 1742, 157–175, sowie: Einer Gläubigen Seel Tägliches Gebet-Buch [...]. Gotha 1729.

44 Lese-Büchlein (wie Anm. 21)., S. 146.

Im Jahre 1712 wurde eine Verordnung Herzog Ernsts des Frommen erinnert, die Spezialfragen zu regeln versucht hatte. Sie betraf die Zugehörigkeit zur Hofgemeinde von Personen, die nicht ständig im Dienst des Hofes standen. Unstrittig war, dass Adlige, die vorübergehend bzw. auf Reisen sich in der Stadt aufhielten, an die Hofparochie gewiesen wurden. Nicht klar geregelt war dies für weitere Personen: für Familienangehörige von Personen – beispielsweise Handwerkern –, die einer der Stadtparochien zugehörten, wohl dem Hof zur Verfügung standen, aber nicht ständig vom Hof in Anspruch genommen wurden, und für Verwandte von Kanzleiangestellten. Im Hintergrund stand die Frage, wem die Einkünfte aus gottesdienstlichen Sammlungen im Hofgottesdienst zu Gute kommen sollten. In jedem Falle konnten an Gottesdiensten in der Hofkirche immer wieder auch Stadtbewohner teilnehmen. Die Unklarheiten wurden erst 1752 durch eine neue Regelung geklärt.[45]

Mehrfach in Folge, und schließlich ab 1722 als jährlich am 17. Sonntag nach Trinitatis zu verlesen, kritisierte ein Mandat vom 28. September 1718, das ebenfalls für das ganze Land galt,

„wie wenig gebührender Andacht bey vielen Communicanten sich finde, indem nicht nur das Gemeine Volck und sonderlich die Weibes Personen, welche sonst ordentlich in die Bänckgen treten, und unter der Consecration niederknien sollten, im hingehen sich über einen hauffen stellen, so gar, daß auch der den Geistl(ichen) und anderen Communicanten gäntzlich versperret wird, und zwar aus keiner anderen Ursach, alß daß ein jedes das erste zuseyn, auch bald wieder davon zu kom(m)en bemüht ist [...] ja auch wohl Ehrgeitzige Eltern ihren Kindern, wenn sie zum erstenmahl zum Tisch des Herrn gegangen, vorher eingebunden, wie Sie ihren ort wohl in acht nehmen, und andere nicht vor sich hingehen laßen wollen [...]".[46]

4.4 Singen als Rolle der Gottesdienstgemeinde im Lichte der Musiktheologie

Aufmerksamkeit galt auch der Beteiligung der Gemeinde durch ihren Gesang am Gottesdienst bei Hofe und im Lande. Dafür sorgten wiederholt Anweisungen, die die Rolle der Gemeinde sicherten und Vorworte zu Gesangbüchern. Bereits der Synodalschluss von 1645, wiederum 1720 veröffentlicht, gab die Anweisung, beim Druck des Textes der Litanei darauf zu achten, dass von den beispielweise durch die an den Bußgottesdiensten Teilnehmenden unterschieden werden konnte, was die Knabenschola vorsang und was „der gantze Chor und Gemeinde" darauf zu antworten hatte.[47] Zudem sollte die lateinische Figuralmusik „moderirt, und je auf einen Figural-Gesang auch ein Teutsch gebräuchliches Choral-Lied gesungen werden".[48]

---

45 Brückner, Johann Georg: Sammlung verschiedener Nachrichten (wie Anm. 31), 3. Stück, S. 194–206.

46 LATH – Staatsarchiv Gotha, Geheimes Archiv, KK XX, Nr. 58.

47 Verordnungen (wie Anm. 20), S. 5–6.

48 Ebd., S. 6.

Der Gothaer Hof als Raum konfessioneller Musikkultur

Eine eindrücklich gestaltete, von Hofkapellmeister Christian Friederich Witt 1715 auf Anordnung des Landesherrn herausgegebene Publikation[49] verfolgte das Ziel, die Melodien des Gemeindegesangs im Fürstentum Sachsen-Gotha-Altenburg zu vereinheitlichen. Witts beigegebene „Nachricht" meldete, dass „viele Choral-Lieder mit ungleichen und vielmahls ungewöhnlichen auch gar übel sich schickenden Melodien abgesungen worden". Das sollte nun anders werden.[50] Der Band bot mit beziffertem Bass versehene Notierungen für die nun als ‚gültig' anzusehenden Singweisen für die Hand der Kantoren und Organisten, die auch „durch fleißiges exerciren in denen Schulen und Sing-Stunden balden zu erlernen und einzuführen seyn wird". In der Abfolge des Gothaer Gesangbuchs wurden die Melodien geboten, „wie solche aus alten Büchern genommen, behalten, bey neuen Liedern aber, zum Theil neue Melodien componiret, theils aber auch aus andern unlängst herausgekommenen richtigen Gesang-Büchern genommen". Den bezifferten Bass sah Witt für „Organisten uf dem Lande zum besten" vor – „ein geübter und wohl erfahrener Organist" behielte damit seine Freiheit. Die Melodien könnten von den Organisten statt eines Vorspiels zweimal langsam vorgespielt werden, die Lieder selbst „langsam abgesungen" werden „und also dadurch der gebührenden Andacht ein Beytrag gethan werden".[51] Für die Unterrichtung empfahl Witt den Lehrern „ein nach dem Chor-Thon richtig eingestim(m)tes Chlavichordium, wenigstens aber eine accurate Stimm-Pfeiffe", damit sich beim Singen der Kinder keine Unsicherheit einstelle, „sie hernach die ordentliche Melodie verlassen, die Clausuln ändern / und also den Choral zu verstümmeln nicht Anlaß nehmen dürffen". Bisherige negative Erfahrungen beim Gesang der Schulkinder bei den Beerdigungen warnten vor solchen Erscheinungen. Wie also die Kantoren oder Lehrer daran gebunden seien, „keine Coloraturen darein zu machen (ein behöriger Accent oder Trillo wird nicht verbothen,) also soll auch der Organist sich hüten, daß er nicht allzu vieles Lauffen mit denen Händen und unrichtige Clausuln mit in den Choral mische, (welches zumahl denen uf dem Lande, indem sie nicht nach Gebühr damit zu verfahren wissen, nicht zustehet,) ein geübter und wohler-fahrner Organist weiß ohne dem was hierbey zuthun oder zu lassen ist".

Sah sich Christian Friedrich Witt als Hofkapellmeister also verantwortlich auch für die Musikpraxis in den Städten und Dörfern des Landes, so eröffnete der Oberhofprediger Albrecht Christian Ludwig den Band mit einem ausführlichen Vorwort, in dem er zur Kritik an vokaler wie instrumentaler Kirchenmusik durch Andreas Karlstadt wie auch in der schweizerischen Reformation spöttisch und ironisierend Stellung nahm,[52] aber auch beklagte, dass „in dem Schooß unserer Evangelisch-Lutherischen Kirchen Männer auffstehen, die ver-

---

49 PSALMODIA SACRA, Oder Andächtige und schöne Gesänge, So wohl des Sel. LUTHE-RI, als anderer Geistreichen Männer [...]. Gotha 1715.

50 Ebd., Bl. b 4r. Hier auch die folgenden Zitate.

51 Ebd., Bl. b 4v. Hier auch die folgenden Zitate.

52 Zu Karlstadts Einwand, da nur *ein* Gott sei, solle man auch nur mit einer und nicht mit vier Stimmen singen, äußerte Ludwig: „Carlstadts Träume räumen [= reimen] sich wie eine Faust auf ein Auge, und müste der Mensch, weil ein GOtt ist, auch nur ein Auge, eine Hand, einen Fuß, ein

kehrte Lehren reden, und, als unberuffene Reformatores des ohne Grund ver-
lästerten Christenthums, als Babels / auch andächtig singende Seelen betrüben,
und eine dabey vorgenommene Music verwerffen", damit aber gleichzeitig die in
den Bekenntnissen der Wittenberger Reformation enthaltene Lehre verwerfen.
Sie hätten „viel Liebe in dem Munde, aber keine in dem Hertzen" und wollten
wohl „heiliger als die lieben Väter und Heiligen des alten und neuen Bundes"
sein und sich wohl „derer Heil. Engel und der Gesellschaft derer Geister der
vollkommenen Gerechten" schämen, die mit den Lobgesängen der Liturgie vor
dem Thron Gottes und dem Stuhl des Lammes stehen und den Lobgesang Jesu
mit seinen Jüngern auf seinem Weg zum Kreuz (nach Matth. 26, 30) „von einer
solchen unverantwortlich- und straffwürdigen Neuerung abhalten".[53] Ludwig
kritisierte damit zwar nicht expressis verbis die Ausführungen seines Kollegen, des Generalsuperintendenten Georg Nitsch, in dessen Vorwort zu einer
im vorausgehenden Jahr erschienenen Liedersammlung seines Schwiegervaters
Gottfried Wilhelm Sacer,[54] jedoch folgte er einem deutlich anderen Ansatz.
Nitsch legte in seinem Vorwort[55] einen Paulustext aus 1Thess 5,19 aus („Den
Geist dämpfet nicht"), indem er weit ausholend zusammentrug, auf welche
Weise der Geist Gottes gedämpft werden könne (durch Trägheit und Nach-
lässigkeit, durch Weltliebe, durch irdische Geschäftigkeit, Neid und Missgunst,
durch geringschätzige Rede über andere Leute, durch äußere Gewaltanwendung
und Verbot eigenständiger Bibellektüre). Förderung des Geistes Gottes erfolge
durch Gebet, den Umgang mit „frommen und gesegneten Seelen", aufmerksame
Lesung und Anhörung des göttlichen Wortes, häufige Teilnahme am Heiligen
Abendmahl und „geistliche liebliche Lieder".[56] Allerdings gibt Nitsch den Lesern auch die Aufforderung mit: „Schauet nicht allzuviel auf die süsse Veränderung des Thons / den(n) auf solche Art würde man zu erkennen geben / daß
man sich mehr der Music wolte befleißigen / als GOTT ein Lob- und Preiß-Lied
abstatten […] Achtet auch die Hülsen nicht höher / als den Kern; die Melodey
mehr / als die Sache; den Schall der Ohren fürtrefflicher / als das Licht des
Hertzens".[57] Unter den Gesangbüchern, die er empfiehlt, findet sich auch das
„Hallische".[58]

Mit dem Inhalt der Mahnungen findet sich Ludwig zunächst an der Seite von
Nitsch. Auch Ludwig kennt „eine allzuweltliche Composition eines Gesanges",
die „mehr die Ohren belustige als das Hertz afficire / und daher wenige Andacht und wenigere Wirckung daraus entstehe". Als ein solches Lied, das er

---

Ohr, u.s.w. haben, als damit er diesem einigen Wesen, wie mit einer Stimme, dienete […]". Ebd.,
Bl. b 1r.

53 Ebd., Bl. b 1r–2r.

54 Sacer, Gottfried Wilhelm: […] Geistliche / liebliche Lieder / Auf die vornehmsten Fest-Tage /
Paßion / und andere Fälle eingerichtet […]. Herausgegeben von […] GEORGIO NITSCHIO […].
Gotha 1714. 12°.

55 Ebd., Bl. a 2r–b 12v.

56 Ebd. Bl. b 4v–12r.

57 Ebd., Bl. b 12r.

58 Ebd.

Der Gothaer Hof als Raum konfessioneller Musikkultur

„vortrefflich" nennt, bezeichnet er das Lied „Liebster Immanuel, Herzog der Frommen", eine Dichtung des Rudolstädter Juristen und Kanzlers Ahasverus Fritsch, das „nach seiner Melodie, eine formale Sarabande ist", und fügt hinzu: „[…] andere sonst schöne, doch zu eitel gesetzte, Gesänge übergehe ich".[59]
Fragt man allerdings nach den möglichen Unterschieden der musiktheologischen Positionen von Nitsch und Ludwig, ist die Beobachtung wichtig, dass Nitsch sich in der Nähe des niederländischen Theologen Melchior Leydecker, eines Vertreters eines Zweiges der niederländisch-pietistischen Bewegung,[60] und des kursächsischen Spener-Schülers Christian Gerber sieht, zweier Theologen, die er zitiert.[61] Ludwig dagegen dürfte mit seiner Kritik eher eine Musiktheologie und -praxis im Blick haben, die Nitsch protegierte. Denn Ludwig berief sich auf Ernst Salomon Cyprian und dessen Kritik an einem Liedgut, das dazu noch in Verdacht stand, die Lehre der Wittenberger Reformation zu untergraben.[62] Der Oberhofprediger sah das Liedgut, das Luther zum Autor hatte, als das Maß an, nach dem sich die Lieddichtung zu richten habe. Die Lieder der folgenden Zeit, die wohl von „frommen und hocherleuchteten Theologis und guten Kern-Christen" stammten, seien zwar allen Ruhmes und andächtigen Gebrauchs würdig – „alleine, weil viele nur blosse Moralia und Agenda tractiren, auch sich in denen Mysticis allzu sehr vertieffen", so sei kritische Wachsamkeit am Platze. Mischten sich doch „ungenannte und verdächtige Personen" unter die Autoren, von denen Ludwig erfahren hatte. Als Fazit benannte er dazu das hallesche Waisenhausgesangbuch von 1703, das Nitsch empfohlen hatte.[63]
Fast auf den gleichen Tag des folgenden Jahres sprach der Oberhofprediger in einem Vorwort zu einem Druck von Kantatentexten nochmals „GOttesläs-terliche Termini und Redensarten" an,[64] „dazu wir auch etliche Findel-Kinder rechnen, welcher sich ihre Eltern selbst geschämet zu haben scheinen / ich wollte schreiben etliche verdächtige Gesänge / die ehemals in unser schönes Gesang-buch (quo fato? ist GOTT bekannt,) eingeschlichen, nun aber billich verwiesen worden sind / unter andern aber Zeuch meinen Geist / triff meine Sinnen / und dessen 11. Vers […]". Der Herzog habe nach seiner „grossen und waren Christ- Fürstl. Erkäntnis, ein- und andere anstößige Formuln in denen vorigen Jahrgängen / erleuchtetst gemercket / und gegenwärtige Meditationes eines in diesem Stück wohlgeübten Poëtens / nicht allein in eigner Hohen Person fleißig erwogen / sondern auch meiner Wenigkeit zu Gewissenhaffter Perlustration,

---

59 Psalmodia (wie Anm. 49), Bl. b 2r.

60 Zu ihm vgl. van den Berg, Johannes: „Die Frömmigkeitsbestrebungen in den Niederlanden", in: Brecht, Martin/Deppermann, Klaus (Hg.): Der Pietismus des 18. Jahrhunderts. Göttingen 1995, 546 (Geschichte des Pietismus. Im Auftrag der Historischen Kommission zur Erforschung des Pietismus, hg. von Martin Brecht u. a., Bd. 2).

61 Sacer, Gottfried Wilhelm: Geistliche Lieder (wie Anm. 54), Bl. a 12r und Bl. a 12v–b 1r.

62 Psalmodia (wie Anm. 49), Bl. b 2r, Anm. 10. Zur Sache s. unten.

63 Ebd., Bl. b 3r.

64 Biblische Sprüche und Erbauliche Gedancken an Sonn- und Fest-Tagen / dem Drey-Einig-Heiligen GOtt zu Ehren / und zu Vermehrung Christ-schuldiger Andacht / von der GOtt-geheiligten Gemeinde zum Friedenstein / abgesungen von Advent 1716, bis dahin 1717. Gotha o.J. [1716], Bl.)(6r–v.

Ihrem Herrn Capellmeister zur Composition. und endlich dem öffentlichen Druck gnädigst übergeben, damit ein andächtiges Hertz mit Vernunfft seinem frommen GOTT dienen könne".[65]

Das Thema des Verhältnisses von neuen Liedern zu den überlieferten begleitete die Gesangbuchvorrede zum Gothaer Gesangbuch bis in das letzte Drittel des 18. Jahrhunderts.[66] Die Vorrede, verfasst von Johann Benjamin Huhn unter dem Datum 10. August 1731, kam zunächst auf die Geschichte des geistlichen Liedes zwischen der Sintflut und der Gegenwart zu sprechen und zitierte dann den Greifswalder Theologen Johann Friedrich Mayer: „Die schönen Kirchen-Lieder sind, nach vieler gelehrten Leute Bekäntniß, der andere Theil des öffentlichen Gottes-Dienstes", das heißt, sie gehören zur Dokumentation des Bekenntnisses der Kirche.[67] Darum müsse an behutsam mit ihnen umgehen und prüfen, „ob sie mit der Heiligen Schrifft und unserm Glaubens-Bekäntniß in allem einstimmig sind". Dies sei auch gegenwärtig geschehen – Huhn bezog sich damit auf die Prüfung des Nordhäuser Gesangbuchs.[68] Wichtig seien vor allem die Lieder Martin Luthers. „[...] Und thun diejenigen unrecht, welche lauter neue Lieder suchen und an den alten keinen Geschmack finden". Huhn lobt Luthers Lieder „wegen der Vortrefflichkeit in geistreichen und andächtigen Gedancken, wegen ihrer gantz ungemeiner Würckung in menschlichen Gemüthern. und wegen des öffentlichen Bekänntnisses unser Kirchen von den wichtigsten Glaubens-Lehren, so darinnen sich zeiget, wie auch wegen der Melodie". Luthers Lieder sind allen anderen vorzuziehen.[69]

Dann aber fuhr der Oberhofprediger fort: „Die alten Lieder müssen in ihrem Werth bleiben, aber die neuen, wenn sie zumahlen von rechtschaffenen und mit besonderen Gaben und Geschicklichkeit hierinnen von Gott ausgerüsteten Männern herkomen, auch nicht verachtet werden". Wenn neue Lieder verachtet werden, nur weil sie neu sind, so würden wir jetzt keine alten haben, die ja auch einmal neu waren. Liegen viele neue Lieder vor, muss man sie auch heilig halten, sie nicht nur mit dem Munde, sondern „mit einer heiligen Andacht des Hertzens singen".[70] So hat der Herzog angeordnet, möglichst ihre Autoren zu nennen, damit man bei „zweiffelhaffte(n) Redens-Arten" sich dessen versichern kann, dass ihre Autoren orthodox sind.[71]

---

65 Ebd., Bl.)(7v–8r. Das getadelte Lied findet sich in: Geistliches neu-vermehrtes Gothaisches Gesang-Buch [...], Gotha 1699, S. 622–623.

66 Das 1731 erstmals erschienene Gesangbuch verzeichnete bis 1776 mindestens 11 Auflagen.

67 Geistlich neu-vermehrtes Gothaisches Gesang-Buch [...]. Gotha 1742, Bl. a 5r.

68 Ebd., Bl. a 6r.

69 Ebd., Bl. a 6r-v.

70 Ebd., Bl. a 7r-v.

71 Ebd., Bl. a 8v.

5. Das theologische Gewissen des Hofes und des Herzogtums: Ernst Salomon Cyprian

Bei Dienstantritt von Gottfried Heinrich Stölzel am Gothaer Hof lagen erhebliche, auch über das Territorium hinaus ausstrahlende Spannungen und Auseinandersetzungen auf theologischem und kulturellem Feld bereits einige Jahre zurück. Sie waren zwar nicht vergessen, hatten aber einen gewissen Ausgleich gefunden, was nicht ausschloss, dass sie wieder aktuell werden konnten. Es ging – vor allem zwischen 1690 und 1700 – um Einflüsse der Bewegung, die gewöhnlich als Pietismus bezeichnet wird und sich in Gotha in der Aktivität von Gottfried Vockerodt bemerkbar machten, eines gelehrten Pädagogen am Gothaer Gymnasium, dessen Aktivität auch über ein weit gespanntes Korrespondenznetz gestützt wurde, das noch nicht hinreichend erforscht ist. Seine religiös motivierte Position zu Dichtung, Tanz, Oper und Musik, verbunden mit einem rigorosem Erziehungsstil, erregte die Aufmerksamkeit kritischer Beobachter und führte schließlich zu einer weit beachteten Streitschriftenfehde, die noch lange nachwirkte.[72] Der Landesherr selbst musste in unmittelbarem Zusammenhang mit seinem Regierungsantritt Position beziehen – war doch der Hof selbst in die Spannungen verwickelt. Einerseits sympathisierte der amtierende Generalsuperintendent Henrich Fergen mit den Anhängern der neuen Bewegung, und die Verhandlungen im Geheimen Rat zeugten davon, wie auch in diesem wichtigen Gremium die Ansichten sehr differierten.[73] Andererseits mahnte eine – allerdings undatierte – Hofgesindeordnung, die bei Hofe Bediensteten sollten „(w)ieder die Frommen vnd eingezogenen nicht conspiriren, Derselben spotten vnd Sie für Heiligenfresser halten",[74] ein Zeichen dafür, dass die Spannungen sich auch am Hof bemerkbar machten. Ein landesherrlicher Erlass vom 4. Februar 1697 sollte Ruhe zu schaffen,[75] ohne dass ein wirklicher Ausgleich gelang.

---

72 Busch, Gudrun: „Die Beer-Vockerodt-Kontroverse im Kontext der frühen mitteldeutschen Oper", in: Lächele, Rainer (Hg.): Das Echo Halles. Kulturelle Wirkungen des Pietismus. Tübingen 2001, 131–170; Bayreuther, Rainer: „Der Streit zwischen Beer und Vockerodt. Zur Physiognomie der Musikauffassung im Spannungsfeld von pietistischer Kunstkritik und antipietistischer Polemik". in: van Ingen, Ferdinand/Roloff, Hans-Gert (Hg): Johann Beer. Schriftsteller, Komponist und Hofbeamter, 1655–1700. Beiträge zum Internationalen Beer-Symposion in Weißenfels Oktober 2000, Berlin 2003, 285–303; Scheitler, Irmgard: „Der Streit um die Mitteldinge. Menschenbild und Musikauffassung bei Gottfried Vockerodt und seinen Gegnern", in: Alter Adam und neue Kreatur. Pietismus und Anthropologie. Beiträge zum II. Internationalen Kongress für Pietismusforschung vom 28. August bis zum 1. September 2005. Hg. v. Udo Sträter u. a., Bd. 1, Tübingen 2009, 513–530.

73 Vgl. Koch, Ernst: „Generalsuperintendent Henrich Fergen und die Anfänge des Pietismus in Gotha", in: Breul-Kunkel, Wolfgang/Vogel, Lothar (Hg.): Rezeption und Reform. Festschrift für Hans Schneider zu seinem 60. Geburtstag. Darmstadt-Kassel 2001, 189–212.

74 Beck, August: Geschichte des gothaischen Landes. Bd 2: Geschichte der Stadt Gotha, Gotha 1870 (ND Leipzig 1976), 126.

75 Manifest und Verordnung wegen der so genanndten Pietisterey / Zu Ablehnung der gegen die Fürstl. Residentz-Stadt Gotha hin und wieder ausgebreiteten Beschuldigung [...]. o. O. [Gotha] 1697.

Der Eindruck liegt nahe, dass sich in der herzoglichen Personalpolitik der folgenden Jahrzehnte diese Spannungen widerspiegeln. Sie zeigten sich in der Berufung von Georg Nitsch als Generalsuperintendent im Jahre 1709[76] und in der von Johann Heinrich Feustking, einem scharfzüngigen Kritiker des Pietismus, der jedoch nach einjähriger Tätigkeit starb. Ihm folgte bis zum Jahre 1733, in der Beurteilung des Pietismus ihm ähnlich, Albrecht Christian Ludwig.

Entscheidend für die Theologiepolitik war jedoch die Berufung von Ernst Salomon Cyprian, Gymnasialrektor in Coburg und durch ein europaweites Korrespondenznetz mit vorzüglichen Beiziehungen ausgestattet, als Kirchenrat im Jahre 1713.[77] Die Funktion eines Kirchenrates war von Herzog Ernst dem Frommen eingerichtet worden und galt als eine Art Zusatz zum Hofpredigeramt vor der Einführung des Oberhofpredigeramtes. Die Dienstinstruktion für Cyprian[78] wies deutliche Veränderungen gegenüber der für seine Vorgänger auf. Dies war darin begründet, dass der fromme und gelehrte Mann sich bewusst nicht hatte ordinieren lassen, sodass ihm geistlich-liturgische Funktionen versagt blieben. Dafür aber wurde er als Geheimer Rat berufen. Er hatte in Vertretung des Generalsuperintendenten gelegentlich die Lektionen für Theologie am Gymnasium zu übernehmen und zur Beratung für junge Pfarrer zur Verfügung zu stehen. Außerdem wurde ihm die Aufsicht über die herzogliche Bibliothek übertragen. Andere Aufgaben wie z. B. das ständige Studium der Kirchen- und Landesordnung und Übernahme theologischer Arbeiten blieben für den neuen Kirchenrat weiterhin bestehen. Zu ihnen gehörte für ihn der Auftrag zur Erarbeitung einer vollständigen Kirchengeschichte.

Cyprian, erfahren in seiner Coburger Zeit im Umgang mit radikalen Ausprägungen der pietistischen Bewegung,[79] immer wieder auch umworben durch Berufungen von Coburg an andere Orte, hatte in unmittelbarem Zusammenhang seiner Berufung nach Gotha einen Neudruck der Kirchenordnung des Herzogs Johann Casimir[80] und eine Untersuchung über das Wesen einer Kirchenordnung[81] auf den Weg gebracht. Zu seinen ersten Aktivitäten in Gotha

---

76 Thüringer Pfarrerbuch (wie Anm. 13), S. 4.

77 Zu Cyprian: Koch, Ernst/Wallmann, Johannes (Hg.): Ernst Salomon Cyprian (1673–1745) zwischen Orthodoxie, Pietismus und Frühaufklärung. Vorträge des Internationalen Kolloquiums vom 14. bis 16. September 1995 in der Forschungs- und Landesbibliothek Gotha Schloß Friedenstein. Gotha 1996. Vgl. inzwischen Gehrt, Daniel (Hg.): Katalog der Handschriften aus dem Nachlaß Ernst Salomon Cyprians (1673–1745) aus den Sammlungen der Herzog von Sachsen-Coburg und Gotha'sche Stiftung für Kunst und Wissenschaft sowie aus den Beständen des Landesarchivs Thüringen – Staatsarchiv Gotha und der Evangelisch-Lutherischen Kirchengemeinde Gotha, Augustinerkloster, Wiesbaden 2021.

78 Vgl. LATh – Staatsarchiv Gotha, Oberkonsistorium Generalia, Loc. 9 Nr. 13 im Vergleich mit Nr. 14 (beide unfoliiert).

79 Vgl. Weigelt, Horst: „Cyprians Auseinandersetzung mit separatistischen Pietisten in Coburg während seines Direktorates am Collegium Casimirianumg", in: Koch, Ernst/Wallmann, Johannes: Ernst Salomon Cyprian (wie Anm. 77), 96–110.

80 Ordnung, wie es in deß durchleuchtigen [...] Herrn Johann Casimir [...] Fürstenthumb und Landen, Orts-Francken und Thüringen [...] gehalten werden soll, Coburg 1626.

81 Cyprian, Ernst Salomon: Kurzer Bericht von Kirchen-Ordnungen. So wohl aus Heiliger Schrifft, als denen Geschichten der ersten und reinsten Kirche, Coburg 1713.

Der Gothaer Hof als Raum konfessioneller Musikkultur

gehörte eine erweiterte Neuausgabe der Kerntexte der lutherischen Bekenntnisschriften von 1580 für die Hand der Pfarrer, versehen mit einer von ihm verfassten Vorrede.[82] In ihr betont er, dass die Verehrung Gottes nicht einfach mit einem Leben in Frömmigkeit identisch ist. Diese Meinung tue der „Atheisterey und allen Schwermereyen Thür und Thore auf", weil die Verehrung Gottes die Erkenntnis Gottes voraussetze,[83] und so möchte er die Texte „der Jugend und andern lehrbegierigen Christen wieder in die Hände [...] geben / und dadurch der der Wahrheit zu statten [...] kommen".[84] Er verstand das Bekenntnis der Wittenberger Reformation als Beitrag zur Einigkeit der Kirche im Widerstand gegen die „Indifferentisterey",[85] die er sowohl in der Vernunftgläubigkeit der Frühaufklärung und ihrer Tendenz zum Atheismus als auch im Pietismus am Werk sah. So betonte er:

„Das Gebäude der Welt / so die Atheisten dichten / laufft dergestalt wieder die Vernunfft / ist so voller Aberglauben / unbegreifflicher Dinge und dicker Finsternissen / streitet auch also wieder die Sonnenklare Ordnung / welche die leblose und unvernünfftige Geschöpfe beobachten / daß man dergleichen Fabelwerck von niemand anderst / als einem Thoren erwarten kann. Dannenhero bleibts dabey / daß keine leichtgläubigere Leuthe auff der Welt sind / als die Atheisten / in dem sie Dinge glauben / die wieder alle Vernunfft lauffen / und hundertmal unbegreifflicher sind / als die schweresten Glaubens-Artickel der Christlichen Religion".[86]

Aufklärung und Pietismus waren es, deren Einfluss er in den mehr als 30 Jahren, in denen er in Gotha wirkte, zu begegnen und denen er Widerstand zu bieten suchte.[87]

Große Bedeutung und Nachwirkung hatte sein Einsatz für die beiden gesamtkirchlichen Jubelfeiern, die in seine Gothaer Zeit fielen: die 200. Wiederkehr des Thesenanschlags Martin Luthers, begangen im Jahre 1717, und die 200. Wiederkehr der öffentlichen Verlesung der Augsburgischen Konfession, begangen im Jahre 1730.

Im Jahre 1717 erschien in Gotha der Neudruck eines Büchleins des kursächsischen Oberhofpredigers Matthias Hoë von Hoënegg, ursprünglich zur geistlichen Unterstützung der Anhänger der Wittenberger Reformation in den habsburgischen Ländern gegenüber der Gegenreformation. Der Titel lautete „Evangelisches Handbüchlein" und war dem Nachweis gewidmet, „Wie der [...] lutherischen Glaub / recht / Catholisch: der Bäbstler aber Lehr im grund irrig / und wider das helle Wort Gottes sey".[88] Der Neudruck im Duodezformat erschien mit einer Vorrede von Ernst Salomon Cyprian, die mitteilte, dass die

---

82 Concordien-Büchlein [...], Gotha 1714. Der Titel spielt auf das Konkordienbuch von 1580 an.
83 Ebd., Bl. a 2v.
84 Ebd., Bl. c 8v.
85 Ebd., Bl. a 2v.
86 Ebd., Bl. a 6r–v.
87 Weiß, Ulman: „Das Vermächtnis des Vizepräsidenten: Die Warnung vor Rationalismus und religiöser Radikalität". In: Koch, Ernst/Wallmann, Johannes (wie Anm. 77), 217–232.
88 1. Auflage Leipzig 1603, danach bis 1732 mindestens 14 weitere Auflagen.

Neuausgabe bereits durch Oberhofprediger Johann Heinrich Feustking geplant und begonnen worden, dann aber durch dessen Tod unterbrochen worden sei.[89] Nun aber werde sie zum Jubiläum vorgelegt. Cyprians Vorrede übte vor allem Kritik an der römisch-katholischen Kirche, weil sie mehr und mehr zu einer weltlichen Macht geworden sei und damit den Grund der Heiligen Schrift verlassen habe.

Noch höher zu werten ist Cyprians Leistung, die er mit einer reichs- bzw. europaweit angelegten, dreiteiligen Dokumentation des Jubiläums von 1717 unter dem Titel „Hilaria evangelica" vorlegte.[90] Sie enthält als bis in die Gegenwart aussagekräftige Sammlung Verordnungen, Reden, Predigten, Festprogramme und Jubiläumsmedaillen. Grundlage einer solchen Feierkultur ist für Cyprian die Buße, die die angemessene Haltung im Blick auf die Wurzeln der Wittenberger Reformation ist.

Zum Jubiläum von 1730 erschien in drei Auflagen eine Geschichte des Augsburgischen Bekenntnisses, die Cyprian auf Anordnung des Landesherrn verfasst hatte.[91] Das Werk ist eins der Zeugnisse dafür, dass für den Verfasser als Historiker und Schüler von Johann Andreas Schmidt der kritische Umgang mit den Quellen unentbehrlich für den Umgang mit Geschichte war.[92]

Aufmerksamkeit und Fürsorge des Kirchenrats galt auch der Form und dem Inhalt des gottesdienstlichen Lebens im Herzogtum in Gestalt und Musik. In seiner mit testamentarischem Nachdruck verfassten „Warnung" von 1744, in der er auf seine Erfahrungen mit dem radikalpietistischen Spiritualismus in Coburg zurückgreift, betont er: „Es ist am äusserlichen viel gelegen",[93] das heißt: Die privat-persönliche Gestalt von Frömmigkeit darf nicht zu Lasten ihrer gottesdienstlichen Erscheinungsform verabsolutiert werden. So beobachtet er die pietistische Kritik an gottesdienstlichen Leseordnungen – Epistel und Evangelium sollen abgeschafft werden[94] – und den Spott darüber, dass die lutherischen Pfarrer („unsere Priester") „besonders gekleidet sind, und wir beym öffentlichen Gottesdienst anständiger, als in Wirthshäusern, erscheinen".[95] Dieser Aspekt ist für den Kirchenrat auch im öffentlichen Leben zu beachten. Ein von Cyprian autograph vorbereitetes Ausschreiben an die Superintendenten und Adjunkten des Herzogtums vom 26. August 1719 beklagt, dass „einige Pastores dieses Fürstenthums gar offt, und mehr, als die sorgfältige Aufsicht

---

89 Cyprian, Ernst Salomon: Vorrede zu: Matthias Hoë von Hoënegg: Evangelisches Hand-Büchlein [...]. Gotha 1717, Bl. a 10r.

90 Cyprian, Ernst Salomon: Hilaria Evangelica, Oder Theologisch-Historischer Bericht Vom Andern Evangelischen Jubel-Fest [...]. 2. Ausgabe, Gotha 1719.

91 Cyprian, Ernst Salomon: Historia der Augspurgischen Confession [...], 3. Auflage Gotha 1731.

92 Vgl. dazu Benrath, Gustav Adolf: „Ernst Salomo Cyprian als Reformationshistoriker", in: Koch, Ernst/Wallmann, Johannes: Ernst Salomon Cyprian (1673–1745) zwischen Orthodoxie, Pietismus und Frühaufklärung (wie Anm. 77), 36–48.

93 Cyprian, Ernst Salomon: Vernünfftige Warnung für dem Irrthum von Gleichgültigkeit derer Gottesdienste oder Religionen [...]. Gotha 1744, 74.

94 Ebd., 67–70.

95 Ebd. 71.

Der Gothaer Hof als Raum konfessioneller Musikkultur

über ihre Gemeinden, nebst der davon dependirenden schweren Rechenschafft, vergönnen wollen, in die fürstl(iche) Residenz zukommen, auch darinnen der hohen Herrschaft und ihrer vorgesetzten ohne Mäntel, wohl selbst an manchem Sonnabend, vor denen Augen herümb zu gehen pflegen, solches aber wieder das decorum und die gravitatem theologicam ümb so mehr anläuffet, ohnehin die consideration vor das Predigtamt sehr nötig ist".[96] Das Ausschreiben fährt fort, die Empfänger sollten die Pfarrer anweisen,

„daß sie auch an denen orten, wo sie wohnhafftig sind, ohne den priesterlichen Kragen und Beobachtung deß decori, nicht ausgehen, sondern überall ihr eigenes vilipendium vermeyden, und bevorab in Erziehung ihrer Kinder gebührenden Ernst vorkehren sollen, damit nicht durch derselben üble Anführung, wie bisher mehrmahls geschehen, Ergerniß erwachsen, und die Erbauung gehemmet werden möge".[97]

Cyprian als Kirchenrat fiel auch die Aufgabe zu, die Liedtexte eines neu erscheinenden Gesangbuches zu prüfen. Dazu ist wichtig zu erwähnen, dass Cyprians in Coburg 1708 gedruckte Disputationsthesen über Gesänge als Propagandamittel für Häresien in der Kirchengeschichte nochmals 1716 in Jena einen Nachdruck erfuhr.[98] 1740 stand die Veröffentlichung eines neuen Gesangbuches für das Herzogtum an.[99] Der Kirchenrat beschäftigte sich aus diesem Anlass mit einer inhaltlichen Prüfung der Texte der Lieder, die aus dem Gothaer Gesangbuch von 1726[100] in das neue Gesangbuch übernommen werden sollten. Mehrere Einsprüche, die er gegen Texte erhob, wurden respektiert, andere nicht berücksichtigt. Immer wieder ging es um Lieder von Benjamin Schmolck. Sein Lied „Sulamith im Grünen"[101] wurde im Entwurf gestrichen, ein weiteres Lied des gleichen Verfassers „Die letzte gute Nacht"[102] trotz des Einspruchs übernommen. Im Gesangbuch von 1742 fehlt das Lied auf einen Ermordeten,[103] das Cyprian abgelehnt hatte, weil es „die evangelische Kirche nicht singen kann", hingegen wurde Cyprians Kritik am „Trostlied Rahels"[104] (die Kirche kann diese Personen „nicht agiren") nicht akzeptiert. Heftigen Anstoß nahm Cyprian an einem Lied, das einem Pfarrer in den Mund gelegt worden war und ihn im Rückblick

---

96 LATh – Staatsarchiv Gotha, Oberkonsistorium Generalia, Loc. 10c, Nr. 5 (unfoliiert). Cyprian hatte ursprünglich den letzten Passus noch schärfer formuliert: „[...] da die itzige Welt ohnehin fast alle consideration vor das Predigtamt zu verlieren beginnt". Die endgültige Fassung stammt von anderer Hand.

97 Ebd.

98 Miersemann, Wolfgang: Ernst Salomon Cyprians Schrift „De propagatione haeresium per cantilenas von 1708 im Kontext der Kontroverse über neue geistliche Gesänge um 1708", in: Koch, Ernst/Wallmann, Johannes: Ernst Salomon Cyprian (1673–1745) zwischen Orthodoxie, Pietismus und Frühaufklärung (wie Anm. 77), 167–186.

99 Zu den Gothaer Gesangbüchern vgl. Tümpel, W[ilhelm]: Geschichte des evangelischen Kirchengesangs im Herzogthum Gotha. Teil I: Geschichte des Gothaer Gesangbuchs. Gotha 1889.

100 Geistliches neu-vermehrtes Gesangbuch. Gotha 1726–1729.

101 Ebd., 1065.

102 Ebd., 1239.

103 Ebd., 1242.

104 Ebd., 1238 – wie auch S. 881 (Strophe 5).

auf sein Amt klagen ließ: „Ihr Seelen, die ihr meiner Seelen mehr Lust als Last gewesen seid …“.[105] „Wie […] ein Prediger“, stellte der Kirchenrat fest, „welcher die schwere Bürde der Seelsorge, und das verderben itziger Zeiten kennet, solches auf dem Todbette und vor Gottes Gericht schwerlich wird rühmen können, also mag er endlich sagen, was er will; die Kirche kann iedoch keinen Pfarrer agiren, und Gott vorsingen, was die poëten in seiner person gedichtet haben. Solche personellen Dinge gehören nicht ins Gesangbuch“. Sonst müssten noch viel mehr solcher Lieder in das Gesangbuch aufgenommen werden.[106] Im Übrigen äußerte Cyprian bereits 1739, er habe nichts gegen neue Lieder, fragte dann aber doch: „Sollen aber endlich, da die Lieder so häuffig als die Schwämme wachsen, folianten aus denen Gesangbüchern werden? Wie wird sie das Armuth bezahlen, verstehen und mercken können?“ Es gehe bei Gesangbüchern ja um die Liturgie![107]

Das Problem der Herausgabe eines neuen Gesangbuchs trugen Konsistorialpräsident von Witzleben und Vizepräsident Cyprian dem Landesherrn am 9. Juni 1741 schriftlich vor. Sie stellten dem Herzog vor, es seien „einige neue, bedenckliche v[nd] auff gewiße Fälle sich gar nicht schickende Gesänge, dem Gothaischen Gesangbuch mit einverleibet worden und öffentlich abgesungen zu werden pflegen“. Sie sollten in einer neuen Auflage herausgenommen werden. Die Revisionsarbeit sei Konsistorialrat Diakon Avenarius zu übertragen. Die Absender betonten, es gehe dabei um ein Vorhaben „bey einem libro publico hiesiger Liturgie“. Der Herzog stimmte am 16. Juni diesem Verfahren zu. Die Arbeit solle allerdings unter der Aufsicht von Cyprian stehen.[108]

Die Vorgänge um das Gesicht eines neuen Gesangbuchs zeigen, wie Cyprian es bei seiner Kritik darauf ankam, auf die ekklesiale Dimension seiner Anmerkungen und Kritiken aufmerksam zu machen, für die die Liturgie ein entscheidendes Merkmal war.

6. Signale für Veränderungen

Mehrfach ist beobachtet worden, dass es am Gothaer Hof wie auch in der Öffentlichkeit des Landes nach 1745 zu Änderungen im kirchlichen Leben und der bisher selbstverständlichen Gottesdienstkultur kam.[109] Ohne Zweifel dürfte ein wichtiger Grund dafür der Tod des unbequemen Mahners Ernst Salomon

---

105 Ebd., 1257.

106 LATh – Staatsarchiv Gotha, Oberkonsistorium Generalia, Loc. 129, Nr. 6b, Bd. III, Bl. 130r–131r.

107 Cyprian, Ernst Salomon: Die Hauskirche […] Auf Befehl Des Durchlauchtigen Fürstem und Herrn. Herrn Friederichs des Dritten […] zusammen gedruckt. Gotha 1739, Bl. **4r (Vorrede vom 10. August 1739).

108 LATh – Staatsarchiv Gotha, Oberkonsistorium Generalia, Loc. 30, Nr. 13 (unfoliiert).

109 Vgl. Huschke, Wolfgang: Politische Geschichte von 1572 bis 1775 (wie Anm. 6), 439–440. Zum Folgenden vgl. Bärbel Raschke: „Im Spannungsfeld von Luthertum und Toleranz – Religionspolitik und Kaiserwahlen zu Lebzeiten Luise Dorotheas“, in: Salatowsky, Sascha (Hg.): Im Kampf um die Seelen (wie Anm. 3), 63–71.

Der Gothaer Hof als Raum konfessioneller Musikkultur

Cyprian gewesen sein,[110] ein weiterer Grund die Rolle, die die Gemahlin Herzog Friedrichs III., die Meininger Prinzessin Louise Dorothée, spielte. Mit ihren weitreichenden Interessen und Kontakten bis an den preußischen Hof förderte sie den Einfluss der Aufklärung im Lande.

Am Gothaer Hof wurden Zeichen bemerkbar, die mehr bedeuteten als eine Veränderung im Stil oder in der Gewohnheit. Im Frühjahr 1749 wandte sich das Oberkonsistorium an den Landesherrn mit der Beobachtung, dass die bisherige Regelung der halbtags gefeierten Feste nicht mehr der allgemeinen Situation im wirtschaftlichen und bildungspolitischen Bereich speziell auf Dörfern entspreche.[111] Transportfahrzeuge aus benachbarten Territorien, die die Dörfer passierten, wirkten sich als Störung des Gottesdienstes aus. Der Ausfall von Schulstunden müsse vermieden werden. Arme Tagelöhner verlören kostbare Arbeitszeiten. Die Intervention des Oberkonsistoriums führte im folgenden Jahr zu dem Vorschlag, die Feier der Aposteltage, der Marienfeste und der weiteren halbtags begangenen Feste auf den dem Festdatum folgenden Sonntag zu verlegen. Eine endgültige Regelung brauchte noch Zeit, da weitere Probleme zu lösen waren. Im Frühjahr 1750 wurde die konsistoriale Anregung rechtlich umgesetzt. 20 Jahre später sorgte ein Mandat vom 26. März 1770 für die Abschaffung der dritten Feiertage der Hochfeste, die Verlegung des Epiphaniasfestes und des Reformationsgedenktages auf den jeweils folgenden Sonntag sowie die Begehung der monatlichen Bußtage je nach speziellen Vorgaben bzw. ihre Einstellung.[112]

Ein Bericht des Pfarrers Georg Heinrich Pfitzner an das Oberkonsistorium vom 5. November 1771 sprach die Zukunft des Beichtinstituts an: Der Oberkämmerer von Wangenheim habe von ihm verlangt, ihn und seine Leute von der Einzelbeichte zu suspendieren und ihm künftig die in einer Gruppe gefeierte allgemeine Beichte mit anschließender Absolution zu gestatten. Der Landesherr, mit diesem Problem befasst, verfügte, dass, falls weitere solcher Ersuchen eingingen, Generalsuperintendent und Oberkonsistorialrat Löw solchen Anfragen nach Einzelprüfung im Sinne der Antragsteller zustimmen solle. Das Oberkonsistorium schlug vor, eine Praxis ins Auge zu fassen, die für Katechumenen – Jugendliche vor ihrer Konfirmation – weiterhin die bisherige Beichtform gelten zu lassen. Eine Anmeldung zur Kommunion, bisher mit der Beichte verbunden, solle für alle Kommunikanten verbindlich bleiben, doch solle der Kirchner feststellen, wer unter ihnen weiterhin die Einzelbeichte mit Handauflegung zur Absolution wünsche. Bei der allgemeinen Beichte, die bei der alternativen Entscheidung verbindlich bleibe, solle die Handauflegung entfallen. Der Landesherr entschied in einer Verfügung an das Oberkonsistorium vom 31. Januar 1772, dass diese Regelung ab sofort praktiziert werden solle.[113] Hinter dieser Entscheidung

---

110 Christian Wilhelm Volland schrieb am 7. Dezember 1745 an den Weimarer Generalsuperintendenten Bartholomaei: „Von seinem [sc. Cyprians] Nachfolger vernimmt man nichts. Ich glaube auch nicht, daß Serenissimus dergleichen Theologen wieder bekommen wird". Wotschke, Theodor: „Mühlhäuser Superintendentenbriefe", in: Mühlhäuser Geschichtsblätter 25 (1925/26), 270.

111 Zum Folgenden LATh – Staatsarchiv Gotha, Geheimes Archiv XX. 81 (unfoliiert).

112 LATh – Staatsarchiv Gotha, Kammer Insgemein 2213, Nr. 15.

113 LATh – Staatsarchiv Gotha, Geheimes Archiv, XX. III, Nr. 99.

stand jedoch offensichtlich ein Vorgang aus dem Jahre 1769, über den der Herzog „unter Versicherung, daß es niemand erfahre", dem Oberkonsistorium berichtete. Damals war krankheitshalber bereits die Einzelbeichte der herzoglichen Familie abgeschafft und durch die allgemeine Beichte ersetzt worden.[114]

In engem Zusammenhang mit der Beichtpraxis stand die Institution der Kirchenbuße, nämlich der öffentliche, zeitlich begrenzte Ausschluss von der Kommunion im Falle öffentlich gewordener schwerer Verfehlungen. Oberhofprediger und Konsistorialrat Johann Georg Brückner hatte schon 1755 festgestellt, „die Kirchen-Disciplin" sei „überhaupt, also auch vornehmlich bei Hof-Gemeinden, ein sehr verhastes Ding".[115] Im Sommer 1763 stellten die Landstände fest, dass die bisherige Form der Kirchenbuße – nicht einmal bei deren Verbindung mit der öffentlichen Bekanntgabe von der Kanzel – auch bei Kindestötungen, Abtreibungen und dem Aussetzen von Kindern keine Besserung bei den Schuldigen bewirkt habe. Darum sei die geübte Praxis zumindest auszusetzen.[116] Der Landesherr gab diesem Wunsch am 23. Mai 1764 statt – die Kirchenbuße wurde ausgesetzt.[117]

Zur Feier des Kirchenjahrs gehörten sogenannte „geschlossene Zeiten", neben von Fall zu Fall verfügten Zeiten Wochen in der vorweihnachtlichen und in der vorösterlichen Zeit, die der Einkehr und der Buße gewidmet waren und in denen Unternehmungen wie öffentliche Lustbarkeiten zu entfallen hatten. Ein Mandat Herzog Ernsts II. vom 29. Oktober 1789 verfügte die Aufhebung der geschlossenen Zeiten im Advent außer dem Bußtag in der ersten Adventswoche. Das Mandat begründete diese Entscheidung damit, dass dieser Brauch

„auf einer blos menschlichen, und zwar in den dunklen abergläubischen Zeiten des Christenthums entstandenen Verordnung beruhet, und mit der eigentlichen Bestimmung der Adventzeit, nach welcher sie eine Zeit froher Vorbereitungen auf das erfreulichste Fest der christlichen Kirche seyn soll, keineswegs übereinstimmet".[118]

Die in einer solchen Begründung ablesbare kulturelle Wende hatte sich bereits 1775 aus Anlass der Ankündigung der Einführung eines gänzlich neu gestalteten Gesangbuchs gezeigt. Diese öffentlich in den Gottesdiensten bekannt zu gebende Ankündigung vom 2. August 1775 erläuterte diese Absicht, indem sie betonte, sie sei fällig „bey der allgemeinen Verbesserung der Schreibart und des Geschmacks in der deutschen Poesie" im Hinblick auch darauf, dass das seit mehr als vier Jahrzehnten gebrauchte Gesangbuch „den sittlichen Theil unserer Religion, der in den zeitherigen Gesangbüchern fast gänzlich ausgelassen ist", fördern wolle, indem es „eine hinlängliche Anzahl guter Lieder über den thätigen Theil unserer Religion und die besonderen Lebenspflichten eines Christen" ent-

---

114 LATh – Staatsarchiv Gotha, Oberkonsistorium Generalia, Loc. 35b, Nr. 1.

115 Brückner, Johann Georg: Sammlung verschiedener Nachrichten zu einer Beschreibung des Kirchen- und Schulenstaats im Herzogthum Gotha (wie Anm. 31), 15.

116 LATh – Staatsarchiv Gotha, Oberkonsistorium Generalia, Loc. 5^{h3}, Bl. 1r–2v (Eingabe der Landstände vom 1. Juli 1763).

117 Ebd., Bl. 14r–15v.

118 LATh – Staatsarchiv Gotha, Ephorie und Oberpfarramt, Nr. 44 (unfoliiert).

Der Gothaer Hof als Raum konfessioneller Musikkultur   101

halten werde.[119] Gleichzeitig wurde bekannt gegeben, welche Lieder bisher und welche Lieder künftig in der Schule zu lernen waren.[120]

Der kulturelle Wandel wirkte sich alsbald auch im Gottesdienstkalender am Hofe aus. Das Oberkonsistorium berichtete am Herzog am 4. Februar 1778, der Freitagsgottesdienst werde „fast von niemanden zeither besucht" und schlug vor, ihn zwischen November und Februar außer am monatlichen Bußtag einzustellen. Der gleiche Befund zeigte sich fünf Jahre später auch beim Wochengottesdienst am Dienstag außer an den Tagen, die für die Kommunion vorgesehen waren. Noch dazu hatte Oberhofprediger Bause im Dezember 1784 dem Herzog zu berichten, dass am Dienstag, den 16. November außer dem Kirchner und dem Organisten niemand am Gottesdienst teilgenommen habe. Dieser Zustand sei doch wohl „in der veränderten Denkungsart" begründet. So schlug das Oberkonsistorium dem Landesherrn vor, die Dienstag-Gottesdienste gänzlich zu streichen mit Ausnahme der vorgesehenen Kommunionstermine, an denen dann auch die Geistlichen aus den Dörfern der Superintendentur in regelmäßigem Wechsel zu den sogenannten Zirkularpredigten zur Verfügung standen. Diesem Vorschlag stimmte Herzog Ernst II. am 3. Januar 1785 zu.[121] Damit fielen die regelmäßigen Werktagsgottesdienste am Hof aus.

Berücksichtigt man die Tatsache, dass mit der Berufung von Wilhelm Friedrich Stölzel, einem der Söhne des ehemaligen Hofkapellmeisters, als Generalsuperintendent im Jahre 1775 auch die Amtsverpflichtung des obersten Geistlichen im Herzogtum entfiel, die den theologisch-geistlichen Rahmen seiner Tätigkeit umschrieb, wird deutlich, wie tiefgreifend die Veränderungen waren, die die zweite Hälfte des 18. Jahrhunderts kennzeichneten.

Abstract:

The history of the Gotha court in the 17th and 18th century reflects how reforms by the rulers of Gotha and their clerics became tangible in the music culture of divine services. This shows in their legislation, especially in religious matters, e. g. concerning holidays and therefore church services. The theological orientation of the clergy influenced their presentation of the service and their sermons. The denomination was especially visible in holiday services, among other things in the choice of songs and congregational singing. But it is always perceptible that different theological tendencies, e. g. pietism, played a role. The appointment of Ernst Salomon Cyprian in 1713 as a councillor of the consistory in Gotha proved to be important. Cyprian worked in this position for more than 30 years and defended Lutheran faith against pietism and Enlightenment. Among other activities, he contributed significantly to the compilation of the new Gotha hymnal.

---

119 LATh – Staatsarchiv Gotha, Schlosskirche, Nr. 33 (unfoliiert) (Druck, Bl. 2r–v).
120 Ebd., unfoliiert. Druck, 2 Seiten [Bl. 11r–v].
121 LATh – Staatsarchiv Gotha, Geheimes Archiv, XX.III, Nr. 112.

Literaturbericht zum Neuen Testament und der antiken Welt 2019–2020 (2018)

Verstehen, Glauben und Handeln

HELMUT SCHWIER

Der Literaturbericht umfasst Monographien, Sammelbände und Aufsätze zum Neuen Testament der Jahre 2019–2020 (samt wenigen Nachzüglern aus 2018), die im weitesten Sinn für Liturgie, Gottesdienst, Ämter, Riten, Gesang relevant und von Interesse sind. Theologische Kernbereiche, intensive hermeneutische Reflexionen und Modelle sowie auch über die Spezialuntersuchungen zu den einzelnen NT-Schriften verteilte Analysen ethischer Konstellationen und Fragestellungen wurden ebenso präsentiert wie neue Kommentierungen der Schriften und historische wie editorische Untersuchungen. Bei der derzeitigen Publikationsfülle wird Vollständigkeit nie erreicht werden können; dass hier jedoch eine exemplarische und gleichzeitig geeignete Auswahl geboten wird, ist zumindest die Intention des Verfassers.

Einleitungswissenschaft

Schmid, Konrad/Schröter, Jens: Die Entstehung der Bibel. Von den ersten Texten zu den heiligen Schriften, C. H. Beck: München 2019, 504 S., zahlreiche Abb.
Normalerweise sind Einleitungen in die Bibel aufgeteilt in AT und NT und zudem detailreiche Lehrbücher mit dem Charme des Examenswissens. Die Einleitung von Schmid/Schröter unterscheidet sich davon in mehrfacher Hinsicht: Sie ist eine Einleitung in die gesamte Bibel, ist eingebettet in Darstellungen zur Entwicklung der Schrift- und Textkultur, zeigt Schriften und Schriftgebrauch im Judentum in hellenistisch-römischer Zeit samt der sog. apokryphen Literatur, entfaltet den Weg von einzelnen Erzählungen, Briefen, Schriften zu Sammlungen und schließlich kanonischen Abgrenzungen sowohl der christlichen wie der jüdischen Bibel und endet mit Schlaglichtern zur Wirkungsgeschichte – dies zudem sehr gut geschrieben, allgemeinverständlich, niveauvoll und anregend zu lesen für historisch, literarisch und theologisch Interessierte!

Ebner, Martin/Schreiber, Stefan (Hg.): Einleitung in das Neue Testament, Kohlhammer Studienbücher Theologie 6, Kohlhammer: Stuttgart, 3. überarb. Aufl. 2020, 614 S.
Neben der Einleitung von U. Schnelle hat sich diese nun auch inhaltlich überarbeitete und Forschungsentwicklungen aufnehmende Einleitung zu Recht als Standardwerk in Studium und Ausbildung bewährt. Klar, verständlich und präzise formuliert werden

Neues Testament und antike Welt 103

hier die Einsichten und offenen Fragen der Einleitungswissenschaft zuverlässig dargestellt. Lehrbuch und Nachschlagewerk in einem!

Themenheft: New Testament Textual Criticism. The State of the Question, Early Christianity 11 (2020) H. 1, 1–146.

Exegese und Hermeneutik

Theißen, Gerd: Texttranszendenz. Beiträge zu einer polyphonen Bibelhermeneutik, BVB 36, LIT Verlag: Berlin 2019, 437 S.

Ders.: Resonanztheologie. Beiträge zu einer polyphonen Bibelhermeneutik Bd. 2 (Gott – Christus – Geist), BVB 43, LIT Verlag: Berlin 2020, 485 S.

Im Anschluss an den Hermeneutikband „Polyphones Verstehen" von 2014 (vgl. JLH 56 [2017], 72f) legt Theißen nun zwei weitere umfangreiche Bücher zum Thema vor; ein abschließender Band zur Kirche ist in Planung. In „Texttranszendenz" werden zunächst die wichtigsten hermeneutischen Modelle vom religionsgeschichtlichen Programm bis zu Ulrich Luz' dialoghermeneutischem Ansatz (vgl. JLH 56 [2017], 73f) dargestellt und gewürdigt. Darauf werden interdisziplinäre Beiträge der Literaturwissenschaft, Soziologie, Psychologie, Religionswissenschaft und Philosophie zur Hermeneutik und zu hermeneutischen Implikationen berücksichtigt, bevor dann ein theologisches Schriftverständnis entfaltet wird. Theißen erläutert dabei seine grundlegende These einer doppelten Transzendenz: „Zur theologischen Texttranszendenz tritt eine menschliche Lebenstranszendenz. ... Unsere These ist, dass beides untrennbar verbunden ist" (411). Vf. plädiert für eine „schriftinspirierte Theologie", die sich an den Geist, nicht an den Buchstaben bindet. „Dieser Geist wirkt konzentriert in den beiden wichtigsten Kriterien, an denen wir alles messen müssen, was in der Bibel steht: Das ist erstens die mosaische Unterscheidung, die jede Gottesverehrung an das Tun des Guten bindet, und zweitens das jesuanische Doppelgebot der Liebe, welches diese mosaische Unterscheidung zusammenfasst und die Liebe ausweitet auf Fremde, Sünder und Feinde" (413). Im zweiten Band wird Religion mit Hilfe der Metaphorik von Resonanz, Transparenz und Transformation gedeutet und dann im Durchgang durch die drei Artikel des Glaubensbekenntnisses konturiert und vertieft. Die zentrale These lautet: „Religion ist Resonanz der Gesamtwirklichkeit im Menschen, die sich intentional auf ihren Ursprung bezieht" (457). Dies wird mit den drei Grundformen christlicher Theologie, der Offenbarungs-, Erfahrungs- und Existenztheologie, verstanden als komplementäre Modelle, in Beziehung gesetzt. Ein kritisches wie anregendes Alterswerk, das durch seinen sowohl strukturierenden wie essayistischen Zugriff besticht und Verstehen anbahnt!

Landmesser, Christof/Hiller, Doris (Hg.): Wahrheit – Glaube – Geltung. Theologische und philosophische Konkretionen, Ev. Verlagsanstalt: Leipzig 2019, 175 S.

Dies. (Hg.): Braucht der Mensch Erlösung?, Ev. Verlagsanstalt: Leipzig 2020, 133 S.

Die beiden Vorsitzenden der Rudolf-Bultmann-Gesellschaft für Hermeneutische Theologie dokumentieren hier die 20. und 21. Jahrestagung der Gesellschaft, die 2018 und 2019 in Hofgeismar stattfanden. Wie stets bieten auch diese Bände hermeneutisch reflektierte Beiträge aus den theologischen Disziplinen und darüber hinaus. Die neutestamentlichen Beiträge stammen von Michael Labahn (2019) und Eckart Reinmuth (2020). Labahn zeigt am historischen Jesus und an der Apk, wie dort Wahrheitsansprüche geltend gemacht werden und als „enthüllte Wahrheit" zur Wirkung gelangen (2019, 51–78). Reinmuth zeigt die Missverständlichkeit der Rede

104 Literaturbericht Liturgik. Helmut Schwier

von Erlösung auf, verweist auf vereinheitlichende und vereinnahmende Bibelüber-
setzungen (u. a. bei Luther 2017), die die metaphorische Vielfalt samt (politischen und
ökonomischen) Erfahrungshintergründen ausblenden und auf die Frömmigkeits-
prägung, die Erlösung auf Innerlichkeitshoffnung bezieht (2020, 61–85). Neutestamentliche Texte verbinden die eschatologische und die präsentische Dimension. „Sie
sehen die Rettung der Menschen nicht in einem weltflüchtigen Jenseits, sondern in
der Jesus-Christus-Geschichte, die um der Liebe willen in den Tod führte und Leben
aus diesem Tod versprach. [...] Grundsätzlich gilt für die zugesagte Wirklichkeit des
Gerettet-Seins im Neuen Testament, dass eschatologische und präsentische Erlösung
im ‚Jetzt' zusammentreffen. [...] Sie ermöglicht den darauf Vertrauenden, sich in ihrer
Gebrochenheit und Unfertigkeit angenommen und ausgelöst zu wissen und anderen
Menschen Befreiung, Erleichterung, Emanzipation, Selbstannahme zuzusprechen
und zur Erfahrung werden zu lassen" (2020, 85f).

Kraus, Wolfgang/Rösel, Martin (Hg.): Update-Exegese 2.2. Grundfragen gegenwärtiger
Bibelwissenschaft, Ev. Verlagsanstalt: Leipzig 2019, 361 Seiten.
Ebenso wie der Vorgängerband (Update-Exegese 2.1) von 2015 bietet dieser Sammelband Theologen in der Praxis von Schule und Kirche verlässliche und kompakte
Informationen zu neueren Entwicklungen in der Bibelwissenschaft. Das Buch verbindet Artikel zu biblischen Schriften, zu Personen und solche zu historischen und
theologischen Themen, im NT-Teil u. a. zum Jakobusbrief, den Pastoralbriefen und
zum Thomasevangelium, zu Herodes, Paulus, Petrus, Pilatus und Judas und zu Fragen
der Christologie, der Kreuzigung Jesu, der Auferweckung, der Israeltheologie, der
Anthropologie und der Eschatologie. Auch dieses Update lohnt.

Wick, Peter/Cramer, Malte (Hg.): Allein die Schrift? Neue Perspektiven auf eine Hermeneutik für Kirche und Gesellschaft, Kohlhammer: Stuttgart 2019, 167 S.
Im Zentrum des Bandes stehen die hermeneutischen Aufsätze des Bochumer Neu-
testamentlers Peter Wick (25–91) samt einer forschungsgeschichtlichen Einordnung
durch Malte Cramer (9–23) und den kritisch-konstruktiven Auseinandersetzungen
mit Wicks Thesen aus neutestamentlicher (Stefan Alkier), systematischer (Traugott
Jähnichen), bibeldidaktischer (Hanna Roose) und kirchenleitender (Annette Kurs-
chus) Sicht. Wick votiert mit guten Gründen für ein „Prä" der Schrift, das die alte
und heute missverständliche „sola"-Formel ablösen sollte: „Das ‚Prä' der Schrift ist
kein wissenschaftliches Axiom, sondern ein Identitätsmerkmal der Kirche und der
Theologie" (89), lässt sich daher leichter wissenschaftlich beschreiben und überprüfen.
Außerdem hat heutige Schriftauslegung stärker auf jüdische Auslegungstraditionen
und -methoden in deren pluriformer Auslegungsgemeinschaft zu achten und den
Wettbewerb mit anderen Weltdeutungen aufzunehmen: „In Zukunft wird sich die
Bibelexegese kompetitiver gegenüber der Gesellschaft behaupten müssen" (91).

Focken, Friedrich-Emanuel/van Oorschot, Frederike (Hg.): Schriftbindung evangelischer Theologie. Theorieelemente aus interdisziplinären Gesprächen (ThLZ.F 37),
Ev. Verlagsanstalt: Leipzig 2020, 462 S.
Das vorliegende Buch präsentiert Thesen und dazugehörige Kommentare zur Schriftbindung, die von einem Netzwerk von Nachwuchswissenschaftlern aus Exegese
und Systematischer Theologie stammen. Dabei sind die Thesen mehrfach diskutiert
worden und stellen nun einen Konsens der Gruppe dar. Der Leitbegriff Schriftbindung soll das zweifellos in die Krise geratene Schriftprinzip ersetzen und bietet ein
klärendes wie öffnendes Potenzial. „Schriftbindung bezeichnet einen prozesshaften
und in mehrfacher Hinsicht relationalen Bezug der Theologie auf die Schrift. Sie
konstituiert sich in den Relationen zumindest zwischen Schrift, Rezipierenden und

Neues Testament und antike Welt 105

Rezeptionsgemeinschaften. Eine Theorie der Schriftbindung muss interdisziplinär angelegt sein und die mit der Schrift verbundenen Problemfelder sowohl exegetisch als auch systematisch-theologisch erhellen. Schriftbindung erschöpft sich nicht in expliziten Schriftverweisen. Explizite Schriftverweise bedeuten noch nicht notwendig Schriftbindung" (65).

Breytenbach, Cilliers: Von Texten zu Geschichten. Aufsätze zur Konzeption und Geschichte der Wissenschaft vom Neuen Testament (WUNT 448), Mohr Siebeck: Tübingen 2020, 215 S.

Im ersten Teil dieses Aufsatzbandes bündelt der Berliner Neutestamentler seine Einsichten in Hermeneutik und NT als historische Textwissenschaft, während im zweiten Teil herausragende Fachvertreter wie W. Bousset, A. Schweitzer, A. Deissmann, G. Delling, A. Malherbe und F. Hahn sowie die Möglichkeiten der Exegese nach dem II. Vatikanum gewürdigt werden. „Auf den Text kommt es ja an, aber der Text ist ein komplexes sprachliches Zeichen. Wer ihn erforschen will, hat zu verstehen, wie solche komplexen Zeichen beim Lesen Bedeutung hervorrufen" (24f) – diese Einsicht, die impliziert, dass solche Textzugänge nicht über das Theologiestudium allein gebahnt werden, differenziert Vf. in dreifacher Weise: „1. Texte sind Übertragungsvehikel von Vorstellungen, Überzeugungen. Wie Texte als linguistische Zeichen Interpreten anregen, Vorstellungen als gedankliche Konzepte zu bilden, ist nur zu begreifen durch eine Textsemiotik, die den Prozess der Textrezeption unter Berücksichtigung der Kognitionswissenschaft betrachtet. ... 2. Texte bilden eine strukturierte Form des Sprachgebrauchs, deren innere Organisation im Rahmen der Textlinguistik beschrieben werden kann. 3. Ein Text ist immer ein Text, der von einer bestimmten Person in einer bestimmten Situation mit einer bestimmten Kommunikationsabsicht abgefasst wurde. Texte sind deswegen in ihrem Kontext als Formen sozialer Interaktion zu betrachten" (8). Wie solche Exegese „gebraucht" werden kann, entfaltet Vf. exemplarisch an den Begriffen und Gehalten von Versöhnung und von Vergebung (79–88).

Jesus

Wolter, Michael: Jesus von Nazaret (Theol. Bibliothek 6), Vandenhoeck & Ruprecht: Göttingen 2019, 331 S.

Vf. legt eine konzise Darstellung des historischen Jesus vor. Er beginnt mit den Forschungsfragen und Positionen zum Verhältnis vom historischen Jesus zum geglaubten Christus, zeichnet und gewichtet die in der gegenwärtigen Diskussion entworfenen idealtypischen Jesusbilder (hist. Jesus, irdischer Jesus, Jesus Christus, erinnerter Jesus Christus, Selbstauslegung Jesu, wirklicher Jesus) und beginnt seine historische Erkundung mit der Sichtung der Quellen, woran sich dann Wirken und Botschaft Jesu im kulturellen und zeitgeschichtlichen Kontext anschließen. Detailliert werden die letzten Tage in Jerusalem und der Tod Jesu einschließlich der damit verbundenen römischen und jüdischen Instanzen untersucht, bevor ausblickhaft skizziert wird, was nach Golgatha und was nach Ostern geschah. Im Blick auf mögliche Selbstdeutungen des Todes stellt Vf. klar: „Es gibt in der Jesusüberlieferung keinen belastbaren Beleg dafür, dass Jesus erwartet hätte, mit seinem Leiden und Sterben die Menschen von den Unheilsfolgen ihrer Sünden zu befreien" (303).

Strotmann, Angelika: Der historische Jesus: eine Einführung (Schöningh/UTB), Paderborn ³2019, 204 S.

In diesem Lehrbuch, das 2012 in erster Auflage erschienen ist und nun in aktualisierter

3. Auflage vorliegt, zeigt Vfn. – in durchaus kritischer Abgrenzung zu überzogenen Selbstbildern der Positionen des erinnerten Jesus – die wesentlichen Forschungspositionen, eine kritische Quellenkunde, die Möglichkeiten und Grenzen der Biographie Jesu, sein zeichenhaftes Wirken und seine Botschaft. Das Buch endet mit der Darstellung der Faktoren und Abfolge der Passion. Christologische Fragen, das Selbstverständnis Jesu, die Ostererscheinungen bleiben explizit ausgeklammert (vgl. 12f).

Dorn, Klaus: Jesus Christus. Geschichte – Überlieferung – Glaube (Schöningh/UTB), Paderborn 2018, 206 S.

Analog zu seinem Paulusbuch (s.u.) und mit deutlich anderer Ausrichtung als das Jesusbuch von Strotmann (s.o.) ist dieses Lehrbuch nicht auf die historischen Fragen konzentriert, sondern berücksichtigt die Dimension der Wirkungsgeschichte und die theologisch-bekenntnisorientierten Aspekte. In katechetischer Weise werden 38 Fragen gestellt und beantwortet, z.B. Geboren – wann und wo? – Was können wir über die Familie Jesu sagen? – Wie stand Jesus zum jüdischen Gesetz? – War das letzte Abendmahl ein Passahmahl? – Auferstanden oder auferweckt? – Was bedeutet Trinität?

Danz, Christian/Ehrensperger, Kathy/Homolka, Walter (Hg.): Christologie zwischen Judentum und Christentum. Jesus, der Jude aus Galiläa, und der christliche Erlöser (Dogmatik in der Moderne 30), Mohr Siebeck: Tübingen 2020, 447 S.

Der Sammelband präsentiert Beiträge einer internationalen Wiener Tagung von 2019, in der aus jüdischer, evangelischer und katholischer Perspektive einige exegetische und historische Forschungen mit systematischen und dogmatischen Reflexionen verbunden wurden. Die exegetischen Beiträge widmen sich im Rahmen der *third quest* den Wundererzählungen (Markus Öhler) und dem Gottesverständnis bzw. der Gottsuche Jesu (Martin Stowasser); Paula Fredriksen und Kathy Ehrensperger (s.u. Geschichte des frühen Christentums) weiten den Blick auf Paulus. Fredriksen zeigt die hohe Christologie, die Paulus vertritt, samt seiner Naherwartung. „Jesus als den eschatologischen Messias anzuerkennen, ist für einen Juden nicht dasselbe wie ‚sich bekehren‘. Im Gegensatz zu christusgläubigen Ex-Heiden beten Juden weiterhin zu ihrem Gott, achten seine Bücher und leben gemäß den Bräuchen ihrer Väter. Von ihnen wurde eher ein Perspektivwechsel verlangt als die Übernahme einer völlig anderen Weltsicht und ein neues Set ritueller/kultischer Verhaltensweisen, wie es von christusgläubigen Heiden verlangt wurde“ (104). Wenn Paulus für die Bekehrung der Heiden zu Gott eifert, „hat er, unter dem Dach biblischer Verheißungen, auch für die Erlösung seines eigenen Volkes gearbeitet“ (105).

Bühner, Ruben A.: Hohe Messianologie. Übermenschliche Aspekte eschatologischer Heilsgestalten im Frühjudentum (WUNT II, 523), Mohr Siebeck: Tübingen 2020, 394 S.

In seiner durch Jörg Frey betreuten Zürcher Dissertation (Zweitgutachten: Konrad Schmid) untersucht Vf. die jüdischen Traditionen, in denen unabhängig vom frühen Christentum eschatologische Heilsgestalten übermenschliche Aspekte und Eigenschaften besitzen. Im Einzelnen werden Präexistenzvorstellungen und Traditionen des Menschensohns, engelhafter Heilsgestalten und von Gott gezeugter Söhne analysiert. Dabei werden nicht nur die langlebigen Forschungspositionen einer sehr späten Entwicklung frühchristlicher hoher Christologie infolge einer Hellenisierung zugewiesen, sondern konstruktiv die enge Verbindung mit jüdischen Traditionen auch in der hohen Christologie gezeigt. „Im Rahmen der hier untersuchten übermenschlichen Aspekte, die auf eschatologische Heilsgestalten übertragen wurden, eröffnen die Dif-

Neues Testament und antike Welt

ferenzen zu den verschiedenen neutestamentlichen Hochchristologien keinen tiefen Graben zwischen frühjüdischen Diskursen über eschatologische Heilsgestalten und der frühen Hochchristologie. Vielmehr ist Letztere m. E. vollständig – d. h. inklusive ihrer Weiterentwicklungen – als Teil des frühjüdischen Diskurses zu kontextualisieren und zu plausibilisieren" (340).

Bühner, Jan-A.: Jesus und die himmlische Welt. Das Motiv der kultischen Mittlung zwischen Himmel und Erde im frühen Judentum und in der von Jesus ausgehenden Christologie (TANZ 65), Narr/Francke/Attempto: Tübingen 2020, 487 S.
Ein Buch mit einer ungewöhnlichen Geschichte! 1983 abgeschlossen und in Tübingen als Habilitationsschrift, allerdings ohne Erfolg, eingereicht, wurde es nun auf Empfehlung von Klaus Berger in der damaligen Version, nur ergänzt um ein Vorwort und Nachwort des Vfs. und um ein Geleitwort Bergers, veröffentlicht. Vf. analysiert die Einordnung Jesu in das Judentum. Dabei unterscheidet er drei Traditionslinien: eine vorrabbinisch-pharisäische, eine kult-apokalyptische und eine charismatisch-praktische. „Traditionsgeschichtlich gehört Jesus ... in den Bereich der jüdischen Kultrezeptionen hinein. Jesus ist dabei eindeutig nicht pharisäisch geprägt. Gemeinsamkeiten bestehen mit den Charismatikern, da bei ihnen sichtbar wird, wie sie eine mythisch klingende Sohn-Beziehung in eine religionsgeschichtlich bestimmbare, menschliche Existenz umsetzen. [...] Die engsten Beziehungen bestehen zu kultapokalyptischen Kreisen des Judentums; dies hängt schon mit Jesu Bindung an den Täufer zusammen. Das messianische Idealbild vom Hohenpriester, der Zugang zum Transzendenznahen Himmel hat und darin ‚Sohn' ist, bestimmt auch Jesu Christologie; auch die Menschensohn-Christologie gehört in diesen Bereich jüdischer Kultapokalyptik: Er ist der mythisch-objektivierte, himmlische Hohepriester, der als Repräsentant der ‚Heiligen' an Gottes himmlischer Heiligkeit teilhat und teilgibt. Mit dem Menschensohn hat Jesus auch den kultapokalyptischen Grundsatz einer himmlischen Verortung der eschatologischen Heilsgüter übernommen" (454).

Erlemann, Kurt: Gleichnisse. Theorie – Auslegung – Didaktik, Narr Francke Attempto/utb: Tübingen 2020, 362 S.
Vf., der in den letzten 33 Jahren fünf Gleichnisbücher veröffentlicht hat, legt hier ein neues Fach- und Lehrbuch vor, das nicht nur selbst didaktisch durchdacht ist, sondern gleichzeitig auch Didaktik und unterrichtliche Vermittlung der Gleichnisse mitbedenkt und fördert. Vf. vertritt gerade keine Mainstream-Position, z. B. hinsichtlich der Metaphorizität oder der Allegorisierung. Den Ertrag der Gleichnisforschung seit Jülicher und seine eigene Position verdeutlicht Vf. vorausgehend in 15 elementaren Thesen: „Gleichnisse sind Brücken zwischen Alltagswelt und Gotteswelt ... Gleichnisse können mehr als Metaphern ... Gleichnisse und Metaphern sind auslegbar, aber unersetzbar ... Gleichnisse sind poetisch, haben aber einen rhetorischen Zweck ... Die Gleichnisbotschaft Jesu bietet esoterisches Sonderwissen ... Die Gleichnisse Jesu sind eschatologische Gerichtsrede, kein ‚Sprachereignis' ... Ohne den Prozess der Allegorisierung wären die Gleichnisse unverständlich ... Alle Gleichnisse sind Allegorien ... Gleichnisse und Allegorien unterscheiden sich in ihrer Zielsetzung ... Das Auslegungsverfahren der Allegorese ist kein Tabu ... Es lassen sich Gleichnistypen unterscheiden – allerdings nicht formkritisch, sondern textpragmatisch ..." (17–23).

Tod und Auferstehung Jesu Christi/Soteriologie

Jäger, Urs: „Niemand hat größere Liebe, als wer sein Leben einsetzt für seine Freunde". Zum Ursprung der Opfertodmetaphorik im Neuen Testament (Judentum und Christentum 23), Kohlhammer: Stuttgart 2018, 204 S.

Vf. untersucht die Vorgänge der letzten Tage Jesu in Jerusalem und entwickelt seine Hypothese, dass Jesus in enger Verbindung mit Judas sich selbst den jüdischen Autoritäten auslieferte, um ein Blutbad unter seinen Anhängern zu vermeiden, das seitens der Römer zu befürchten war. Jesu Vorgehen entsprach also dem in Joh 15,13 wiedergegebenen Logion (s. Buchtitel). Wahrscheinlich wollten auch die jüdischen Autoritäten eine Auslieferung Jesu an die Römer vermeiden, handelten aber schließlich doch gemäß der realpolitischen Maxime, dass es von Vorteil ist, wenn ein Einzelner anstatt des ganzen Volkes stirbt (vgl. Joh 11,49; 18,14). Später wurde aus dem Selbstopfer Jesu ein Kultopfer.

Themenheft: Das Grab Jesu. Geschichte und Geheimnis, Welt und Umwelt der Bibel 1/2019.

In dem reich bebilderten Heft werden das leere Grab und die Grabeskirche aus unterschiedlichen Perspektiven betrachtet: neutestamentlich-exegetisch, kirchengeschichtlich im Blick auf verschiedene Aspekte des Pilgerwesens, judaistisch, baugeschichtlich und architekturgeschichtlich.

Atkins, J. D.: The Doubt of the Apostles and the Resurrection Faith of the Early Church. The Post-Resurrection Appearance Stories of the Gospels in Ancient Reception and Modern Debate (WUNT II, 495), Mohr Siebeck: Tübingen 2019, 569 S.

Vf. untersucht die beiden körperlichen Erscheinungsgeschichten Lk 24,36ff und Joh 20,24ff in ihrer Rezeption durch Doketisten und frühe Apologeten und innerhalb der jeweiligen Evangelien. Mit Nachdruck weist er die bisherigen Deutungen einer Apologie gegenüber doketistischen Positionen zurück. Lk sieht in der Perikope die Bekräftigung der (zweifelnden) Augenzeugenschaft, Joh die der hohen Christologie.

Vollenweider, Samuel: Ein achter Tag. Jesu Auferstehung als ein Kristallisationspunkt neutestamentlicher Gotteslehre, in: ZThK 116 (2019), 271–289.

Der emeritierte Zürcher Neutestamentler erkundet die Verbindung der Rede von Jesu Auferstehung, seit dem 2. Jh. u.a. mit der metaphorischen Rede vom achten Tag verbunden (vgl. Barn 15,8f; Justin, Dial. 138,1f), mit der neutestamentlichen Gotteslehre und bis hin zur späteren Trinitätstheologie.

Ist *hilasterion* in Röm 3,25 eine Versöhnungsgabe?, in: ZNT 23 (2020), H. 46, 89–112.

In dieser von Christian Strecker eingeleiteten literarischen Kontroverse zwischen Stefan Schreiber und Wolfgang Kraus wird im Kontext der Frage nach dem Opfertod Jesu Christi exegetisch debattiert, ob beim Verständnis von *hilasterion* in Röm 3,25 ein jüdischer oder ein paganer Hintergrund anzunehmen ist und welche (konkrete) rituelle Praxis vor Augen steht, also die *kapporeth* im Jom-Kippur-Ritus oder ein heidnisches Weihegeschenk an bestimmte Götter. „Ungeachtet aller Differenzen stimmen beide Positionen aber darin überein, dass Röm 3,25 Jesu Tod als Zuwendung Gottes und insofern als heilvolle Gabe Gottes expliziert" (90).

du Toit, David S./Gerber, Christine/Zimmermann, Christiane (Hg.): Soteria – Salvation in Early Christianity and Antiquity, FS Cilliers Breytenbach (NovTSup 175), Brill: Leiden/Boston 2019, 681 S.

Seit Breytenbachs Habilitationsschrift (Versöhnung, 1985/1989) sind die komplexen und facettenreichen Fragen der Soteriologie samt den jüdischen und paganen Tra-

Neues Testament und antike Welt

ditionsursprüngen ein Leitmotiv seiner Arbeit, die die Debatten dazu entscheidend befruchtet und belebt hat. In der fulminanten Festschrift werden die theologischen Konzeptionen von Heil und Rettung in antiken jüdischen und paganen Traditionen, in nahezu allen NT-Schriften, bei den Apostolischen Vätern, Markion, Theodor von Mopsuestia und in christlichen Inschriften in insgesamt 32 Beiträgen untersucht. Dadurch entstand gleichzeitig ein Kompendium zur *soteria*, das auch die weitere Forschung und Lehre beleben wird.

Geist

Feldmeier, Reinhard: Gottes Geist. Die biblische Rede vom Geist im Kontext der antiken Welt (Tria Corda 13), Mohr Siebeck: Tübingen 2020, 237 S.
In der derzeitigen kirchlich-ökumenischen Spannung von Geistvergessen- und Geistversessenheit wird hier eine historisch-kritische Analyse der biblischen Traditionen im Kontext der antiken Religions- und Geistesgeschichte vorgelegt. Neben den zahlreichen Berührungen neutestamentlicher und antiker Traditionen sind auch zentrale Unterschiede zu konstatieren: Gottes Geist wirkt transformierend, verbindet die Menschen mit Gott und bleibt auch im Innewohnen ein Gegenüber; zunehmend verleiht das NT dem Geist personale Züge. „Ja, der Geist bedeutet Ermächtigung durch ‚Kraft aus der Höhe‘ (Lk 24,49), aber diese Kraft dient nicht der individuellen Daseinssteigerung, sondern ist die Macht der Liebe" (199).

Glaube

Schließer, Benjamin: Glaube als Ereignis. Zu einer vernachlässigten Dimension des paulinischen Glaubensverständnisses, in: ZThK 117 (2020), 21–45.
Über den Glaubensbegriff im NT gibt es neue Arbeiten und ein imposantes, u.a. vom Vf. mitherausgegebenes Kompendium (vgl. JLH 58 [2019], 73f). Im vorliegenden Aufsatz zeigt Vf., dass Paulus den Glauben auch als Ereignis verstanden hat und sieht darin die Möglichkeit, bisher als Forschungsalternativen verstandene Positionen zu verbinden (Heilsgeschichte und Apokalyptik, göttliches und menschliches Handeln, Glaubensgerechtigkeit und Teilhabe, Genitivus subiectivus und obiectivus beim Syntagma *pistis Christou*).
Hagen Pifer, Jeanette: Faith as Participation. An Exegetical Study of Some Key Pauline Texts (WUNT II, 486), Mohr Siebeck: Tübingen 2019, 258 S.
In ihrer Dissertation (John Barclay, University of Durham, UK) untersucht Vfn. den Glaubensbegriff bei Paulus, geht dabei vom Syntagma *pistis* in 1 Thess und 1/2 Kor aus und leitet dann zum Gal über und der Frage nach *pistis Christou*. Glaube wird dargestellt als ein aktiver wie dynamisch-produktiver Modus menschlicher Existenz, der aber dennoch keine menschliche Leistung oder Vorbedingung darstellt: „faith is, for Paul, the mode of self-negating participation in the prior gracious work of Christ" (228).
Käfer, Anne/Frey, Jörg/Herzer, Jens (Hg.): Die Rede von Gott Vater und Gott Heiligem Geist als Glaubensaussage. Der erste und der dritte Artikel des Apostolischen Glaubensbekenntnisses im Gespräch zwischen Bibelwissenschaft und Dogmatik (Mohr Siebeck/UTB): Tübingen 2020, 632 S.

In Fortsetzung des Bandes zum zweiten Artikel des Apostolikums (vgl. JLH 58 [2019], 68) werden hier die dogmatischen und exegetischen Reflexionen zu den einzelnen Sequenzen des ersten und dritten Artikels geboten und außerdem Grundinformationen zum Werden des Apostolikums, zu religionsgeschichtlichen Horizonten und wenigstens als Appendix einige Überlegungen zum Gebrauch des Credo, leider ohne dass hier liturgiewissenschaftliche oder praktisch-theologische Reflexionen eine erkennbare Rolle spielten. Die Stärke auch dieses Bandes ist die Vertiefung grundlegender theologischer Fragen durch das Gespräch von Dogmatik und Bibelwissenschaft: Gott als Vater, als Allmächtigen (nur hierzu gibt es einen AT-Beitrag), als Schöpfer und als Heiligen Geist zu glauben, wird ebenso diskursiv entfaltet (mit je zwei Beiträgen und einer Wiedergabe der Diskussionsergebnisse) wie die Fragen nach Kirche, Vergebung, Auferstehung und ewigem Leben. Ein fundiertes Handbuch zur theologischen Reflexion des Credo!

Abendmahl

Risch, Christina: Dynamische Verbindung – Die „Präsenz" Christi im Herrenmahl (BVB 37), LIT Verlag: Berlin 2019, 215 S.

In dieser durch G. Röhser betreuten Bonner Dissertation untersucht Vfn. detailliert 1 Kor 10,1–22; 11,17–34 und zeigt, dass die dogmatischen Fragen der Präsenz Christi im Herrenmahl, vor allem bzgl. des „Wie" der Präsenz, falsch gestellt sind. Auf dem Hintergrund antiker Präsenzvorstellungen ist vielmehr von einer dynamischen Verbindung auszugehen. Paulus belässt es „bei dem bloßen ‚Dass' der Präsenz und betont umso mehr den Effekt, den die reale Teilhabe an Christus, die durch Brot und Wein vermittelt ist, auf die am Mahl teilnehmenden Personen hat" (191). Dies nennt Vfn. „dynamische Verbindung" und skizziert abschließend auch einige liturgische Grundlinien, die die liturgische Funktion der Einsetzungsworte zugunsten der Mahlgebete beschränkt und die Gaben als messianische Freudensymbole wiederzuentdecken anregt.

Drimbe, Amiel: The Church of Antioch and the Eucharistic Traditions (ca. 35–130 CE), (WUNT II, 529), Mohr Siebeck: Tübingen 2020, 304 S.

In seiner Oxforder Dissertation analysiert Vf. die frühchristlichen Abendmahlstexte und vertritt die These, dass im syrischen Antiochia bis 70/80 n. Chr. bis auf Mk 14,22ff sämtliche andere Texte und Traditionen (1 Kor 11,23–25; Lk 22,17–20; Mt 16,26–29; Did 9,1–10,6) entwickelt oder bearbeitet worden sind. In der großen Gemeinde von Antiochia bestanden sie zunächst eher unbehelligt nebeneinander und bildeten eine „ökumenische" Pluralität, bevor dann ab ca. 90 n. Chr. die Auseinandersetzungen über die richtigen Formen und Formeln stärker einsetzten. „For decades, the earliest Church of Antioch had different, even divergent, eucharistic traditions and practices. At times, this diversity generated conflicts and disputes. Yet, the ‚Great Church' did not lose its sense of unity. Moreover, in order to consolidate this unity. The Antiochenes chose the way of ‚addition' and ‚revaluation'. And for decades, this way was effective" (250f). Hengel/Schwemer entwerfen hier eine andere Sicht (s. u., Geschichte der Jesusbewegung und des frühen Christentums).

Lamm Gottes

Lerdon, Saskia: Ecce Agnus Dei. Rezeptionsästhetische Untersuchung zum neutestamentlichen Gotteslamm in der bildenden Kunst (NTOA/StUNT 123), Vandenhoeck & Ruprecht: Göttingen 2020, 278 S. und zahlreiche farbige Abbildungen.
In ihrer durch Peter Lampe betreuten Heidelberger Dissertation präsentiert Vfn. einen weiten Bogen von (bild)hermeneutischen Grundsatzfragen über religionsgeschichtliche Parallelen und der genauen Analyse der 28 Belege zum apokalyptischen Lamm (*arnion*), des johanneischen Gotteslammes (*amnos*: Joh 1,29.36), der bekannten Paschastelle in 1 Kor 5,7 und den zwei weiteren *amnos*-Belegen (Apg 8,32; 1Petr 1,19) hin zu den bildlichen Rezeptionen vom 3.–21. Jahrhundert. Das siegreiche Lamm der Apk ist im NT anders konnotiert als das sündentilgende johanneische Lamm. Die sühneopfertheologische Deutung entstammt allerdings, wie Vfn. nachweisen kann, nicht dem Johev., sondern den Kirchenväterauslegungen und hatte vor allem vom 15.–17. Jh. einen Höhepunkt, der allerdings noch heutige Re-Lektüren prägt und beeinflusst. Die komplexen Beziehungen zwischen Sprachlichkeit, Textlichkeit und Bildlichkeit werden hier an einer zentralen und wirkungsstarken Metapher aufgezeigt und detailliert analysiert.

Gebet und Gottesdienst

Beten, JBTh 32 (2017), Vandenhoeck & Ruprecht: Göttingen 2019.
In dem thematischen Jahrbuchband behandeln die drei neutestamentlichen Beiträge das Beten im Matthäusevangelium (Lena Lütticke u. Uta Poplutz, 75–100), die Psalmenrezeption in den Passionserzählungen (Jörg Frey, 101–127) und das Beten „im Geist" nach Röm 8 und anderen Zeugnissen des NT (Michael Theobald, 129–152). In ihrer materialreichen und detaillierten Analyse zeigen Lütticke/Poplutz, wie Mt die nur bei ihm auftauchende Lehre vom Beten im Verborgenen auch narrativ entfaltet und dabei Jesus als nachzuahmendes Vorbild solchen Betens gezeichnet wird. Gleichzeitig ist Jesus an markanten Stellen auch Objekt der Verehrung: Ihm gilt als Sohn Gottes die Proskynese. Sprache und Motive der Psalmen prägen alle Passionserzählungen der vormarkinischen, synoptischen und johanneischen Versionen; dabei kommen Ps 22 und Ps 69 immer wieder vor. Im Detail lassen sich allerdings auch Verschiebungen mit hermeneutischer Relevanz aufzeigen. „Ist die Schrift, konkret der Klagepsalm, bei Markus eine sprachliche Hilfe, die es ermöglicht, das Geschehen um Jesu Tod in einem biblischen Horizont zu erzählen und somit dem Unbegreiflichen einen Sinn zu geben, so ist sie bei Johannes eher eine prophetisch verstandene Gabe, die in der Geschichte der Passion mehr oder weniger wortwörtlich in Erfüllung geht. [...] Waren die Schriften ... zunächst der Sinnhorizont, in den die Geschichte Jesu gestellt werden konnte, so wird die Schrift schließlich zur hermeneutischen Vorgabe, aufgrund derer die Geschichte auch durch fiktional hinzugekommene und aus der Schrift extrapolierte Elemente (wie den ungeteilten ‚Rock' Jesu) neu und anders erzählt wird" (125). Unter Rückgriff auf Lk 11,13; 1Kor 14,13–19 und Röm 8 zeigt Theobald die große Bedeutung der Bitte um den Heiligen Geist für frühchristliches Beten: Der Geist ist nötig wie das tägliche Brot und wirkt in der Vateranrede Gottes. Nach Röm 8,18–30 „eignet dem Beten der Grundgestus des Sich-Ausstreckens und Dürstens nach Gottes endgültiger Offenbarung seiner Herrlichkeit" (151).

Ostmeyer, Karl-Heinrich: Jüdische Gebete aus der Umwelt des Neuen Testaments. Ein Studienbuch (Biblical Tools and Studies 37), Peeters: Leuven/Paris/Bristol 2019, 484 S.

In dem umfangreichen Studienbuch werden 54 vorrabbinische Gebete (u. a. aus Qumran, von Philo und Josephus) ediert, übersetzt und mit knappen Einführungen versehen. Sie bieten gute Studienmöglichkeiten zu den Besonderheiten jüdischer Gebete. Dass hier – entgegen manchen weit verbreiteten Vorurteilen – auch für Feinde gebetet wird (vgl. 22f), ist nur eine Entdeckungsmöglichkeit dieser reichhaltigen Edition.

Smith, Daniel A./Heil, Christoph (Hg.): Prayer in the Sayings Gospel Q (WUNT 425), Mohr Siebeck: Tübingen 2019, 316 S.

In diesem Tagungsband mit deutsch- und englischsprachigen Beiträgen werden die Gebete (Vaterunser, Feindesgebet) und Worte zum Beten aus Q detailliert und in Beziehung zu qumranischen, weiteren jüdischen bis hin zu rabbinischen Traditionen und zu frühchristlichen Texten untersucht. Die aramäischen Texte und Gebete aus Qumran erweitern das Verständnis des Vaterunsers, das hier in einer möglichen aramäischen Urform geboten wird (Ursula Schattner-Rieser). Catherine Hezser untersucht rabbinische Traditionen samt des dort bewahrten und kommentierten Auftretens und Wirkens des im 1. Jh. v. Chr. wirkenden Charismatikers und Wundertäters Honi: „… the representations of Jesus' prayer in Q and of Honi's and early rabbis' prayers in Tannaitic sources constitute religious varieties within Palestinian Judaism of the first centuries CE" (122).

Guttenberger, Gudrun: Glossolalie als Dichtung. Sprache und Stimme diesseits von Religion und Theologie, in: ZNW 111 (2020), 251–288.

Die neutestamentliche Zungenrede wird in der Regel als fremdartiges Phänomen des Betens in Lauten ohne semantische Kohärenz verstanden. Vfn. zeigt in ihrem gewichtigen Aufsatz, dass in der Antike das „Reden in Glossen" vor allem die Lautseite in den Vordergrund stellt und hierin der Dichtung und ihrer Aufführung ähnelt. Dies ergibt ein durchaus verändertes Bild der konkreten Beschreibung antiker Aufführungen (auch im Vergleich zur heutigen Praxis der Glossolalie in Pfingstgemeinden beispielsweise). Die in Glossen Sprechenden legen großen Wert auf den Vortrag: „Sätze sind vermutlich sorgfältig artikuliert und metrisch richtig ausgesprochen worden. Anzunehmen ist, dass sie … das Spektrum der menschlichen Stimme möglichst umfassend einsetzten, also die Lautstärke, die Stimmhöhe, das Sprechtempo und die Stimmmodulation stark variierten und mit ihrer Stimme gezielt Affekte ausdrückten und weckten. Möglicherweise ähnelte der Vortrag phasenweise dem Gesang, auch instrumentale Begleitung ist nicht unwahrscheinlich. In diese poetisch gebundene Sprache, in die sowohl geprägte Wendungen aus bekannten Liedern und Gebeten als auch eigene Dichtungen eingegangen sein werden, sind Glossen in einer so großen Anzahl als eingestreut vorzustellen, dass der Sinn dieser Sätze nicht mehr sicher verstehbar war. Bei diesen Glossen könnte es sich um ungebräuchliche Ausdrücke gehandelt haben, die den Sprechenden aus Deklamationsübungen oder Stimmübungen bekannt waren (eventuell auch ohne dort verstanden worden zu sein), und die nun nachgesprochen wurden, um fremdsprachliche (eventuell ebenfalls un- oder halbverstandene) Ausdrücke und um lautpoetische Neologismen, die es erlaubten, die eigenen Empfindungen auszudrücken. Glossen als Bestandteil poetisch gebundener Sprache könnten geholfen haben, das Metrum durchzuhalten, Stilfiguren, die auf Lautebene wahrnehmbar sind, wie Alliterationen, Assonanzen, Homoioteleuta etc. zu formen oder weiterzuführen, Klänge und Instrumente nachzuahmen, als besonders schön oder eindrücklich empfundene Lautfolgen wiederzugeben oder Refrains – die bis heute dazu tendieren, sinnarm zu sein – zu bilden. Auftritte von

Rednern, Dichtern und Rhapsoden bei musischen Agonen könnten als ästhetisches Vorbild gedient haben ..." (280).

Die Kritik des Paulus geschieht durchaus im Kontext der philosophischen Kritik an der Dichtung und nimmt die beiden wesentlichen Aspekte der Wahrheitsfähigkeit und der Gemeinschaftsdienlichkeit auf.

Calhoun, Robert Matthew: The Lord's Prayer in Christian Amulets, in: Early Christianity 11 (2020), 415–450.

Die genaue Analyse frühchristlicher Amulette mit dem Vaterunser zeigt nicht nur die Erwartung ihrer erhofften apotropäischen bzw. beschützenden Wirkung, sondern zeigt die Amulete auch als bewusste Gestaltung christlicher Frömmigkeit.

Jost, Michael R.: Engelgemeinschaft im irdischen Gottesdienst. Studien zu Texten aus Qumran und dem Neuen Testament (WUNT II, 505), Mohr Siebeck: Tübingen 2019, 454 S.

Nach dem zusammen mit seinem Doktorvater Jörg Frey herausgegebenen Sammelband zum Thema (vgl. JLH 58 [2019], 72) legt Vf. hier seine Dissertation vor, in der die frühjüdischen, vor allem qumranischen Texte zur gottesdienstlichen Gemeinschaft von Engeln und Menschen akribisch analysiert werden; daran schließen sich die Untersuchungen zum NT und zu rabbinischen und patristischen Texten an. Spielte in Qumran, vor allem in den Sabbatopferliedern, diese gottesdienstliche Gemeinschaft eine große Rolle, kann man das über die NT Belege (1Kor, Hebr, Apk) nicht sagen. „Das liegt an einem gewandelten Gottesdienstverständnis, das nicht primär durch liturgische Zeiten und liturgische Texte geprägt ist, sondern durch eine größere Spontaneität und die gleichmäßigere Einbeziehung aller Teilnehmenden. Der Fokus liegt dabei weniger auf der himmlischen Welt, sondern auf der Erbauung der irdischen Gemeinde" (369). Erst in patristischer Zeit wird durch Kontakt zur Philosophie und durch liturgische Transformationen die Relevanz der Engel entdeckt. „Bei Pseudo-Dionysios Areopagita mündet dies in eine mystische Interpretation des Gottesdienstes, die sich mit dem aktualen Gemeinschaftsverständnis aus den Texten von Qumran vergleichen lässt. Die liturgische Gemeinschaft mit den Engeln ist in beiden Textcorpora ein konstitutives Element der Gemeinschaftsbildung. Eine durchlaufende Traditionslinie von den qumranischen Texten über jüdische und judenchristliche Milieus bis in die liturgischen und theologischen Auffassungen der byzantinischen Kirche lässt sich aber nicht nachweisen" (370).

Mihálykó, Agnes T.: The Christian Liturgical Papyri. An Introduction (STAC 114), Mohr Siebeck: Tübingen 2019, 451 S., 36 Abb.

Vfn. legt eine Edition und quellenkritische Einführung aller bekannten liturgischen Papyri aus Ägypten vor. Der älteste Text stammt aus der ersten Hälfte des 3. Jhs. Diese Papyri sind meist unterschätzt, stellen für Ägypten aber eine wichtige Quelle des gottesdienstlichen Lebens dar, weil die sonst üblichen Quellen wie mystagogische Katechesen, Kirchenordnungen und Reiseberichte von Pilgern hier nahezu ausfallen. Das besondere Verdienst des Buches ist die Erschließung dieser Quellen samt ersten grundlegenden Hinweisen für weitere Forschungen, z. B. zur Geschichte aufgeschriebener Liturgien, (eucharistischer) Gebete und Hymnen.

Kirche

Theobald, Michael: Kirche im Neuen Testament. Ein ekklesiologischer Entwurf in vierundzwanzig Thesen, in: ZThK 117 (2020), 377–408.
Vf. verortet seine knapp formulierten Thesen, die allerdings detailliert ausgelegt und begründet werden, im Kontext der „Gotteskrise" (J. B. Metz) unserer Zeit und einer weiten ökumenischen Ekklesiologie. „Das Neue Testament als Urkunde des christlichen Glaubens erlaubt keine andere Grundlegung als nur eine ökumenische" (378). Im ersten Teil wird die Terminologie im NT beschrieben, dann die historische Entwicklung und schließlich das Wesen der Kirche, strukturiert anhand der nizänischen *notae ecclesiae*. Hinsichtlich der Einheit werden der trinitarische Grund, die Bezogenheit auf Israel und die Einheit in Vielfalt hervorgehoben. Die Katholizität ist nicht nur innerkatholisch, sondern auch ökumenisch neu zu durchdenken: Das „zielt auf den umfassenden Weltbezug der Kirche Christi, der darin besteht, dass sie als Botin des ‚Gottesreiches' das Evangelium *allen* Völkern schuldet" (403). Die Apostolizität wird in ihrer inneren Differenzierung (Osterzeugen, Schriftzeugnis, apostolische Überlieferung, Berufung/Beauftragung von Menschen). „Das Modell der ‚apostolischen Sukzession' ist … Ausdruck der Treue zum apostolischen Ursprungszeugnis und kann … nicht als Instrument dazu benutzt werden, die Ämter der Kirche nur Männern vorzubehalten" (406).

Evangelien

Reiser, Marius: Vier Porträts Jesu. Die Anfänge der Evangelien gelesen mit den Augen Plutarchs (SBS 244), Kath. Bibelwerk: Stuttgart 2019, 255 S.
In diesem allgemeinverständlichen Buch untersucht Vf. die Jesus-Porträts der vier Evangelien bis zum jeweils ersten öffentlichen Auftreten Jesu und verdeutlicht, wie der antike Historiker Plutarch diese Texte gelesen und verstanden haben könnte. Eine anregende und konkretisierende Darstellung im Geflecht der Grundsatzfragen von Logos, Mythos und Historie.

Spruchevangelium/Logienquelle

Tiwald, Markus: Kommentar zur Logienquelle, Kohlhammer Verlag: Stuttgart 2019, 235 S.
Nach seinem Lehrbuch von 2016 (vgl. JLH 56 [2017], 103f) legt Vf. nun einen durchgehenden Vers-für-Vers-Kommentar der sog. Logienquelle Q bzw. des Spruchevangeliums vor, ergänzt um die entsprechenden Einleitungsfragen und fünf umfängliche Exkurse im Anhang. Der narrative Plot von Q besteht aus sieben Erzählkränzen (vgl. 35–41): (1) Die beiden Hauptdarsteller: der Täufer und Jesus; (2) die Verkündiger: die Boten des Menschensohnes; (3) die Gegner: Dämonen und irdische Gegner; (4) Konsequenzen für die Gemeinde: Zuversicht trotz Bedrängnis; (5) Konsequenzen für die Gegner: Gerichtsworte; (6) Anweisungen für den Endspurt: Durchhalten bis zur Parusie; (7) Finale – Furioso ma fantastico: das bevorstehende Ende. Q wird gedeutet als

Neues Testament und antike Welt

stringenter Entwurf von jüdischen Jesusjüngern, in dem die Entwicklung des Frühchristentums aus dem Frühjudentum ebenso erkennbar wird wie Rückschlüsse auf das ursprüngliche Anliegen Jesu. Damit wird Q zum doppelten *missing link* – zwischen Judentum und Christentum ebenso wie zwischen Jesus und der Kirche.

Junker, Lothar: Das Scheidungslogion Q 16,18 und frühchristliche Reinheitsvorstellungen (WUNT II, 497), Mohr Siebeck: Tübingen 2019, 313 S.

In seiner durch Markus Tiwald betreuten Dissertation rekonstruiert Vf., der auch am großen Forschungsprojekt Documenta Q mitgewirkt hat, das Logion Q 16,18 und analysiert es im Kontext der jüdischen Reinheitsvorstellungen. Sie sind auch in der Q-Bewegung wirksam und akzeptiert; daher werden Scheidung wie (Wieder-)Heirat verboten. Q 16,18 ist Aktualisierung des sechsten Gebots und kann „als Beispiel für die weiterbestehende Gültigkeit des Gesetzes verstanden werden" (282).

Matthäusevangelium

Schottroff, Luise: Der Anfang des Neuen Testaments. Matthäus 1–4 neu entdeckt. Ein Kommentar mit Beiträgen zum Gespräch, hg. v. Frank Crüsemann, Claudia Janssen, Rainer Kessler, Kohlhammer: Stuttgart 2019, 287 S.

Luise Schottroff, 2015 verstorben, hat die Kommentierung von Mt 1–4 abgeschlossen und hierin vor allem sozialgeschichtlich und unter konsequenter Berücksichtigung von alttestamentlich-jüdischen Traditionen gearbeitet. Dieser Kommentar liegt hier vor, wurde aber ergänzt mit Texten, Weiterführungen und Gesprächsbeiträgen anderer Autoren und anderen Autorinnen. Entstanden ist so ein anregend zu lesender Dialogkommentar und ein Format, das auch unabhängig von Todesfällen weitergeführt werden sollte.

Blumenthal, Christian: Basileia im Matthäusevangelium (WUNT 416), Mohr Siebeck: Tübingen 2019, 334 S.

Im Mt wird bekanntlich vornehmlich vom Himmelreich gesprochen, das in zahlreichen Parabeln ausgelegt wird; außerdem ist die Nähe des Himmelreiches im Unterschied zu Mk schon Botschaft des Täufers und auch vom Reich des Menschensohnes ist mitunter die Rede. Vf. analysiert, auch mit erzähltheoretischem Zugriff, alle Basileiaaussagen im Mt und resümiert als organisierendes Zentrum der mt. Basileiakonzeption: „Das Herzstück des gesamten Entwurfes bildet die Grundgewissheit, dass die Gottesherrschaft genau dort verwirklicht ist, wo der in der Tora offenbarte Wille umgesetzt wird. Während dieser Zustand im Himmelsraum ewig besteht, schafft der matthäische Jesus mit seiner maßgeblichen und verbindlichen Toraauslegung auf Erden die notwendigen Voraussetzungen, dass ein solcher ‚himmlischer' Zustand der vollumfänglichen Heiligung des Gottesnamens, der vollständigen Verwirklichung der Gottesherrschaft und der umfassenden Umsetzung des Gotteswillens auch auf Erden schrittweise erreicht werden kann. Im engsten Einvernehmen mit Gott weist er dazu die barmherzige Zuwendung zum geringsten Bruder als zeitübergreifend gültigen Maßstab jeglicher Toraauslegung aus und initiiert als der verheißene Messiaskönig den Prozess der irdischen Gestaltwerdung der Gottesherrschaft. Dieser irreversible Vorgang einer schrittweisen Verwirklichung vollzieht sich im endzeitlichen Horizont des Naheherangekommenseins des Himmelreiches, dessen Gegenwart auf Erden nach matthäischer Überzeugung genau dann konstatiert werden kann, wenn der irdische Zustand dem himmlischen völlig entspricht" (281f).

116 Literaturbericht Liturgik. Helmut Schwier

Dannenmann, Tanja: Emotion, Narration und Ethik. Zur ethischen Relevanz antizipa-
torischer Emotionen in Parabeln des Matthäus-Evangeliums, Kontexte und Normen
neutestamentlicher Ethik XI (WUNT II, 498), Mohr Siebeck: Tübingen 2019, 524 S.
In ihrer durch Ruben Zimmermann betreuten Mainzer Dissertation untersucht Vfn.
die emotionale Leserlenkung in Erzähltexten und entwirft eine emotive Heuristik,
die an drei ausgewählten Parabeln (Mt 18,23ff; 24,45ff; 25,14ff) in ihrer analytischen
Leistung vorgeführt wird. „Parabeln sprechen den Rezipienten nicht nur kognitiv,
sondern auch emotional an, indem dieser sich nicht (nur) zu einer Sache, sondern zu
Figuren und deren Handeln und Ergehen in Beziehung setzt. Darüber hinaus kann
er sich aufgrund des metaphorischen Charakters der Parabeln ihrer Botschaft nicht
entziehen, welche ihn ebenso betrifft wie die dargestellten Figuren" (412). Dadurch
wird die ethische Pragmatik verstärkt und plausibilisiert.

Markusevangelium

Weigandt, Peter: Zeit und Ort im Markusevangelium, wbg/Theiss: Darmstadt 2018,
199 S.
In seiner Studie untersucht Vf. die Realien von Zeit und Raum im Mk, nicht die Verkündigung oder Theologie oder die neuen Theorien der Narrativik und Historik.
Vf. zeigt für Mk die erstaunlichen Übereinstimmungen „mit den topographischen
und politisch-geographischen Verhältnissen seiner Zeit, also der des Erzählers, und
weniger mit der Zeit Jesu, der erzählten Zeit" (10). Nicht nur aufgrund des fehlenden
Interesses an der (absoluten) Chronologie eignet sich das Mk nicht für eine Rekonstruktion des Lebens Jesu (vgl. 152f).
Bedenbender, Andreas: Der gescheiterte Messias (ABU 5), Ev. Verlagsanstalt: Leipzig
2019, 349 S.
Vf. analysiert ausgewählte Perikopen des Mk und entfaltet seine Hauptthese, dass die
erzählte Leidensgeschichte Jesu die traumatischen Erfahrungen des Jüdischen Krieges
verarbeitet. Hatte Vf. bereits 2013 das Mk im Kontext dieses Krieges monographisch
behandelt, beruht das vorliegende Buch auf verschiedenen Aufsätzen zu Perikopen
aus dem Kontext von Mk 11–16, die detailliert traditions- und zeitgeschichtlich analysiert werden und im letzten Kapitel mit der Gegenerzählung des Mt verbunden
werden. „Das Mk-Ev wird von der Leitfrage beherrscht: ‚Was bedeutet die Realität
des Jüdischen Krieges für die Sagbarkeit des Evangeliums?' […] Die ‚neue Lehre in
Vollmacht', durch die Jesus von sich reden macht (Mk 1,27), bleibt Fragment. Matthäus
durchschlägt den von Markus geschnürten gordischen Knoten. Das Evangelium kann
nun wieder verkündet und verstanden werden, das Sprachtabu rings um die Katastrophe von 70 ist verschwunden, die Zerstörung Jerusalems wird als Strafgericht
Gottes eingeordnet" (317).
Lau, Markus: Der gekreuzigte Triumphator. Eine motivkritische Studie zum Markusevangelium (NTOA/StUNT 114), Vandenhoeck & Ruprecht: Göttingen 2019, 694 S.
In dieser umfangreichen Freiburger/CH Dissertation (Betreuer: Max Küchler) vertritt, entwickelt und begründet Vf. seine These, dass der römische Triumphzug an
zahlreichen Stellen im gesamten Evangelium – chiffriert und angedeutet, aber von den
Lesern entschlüsselbar – im Hintergrund steht. Dazu werden der römische Triumphzug in seiner Etappen und die ideologisch-religiösen Gehalte breit untersucht (149–
312), dann die Textstellen im Mk (313–583); eine ausführliche Auswertung schließt
sich an (585–620). „Dabei leisten die Triumphzugsanspielungen, die sich näherhin als

Neues Testament und antike Welt 117

eine Triumphzugsparodie verstehen lassen" (25), Beiträge zu zwei wichtigen Diskursen im Mk: der kritischen Auseinandersetzung mit der imperial-römischen Umwelt und der christologischen Frage nach Jesus samt der Bedeutung der Kreuzesnachfolge: Jeder Nachfolger kann nun ein Triumphator werden (vgl. 614–620).

Haase, Daniel: Jesu Weg zu den Heiden. Das geographische Konzept des Markusevangeliums (ABG 63), Ev. Verlagsanstalt: Leipzig 2019, 216 S.

In seiner Kasseler Dissertation (Betreuer: P.-G. Klumbies) zeigt Vf., dass die geographischen Angaben im Mk nicht historisch-kritisch zu entschlüsseln, sondern literaturwissenschaftlich zu deuten sind: Sie begründen Jesu Weg zu den Heiden, verbinden Juden und Heiden. Dies gilt auch nach dem Tod Jesu, den Vf. als Geistausgießung deutet (Mk 1,10; 15,37), durch den der heidnische Centurio zum Bekenntnis veranlasst wird (15,39). „Mit dem Tod Jesu, so möchte es Markus verstanden wissen, endet keinesfalls die Heidenmission, sondern wird im Gegenteil noch vorangetrieben. Durch Jesus wird den Heiden die Möglichkeit der Teilhabe am Heil ermöglicht. Sie werden von den fesselnden Mächten befreit (5,1–20). Ihnen wird die Fähigkeit zum Verstehen und Verkündigen gegeben (7,31–37). Sie erleben mit Jesus ihren Exodus und den Einzug in ein geistiges gelobtes Land (8,1–9). Im Moment der Geistausschüttung werden Juden und Heiden auf dieselbe Stufe gestellt" (189).

Seifert, Andreas: Der Markusschluss. Narratologie und Traditionsgeschichte (BWANT 220), Kohlhammer: Stuttgart 2019, 314 S.

In seiner Bochumer Dissertation (Betreuer: R. v. Bendemann) analysiert Vf. den immer wieder umstrittenen Markusschluss und die damit verbundenen Deutungen und vermuteten Textstrategien. Anhand von narratologischen und traditionsgeschichtlichen Vergleichen und Untersuchungen (z. B. zum Jonabuch, zur Vita Mosis und zur Demosthenes-Biographie Plutarchs) und den textinternen Referenzen in Mk zeigt Vf., dass der vorhandene Schluss in Mk 16,8 nach dem Höhepunkt in 16,6 ein sinnvoller Abschluss ist, der sowohl die narrative Christologie wie die offene Frage der richtigen Nachfolge markiert und für den Rezipienten öffnet. Für ihn bedeutet dies, „dass er durch die ihm in der Erzählung vollständig offenbarte Identität Jesu und das noch ausstehende eschatologische Kommen des Menschensohnes (Mk 13,25 f.) dazu aufgefordert ist, nach der Flucht der Frauen aus dem Grab selbst die Position der Jüngerinnen und Jünger einzunehmen und anders zu handeln. Hier kann eine ekklesiologische Deutung des Markusevangeliums ansetzen, deren Kern die ‚gelebte‘ Christologie der Erzählung bilden muss" (298).

Eckhard, Stefan: Zeichen und Geist. Eine semiotisch-exegetische Untersuchung zum Geistbegriff im Markusevangelium (NET 27), Narr/Francke/Attempto: Tübingen 2018, 271 S.

In seiner Münsteraner Habilitationsschrift untersucht Vf. die aufs Ganze gesehen wenigen Stellen zum Geist Gottes im Markusevangelium, ordnet sie ein in die theologischen Grundsatzdebatten über das neutestamentliche Offenbarungsverständnis und deutet sie hermeneutisch mit Hilfe der triadischen Semiotik von C. S. Peirce. „So erscheint der Geistbegriff in dynamisch-relationaler Ausprägung, die zur endzeitlichen Offenbarung Gottes in Jesus von Nazareth bzw. Jesus Christus führt. Heilsgeschichte ist daher auch in den weniger offensichtlichen Fällen der neutestamentlichen Offenbarungsschriften stärker als ‚Geistgeschichte‘ zu bestimmen. Die in dieser Studie präsentierte strukturell-systematische, philosophisch-semiotische Hermeneutik kann somit das Selbstverständnis des Christentums als einer zutiefst charismatisch geprägten Glaubensgemeinschaft profilieren: Zeichen und Geist ... verbinden sich. Offenbarung Gottes ist Schöpfung Gottes und vollzieht sich im Geist Gottes" (257).

Oefele, Christine: Evangelienexegese als Partiturlesen. Eine Interpretation von Mk 1,1–8,22a zwischen Komposition und Performanz (WUNT II, 490), Mohr Siebeck: Tübingen 2019, 453 S.

In ihrer durch Moisés Mayordomo betreuten Basler Dissertation bezieht Vfn. die beiden kaum verbundenen Bereiche von Exegese und Musikwissenschaft aufeinander. Das prägt ihren methodisch-hermeneutischen Zugang und knüpft an orality studies und performance criticism an. „Das Markusevangelium wird in seiner doppelten Medialität als Komposition wahrgenommen, die für die aurale Rezeption konzipiert ist und in schriftlich-visueller Fixierung" (2), also einer Partitur vergleichbar, vorliegt. In der genauen Analyse des ersten Teils des Mk zeigt Vfn., wie Christologie und Nachfolge kompositorisch entfaltet werden und sich dadurch auch manche vermeintlichen Widersprüche nicht als Gegensätze hören lassen. „Zusammenfassend lässt sich also die ‚Zweistimmigkeit' der guten Botschaft für diejenigen festhalten, die nicht mehr wissen, ob sie In- oder Outsider sind … die zu ihm gehören, die gehören zu ihm und werden nicht ausgewechselt, wenn sie ins Zweifeln kommen. In dieser Lesart muss also der Widerspruch zwischen der Einladung an alle … und der anstößigen Aufteilung in Privilegierte und Ausgeschlossene nicht aufgelöst werden. Letztere ist weder als theologisches Statement des Markus im Sinne einer Art Prädestinationslehre zu verstehen noch sollte ihr durch Abschwächung die Schärfe genommen werden" (406).

Kelley, Andrew J.: Thaumaturgic Prowess. Autonomous and Dependent Miracle-Working in Mark's Gospel and the Second Temple Period (WUNT II, 491), Mohr Siebeck: Tübingen 2019, 217 S.

In seiner Dissertation untersucht Vf. das besondere Profil des markinischen Wundertäters Jesus im Vergleich zu den anderen Wundertätern aus der Umwelt. „… the Gospel of Mark is intentionally characterizing Jesus as an autonomous miracle-worker, distinct both from miracle-workers depicted in other sources of the milieu and from miracle-workers sharing the same narrative. This characterization, a potentially scandalous one, is likely the result of Mark's intention to portray Jesus as a remarkable figure who, as a miracle-worker, shares more in common with God than human beings" (177).

Lukasevangelium

Becker, Matthias: Lukas und Dion von Prusa. Das lukanische Doppelwerk im Kontext paganer Bildungsdiskurse (Studies in Cultural Contexts of the Bible 3), Brill/Schöningh: Paderborn 2020, 763 S.

In seiner Göttinger Habilitationsschrift untersucht Becker, Theologe und Altphilologe und inzwischen Lehrstuhlinhaber in Heidelberg, das lukanische Doppelwerk im Kontext rhetorisch-philosophischer Diskurse. Dion von Prusa, etwa ein Zeitgenosse des Lukas, wird in besonderer Weise berücksichtigt, aber eben auch die umfangreichen Diskursfelder, die anhand von 42 Makrothemen zu den Bereichen Rhetorik, Theologie und Ethik (z.B. Dichterzitate, Anspielungen, Lehrerfiguren, Reichtumskritik, Selbstbeherrschung, Dank und Undank, Liebe, Friede, Gott als Retter und Vater u.v.a.m.) analysiert werden. In methodischer Verbindung von Text-, Autoren- und Rezipientenorientierung entsteht damit ein umfang- wie detailreiches Bild des frühen Christentums auch als einer Bildungsreligion in urbanen Kontexten. Dabei zeigt Lukas nicht nur in seinen Prologen und der Areopagrede schriftstellerisch-rhetorisches Geschick, sondern durchgängig in seinem Doppelwerk. Das schließt auch semantische

Doppelbödigkeit, Ambiguitäten und deutungsoffene Begrifflichkeiten ein. Während biblisch geprägte Leser in Lk 23,46 mit großer Sicherheit an Ps 30,6 LXX denken, können Heidenchristen ohne größere Bibelkenntnisse auch Parallelen zum sterbenden Herkules ziehen: „Für weniger Gebildete oder primär biblisch geprägte Leser wird der Text dadurch zwar nicht unverständlich, jedoch zweifellos farbenärmer" (633).

Adrian, Matthias: Mutuum date nihil desperantes (Lk 6,35). Reziprozität bei Lukas (NTOA/StUNT 119), Vandenhoeck & Ruprecht: Göttingen 2019, 390 S.

In seiner von Martin Ebner betreuten Bonner Dissertation analysiert Vf. die lukanischen Texte zu Reichtum und Armut (Lk und Apg). Dabei verdeutlicht er unter Rückgriff auf Cicero, Seneca und andere antike Quellen, wie sich im Prinzipat die Austauschprozesse und -mentalitäten veränderten von traditioneller Reziprozität zu merkantilen Mustern: Aus Wohltätern werden Händler und Geldverleiher. Lk und seine Gemeinde sind in dieser Gemengelage zu verorten. Dabei votiert Lk anders als die elitären Wohltäter nicht für Idealbilder, sondern bleibt in den realen und alltäglichen Konflikten konkret und gleichzeitig radikal. Der lateinische Buchtitel entstammt der Vetus Latina, die im Unterschied zur philologisch falschen Vulgataübersetzung und ihrer bis heute starken Auswirkung auf andere, auch evangelische Übersetzungen, weniger wirksam war und doch den Kern der Jesusforderung prägnant wiedergibt: „leiht und ihr werdet dadurch nichts verlieren" (13).

Green, Joel B.: Luke as Narrative Theologian. Texts and Topics (WUNT 446), Mohr Siebeck: Tübingen 2020, 346 S.

In diesem Band werden zahlreiche Aufsätze der letzten 30 Jahre gesammelt, in denen Vf. an verschiedenen Themen (Maria, Himmelfahrt, Bekehrung, Armut und Reichtum, Glück u. a.) die narrative Theologie im Lk und der Apg aufzeigt und damit den Theologen Lukas facettenreich porträtiert.

Böttrich, Christoph: Lukas in neuer Perspektive, in: EvTh 79 (2019), 114–129.

In seinem Forschungsüberblick über die Lukasexegese der letzten 30 Jahre zeigt Vf. die neuen Fragestellungen in diesem Feld: Kirche und Israel, Soteriologie, Lebenswirklichkeit von Frauen, Befreiungstheologie versus Askese. Er resümiert: Lukas „ist nicht der Kämpfer für oder gegen einzelne Strömungen und Positionen, sondern der Vermittler zwischen Tradition und Aufbruch sowie der Anwalt für Klarheit und Pluralismus gleichermaßen" (128).

Johannesevangelium

Wengst, Klaus: Das Johannesevangelium. Neuausgabe (ThKNT 4), Kohlhammer: Stuttgart 2019, 619 S.

In der Neuausgabe des zuerst 2000/2001 in zwei Bänden erschienenen Kommentars (2. Aufl. 2004/2007) wurde der Text gründlich überarbeitet, an einigen Stellen erkennbar gekürzt, an anderen erweitert, so dass der Johanneskommentar nun in einem Band erscheint. Nach den neuen Kommentaren (vgl. JLH 58, 2019, 80) zeigt dieser Kommentar nach wie vor, wo und wie das Joh im jüdischen Kontext bzw. im innerjüdischen Streit um den Messias zu verorten ist: „Der meiner Einsicht nach entscheidende Ansatzpunkt für das Verständnis des Johannesevangeliums ist damit gegeben, dass es im Kontext einer scharfen Auseinandersetzung entstanden ist. Sie wurde geführt zwischen jüdischen Menschen, die den gekreuzigten Jesus für den Messias hielten, und der Mehrheit ihrer Landsleute, die diesen Glauben entschieden ablehnten – und dafür Gründe hatten" (13). Wengst sieht im Verfasser einen Juden, der im nördlichen Ostjordanland, also im Herrschaftsgebiet Agrippas II., ein Evangelium als Erzählung von Jesus – nicht einem verflüchtigten Geistwesen gnostischer Couleur, sondern eines „bestimmten jüdischen Menschen" (27), den er als Messias und Gesandten bekennt – vorlegt. Erste Adressaten waren jüdische Menschen. „Die theologische Gegenargumentation und die Erfahrungen sozialer Isolierung und ökonomischer Gefährdung haben offenbar dazu geführt, dass Glieder der Gemeinde sich von ihr abwandten und den Weg zurück zur Mehrheit einschlugen (vgl. 6,66; 8,31). In solcher Situation schreibt Johannes sein Evangelium. Er will zum Bleiben veranlassen und die Gebliebenen dessen vergewissern, ,dass Jesus der Gesalbte ist, der Sohn Gottes' (20,31)" (21). Die in „bewusster Einseitigkeit" (23) gewählte Beschränkung der religionsgeschichtlichen Texte auf jüdisch-rabbinische Quellen und die kritisch-hermeneutische Haltung gegenüber theologischem Antijudaismus prägen diesen Kommentar – besonders gewinnbringend für Unterricht und Predigt!

Scholtissek, Klaus: Textwelt und Theologie des Johannesevangeliums. Gesammelte Aufsätze (1996–2020), (WUNT 452), Mohr Siebeck: Tübingen 2020, 661 S.
Die 18 Aufsätze zu zentralen Fragen des vierten Evangeliums werden eröffnet durch eine neu geschriebene, umfangreiche Darstellung der gegenwärtigen Forschungsgeschichte (3–147), in der die narrativen und literarischen Profile (Textwelt) und die Theologie dargestellt werden. Das grundlegende theologische Problem der Verbindung von Monotheismus und Christologie wird hier durch die reziproken Immanenzaussagen bearbeitet. „Johannes entwickelt auf diese Weise auch einen neuen Personbegriff, der personale Identität in einer Relation begründet sieht" (143).

Riley, Paul C. J.: The Lord of the Gospel of John. Narrative Theory, Textual Criticism, and the Semantics of Kyrios (WUNT II, 478), Mohr Siebeck: Tübingen 2019, 223 S.
Vf. untersucht alle *kyrios*-Stellen im Joh, vor allem unter erzähltheoretischen, aber auch textkritischen und semantischen Gesichtspunkten. Sein abschließendes Ergebnis: „In the Gospel of John, *kyrios* functions as a narrative thread which highlights the difference between characters' understanding of Jesus, and that of the narrator. From 1:23, this thread connects the narrator's presentation of Jesus as the divine *kyrios*, with the characters' use of the vocative throughout chapters 1–15. The thread is not picked up throughout the trial and crucifixion. It re-emerges, however, in the resurrection narratives, when the gap between the narrator and the characters in the narrative closes. From 20:18 onwards, the use of *kyrios* by characters is in unison with the narrator: it signals that Jesus is the divine *kyrios*" (189).

Burz-Tropper, Veronika (Hg.): Studien zum Gottesbild im Johannesevangelium (WUNT II, 483), Mohr Siebeck: Tübingen 2019, 306 S.
Der Sammelband dokumentiert die Beiträge einer Wiener Tagung von 2017, die unter dem Titel „Gott – allein" veranstaltet worden ist. Die Beiträge entwickeln also unter differenzierten Fragestellungen gezielt die Gottes-Rede im vierten Evangelium und deren Bilder und Motive, ohne dass – wie bisher meist – die Christologie die Gottes-Rede völlig dominiert. Neun Beiträge konzentrieren sich auf das Evangelium – auf den Prolog, auf die Aufnahme frühjüdischer Rede, auf die Parakletsprüche, auf Verbindungen zu Paulus im Feld von Schöpfung und Neuschöpfung –, ein Beitrag analysiert die zentrale Gottesprädikation „Gott ist die Liebe" aus 1Joh 4,8.16, ein weiterer das Gottesbild im Vergleich zur Apk. Insgesamt zeigt sich, dass die Untersuchung der Gottes-Rede im Joh nicht weiter vernachlässigt werden soll; aber sie kann nicht auf Kosten der Christologie erfolgen, weil Gott doch nie allein ist, sondern stets in Beziehungen steht und daher Christologie und Theologie ein „Pas de deux" bilden (Rahmsdorf/Zimmermann, 81–101).

Neues Testament und antike Welt

van der Watt, Jan G.: A Grammar of the Ethics of John. Reading John from an Ethical Perspective, Vol. I (WUNT 431), Mohr Siebeck: Tübingen 2019, 704 S.
Diese umfangreiche Monographie des emeritierten südafrikanischen Exegeten widmet sich der Grammatik der johanneischen Ethik – eine Fragestellung, die auch in kollegialer Kooperation mit Ruben Zimmermann und den Mainzer Projekten (vgl. JLH 56 [2017], 95f; JLH 58 [2019], 69f) verfolgt wurde. Zur Grammatik gehört die Analyse und Beschreibung der komplexen und wechselseitigen Beziehungen von Weltanschauungen/Weltsichten, Identitäten, Werten, Normen/Prinzipien und Vorschriften, die Vf. im Joh erhebt und als Tabelle zusammenfasst (541f). „The grammar of Johannine ethics may be divided into several such ‚central points' that are interrelated and also overlap to some extent: a) The origin and seat are clearly defined as being divine; b) the way this divine ethical knowledge is made available, is through revelation by the incarnated Son: these two points are constitutive for ethical formation; c) faith is the first basic response in acceptance of this ethical information; it implies an intimate relationship as framework within which ethical behaviour unfolds; and d) following on the resocialization into the family of God, being friends and followers: the relevant ethical knowledge following this resocialization must be expressed in words and actions" (538).

Klauck, Hans-Josef: Studien zum Korpus der johanneischen Schriften. Evangelium, Briefe, Apokalypse, Akten (WUNT 439), Mohr Siebeck: Tübingen 2020, 485 S.
In diesem Aufsatzband sind ältere und neuere Studien zum Johanneischen Korpus und einige Varia-Artikel gesammelt. Im neuen, bisher unveröffentlichten Eingangstext zu Joh 1–4 (Von Kana nach Kana) entfaltet Vf. eine anregende These: „In dem Abschnitt … wird der Weg Jesu als seine erste Missionsreise dargestellt, zugleich auf metaphorischer Ebene als Hochzeitsreise in mehreren Etappen inszeniert, immer mit der Gründung einer Familie als letztem Ziel vor Augen" (63).

Rahmsdorf, Olivia L.: Zeit und Ethik im Johannesevangelium. Theoretische, methodische und exegetische Annäherungen an die Gunst der Stunde, Kontexte und Normen neutestamentlicher Ethik X (WUNT II, 488), Mohr Siebeck: Tübingen 2019, 503 S.
In ihrer von Ruben Zimmermann betreuten Mainzer Dissertation, die auch in den Kontext des Graduiertenkollegs „Die Dimension der Zeit in der Begründung der Ethik" gehört, zeigt Vfn., wie die Dimensionen Zeit und Ethik im Johev. zur Sprache kommen. Dazu werden die Zeit- und Ethikkonflikte in Joh 2,1ff; 4,43ff; 11,1–12,11 untersucht. Die Gunst der Stunde erweist sich hierin als christologische Zuspitzung.

Lange, Benjamin: Der Richter und seine Ankläger. Eine narratologische Untersuchung der Rechtsstreit- und Prozessmotivik im Johannesevangelium (WUNT II, 501), Mohr Siebeck: Tübingen 2019, 403 S.
In seiner durch Bernd Kollmann betreuten Siegener Dissertation untersucht Vf. die forensischen Motive im gesamten Joh. Die auffällige Tatsache, dass nur ein Verhör, nicht ein jüdischer Prozess gegen Jesus beschrieben wird (vgl. den impliziten Hinweis in 18,24), aber es im ersten Teil des Joh zahlreiche Zuspitzungen und Konflikte zwischen „den Juden" und Jesus gibt, verbindet Vf. zu der anregenden und gut begründeten These, dass die Narrationen in Joh 1–12 als metaphorischer Gerichtsprozess gelesen werden können, der zu dem bleibenden Paradox von Jesus als angeklagtem Richter führt.

Hunt, Laura J.: Jesus Caesar. A Roman Reading of the Johannine Trial Narrativ (WUNT II, 506), Mohr Siebeck: Tübingen 2019, 417 S.
Der Haupttitel ist kein Schreibfehler mit Verwechslung von „Julius" und „Jesus", sondern markiert bereits die These. Mit semiotischem Theoriehintergrund fragt

Vfn. nach der kulturellen Enzyklopädie römischer Leser des Joh, die in genauen sprachlichen Analysen entwickelt wird. In der Erzählung vom Prozess Jesu (Joh 18,28–19,22) wird für römische Lesende Jesus als Caesar dargestellt und legitimiert.

Seglenieks, Chris: Johannine Belief and Graeco-Roman Devotion. Reshaping Devotion for John's Graeco-Roman Audience (WUNT II, 528), Mohr Siebeck: Tübingen 2020, 262 S.

In seiner Dissertation untersucht der australische Neutestamentler die Wirkung des Evangeliums, besonders seines Glaubensverständnisses, auf griechisch-römische Leser, die in ihrem Kontext unterschiedliche synkretistisch orientierte Verehrungsformen kennen und praktizieren. Neben der Differenzierung in kognitive, relationale, ethische, kontinuierliche und öffentliche Aspekte des Glaubens wirbt Joh für eine Umgestaltung paganer Verehrungsformen: „we conclude that the Gospel of John seeks to reshape the devotion of the Graeco-Roman audience into a form of believing that aligns with the identity of Jesus, the Messiah and Son of God" (205).

Käfer, Eduard: Die Rezeption der Sinaitradition im Evangelium nach Johannes (WUNT II, 502), Mohr Siebeck: Tübingen 2019, 479 S.

In seiner durch Florian Wilk betreuten Göttinger Dissertation untersucht Vf. die explizite Rezeption der Sinaitradition an den einschlägigen Stellen: Joh 1,14–18; 5,37f; 6,31 f.45f; 10,34ff. Vf. zeigt hierbei differenziert, inwiefern der Rekurs der johanneischen Darstellung der Christusbotschaft dient, und zwar ohne dass eine Diskontinuität zwischen Sinai- und Christusoffenbarung erkennbar wird, wohl aber so, dass die Christusoffenbarung „innerhalb der Kontinuität ... die Klimax" (431) bildet.

Förster, Hans: Verstehen und Glauben im Johannesevangelium. Ein alternativer Übersetzungsvorschlag für Joh 5,37–40, in: ZNW 110 (2019), 115–126.

Wie bereits mehrfach in den letzten Jahren (vgl. JLH 56 [2017], 88; JLH 58 [2019], 82f) legt Vf. nach genauer philologischer Analyse eine alternative Übersetzung vor: „Der Vater, der mich gesandt hat, legt Zeugnis über mich ab: Weder habt ihr euch seine Stimme jemals zu Herzen genommen noch habt ihr sein Wesen verstanden. Und sein Wort habt ihr nicht als eines, das in euch wohnt. Offensichtlich ist: Den jener gesandt hat, dem glaubt ihr nicht. Sucht in den Schriften! Offensichtlich ist: Ihr seid überzeugt, in ihnen das ewige Leben zu haben. Und jene sind es, die Zeugnis ablegen für mich. Und ihr wollt trotzdem nicht zu mir kommen, damit ihr das Leben habt?" (125f). Im Gegenüber zur meist antijüdischen Auslegungsgeschichte wird hier deutlich, dass die betreffende Perikope in einen jüdischen Kontext gehört, näherhin in den Diskurs mit jüdischen Schriftgelehrten über halachische Fragen.

Apostelgeschichte

Haacker, Klaus: Die Apostelgeschichte, Theol. Kommentar zum NT 3, Kohlhammer: Stuttgart 2019, 463 S.

Nach dem zweibändigen Kommentar von Gebauer (2014; vgl. JLH 56 [2017], 109f) legt Haacker einen durch die Vorgaben der Reihe auf einen Band begrenzten Kommentar des gesamten Textes vor. Dadurch entfallen Exkurse, größere Auseinandersetzungen mit Sekundärliteratur und ein theologisches Fazit, andererseits bietet der Kommentar eine konzise und fokussierte Auslegung, die für Unterrichts- und Predigtvorbereitung ausgesprochen sinnvoll ist und besondere Stärken in der genauen Textwahrnehmung und in der Korrektur antijüdischer Fehlurteile hat.

Neues Testament und antike Welt

Backhaus, Knut: Entgrenzung des Heils. Gesammelte Studien zur Apostelgeschichte (WUNT 422), Mohr Siebeck: Tübingen 2019, 496 S.

Unter programmatischem Titel veröffentlicht der Münchner Exeget, der an dem mit Spannung erwartetem Kommentar zur Apg (EKK) arbeitet, 18 publizierte Einzelstudien zum Thema, eingeleitet durch eine neue Hinführung zu dieser „Meistererzählung des Urchristentums". Schwerpunkte bilden komparative Studien zu Religions- und Literaturgeschichte, Untersuchungen zur Historiographie und zum theologischen Ort der Apg. Der letzte Beitrag (437–442) lässt dann auch Persönliches erkennen: „Am Ende ist Religionsgeschichte nicht nur exegetische Methode, sondern existentielle Denkform und erfüllender Lebensstil" (19).

Paulus

Dorn, Klaus: Paulus. Geschichte – Überlieferung – Glaube, Schöningh/UTB: Paderborn 2019, 182 S. und einige Abb.

Analog zu seinem Jesusbuch (s. o.) legt Vf. hier ein allgemeinverständliches Buch in dialogisch-katechetischer Ausrichtung vor. In der Erörterung und Beantwortung von 29 Fragen und einem abschließenden Interview mit Paulus sind biographische und theologische Aspekte verbunden: Wer ist Paulus von Tarsus? Wie lernt Paulus die Botschaft Jesu kennen und wie kommt er dazu, an den Auferstandenen zu glauben? Warum schreibt Paulus den Römerbrief? Was versteht Paulus unter Rechtfertigung? War Paulus ein Frauenfeind? Warum schreibt Paulus den Römerbrief? Wie stellt Lukas seinen Paulus dar?

Harrison, James R.: Paul and the Ancient Celebrity Circuit. The Cross and Moral Transformation (WUNT 430), Mohr Siebeck: Tübingen 2019, 449 S.

In dieser thematisch zentrierten Aufsatzsammlung aus neun Untersuchungen, drei bisher unveröffentlicht, behandelt Vf. den antiken „Kult" um Größe, Adel, Werte, Angeberei und Selbstgenügsamkeit in der ausgehenden römischen Republik und frühen Kaiserzeit und zeigt auf diesem Hintergrund, wie die Botschaft des gekreuzigten Messias wirkte. „The value of such an approach becomes obvious when we situate Paul's gospel of the crucified Christ within the literary, archaeological, and inscriptional evidence and consider how the apostle proceeds to work out the ethical and social implications for his converts" (345).

Portenhauser, Friederike: Personale Identität in der Theologie des Paulus (HUTh 79), Mohr Siebeck: Tübingen 2020, 704 S.

Diese im Umfang eines Opus Magnum veröffentlichte Tübinger Dissertation (Betreuer: Christof Landmesser) verbindet die systematische Analyse identitätstheoretischer, philosophischer und sozialwissenschaftlicher Konzeptionen von der Antike bis zur Gegenwart mit der ausführlichen exegetischen Analyse zentraler paulinischer Textabschnitte aus den großen Briefen. Die gewonnenen Identitätsstrukturen werden so in ein spannungsreiches Gespräch mit Paulus gebracht, das wiederum in kritischer Brechung für gegenwärtige Identitätsvorstellungen anregend und lohnend ist. Systematisch steht die Relationalität und die Externität paulinischer Identitätsvorstellungen samt verschiedener Spannungsfelder (Identität und Differenz, Ich und Umwelt, Einheit und Pluralität, Kontinuität und Diskontinuität) im Zentrum. „Anhand der aufgezeigten Strukturen personaler Identität in der Theologie des Paulus erweist sich die Ausbildung christlicher Identität insgesamt als ein schöpferisches Geschehen, das wesentlich durch die Partizipation am Christusgeschehen und das Wirken des Geistes

124 Literaturbericht Liturgik. Helmut Schwier

Gottes bestimmt ist. Christliche Identität ... ist stets rückgebunden an die grundlegende Externität und Relationalität von Identität" (576).

Heilig, Christoph: Paulus als Erzähler? Eine narratologische Perspektive auf die Paulusbriefe (BZNW 237), de Gruyter: Berlin/Boston 2020, 1097 S.

In seiner von Jörg Frey betreuten Zürcher Dissertation, die leider umfangmäßig alle Grenzen sprengt, analysiert Vf. den narratologischen Ansatz der Paulusexegese, der bisher von R. Hayes und N.T. Wright vorgelegt wurde, verbindet und vertieft dies jedoch mit erzähltheoretischen und textlinguistischen Ansätzen. Dadurch gewinnt er eine kritische Sicht auf die Möglichkeiten, aber auch Begrenztheiten der Rekonstruktion der impliziten mentalen Protoerzählungen. In den Einzeluntersuchungen zu den expliziten narrativen Texten und den möglichen Protoerzählungen werden wichtige Interpretationseinsichten deutlich, während die Versuche, mit dem narratologischen Ansatz zu viel monokausal erklären zu wollen, zu Recht zurückgewiesen werden.

Körner, Johanna: Sexualität und Geschlecht bei Paulus. Die Spannung zwischen „Inklusivität" und „Exklusivität" des paulinischen Ethos am Beispiel der Sexual- und Geschlechterrollenethik (WUNT II, 512), Mohr Siebeck: Tübingen 2020, 332 S.

In ihrer durch Matthias Konradt betreuten Heidelberger Dissertation zeigt Vfn. im vereinfachenden Spannungsfeld von Paulus als Frauenhasser oder als Wegbereiter der Emanzipation und in der Debatte um Inklusivität und Exklusivität des paulinischen Ethos (Michael Wolter) differenziert und im Vergleich zu antiken jüdischen und paganen Positionen die paulinischen Begründungen und materialethischen Ausführungen. Schöpfungstheologie und Eschatologie sind, christologisch interpretiert, die zentralen Rekursfelder des Paulus, der sich häufig als Kind seiner Zeit und als stark jüdisch geprägt zeigt.

Römerbrief

Wolter, Michael: Der Brief an die Römer, Teilband 2 (Röm 9–16), (EKK VI/2), Patmos/Vandenhoeck & Ruprecht: Ostfildern/Göttingen 2019, 511 S.

Nur wenige Jahre nach dem ersten Teilband von 2014 erscheint der Abschlussband, dessen hohe exegetische und theologische Qualitäten ebenso wie beim ersten Teilband nicht zur Debatte stehen (vgl. JLH 56 [2017], 110f). Wie der theologische Dialog des Paulus mit dem nichtchristlichen Judentum vor den römischen Heidenchristen geführt wird, gelangt in Röm 9–11 zum Höhepunkt. Hier formuliert Vf. in Bezug auf 11,25–32 sachbezogen und theologisch überzeugend: „Weil Gott Israel ohne jede Vorbedingung geliebt und erwählt hat, kann der ‚Unglaube' der nichtchristlichen Juden Gottes Liebe und ‚Treue' zu seinem Volk nicht außer Kraft setzen und ihn veranlassen, die Erwählung Israels zu revozieren. Die Gewissheit, dass Gott auch die nichtchristliche Mehrheit Israels zum Heil führen wird, verankert Paulus damit in seinem Gottesbild" (225).

Hauck, Marion Christina: Dynamis eis soterian. Eine Untersuchung zum semantischen Hintergrund eines neutestamentlichen Syntagmas (WMANT 154), Vandenhoeck & Ruprecht: Göttingen 2018, 384 S.

In ihrer Münchner Dissertation (Betreuer: D.S. du Toit) untersucht Vfn. detailliert die Verbindung von *dynamis* und *sozein ktl.*, vor allem das titelgebende Syntagma, das prominent in Röm 1,16 (und 1Petr 1,5) vorkommt, in der klassischen, hellenistischen und kaiserzeitlichen Profangräzität, um deren Semantik für das Verständnis der NT-Belege präzise zu erheben. Schnittmenge aller Kontexte und Quellentexte ist dabei „Gefahr": „Eine durch Passivität, Ohnmacht, Wehr- und Mittellosigkeit gekennzeichnete Entität befindet sich in ernster, lebensbedrohlicher, tödlicher Gefahr; doch durch die Gewährung von *dynamis eis soterian* seitens vermögender Instanzen besteht die Möglichkeit, der drohenden Gefahr zu wehren und die (Lebens-)Erhaltung der betroffenen Größe sicherzustellen" (368). Daran haben Paulus und der Vf. von 1Petr angeknüpft.

Bahl, Patrick: Die Macht der Sünde im Römerbrief. Eine Untersuchung vor dem Hintergrund antiker Argumentationstheorie und -praxis (BHTh 189), Mohr Siebeck: Tübingen 2019, 376 S.
In seiner durch Christina Hoegen-Rohls betreuten Münsteraner Dissertation analysiert Vf. den Sündenbegriff im Röm auf dem Hintergrund antiker Rhetorik, ihrer Argumentationstheorien und -strategien. Daraus werden die Forschungsfragen nach der argumentativen Funktion des Sündenbegriffs entwickelt, der zwischen traditioneller und neuer Paulusexegese stark umstritten ist. „Die Sünde erweist sich als unheimliche und bedrohliche Macht, die Gott diametral gegenübersteht, durch keine Moral der Werke oder ein Gesetz überwunden werden kann und der alle Menschen unterworfen sind, sofern sie nicht von Gott gerettet werden. Ein systematisches Interesse an der Sünde zeigt Paulus jedoch nie. Nirgends beleuchtet er sie um ihrer selbst Willen, stets bleibt sie auf das Problem des *nomos* bezogen – die heidenchristlichen Adressaten des Apostels sind ihr ohnehin längst entronnen. Im Römerbrief ist die allgegenwärtige Macht der Sünde zum allgegenwärtigen Argument geworden" (342).

Goldmann, Alexander: Über die Textgeschichte des Römerbriefs. Neue Perspektiven aus dem paratextuellen Befund (TANZ 63), Narr/Francke/Attempto: Tübingen 2020, 251 S.
Während in der bisherigen theologischen Röm-Forschung nach der Zugehörigkeit von Röm 16 zum ursprünglichen Röm gefragt wurde, zeigt Vf. in seiner Dresdener Dissertation (Betreuer: Matthias Klinghardt) die Relevanz der Textgeschichte. Textkritik wird hier als Editionskritik (Trobisch, Klinghardt) betrieben, es werden alle verfügbaren Handschriften untersucht und Genealogien entworfen. Das erstaunliche und weitere Forschung provozierende Ergebnis lautet, dass nicht nur Kap. 16, sondern auch die Kapitel 4, 9–11 (!) und 15 nicht zum ältesten Röm, wie er in Marcions Apostolos greifbar wird, gehören. Die zahlreichen Interpolationen gehören zur kanonischen Ausgabe des 2. Jhs. Die theologische Bedeutung der sekundären Passagen und ihr Schwerpunkt „war die Betonung der jüdischen Wurzeln des Christentums und wurde insbesondere anhand elaborierter Ausführungen zu den Topoi Verheißungen und Abraham realisiert" (225).

Korintherbriefe

Becker, Eve-Marie/Löhr, Hermut (Hg.): Die Exegese des 2 Kor und Phil im Lichte der Literarkritik (BThS 185), Vandenhoeck & Ruprecht: Göttingen 2020, 248 S.
Literarkritik gehörte in der Frühzeit historisch-kritischer Exegese zu den nicht immer mit Augenmaß betriebenen Methoden und geriet in den letzten Jahrzehnten stark in den Hintergrund oder wurde zugunsten des Endtextes verpönt. Wenn es seriöse Kandidaten unter den NT-Schriften für Teilungshypothesen gibt, sind es 2Kor und Phil. In den acht Beiträgen dieses Bandes (sieben behandeln den 2Kor, einer den Phil), die im Wesentlichen von Kommentarautoren dieser Schriften stammen, wird die Bandbreite der Forschung vorgestellt. Im Eröffnungsbeitrag konzediert Andreas

126   Literaturbericht Liturgik. Helmut Schwier

Lindemann, dass der Begriff Teilungshypothese unangemessen ist, dass es aber nach wie vor Textphänomene gibt, die gegen die Annahme einer Einheitlichkeit sprechen und daher in einer wissenschaftlichen Textinterpretation zu berücksichtigen sind.

Thiessen, Jacob/Stettler, Christian (Hg.): Paulus und die christliche Gemeinde in Korinth. Historisch-kulturelle und theologische Aspekte (BThS 187), Vandenhoeck & Ruprecht: Göttingen 2020, 183 S.
In diesem kleinen Sammelband werden in fünf Beiträgen soziale, kulturelle und theologische Kontexte der korinthischen Gemeinde entfaltet: die wohlhabenden Gemeindeglieder Gaius und Erastus, die sog. Zweite Sophistik, der Dionysoskult, die Zungenrede, die Ohnmacht und Weisheit Gottes und die integrativen Argumentationsstrukturen zugunsten der Bewahrung der Einheit der Gemeinde.

Galaterbrief

von der Osten-Sacken, Peter: Der Brief an die Gemeinden in Galatien (Theol. Kommentar zum NT 9), Kohlhammer: Stuttgart 2019, 384 S.
Nach Ecksteins Kommentar von 2017 (vgl. JLH 58 [2019], 87) liegt ein weiterer deutschsprachiger Kommentar zu diesem theologisch wie wirkungsgeschichtlich wichtigen und umstrittenen Brief vor. Vf. favorisiert eher die Landschaftshypothese und die damit verbundene Spätdatierung (20f). In der detaillierten und durch zahlreiche Exkurse geprägten Einzelauslegung (48–319) zeichnet Vf. die Argumentationen, rhetorischen Strategien und Aussagerichtungen des Paulus nach. Gal 2,15f, die zentralen Verse der Rechtfertigungslehre, kommentiert er: „Wenn die Anerkennung sowohl von Juden als auch von ‚Sündern aus den Völkern' im göttlichen Gericht als Menschen, die dem göttlichen Willen entsprechen, aufgrund der vertrauenden Hingabe an den Messias Jesus geschieht, dann vermögen weder die einen noch die anderen ungeachtet ihres Status von sich aus, aus eigenen Kräften etwas zu ihrer Rechtfertigung und damit zu ihrer Rettung beizutragen" (115f). Ein entscheidender Kristallisationspunkt ist die Abrahamskindschaft: Nach Paulus wurde das damit verbundene Erbe dem Abraham verheißen und von Christus und den Seinen angetreten; dabei liegt im Gal ein besonderer Schwerpunkt auf der Präsenz der geschenkten Gerechtigkeit (320–322).

Epheserbrief

Gese, Michael: Der Epheserbrief, Die Botschaft des NT, Vandenhoeck & Ruprecht: Göttingen (2013) ²2020, 208 S.
In diesem allgemeinverständlichen Kommentar des nachpaulinischen Briefes, den zu schreiben der Tod des Paulus einen Anlass bot, wird der Text besonders unter den Aspekten des Kirchenverständnisses und des Gebets ausgelegt. Wissenschaftliche Auslegung und Anregungen zur Applikation in Gottesdienst und Predigt greifen gut ineinander. „Nach der Vorstellung des Epheserbriefs bildet die Kirche als die eine, universale Gemeinschaft in Christus nicht nur räumlich eine weltumfassende Einheit, sondern auch zeitlich, weil in ihr nicht nur die gegenwärtig lebenden Menschen, sondern auch die früheren Generationen miteingeschlossen sind. ... Die Kirche feiert ihren Gottesdienst aber auch in der Gemeinschaft mit den Engeln und in Verbundenheit von Irdischen und Himmlischen zu Gottes Lob und Ehre" (202).

Philipperbrief

Becker, Eve-Marie: Der Philipperbrief des Paulus. Vorarbeiten zu einem Kommentar (NET 29), Narr/Francke/Attempto: Tübingen 2020, 323 S.

Vfn. legt als Vorarbeiten zu ihrem Kommentar (KEK) diese Sammlung von 16 Aufsätzen vor, von denen zwei bisher unveröffentlicht und zwei nur in Dänisch zugänglich waren. In wirkungsgeschichtlicher (Melanchthon, Rembrandt), literaturgeschichtlicher und exegetischer Perspektive werden sowohl der gesamte Brief thematisch untersucht als auch zentrale Einzelstellen (1,1.12ff.23f; 2,3.5–11.19–30; 3,2–4a.4bff.17ff.20f; 4,6.8). Aufgrund dieser und weiterer zeitgleich publizierter Vorarbeiten (vgl. S. 17 Anm. 12) sowie der Studie zur Demut des Paulus (vgl. JLH 56 [2017], 116) darf man auf den Kommentar sehr gespannt sein.

Kolosserbrief

Frederick, John: The Ethics of the Enactment and Reception of Cruciform Love. A Comparative Lexical, Conceptual, Exegetical, and Theological Study of Colossians 3:1–17 (WUNT II, 487), Mohr Siebeck: Tübingen 2019, XV mit 266 S.

In seiner Untersuchung vergleicht Vf. detailliert Begriffe und Konzepte der aristotelischen, stoischen und kynischen Ethik, der Septuaginta, bei Philo und Sirach mit dem Tugend- und Lasterkatalog in Kol 3. Der Einfluss der zeitgenössischen griechisch-römischen Konzepte und Denkmuster ist entgegen der bisherigen mehrheitlichen Forschungsmeinung denkbar gering, während die jüdische Zwei-Wege-Tradition deutlicher rezipiert und christlich transformiert wird. „… the moral vision of Colossians is governed by a pattern of thought that aims at the perfection of the Christian through the enactment and reception of cruciform love in the context of the church. For Colossians, ethics and ethical catalogues are not personal codes that lead to individualistic behaviorism and perfectionism, but rather the blueprint of communal Christlike transformation through cruciform participation in divine love" (2).

Hebräerbrief

Rose, Christian: Der Hebräerbrief. Die Botschaft des NT, Vandenhoeck & Ruprecht: Göttingen 2019, 307 S.

Obwohl die Predigtperikopen aus dem Hebr in der neuen Perikopenordnung reduziert wurden, gibt es doch noch viele und zum Teil längere Abschnitte, über die zu predigen ist. Dieser allgemeinverständliche Kommentar samt seinen geistlichen Applikationen eignet sich besonders für die Predigtvorbereitung. Dass der Hebr selbst weniger als Brief denn als Predigt anzusehen ist, hatte schon Otto Michel in seinem Kommentar hervorgehoben und vertritt auch Rose. Die besondere kulttheologische Bestimmung der Christologie wird in durchaus bleibender Fremdheit herausgearbeitet: „Christus, der himmlische Hohepriester hat den Glaubenden den Weg in die Gottesnähe eröffnet" (290). Den leidendenden und angefochtenen Christen gilt die Aufforderung, das Vertrauen nicht wegzuwerfen (10,35), sich der abschließenden Segensbitte (13,20f) anzuvertrauen und doxologisch zu respondieren 13,21b).

128 Literaturbericht Liturgik. Helmut Schwier

Heidel, Andreas-Christian: Das glaubende Gottesvolk. Der Hebräerbrief in israeltheologischer Perspektive (WUNT II, 540), Mohr Siebeck: Tübingen 2020, 328 S.
In seiner durch Jörg Frey betreuten Zürcher Dissertation korrigiert Vf. die alten Urteile, der Hebr sei gegen das Judentum gerichtet und befördere nicht zuletzt dadurch christliche Identitätskonstruktionen, indem er vor allem das Glaubensverständnis und die Eschatologie untersucht, die gegenüber der starken Christozentrik Öffnungsdimensionen besitzen. „Für Hebr stiftet der Glaube durch die gesamte Menschheit und damit auch durch das ausgesonderte Volk Israel hindurch eine einzigartige Gemeinschaft – eine ecclesia invisibilis des Glaubens – das eine glaubende Gottesvolk" (259).

Die sog. Katholischen Briefe

Heckel, Theo K.: Die Briefe des Jakobus, Petrus, Johannes und Judas (NTD 10), Vandenhoeck & Ruprecht: Göttingen 2019, 304 S.
Die Sammlung der sieben Briefe, die man gemeinhin „Katholische Briefe" nennt, werden in diesem allgemeinverständlichen Kommentar präzise wie kompakt ausgelegt. Dabei lenkt Vf. den Blick auf die besonderen theologischen Profile der einzelnen, zu Unrecht oft abgewerteten Texte und auf ihre kanonische Bedeutung. Predigt- und Unterrichtsvorbereitung finden hier eine verlässliche Grundlage.
Wagner, Gerald/Vouga, François: Der erste Brief des Petrus (HNT 15/II), Mohr Siebeck: Tübingen 2020, 166 S.
Nach dem neueren Kommentar von Vahrenhorst (2016; vgl. JLH 56 [2017], 117f) und der allgemeinverständlichen Auslegung von Heckel (s. o.) zeigt der neue Kommentar des Autorenteams alle Vorteile der HNT-Reihe: knapp, philologisch präzise, und auf Wesentliches konzentriert. Vf. legen den Text als pseudepigraphisches Schreiben aus, das vielleicht auf Silas/Silvanus zurückgeht (vgl. 5,12; S. 5.165), verzichten aber zu Recht auf Jahreszahlvermutungen. Der Brief stärkt vereinzelt lebende Christen durch Betonung ihrer Erwählung, durch das Leiden Jesu als Vorbild und in seelsorglicher, ökonomischer und politischer Ausrichtung (vgl. S. 1f). Als konkreter Lebensraum ist das nicht konfliktfreie Zusammenleben in den Häusern vorzustellen. „Christus, der gelitten hat und verherrlicht wurde, ist Grund und Paradigma einer reflektierten Strategie der Gewaltlosigkeit, die zum letzten Ziel hat, im alltäglichen Leben die Mitmenschen für die Hoffnung zu gewinnen. Die Adressaten sollen sich nämlich so verhalten, dass sie sich selbst und ihrer Hoffnung treu bleiben und dass sie vermeiden, sich defensiv durch ungerechte oder böswillige Verhaltensweisen ihrer Umgebung dazu verleiten zu lassen, Schlechtes mit Schlechtem zu erwidern" (2). Und schließlich setzt die Existenz der adressierten christlichen Dissidenten „in einem heidnischen Milieu eine Solidarität voraus, mit der sie sich untereinander in den Häusern ihrer Versammlungen stärken sollen" (ebd.).

Apokalypse

Klaiber, Walter: Die Offenbarung des Johannes. Die Botschaft des NT, Vandenhoeck & Ruprecht: Göttingen 2019, 342 S.
Die Forschung zur Apk hat in den letzten Jahren zu zahlreichen Spezialuntersuchungen und Kommentaren geführt (vgl. JLH 56 [2017], 118–120; JLH 58 [2019], 90–92).

Vf. hat hier einen allgemeinverständlichen, für Predigt- und Unterrichtsvorbereitung gut geeigneten, knappen Kommentar in einem Band vorgelegt. Dabei greifen genaue Textauslegung und geistliche Impulse zur Applikation erkennbar ineinander, ohne dass die heute sperrigen Aussagen zu Gericht, Ausschluss und Gewalt ausgeblendet werden. Vf. sieht hier aber die Frohbotschaft mit Verweis auf 21,6; 22,17 deutlich stärker wirken als die Drohbotschaft (vgl. 327).

Alkier, Stefan/Paulsen, Thomas: Die Apokalypse des Johannes. Neu übersetzt (Frankfurter NT 1), Brill/Schöningh: Paderborn 2020, 137 S.

Dies. (Hg.): Der Seher und seine Septuaginta. Studien zur Intertextualität der Johannesapokalypse (Kleine Schriften des Fachbereichs Ev. Theologie der Goethe-Universität Frankfurt am Main 11), Ev. Verlagsanstalt: Leipzig 2020, 237 S.

Der Frankfurter Neutestamentler Alkier und der Gräzist Paulsen legen nach gemeinsamen anderen Arbeiten (vgl. JLH 56 [2017], 119; JLH 58 [2019], 91) eine neue deutsche Übersetzung der Apk vor – als erster Band der geplanten Neuübersetzung aller NT Schriften. In der Übersetzungstraditionslinie Schadewaldts, die in der Einleitung neben anderen Modellen vorgestellt und gewürdigt wird, erfolgt die Übersetzung so wörtlich wie möglich und so frei wie nötig. Sie wird dann zweimal veröffentlicht: als durchgehender Lesetext und als Text mit Kapitel- und Verseinteilungen. Das Buch schließt mit einem Epilog zur intratextuellen Komposition und intertextuellen Schreibweise der Apk. Dies wird in dem Sammelband aufgenommen und auf die Fragestellung der Septuagintaverwendungen zugespitzt. Die Übersetzer haben gezeigt, dass die Apk frei von Hebraismen ist und zeigen nun an Fallstudien, wie der intertextuelle Umgang mit der Septuaginta und ihren teils unterschiedlichen Versionen sich bemerkbar macht.

Lichtenberger, Hermann: Gewalt in der Offenbarung des Johannes, in: ThLZ 144 (2019), 854–865.

Vf., der 2014 einen Kommentar zur Apk vorgelegt hat (vgl. JLH 56 [2017], 118), zeigt anhand der beiden zentralen anstößigen Stellen 6,9–11; 19,11–16 die unterschiedlichen Interpretationen und entlarvt die vorschnelle Ausflucht, dass die verfolgte Gemeinde ja selbst keine Gewalt ausübe, sondern sie Gott/Christus anheimstelle. Dadurch geschieht aber „Verheerendes … mit dem Gottesbild. Gott wird, in der Erwartung der Herstellung der Gerechtigkeit, zum Rächer" (864), näherhin „ein Rächer der von Menschen gequälten Menschen, der nun seinerseits seine Feinde quält" (ebd.). Wird dies durch sein Abwischen der Tränen (7,17; 21,4; vgl. Jes 25,8) aufgehoben?

Frey, Jörg/Jost, Michael R./Tóth, Franz (Hg.): Autorschaft und Autorisierungsstrategien in apokalyptischen Texten (WUNT 426), Mohr Siebeck: Tübingen 2019, 462 S.

Der vorliegende Sammelband vereint Vorträge einer Zürcher Fachtagung von 2016, auf der literaturwissenschaftliche Zugänge zum nicht nur antiken Phänomen fiktiver Autorschaften mit exegetischen und historischen Einzelstudien zu AT, frühjüdischer und frühchristlicher apokalyptischer Literatur verbunden wurden. Ein wirkungsgeschichtlicher Ausblick auf Dantes *Commedia* beschließt den Band. Über bisherige Debatten hinausführend ist die literaturwissenschaftliche Unterscheidung von implizitem und abstraktem Autor, die Tóth in die exegetische Forschung einführt. Die Frage nach dem impliziten Autor richtet sich auf innertextliche Spuren des Verfassers samt Autorbild und Autorfiguration. „Die Frage nach dem abstrakten Autor, also nach einer Autoritätsinstanz bzw. nach einer allwissenden Referenzinstanz mit auktorialem Mehrwert für die Begründungs- und Legitimationsstrategien antiker Texte mit profilierten Normen und Werten, hat indes als eigenständige Frage interpretationspraktische Relevanz und theologisches Gewicht" (36).

130 Literaturbericht Liturgik. Helmut Schwier

Breu, Clarissa: Autorschaft in der Johannesoffenbarung. Eine postmoderne Lektüre (WUNT II, 541), Mohr Siebeck: Tübingen 2020, 476 S.

Auch in Verbindung zu Fragestellungen und Ergebnissen des oben angezeigten Sammelbandes analysiert Vfn. in ihrer Wiener Dissertation, betreut durch Markus Öhler, postmoderne Theorien zur Autorschaft (Barthes, Foucault, Derrida, Agamben) und interpretiert damit die Autorschaft der Apk. Sie bietet sich deshalb in besonderer Weise an, weil der Autor der Apk im Text als abwesend Anwesender dargestellt wird. In der Apk „schreibt sich der Autor in eine Offenbarungskette ein (vgl. Offb 1,1–3). Er ist nicht der einzige Urheber seines Textes. Er ist vielmehr in ein Verweissystem von Offenbaren und Verbergen, von Offenbarungsmittlern, -sendern und -empfängern verwoben. Er tritt innerhalb der beschriebenen Handlung auf. Er ist also mit seinem Narrativ verwoben bzw. ‚erzählter Erzähler'. [...] Im Sinne der ... différance ... ist Johannes anwesend und abwesend im Text" (2f).

Geschichte der Jesusbewegung und des frühen Christentums

Hengel, Martin/Schwemer, Anna Maria: Die Urgemeinde und das Judenchristentum. Geschichte des frühen Christentums II, Mohr Siebeck: Tübingen 2019, XXIV+790 S.

12 Jahre nach Erscheinen des ersten Bandes (Jesus und das Judentum, 2007) und 10 Jahre nach Martin Hengels Tod legt Anna Maria Schwemer den zweiten Band vor. Im Vorwort gibt sie Auskunft über die verschiedenen konzeptionellen und inhaltlichen Vorarbeiten Hengels zum Buch. In akribischer philologisch-historischer Arbeit basiert auch dieser Band auf dem „Motto: den Quellen folgen" (IX) mit einem starken Zutrauen zum historischen Wert der Apostelgeschichte, das durch Kenntnis und Analyse der historischen Angaben der Paulusbriefe sowie der weiteren historischen, archäologischen, geographischen und epigraphischen Quellen untermauert wird. In vier großen Teilen werden die Urgemeinde (1–136), die Ausbreitung der Gemeinde samt den Anfängen der Heidenmission (129–247), der „Kampf" (Hengels Wortwahl) um die Heidenmission (251–415) und das palästinische Judenchristentum (419–611) dargestellt, woran sich rund 180 Seiten Literaturverzeichnis und verschiedene Register anschließen, die eine gezielte Lektüre erleichtern, z.B. zu den Gestalten und Entwicklungen des urchristlichen Gottesdienstes (74–92), zusammenfassend formuliert: „Wenn Lukas immer vom einfachen ‚Brotbrechen' spricht, so gehört das zu seiner Tendenz einer bewußt ‚archaisierenden' Darstellung, die an der ursprünglichen Jerusalemer *koinonia* orientiert ist. Er selbst hat ja zum Wochenfest 57 n.Chr. als Reisebegleiter des Paulus Jerusalem besucht und konnte sich dort informieren. Die markinische Fassung der Abendmahlsworte mag dagegen auf Petrustradition zurückgehen. Lukas vermittelt zwischen der petrinischen und der paulinischen Version. Das heißt, daß man nach Ostern das ‚Brotbrechen' zunächst ohne Wein in eschatologischer Freude und in der Erinnerung an die Mahlgemeinschaft mit Jesus bei jeder gemeinsamen Mahlzeit vollzog, wobei die irdische *koinonia* der Gemeinde beim Mahl zugleich als Ausdruck der ‚geistlichen' Gemeinschaft der Versammelten mit ihrem Herrn und als Ausblick auf das kommende Mahl in der Gottesherrschaft verstanden werden konnte. Die Eucharistiefeier enthielt dagegen ein regelmäßiges Gedenken an das letzte Passamahl Jesu und damit an seinen blutigen Tod am Kreuz und fand in größeren Abständen statt. In ihr wurde wohl die Handlung Jesu wiederholt, als Zueignung seines stellvertretenden Todes ‚für euch' gedeutet und damit ‚der Tod des Herrn verkündigt'

(1Kor 11,26). Sie geschah schließlich am ‚Herrentag‘, der als Tag der Auferstehung auch einen österlichen Schwerpunkt besaß und der in den überwiegend heidenchristlichen Missionsgemeinden, das heißt außerhalb Palästinas, relativ bald den Sabbat verdrängte. In diesen Missionsgemeinden fielen dann beide Feiern zusammen, wobei man in analoger Weise wöchentlich feierte und den ersten Tag nach dem Sabbat die *kyriake hemera* nannte. Spätestens zu Beginn des 2. Jahrhunderts trennten sich dann die sakramentale Eucharistie und das Sättigungsmahl der Agape" (82f). Nach Analyse der Mahlgebete der Didache heißt es: „Die Texte der Didache erscheinen wie letzte Ausläufer des alltäglichen Brotbrechens in der Urgemeinde. Daß auf die Einsetzung beim letzten Mahl Jesu und seinen Sühnetod nicht Bezug genommen wird, könnte mit der ‚Arkandisziplin‘ in den Gemeinden zusammenhängen. Der Abendmahlsritus wurde ja im 2. Jahrhundert von heidnischer Seite als ‚thyesteische Mahlzeit‘, das heißt als Kannibalismus, diffamiert. Der Bezug zur ‚großkirchlichen‘ Abendmahlsfeier bleibt im Grunde ein Rätsel, das sich nicht mehr lösen läßt" (86).

Frey, Jörg: Qumran, Early Judaism, and New Testament Interpretation (Kleine Schriften III), hg. von Jacob Cerone (WUNT 424), Mohr Siebeck: Tübingen 2019, 906 S.

Im ähnlichen Umfang wie die beiden ersten Bände der „Kleinen Schriften" (vgl. JLH 53 [2014], 84f; JLH 56 [2017], 75) liegt nun ein dritter Band vor mit 24 Aufsätzen und Untersuchungen zu Qumran sowie den damit verbundenen Konsequenzen für die Auslegung des NT und die unterschiedlichen Theologien und Weltsichten des antiken Judentums. U. a. wird auch der berühmte halachische Brief (MMT) untersucht, in dem das hebräische Äquivalent zu den paulinischen *erga nomou* vorkommt (743–762): „thus confirming that the thought of the Apostle is deeply rooted within the debates of (Palestinian) Second Temple Judaism" (761). Für die nach wie vor ungelöste Frage nach dem Zusammenhang von Schriften, Qumransiedlung und den jüdischen Religionsparteien votiert Vf. im Laufe der Zeit vorsichtiger werdend für eine Verbindung zur essenischen Bewegung im weitesten Sinn. „What is clear ... is that the identity of all those Palestinian-Jewish groups has to be developed from their own texts, i. e., from the Hebrew sources ... The more precise issues, whether the *yahad* was identical with, part of, or only related to what other texts call the ‚Essenes‘, are still debated in current scholarship, and I do not see any chance that the debate will cease unless clarifying new evidence will be discovered somewhere" (16).

Schließer, Benjamin: Vom Jordan an den Tiber. Wie die Jesusbewegung in den Städten des Römischen Reiches ankam, in: ZThK 116 (2019) 1–45.

„Das Christentum verbreitete sich mit atemberaubender Geschwindigkeit" (1). In seiner Berner Antrittsvorlesung zeigt Vf. die komplexe Forschungsgeschichte zum Thema und benennt 12 als Gegensatzpaare einander zugeordnete Momente für diese Ausbreitungsdynamik: radikale Schlichtheit und Bildungsaffinität, Elend und Elite, „Individualismus" und „Sozialismus", Charisma und Amt, Mimesis und Alternativ-Ekklesia, Exklusivität und Anpassungsfähigkeit. Das frühe städtische Christentum besaß die Fähigkeit, solche Gegensätze immer wieder neu zu umgreifen, was schon Adolf von Harnack als *complexio oppositorum* treffend gekennzeichnet hatte.

Themenheft: Parting of the Ways. Die Trennung der Wege von Juden und Christen in der neueren Forschung, in: EvTh 80 (2020) H. 6, 403–478.

Im Themenheft werden unterschiedliche, durchaus kontroverse Positionen zur Frage der Trennung der Wege von Juden und Christen geboten. Im Mittelpunkt stehen die Fragen nach der Bedeutung und Wertung der Quellen (Angelika Standhartinger, Manuel Vogel), nach den Auswirkung der römischen Rechtsbestimmungen

(Udo Schnelle, Tobias Nicklas), nach dem über die bisherige „new perspective on Paul" hinausgehenden Forschungsparadigma „Paul within Judaism" (Kathy Ehrensperger) und nach dem Verständnis der Trennung im Johannesevangelium (Adele Reinhartz).

Schnelle, Udo: Die getrennten Wege von Römern, Juden und Christen. Religionspolitik im 1. Jahrhundert n. Chr., Mohr Siebeck: Tübingen 2019, 212 S.
Hinsichtlich der kontroversen Frage des „Parting of the Ways" (s. o.) legt Schnelle hier die Begründung seiner Grundthese durch Untersuchung der Religionspolitik seitens der Römer, Juden und Christen vor. Die These ist pointiert und weitreichend: Die römische Religionspolitik ist ausschlaggebend für die eigenständige Entwicklung des Christentums deutlich vor dem 2. Jh., das auch in sich vor allem durch die Theologie des Paulus eine eigenständige Größe wurde (s. u.), die eine Trennung vom Judentum unausweichlich machte. Abschließend formuliert: „Entscheidend war die Position der Römer: Ihre christentumsfeindliche Haltung forderte geradezu die Distanzierung des Judentums vom entstehenden Christentum. Deshalb konnte es auch keine ‚Trennung der Wege' geben, denn alle drei sind nie gemeinsame, sondern von Anfang an getrennte Wege gegangen" (190).

Schnelle, Udo: Über Judentum und Hellenismus hinaus – Die paulinische Theologie als neues Wissenssystem, in: ZNW 111 (2020), 124–155.
Vf. zeigt hier, dass und wie Paulus ein eigenes Glaubens- und Wissenssystem entwickelt, das aus dem Judentum hinausdrängt, auch wenn Paulus zeitlebens eng mit dem Judentum verbunden blieb. Im Blick auf die Schriften, aber auch auf die neuen Sozialformen der christlichen Gemeinden mit eigenen Gottesdiensten, Riten, Rechten, Tagen markiert und untermauert Vf. im kritischen Gegenüber zu „Paul within Judaism" (s. o.) seine Position.

Themenheft: Das Neue Testament im christlich-jüdischen Gespräch, in: VuF 65 (2020), H. 1, 1–79.
Das Themenheft erschließt Forschungsdebatten zum Thema, u. a. zum Antijudaismus (Manuel Vogel), zum Parting of the Ways (Stefan Krauter), zu Röm 9–11 (Kathy Ehrensperger) und zur Absage an Judenmission (Karl-Heinrich Ostmeyer).

Antike Kontexte

Vieweger, Dieter: Geschichte der Biblischen Welt. Die südliche Levante vom Beginn der Besiedlung bis zur römischen Zeit. Mit zahlreichen Zeichnungen von Ernst Brückelmann, 3 Bände, Gütersloher Verlagshaus: Gütersloh 2019, 287+381+567 S.
In dieser fulminanten neuen Geschichte, mit zahlreichen Zeichnungen und farbigen Abbildungen abwechslungsreich gestaltet, flüssig, informativ und genau erzählt, beleuchtet der bekannte Archäologe und Alttestamentler die kulturellen, politischen, religiösen und ökonomischen Entwicklungen und Umbrüche von der Steinzeit bis zum 3. Jh. (Abschluss der Mischna und Formierung des christlichen Kanons). Ein besonderer Schwerpunkt liegt auf den Forschungserträgen der Archäologie, Epigraphik und Ikonographie, die mit den Textquellen verbunden allen Interessierten einen Einblick in die Dynamiken der Biblischen Welt geben. Abschließend verdeutlicht Vf. auch das Vorgehen von Archäologie und Geschichtsschreibung als methodisch kontrolliert und interpretatorisch. „Der mehrschichtige Aufbau dieses Buches macht diese Vorgänge durchschau- und nachprüfbar – nicht aber eindeutig oder objektiv" (III, 358).

Vollenweider, Samuel: Antike und Urchristentum. Studien zur neutestamentlichen Theologie in ihren Kontexten und Rezeptionen (WUNT 436), Mohr Siebeck: Tübingen 2020, 725 S.

In diesem Band sind 34 zwischen 2002 und 2019 erschienene Aufsätze des Verfassers gesammelt, die zentrale theologische Themen wie Auferstehung, Christologie und Monotheismus sowie zentrale Schriften (mit einem Schwergewicht auf Paulus) in ihren antiken Kontexten und Denkstrukturen untersuchen. Das persönliche Postskript unter dem Titel „Wider die Langeweile" zeigt den leidenschaftlichen und gelehrten Exegeten, der gleichzeitig akribisch arbeitet und neue Einsichten in theologische wie historische Diskurse einbringt. „In der globalisierten Welt der frühen römischen Kaiserzeit geben Juden und Christen zu erkennen, wie die Prozesse des Aufeinandertreffens von Kulturen vielfältige Formen kultureller Koexistenz und Fusion erzeugen. Gerade im Licht kulturtheoretischer Ausdifferenzierung stellt sich das traditionsreiche Gegenüber von ‚Athen' und ‚Jerusalem' nicht als blockierende Alternative, sondern als hermeneutisch produktives Spannungsfeld dar" (VII).

Herzer, Jens: Pontius Pilatus. Henker und Heiliger (Bibl. Gestalten 32), Ev. Verlagsanstalt: Leipzig 2020, 276 S. mit 26 Abb.

In allgemeinverständlicher Weise zeigt Vf. Pilatus als historische Figur, das Pilatusbild der Evangelien, des Josephus (romfreundlich) und Philos (polemisch) und die Wirkungsgeschichte in den späteren christlichen Quellen und Legendenerzählungen sowie in Kunst, Literatur und Film. Hier liegt eine abgewogene und solide Darstellung vor, die z.B. auch die historische Seite des Prozesses Jesu und die Hauptverantwortung des römischen Präfekten aus den Quellen heraus beschreibt und dabei anachronistische Skandalisierungen zurückweist. Der Blick in heute eher weniger bekannte frühchristliche und mittelalterliche Legendenbildungen zu Pilatus und seiner Frau ist weitaus anregender als der abschließende Hinweis auf Monty Pythons Filmsatire „Das Leben des Brian".

Niebuhr, Karl-Friedrich: Die jüdisch-hellenistische Literatur in der jüngeren Forschung, in: ThLZ 144 (2019), 662–687.

Vf. gibt einen instruktiven Literatur- und Forschungsbericht zu diesem überbordenden Themenfeld (Einleitungsliteratur, Kommentare, JSHRZ, Philo, Josephus, Tobit, Sibyllinische Orakel, Joseph und Aseneth, Jubiläenbuch u.a.), das sich vor allem interdisziplinär entwickelt hat und ausgesprochen spezialisierte Einzelforschungen aufweist. Eine bis in jüngste Zeit praktizierte Instrumentalisierung der frühjüdischen Literatur „zur höheren Ehre des Christentums" (687) ist in der seriösen Forschung nicht mehr anzutreffen. Vf. mahnt aber, dass dies umgekehrt nicht dazu führen sollte, „dass ihre spezifisch theologische Bedeutung von den Theologen unter den Erforschern der frühjüdischen Literatur nicht mehr für voll genommen wird" (ebd.).

Niehoff, Maren R.: Philon von Alexandria. Eine intellektuelle Biographie, Mohr Siebeck: Tübingen 2019, 346 S.

Eine Biographie Philons hat es noch nicht gegeben, denn dazu sind die Hinweise in den Quellen insgesamt zu spärlich. Sein Geburtsjahr kennen wir nicht, 20–10 v.Chr. ist die vermutete Spanne, zentral ist seine Wirksamkeit als Leiter der jüdischen Delegation an Gaius Caligula (38–41 n.Chr.), sein Todesjahr ist vermutlich 49 n.Chr. Niehoff legt eine intellektuelle Biographie vor und verknüpft mit den historischen Fragen die Interpretation der in großer Zahl erhaltenen Werke und Werkreihen Philons mit den kulturellen und philosophischen Kontexten, wodurch eine starke Romorientierung und eine kritische Aufnahme des Stoizismus ebenso erkennbar wird wie die jüdische Frömmigkeit und Theologie Philons.

Frey, Jörg/Rupschus, Nicole (Hg.): Frauen im antiken Judentum und frühen Christentum (WUNT II, 489), Mohr Siebeck: Tübingen 2019, 320 S.

Der Sammelband präsentiert Untersuchungen zur rechtlichen und sozialen Stellung von Frauen im antiken Judentum, frühen Christentum und der griechisch-römischen Welt. In zwei Beiträgen werden auch die liturgischen Rollen und Aufgaben von Frauen entdeckt und analysiert: von Angela Standhartinger aufgrund einer Schrift Philons und des Testaments Hiobs und von Nicole Rupschus aufgrund von 4Q502.

Themenheft: Jerusalem, in: ZNT 23 (2020), H. 45, 1–124.

Das Themenheft verbindet historische und theologische Aspekte Jerusalems „im Kontinuum der antiken jüdischen und christlichen Traditionsgeschichte" (3).

Sommer, Michael: Das römische Kaiserreich. Aufstieg und Fall einer Weltmacht, Kohlhammer: Stuttgart 2018, 237 S.

In diesem anregend geschriebenen Lehrbuch beschreibt der Oldenburger Althistoriker die Geschichte Roms von Augustus bis zu den Tetrarchen unter den Schwerpunkten Monarchie und Imperium. Sowohl die Akteure wie die Strukturen von Macht, Herrschaft, Wirtschaft und Kultur werden dargestellt und analysiert.

Chaniotis, Angelos: Die Öffnung der Welt. Eine Globalgeschichte des Hellenismus, wbg/Theiss: Darmstadt 2019, 542 S., zahlreiche Abb.

Der weltweit anerkannte und nach Stationen in Heidelberg und Oxford nun in Princeton lehrende Althistoriker legt hier eine auf Heidelberger Vorlesungen zurückgehende allgemeinverständliche Darstellung des Hellenismus vor, die nicht wie meist üblich von Alexander bis zum Beginn des Prinzipats reicht, sondern zu Recht auch die römische Kaiserzeit bis Hadrian umfasst. In dieser nicht nur für das frühe Christentum entscheidenden Zeit beschreibt Vf. die politischen, ökonomischen und kulturellen Verbindungen, Netzwerke und Konstellationen, aber auch technologische Innovationen sowie politische Krisen und Konflikte, wie z. B. den jüdisch-römischen Krieg (66–70). Zum Schluss resümiert er: „Die Kaiserzeit war eine Zeit der Osmose. Eben diese Konfrontation der Griechen mit verschiedenen Kulturen schärfte bei den Gebildeten unter ihnen das Bewusstsein für ihre eigenen kulturellen Traditionen und ließ ein großes Interesse entstehen an griechischen Antiquitäten und griechischer Geschichte" (458).

Neue Themen und Zugänge

Themenheft: Digital Humanities, in: Forum Exegese und Hochschuldidaktik – Verstehen von Anfang an, 2 (2017) H. 2, 110 S.

In diesem Themenheft werden die neuen Fragestellungen der Digitalisierung nicht nur auf der Ebene von Texteditionen und einigen neuen Methoden vorgestellt, sondern (auf Ebene) der sich bereits abzeichnenden Transformationsprozesse in den Geistes- und Kulturwissenschaften samt den Beiträgen und Innovationen der Exegese. Auch hochschuldidaktische Herausforderungen, die infolge der Pandemie sich enorm beschleunigt haben, werden hier bereits vorgestellt, z. B. Blogs im akademischen Unterricht.

Ostmeyer, Karl-Heinrich/Wypadlo, Adrian (Hg.): Das Ziel vor Augen. Sport und Wettkampf im Neuen Testament und seiner Umwelt (BWANT 226), Kohlhammer: Stuttgart 2020, 226 S.

In dem neuesten Sammelband des Forschungsverbundes „NT an der Ruhr" gehen die 11 Beiträge der Faszination des Sports in der Antike nach und zeigen, dass neben

Neues Testament und antike Welt

1 Kor 9,24–27 noch weiteres mit der agonalen sportlichen Motivik in Beziehung steht. Neben exegetischen Einsichten finden sich auch dogmatische und gegenwartsdiagnostische Texte, die schmunzelnd zum Nachdenken (ver-)führen, z. B. zum Fußball im Paradies und postlapsarisch oder zum Sport der Exegese.

Editionen/Übersetzungen antiker Texte

Die Tosefta, Seder II: Moed, 1 Schabbat, übersetzt und erklärt von Lutz Doering (Rabbinische Texte, Erste Reihe II,1), Kohlhammer: Stuttgart 2019, 342 S.
In dieser deutschen Übersetzung des Toseftatraktats zum Schabbat, der in ausführlichen Fußnoten textkritisch, philologisch und inhaltlich erläutert und kommentiert wird, werden die Debatten und Regelungen des biblischen Verbots jeglicher „Werksarbeit" zugänglich. Ein knapper Einführungstext zeigt die Entwicklungen von vorexilischer Zeit über die nachexilisch-biblischen Traditionen, das Jubiläenbuch und die Qumarantexte, Philo, Josephus und das NT (2–7).

Hirsch-Luipold, Rainer/Trapp, Michael (Hg.): Ist Beten sinnvoll? Die 5. Rede des Maximos von Tyros (SAPERE 31), Mohr Siebeck: Tübingen 2019, 216 S.
Die philosophische Abhandlung des Gelehrten und Rhetors Maximos über das Beten, der zur Zeit Marc Aurels und Commodus' wirkte, wird hier zweisprachig geboten und kommentiert (1–72; Übersetzung von Hirsch-Luipold) und in anregenden Essays mit philosophischer, archäologischer und theologischer Expertise begleitet. Im Vergleich zu Lukas, Plutarch, JosAs „erweist sich Maximos Rede/Abhandlung in ihren theologischen Voraussetzungen als deutlich stoisch beeinflusst. Die geforderte Gebetshaltung erinnert an Epiktet oder auch Seneca (,gib mir, was mir zusteht'), entsprechend einer Gottesvorstellung, derzufolge das als Vorsehung gedachte Göttliche das Gute bereits vorherbestimmt. Das Gebet erscheint dementsprechend mehr als Kontemplation denn als Gespräch (oder allenfalls als Selbstgespräch) und führt den Weg aus der Selbstgenügsamkeit heraus zum Glück" (115).

Berdozzo, Fabio/Nesselrath, Heinz-Günther (Hg.): Griechische Götter unter sich. Lukian, Göttergespräche (SAPERE 33), Mohr Siebeck: Tübingen 2019, 252 S.
Lukians Göttergespräche, im deutschen Sprachraum bisher kaum wissenschaftlich rezipiert, bewegen sich zwischen Götterspott und Religionskritik. Sie werden hier in einer zuverlässigen griechischen Textausgabe mit neuer Übersetzung sowie Einleitung und Kommentaren präsentiert (1–106). Daran schließen sich sechs interpretierende Essays an. Die theologische Rezeption in der Alten Kirche untersucht Adolf Martin Ritter und gelangt zu folgendem Ergebnis: „Christentum und Paganismus standen einander hinsichtlich des Gottesverständnisses und der Formen der Gottesverehrung bis zum Ende der Antike verständnislos gegenüber; der wechselseitig erhobene Vorwurf des ‚Atheismus' war naheliegend und nachvollziehbar. Ein Brückenschlag jedenfalls zur traditionellen paganen Religion galt allen christlichen Autoren … als unmöglich. Darum stieß Götterkritik bei ihnen auf ein eher begrenztes Interesse … Götterspott war erst recht nur für die wenigsten eine Verlockung. Aussichtsreich hingegen erschien das Gespräch mit der paganen Philosophie, zumal wenn diese wie diejenige Platons und des Mittel- und Neuplatonismus philosophischen Lern- und Erkenntnisweg und Mysterienstruktur parallelisierte" (156).

Lanzinger, Daniel (Hg.): Das Leben des Weisen. Philon von Alexandria, De Abrahamo (SAPERE 36), Mohr Siebeck: Tübingen 2020, 334 S.
Auch dieser Band verbindet Textedition, kommentierte Übersetzung und themati-

sche Essays. Der Hg. zeigt in dieser Spätschrift Philons, in Rom entstanden, auch die Entwicklungslinien seit der Frühschrift *Abrahams Aufbruch* (SAPERE 30). Maren Niehoff, die die oben angezeigte intellektuelle Biographie Philons verfasst hat, belegt hier die herausragende Bedeutung Philons für die antike Biographik, die Plutarch mehr als nahe kommt. Weitere Aufsätze widmen sich der Philosophie Philons, den Frauengestalten Sara und Hagar sowie dem koranischen Abrahamsbild.

Review of Liturgical Work in North America 2018–2020

E. BYRON ANDERSON

While attempting to be comprehensive in identifying literature published in North America from 2018–2020, the following is a selective list. Material published primarily for non-academic audiences as well as non-peer reviewed articles have not been included here. Also, this review would normally have included only publications from 2018–2019, but the closure of libraries and schools in response to the pandemic and the ensuing lack of access to books and journals necessitated a delay and enabled the inclusion of 2020 in this review.

1. Select Studies 2018–2020

a. Liturgical History

Colvin, Matthew: The Lost Supper: Revisiting Passover and the Origins of the Eucharist. Lanham, Maryland: Lexington Books/Fortress Academic 2019, 188 p.
Colvin's aim in this book is to argue that scholars of eucharistic origins have wrongly rejected an explanation for Jesus' words and actions in the Last supper narratives as set out earlier by Eisler (1925) and Daube (1963) in which we should see Jesus' words and actions in the Last Supper as an act of Messianic identification. He therefore attempts to "return to the sources and interrogate them anew," giving particular attention to the Jewish cultural and linguistic background of the institution narratives and arguing for the appropriateness of using early Rabbinic sources for this investigation. His concluding chapter attempts to draw out some implications for the church's Eucharistic practices today.
Floyd, Minuette: A Place to Worship: African American Camp Meetings in the Carolinas. Columbia, South Carolina: University of South Carolina Press 2018, 128 p.
In this small book, Floyd links historical investigation with her own photographic documentation to explore the worship services and structures that emerged from African American camp meetings in the first half of the nineteenth century in the United States, when enslaved African Americans were relegated to adjacent meetings as white masters held their own worship related camp meetings. Floyd describes the ways in which camp meetings continue to shape family, community, place, and spirituality among African Americans today.

138 Literaturbericht Liturgik. E. Byron Anderson

Jones, Claire Taylor: Ruling the Spirit: Women, Liturgy, and Dominican Reform in Late
Medieval Germany. Philadelphia, Pennsylvania: University of Pennsylvania Press
2018, 232 p.
In this book Claire Taylor Jones seeks to challenge the conventional narrative that,
over the course of the fourteenth and fifteenth centuries, Dominican nuns lost their
literacy in Latin and channeled their spiritual renewal into mystical experiences and
vernacular devotional literature. Through a rereading of the vernacular narratives of
Dominican women, Jones argues that these women did not lose their piety and literacy but instead were urged to reframe their devotion around the observance of and
maintain obedience to liturgical practice of the Divine Office.

McGowan, Anne, and Paul F. Bradshaw: The Pilgrimage of Egeria: A New Translation of
the Itinerarium Egeriae with Introduction and Commentary. Collegeville, Minnesota:
The Liturgical Press 2018, 248 p.
McGowan and Bradshaw provide a new and more literal translation of the Latin
text known as the *Itinerarium Egeriae*, aiming to reveal more of the female traveler's
personality. A substantial introduction to the book discusses the identity and author
of the diary with a consideration of Egeria's relationship with an ascetic or monastic
community; early pilgrimage as a whole, especially travel by women; the church
buildings in Jerusalem; the Jerusalem liturgies; and the celebration of the church year
in Jerusalem. In addition to the new translation, McGowan and Bradshaw provide
verse-by-verse commentary that draws on the most recent scholarship.

Winner, Lauren F.: The Dangers of Christian Practice: On Wayward Gifts, Characteristic Damage, and Sin. New Haven, Connecticut: Yale University Press 2018, 240 p.
In this provocative book, Winner challenges assumptions that church practices are
somehow immaculate or untouched by human brokenness and sin. Rather than
assuming that they cultivate the formation of Christian virtue in an unimpeded
manner, she calls the Church to account for the histories of these practices – the role
of eucharistic celebrations in provoking the medieval murder of Jews by Christians,
the character of prayer seeking the obedience of slaves by slave-holding women in the
United States, and "christening parties" in the late nineteenth and early twentieth
century in which baptism became more an affirmation of family identity and social
status than of incorporation into the body of Christ. In this reading, Winner argues,
such practices need to be thought of as "damaged gifts" that, though marked by sin,
remain gifts from God.

b. Word and Sacrament

Billings, J. Todd: Remembrance, Communion, and Hope: Rediscovering the Gospel at
the Lord's Table. Grand Rapids, Michigan: Wm. B. Eerdmans Publishing 2018, 240 p.
Billings "wagers" in the introduction to this book "that a renewed theology and practice of the Lord's Supper can be an instrument for congregations to develop a deeper,
more multifaceted sense of the gospel itself." He approaches this project through what
he describes as a traditional Reformed theological approach that focuses on Scripture
as the primary authority and the church confessions and larger theological tradition
as secondary authorities. He begins the project by exploring the functional and often
implicit theologies operative in congregational ministry in late modernity, investigating the larger Reformed tradition in the central chapters, and concluding with a several
theological proposals that he connects to current congregational practices.

North America 2018–2020

Buchanan, Colin: Did the Anglicans and Roman Catholics Agree on the Eucharist?: A Revisit of the Anglican-Roman Catholic International Commissions Agreed Statements of 1971 and Related Documents. Eugene, Oregon: Pickwick Publications 2018, 226 p.

Buchanan is, admittedly, one of the foremost scholars of Anglican eucharistic liturgies. This recent book traces in some detail the dialogues between the Anglican and Roman Catholic churches with close attention to and provision of the documents that have emerged from those dialogues over the course of the past century. Buchanan gives significant attention to the work of the Anglican-Roman Catholic International Commission and the commission documents that begin to appear in 1971, including the most recent document released in 2018. He makes clear throughout his reading of this history that he does so through the lens of Reformed or evangelical Anglicanism, which both shapes his answer to the question posed in the title ("no") and leaves him hopeful that substantial agreement is yet possible.

Kalantzis, George/Cortez, Marc (ed.): Come Let Us Eat Together: Sacraments and Christian Unity. Downers Grove, Illinois: Intervarsity Press 2018, 250 p.

This collection of papers, originally presented at the twenty-fifth annual Wheaton Theology Conference held at Wheaton College (Illinois), focuses on the central question of the extent to which the church can and should be unified through the sacraments today, with consideration of what sacramental unity is, what issues need to be addressed, and what practices are required to embody program toward the end that is the unity of the body of Christ. The thirteen essays include The Supper of the Lord: Goodness and Grace in 1 Corinthians 11:17–24/Amy Peeler; Church and the Politics of the Sacraments/D. Zac Niringiye; *In Person Christi*: The Catholic Understanding of the Ordained Priesthood in Relation to the Eucharist/Thomas Weinandy; A Way Forward: A Catholic-Anabaptist Ecclesiology/D. Stephen Long; Ascension, Communion, and the Hospitality of the Priest-King/Cherith Fee Nordling; The Gospel We Share and the Unity We Seek: Orthodox Eucharistic Ecclesiology/Bradley Nassif; Christ the *Ursakrament*/Katherine Sonderegger; Visual Ecumenism: The Communion of Art/Matthew J. Milliner; The Eucharist, the Risen Lord, and the Road to Emmaus/Matthew Levering; The Eschatological Dimension of Sacramental Unity/Paul Gavrilyuk; "For You have been Planted Together with Christ": Sacraments and the Life of the Church/George Kalantzis; Who Invited the Baptist? The Sacraments and Free Church Theology/Marc Cortez; Sacraments and (Dis-) Unity/Veli-Matti Kärkkäinen.

Streett, R. Alan: Caesar and the Sacrament: Baptism: A Rite of Resistance. Eugene, Oregon: Cascade Books 2018, 204 p.

Streett's primary claim is that the church has lost consciousness of baptism as a rite of resistance to a culture of violence and oppression, muted its politically subversive power, and lost its counter-cultural significance. His brief exploration begins by situating Christian baptism in the historical context of Israel's occupation by various imperial forces and Jewish resistance to that domination before turning to a discussion of the political role of John the Baptist and the prophetic/political meaning of Jesus' baptism. The remainder of the book surveys the theo-political understandings of baptism as represented in Acts and the Epistles.

140 Literaturbericht Liturgik. E. Byron Anderson

c. Liturgical and Sacramental Theology

Berger, Teresa (ed.): Full of your glory: Liturgy, Cosmos, Creation. Collegeville, Minnesota: Liturgical Press 2019, 448 p.

This collection gathers the papers presented at the fifth Liturgy Conference convened in 2018 by the Yale Institute of Sacred Music (Yale University). The aim of the conference was to provide a way for liturgical studies as a theological discipline to engage the concerns about creation, cosmos, and the environmental crisis that have emerged in recent years. Teresa Berger's introduction ably describes the context and key themes that structured the conference as well as surveying some of the ways in which liturgical scholars have taken up these themes. Following Rowan Williams' opening essay Naming the World: Liturgy and the Transformation of Time and Matter; the book is divided into three sections: Biblical and Historical Aspects, with essays by Anathea Portier-Young, Andrew McGowan, Felicity Harley-McGowan, Duco Vollebregt, Peter Jeffery, Nathan Ristuccia, Margot Fassler, and M. Jennifer Bloxam; Theological-Liturgical Perspectives, with essays by David Grumett, Joris Geldhof, Kevin Irwin, and Nicholas Denysenko; and Reflections on Contemporary Practices, with essays by Bert Groen, Mary McGann, Benjamin Stewart, and Gerald Liu.

Brunk, Timothy: The Sacraments and Consumer Culture. Collegeville, Minnesota: Liturgical Press 2020, 232 p.

Brunk's argument builds on three fundamental claims: first, that consumer culture fosters an individualism that is "hostile to a shared world of meaning"; second, that consumer culture involves relating to "a world of objects shorn of larger contexts"; and third, that "people in North Atlantic cultural contexts can and do transfer this mindset to religious objects and practices." His task in this book, therefore, is to examine each of the seven sacraments of the Catholic Church as "manifestations of communion" and as "a basis for resisting consumerism." Each sacrament is addressed in a separate chapter. Three chapters, on Baptism, Eucharist, and Reconciliation, originally appeared as essays in *Studia Liturgica* and *Worship* in 2013, 2014, and 2018, respectively.

Daniel, William: Christ the Liturgy. Brooklyn, New York: Angelico Press 2020, 202 p.

Christ the Liturgy is a reworking of Daniel's 2013 dissertation completed at the University of Nottingham (UK) that combines historical and liturgical theology. His central claim is that the Church's earliest articulation of liturgical action bears an implied ontology of participation in the singular liturgical action of Christ. He challenges contemporary interpretations of liturgy/*leitourgia* as "the work of the people" with a careful analysis of its usage in classical and Hellenist Greek culture, proposing as the "work of the One for the sake of the many" in which all of creation participates as a more theologically adequate interpretation. Liturgy, therefore, is a transcendent experience that unites heavenly and earthly in the "eternal liturgy who is Jesus Christ."

Denysenko, Nicholas E.: The People's Faith: The Liturgy of the Faithful in Orthodoxy. Lanham, Maryland: Lexington Books/Fortress Academic 2018, 232 p.

In The People's Faith, Denysenko sets out to explore the liturgical theology of Orthodox Churches of America as that theology is understood and interpreted by the laypeople of those churches. He looks at the ways in which people explain the liturgy in their own words, how these explanations compare to and contrast with scholarly explanations, and how they describe divine activity in and through liturgy and the sacraments. Such explorations, he notes, establishes a third foundation for liturgy theology alongside the work of liturgical historians and sacramental theologians. The book is developed in three parts: first, describing the schools of liturgical theology that influence Orthodox liturgical practice in the United States; second, describing and summarizing interviews with laypeople in four Orthodox parishes; and third, comparing these "local" liturgical theologies with "authoritative" liturgical theology.

Geldhof, Joris: Liturgy and Secularism: Beyond the Divide. Collegeville, Minnesota: The Liturgical Press 2018, 184 p.

Belgian theologian Joris Geldhof is professor of liturgical studies and sacramental theology at Katholieke Universiteit Leuven and editor-in-chief of the journal *Questions Liturgiques/Studies in Liturgy*. Although not an American author, we include Geldhof's book here because *Liturgy and Secularism* is his first monograph in English. This volume is mostly assembled from previously published lectures and articles developed between 2012 and 2017. Geldhof suggests that he is attempting to accomplish three things in the book: to reassess the relationship between liturgy and secular culture, a relationship that needs to go beyond either/or discussions; to broaden our conception of what liturgy is and does; and to point to liturgy's critical potential. He divides the book into two parts, each in three chapters. Part 1 is entitled "Positioning the liturgy in the world", with a focus on modernity, secularism, and society; Part 2 "Positioning the world in the liturgy", with a focus on the character and purpose of liturgy.

Grant, August E./Sturgill, Amanda Colson/Hwang, Chiung Chen/Stout, Daniel A. (ed.): Religion Online: How Digital Technology is Changing the Way We Worship and Pray, 2 vols. Santa Barbara, California: Praeger 2019, 624 p.

These two volumes provide a wide-ranging survey of the impact of communication technologies on the major religions of the world. In addition to using a multidimensional definition of religion that includes belief, behavior, community, and deep feeling, the approach examines religion from a wide range of disciplines, including communication studies, cultural anthropology, and sociology of religion. The first volume, subtitled *Religion in Cyberspace*, is focused on topics such as the use of social media, digital communities, religion in the marketplace, accessibility, the militarization of religion, and the connection between religion, entertainment, and ritual. The second volume, subtitled *Faith Groups and Digital Media*, looks at specific religious traditions and practices including Christian traditions from Roman Catholicism to Anabaptist communities, Orthodox, Conservation, and Reformed Judaism, Islam, Hinduism, Buddhism, Jainism, Scientology, and New Age movements.

Marx, Nathaniel: Authentic Liturgy: Minds in Tune with Voices. Collegeville, Minnesota: Liturgical Press 2020, 280 p.

The title of Marx's new book bears similarity to his 2013 dissertation *Ritual in an Age of Authenticity*, in which he explored how adherence to the Latin Mass provided an embodiment of one particular approach to the formation of an "authentic" human subject of liturgical prayer. However, this book explores a wider conversation to argue that "authenticity" should be given serious consideration and can contribute to human flourishing today. Authenticity, he argues, is built up by bringing minds and voices, interior and exterior activities, into harmony with each other. After an initial definitional chapter, Marx explores the concern for authentic worship in the scriptures, traces these understandings through the history of the church, engages a conversation with contemporary free church evangelicals and Latin Mass Catholics, and concludes with an invitation that worshipers examine the authenticity of their participation in Christ's liturgy.

McGann, Mary E.: The Meal that Reconnects: Eucharistic Eating and the Global Food Crisis. Collegeville, Minnesota: Liturgical Press 2020, 256 p.

McGann seeks to answer two questions in this book: first, how eucharistic eating can create an alternative paradigm for our relationship with the Earth's abundance and those who share it and, second, how eucharistic practice can strengthen relationships of justice, solidarity, and reciprocity between human communities. To answer these questions, McGann develops an argument in three parts: how eating is a manifestation of relationships with one another and with the earth, how the global corporate food industry has broken these relationships, and how a revitalization and radical reconstruction of eucharistic eating and its ritual forms might contribute to a healing of this brokenness, repairing the connection between the Eucharist and the various forces that shape our world today.

Shaw, R. Daniel/Burrows, William R. (ed.): Traditional Ritual as Christian Worship: Dangerous Syncretism or Necessary Hybridity? Maryknoll, New York: Orbis Books 2018, 278 p.

This collection of essays reflects a desire to develop a positive relationship between Christian biblical traditions and local cultures in contrast to the negativity implied by use of the term "syncretism" and to understand that such a positive connection will enrich spiritual engagement in the church. The first two chapters set out the cultural and theological frameworks that provide a context for the collection. The remainder of the book is divided into two sections. The first part explores the use and potential adaptation of traditional (non-Christian) rituals in Christian worship. The second part explores Christian worship as cultural expressions of the diverse peoples of the world and as more than an imposed set of religious practices. The end result is a collection of essays that support a conclusion that orthodox Christianity is hybrid Christianity.

Spurrier, Rebecca F.: The Disabled Church: Human Difference and the Art of Communal Worship. New York, New York: Fordham University Press 2019, 272 p.

Grounding her work in a detailed ethnographic study of one congregation in which over half the congregants live with diagnoses of mental illness, many coming to the church from personal care homes or independent living facilities, Spurrier challenges Christian congregations to test the assumptions they often make about the shared abilities, practices, and experiences that are necessary for communal worship. Bringing together liturgical theology, ethnography, and disability studies, she explores several questions through the book: what is needed "in order to have a church which assumes difference at its heart," the significance of embodiment for sacramental community, and a theological aesthetics that emphasizes "the role of sensory participation relationships with God and others."

Taylor, Porter C. (ed.): We Give Our Thanks Unto Thee: Essays in Memory of Father Alexander Schmemann. Eugene, Oregon: Pickwick Publications 2019, 274 p.

Fr. Alexander Schmemann continues to influence liturgical and sacramental theologies some thirty-five years after his death. The essays collected in this volume seek to explore that influence and, at some level, to further his work. The book is shaped in four parts, beginning with a review of the ecclesial, theological, and liturgical context in which Schmemann developed his work, with essays by William Mills, Paul Meyendorff, and Eugene Schlesinger. Subsequent sections attend to Schmemann's ecumenical influence, with essays by John Witvliet, Todd Johnson, and Don Saliers; liturgical theology, with essays by Joyce Ann Zimmerman, David Fagerberg, Porter Taylor, Dwight Vogel, and Kimberly Belcher; and sacramental theology, with essays by Bruce Morrill, Timothy O'Malley, and Steve Guthrie.

Torvend, Samuel: Still Hungry at the Feast: Eucharistic Justice in the Midst of Affliction. Collegeville, Minnesota: The Liturgical Press 2019, 160 p.

In *Still Hungry at the Feast*, Samuel Torvend—like other authors listed in this review essay—challenges the seeming compartmentalization of liturgy from life and sacrament from ethics, asking why our eucharistic practices does not move us into deeper engagement with the world's suffering. The first two chapters provide his theological and theoretical foundations: that the Eucharist has a "worldly trajectory" in which "communion in the life of the risen Christ is intended to draw every member of the worshipping assembly into the world," and, following Ricoeur, that eucharistic symbols bear a "surplus of meaning." In the central chapters, he develops these themes in regard to specific concerns, including food insecurity, environmental decay and the need for creation care, and economic injustices that are a product of unfettered consumerism. In the concluding chapter, Torvend provides three homilies that exemplify how these concerns may be homiletically expressed.

d. Homiletics

Gloer, W. Hulitt/Boyd, Shawn (ed.): God's Word and Our Words: Preaching from the Prophets to the Present and Beyond. Eugene, Oregon: Pickwick Publications 2019, 266 p.

The sixteen essays collected in this volume represent papers presented at a conference held at Baylor University in 2017. Nationally and internationally known homileticians and preachers were invited to discuss the significance of preaching for a particular person or period of history. The essays survey some of the significant developments in preaching, addressing both the academic issues raised during each period and the practical implications for preaching today and in the future. Authors include Walter Brueggemann, Thomas G. Long, Ben Witherington, David E. Wilhite, Paul Scott Wilson, Timothy George, Joel C. Gregory, Thomas S. Kidd, Claybon Lea, Winfred Neely, Elesha J. Coffman, Scott M. Gibson, Eugene L. Lowry, Carolyn Ann Knight, Dennis L. Phelps, and Leonard Sweet.

Markham, Ian S./Hardin, Crystal J. (ed.): Prophetic Preaching: The Hope or the Curse of the Church? New York, New York: Church Publishing 2020, 160 p.

This collection of essays developed from a consultation held at Virginia Theological Seminary in 2019 at which participants reflected on the role of the preacher in addressing political issues. The fact that preachers occupy their own political identities, which may be compatible with or in conflict with the political identities held within their congregations, provided one starting point for their conversations around initial drafts of the papers. The authors consider how to preach prophetically/politically (they use the words interchangeably), the power of the preacher in the pulpit, the purpose of preaching, how the question of "political" preaching invites consideration of preaching on other controversial topics, and how the current cultural moment provides new opportunities for such preaching. Authors include Crystal Hardin, Sarah Condon, Phoebe Roaf, Russ Levenson, Stephanie Spellers, Ian Markham, Ruthanna Hooke, Samuel Wells, Sam Candler, and Mark Jefferson.

McCullough, Amy P.: Her Preaching Body: Conversations about Identity, Agency, and Embodiment among Contemporary Female Preachers. Eugene, Oregon: Cascade Books 2018, 188 p.

In *Her Preaching Body*, McCullough explores three questions: how the preacher engages bodily in preaching, how preachers and listeners conceive of a fully embodied sermon, and how gender informs and forms the preacher's capacities for embodiment. She focuses these questions particularly on female preachers, who have often received added (and unwarranted) attention to their physicality, clothing, and movement, exploring through a limited number of interviews, the bodily decisions female preachers make every week. Her goal is to develop a renewed understanding of embodiment, in which one's living body, inescapably intertwined with her preaching, becomes the avenue for greater knowledge about how to preach and deeper insight into the faith professed.

Sheppard, Phillis Isabella/Wilhelm, Dawn Ottoni/Allen, Ronald J. (ed.): Preaching Prophetic Care: Building Bridges to Justice/Essays in honor of Dale P. Andrews. Eugene, Oregon: Pickwick Publications 2018, 318 p.
Preaching Prophetic Care was developed as a *festschrift* to honor Dale Andrews; it was presented to him just a week before he died from cancer in 2017. As the editors note, the twenty-five essays focus particularly on how preaching and practical theological reflection can serve the larger purpose of bridge-building among and across communities. The emphasis on "prophetic care" draws from Andrews' own understanding of prophetic ministry that cares for the world through both consolation and confrontation. Following a brief biographical sketch of Andrews, the book unfolds in six parts: Preaching and practical theology; The pastoral and prophetic in preaching; Prophetic care, preaching, and wider community; Learning to preach in the mode of prophetic care; Prophetic care: particular topics, including the relationship between the pastoral and prophetic, pastoral care, restoration and resistance, and anti-violence. The final part provides exemplar sermons that embody prophetic care.

e. Liturgical Spirituality

Carvalhaes, Cláudio: What's Worship Got to Do with It? Interpreting Life Liturgically. Eugene, Oregon: Cascade Books 2018, 280 p.
Paul Galbreath, in his forward to Carvalhaes' book, describes the book as a "smorgasbord of essays." This seems an appropriate description given that all of the essays gathered here were published previously in a variety of journals between 2007 and 2015. What links them is Carvalhaes' challenge to the "suppressed diversity" and "enforced unity" of Christian liturgical practice that has prevented responses to the particular needs and distinct concerns of local communities. Desiring to be neither a keeper of tradition nor to deliberately reject tradition, Carvalhaes seeks a middle ground that enables the liturgies of the world, church, and neighbor to intersect and transform one another.

Hurd, Bob: Compassionate Christ, Compassionate People: Liturgical Foundations of Christian Spirituality. Collegeville, Minnesota: Liturgical Press 2019, 256 p.
Although earning a PhD with work focused on Karl Rahner (which informs the theological anthropology throughout this book), Hurd is well-known to the Roman Catholic community in the United States as a liturgical musician and composer. This book, his first, is developed in two parts. In part one he sets out a theology and spirituality of the mystery of God as manifest in creation and the incarnation. Because spirituality, as Hurd defines it, is our moving with the life of God moving within us, this first part focuses on what the life of God is. In the second part, he explores how this mystery is made manifest through the structure and symbolic world of the eu-

charistic liturgy in gathering, Word, Table, and sending. His goal here is to describe how, through the eucharistic liturgy, we move with the life of God.

Okholm, Dennis: Learning Theology through the Church's Worship: An Introduction to Christian Belief. Grand Rapids, Michigan: Baker Academic 2018, 256 p.

Taking to heart the relationship between *lex orandi* and *lex credendi*, Okholm has developed an introductory theology text that takes the basic structure of the eucharistic liturgy as an outline for addressing systematic theological themes. As he notes in his preface, he aims to convince his readers (students, congregants) that "worship should not be separated from theology if we are going to act in a world we see through a Christian lens." Each chapter title identifies the theological theme and liturgical "location" under consideration in the chapter, with attention to historical theological connections between the two as needed.

f. Liturgy and Music

Ingalls, Monique M.: Singing the Congregation: How Contemporary Worship Music Forms Evangelical Community. New York, New York: Oxford University Press, 2018, 272 p.

Ingalls brings together theoretical models from ethnomusicology and congregational studies to explore how contemporary worship music shapes the way evangelical Christians understand worship itself – as a "musically-structured participatory activity" – and how such worship music performances bring into being new religious social constellations, or "modes of congregating" that are themselves conditioned by both ecclesial institutions and commercial media industries. Each chapter describes one of the five modes – concert, conference, church, public, and networked congregations – that she has identified. Throughout the book, she demonstrates how music-making congregations point to both a performative process and a product: forms of music-making and the different "modes of congregating" that result from these performances.

Ingalls, Monique M./Reigersberg, Muriel Swijghuisen/Sherinian, Zoe C. (ed.): Making Congregational Music Local in Christian Communities Worldwide. New York, New York: Routledge, 2018, 292 p.

The twelve essays gathered in this volume are part of a larger project on congregational music studies. The volume takes the questions and concerns developed by Ingalls in *Singing the Congregation* and looks for a more global perspective on those concerns. Claiming in their introduction that because of their theological history "contextualization" and "inculturation" are insufficient for their work, the authors attempt to develop concepts that give agency to the communities they study as those communities use music and other cultural forms to assert Christian meaning. The essays are collected in four parts: 1) continuity and change in congregational song practices, 2) congregational music and the politics of indigeneity, 3) congregational music-making in diverse locales, and 4) producing the local across racial and national lines. A brief afterword seeks to draw together the diverse themes presented through-out the volume.

Kelman, Ari Y.: Shout to the Lord: Making Worship Music in Evangelical America. New York, New York: New York University Press, 2018, 224 p.

Kelman has undertaken interviews with more than seventy-five songwriters, worship leaders, and music industry executives in American evangelical communities to explore how the producers of worship music understand the role of songs as both vehicles for, and practices of, faith and identity. The four chapters examine the production of worship music across one of four realms: discourse, songwriting, worship leading, and the music industry, exploring how "social and cultural concerns underwrite forms of congregational worship" and how those involved in their production seek to transcend their cultural forms and the music itself.

g. Liturgy and Other Arts

Begbie, Jeremy S.: A Peculiar Orthodoxy: Reflections on Theology and the Arts. Grand Rapids, Michigan: Baker Academic 2018, 224 p.

This volume collects nine essays Begbie wrote over the previous decade, continuing the distinctive ways in which he links the particularity of Christian orthodoxy – largely within a Barthian/Reformed framework – with theological reflection on the arts. While Begbie welcomes the recent expansion of theological conversation about the arts, he remains troubled by what he describes as a lack of sustained attention to the scriptural imagination, to the church's theological canon and creedal confessions, and a resistance to doctrine. He argues, in contrast, that the "peculiarity" of Christian orthodoxy can encourage and expand theological reflection on the arts and that the arts provide a means toward fuller and deeper engagement with the theological tradition. The essays include studies on J. S. Bach, Edward Elgar, and George Herbert interspersed with essays on beauty, sentimentality, emotion, and natural theology, and freedom. A final essay looks at the future of theological reflection on the arts, especially within a Reformed/Calvinist theological context.

Begbie, Jeremy S.: Redeeming Transcendence in the Arts: Bearing Witness to the Triune God. Grand Rapids, Michigan: Wm. B. Eerdmans Publishing, 2018, 212 p.

Given the popularity of associating the arts with experiences or expressions of transcendence, Begbie sets out in this book to answer two questions: "what kind of theological weight can be given to the language of divine transcendence when it is associated with the arts," and "how, if at all the arts might bear their own kind of witness to divine transcendence." The book continues the concerns for scriptural imagination and the creedal traditions anticipated in the essays in *A Peculiar Orthodoxy*. An opening chapter sets out his concerns about the ways in which art and transcendence have been linked, followed by a discussion of the sublime, of what it means to interpret transcendence through a scriptural imagination, and, finally, how such an approach might reframe our understanding of the arts as potential witnesses to divine transcendence.

Taylor, W. David O.: Glimpses of the New Creation: Worship and the Formative Power of the Arts. Grand Rapids, Michigan: Wm. B. Eerdmans Publishing Co., 2019, 312 p.

Taylor's primary concern in *Glimpses of the New Creation* is to explore how the arts in Christian worship form individuals and communities. In the three opening chapters, Taylor discusses the meanings of worship, art, and the "theological meanings of art in worship." In the six subsequent chapters he considers the ways in which different art forms—music, visual art, poetry, narrative, theater, dance—may be used in worship, what their distinctive "powers" may be, and how they form us as a people of God. In the concluding chapters he explores the relationship between tradition and innovation and how the arts might serve the mission of God in the world. Seeking to link theorist and practitioner, he provides four appendices: questions for discernment before incorporating the video-graphic arts in worship; affirmations on context and the worship arts; exercises for discernment; and 'words of advice' for artists who serve the worship of the church as well as a guide for further reading for the topic of each chapter.

2. Journals

a. Worship: The major North American academic journal for liturgical studies remains Worship, published bi-monthly through 2018 and quarterly since 2019 by the monks of St. John's Abbey, Collegeville, Minnesota. The journal is edited by Bernadette Gasslein [worshipeditor@litpress.org]. Authors include established and emerging scholars representing a variety of Christian traditions in North America and beyond. In addition to the articles listed below, each issue also includes a brief opening "Amen Corner" essay and a concluding section of book reviews. From 2018–2020, the "Amen Corner" essays were written by Margaret Daly-Denton, Mark Francis, Richard Gaillardetz, Anthony Ruff, Don Saliers, Paul Turner, and John Witvliet.

Articles in Vol. 92 (2018) include:

Alonso, Tony: Singing the Community of the Beautiful into Being, 126–140.

Belcher, Kimberly Hope: 'A Spirit of Improvement Abroad'? Jane Austen and Liturgical Reform in 1813, 157–75.

Brunk, Timothy M.: Consumer Culture and Sacramental Reconciliation, 337–360.

Chase, Nathan P.: Liturgical Preservation, Innovation, and Exchange at the Crossroads of the Visigothic and Merovingian Kingdoms, 415–435.

Cones, Bryan: Diary of a Pilgrimage: An American Pilgrim Under the Southern Cross, 396–414.

Crowley, Eileen D.: Liturgical Media Art: Past, Present, and Future, 249–268.

Davis, Kenneth G.: Hispanics and Homiletics, 71–81.

Gasslein, Bernadette: Beyond the Liturgico-Theological Oxymoron: Getting Catechesis for First Communion Right, 456–475.

Hurd, Bob: Every Creature Is Sister and Brother: Reading and Enacting Laudato Si' Liturgically, 141–156.

Lathrop, Gordon: The Study of Liturgy: An Ecumenical Rejoinder, 46–53.

MacNamara, Luke: Levi's Banquet: A Model Eucharist, 107–125.

Macy, Gary: Mediterranean Meals to Go: Early Encounters with Nonvinous Cultures, 12–27.

Marchal, Michael: Lessons from the Experience of Adult Initiation for the Confirmation of Teens, 269–277.

Novello, Henry L.: The Sexual Abuse of Minors in the Church: Reform through the Practice of Lament, 222–240.

O'Malley, Timothy P.: The Ritual Poetics of Christina Rossetti, 511–530.

Pilz, Sonja K.: Holocaust Remembrance in German and North American Jewish Memorial Prayers: A Window onto Two Jewish Identities and Theologies, 436–455.

Raining, Hillary: Revisiting the Rite of Reconciliation: All May, Some Should, None Must... But What If We Did? 318–336.

Rønkilde, Jette Marie Bendixen: 'To Transcend This World While Remaining in It': An Aesthetic Trinitarian Liturgical Theology of the Post-Pentecostal Reality, 28–45.

Ruff, Anthony: 'Authentic' Gregorian Chant, 484–491.

Shaver, Stephen R.: A Eucharistic Origins Story Part 1 The Breaking of the Loaf, 204–221.

Shaver, Stephen R.: A Eucharistic Origins Story Part 2 The Body and Blood of Christ, 298–317.

Smith, Innocent: The Feast of the Nativity and the Christology of Yves Congar, 551–559.

148 Literaturbericht Liturgik. E. Byron Anderson

Strout, Shawn: An Analysis of Selected Homilies of Ælfric of Eynsham and Aelred of Rievaulx, 531–550.

Wilson, George B.: Confessional Blessings, 361–365.

Taylor, W. David O.: Mother Tongues and Adjectival Tongues: Liturgical Identity and the Liturgical Arts in a Pneumatological Key, 54–70.

Wilson, George B.: Notes from an Unknown Disciple, 241–248.

Yates, Jonathan P.: Salvation through Water? 1 Peter 3:20–21 in the Ancient Latin Tradition, 492–510.

Articles in Vol. 93 (2019) include:

Anderson, E. Byron: Entangled with God: Sacraments in Quantum Perspective, 323–344.

Funk, Virgil C.: Shared Communion … Revisited, 54–67.

Gaillardetz, Richard R.: A Church in Crisis: How Did We Get Here? How Do We Move Forward? 204–224.

Geldhof, Joris: The 2002 Order of Mass: Incentives for Liturgical Theology, 243–263.

Groppe, Elizabeth Teresa: Longing for Communion Fifty Years after Unitatis Redintegratio: Envisioning a Ministry of Hospitality and Healing in a Wounded Body of Christ, 12–31.

Johnson, Sarah Kathleen: Hubmaier's Milk Pail: Anabaptist Baptism, Rituals of Resistance, and Liturgical Authority, 300–322.

Johnston, William H.: Heavenly Liturgy, Daily Compassion, Social Justice: Exploring Themes from Vatican II with Help from Evelyn Underhill, 225–242.

Krosnicki, Thomas A.: By Way of Comment: Pope Francis on Liturgical Formation, 366–375.

Marchal, Michael: Which Jesus Do We Present to Our RCIA Participants? A Dialogue with the Past, 158–166.

Morrill, Bruce T.: Symbol and Sacrifice: Problems in Roman Catholic Theology and Practice, Official and Popular, 68–87.

Overberg, Kenneth R.: Missed Opportunities: Celebrating the World Day of Peace, 264–271.

Ross, Melanie: The Evolution of the 'Frontier Ordo,' 139–157.

Strand, Emily K.: Harry Potter and the Sacramental Principle, 345–365.

Vosko, Richard S.: The Stones Still Cry Out: The Art and Architecture of Robert E. Rambusch, 122–138.

Westermeyer, Paul: Eucharistic Fellowship: An Autobiographical Approach, 39–53.

Articles in Vol. 94, 2020, include:

Alexopoulos, Stefanos: Anamnesis, Epiclesis, and Mimesis in the Minor Hours of the Byzantine Rite. 228–245.

Campbell, Stanislaus: Liturgy of the Hours: Prospects for Inculturation, 126–144.

Francis, Mark R.: The Synod on the Amazon and Liturgical Inculturation, 145–153.

Hehn, Jonathan: A Close Reading of the Rite of Confirmation in the 2018 Book of Common Worship, 106–125.

Hoffman, Lawrence A.: Dialogue, Liturgy, and Truth: The Shape of Gifts to Come, 12–30.

Jerome, Jonathan: Liturgical Catechesis: The Integration of Liturgy and Catechesis, 356–371.

North America 2018–2020

Kim, Jonghyun: The Easter Union Service as a Healing Service for a Broken World, 246–264.

Krause, Michael J.: Early Christianity and the Eucharist, 265–280.

Lamberts, Jozef: Some Questions about the Consecration, 50–66.

Lusvardi, Anthony R.: Baptism in Stages: Insights from the Rosebud Indian Reservation, 31–49.

Masheck, Joseph: Corpus Christi Church, New York: Its Architecture and Art, 154–177.

Murphy, G. Ronald: The Externsteine Relief of the Deposition from the Cross: A Germanic-Christian Interpretation in the Light of the Heliand and the Elder Edda, 346–535.

Notebaart, James: The Passover Moon: A Response to the COVID-19 Virus, 300–312.

van Ommen, Armand Léon: Life after Brokenness: A Liturgical Portrait of Suffering and Hope, 314–334.

Petrin, Anna Adams: Insights from Mrs. Murphy: Caryll Houselander as Liturgical Theologian, 206–227.

Ryan, Fergus M. T.: Singing Responsorial Psalms: Raising the Bar, 335–345.

Steidl, Jason: Real Men Don't Wear Pink, 67–85.

b. Liturgy is the quarterly print and online journal of The Liturgical Conference, published by Taylor and Francis. It provides an ecumenical forum for articulating standards of liturgical excellence and for supporting persons who have a common interest and concern for the liturgical life and the liturgical arts of the church. Each issue focuses on a single theme, with six or seven articles on the theme solicited by a guest editor. Articles are written by noted liturgical scholars, parish pastors, denominational worship leaders, musicians, artists, and architects. Melinda Quivik [liturgyjournal@gmail.com] serves as editor-in-chief for the journal. Themes and issue editors are listed.

33.1 (2018): Death and the Liturgy. Lizette Larsen-Miller.

33.2 (2018): Pastoral Liturgy and Pope Francis. Kathleen E. Harmon.

33.3 (2018): Pentecostal Worship. L. Edward Phillips and Tanya Riches.

33.4 (2018): Communities of Musical Practice. E. Byron Anderson.

34.1 (2019): Confession and Reconciliation. Bruce T. Morrill.

34.2 (2019): Postcolonial Perspectives. Stephen Burns.

34.3 (2019): Weddings. Ruth A. Meyers.

34.4 (2019): Innovating Adapted Traditions. Nicholas Zork.

35.1 (2020): Liturgy as Protest and Resistance. Andrew Wymer.

35.2 (2020): Liturgy and Identity. Matthew Lawrence Pierce.

35.3 (2020): Preaching & Culture. Gennifer B. Brooks.

This issue includes an extended bibliography on Race and Liturgical Studies, Preaching, and Music.

35.4 (2020): Pandemics, Protests, and Performances: Embodying our Faith in an Unexpected Season. Shannon Craigo-Snell and Todd E. Johnson.

c. Proceedings of the North American Academy of Liturgy is the annual publication of the keynote addresses, seminar minutes, and select peer-reviewed papers presented at the annual meeting of the North American Academy of Liturgy. Only papers presented at the annual meeting are eligible for review and publication. Its current editor is Jason McFarland [proceedings@naal-liturgy.org]. The articles listed here are those published following the 2018–2020 meetings. The NAAL did not meet in 2021.

Papers published in the 2018 volume:

Taylor W. Burton-Edwards: What's in a Name? Pronouns and Titles for God in the 2017 CCLI Top 100, 94–112.

Benjamin Durheim: Just Liturgy: Connecting Theological Ethics and Liturgical Practice, 79–93.

Papers published in the 2019 volume:

Todd E. Johnson: The Anatomy of Theologica Prima, 69–83.

Rebecca F. Spurrier: Worship as Intervention? Breaking Silence on World Suicide Prevention Day, 84–94.

Papers published in the 2020 volume:

Benjamin Durheim: Epicletic Advance? Viewing Eucharistic Fellowship Through the Epiclesis and Critical Realism, 79–93.

Christopher Grundy: This Is the World I Want to Live in: Toward a Theology of Practical Sacramentality, 113–119.

Hwarang Moon: Is a Funeral Ceremony for Suicide Necessary? A Korean Presbyterian Perspective, 120–129.

William H. Petersen: Hidden Treasures: Discovering Unusual Advent Music, 94–112.

d. Studia Liturgica: *Studia Liturgica* is the journal of Societas Liturgica, edited by Peter C. Bower and providing an international ecumenical review of liturgical research. Although most articles are papers and case studies presented at the biannual congress of Societas Liturgica, non-member submissions are welcomed at https://journals. sagepub.com/author-instructions/STL. The articles listed here represent only the work of authors and articles originally published in English included in the volumes published since 2018.

Belcher, Kimberly Hope: Ritual Systems, Ritualized Bodies, and the Laws of Liturgical Development, 49/1 (2019) 89–110.

Belcher, Kimberly Hope: Consecration and Sacrifice in Ambrose and the Roman Canon, 49/2 (2019) 154–174.

Chase, Nathan: Another Look at the 'Daily Office' in the Apostolic Tradition, 49/1 (2019) 5–25.

Cruickshank, Dan D.: Remembering the English Reformation in the Revision of the Communion Liturgy of the Book of Common Prayer, 1906–1920, 49/2 (2019) 246–257.

Johnson, Sarah Kathleen: Poured Out: A Kenotic Approach to Initiating Children at a Distance from the Church, 49/2 (2019) 175–194.

Johnson, Sarah Kathleen: Online Communion, Christian Community, and Receptive Ecumenism: A Holy Week Ethnography during COVID-19, 50/2 (2020) 188–210.

Kim, Jonghyun: The Relationship between the Korean Dawn Prayer Meeting and Spirituality, 49/2 (2019) 206–219.

Kruger, Ferdi P.: The Contemplative Influence of Cognition and Recognition on Participation and Celebration of Holy Communion, 49/1 (2019) 43–57.

Land, Julie Marie: Remember as Re-membering: The Eucharist, 1 Corinthians 11:17–34, and Profound Intellectual Disability, 50/2 (2020) 152–162.

Maddison, John: Housing and Honouring the Saints: English Medieval Architecture and the Cult of Relics, 50/1 (2020) 22–39.

McLean, Tom: What is Time? Philosophical and Eucharistic Insights, 50/2 (2020) 163–175.

Morrill, Bruce T.: Models of Liturgical Memory: Mystical-Political Dimensions, Mythic-Historic Tensions, 50/1 (2020) 40–54.

Olver, Matthew S. C.: A Classification of a Liturgy's Use of Scripture: A Proposal, 49/2 (2019) 220–245.

Portin, Fredrik: Liturgies in a Plural Age: The Concept of Liturgy in the Works of William T. Cavanaugh and James K. A. Smith, 49/1 (2019) 122–137.

Spinks, Bryan D.: Remembering and Lamenting Lost Liturgy: The Text and Context of Rites of Durham, c.1593, 49/2 (2019) 143–153.

Strout, Shawn: The Offertory as Anamnesis toward Ethical Action: Common Worship as a Case Study, 49/2 (2019) 195–205.

Turnbloom, David Farina: A Pneumatological Description of Sacrifice for Mitigating Idolatry, 50/2 (2020) 211–225.

Turnbloom, David Farina and Valerie Smith: The Risk of Liturgical Mercy, 49/1 (2019) 58–70.

Walton, Janet and Cláudio Carvalhaes: Sacraments and Global Realities: A Dialogue, 48/1–2 (2018) 111–126.

e. Miscellaneous Journal Articles: Representing articles published in academic journals not directly related to liturgical scholarship.

Baldovin, John F.: The Sacramentality of the Word: An Ecumenical Approach, in: Journal of Ecumenical Studies, Vol. 53/2 (2018) 224–244.

Calvert, David: Liturgical Speech Acts in Congregational Singing, The Hymn, in: Vol. 71 (2) 41–47.

Farwell, James W.: Liturgy and Public Theology, Anglican Theological Review, in: Vol. 102/2 (2020) 219–229.

Gador-Whyte, Sarah: Performing Repentance in the Kontakia of Romanos the Melodist, in: Journal of Early Christian Studies, 2020, Vol. 28/1 (2020) 89–113.

Gschwandtner, Christina M.: Grounding Ecological Action in Orthodox Theology and Liturgical Praxis? A Call for Further Thinking, in: Journal of Orthodox Christian Studies, 2018, Vol. l/1 (2018) 61–77.

Irving, Alexander: The Eucharist and the Church in the Thought of Henri De Lubac and Rowan Williams: Sacramental Ecclesiology and the Place of the Church in the World, in: Anglican Theological Review, Vol. 100/2 (2018) 267–289.

Izbicki, Thomas M.: Saint Genevieve and the Anointing of the Sick, in: The Catholic Historical Review, 2018, Vol. 104/3 (2018) 393–414.

Kolb, Robert: Preaching on Luther's Hymn Texts in the Late Reformation, in: Lutheran Quarterly Vol. 34/1 (2020) 1–23.

Lewis, Harold T.: Unapologetic Apologetics: The Essence of Black Anglican Preaching, in: Anglican Theological Review, Vol. 101/1 (2019) 45–66.

O'Brien, John D.: Apocalypse Now: Preaching the Anagogical Sense of Sacred Scripture, in: Toronto Journal of Theology, Vol. 34/1 (2018) 35–46.

Petersen, William H.: Worship in Ecumenical Contexts: Impetus to Unity or Focus of Difficulty?, in: Journal of Ecumenical Studies, 2018, Vol. 53/2 (2018) 206–223.

Literaturbericht Liturgik
Deutschsprachige Länder 2020 (2019, 2018)

JÖRG NEIJENHUIS

I. Quellen

Die Evangelischen Kirchenordnungen des XVI. Jahrhunderts, begründet von Emil Sehling, fortgeführt von der Heidelberger Akademie der Wissenschaften, hg. v. Eike Wolgast. Generalregister, bearbeitet von Karin Meese. Mohr Siebeck: Tübingen 2020, 265 S.

Nun liegt das Generalregister vor für die Quellensammlung der Evangelischen Kirchenordnungen des 16. Jahrhunderts, die Emil Sehling 1902 begonnen hatte und die Heidelberger Akademie der Wissenschaften, zuletzt unter der Herausgeberschaft von Eike Wolgast, im Jahr 2017 mit dem 23. Band in insgesamt 30 Teilbänden beendet hat (vgl. JLH 58 [2019] 99f). Das Register aller Bände umfasst Personen, Orte und Sachen. Die Bearbeiterin Meese teilt im Vorwort mit, dass alle Bände digitalisiert worden sind und aus allen Bänden die vorhandenen Registereinträge übernommen wurden. Der große Zeitraum, in dem die Bände erarbeitet und die Register erstellt wurden, machte eine gewisse Angleichung der Begrifflichkeiten notwendig. Zudem war zu berücksichtigen, dass die Sachregister der vielen Bände mit unterschiedlichen Schwerpunktsetzungen, z.B. juristischen, verwaltungstechnischen, theologischen oder liturgischen, erfolgte. Eine gewisse Vereinheitlichung ist durchgeführt worden. Dasselbe gilt für die Schreibweise von Orten, Namen und Sachen; eine gewisse Vereinheitlichung war auch bei den Adelstiteln und den geistlichen Bezeichnungen notwendig. Als schwierig erwiesen sich ebenfalls die vielen Bezeichnungen kirchlicher Ämter, insbesondere in regionaler Hinsicht. Dem Nutzen dieses Generalregisters wird dadurch aber kein Abbruch getan, sondern im Gegenteil findet eine Aufwertung statt, da mithilfe dieses Generalregisters im ganzen „Sehling" nach Personen, Orten und Sachen recherchiert werden kann. Nach dem ersten Zugriff z.B. auf die Sache „Taufe", die mit Untereinträgen in 13 Spalten auf fünf Seiten zu finden ist, kann ja immer noch im jeweiligen Einzelband en detail weitergesucht werden. In dieser Hinsicht ist das Generalregister unersetzlich.

Kelly, Thomas Forrest: The Liber ordinarius of the Abbey of Saint Gertrude at Nivelles. Havard University, Houghton Library MS Lat. 422 (SFS 48). Aschendorff: Münster 2020, 468 S., 8 meist farbige Abb.

Dieses Manuskript der Abtei von Nivelles gelangte in private Hand, nachdem die Abtei im Zuge der Französischen Revolution 1789 aufgelöst wurde. 2008 kam es bei Sotheby's zur Auktion und die Havard University hat es für die Houghton Library gekauft. Das Kloster wurde 640 in Nivelles, im heutigen Belgien, als Frauenkloster gegründet. Das hier untersuchte Manuskript wird datiert auf Ende des 13. Jahrhunderts; es enthält eine Beschreibung der Liturgie und wichtige Dokumente. Kelly führt

Deutschsprachige Länder 2020 (2019, 2018) 153

zu Beginn nicht nur kurz in die Geschichte des Klosters ein, sondern auch in andere Texte, die überliefert wurden und im Kontext dieses Manuskriptes einzuordnen sind. Anschließend wird das Manuskript selbst untersucht und beschrieben: der Kodex, das Material, die Chronologie des Manuskripts; der Kalender, der Liber ordinarius für das Temporale, dann für die Festtage der Heiligen; dazu beigegebene Dokumente. Danach wird die Liturgiefeier nach dem Ordinarium ausführlich dargestellt in Hinsicht auf das Kirchengebäude und die feiernden Personen; anschließend der Kalender und die Feier der Liturgie für die Werktage sowie für die besonderen Festtage; die Frage, inwiefern die Feiern auch öffentlich waren; die Predigten, die Musik und auch die liturgischen Gegenstände, wie z.B. Kreuze oder Glocken. Als weiterer Text ist beigegeben eine Ordonanz aus dem 15. Jahrhundert.
Zuletzt wird der lateinische Text des Liber ordinarius ediert, zudem die genannten wichtigen Dokumente. Im Anhang sind acht Photographien zu sehen, die den Buchdeckel, je eine Seite aus dem Kalender, dem Incipit, einem Dokument etc. und eine Abbildung der Ordonanz wiedergeben.

Scarcez, Alicia: L'Antiphonaire Cistercien primitif d'apres les Cources musicales de 1136/1140. Le premier chant de Cîteaux retrouvé (SLS 47). Aschendorff: Münster 2020, 855 S., 12 teils schwarz-weiße, teils farbige Abb.
Der Begriff „primitif" im Titel meint die ersten und ältesten Antiphonen, die der sich neu formierende Zisterzienser-Orden gesungen hat. Robert von Molesme gründete 1098 in Citeaux den neuen Orden, 1109 übernahm Stephan Harding die Leitung und gab dem Orden mit der Carta Caritatis eine Verfassung, die 1119 von Rom bestätigt wurde. Bernhard von Clairvaux trat 1112 dem Orden bei und wurde 1115 Abt der neuen Klostergründung in Clairvaux; der Orden erfuhr durch sein Wirken die Reformen, die ihn bis heute prägen. In diesen Zusammenhang ist auch diese Publikation zu sehen. Scarcez hat verschiedene handschriftliche Quellen eingesehen und kann zeigen, dass die Quellen Zeugen zweier Entwicklungsschritte sind, die mit dem Wirken von Bernhard von Clairvaux zusammenhängen. Auch das Antiphonar sowie der Ordo zeugen von einer Vitalität des Ordens, der eine eigene Identität suchte, die sich von den Benediktinern unterscheiden sollte, aber gleichwohl in der Tradition gegründet blieb und gegründet bleiben wollte. Die Melodien aus Citeaux stellen einen Beitrag zur Geschichte des Gregorianischen Chorals dar. Die Fotos im Anhang dieser Publikation vermitteln einen optischen Eindruck von den Quellen.
Die Antiphonarien werden mit Noten und Text für die Sonn- und Festtage im Kirchenjahr sowie die Heiligengedenktage und mit den Commune-Texten ediert. Es folgen dazugehörige Übersichtstabellen, Incipits und ein Verzeichnis der Namen und Orte.

Weinrich, Lorenz (Hg.): Liber Quare/Das Buch Warum. Zur Liturgie im 11./12. Jahrhundert. Einleitung, Übersetzung und Anmerkungen (CCCM 60/CCT 33). Brepols: Turnhout 2020, 294 S.
Der Liber Quare ist eine Art Katechismus der Liturgie, weil er in Frage- und Antwortform gestaltet ist. Im Ganzen werden 253 Fragen und Antworten aufgeführt. Die lateinische Version wurde 1983 von Georg Polykarp Götz herausgegeben (CCCM 60) und liegt nun auch in deutscher Übersetzung von Lorenz Weinrich (CCT 33) vor. Die Fragen 1–118 behandeln die Zeit vom Sonntag Septuaginta bis Pfingsten, enthalten sind die entsprechenden Liturgien, aber auch die Sakramente der Taufe, Firmung und Eucharistie. Die Fragen 119–139 behandeln das Quatemberfasten und die Weihe der Kleriker, weil ihre Weihe auf festgelegte Samstage während des Quatemberfastens fielen. Die Fragen 140–154 behandeln Adventszeit bis Lichtmess, die Fragen 155–186 das

Offizium bei Tage, die Fragen 187–217 das Offizium bei Nacht. Die Fragen 218–241 erläutern die Hierarchie der Kleriker und die Fragen 242–253 die liturgischen Gewänder. In diesem Text finden sich Einfügungen, die vom 12./13. Jahrhundert bis ins 15. Jahrhundert reichen. Im Anschluss an den Liber Quare werden weitere Zusatztexte geboten, die auch aus dem 12./13. bis 15. Jahrhundert stammen, ihrerseits auf Fragen und Antworten eingehen und diese erläutern und ergänzen; darüber hinaus 96 unterschiedlich umfangreiche Texte mit Erklärungen, die nicht auf bestimmte Fragen des Liber Quare Bezug nehmen, sondern für sich selbst stehen. Die älteste Handschrift lässt sich auf das Jahr 1075 datieren, weitere 54 Handschriften stammen größtenteils aus dem 12. oder 13. Jahrhundert. Der Verfasser ist unbekannt, er hat aber als wesentliche Quelle den Liber officialis von 823 des Amalar von Metz verwendet. Das Werk ist wahrscheinlich im Gefolge der Kirchenreform Karls des Großen entstanden, weil in den neuen Diözesen und Pfarreien ein großer Informationsbedarf auch in Bezug auf die Liturgie vorhanden war. Folgende Register helfen den Text zu erschließen: Bibelstellen, Quellen (Liber officialis und andere), liturgische Formeln, liturgische Begriffe.

Corpus Christianorum. Series Latina CLX J (Supplementum): Corpus Orationum. Tomus XI (Supplementum): Collectarium Orationum Defunctorum, hg. v. Couillaud, Louis-Marie. Brepols Publishers: Turnhout 2020, 84 S.

Das *Corpus Orationum* umfasst zehn Bände; die zahlreichen Orationen für die Sterbenden und Verstorbenen werden mit diesem Verzeichnis zugänglich gemacht, indem unterschiedliche Suchkriterien gewählt worden sind. Im ersten Kapitel findet sich ein Verzeichnis von Orationen, die vor dem Tod, nach dem Tod und vor der Bestattung, während der Bestattung, während der Messe, für Verstorbenen und für verstorbene Kleriker gebetet wurden. Das Verzeichnis ist auf die zehn Bände bezogen, in denen die Gebete nummeriert sind, so dass z. B. die Bezeichnung VIII 5243 den achten Band und darin die 5243 Oration bezeichnet. Im zweiten Kapitel finden sich die *Initia Orationum* in alphabetischer Reihenfolge, im dritten Kapitel die Schlüsse der Orationen, also die letzten zwei oder drei Worte der Gebete. Im vierten Teil werden für die Messe die Gebete zum Hanc igitur, Memento, Post Sanctus, ante Orationem Dominicam, post Orationem Dominicam geboten. Eine Einleitung führt in die theologische Bedeutung der Totengebete ein.

II. Agenden, Lektionare, Gebetbücher

Evangelisches Gottesdienstbuch. Agende für die Union Evangelischer Kirchen in der Evangelischen Kirche in Deutschland (UEK) und für die Vereinigte Evangelisch-Lutherische Kirche Deutschlands (VELKD). Nach der „Ordnung gottesdienstlicher Texte und Lieder" (2018) überarbeitete Fassung. Im Auftrag des Präsidiums der UEK und der Kirchenleitung der VELKD herausgegeben von den Amtsbereichen der UEK und der VELKD im Kirchenamt der EKD. Evangelische Verlagsanstalt/Luther-Verlag: Leipzig/Bielefeld 2020, 872 S.

Das Vorwort informiert über die Veränderungen, die diese Fassung des Evangelischen Gottesdienstbuches erfahren hat. Der Anlass ist die neue Ordnung gottesdienstlicher Texte und Lieder (OGTL), die mit dem 1. Advent 2018 in Kraft getreten ist. Diese neue Ordnung ist im Lektionar und im Perikopenbuch veröffentlicht worden. Sie wird auch in den Liturgischen Kalender des Evangelischen Gesangbuchs aufgenommen werden, das derzeit gründlich überarbeitet wird und in der zweiten Hälfte dieses Jahrzehnts erscheinen soll. So legte sich die Überlegung nahe, ob nicht auch das Evangelische Gottesdienstbuch, das 1999/2000 erstmals publiziert wurde, ebenso gründlich überarbeitet werden sollte. Die beiden liturgischen Ausschüsse von UEK und VELKD haben sich für eine kleine Revision ausgesprochen; die beiden Kirchenbünde sind diesem Votum gefolgt. Das Ergebnis liegt nun mit diesem Buch vor; Folgendes wurde überarbeitet und verändert:

Die Proprien und alle Text- und Liedangaben der Sonn- und Feiertage sind auf die OGTL umgestellt worden. Auch die „unbeweglichen Feste und Gedenktage", die jetzt unter „weitere Feste und Gedenktage" firmieren, sind angeglichen worden. Die OGTL sieht Themenfelder vor, so dass die einstigen „besonderen Tage und Anlässe" entfallen sind und ihre agendarischen Tagesgebete sich nun in der „Textsammlung zur Auswahl" finden.

Die Psalmen für jeden Sonn-, Fest- und Gedenktag sind nun so eingerichtet, dass der Psalm als Gemeindegebet im Wechsel, aber auch als gesungener Introituspsalm verwendet werden kann. Für Letzteres ist weiterhin eine Antiphon beigegeben. Die Tagesgebete haben eine Durchsicht erfahren und manche sind durch neue Gebete ersetzt worden.

Der Ordinariumsteil ist fast unverändert geblieben. In Grundform I und Liturgie I wurde der Hallelujagesang vor das Evangelium gesetzt, wie er – liturgiegeschichtlich begründet – als Aufgesang zum Evangelium seine Bedeutung erhält. Das Lied der Woche oder des Tages folgt nun auf die Epistel, an das Lied schließt sich der Hallelujagesang an und darauf folgt die Verkündigung des Evangeliums. Einige Ausführungsvarianten liturgischer Gesänge sind ergänzt worden, so z.B. ein leichter singbares Straßburger Kyrie. Einige gesungene Präfationen sind den neueren Auffassungen über das gregorianische Singen angepasst worden und finden sich in der „Textsammlung zur Auswahl".

Als Buch liegt bislang nur die hier vorgestellte Taschenausgabe (19 cm x 14 cm) vor. Sie ersetzt die vorherige Taschenbuchausgabe, die seit Längerem vergriffen ist. Eine Altarausgabe wird es in der bisherigen Papierform nicht wieder geben; die Generalsynode der VELKD hat beschlossen, dass eine digitale Ausgabe des EBg zur Verfügung gestellt wird, da doch viele Personen, die Gottesdienste leiten, Ringbuchagenden verwenden. Das in der vorherigen Taschenbuchausgabe enthaltene Kapitel „Der Gottesdienst im Kirchenjahr. Einführung in das Proprium de tempore", seinerzeit von Karl-Heinrich Bieritz verfasst, wurde von Christian Lehnert überarbeitet. Auch das wertvolle Quellenverzeichnis – um die Neuerungen ergänzt – ist dem Buch wieder beigegeben worden.

Evangelische Michaelsbruderschaft (Hg.): Evangelisches Tagzeitenbuch. Vandenhoeck & Ruprecht: Göttingen 2020, 984 S.

Das erste Evangelische Tagzeitenbuch dieser Art erschien 1967, wurde in der vierten Auflage 1998 neu bearbeitet und als unveränderte 5. Auflage 2003 nochmals publiziert. Aufgrund der neuen Perikopenordnung ist es erneut überarbeitet worden und 2020 als 6. Auflage erschienen. Die täglichen Lesungstexte wurden dieser neuen Perikopenordnung angeglichen. Die bisherigen Ordnungen des Tagzeitenbuches wurden beibehalten, sind aber dem gegenwärtigen Gebrauch im Kloster Kirchberg angepasst worden. Eine Inhaltsübersicht sei hier gegeben: Der Kalender richtet sich nach dem Evangelischen Namenkalender; es folgen die Lesungen und Kollektengebete für alle Tage des Kirchenjahres. Daran schließt sich der Gebetsteil an: Für jeden Tag der Woche gibt es Gebete für den Morgen, den Mittag und den Abend und ein Kollektengebet; Gebete zu den Wochentagen und zu besonderen Zeiten des Kirchenjahres sowie thematisch orientierte Preces schließen sich an. Im nächsten Teil finden sich die Ordnungen für die Tagzeitengebete Matutin, Laudes, Sext, Vesper und Komplet. Es folgen noch besondere Ordnungen, wie z. B. eine Bußlitanei, die Feier des Abendmahls im Chorgebet oder der Reisesegen. Der folgende Teil umfasst die Stundenhymnen und Stundenpsalmen, Tagespsalmen sowie Wochenpsalmen im Kirchenjahr. Im Anhang werden Gesänge zu verschiedenen Anlässen aufgeführt, wie z. B. Schöpfungshymnen oder Halleluja-Gesänge.

Das Buch ist aufgrund der veränderten Papierstärke dicker geworden, die 6 Bändchen für die Auswahl der Psalmen, Lieder, Gebete etc. sind wieder vorhanden. Die Tagzeitengebete finden sich leichter, da auf dem Seitenrand äußerlich sichtbar eine schwarze Markierung direkt zu ihnen führt.

Gottesdienstbuch für die Evangelische Landeskirche in Württemberg. Zweiter Teil: Sakramente und Amtshandlungen, Teilband: Die Heilige Taufe. Hg. v. Evangelischen Oberkirchenrat, Stuttgart 2018, 136 S.

Die zuletzt 1989 überarbeitete Taufagende in der Evangelischen Landeskirche in Württemberg wurde nun erneut überarbeitet: „Grundgedanke der Überarbeitung der Taufagende ist es, die Taufe in verschiedenen gottesdienstlichen Situationen feiern zu können. Zum einen sollen die verschiedenen situativen Kontexte die Lebenswelt der Menschen in den Blick nehmen, zum anderen soll aber die Taufe als solche wiedererkennbar sein." (13) Darum werden in dieser Agendenausgabe die zentralen Handlungen mit den entsprechenden Worten als ein Kernmodul verbindlich festgelegt. Dazu gehören die trinitarische Taufformel, die Taufe mit Wasser, das Stiftungswort. Wesentliche Stücke für eine Tauffeier können hinzutreten: Schriftlesungen, Taufverkündigung, Deutung der Taufhandlung, Glaubensbekenntnis und die Absage an die Mächte des Bösen, Tauffrage, Segenswort mit Handauflegung, Taufspruch, Sinnzeichen (z. B. eine Taufkerze), Segnung der Eltern, Verantwortung der Gemeinde (sie wird an ihre Verantwortung für die Taufbegleitung erinnert). Neu in dieser Taufagende ist der Vorschlag, dass die Taufe auch in einem Gottesdienst in der Form der evangelischen Messe gefeiert werden kann (der übliche Sonntagsgottesdienst in Württemberg lehnt sich an den mittelalterlichen Prädikantengottesdienst an). Liturgische Formulare für Tauffeste sind vorhanden, auch für Taufen in der Osternacht und für Tauferinnerungsgottesdienste. Die Immersionstaufe wird als mögliche Form angeboten mit dem Hinweis, dass sie hiermit erstmalig seit der Reformation in der evangelischen Agendengeschichte vorliegt. Diese Taufagende sieht sich in der Spannung zwischen dem Verständnis der Taufe als Sakrament und dem Verständnis der Taufe als einer Kasualie. Letztendlich kommen immer beide Aspekte bei der Tauffeier zum Zuge: zum einen die göttliche Stiftung der Taufe, zum anderen der biographisch-lebensweltliche Bezug derjenigen Menschen, die getauft werden bzw. die einen Säugling oder ein Kind zur Taufe bringen. Beides wird in dieser Taufagende berücksichtigt durch die verwendeten Formulierungen wie auch durch die unterschiedlichen Gottesdienstformen, in denen eine Taufe vollzogen werden kann. Zuerst werden die herkömmlichen Gottesdienstformen aufgeführt: der selbständige Taufgottesdienst für die Taufe eines Kindes, entsprechend auch für einen Erwachsenen; die Taufe im Hauptgottesdienst mit der Taufe des Kindes vor der Predigt; die Taufe in der Messe und abschließend die Jäh- und die Nottaufe einschließlich der Bekanntgabe der Nottaufe eines Kindes im Gemeindegottesdienst. Es folgen Taufen in anderen gottesdienstlichen Zusammenhängen: im Kindergottesdienst oder in Gottesdiensten mit Kleinkindern, im Rahmen des Konfirmandenunterrichts, im Konfirmationsgottesdienst, im Traugottesdienst, im „Zweitgottesdienst" (die Agende S. 76f vermerkt, dass dieser Begriff problematisch sei, aus den Andeutungen der Gottesdienstbeschreibung geht hervor, dass es sich um alternative Formen des Gottesdienstes handelt, da ein Anspiel, eine offene Phase, auch Imbiss und Getränke bei einer Begegnungsphase erwähnt werden), im Gottesdienst im Grünen, bei Tauffesten, in der Osternacht. Für diese Liturgien steht eine große Auswahl an Texten zur Verfügung. Die Agende bietet auch eine ausführliche Einleitung, in der die Tauftheologie in ihren biblisch-theologischen und ekklesiologischen Aspekten sowie die Relation von Taufe und Glaube dargelegt werden. Weiter Gesichtspunkte sind: Taufe und Ökumene, Taufgespräch und Taufunterweisung, Kernhandlung, Musik und Lieder, Patenamt und Taufzeugen, Immersionstaufe (diese wird in ihren unterschiedlichen Formen beschrieben mit dem abschließenden Hinweis, dass der Oberkirchenrat dazu eine Handreichung erarbeiten wird), Jähtaufe und Nottaufe, Milieugesichtspunkte, Partizipation von Eltern und Paten, Tauftermine, Filmen und Fotografieren. Die Grundform der eigentlichen Taufliturgie in einem selbständigen Taufgottesdienst beginnt mit dem Stiftungswort und der Schriftlesung, der Taufansprache und der Deutung der Taufhandlung, dem Apostolischen Glaubensbekenntnis mit der Absage an die Mächte des Bösen, die der Täufer mit dem Sprechen des Glaubensbekenntnisses verbindet, es folgen die Tauffragen an Eltern und Paten, dann die Taufhandlung (N.N., ich taufe dich auf den Namen Gottes, des Vaters und des Sohnes und des Heiligen Geistes.), Segenswort mit Handauflegung, ggf. mit Kreuzzeichen, Taufspruch mit einem Sinnzeichen (z.B. Taufkerze), Segnung der Eltern, Verantwortungserinnerung der Gemeinde und Gebet nach der Taufe. Der Gottesdienst wird mit dem Fürbittengebet fortgesetzt. In den anderen Gottesdienstformen findet sich diese Ordnung sinngemäß wieder. In den Anhang sind weitere Texte aufgenommen worden, die für die Taufhandlung verwendet werden können, z.B. die Texte für die Kernhandlung der Taufe in englischer und französischer Sprache, Taufsprüche, Lieder zur Taufe, Texte für eine Tauferinnerung; drei ökumenische Erklärungen zur Taufe: die Leuenberger Konkordie von 1973, das Lima-Dokument von 1982 und die Magdeburger Erklärung zur wechselseitigen Anerkennung der Taufe von 2007. Als Letztes finden sich Hinweise zu den Quellen und zu anderen Taufagenden.

Gottesdienstbuch für die Evangelische Landeskirche in Württemberg. Zweiter Teil: Sakramente und Amtshandlungen, Teilband: Die kirchliche Trauung. Hg. v. Evangelischen Oberkirchenrat, Stuttgart 2020, 144 S.

Im Vorwort wird dargelegt, dass die kirchliche Trauung aufgrund der gesellschaftlichen Veränderungen in allerhand Widersprüchlichkeiten geraten ist. Während viele Paare und ihre Familien samt Freunden die Trauung als ein Fest der Familienreligion verstehen und begehen, „versteht die evangelische Kirche die kirchliche Trauung als öffentlichen Gottesdienst der Gemeinde, in dem die Gemeinschaft ihre Glieder in einer besonderen Lebenssituation begleitet, die individuelle Biographie in den großen Rahmen christlichen Lebens und des Planes Gottes stellt." (9) Diese Trauagende will nun beide Aspekten berücksichtigen. Die Tradition wird beachtet, aber ebenso Raum gegeben für individuelle Gestaltungsmöglichkeiten. Neu ist daher eine Liturgie für eine familienbezogene Trauung. Die Agende bietet eine umfängliche Einführung, in der es um das Verständnis der Begriffe Trauung und Ehe geht, um die kirchliche Trauung in Hinsicht auf die Traupraxis der Gegenwart, um das evangelische Ehe- und Familienverständnis, um das Verhältnis der kirchlichen Trauung zur standesamtlichen Eheschließung, um die Trauung Geschiedener sowie um interkonfessionelle und interreligiöse Trauung. Es folgen Abschnitte zum Traugespräch, zur Musik im

Traugottesdienst und zur Traupredigt. Rechtsfragen werden dargelegt (Fotografieren und Filmen, Trauungen anderer Konfessionen), Sinnzeichen und Riten werden erörtert und eine Darstellung der Liturgie als Kernhandlung sowie ein Abschnitt über Ehejubiläen geboten.

Sieben Trauformulare schließen sich an: der selbständige Traugottesdienst ohne Abendmahl; mit Abendmahl in oberdeutscher Form; in der Form der Evangelischen Messe; die konfessionsverbindende Trauung; Trauung mit einem geschiedenen Partner, mit einem nichtgetauften Partner; das neue Formular für eine familienbezogene Trauung und abschließend Ehejubiläen als selbstständiger Gottesdienst ohne Abendmahl und als eine Feier im Gemeindegottesdienst.

Zwei Formulare seien besonders vorgestellt, der selbständige Traugottesdienst sozusagen als „Normalfall" und die familienbezogene Trauung als Neuerung im Ensemble der Trauliturgien. Der selbständige Traugottesdienst wird mit Glockengeläut, Einzug unter Musik und dem trinitarischen Votum eröffnet. Es folgen eine Begrüßung, ein Lied und ein Psalmgebet mit Gloria Patri. Ein Eingangsgebet und ein Stilles Gebet schließen sich an. Darauf können eine Schriftlesung, z.B. der Trautext oder ein anderer biblischer Text, und ein Lied vor der Predigt folgen, in jedem Fall kommt nach dem Stillen Gebet der Trautext mit Predigt. Nach der Predigt kann ein Lied gesungen werden oder instrumentale Musik erklingen. Es folgen Deuteworte, also biblische Lesungen zur Ehe, und das Gebet zur Trauung. Das Brautpaar kommt nun zum Altar und es wird für das Paar gebetet. Die Traufragen können gestellt werden oder das Brautpaar kann sich ihren Inhalt auch gegenseitig als Trauversprechen geben. Es folgt der Zuspruch zur Trauung, gegebenenfalls kann sich das Brautpaar die rechte Hand reichen und der Liturg legt seine Hand auf die Hände des Brautpaares. Möglich ist nun die Ringübergabe. Es folgt der Trausegen, das Brautpaar kann dazu niederknien. Bislang war es in Württemberg üblich, dass das Brautpaar zur Segnung stand, aber zum anschließenden Fürbittengebet mit Vaterunser kniete. Neu ist auch, dass die Traubibel nicht vor dem Schlusssegen des Gottesdienstes, sondern nach dem Trausegen und vor dem Fürbittengebet überreicht wird. Der Traugottesdienst wird nach dem Vaterunser beschlossen mit Lied oder Musik, den Abkündigungen und dem Segen. Es folgt der Auszug unter Musik. Das Formular für die familienbezogene Trauung ist diesem Formular ganz ähnlich, doch es wird die Situation vorausgesetzt, dass das Paar schon länger zusammenlebt, Kinder hat und mit ihnen eine Familie bildet. Es gibt auch eine alternative Ordnung für Paare, die in einer Patchworksituation leben. Für diese Lebenssituationen wird ein Familiensegen ausgeführt. Nach der Übergabe der Traubibel kann sich die ganze Familie an den Händen fassen, der Liturg bzw. die Liturgin segnet die Familie mit erhobenen Händen oder mit Handauflegung.

Den Trauformularen folgen viele Texte zur Auswahl: Psalmen, Eingangsgebete, Schriftlesungen mit Einleitung, Gebete zur Trauung, Traufragen und -versprechen, Trausegen, Fürbittgebete. Im Anhang finden sich Texte der Kernhandlung in englischer, französischer und italienischer Sprache, eine Liste mit Trausprüchen und Liedern sowie ein Quellenverzeichnis. Auch die Mitglieder der liturgischen Kommission werden namentlich genannt.

Gottesdienstbuch für die Evangelische Landeskirche in Württemberg. Dritter Teil: Predigttexte. Hg. v. Evangelischen Oberkirchenrat, Stuttgart 2019, 616 S.

2006 legte die Evangelische Landeskirche in Württemberg ihre letzte Perikopenrevision vor, nun ist eine erneute Bearbeitung erschienen. Die Einführung informiert über Änderungen und Neuerungen, aber ebenso auch über beibehaltene Traditionen der württembergischen Landeskirche. Die biblischen Texte werden nach der Luther-

Deutschsprachige Länder 2020 (2019, 2018)

bibel 2017 wiedergegeben. Bisher waren die Lesungen im Gottesdienst so geordnet, dass ein Evangelientext und ein anderer Nicht-Evangelientext vorgelesen wurde. Nun kann der zweite Lesungstext frei gewählt werden, so dass sowohl zur Lesung als auch zur Predigt jeweils ein Evangelientext gewählt werden kann. Die Geschichte der Perikopenordnung wird nur in Stichworten wiedergegeben, weil sie im Perikopenbuch von 2006 ausführlich dargestellt wurde. Die württembergische Landeskirche folgte der letzten EKD-Revision der Perikopen von 1977/1978 weitgehend, aber nicht vollständig. An neun Stellen wurden andere Texte verwendet, es gab zudem andere Textabgrenzungen, auch eine eigene Marginalreihe. Zudem wurde die Continualesung für die Passionszeit nach Matthäus und Johannes beibehalten. Die Unterschiede zwischen Württemberg und der EKD vergrößerten sich noch einmal mit der Einführung des Evangelischen Gottesdienstbuches von 1999, da dort weitere Textänderungen vorgenommen wurden, so dass an etwa 300 Stellen Abweichungen zu verzeichnen sind. Die hier vorgelegte Perikopenrevision für die Sonn- und Feiertage ist mit derjenigen der EKD identisch. Die württembergische Marginalreihe blieb ebenso erhalten wie auch die Continualesungen, die aber nun auf alle vier Evangelien ausgeweitet wurden. In Württemberg wird wie bisher der 1. Mai und jetzt neu auch der 3. Oktober als weltlicher Feiertag mit einem Proprium versehen, was es in der EKD nicht gibt. Pikant ist der Hinweis, dass bei einigen Apostel- und Evangelistentagen die liturgischen Farben von denjenigen der EKD abweichen, weil die EKD sich an die katholische Tradition angelehnt habe. Es folgen der Abdruck des Perikopengesetzes vom 6. Juli 2019 und der liturgische Kalender. Für jeden Sonn- und Feiertag wird zuerst der sogenannte Rector des Sonntags angegeben, z.B. für den 1. Advent: der kommende Herr, oder für den Altjahrsabend: Zeit vor Gott. Darauf folgen der Wochenspruch, das Wochenlied und der Wochenpsalm, dann die sechs Predigtreihen einschließlich der Marginalreihe. Anschließend werden die Predigttexte im Wortlaut geboten, das heißt, sie sind hier für den gottesdienstlichen Gebrauch abgedruckt zu finden, und zwar in folgender Gliederung: Sonn- und Feiertage, allgemein begangene Tage (z.B. das Kirchweihfest), besondere Gedenktage (das sind die Apostel- und Evangelistentage), weitere kirchliche (z.B. Allerheiligen oder der Martinstag) und weltliche Tage (z.B. der 27. Januar als Gedenktag für die Opfer des Nationalsozialismus oder der 3. Oktober als Tag der deutschen Einheit). Im Anhang ist eine Übersicht über fortlaufende Predigtreihen als lectio semicontinua zu finden: die Passionsgeschichte nach allen vier Evangelien, Geschichten aus dem Alten und Neuen Testament, dann thematische Reihen, wie z.B. zu Versöhnung und Verständigung, die Heilige Taufe, das Abendmahl, Gottesglaube – Gottesbilder. Es folgen Texte zur Lebenswelt für jeden Sonntag, Texte zu Themenfeldern, wie z.B. zum Thema Arbeit, Bildung, Frieden etc., und mehrere Themenfelder zur Kirche: Leben und Auftrag (I), z.B. Ökumene, Kirchenversammlung, kirchliche Wahl; Taufe, Konfirmation, Trauung, Bestattung (II); Zeuginnen und Zeugen (III), z.B. Märtyrer und Märtyrerinnen, Lehrer und Lehrerinnen der Kirche, Politik und Gesellschaft. Mehrere Register schließen sich an: die Predigttexte in der Reihenfolge der biblischen Bücher mit dem Hinweis, an welchem Sonntag sie jetzt verortet sind und ggf. vorher waren; die weggefallenen Texte; ein alphabetisches Wochenliedverzeichnis und die Auflistung der Abkürzungen.

160 Literaturbericht Liturgik. Jörg Neijenhuis

III. Monographien und Sammelbände

Assmann, Jan: Kult und Kunst. Beethovens Missa Solemnis als Gottesdienst. Beck: München 2020, 272 S.

Assmanns Buch ist zum Beethoven-Jahr, in dem sein 250. Geburtstag gefeiert wurde, erschienen. Der Autor verbindet verschiedene Motive miteinander: wie die Kunst aus dem Kult entstanden ist; welche überragende Bedeutung Beethovens Missa Solemnis hat, obwohl sie oftmals im Schatten seiner 9. Symphonie steht und wenig gespielt und gewürdigt wird; dass auch diese Vertonung auf das letzte Abendmahl Jesu bzw. auf den entsprechenden Messtext zurückzuführen ist. Assmann legt eine Geschichte des christlichen Gottesdienstes und Aspekte seiner Vorgeschichte dar, um Beethovens Werk angemessen würdigen zu können. Er schreibt, dass Beethovens Missa Solemnis auf derselben künstlerischen Höhe anzusiedeln sei wie J. S. Bachs h-Moll-Messe, G. F. Händels Messias und W. A. Mozarts c-Moll-Messe. Dabei ist die Missa Solemnis eigentlich keine geistliche Musik, wie z.B. die Passionsmusiken Bachs, sondern liturgische Musik, weil sie den liturgischen Texten des Ordinariums nichts hinzugefügt hat. Beethoven habe es vermocht, ein Werk zu schaffen, das den Rahmen des Gottesdienstes (schon aufgrund der Länge) sprengt, und damit ein liturgisches Werk komponiert, das in den Konzertsaal gehört und das dort seine Wucht, seine geistliche, ja vielmehr liturgische Kraft nicht verliert. Assmann vergleicht die Missa Solemnis auch mit Michelangelos Moses, der Grabplastik im Grabmal von Papst Julius II, einer Figur, die die Größe von Michelangelos Können genauso zeigt wie die Fähigkeiten der Kunst, die weit über die Funktion einer Grabplastik hinausgehen. So sei es auch mit der Missa Solemnis von Beethoven. Assmann sieht dieses Werk in eine Reihe von Transformationen stehen, die mit dem Passahmahl beginnt. Jesus machte aus dem Passahmahl, das jährlich gefeiert wurde, ein Abendmahl zu seinem Gedächtnis, das wöchentlich, ja auch täglich gefeiert werden kann. Die zweite Transformation ist die festgelegte kanonische Form der Eucharistiefeier in Rom und im Frankenreich. Die dritte Transformation ist die mit großer Bedeutung aufgeladene Opfermahlzeit. Die vierte Transformation ist die Erfindung der Notenschrift und damit die Entstehung und Wiederholung des *ordinarium missae* als mehrstimmiges Musikstück. Die fünfte Transformation stellt Beethovens Missa Solemnis dar, weil sie als selbständiges Kunstwerk autonom ohne den gottesdienstlichen Bezug bestehen kann. Assmann geht also zuerst auf den Gottesdienst, auf die Liturgie von ihren Anfängen bei Jesus, Paulus und den Evangelisten ein, dann auf das Ordinarium Missae, um anschließend die Kunstwerdung der Messe als Geburt der abendländischen Musik zu beschreiben. Er befasst sich mit Beethovens Verhältnis zu seiner Missa Solemnis, mit Beethovens Schicksal und Glauben und bietet danach eine Werkbeschreibung. Abschließend hebt Assmann hervor, dass Beethoven selbst die Missa Solemnis als sein größtes Werk angesehen hat. „Die religiösen Gefühle, die Beethoven mit seiner Missa Solemnis erwecken und dauerhaft befestigen will, lassen sich als Empfindungen des Heiligen verstehen, dem der Mensch im Gottesdienst nahe kommt, und die sich nicht besser und allgemeingültiger zusammenfassen lassen als mit Rudolf Ottos Begriffen des ‚Mysterium tremendum' und ‚Mysterium fascinans'." (230) „Die *Missa* verwirklicht Beethovens Konzept ‚wahrer Kirchenmusik' in einer Form, die der hellsichtige Max Kalbeck 1872 bündig und gültig kanstatierte: ‚Sie ordnete sich nicht dem Dienst der Kirche unter, sondern nahm die Kirche selbst in sich auf.' Sie ist ‚heiliges Spiel' eigenen Rechts, Gottesdienst ohne Kirche, reiner Ausdruck religiöser Empfindungen." (238)

Augustin, George (Hg.): Eucharistie. Verstehen, leben, feiern. Festschrift für Kurt Kardinal Koch. Grünewald: Ostfildern 2020, 355 S., 50 Notenbeispiele.
Die Festschrift für Kurt Kardinal Koch zu seinem 70. Geburtstag stellt die Eucharistie und die Eucharistiefeier in den Mittelpunkt. Der Geehrte war nicht nur Professor für Dogmatik und Liturgiewissenschaft, dann Bischof von Basel und ist nun als Kardinal in Rom u. a. Präsident des Päpstlichen Rates zur Förderung der Einheit der Christen und damit für die Ökumene zuständig, sondern ihm geht es auch immer wieder darum, die Eucharistie zu verlebendigen, aus der die Kirche lebt. Der Herausgeber schreibt in seinem Vorwort: „Die Eucharistie ist die Summe des christlichen Glaubens und Kern und Mitte des christlichen Lebens. Sie ist auch die Grundlage des katholischen Kirchenverständnisses; denn die Kirche feiert Eucharistie als Quelle und Höhepunkt ihres Lebens. Die Kirche ist aus der Eucharistie geboren, und die Eucharistie formt die Grundlage, warum und wozu es Kirche gibt." (11) Die zahlreichen Beiträge wurden in folgende thematische Kapitel gefasst: Eucharistie und Herr, Eucharistie und die Gemeinde des Herrn, Eucharistie und der Tag des Herrn, Eucharistie und der Alltag der Christen. Die Beiträge beleuchten aus neutestamentlicher, kirchen- und theologiegeschichtlicher, dogmatischer, ökumenischer, liturgiewissenschaftlicher und praktischer Sicht die in sich vielfältige Eucharistie und ihre Feier.

Bauer, Tobias/Klie, Thomas/Kumlehn, Martina/Obermann, Andreas (Hg.): Von semiotischen Bühnen und religiöser Vergewisserung. Religiöse Kommunikation und ihre Wahrheitsbedingungen. FS Michael Meyer-Blanck (PThW 24). De Gruyter: Berlin 2020, 470 S.
Das akademische Werk Michael Meyer-Blancks wird mit dieser Festschrift in seiner großen praktisch-theologischen Bandbreite gewürdigt. Der Geehrte hat gegenwartsrelevante philosophische und kulturwissenschaftliche Ansätze in seinen praktisch-theologischen Aufsätzen und Büchern aufgenommen. Die Herausgeber schreiben in ihrem Vorwort: „Die Auseinandersetzung mit diesen Bezugstheorien ist dabei stets angeleitet von einem genuin theologischen Interesse, das sich eng mit dem Ringen um Wahrheit, Gewissheitserfahrung und Wahrhaftigkeit im Kontext religiöser Rede verbindet." (2) So wird diese Festschrift eröffnet mit zahlreichen Beiträgen zu Bedingungen der Wahrheitskommunikation in philosophischer, systematischer und praktisch-theologischer Perspektive. Dabei geht es um Gott und die Wahrheit; um die Wahrheit, die sich einstellt; um den Wahrheitsanspruch der Predigt; um die Wahrheitskommunikation an den Übergängen des Lebens; um die Wahrheitskommunikation in der gegenwärtigen Zeichenfülle und um die Zeichenstruktur von Peirce. Das zweite Kapitel bietet einige Beiträge zur kommunizierten Gewissheitserfahrung in Liturgie und liturgischer Bildung. Diese Beiträge thematisieren die liturgische Haltung zwischen Wort und Kult, die Sinnerfahrung in der Moderne, das Lehren und Lernen des Gottesdienstes, die Gebetsanrede im liturgischen Beziehungsgeschehen, den Glauben im Mittelalter und die multireligiösen Gottesdienste in der Öffentlichkeit. Im dritten Kapitel geht es um Evidenzerfahrungen und um die kritische Reflexion der Wahrheitsfrage von heute für die Religionspädagogik. Die zahlreichen Beiträge befassen sich z. B. mit den Grenzen religiösen Lernens, mit Fakten und Fakes in der digitalen Kultur, mit interreligiöser Bildung, mit didaktischen Perspektiven für den Religionsunterricht, mit ethisch-religiösen Bildungsprozessen, mit der Lehrperson im religiösen Bildungsprozess. Die Festschrift macht deutlich, wie weit das Feld in Bezug auf die Wahrheitskommunikation der Praktischen Theologie schon allein im Bereich der Liturgik und Religionspädagogik ist!

162 Literaturbericht Liturgik. Jörg Neijenhuis

Benini, Marco: Liturgische Bibelhermeneutik. Die Heilige Schrift im Horizont des Gottesdienstes (LQF 109). Aschendorff: Münster 2020, 574 S.
Die Liturgie ist durchdrungen von der Heiligen Schrift; das gilt nicht nur für den Sonntagsgottesdienst bzw. die Messe, sondern ebenso für die Kasualgottesdienste oder die Tagzeitengebete. Das Zweite Vatikanische Konzil hat in SC 24 festgehalten: „Von größtem Gewicht für die Liturgiefeier ist die Heilige Schrift." Somit „stellt sich die grundsätzliche Frage nach dem liturgischen Gebrauch der Schrift des Alten und Neuen Testaments: Wie geht die Liturgie mit der Heiligen Schrift um und vor allem, was bedeutet es, dass sie genau so mit ihr verfährt? Es gibt zweifelsohne nicht geringe Unterschiede, ob jemand die Schrift für sich, im stillen Kämmerlein' meditiert, sie mit wissenschaftlichen Methoden studiert oder ob er ihr in der Feier der Liturgie begegnet. Damit ist die Frage nach der Hermeneutik zentral." (11f) Das heißt, dass mit der Feier der Liturgie Texte der Heiligen Schrift erlebt und verstanden werden können. Aus dieser Feststellung ergibt sich die Zweiteilung dieser Untersuchung: Der erste Teil setzt sich mit der Verwendung der Schrift in der Liturgie auseinander. Der zweite Teil bietet eine systematische Zusammenschau der Reflexionen, die durch das Erleben der Schrift grundgelegt wurden. Daraus entwickelt sich eine liturgische Bibelhermeneutik. Nach dieser Einleitung befasst sich der erste Teil mit der liturgischen Verwendung der Heiligen Schrift. Die Lesungen der Messfeier im Kirchenjahr sowohl der römischen, aber auch der mailändischen und byzantinischen Liturgie werden dargestellt und ein Exkurs zu den Perikopenordungen der evangelischen Tradition und des altkirchlichen Lektionars angefügt. Exemplarisch für die Sakramentsfeiern werden die Lesungen der Krankensalbung untersucht, danach die Lesungen für die Tagzeitenliturgien. Anschließend befasst sich der Autor mit der Verwendung der Psalmen bei der Messe und bei der Tagzeitenliturgie, dann mit den Hochgebeten bei Sakramentsfeiern z.B. bei der Bischofsordination, dann mit den Orationen und Gesängen, z.B. den Hymnen der Tagzeitenliturgie vom Kreuz Christi und den Kommuniongesängen. Abschließend werden Handlungen und Zeichen dargestellt, die auf biblische Texte zurückzuführen sind wie die Fußwaschung, der Effata-Ritus oder die Bekleidung mit dem weißen Taufgewand. Der zweite, systematische Teil stellt in mehreren Schritten Dimensionen einer liturgischen Hermeneutik der Heiligen Schrift dar: Zuerst werden unterschiedliche Zugänge zur Schrift durch die liturgische Feier dargestellt, danach der liturgische Kontext als hermeneutischer Schlüssel zum Verständnis der biblischen Texte, dazu zählt z.B. auch die rituelle Gestalt der Wortverkündigung. Es folgten theologische Aspekte einer liturgischen Bibelhermeneutik: die Funktionen der Schrift in der Liturgie, die Anamnese der Schrift als Bezeugung des Heilshandelns Gottes, die Sakramentalität des Wortes Gottes, die gegenseitige Verwiesenheit von Wort und Sakrament/Eucharistie, die Einheit der Schrift im Pascha-Mysterium Christi, die pneumatologisch-epikletische Dimension des Wortes Gottes. Daran schließt sich die Darstellung der Rezeption der Schrift in der Liturgiefeier an. Abschließend werden in einer Zusammenfassung Ergebnisse und Perspektiven der Untersuchung geboten. Eine liturgische Bibelhermeneutik „ist keine rein theoretische Angelegenheit, sondern ist letztlich auf eine biblisch-liturgische Spiritualität ausgerichtet, die die Schrift betend und feiernd als Wort Gottes aufnimmt und im Leben umzusetzen sucht. Ziel ist es, durch die wiederholte Feier eine christliche Identität auszubilden, die sich aus Bibel und Liturgie speist." (467) Das Werk wird mit einem umfassenden Quellen- und Literaturverzeichnis – Bibelausgaben, liturgische Quellen, kirchliche Dokumente, weitere Quellen, Literatur und Register (Bibelstellen, kirchliche Dokumente, Personen, Sachen) – arrondiert, das alleine fast einhundert Seiten umfasst.

Bricout, Hélène/Kranemann, Benedikt/Pesenti, Davide (Hg.): Die Dynamik der Liturgie im Spiegel ihrer Bücher/La dynamique de la liturgie au miroir de ses livres. Festschrift für Martin Klöckener/Mélanges offerts à Martin Klöckener (LQF 110). Aschendorff: Münster 2020, 654 S.

Diese umfangreiche Festschrift für Martin Klöckener ehrt einen Liturgiewissenschaftler zu seinem 65. Geburtstag, der eine erfreuliche Vielfalt von Themen bearbeitet und immer wieder neu aufgegriffen hat. In der Einleitung schreiben die Herausgeber: „Martin Klöckener ist Liturgiewissenschaftler in einem ganz ‚klassischen' Sinne des Begriffs. Er bearbeitet sowohl historische wie theologische Fragestellungen der Liturgie und widmet sich immer wieder auch Problemen heutiger Praxis. Er ist (mit-)verantwortlich für die Herausgabe verschiedener renommierter Zeitschriften und Buchreihen, ist zugleich als Berater in diversen kirchlichen Kommissionen und Institutionen gefragt. Er ist auf dem ökumenischen Parkett ebenso präsent wie in der internationalen Welt der Forschung. Die Vielfalt der Liturgie und Liturgiewissenschaft lässt sich seinem Werk und seinem Engagement ablesen, mit dem er die Liturgiewissenschaft der Gegenwart maßgeblich mitprägt." (3) Die Autoren sind Kollegen und Kolleginnen, ehemalige Promovierende, katholische und evangelische, deutsch- und französischsprachige Forscherinnen und Forscher. Dementsprechend ist diese Festschrift zweisprachig erschienen. Die insgesamt 25 Beiträge mit der schon erwähnten Einleitung und einer Bibliographie von Martin Klöckener sind unter folgenden Themen geordnet: Inhalt und Materialität liturgischer Bücher im Laufe der Geschichte, Bücher zur Feier des Mysteriums zwischen Normen, Mentalitäten und dem Dialog mit den Kulturen, Reform der Bücher zur Vertiefung des Glaubensverständnisses. Beigegeben sind ein Autorenverzeichnis und ein Namen- und Sachregister.

Deeg, Alexander/Lehnert, Christian (Hg.): Stille. Liturgie als Unterbrechung (Beiträge zu Liturgie und Spiritualität 33). Evangelische Verlagsanstalt: Leipzig 2020, 177 S.

Kann es in einer Kirche des Wortes, also des Sprechens und Redens, überhaupt Stille geben oder hat – wie Alexander Deeg in seiner Einleitung fragt – „die Reformation die Stille aus dem Gottesdienst vertrieben? War die Reformation – angetrieben vom Pathos des Verstehens und der Mitteilung – ein Programm zur liturgischen Stillevermeidung?" (21) Dass Stille mehr ist als Nicht-Reden, wird in seinem Beitrag ebenso deutlich wie in den Beiträgen, die sich diesem Phänomen aus vielerlei Perspektiven nähern. Der Literaturwissenschaftlicher Hans Dieter Zimmermann unterscheidet Schweigen und Stille, der Systematische Theologe Oswald Bayer geht von der neuplatonischen Bildlosigkeit und vom biblischen Bilderverbot aus und fragt auf dieser Linie nach dem Schweigen. Der orthodoxe Theologe Daniel Benga stellt fest, dass liturgische Texte immer wieder vom Schweigen sprechen, aber im liturgischen Vollzug nicht geschwiegen wird. Die Praktische Theologin Maike Schult stellt die Stille dar als Gegenerfahrung zu Trauma-Erfahrungen, die oftmals mit innerem und äußerem Lärm verbunden sind. Der Praktische Theologe Peter Zimmerling befasst sich mit der Bedeutung der Stille bei den evangelischen Mystikern Gerhard Tersteegen und Dag Hammerskjöld. Die evangelische Theologin Katharina Wiefel-Jenner fragt nach der Möglichkeit der Stille im evangelischen Gottesdienst anhand von Rudolf Ottos Überlegungen zur Stille im Gottesdienst und verbindet diese mit den Ansätzen zur Stille bei den Berneuchenern und bei Odo Casel. Der Musiker und Musikwissenschaftler Uwe Steinmetz unterscheidet die induzierte, die reflexive und die schöpferische Stille im Gottesdienst und macht aus der Perspektive der Musik deutlich, wie diese Stille auf die Feiernden wirkt. Der Liturgiewissenschaftler Hanns Kerner geht von empirischen Studien zum Gottesdienst aus und fragt nach der Bedeutung der Stille im Gottes-

164 Literaturbericht Liturgik. Jörg Neijenhuis

dienst, die zur Schaffung einer besonderen Atmosphäre im Gottesdienst beiträgt. Anstelle eines Nachwortes beschreibt der Dichter und Theologe Christian Lehnert die Grenzen der Sprache mit Wittgenstein sowie mit seinen eigenen Erfahrungen: Schweigen und Stille, das Nicht-Mehr-Sagbare, was es aber gibt, kann allerhand Irritationen auslösen.

Feulner, Hans-Jürgen/Haslwanter, Elias (Hg.): Gottesdienst auf eigene Gefahr? Die Feier der Liturgie in der Zeit von Covid-19. Aschendorff: Münster 2020, 916 S.
Die beiden Herausgeber führen in das voluminöse Werk ein, indem sie die Ausbreitung des neuartigen Coronavirus SARS-CoV-2 und die darauf einsetzenden Restriktionen wie Hygienekonzepte, Ausgangssperren, Schließungen von Schulen, Geschäften etc. nachzeichnen. Die Fragen, wie eine Gottesdienstfeier unter Pandemiebedingungen (noch) möglich ist und wie insbesondere das Abendmahl / die Eucharistie gefeiert werden kann, haben viele Bestimmungen seitens der Kirchenleitungen sowie auch wissenschaftliche Beiträge hervorgerufen. Feulner erörtert in seinem Beitrag das Thema Liturgie und Hygiene in Geschichte und Gegenwart und zeigt, dass es z.B. schon im Mittelalter während der Pestepidemien Beschränkungen des gottesdienstlichen Lebens gegeben hat. Weitere Beiträge befassen sich mit der Bedeutung der Sakramente, mit der vollen Teilnahme am Gottesdienst in Zeiten von Covid-19 oder damit, wie die Teilnahme an Gottesdiensten in den USA gehandhabt wird. Beiträge, die die Maßnahmen während der Pandemie in verschiedenen Gegenden in Deutschland, Österreich und der Schweiz darstellen, darunter auch ein Beitrag für die evangelischen Landeskirchen und für das Zisterzienser-Stift Heiligenkreuz in Österreich sowie zwei konkrete Beschreibungen, wie mit den Hygienevorschriften vor Ort umgegangen wurde, schließen sich an, danach Beiträge aus weiteren europäischen Ländern sowie aus vielen Ländern weltweit, darunter auch ein Beitrag über das jüdische gottesdienstliche Leben während der Pandemie. Drei Beiträgen befassen sich mit konkreten Verfahren während der Kommunionausteilung und der Krankensalbung. Andere Beiträge behandeln die Umsetzung der Pandemiemaßnahmen der Kirchen der byzantinischen Tradition und der altorientalischen Kirchen. Im letzten Teil geht es um die Kirchenmusik resp. um das Singen. Anhänge bieten die Dokumente der Kongregation für den Gottesdienst und die Sakramentenordnung aus Rom, die Dokumente der Österreichischen Bischofskonferenz, die entsprechenden Dokumente aus Deutschland, darunter auch das Dokument der EKD, und die Dokumente der Schweizer Bischofskonferenz.

Feulner, Hans-Jürgen/Seper, Daniel (Hg.): 50 Jahre Liturgiewissenschaft und Sakramententheologie an der Universität Wien. Rückblicke – Einblicke – Ausblicke (ÖLSL 12). LIT: Wien 2020, 391 S.
Die Liturgiekonstitution des Zweiten Vatikanischen Konzils hat bestimmt, dass das Fach Liturgiewissenschaft zu den Hauptfächern an den Theologischen Fakultäten zu rechnen ist. Infolgedessen wurde 1967 in Wien das Fach Liturgiewissenschaft und Sakramententheologie gegründet. 2017, 50 Jahre später, fand eine Tagung statt, die sich der eigenen Geschichte des Lehrstuhls ebenso annahm wie sie Einblicke in die jetzige Arbeit gewährte und auch Ausblicke formulierte. Kurt Kardinal Koch eröffnete die Tagung mit einem Vortrag über die *Liturgie im Dienst der Einheit. Die Bedeutung der Liturgiewissenschaft für Theologie und Ökumene.* Der jetzige Lehrstuhlinhaber Hans-Jürgen Feulner referierte über das *Selbstverständnis einer bedeutenden theologischen Disziplin. 50 Jahre Liturgiewissenschaft und Sakramententheologie in Wien.* Dabei ging er auch auf seine beiden Vorgänger Johannes Heinrich Emminghaus (1967–1984) und Hansjörg Auf der Maur (1985–1999) ein. An diese Beiträge

schließen sich einzelne Rückblicke zu beiden früheren Lehrstuhlinhabern an, von ihren damaligen Assistenten Rudolf Pacik für Emminghaus und Harald Buchinger für Auf der Maur verfasst. Dorothea Haspelmath-Finatti trägt eine Werk- und Lebensbeschreibung von Hans-Christoph Schmidt-Lauber bei, der von 1977 bis 1996 evangelischerseits Professor für Praktische Theologie und als Liturgiewissenschaftler mit dem katholischen Lehrstuhl für Liturgiewissenschaft freundschaftlich verbunden war. Der zweite Teil der Publikation bietet Einblicke, die zum Gottesdienst und zur Kontemplation formuliert wurden; zwei weitere Beiträge befassen sich mit dem Status und den Methoden der Liturgiewissenschaft. Der dritte Teil enthält Ausblicke, z. B. unter den Fragestellungen, ob die Liturgiewissenschaft integrativ ist, wie liturgische Feiern überarbeitet werden, wie der Forschungsstand der Trauungsliturgie ist, und berichtet über das Forschungsprojekt der westlichen Orthodoxie. Verschiedene akademische Verzeichnisse, die Dokumentation der Tagung und das Autorenverzeichnis beschließen den Band.

Gigl, Maximilian: Sakralbauten. Bedeutung und Funktion in säkularer Gesellschaft (Kirche in Zeiten der Veränderung 3). Herder: Freiburg i. Br. 2020, 594 S., 29 farbige Abb. Obwohl in Deutschland Kirchengebäude aufgegeben werden und der Gottesdienstbesuch nachlässt, prägen immerhin 44 000 katholische und evangelische Sakralbauten Städte, Dörfer und Landschaften. Gigl untersucht auf theologischer und religionssoziologischer Basis, welchen Stellenwert diese Bauten in einer säkularen Gesellschaft haben. Theologisch stellt sich die Frage: Welche religiöse Bedeutung haben diese Bauten aus Sicht der jeweiligen Glaubensgemeinschaft, die diese Gebäude errichtet und nutzt? Religionssoziologisch stellt sich die Frage: Welche religiöse Bedeutung erhalten diese Gebäude von Menschen in der gegenwärtigen religiösen Situation in Deutschland als einer säkularen Gesellschaft und welche Rolle nehmen sie in ihrem Leben ein? Gigl führt beide Perspektiven zusammen: „Schließlich können diese Perspektiven aufeinander bezogen werden: Welche Bedeutungen können sakrale[n] Bauten angesichts der veränderten religiösen Situation prospektivisch für Glaube und Kirche zuerkannt werden? Das heißt: Welche Möglichkeiten für ein religiöses Selbstverständnis von Sakralbauten in der säkularen Gesellschaft ergeben sich religionsphilosophisch-theologisch?" (22) Leitend für die Untersuchung sind die Begriffe Sakralität und Säkularität. Der Begriff Sakralität wird zunächst allgemein, dann anhand der Begriffe Öffentlichkeit, Raum und Materialität definiert, danach aus der theologischen Perspektive, wobei zunächst die katholische Theologie bedacht wird und dann mit kurzem Seitenblick auch die protestantische, orthodoxe sowie die Theologie der Synagoge und Moschee. Der Begriff der säkularen Gesellschaft wird erhoben anhand der Religionssoziologen Luckmann, Luhmann, Casanova, Pollack, Taylor und Joas. Anschließend werden einige Ansätze aufgeführt, die versuchen, die Bedeutung der Sakralbauten in der säkularen Gesellschaft zu beschreiben. Es folgen zwei empirisch orientierte Kapitel: Das eine bündelt die Ergebnisse unter der Fragestellung, welche religiöse Bedeutung den Sakralbauten zugemessen wird. Das andere Kapitel ist eine empirische Untersuchung, die Gigl selbst durchgeführt hat an vier ausgewählten Konfliktfällen: eine Kirchenumgestaltung, eine Profanierung und Umnutzung einer Kirche, zwei Kirchenabrisse. Das nachfolgende Kapitel fasst die Ergebnisse der gesamten Untersuchung in 14 Thesen zusammen. Das letzte Kapitel hat den Titel *Häuser für den „obdachlosen Gott" – vier Bausteine zu einer Theologie des Sakralbaus in der säkularen Gesellschaft*. Die vier Bausteine sind: Sakralbauten sind Symbole in einer säkularen Gesellschaft; Sakralbauten bringen Nähe- und Distanzerfahrungen zum Göttlichen in der säkularen Gesellschaft zum Ausdruck;

Sakralbauten sind Bauten der Gratuität und damit nicht allein zweckrational in der säkularen Gesellschaft; Sakralbauten sind ein „offenes Grab" in der säkularen Gesellschaft, weil sie für manche säkularen Menschen ohne große Bedeutung sind, aber aus theologischer Perspektive trägt das offene bzw. leere Grab die Perspektive der Auferstehung in sich.

Hastetter, Michaela C./Lomidze, Givi (Hg.): Eins in der Taufe. Zur Frage von Taufe und Wiedertaufe im orthodox-katholischen Dialog (Theologische Orient & Ozident-Studien 2). EOS-Verlag: St. Ottilien 2020, 211 S.

Die Beiträge dieses Sammelbandes gehen zurück auf die zweite Ratzinger-Studienwoche, die im April 2019 in Wien stattfand. Es ging um die Einheit in der Taufe und um die Tatsache, dass manche Kirchen die Taufe anderer Kirchen nicht anerkennen und bei einer Konversion den Konvertiten erneut taufen. Die bislang ungelösten Fragen haben diese Studienwoche thematisch bestimmt. Die Beiträge werden in zwei Abteilungen dargeboten. Im ersten Teil geht es um die Taufe und Einheit bei Joseph Ratzinger/Benedikt XVI. Seine Tauftheologie wird entfaltet, Taufe, Glaube und Einheit der Kirche werden thematisiert, die altkirchlichen Quellen in den Taufpredigten Joseph Ratzingers/Benedikt XVI. hervorgehoben, Taufe und Vergöttlichung als ökumenische Hoffnung und Möglichkeit herausgearbeitet. Im zweiten Teil geht es um neue Vergewisserungen zu Taufe, Taufpraxis und zur Frage der Wiedertaufe. Es werden die neutestamentlichen Taufberichte und der Philipperhymnus dargestellt, die Herausforderungen für die liturgische Praxis in Ost und West formuliert, die Auseinandersetzungen mit Taufe und Wiedertaufe im altkirchlichen Ketzertaufstreit nachgezeichnet und die Praxis der Wiedertaufe unter besonderer Berücksichtigung der griechischen Orthodoxie beschrieben.

Herbers, Klaus/Sinperl, Matthias (Hg.): Das Buch der Päpste – Liber pontificalis. Ein Schlüsseldokument europäischer Geschichte (RQ.S 67). Herder: Freiburg i. Br. 2020, 496 S., zahlreiche, meist farbige Abb.

Der Liber pontificalis ist eine Sammlung von Papstviten. Er wird in diesem Sammelband vorgestellt, analysiert und gedeutet als ein Schlüsseldokument der europäischen Geschichte. Die Beiträge wurden auf einer Tagung im November 2018 gehalten, die interdisziplinär ausgerichtet war: Theologie, Philologie, Geschichte, Archäologie, Liturgie, Kunstgeschichte waren vertreten. Der Liber pontificalis war durchaus verbreitet und diente Bischöfen und Klöstern als Nachschlagewerk, wie etwas, z. B. in der Liturgie, richtig zu handhaben war. Denn die Viten enthielten vornehmlich die Gesta, die Taten und Handlungen der Päpste; diese Gesta waren Vorbilder für das eigene Handeln. In den Beiträgen werden zunächst die Textgenese und die Funktionen des Liber beschrieben, es folgt eine Darstellung des Liber als Quelle und Erinnerungsträger, danach wird sein Kontext zu anderen Vitendokumenten aufgezeigt und verglichen und es wird auf die Rezeption eingegangen. Abschließend folgen Beiträge zur Forschungsgeschichte und zu Editionen des Liber pontificalis.

Herzig, Ferenc: Unsinn zur Unzeit. Ein Dialog mit Gilles Deleuze über „Ereignis" im homiletischen und liturgischen Horizont (EKGP 6). Vandenhoeck & Ruprecht/Echter: Göttingen/Würzburg 2020, 264 S.

In dieser Dissertation geht es um das Ereignis. Schon die Frage, was denn ein Ereignis sei, führt nicht zu dem, was ein Ereignis ist, wenn denn ein Ereignis erlebt wird. Die Was-Frage setzt eine Ontologie voraus; hier geht es mit Deleuze eher um eine Begriffs*klärung* denn um eine Begriffs*erklärung*. Denn ein Ereignis ist eher ephemer, unerwartet, unmachbar. Aber eben auch nicht immer. Bei Deleuze geht es auch nicht darum, auf Fragen Antworten zu formulieren, sondern die Frage zu befragen.

So stellt Herzig zuerst das Denken von Deleuze in Bezug auf das Ereignis und die Zeiten vor, danach das Ereignis in der Sprache von Logik, Sinn und Unsinn mit den erkenntnistheoretischen Exkursen zu Frege, Russell, Husserl und Meinong. Der zweite Teil befasst sich mit dem Gebrauch dieses Wortes „Ereignis" in der Theologie, dann folgt die Darstellung des Gottesdienstkonzepts anhand der Zeitdimension von Peter Brunner – die ewige Wiederholung des Gottesdienstes – und von Karl-Heinrich Bieritz mit der spielerischen Wiederholung des Gottesdienstes. Dasselbe führt Herzig anschließend für die Predigt durch, einmal anhand der Homiletik von Wilhelm Gräb am Sinnbegriff, dann anhand der von Martin Nicol entwickelten Dramaturgischen Homiletik, wobei in dieser Homiletik nicht Sinn, sondern Ereignis im Mittelpunkt steht. In jedem Fall ist dem Ereignis eine eigentümliche Dialektik eigen, sei es in der Liturgie, sei es in der Predigt. „In einer wie hier entwickelten poststrukturalistischen Praktischen Theologie werden Begriffe nicht ohne ihr inhärent Unerwartetes, ihre je eigene Differenz zu sich selbst gefunden. Keine Klammern, die ihre Formeln auflösen, sondern entzogen halten, was darinnen wuchert. So kann mit Deleuze dem Gottesdienst und der Predigt wieder mehr zugetraut werden, bedeuteten beide auch, Gott selbst und der Begegnung mit ihm selbst etwas zuzumuten. Rhizomische Theologie hieße dann, Gott zuzulassen, und zwar nicht als wissenschaftlichen Faktor, doch aber als Unbekannte X." (250)

Hoff, Gregor Maria/Knop, Julia/Kranemann, Benedikt (Hg.): Amt – Macht – Liturgie. Theologische Zwischenrufe für eine Kirche auf dem Synodalen Weg (QD 308). Herder: Freiburg i. Br. 2020, 319 S.

Der Missbrauchsskandal in der römisch-katholischen Kirche erschüttert diese nicht nur, sondern wirft auch Fragen nach Amt, Macht und (Kirchen-)Recht auf und hat zur „Kirche auf dem Synodalen Weg" geführt. Die Amtsmacht zeigt sich in vielfältiger Weise in der Feier der Liturgie. „Die Liturgie liefert den primären Anschauungsraum für gelebte Macht in der Kirche: für ihre Codes, ihre Praktiken, ihre Plausibilitäten. Hier performiert sich katholische Sakralmacht – in ihren starken Ausdrucksseiten wie in ihren problematischen Inszenierungen." (11) Zahlreiche Beiträge nehmen dieses Problemknäuel in den Blick, nicht nur für geweihte Priester, sondern auch für Laien, denn auch diese üben z.B. mit Laienpredigten und der Leitung von Wort-Gottes-diensten Macht aus. In den Beiträgen geht es zum einen um die Ästhetik der Macht im Raum der Liturgie – z.B. wer steht wo am Altar, wer darf welche liturgischen Gewänder tragen –, und zum anderen um die Logik der Macht im Horizont theologisch-kirchlicher Dispositionen, da Priester ja an Christi Statt fungieren.

Hoff, Victor vom: Osternachtfeiern als liturgisches Ritual. Die Erschließung der „Herzmitte des Kirchenjahres" in ritualtheoretischer Perspektive. Evangelische Verlagsanstalt: Leipzig 2020, 302 S.

Die von Victor vom Hoff vorgelegte Untersuchung erschließt die Osternachtfeier, die er als „Herzmitte des Kirchenjahres" qualifiziert, aus ritualtheoretischer Perspektive als liturgisches Ritual. Dazu gliedert der Autor die Untersuchung in zwei Teile: Zuerst wird der Gottesdienst als liturgisches Ritual vorgestellt, um dann im zweiten Teil die Gestalten der Osternachtfeiern darzulegen.

Im ersten Teil präsentiert vom Hoff – ausgehend vom Begriff Ritual – die bisherige Rezeption von Ritualverständnissen in der Liturgiewissenschaft. Nachdem er die älteren Verständnisse dargelegt hat, lässt er die neueren Ritualtheorien folgen. Letztere sind mehrdimensional angelegt, so dass der Autor sowohl anthropologische, soziokulturelle, ethisch-dynamische, transzendente, performative als auch strukturelle und reflexiv-kritische Dimensionen der Rituale vorstellt.

Im zweiten Teil wird eine Art Ritualgeschichte der Osternachtfeiern von den biblischen Anfängen über ihre Entwicklung in der frühen Christenheit, im Mittelalter, in der Reformationszeit und den nachfolgenden Jahrhunderten bis hin zur Wiederentdeckung der Osternacht im 20. Jh. vorgelegt. Abschließend werden evangelische Osternachtagenden beschrieben, die derzeit Gültigkeit beanspruchen. Auch einige Entwürfe für Osternachtfeiern, die als Ratgeber- und Materialliteratur von Privatpersonen erarbeitet worden sind, werden vorgestellt. Aus empirischer Perspektive werden zwei Umfragen zur Praxis von Osternachtfeiern reflektiert. Die Daten dazu finden sich im Anhang zu dieser Untersuchung. Anschließend werden gleichbleibende Grundelemente der Osternachtfeier hinsichtlich ihrer liturgiegeschichtlichen Bedeutung und in ihrer Funktion für die Feier selbst vorgestellt. Es folgt eine Schlussbetrachtung.

Kaiser, Andreas Peter: Das lateinisch-deutsche Altarmessbuch (1965). Der vergessene Schritt in der Umsetzung der Liturgiereform (Pius-Parsch-Studien 17). Herder: Freiburg i. Br. 2020, 404 S.

Nachdem das Zweite Vatikanische Konzil mit der Konstitution Sacrosanctum Concilium im Jahr 1963 eine Reform der Messfeier beschloss, wurde auf der deutschsprachigen Bischofebene die Umsetzung in ein bilinguales Messbuch, also sowohl in lateinischer als auch in deutscher Sprache, begonnen. Zuerst wurde der „Schott", das Volksmessbuch mit deutscher Übersetzung versehen. Die Idee, ein lateinisch-deutsches Altarmissale zu schaffen, fand bei den Bischöfen Zustimmung. Es wurde erarbeitet und als dreibändiges Interims-Missale 1965 veröffentlicht. Diese Interims-Lösung wurde abgelöst durch das lateinische Altarmissale, das von Rom für die ganze Weltkirche 1970 veröffentlicht wurde und 1975 als lateinisch-deutsches Altarmissale zur Verfügung stand.

Kaiser zeichnet in seiner Untersuchung anhand von Dokumenten nach, wie von der Idee bis hin zur Verwirklichung des Interims-Messbuches Schritt für Schritt vorgegangen wurde. Ein kurzer Abriss beginnend mit dem Trienter Konzil und seinen Reformen bis hin zur Darstellung der internationalen liturgischen Kongresse zeigt die Entwicklung auf, die zur Reform des Zweiten Vatikanischen Konzils führten. Die entsprechenden Dokumente und ihr Kontext werden angezeigt, um anschließend die Entstehung des Missale zu beschreiben. Ein weiteres Kapitel befasst sich mit der Übersetzungsarbeit. Der ausführliche Anhang ermöglicht ein gezieltes Suchen nach Einzelschriften, Personen, Dokumenten, Quellen etc.

Kämpf, Jürgen: Fronleichnam in Fritzlar. Frühe Anfänge und exemplarische Entwicklung eucharistischer Verehrung (1267–1803) (Kirchengeschichtliche Quellen und Studien 1). Universitätsverlag Hildesheim/Olms: Hildesheim 2020, 230 S., 18 farbige Abb.

Das Fronleichnamsfest ist wohl das katholischste aller Feste. Entstanden ist es im 13. Jahrhundert aufgrund von Kontroversen um die Gegenwartsweise Jesu Christi in den Gestalten Brot und Wein. In der katholischen Bevölkerung erfreut sich dieses Fest großer Beliebtheit, und der Autor, der als katholischer Kaplan in Fritzlar tätig war und dort das 750. Jubiläum des Fronleichnamsfestes im Jahr 2017 miterlebte, nahm dies zum Anlass, die Geschichte des Fronleichnamsfestes in Fritzlar zu erforschen. Zuerst stellt er den zweiten Abendmahlsstreit und seine Auswirkungen auf das Eucharistieverständnis sowie die eucharistische Frömmigkeit des Mittelalters dar, dazu gehört die Beginenmystik wie auch die Schaufrömmigkeit. Es sind zwei Gründe, die das Fronleichnamsfest Gestalt annehmen ließen: die theologische Deutung der Gegenwart Jesu Christi in Brot und Wein und das Verlangen der Menschen nach der Nähe des Herrn, nach seiner Präsenz. Es folgt anhand von Quellen die Darstellung der Einführung des Fronleichnamsfestes in Fritzlar am Stift St. Peter. Danach wird das Fronleichnamsoffizium von Thomas von Aquin vorgestellt. Papst Urban IV. hat das Fronleichnamsfest 1264 für die ganze Kirche eingesetzt, es wurde aber erst nach dem Konzil von Vienne (1311–1312) rezipiert. Gleichwohl ist es aufgrund besonderer Umstände in Fritzlar schon 1267 eingeführt worden. Papst Urban IV. hatte Thomas von Aquin beauftragt, ein Offizium für das Fronleichnamsfest zu erarbeiten. Der Autor untersucht die Hymnen und Sequenzen von Thomas von Aquin, anschließend diejenigen in den Fritzlarer Handschriften. Das nächste Kapitel geht der Zeit der Reformation und der Gegenreformation in Fritzlar nach, anschließend stellt Kämpf die Förderung der eucharistischen Frömmigkeit im nachtridentinischen Zeitalter durch die Bruderschaften, z.B. durch die Corpus-Christi-Bruderschaft, in Fritzlar dar. Diese Bruderschaft lässt sich bis Ende des 19. Jahrhunderts in Fritzlar nachweisen.

Knop, Julia/Kranemann, Benedikt (Hg.): Segensfeiern in der offenen Kirche. Neue Gottesdienstformen in theologischer Reflexion (QD 305). Herder: Freiburg i. Br. 2020, 359 S.

Neben den traditionellen Segensfeiern und -anlässen haben sich in den letzten Jahrzehnten neuere Segensfeiern in den Kirchen etabliert. In diesem Sammelband werden Segensfeiern in der römisch-katholischen Kirche zunächst als Praxismodelle vorgestellt und danach aus verschiedenen Perspektiven theologisch reflektiert. Die Beiträge werden eingeleitet durch eine grundlegende Erörterung zum Segen: Er wird verstanden als Kraftvermittlung und Heilsraum Gottes. Anschließend werden die Theologie und die Praxis des Segens bedacht und ritualtheoretische Überlegungen vorgestellt. Es folgen die Praxismodelle: Segensfeiern am Lebensanfang, zur Einschulung, bei Jugendritualen für Konfessionslose, im Krankenhaus, am Valentinstag, für Wiederverheiratet-Geschiedene und für gleichgeschlechtliche Partnerschaften. Danach wird reflektiert über den Segen des Heiligen, über Rituale zwischen Design und Tradition, über die Kirchenbilder und ihr Segensverständnis, über Sakrament und Segen, über den gescheiterten Segen, über Segen und Gnade, über Segen und Moral, über kirchenrechtliche Anmerkungen zur Segnung gleichgeschlechtlicher Paare.

Kopp, Stefan (Hg.): Kirche im Wandel. Ekklesiale Identität und Reform (QD 306). Herder: Freiburg i. Br. 2020, 460 S.

Es stellt sich immer wieder die Frage, wie Wandel beurteilt wird: als Verfall von Kirche und Gesellschaft oder als ein Prozess, der normal und selbstverständlich ist, weil er zum Leben unabdingbar dazugehört. Wenn sich das Leben wandelt und entwickelt, wird das Auswirkungen auf Kirche und Gesellschaft haben. Die Beiträge des Sammelbandes nehmen sich dieses Phänomens aus ganz unterschiedlichen Perspektiven an. Eröffnet wird das Buch mit vortheologischen Wahrnehmungen. Renate Köcher, Geschäftsführerin des Instituts für Demoskopie Allensbach, beschreibt die sich derzeit vollziehenden Veränderungen in unserer Gesellschaft. Michael N. Ebertz, Professor für Sozialpolitik und kirchliche Sozialarbeit, beschreibt die Entgrenzung des kirchlichen Feldes in der Gegenwart. Der Philosoph Koritensky beleuchtet das Verstehen der Veränderungen als philosophisches Problem. Es folgen Beiträge aus biblisch-historischer Perspektive, die das wandernde Gottesvolk, andere neutestamentliche Perspektiven und die Reform als Strukturprinzip der Kirche beleuchten. Beiträge aus systematisch-theologischer Perspektive schließen sich an, z.B. geht es um göttliches Recht und dogmatischen Wandel, um Tradition und Innovation, um einen Neuaufbruch in der Religionstheologie, um sogenannte Modernisierung. Zum Schluss folgen einige Beiträge aus praktisch-theologischer Sicht: Ist das Kirchenrecht als ein Fels in der Brandung oder als Wegbereiter der Veränderung zu sehen? Können

170 Literaturbericht Liturgik. Jörg Neijenhuis

Strukturen und Menschen verändert werden? Wie gestaltet sich der Abschied von der Macht? Es finden sich darunter auch zwei Beiträge aus dem Blickwinkel der Liturgiewissenschaft. Der Herausgeber Kopp stellt gesamtkirchliche und ortskirchliche liturgische Reformen vor und erläutert, wie es zu Reformen aufgrund liturgischer oder theologischer Einsichten kam oder wie Reformen auf veränderte pastorale Situationen reagierten, so dass liturgische Reformen ein Dauerauftrag der Kirche sind. Winfried Haunerland fragt nach den Gottesdiensten im zweiten Programm und danach, warum Liturgiereformen nicht reichen. Er formuliert in zehn Thesen, um was es dabei geht oder eben auch nicht gehen kann. Dass die Feier der Eucharistie und der anderen Sakramente der Kirche von Gott aufgetragen ist, bedeutet, dass diese Feiern ständiger Aufmerksamkeit bedürfen. Gleichwohl finden viele Getaufte keinen rechten Zugang mehr zu diesen Feiern. Gottesdienste im zweiten Programm haben vielleicht durch Experimente den Zugang zum gottesdienstlichen Handeln gefunden, und neben den offiziellen Gottesdiensten gab es immer Feiern, die auf Herausforderungen reagierten. Gleichwohl dürfen diese Gottesdienste keine Angebote sein, die als Produkt konsumiert werden. Abschließend These 10: „Wie Sammlung und Sendung zur Kirche gehören, so ergänzen sich Liturgie, die primär dem Aufbau der Kirche dient, und religiös-rituelle Handlungen, die primär als Dienst an der Welt verstanden werden." (373)

Kopp, Stefan/Krysmann, Benjamin (Hg.): Online zu Gott? Liturgische Ausdrucksformen und Erfahrungen im Medienzeitalter (Kirche in Zeiten der Veränderung 5). Herder: Freiburg i. Br. 2020, 236 S.

Die Tagung, auf der die Beiträge dieses Buches vorgetragen wurden, ist vor der Corona-Pandemie geplant und im Oktober 2019 während der Pandemie durchgeführt worden. Die Beträge bekamen dadurch eine Aktualität, die bei Planung der Tagung nicht vorhersehbar war. Schnell wurde aber deutlich, dass es in Gemeinden kaum ein Problem zu sein schien, Messen, Gottesdienste, Osternächte, Andachten etc. per Livestream zu übertragen oder als Video ins Internet zu stellen. Dass damit viele Fragen verbunden sind, zeigte sich schon bald in der dann beginnenden Diskussion, es eröffnete sich also ein neues Forschungsfeld. Dabei ist die Frage nach der Übertragung von Gottesdiensten durch Medien nicht neu; sie stellte sich nach dem Zweiten Weltkrieg, weil Gottesdienste im Fernsehen übertragen wurden, nachdem ja schon seit Langem im Radio auch Andachten gehört werden konnten. Insbesondere für die katholische Kirche stellt sich nun offenbar die Frage neu, wie es um das Verhältnis von Priester und Gemeinde bestellt ist, wenn der Priester die Messe allein feiert und die Gemeinde zuhause per Livestream „zuschauen" darf. Denn die Alleinfeier der Messe ohne Gemeinde gilt als obsolet und als durch das Zweite Vatikanum überwunden, weil nicht der Priester allein, sondern die Gemeinde Trägerin der Messe sei. Es stellt sich auch die Frage nach der Kommunikation, die jetzt nicht körperlich direkt, sondern über den Livestream einseitig vom Priester zur digitalen Gemeinde verläuft. Der Band bringt grundlegende Überlegungen zu Wort: die Standpunkte zu Kirche und Medien werden dargestellt, dann folgen Reflexionen zu Liturgie und Digitalität, abschließend werden Einblicke in Praxisfelder gegeben und ein Beitrag befasst sich mit der aktuellen Diskussion um die digitale Übertragung von Gottesdiensten.

Koslowski, Jutta/Wagner, Jochen (Hg.): Ökumenische Spiritualität (ÖR.B 128). Evangelische Verlagsanstalt: Leipzig 2020, 153 S., 6 schwarz-weiße Abb.

Spiritualität ist nicht nur ein großer Trend, sondern auch eine Schatzkammer der Kirchen, denn eine große Vielfalt zeichnet die Spiritualität aus. Das Beiheft zur Ökumenischen Rundschau bietet eine Gegenwartsanalyse der Spiritualität an. Zuerst wird gefragt, was denn überhaupt eine christliche Spiritualität ist. Anschließend kommen die konfessionellen – orthodoxe, römisch-katholische, evangelische und freikirchliche – Perspektiven in den Blick. Drei konkrete Beispiele werden beschrieben: die monastische Spiritualität, ökumenische Exerzitien und postmoderne Spiritualität, die sich vorrangig durch Individualisierung und Erfahrungsbezogenheit auszeichnet. Abschließend hält Koslowski Grundzüge einer ökumenischen Spiritualität fest. Spiritualität ist zu allererst eine Erfahrung, die sich im ökumenischen Kontext christlicher Kirchen wie auch in interreligiösen Begegnungen zeigt. Sie hat einen irenischen Zug und kann Menschen in mystischer Weise verbinden. Das ist nicht leicht in Worte zu fassen, leichter ist es jedenfalls, konkurrierende Wahrheitsansprüche kognitiv zum Ausdruck zu bringen und Trennendes hervorzuheben. Einer ökumenischen Spiritualität geht es dagegen um eine gelebte, erfahrungsbezogene Spiritualität, die die Spiritualität anderer Kirchentraditionen achtet, mit der vielleicht sogar neue Glaubenserfahrungen gemacht werden können. Denn Koslowski geht davon aus, wie auch manche Kirchenverlautbarung es hervorhebt, dass trotz der vielen Trennungen innerhalb der Christenheit diese Trennungen doch nicht bis in die christliche Wurzel hineinreichen.

Krannich, Conrad: Recht macht Religion. Eine Untersuchung über Taufe und Asylverfahren (Kirche – Konfession – Religion 76). Vandenhoeck & Ruprecht 2020, 386 S.
Iranische Christen und Christinnen fliehen aus dem Iran, weil sie dort verfolgt werden. Es gibt Religionsfreiheit im Iran – aber nur für solche angestammten christlichen Kirchen, die schon vor der Iranischen Revolution 1979 im Lande ansässig waren, wie z. B. die Apostolische Assyrische Kirche des Ostens. Seit Jahrzehnten entwickelt sich sozusagen ein illegales Christentum in illegalen Hauskirchen. Sie werden gebildet von Menschen aus muslimischen Familien, die sich durch die staatlichen Repressionen von der schiitischen Mehrheitsgesellschaft entfremdet haben. Diese Menschen werden verfolgt, weil sie nach der Ansicht des Irans eine Gefahr für die nationale Sicherheit darstellen und die gesellschaftliche Integrität gefährden. Wenn sie nach Deutschland geflüchtet sind und hier Asyl beantragen, sich einer Kirche anschließen und sich taufen lassen wollen (falls sie nicht schon in den Hauskirchen getauft worden sind), beginnen viele Schwierigkeiten, die die staatlichen Ämter, die Medien und vielleicht auch so manche Pfarrperson so formulieren: Handelt es sich um ein echtes Begehren nach der Taufe oder wird das Christsein nur vorgeschoben, damit dem Asylantrag stattgegeben wird? Dass die Frage nach Glaube und Taufe so einfach nicht zu beantworten ist, weil die Frage nach der Glaubwürdigkeit damit verknüpft wird (und danach wird bei deutschen Menschen, die sich als Erwachsene oder als Jugendliche während der Konfirmandenzeit taufen lassen wollen, eben nicht gefragt), liegt auf der Hand. Krannich untersucht deshalb zuerst den iranischen Protestantismus bzw., wie Personen im Iran zum Christsein kommen. Danach analysiert er das Asylverfahren und stellt den Konflikt zwischen Staat und Kirchen bei der asylrechtlichen Überprüfung von Konvertiten dar, um zum Schluss tauftheologische Überlegungen vorzulegen.

Latinovic, Vladimir: Christologie und Kommunion, Bd. 1: Entstehung und Verbreitung der homoousianischen Christologie. Aschendorff: Münster 2018, 231 S.
Die Grundfrage dieser Untersuchung, die in drei Bänden veröffentlicht wird (der zweite, ebenfalls schon erschienene Band wird anschließend besprochen), lautet, „welche Folgen die Etablierung der homoousianischen Christologie auf die Häufigkeit des Kommunionempfanges gehabt hat. Die Zielsetzung ist dabei, nicht so sehr zu schauen, *was* sich beim Empfang der Eucharistie verändert hat, (…) sondern eine Antwort zu finden, *warum* und *wodurch* dies veranlasst wurde. Die übergeordnete Frage, mit der sich diese Gesamtstudie beschäftigt, ist: *Was waren die Hauptursachen*

für die Abnahme der Häufigkeit des Kommunionempfangs in der Spätantike?" (i-ii)
Latinovic macht vier grundlegende Hauptursachen aus: die Veränderung der Christologie, den Eintritt der Heiden in die Kirche, die Entstehung des Mönchtums und einen philosophisch-kulturellen Wandel in der Spätantike. Er befasst sich mit der Veränderung der Christologie und legt dafür folgende These zugrunde: „Die Hauptthese der gesamten Studie lautet, dass die Hervorhebung der Göttlichkeit Christi im Zuge der Einführung und Rezeption der homoousianischen Christologie sich negativ auf den Kommunionempfang ausgewirkt hat, weil sie bei den Gläubigen Ehrfurchts-Gefühle gegenüber der Eucharistie ausgelöst und vertieft hat, woraus dann ein immer seltener Empfang resultierte." (iv). Der erste, kirchengeschichtliche Band der Untersuchung befasst sich mit den Veränderungen der Lehre und den damit verbundenen Veränderungen im Eucharistieverständnis. Der zweite, liturgiewissenschaftliche Band, untersucht, wie diese im ersten Band eruierten Veränderungen durch Liturgien, Gebete, Hymnen und Predigten verbreitet worden sind. Der dritte, frömmigkeitsgeschichtliche Band, der noch erscheinen soll, untersucht, wie sich die Ehrfurcht vor der Eucharistie entwickelt hat, wie diese Entwicklung Auswirkungen auf die Häufigkeit des Empfangs hatte und, damit verbunden, sich Veränderungen in der Beziehung zur Eucharistie einstellten. Der erste Band stellt zur Untersuchung der Lehre zunächst Arius und Alexander mit Athanasius unter dem Leitgedanken des gottgleichen Sohnes vor. Es folgen Apollinaris von Laodizea und Diodor von Tarsus mit dem Gedanken des in Fleisch gekleideten Gottes. Die Mutter Gottes spielt in dieser Entwicklung eine gewichtige Rolle bei Nestorius von Konstantinopel und Cyrill von Alexandria. Wie im Bewusstsein der damaligen Zeit die menschliche Natur Jesu Christi verloren geht, wird an Eutyches und Dioskur und Theodoret von Cyrus gezeigt. Abschließend wird das chalcedonische Paradox dargelegt. So kommen die unterschiedlichen Positionen zu Wort, und die Entwicklung ist nicht zu übersehen, dass bei der stetigen Vergöttlichung Jesu seine Menschlichkeit immer mehr in den Hintergrund trat. Seine Göttlichkeit wurde so stark betont, dass sie bei den Gläubigen eine derartige Ehrfurcht hervorrief, dass die regelmäßige Kommunion nachließ, weil dieser Christus für die Gläubigen kaum als erreichbar erscheinen konnte.

Latinovic, Vladimir: Christologie und Kommunion. Bd. 2: Liturgische Einführung und Rezeption der homoousianischen Christologie. Aschendorff: Münster 2020, 315 S.
In diesem zweiten Band der Untersuchung von Latinovic (zum ersten siehe oben) werden auf der Grundlage der homoousianischen Christologie die Veränderungen der Gebete, liturgischen Formeln, Homilien, Katechesen und anderen Redeformen sowie der Hymnen liturgiewissenschaftlich untersucht. Für die Gebetsanreden lässt sich feststellen, dass der Titel Gott für Jesus Christus immer häufiger verwendet wird, je jünger die Quellen sind. Bei der liturgischen Formel Gloria Patri per Filium in Spiritu sancto wird allmählich das *per* und *in* durch *und* ersetzt: Gloria Patri et Filio et Spiritu sancto. So wird deutlich, dass der Sohn gleichgesetzt ist mit dem Vater. Auch bei den Spendeformeln lässt sich beobachten, wie der Leib und das Blut Jesu immer öfter als göttlich bezeichnet und die Formeln mit ehrfurchtsgebietenden Adjektiven angereichert werden. Vor allem die Predigten haben sich besonders dazu geeignet, die homoousianische Christologie zu verbreiten, wie die ausführliche Analyse von Quellentexten zeigen konnte. Während die Predigten bei den Menschen eher die kognitive Ebene ansprachen, haben die Hymnen die emotionale Ebene angesprochen. Auch bei ihnen, insbesondere nach dem Konzil von Nicäa – und das gilt für alle Textsorten –, tritt die Hervorhebung der Göttlichkeit Christi in den Vordergrund und betont seine Gleichheit mit dem Vater. Hinzu kommen die trinitarischen Hymnen, die diese Lehre

Deutschsprachige Länder 2020 (2019, 2018) 173

verstärkt haben. Insofern hat sich der Befund des ersten Bandes zur Lehrentwicklung anhand des Befundes im zweiten Band über die liturgischen Quellen bestätigt.

Leppin, Volker/Sattler, Dorothea (Hg.): Gemeinsam am Tisch des Herrn. Ein Votum des ökumenischen Arbeitskreises evangelischer und katholischer Theologen/Together at the Lord's table. A Statement of the Ecumenical Study Group of Protestant and Catholic Theologians (Dialog der Kirchen 17). Herder/Vandenhoeck & Ruprecht: Freiburg i. Br./Göttingen 2020, 143 S.

Dieses Votum hat erhebliche und auch kontroverse Diskussionen ausgelöst, weil der ökumenische Arbeitskreis aufgrund der erreichten Übereinstimmung in der Lehre von Abendmahl/Eucharistie und Amt zwischen den evangelischen Kirchen und der römisch-katholischen Kirche es für möglich hält, „sich wechselseitig zur Feier von Abendmahl/Eucharistie in den liturgischen Formen der jeweils anderen Konfession einzuladen und einladen zu lassen." (8)

Das Votum begründet diese Möglichkeit in mehreren Schritten. Zuerst wird in das ganze Vorhaben eingeführt, indem auf die Geschichte des ökumenischen Arbeitskreises verwiesen wird, die gegenwärtigen ökumenischen Kontexte beschrieben werden und das Profil der vorliegenden Studie dargelegt wird. Fragen der Rezeption werden ebenso erörtert wie die Perspektiven, die dieses Votum nach sich ziehen wird; eine umfangreiche Studie zum Themenbereich Abendmahl/Eucharistie ist angekündigt. Anschließend geht es um das Votum selbst. Zunächst wird eine Einleitung in das Votum geboten, daran schließt sich ein gemeinsames Zeugnis dessen an, was gemeinsam geglaubt wird in Bezug auf Abendmahl/Eucharistie. Darauf folgen Darlegungen der biblisch-theologischen Grundlagen, der historisch gewachsenen Vielfalt der Feiergestalten, ökumenische Einsichten zur Theologie von Abendmahl/Eucharistie (in diesem größeren Teil finden sie die Entscheidungen des 16. Jahrhunderts, dann auch die Lehrdifferenzen und Konvergenzen der Gegenwart, die Gründe für eine Annäherung in der Lehre von Abendmahl/Eucharistie, die Gewichtung von Danksagung, Anamnese und Epiklese, die ökumenische Bedeutung unterschiedlicher Feiergestalten), zur Leitung der eucharistischen Feiern, zum Verhältnis zwischen Kirchen- und Eucharistiegemeinschaft und abschließend das Votum für die Teilhabe an den Feiern von Abendmahl/Eucharistie in Achtung der jeweiligen liturgischen Tradition. Alle Texte sind auch in englischer Sprache abgedruckt; damit wird die internationale Bedeutung dieses Textes und Votums unterstrichen.

Lüstraeten, Martin/Butcher, Brian/Hawkes-Teeples, Steven (Hg.): Let us be Attentive! Proceedings of the Seventh International Congress of the Society of Oriental Liturgy (Studies in Eastern Christian Liturgies [SECL] 1). Aschendorff: Münster 2020, 311 S.

Mit diesem Band eröffnet der Verlag Aschendorff eine neue Reihe für liturgiewissenschaftlichen Untersuchungen der orientalischen Liturgien. Hier werden die Beiträge des siebten internationalen Kongresses der Society of Oriental Liturgy publiziert, der im Juli 2018 in Prešov in der Slowakei stattfand. Die Society of Oriental Liturgy wurde 2005 von Robert Taft gegründet, der im November 2018 starb. Ihm ist dieser Band gewidmet. Die Mehrheit der 16 Beiträge wurde in englischer Sprache, zwei Beiträge wurden in französischer und einer in deutscher Sprache abgedruckt. In den Beiträgen geht es um ganz unterschiedliche Themen, die unterschiedliche Zeiten und Kulturen, Liturgien und Kulturen umfassen. Z. B. geht es um St. Symeon von Thessalonike, der 1429 verstarb und einer der letzten Kommentatoren der zuende gehenden byzantinischen Epoche war; um die armenische Myronweihe; um Kirchenbauten und die dazugehörigen Konsekrationsliturgien; um den griechischen Autor Nikos Kazantzakis (1883–1957), der Literatur schrieb und Filme drehte und dabei Litur-

174 Literaturbericht Liturgik. Jörg Neijenhuis

gisches zeigte; um die Übersetzung der Heiligen Liturgie in die Sprachen Walisisch (Wales) und Esperanto; um Angelologie; um die Antwort des Patriarchen Jeremia II (1536–1595) an die Wittenberger Theologen Jakob Andreä und Martin Crusius, die ihm eine griechische Version der Confessio Augustana geschickt hatten; um die liturgische Praxis in der Slowakei im 16. und 17. Jahrhundert; um die Verbindungen zwischen der byzantinischen und der slowakischen liturgischen Tradition.

Martelet, Gustave: Auferstehung, Eucharistie und das Werden des Menschen. Der Glaube an Christus (Originaltitel: Résurrection, Eucharistie et genèse de l'homme). Hg. v. Patrick Becker, übersetzt aus dem Französischen von Mechtildis M. R. Hofmann. Schöningh: Paderborn 2020, 241 S.

Warum wird ein Text, der beinahe 50 Jahre alt ist, übersetzt und neu verlegt? Der Herausgeber Becker stellt es gleich in seinem Vorwort heraus: Weil der Autor Martelet den Wandel, die Veränderung, die Entwicklung als den Kern des Christentums ansieht, der sich in der Auferstehung Jesu Christi manifestiert hat und sich immer wieder manifestiert in der Eucharistiefeier. Der Wandel und nicht das Unveränderliche ist der Kern des christlichen Glaubens. „Martelet leistet also Doppeltes: Er legt nicht nur Gedanken vor, die den christlichen Glauben als anschlussfähig an das moderne Weltbewusstsein von Dynamik und Wandel erweisen, sondern er zeigt die Grundlage dieses Denkens im Kern der religiösen Botschaft des Christentums. Das Balancieren zwischen dem Sich-Verweigern der naturwissenschaftlich geprägten modernen Weltwahrnehmung und einer überzogenen, christliche Glaubensgrundsätze nivellierenden Anbiederung wird hier gerade nicht als ein unsicherer Drahtseilakt verstanden, sondern als christliche Pointe und Stärke. Man wird Martelet unbedingt zustimmen müssen, dass die Zukunft der europäischen Christenheit davon abhängt, ob es [das europäische Christentum, JN] diese Stärke ausspielt." (Xf) Es ist die Botschaft von der Verwandlung, und „Martelet betont, dass diese ‚Verwandlung' in Jesu Auferstehung einmalig und in der Eucharistie wiederholt erfahrbar ist. Daher stellt Martelet die Themengebiete der Eschatologie und Liturgie in das Zentrum nicht nur dieses Buches, sondern seines ganzen Schaffens." (XI) Das Buch hat einen dreiteiligen Aufbau: Im Teil 1 geht es um die Symbole von Eucharistie und Auferstehung nicht nur in historischer Sicht, sondern auch in der Bedeutung für den heutigen Menschen hinsichtlich des menschlichen Leibes. Martelet macht deutlich, dass man vom Leib Jesu nicht absehen kann, wenn man von Auferstehung spricht. Damit ist aber keineswegs gemeint, dass nun eine Leiche wieder lebendig wird. Es geht vielmehr um den Leib, der mehr ist als nur eine Ansammlung von Atomen und Molekülen. Teil 2 handelt vom Zusammenhang der Auferstehung und des Mahles des Herrn. Es geht u. a. um die Realpräsenz Christi, die ebenfalls nicht vom Leib Christi absehen kann. Ein kurzer Durchgang durch die Geschichte der Transsubstantiation und ihre Missverständnisse macht Martelets Position deutlich, dass er den Leib als ein Mysterium versteht. (Er kritisiert nicht nur viele Theologen des Mittelalters, sondern auch Luther, der mit der Konsubstantiation eine Hypostatische Union annimmt. Das widerspreche dem einen Leib Christi. Zugleich hebt er Luthers Verdienst hervor, weil Luther erkannt habe, „dass die Notwendigkeit bestand, auf das Mysterium des *Leibes* zurückzukommen, das theologisch verdrängt worden war." [161]) Im Teil 3 geht es um die Auferstehung Christi und um die Eucharistie, also um den Kern der Veränderung, des Wandels und der Verwandlung. In dieser Entwicklung, in dieser Wandlung ist auch das Werden des Menschen zu sehen, zu erkennen und mit der Eucharistie zu feiern.

Miesner, Anje Caroline: Sich geben lassen. Das Abendmahl als wirkmächtiges Ereignis (DoMo 31). Mohr Siebeck: Tübingen 2020, 273 S.

Deutschsprachige Länder 2020 (2019, 2018)

Miesner hebt in ihrem Vorwort hervor, dass es sich bei der Deutung des Abendmahls als Gabe um eine Metapher handelt. Es geht ihr um einen Metaphernbegriff und damit verbunden um ein Gabeverständnis. Das Gabeverständnis wird im ersten Teil der Untersuchung anhand von soziologischen und philosophischen Diskursen erörtert. Ein Gabeverständnis, das auf Marcell Mauss zurückgeht, sieht in der Gabe ein wechselseitiges Sich-Beschenken. Mit dieser Handlung werden soziale Strukturen etabliert und erhalten, damit verbunden ist eine gegenseitige Anerkennung. Ein anderes Gabeverständnis sieht in der Gabe ein Ereignis, wie es Heidegger, Marion und Derrida dargelegt haben. Durch das Beschenken als unvorhersehbare Ereignis wird „das Ich zwischen Passivität und Aktivität versetzt, in der sich etwas an ihm vollzieht, dessen Vollzug es lediglich stattgeben kann." (82) Das, was geschieht, ist letztlich für den Geber wie für den Beschenkten unverfügbar. An diese Feststellung schließt Miesner die Interpretation der Gabe von Dalferth an, der in der Gabe die Eröffnung von Möglichkeiten des Empfängers sieht. Das dritte Gabeverständnis nach Lévinas und Derrida ist von der Verantwortung geprägt, etwas selbstlos zu geben. Das Geben wird durch den Ruf des transzendenten Anderen evoziert, so dass das Geben in Verantwortlichkeit und Rationalität geschieht. Im zweiten Teil der Untersuchung wird dieser Gabendiskurs in der Rezeption von Abendmahlstheologien nachgezeichnet, so etwa die Theorie der wechselseitigen Gabe bei dem katholischen Theologen Chauvet oder den evangelischen Theologinnen Bieler und Schottroff und dem evangelischen Theologen Bader. Die Rezeption als einseitige Gabe wiederum wird an katholischen (Power, Marion) und evangelischen (Stoellger) Positionen dargestellt. Im letzten und dritten Teil legt Miesner einen eigenen Entwurf vor, der im Wesentlichen das Gabeverständnis von Dalferth aufnimmt. Zunächst führt sie exegetische und systematische Positionen von Martin Luther, Dietrich Korsch und Notger Slenczka auf, um dann Dalferths Gabetheorie zu explizieren. Das Abendmahl wird als wirkmächtiges Ereignis verstanden, wobei seine Wirklichkeit nur in Metaphern ausgedrückt werden kann. Diese Metaphorik zeigt sich in den Worten, Handlungen und Elementen, die Möglichkeiten eröffnen. Das Abendmahl als Gabe impliziert, dass Gott sich in der Geschichte Jesu zu erkennen gibt, so dass der Empfangende sich selbst von Gott her verstehen kann und Selbstannahme, konstruktiver Umgang mit eigener Schuld und Gemeinschaft als Möglichkeit eröffnet werden. Abschließend gibt Miesner einige Hinweise zu einer Gestaltung der Abendmahlsfeier, die den Gabecharakter als Zentralmetapher deutlich werden lässt.

Mikhail, Ramez: The Presentation of the Lamb. The Prothesis und Preparatory Rites of the Coptic Liturgy (Studies in Eastern Christian Liturgies 2). Aschendorff: Münster 2020, 487 S.
Untersucht wird die Vorbereitung der heiligen Gaben und gezeigt, wie sich diese Liturgie mit ihren Texten und Handlungen in der koptischen Liturgie historisch entwickelt hat. Die Untersuchung gliedert sich in zwei Teile: Der erste Teil ist den historischen Quellen von der Auswahl der Gaben, den Gefäßen und Tüchern des Altars, der Vorbereitung des Altars und den dazugehörigen Gebeten gewidmet, im zweiten Teil geht es um die Opfergabe und die Überführung der Gaben vom Rüsttisch auf den Altar und die dazugehörigen Gebete, Gesänge und Handlungen, wie z.B. die Handwaschung, die Positionen von Diakon und Priester am Altar etc. Zum Schluss der Untersuchung werden die Ergebnisse zusammengefasst und drei Anhänge mitgegeben: der erste Anhang ist der Text der koptischen Proskomidie mit Erläuterungen (originaler Text mit englischer Übersetzung), der zweite Anhang ist eine chronologische Liste der liturgischen Texte (koptische, byzantinische, äthiopische und syrische

176 Literaturbericht Liturgik. Jörg Neijenhuis

Tradition). Der dritte Anhang bietet Grundrisse verschiedener Kirchen und ein Foto eines nach koptischer Liturgie vorbereiteten Altars. Es folgen noch ein Literaturverzeichnis, Register für Bibelstellen und für die Quellenschriften sowie ein Register für Namen, Sachen und Orte.

Odenthal, Andreas: Evangelische Stundenliturgie in Württemberg. Zum Chordienst der Klöster und Klosterschulen nach Einführung der Reformation (SMHR 113). Mohr Siebeck: Tübingen 2020, 232 S.

Wer die Klöster Maulbronn oder Blaubeuren besucht, wird in ihren Kirchen das aus dem Mittelalter stammende wertvolle Chorgestühl sehen. Trotz der reformatorischen Umgestaltung des Kircheninneren blieben sie stehen. Wurde also auch die Stundenliturgie weitergeführt, und wenn ja, wie? Diese Frage kann Odenthal anhand zweier, fast vergessener Bücher für die Stundenliturgie beantworten. Zum einen durch die *Cantica sacra choralia* von 1618 und zum anderen durch die *Psalmodia* von 1658 und 1686. Zunächst stellt Odenthal aber die Fragestellung und die Methode der Untersuchung vor und führt dann in die spätmittelalterliche Praxis der Stundenliturgie ein. Es folgen eine Darstellung der Liturgiereform in Württemberg, die sich auch in verschiedenen Kirchen- oder Klosterordnungen zeigt, und eine Darstellung der Geschichte der Klosterschulen. Das Besondere an der Reform der Klöster in Württemberg ist, dass es sich um eine Fürstenreform gehandelt hat, zumal es keinen Bischofssitz im Fürstentum gegeben hat. Es war also eine Reform „von oben", die das ganze Fürstentum betraf, wobei Herzog Ulrich (Regierungszeit 1503–1519 und 1534–1550) eher von der Züricher Reformation, sein Nachfolger Herzog Christoph (Regierungszeit 1550–1568) eher vom lutherischen Marburg und Wittenberg geprägt war.

Anschließend werden die beiden oben erwähnten Liturgica für die Württembergische Stundenliturgie ausführlich vorgestellt und dann mit anderen lutherischen Stundenliturgien verglichen, z.B. mit dem Zisterzienserkloster Walkenried oder mit dem Magdeburger Domstift. Ein Seitenblick innerhalb Württembergs wird auf das Tübinger Stift und das Stuttgarter Residenzstift geworfen. Anschließend zieht Odenthal Bilanz: Gibt es eine evangelische Theologie des Stundengebets? Nun, es gibt sicherlich keine sacerdotale Begründung mehr für das Stundengebet z.B. als Offizium, obwohl – worauf Odenthal ausdrücklich hinweist – das Stundengebet von angehenden Pfarrern während ihrer Schulzeit fortgeführt wird. Eine im üblichen Sinne verstandene Gemeindebeteiligung wird zwar gefordert, aber diese Forderung wird tatsächlich wohl kaum oder gar nicht eingelöst; es sei denn, dass man die Schüler als (Schul-) Gemeinde auffasst. Das Stundengebet wird auch aufgrund der Schriftlesungen und der Auslegung dazu als eine Kommunikation des Evangeliums verstanden und auch als eine Lern-Zeit für die alten Sprachen und für den Gesang angesehen sowie als Unterbrechung des Schultages durch das gemeinsame Gebet in der Kirche. Odenthal fragt sodann, ob mit der Reform der Stundenliturgie auch ein Paradigmenwechsel verbunden war, und bejaht dies insofern, als es mit der Reform der Stundenliturgie nicht um die Weiterführung des Messverständnisses des Mittelalters geht oder um die Fortführung eines Pensums, eines Officiums, oder um die Verehrung eines Märtyrergrabes. Im Vordergrund der Stundenliturgie steht nun auch der Verkündigungs- und Lehrcharakter des evangelischen Gottesdienstes und die Stundenliturgie dient vornehmlich zur Einübung in die Heilige Schrift. Ob damit der Begriff Paradigmenwechsel wirklich zu Recht verbunden wird, bleibt fraglich und offen.

Nach einer Zusammenfassung und Ergebnissicherung werden viele Tabellen mit liturgischen Tages- und Horenstrukturen wiedergegeben, die im Text verwendet wurden; es folgt eine Liste der evangelischen Stifte, Klöster und Pfarreien, an denen

Stundenliturgie gefeiert wurde. Das Buch schließt mit einem Literaturverzeichnis und einem Register.

Ohly, Christoph/Conrad, Sven Leo/Hangler, Rainer (Hg.): Aktuelle Herausforderungen des kirchlichen Weiheamts (Ratzinger-Studien 19). Friedrich Pustet: Regensburg 2020, 190 S.

Die in diesem Sammelband abgedruckten Vorträge wurden auf einem Symposium gehalten, das im Anschluss an die Jahrestagung des Schülerkreises (Doktoranden und Habilitanden von Ratzinger) und des Neuen Schülerkreises (jüngere Theologen, die seine Theologie erforschen) von Joseph Ratzinger/Papst Benedikt XVI. veranstaltet wurde. Das Thema war gleichlautend mit dem Buchtitel. „Dabei wurden unter anderem Fragen nach dem gemeinsamen Priestertum und seiner Unterscheidung vom Weihepriestertum sowie nach dem Spezifischen des sakramentalen Amtes in der katholischen Kirche ebenso erörtert wie die Diskussion um den Wert des Zölibats und die Voraussetzungen zur Weihezulassung." (7) Im Buch finden sich auch drei Predigten, die während der Eucharistiefeiern des Symposiums gehalten wurden. Die Themen der Beiträge kreisen zunächst um aktuelle Herausforderungen: um den Missbrauchsskandal, um Zugänge zu Priesterberufungen und zur Lage der Kirche in Deutschland. Es folgen Beiträge zum kirchlichen Weiheamt: das sakramentale Amt in der Kirche; gemeinsames Priestertum aller Gläubigen und Weihepriestertum; wozu es das geweihte Amt braucht; über die Lebensweise des Herrn und über die Voraussetzungen für den Empfang des Weihesakraments. Zum Abschluss des Symposiums wurde eine Tagungsbotschaft formuliert, die den sakralen Charakter des Weiheamtes betont und die sich daraus ableitende Lebensweise der Priester hervorhebt.

Otter, Josef: Adoratio. Theologie der Anbetung in der Scholastik des 13. Jahrhunderts (Beiträge zur Geschichte der Philosophie und Theologie des Mittelalters, NF 85). Aschendorff: Münster 2020, 581 S.

Wenn heute von Anbetung die Rede sein soll, dann kommt zuerst die eucharistische Anbetung in den Blick. Ein anderes, eigenständiges Lobgebet im Gottesdienst bzw. in der Messe findet sich kaum. Dabei ist die Anbetung viel reicher und tiefer zu verstehen. Otter nimmt die Schultheologie des Hochmittelalters in den Blick und reflektiert Anbetung und Verehrung in grundsätzlicher Weise. Er führt zunächst in den Begriff und das Wesen der Anbetung eing und rezipiert den bisherigen Forschungsstand. Anschließend stellt er die dogmen- bzw. theologiegeschichtliche Konzeption seiner Untersuchung vor. Vier bedeutende Vertreter der Hochscholastik werden untersucht: Summa Halensis (sie ist nicht einem einzelnen Autor zuzuschreiben), Bonaventura, Albertus Magnus und Thomas von Aquin. Dazu kommen Texte aus der Frühscholastik und Referenztexte von Cicero und Augustinus sowie von Autoren eher unbekannten Namens der Hochscholastik, die sich ebenfalls mit dem Thema der Anbetung befasst haben. Am Ende der Untersuchung bietet Otter ein Resümee.

Peters, Philip: Was macht eine Ehe zum Sakrament? Anfragen an die konstitutiven Elemente des Ehesakraments durch exemplarische sakramententheologische Ansätze nach dem Zweiten Vatikanum (StSSTh 56). Echter: Würzburg 2020, 344 S.

Peters eröffnet die Einleitung zu seiner Untersuchung mit eigenen Erinnerungen an Gespräche, die er als katholischer Priester mit Brautpaaren geführt hat. Auf die Frage, warum sie kirchlich heiraten wollten, kam die Antwort, dass sie den Segen Gottes empfangen wollten. Dass sie sich als Getaufte gegenseitig das Sakrament der Ehe spenden, war ihnen nicht bewusst. Er erinnert sich auch an Gespräche mit Geschiedenen, die wieder heiraten wollten. Er schildert das eigene Empfinden, dass die Sakramentalität in der Neuzeit in Frage gestellt ist oder nicht mehr verstanden wird, selbst von Katholiken nicht. Aber stellen die heutigen Lebens- und Denkweisen die Sakramentalität der Ehe wirklich in Frage? Um dies zu erforschen, befragt Peters die kirchliche Lehre, wie sie im Zweiten Vatikanum in den Dokumenten Sacrosanctum Concilium, Lumen Gentium und Gaudium et Spes und in lehramtlichen Äußerungen zu Ehe und Familie aus den Jahren nach dem Vatikanum dargelegt ist. Bei seiner Untersuchung kommen das Kirchenrecht und die Liturgiewissenschaft ausdrücklich zum Zuge. Peters stellt auch den heilsgeschichtlich-symboltheoretischen Ansatz von Joseph Ratzinger und Walter Kasper, den personal-kommunikationstheoretischen Ansatz von Leonardo Boff und Alexandre Ganoczy und den ästhetisch-liturgischen Ansatz bei Andrea Grillo und Roberto Tagliaferri vor. Im nächsten Kapitel formuliert er seine Anfragen an das Eheverständnis und schlägt eine gewisse Neujustierung des Verständnisses des Sakraments der Ehe vor, die in Einklang mit der Lehre der Kirche sowie dem Kirchenrecht steht: Nicht jeder Konsens von Getauften führt automatisch zu einem Sakrament. Würde die Sakramentalität der Ehe nicht allein mit der Taufe, sondern auch mit ihrer Hereinnahme in die Heils- und Bundesgeschichte Gottes begründet, wäre nicht nur der Konsens der Eheleute, sondern auch der liturgische Vorsteher, indem er den feierlichen Trauungssegen zuspricht, mitkonstitutiv für die Ehe. Und wenn Wirkung und Vollzug eines Sakraments verstanden wird als wesentlicher Aufbau des Reiches Gottes, kann der erste eheliche Beischlaf nicht alleiniges Kriterium für die Unauflöslichkeit der Ehe sein. Deutlich wird sein Wunsch, dass sowohl ein Sakramentsverständnis wie auch ein Eheverständnis miteinander korrelieren sollten.

Raschzok, Klaus: Lutherische liturgische Identität. Zur Phänomenologie des liturgisch-räumlichen Erlebens. Evangelische Verlagsanstalt: Leipzig 2020, 364 S.
Raschzok legt in diesem Band weitere seiner Beiträge zur lutherischen liturgischen Identität vor; der Band versteht sich als Fortsetzung des 2014 erschienenen Bandes *Traditionskontinuität und Erneuerung. Praktisch-theologische Einsichten zu Kirchenraum und Gottesdienst* (vgl. JLH 54 [2015] 84). „Im Mittelpunkt der hier vorgelegten Beiträge und Suchbewegungen zur Phänomenologie liturgisch-räumlichen Erlebens steht die Frage nach einer neu zu bestimmenden lutherischen liturgischen Identität, die für mich eng mit dem Begriff der ‚Traditionskontinuität‘ gottesdienstlichen Handelns und Gestaltens verbunden ist.“ (5) Raschzoks Beiträge zur lutherischen liturgischen Identität befassen sich mit der Frage nach einer konfessionskulturellen gottesdienstlichen Wahrnehmungsperspektive, mit dem lutherischen Gottesdienst am Beispiel der Evangelischen Messe des Bandes I der VELKD-Agende von 1955, mit der terminologischen Neuschöpfung des Begriffs eines traditionskontinuierlichen Gottesdienstes, mit der gottesdienstlichen Praxis und Spiritualität Martin Luthers, mit der Hermeneutik ausgewählter historischer Perikopensysteme des Protestantismus im 19. und frühen 20. Jahrhundert sowie mit der am 1. Advent 2018 neu eingeführten Perikopenordnung. Weitere Beiträge setzen sich mit der Salutogenese und Gottesdiensttheorie, mit der Taufe, Trauung und Bestattung als Wahrnehmungsräumen für die Gottesbegegnung, mit der aktuellen Taufpraxis in der Evangelisch-Lutherischen Kirche, mit der Liturgie als Ort, mit dem Konzept heiliger Räume aus evangelisch-lutherischer Sicht, mit Kirchenraumdiskursen, mit den Gemeindezentren im Wandel, mit dem Sehen und Berühren der Vasa sacra der Nürnberger St. Lorenzkirche, mit liturgischen Gewändern, mit den Paramenten und der Marienberger Vereinigung für evangelische Paramentik sowie Wilhelm Löhe auseinander.

Renner, Christiane: Phänomen Kirchentag. Event, Hybrid, Gemeinde? Praktisch-theologische Erkundungen (PTh 173). Kohlhammer: Stuttgart 2020, 356 S.

Der Deutsche Evangelische Kirchentag ist Kirche – so sagt es zumindest sein Name. Das ist ebenso erklärungsbedürftig, wie auch der Begriff ‚Kirche' erklärungsbedürftig ist. Immerhin wird der Kirchentag als Großveranstaltung mit der Evangelischen Kirche in Deutschland identifiziert, obwohl die Organisation und Durchführung bei einem Verein liegen, der zudem Wert darauf legt, nicht als Kirche verstanden zu werden. Die Überlegungen, die in diesem Buch vorgelegt werden, sollen in den kirchentheoretischen Diskurs einfließen, der in der Praktischen Theologie geführt wird. Der erste Teil befasst sich mit der Geschichte des Kirchentages von seiner Gründung bis zur Gegenwart. Es folgen methodologische Überlegungen, die die Arbeit als eine multiperspektivische und multimethodische Studie vorstellen. Der zweite Teil beinhaltet empirische Erkundungen. Dabei geht es um die Organisation und die Struktur, um Mediatisierung, um die Teilnehmenden an Kirchentagsdurchführungen, um die Materialität (z. B. den Kirchentagsschal), um Erleben und Erlebnis. Der dritte Teil ist den theoretischen Bündelungen gewidmet. Die Kirchentagsdurchführungen ermöglichen Gemeinschaftsbildung (sozialtheoretische Bündelung), sind Events (aufführungs- und ritualtheoretische Bündelung) und ermöglichen informelles Lernen (bildungstheoretische Bündelungen). Der vierte Teil formuliert kirchentheoretische Vertiefungen; es geht dabei um die Kommunikation des Evangeliums, wobei hier das Lehren und Lernen, das gemeinschaftliche Feiern und die Hilfe zum Leben verortet werden. Und es geht um die unterschiedlichen sozialitäts- und organisationstheoretischen Perspektiven auf die Gestalt von Kirche bei den Kirchentagen; um Performance, Aufführung und Inszenierung; um die Frage, ob die Kirchentagsdurchführungen Gemeinde sind. Zum Schluss werden die vielen Ergebnisse zusammenfassend reflektiert, wobei deutlich wird, dass die institutionelle Kirche in Form der Ortsgemeinde und der Kirchentag als Gemeinde auf Zeit z. B. in der Weise eine symbiotische Verbindung eingehen, dass Gemeindegruppen am Kirchentag teilnehmen und Kirchentagserfahrungen in die Gemeindearbeit einbringen. In kirchentheoretischer Hinsicht hält Renner fest: „Durch die gelebte Pluralität hinsichtlich der Sozialform und der unterschiedlichen Organisationstypen ist das Potential für einen institutionalisierten Dauerdiskurs aufgrund der Reibungsflächen hoch. Dies ist wünschenswert und ermöglicht kirchlichen Strukturen, ganz gleich ob sie eventförmig oder institutionalisiert in Erscheinung treten, eine Flexibilität um das Wissen, dass es eben auch ganz anders geht. Idealiter wird eine solche Spannungseinheit als fruchtbares Miteinander, das die Unterschiede hoch hält, gestaltet. (…) Diese spezifische Organisationsgestalt mit ihrem komplexen Ineinandergreifen unterschiedlichster Sozialgestalten prägt die ganz eigene Gestalt von Kirche bei Kirchentagsdurchführungen und lässt sie als das Phänomen erscheinen, als das wir es wahrnehmen, nämlich als eine besondere Organisationsgestalt von Kirche." (325)

Rexer, Jochen: Sakrament und Schrift bei Augustinus. Ad inquisitiones Ianuarii und Augustinus Deutung von Liturgie und Bibel (Augustinus. Werk und Wirkung 9). Schöningh: Paderborn 2020, 382 S.

Die beiden Briefe von Augustinus an den Laien Januarius – *ad inquisitiones Inauarii* (ep. 54 und 55) – sind in liturgiewissenschaftlicher Hinsicht von großer Bedeutung, weil Augustinus auf die Anfragen von Januarius hin seine Ostertheologie darlegt. Dabei entwickelt er auch sein Sakramentsverständnis und führt aus, wie Ostern zu feiern und wie es zu verstehen ist. Er behandelt auch die Frage nach dem beweglichen Osterdatum, die Januarius gestellt hatte (seine Briefe sind nicht erhalten). Augustinus führt für seine Ostertheologie die Schrift an. Zwei Themen fallen bei Augustinus ins Auge: der Begriff sacramentum und der Begriff transitus als Übersetzung von Pascha und als Erklärung von Ostern. Was versteht Augustinus unter sacramenta facienda und wie erklärt er diesen Begriff? Damit stellt sich auch die Frage nach den sacramenta intelligenda. Rexer behandelt in seiner Untersuchung folgende Fragen: „Gibt es erstens einen Zusammenhang zwischen *sacramentum* und Ostern bei Augustinus oder sogar zwischen *sacramentum* und *transitus*? Erklärt er zweitens die liturgischen Zeichen oder *sacramenta* ähnlich wie die biblischen Texte? Kann man also aufgrund seiner Zeichenlehre sagen: Wie die *uerba* der Schrift, so verweisen auch die *signa* der *uerba* der *sacramenta* auf Gott, den Schöpfer?" (3) Um Antworten zu geben, zieht Rexer weitere Schriften Augustins zu Rate. Im ersten Kapitel werden die beiden Briefe analysiert, im zweiten Kapitel wird der liturgiegeschichtliche Kontext mitbedacht, z.B. die Osterfeier bei Augustinus oder seine Osterpredigten. Im dritten Kapitel wird der Erklärung des Sakramentsverständnisses nachgegangen und im vierten Kapitel folgt die Darstellung des Zusammenhangs von Schriftverständnis und Sakramentsdeutung. Zum Schluss formuliert Rexer die Ostertheologie Augustins als Heiliges Wort und Sakrament in zehn Gedankenschritte. Das Quellen- und Literaturverzeichnis und viele Register ermöglichen ein gezieltes Studium dieses Werkes.

Schröder, Bernd (Hg.): Pfarrer oder Pfarrerin werden und sein. Herausforderungen für Beruf und theologische Bildung in Studium, Vikariat und Fortbildung (VWGTh 61). Evangelische Verlagsanstalt: Leipzig 2020, 591 S.
Die Initiative zu einer Tagung im Mai 2019 – unter gleichem Titel wie das Buch – ging vom Vorstand des Evangelisch-theologischen Fakultätentages aus, die Wissenschaftliche Gesellschaft für Theologie und die Evangelische Kirche in Deutschland fungierten als Mitveranstalter. Der Beruf des Pfarrers bzw. der Pfarrerin befindet sich im Wandel, so wie sich auch Kirche und Gesellschaft im Wandel befinden. Das bemerkt man an den unterschiedlichen Motiven, warum Studierende das Fach Theologie gewählt haben, oder daran, dass es den Kirchen an Nachwuchs fehlt. Der Pfarrberuf steht mit einem unbestimmten oder umstrittenen Pfarrerbild oftmals im Zentrum von Kirchenreformkonzepten und die Theologischen Fakultäten in den Universitäten finden sich in Bologna-Reformen, in der Ökonomisierung der Universitäten etc. wieder. Die Liste der Veränderungen für den Pfarrberuf, für die Kirche und die Theologischen Fakultäten ließe sich noch beliebig verlängern. All diese Aspekte spielen auch hinein in den gottesdienstlichen und liturgischen Bereich, in dem Pfarrer, Kirchen und Fakultäten auf ihre Weise tätig sind. Ich nehme aus den vielen Vorträgen zwei heraus, die sich mit der Frage nach Studium und Spiritualität befassen. Corinna Dahlgrün, Professorin für Praktische Theologie in Halle, plädiert ausdrücklich dafür, dass die Theologiestudierenden an die Spiritualität herangeführt werden und diese in eine Relation zum Theologiestudium bringen können. Denn die Berufspraxis der Pfarrerin bzw. des Pfarrers verbindet beides: beten und über das Beten reflektieren können, Liturgie feiern und über diese Liturgiefeier reflektieren können. Daran müssen die Kirchen zumindest erhebliches Interesse haben. Nach Anlage der Tagung gibt es zu jedem Vortrag einen „Gegen"-Vortrag, zu dem sich Ernst Michael Dörrfuß, Leiter des Pastoralkollegs der Evangelischen Landeskirche in Württemberg aber nicht bequemen wollte. Stattdessen nahm er die Anregungen von Dahlgrün auf und vertiefte sie aus seiner Sicht und Erfahrung, um es noch einmal konkret auf die Liturgie zu beziehen: Wer keine Frömmigkeit, keine Spiritualität pflegt (oder kennt oder hat), wird auch nicht Gottesdienst feiern wollen oder können, weil er bzw. sie darin wohl kaum einen Sinn erkennen kann.

Schuerhoff, Carsten: Verortet: Kirche und Liturgie im Wandel. Eine empirisch-theologische Studie zur Liturgie als Formwandlerin der Kirche (RCR 29). Vandenhoeck & Ruprecht: Göttingen 2020, 413 S.

Schuerhoff studierte Evangelische Theologie in Deutschland und in Norwegen (Oslo) und ist nun Pfarrer in Norwegen. In seinem Buch befasst er sich mit Veränderungen in Kirche und Liturgie, richtet den Forschungsblick aber auf das Lokale, auf den Ort, wo der Glaube gelebt wird. In der Eröffnung beschreibt er das Ziel seiner Untersuchung: „Menschen machen mit verschiedenen Formangeboten der Kirche unterschiedliche und vielfältige Erfahrungen. Diese stehen im Mittelpunkt der folgenden empirisch-theologischen Studie, die Kirche und Gottesdienst als soziale und sozialökologische Räume begreift. So ist das Herzstück der Studie die Arbeit mit zwölf Leitfadeninterviews, die konsequent ‚von unten' her, am Erleben der Subjekte orientiert, untersucht und analysiert werden. Zielpunkt ist es, die Vielfalt und Verschiedenartigkeit der Erfahrungen genau wahrzunehmen und kirchentheoretisch fruchtbar zu machen." (9) Schuerhoff informiert zunächst über die Entstehung und Entwicklung der Studie und setzt sich anschließend mit der empirischen Liturgiewissenschaft und den Theorien des Ortes und des Raumes auseinander. Anschließend stellt er drei historisch-systematischen Problemhorizonte dar: die Kultur (im Wandel), die (Volks-)Kirche und die liturgische Form. Es folgen Fokussierungen, in denen das bisher Erarbeitete sozusagen vor Ort reflektiert wird. Zum einen kommt der für diese Forschung ausgewählte Vorort von Oslo in den Blick, zum anderen die Leitfadeninterviews. Schuerhoff formuliert abschließend folgende Thesen, wobei die erste These auf eine Neuformatierung des Begriffs Ver-Ortung zielt: „Ver-Ortung ist das stete und stetige Sich-Einschreiben in (An)Ordnungen." (382) Diese These wird bezogen auf einen ortseigenen und auf einen ver-orteten Gottesdienst sowie auf eine ver-ortete Kirche. In kirchentheoretischer Sicht formuliert der Autor die These: „Nur als verortete Kirche ist Kirche Volkskirche." (386) Abschließend hält er fest: „Volkskirche kommt dort zur Darstellung, wo sich gerechtfertigte Sünder und Sünderinnen an multikulturellen und verschiedenartig-vielfältigen Orten stets und stetig in (An)Ordnungsprozesse einschreiben und einschreiben lassen, und auf diese Weise dazu beitragen, dass vielgestaltige, abgrenzbare und immer sich gegenseitig bedingende (kirchliche) Räume geschaffen werden." (387)

Theißen, Henning: Gottes Gegenwart wahrnehmen. Die Grundvollzüge des christlichen Gottesdienstes für unsere Zeit erklärt. Brill Schöningh: Paderborn (2020) [2]2021, 192 S.
Theißen erläutert die im Buchtitel aufgegriffenen Schlüsselbegriffe *Wahrnehmung* und *Grundvollzug*, indem er den Grundvollzug an der Struktur des evangelischen Gottesdienstes, wie er im Evangelischen Gottesdienstbuch vorgelegt wurde, orientiert. Dessen vierschrittige Struktur ist ökumenisch: die Anrufung Gottes, die Verkündigung seines Wortes und das gemeindliche Bekenntnis dazu, dann die Symbolhandlungen Taufe und Abendmahl, der gottesdienstliche Segen. Als ökumenisch versteht Theißen auch seinen wahrnehmungsorientierten Ansatz hinsichtlich des Anspruchs auf Wahrheit, die jede Kirche mit der Feier des Gottesdienstes erhebt. Darin inkludiert sind dogmatische sowie ethische Wahrheitsansprüche, die zwischen den Konfessionen strittig sind. „Lassen sich die konkurrierenden Ansprüche der Konfessionen, in der Liturgie den Grund der Kirche zur Darstellung zu bringen, womöglich lösen, wenn man statt der mit den jeweiligen Ansprüchen verbundenen Wahrheitsfrage auf die Wahrnehmung des gemeinsamen Grundes der Kirche abstellt?" (8) In der liturgischen Ökumene geht es um die Wahrnehmung der Gegenwart Gottes. „In ihrem Zentrum steht nicht der Entscheid über die Wahrheit der von den Kirchen mit ihren jeweiligen Liturgien erhobenen Ansprüche auf Vergegenwärtigung des gemeinsamen Grundes, sondern die bloße Wahrnehmung dieses Grundes." (8)
Die Wahrnehmung der Gegenwart Gottes beginnt mit dem ersten Satz des Gottesdienstes: Er wird im Namen Gottes gefeiert. Auf Gottes Gegenwart stellen sich die

Feiernden mit dem Gebet ein, das den Eröffnungsteil des Gottesdienstes bestimmt; die Haltung der Feiernden ist somit vorrangig rezeptiv. Der zweite Teil des Gottesdienstes als Verkündigung und Bekenntnis ist dagegen ein dialogischer Teil. Denn die rezeptive Haltung verlangt danach „zu bekennen, wer der so angerufene Gott ist und was er tut." (16) Theißen hält fest, dass mit Namen und Wort alle Bestandteile des Gottesdienstes benannt sind, die nach Luthers Torgauer Formel den Gottesdienst ausmachen. Somit könnte der Gottesdienst mit diesen beiden Grundvollzügen enden. „Tatsächlich lässt sich mit dieser Formel das Hinzutreten der jedenfalls für einige christliche Liturgiefamilien nicht jedesmal obligaten Sakramentsfeier (…) sowie des Sendungs- und Segnungsteils (…) nur mühsam begründen." (17) Theißen hält aber fest, dass die Gemeinschaft zwischen Gott und Gemeinde weiter ausdifferenziert werden kann, da die Feiernden dank des Geistes Gottes respektive durch die Feier des Abendmahls untereinander eine sakramentale Gemeinschaft bilden bzw. sich selbst in ästhetischer Hinsicht als eine solche wahrnehmen. Sie kann sich – so die verschiedenen Verständnisse – als Kontrast oder als Konvergenz zur Welt verstehen und wahrnehmen. Der vierte Teil des Gottesdienstes als Sendung und Segnung nimmt vollends die Welt in den Blick; Theißen geht hier aber nicht vom missionarischen Charakter der Sendung aus, sondern aus den bisherigen drei Teilen folgt eine weitere Differenzierung, die sich in der ethischen Konsequenz zeigt, die in der Welt wahrzunehmen ist. Auf den gesamten Gottesdienst bezogen sind die ästhetische und ethische Dimension grundlegend für die Wahrnehmung der Gegenwart Gottes. Der Glaube ist somit das Wahrnehmungsorgan für die Gegenwart Gottes. Die Aufgabe der Dogmatik dagegen ist, dieses Wahrnehmen begrifflich zu entfalten. Diese Entfaltung vollzieht Theißen dann auch in vier weiteren Kapiteln, die jeweils einen der Grundvollzüge darstellen und begrifflich klären.

Tück, Jan-Heiner (Hg.): Die Beschneidung Jesu. Was sie Juden und Christen heute bedeutet. Herder: Freiburg i. Br. 2020, 407 S.

Der Gedenktag der Beschneidung und Namengebung Jesu am 1. Januar ist nach wie vor im evangelischen Festkalender verankert. Nicht so im Festkalender der römisch-katholischen Kirche. Mit und nach dem Zweiten Vatikanischen Konzil gab es eine Aufarbeitung der antijüdischen Aussagen in Theologie, Liturgie und Katechese. Gleichzeitig aber wurde das Fest der Beschneidung Jesu aus dem liturgischen Kalender getilgt und durch das Hochfest der Gottesmutter Maria überschrieben. Gleichwohl blieb das Evangelium von der Beschneidung Jesu als Lesung für den 1. Januar bestehen. Der Herausgeber des vorzustellenden Buches publizierte in der *Neuen Zürcher Zeitung* im Dezember 2018 einen Vorstoß, fünfzig Jahre nach dem Zweiten Vatikanischen Konzil die Wiedereinführung des Festes am 1. Januar vorzunehmen. Sein Aufruf wurde auch in der *Jüdischen Rundschau* abgedruckt und der Vorstoß hat viel Zustimmung erfahren. Tück und andere Unterstützer hoffen, damit etwas gegen die Israelvergessenheit der Kirche unternehmen zu können. Eine entsprechende Petition von zwei Jesuiten wurde bereits 2009 Papst Benedikt XVI. und erneut 2014 Papst Franziskus überreicht. Der Buchherausgeber schreibt in seiner Einleitung, es sei bislang nicht bekannt, ob die Gottesdienstkongregation schon konkrete Schritte veranlasst habe.

Der Einleitung von Tück folgt ein Geleitwort von Walter Kardinal Kasper über die Beschneidung des Herrn im Heilsmysterium Gottes, anschließend ein Beitrag von Tück über die Beschneidung Jesu als ein Zeichen gegen die latente Israelvergessenheit der Kirche und dann Beiträge zu den biblischen, liturgiehistorischen und theologischen Perspektiven sowie zur Zirkumzision als Topos in Kunst und Kultur. Die gegenwärtigen Fragen zur Beschneidung und die moderne Rechtskultur als Span-

Deutschsprachige Länder 2020 (2019, 2018)   183

nungsfelder werden ausführlich dargelegt. Es werden auch Beiträge zur medizinisch-halachischen Perspektive geboten. Ein Plädoyer für die Wiedereinführung des Festes *In circumcisione Domini* bildet den Abschluss mit dem Text der Petition, die 2009 von den Jesuiten Prof. Dr. Sonnet und Dr. Rutishauser im Vatikan überreicht wurde, nebst einer Einleitung und einem Kommentar, sowie einer Skizze für ein Messformular für den 1. Januar.

Volgger, Ewald/Wegscheider, Florian (Hg.): Benediktion von gleichgeschlechtlichen Partnerschaften (Schriften der Katholischen Privatuniversität Linz 8). Friedrich Pustet: Regensburg 2020, 206 S.

In diesem Buch sind Beiträge abgedruckt, die bei einem Studientag des Österreichischen Liturgischen Instituts zur kirchlichen Begleitung homosexueller Menschen gehalten wurden. Dort kamen Theologen und Fachwissenschaftler aus dem Bereich der Sexualmedizin und ein Staatsanwalt zu Wort. In den Beiträgen geht es um gleichgeschlechtliche Ehen in Österreich, um Homosexualität und biblische Tradition, um moraltheologische Überlegungen zu homosexuellen Menschen, um mögliche Segenshandlungen für gleichgeschlechtliche Partnerschaften. Zudem wird über Segenshandlungen in anderen christlichen Kirchen informiert und auch aus liturgiewissenschaftlicher Perspektive der Sinn solcher Segnungen für gleichgeschlechtliche Paare erörtert sowie ein Entwurf für solche Feiern zur Diskussion gestellt.

Für evangelische Leser sei hinzugefügt, dass es hierbei nicht um eine Eheschließung nach römisch-katholischem Ritus geht, da die Ehe in der römisch-katholischen Kirche ein Sakrament ist. Die Diskussion dreht sich nicht um einen Sakramentsvollzug, sondern um eine Segnung von gleichgeschlechtlichen Partnern. Diese Segnung ist kein Sakrament, erreicht aber eine deutliche Nähe zur evangelischen Eheschließung oder Segnung von gleichgeschlechtlichen Paaren.

Wald-Fuhrmann, Melanie/Dannecker, Klaus Peter/Boenneke, Sven (Hg.): Wirkungsästhetik der Liturgie. Transdisziplinäre Perspektiven (StPaLi 44). Friedrich Pustet: Regensburg 2020, 216 S.

Nicht nur liturgische Handlungen können komplex sein, sondern ihre Wirkungen sind wohl mindestens ebenso komplex. Ihre Wirkungen, zumal als Wirkungsästhetik verstanden, sind aber bisher kaum erforscht. Ein empirischer Zugang vermittelt nun erste Ergebnisse. In den Beiträgen des Buches kommen außerdem theoretische Erklärungsansätze etc. zu Wort. Der Band ist transdisziplinär angelegt mit Beiträgen aus der Sicht der Theaterwissenschaft, Musikwissenschaft, Psychologie und Theologie. Die Herausgeber führen sowohl in das Thema als auch in den Zuschnitt dieses Buches ein. Als Erstes werden Beiträge zur Theorie der Ästhetik und zur Kunst geboten, weitere Beiträge befassen sich mit der Bedeutung von Emotionen für die Liturgiefeier, z. B. für die Osternacht. Andere nehmen z. B. die Liturgie des Messbuchs und interpretieren ihre mögliche Wirkung mit Hilfe von theaterwissenschaftlichen Begriffen. Es folgen Beiträge mit empirischer Orientierung, so z. B. Messungen bzw. Befragungen von Personen, die Liturgie feierten. Immer wieder kommt der Anteil der Musik an der Liturgie zur Sprache als ein gewichtiger emotionaler Aspekt. Auch liturgiepraktische Vorschläge werden unterbreitet. Die Beiträge regen zur weiteren Forschung und Reflexion an.

Weyer-Menkhoff, Stephan: Gottes Gabe ist es. Was sich zeigt, wenn christliche Religion gezeigt wird, hg. v. Dominic Frenschkowski (Theologie – Kultur – Hermeneutik 30). Evangelische Verlagsanstalt: Leipzig 2020, 347 S.

In diesem Band werden durch den Herausgeber Frenschkowski zahlreiche Aufsätze von Weyer-Menkhoff zusammengetragen, die die Religionspädagogik, Liturgik,

Kirchbau und die Ethik betreffen. Weyer-Menkhoff, der sich mit dem Zeigen auseinandergesetzt hat, schreibt, dass dieses Zeigen nicht analytisch oder konstruktiv vorgeht, sondern phänomenologisch. Es gehe nicht um das Wissen, sondern um das, was sich zeigt: „Zum Zeigen gehört neben dem zu Zeigenden nicht nur der Zeigende, sondern integral auch der, dem sich etwas zeigt. Was zeigt sich mir, wäre die Frage der Lektüre – und nicht: Was kann ich wissen? Die Frage heißt: Was ist mir gegeben – und nicht: Was soll ich glauben? Hier aber ist der Leser mit dem, was er sieht, gefordert." (16) Zur Liturgik finden sich Beiträge zu Luthers Vermahnung zum Sakrament des Leibes und Blutes unseres Herrn, Beiträge zur Ästhetik der Liturgie, zur heiligen Feier am profanen Ort, zum Vortrag eines Textes, zum Kollektengebet, zur Liturgie der Taufe und zur Himmelfahrt Christi. Zum Thema Kirchbau enthält das Buch Beiträge zum Raum des Gottesdienstes, zum Ort des Gottesdienstes, zur Theologie des Raumes, zur Kirche als Gotteshaus, zum Bau der Kirche im Sinne von Rudolf Schwarz, zum reformatorischen Kirchbau der Moderne, zum Lichtzwang bzw. zum Licht in den Kirchen und zur Florinskirche in Koblenz.

Wolf, Jean-Claude: Philosophie des Gebets. Gebetsscham und Langeweile in der Moderne (StOeFr 95). Aschendorff: Münster 2020, 138 S.

Dass sich ein Philosoph zum Gebet äußert und sogar eine Philosophie des Gebets vorlegt, kommt recht selten vor. Zu viele Hindernisse stehen im Weg: zum einen die Aussage, dass man zum Gott der Philosophen nicht beten kann, zum anderen die Philosophie von Spinoza und Kant, die z.B. das naive Bittgebet als unwürdig und beschämend bezeichnen. Und das Beten, wie auch der Gottesdienst insgesamt, ist meistens für Intellektuelle langweilig. Es gibt aber zwei Gegenstimmen, mit denen sich Wolf auseinandersetzt: Søren Kierkegaard und Franz von Baader, die beide eine Philosophie des Gebets entwickelt haben. Er befasst sich aber nicht nur mit ihnen, sondern auch mit Martin Buber, Baruch de Spinoza, Friedrich Nietzsche, René Descartes, Jacob Böhme, Jürgen Habermas' Ausführungen über Kierkegaard und mit Angelus Silesius. Wolf betont den existentiellen Teil des menschlichen Lebens, der oftmals bei den Philosophen, die sich im reinen Denken wähnen, nicht vorkommt. In den Beiträgen zur Philosophie des Gebets geht es nicht um eine einfache Apologie des Gebets, sondern zum einen darum, geistige und auch affektive Motive zu benennen, die das Beten verhindern, und zum anderen auch darum, dass das Gebet etwas mit dem zu tun hat, für das man sich nicht entscheiden kann, sondern das „einfach" da ist.

Wustmans, Clemens/Peuckmann, Niklas (Hg.): Räume der Mensch-Tier-Beziehung(en). Öffentliche Theologie im interdisziplinären Gespräch (ÖTh 38). Evangelische Verlagsanstalt: Leipzig 2020, 320 S.

In ihrem diesen Band eröffnenden Beitrag zeigen die beiden Herausgeber eine Raumhermeneutik der Mensch-Tier-Beziehung auf, die zwischen den Ansätzen des *spatial turns* und des *animal turns* vermittelt. Die Mensch-Tier-Beziehung wird beschrieben und reflektiert in unterschiedlichen Wahrnehmungsräumen, z.B. in literarischen, abstrakten oder relationalen Räumen. Es geht anschließend um Nutzungsräume, die anhand der menschlichen Beziehungen zu den Versuchstieren und Nutztieren dargelegt werden. Im dritten Inszenierungsraum kommen die Beziehungen in der Kunst, im Zoologischen Garten und in der kirchlichen Praxis in den Blick. Peuckmann erkundet in einem Beitrag die Tiersegnungsgottesdienste. Sie sind ein Phänomen der Grünen Religion, die sich an naturnahen Relationen orientiert. Er bringt dabei auch biblische, liturgische, seelsorgerliche Aspekte zur Sprache. Rosenberger fragt nach soziologischen und theologischen Überlegungen zum gesellschaftlichen Trend der

Tierbestattungen. Er stellt die Umstrittenheit von Tierbestattungen in theologischer, liturgietheologischer und pastoraltheologischer Perspektive dar. Die zahlreichen Beiträge dieses Bandes sind aus evangelischer, katholischer, islamischer oder auch aus interdisziplinärer Perspektive verfasst.

IV. Kirchenbau, Paramentik, Kunstwerke

Boeßenecker, Helen: Skulpturale Altäre im römischen Seicento. Die Vergegenwärtigung des Sakralen. Imhof: Petersberg 2020, 430 S., 314 meist farbige Abb.

Um 1600 wurden in Rom Altäre, auch neue Altäre, wieder mit Skulpturen ausgestattet, nachdem es seit dem *Sacco di Roma* (1527) kaum mehr solche Arbeiten gegeben hatte. Letzteres hat auch etwas mit dem Trienter Konzil und der Auseinandersetzung mit der reformatorischen Bildkritik zu tun. Die Skulpturenherstellung nahm man nun, allerdings mit neuem Anliegen, wieder auf. „In vielen Fällen werden die Skulpturen als Akteure einer sich vermeintlich vor den Augen des Betrachters abspielenden sakralen Handlung präsentiert, wobei der räumliche Kontext gezielt zur Inszenierung der skulpturalen Ereignisdarstellung über dem Altar genutzt wird. Durch den Darstellungsmodus der Bildwerke und ihre Inszenierung wird das Sakrale in der Gegenwart des Betrachters vergegenwärtigt und der Betrachter zu einer aktiven Partizipation eingeladen." (14) Zum einen fragt Boeßenecker nach der Wirkungsästhetik der Altarskulpturen, zum anderen auch nach den Entwicklungen, die in Rom im Übergang vom 16. zum 17. Jahrhundert in bildhauerischer Hinsicht zur Umwandlung des Altarraums führten. Nach einer Einleitung führt die Autorin ihre Untersuchung in zwei großen Teilabschnitten durch. Zuerst legt sie die Voraussetzungen und die Genese des skulpturalen Altars bis 1600 dar: kunsttheoretische und bildertheologische Aspekte der sakralen Skulptur, ihre gattungsgeschichtlichen Voraussetzungen in Hinblick auf ihre Funktion, Genese und Wirkungsästhetik in der italienischen Renaissance, abschließend die Wiederbelebung des skulpturalen Altars im nachtridentinischen Kirchenraum in Rom um 1600. Im zweiten Teil geht es um die Wirkungsästhetik des skulpturalen Altars im römischen Seicento: zum einen um die Theatralität und Performativität, zum anderen um die Materialität und Medialität. Boeßenecker hält fest: „Versucht man abschließend das ‚Erfolgsrezept' der skulpturalen Altäre im Seicento zusammenzufassen, lässt sich festhalten, dass sie sich durch eine äußert effektive Wirkungsästhetik auszeichnen: Die Bildhauer loten das Potential des dreidimensionalen Mediums aus, eine körperliche Präsenz in der Gegenwart des Betrachters zu evozieren, und kehren die Materialqualitäten der Skulptur pointiert hervor. Die Einbeziehung des räumlichen Kontextes, der Einsatz einer kalkulierten Lichtführung oder das produktive Zusammenspiel mit der Malerei tragen zu einer raumgreifenden Inszenierung bei. Die Skulpturen werden publikumswirksam in Szene gesetzt, so dass auch außerhalb der Liturgie das Heilige am skulpturalen Altar im römischen Seicento präsent gehalten wird. Die sinnlichen Qualitäten des Materials und die damit verbundene Betrachteraffizierung können während einer performativen Aktivierung jedoch noch einmal gesteigert werden. Skulpturenhandlung, Material und liturgisch aktivierter Altarraum treten in ein Zusammenspiel und konstituieren ein Ereignis, an dem der Betrachter aktiv partizipiert. Alle diese Strategien heben darauf ab, das Sakrale anschaulich zu vergegenwärtigen, und es lässt sich argumentieren, dass der durchschlagende Erfolg der skulpturalen Altäre im römischen Seicento wesentlich mit ihrer innovativen Wirkungsästhetik zusammenhängt." (388)

186 Literaturbericht Liturgik. Jörg Neijenhuis

Diederichs-Gottschalk, Dietrich: Reformatorische Kirchenumgestaltung. Tho Gots ere und guder gedächtnis – Die Veränderung und künstlerische Neuausrichtung der mittelalterlichen Landkirchen in den norddeutschen Marschen Land Wursten und Osterstade von den Anfängen der Reformation bis zum Ende des Dreißigjährigen Krieges. Ein Beitrag zur reformationsgeschichtlichen und konfessionskulturellen Erforschung der Frühen Neuzeit in Norddeutschland (Kunst und Konfession in der Frühen Neuzeit 5). Schnell und Steiner: Regensburg 2020, 400 S., 148 Abb.

An den Kirchen im Land Wursten und Osterstade zeigt Diederichs-Gottschalk, wie das Kircheninnere samt seiner Einrichtung mit Einführung der Reformation erheblich verändert worden ist. Nachdem er in die Reformationsgeschichte des Landes Wursten eingeführt hat, zeigt er anhand von fünf Kirchen die Veränderungen auf und geht in der Darstellung für Osterstade in gleicher Weise vor. Zahlreiche Abbildungen verdeutlichen, wie sich die Kirchenräume verändert haben. Es sind auch Bilder beigegeben, die veranschaulichen, wie die Kirchen heute von außen und im Inneren aussehen. Im Anhang bietet der Autor ein Fazit; Karten, Literatur, Register und Bibelstellen sind beigegeben.

Es lässt sich feststellen, dass nach Einführung der Reformation ab den 1540er Jahren bis etwa 1600 fast alle Bildwerke aus den Kirchen entfernt oder übertüncht worden sind, weil sie wohl nicht mehr als zu verehrende Figuren oder Bilder angesehen wurden. Auch Seitenaltäre wurden entfernt, Retabeln vermutlich ebenso. Ab 1620 wurden wieder vereinzelt Figuren oder Bilder aufgestellt, nun aber mit der Aufgabe, den Glauben zu lehren oder zu illustrieren. Dafür wurden Bilder auch verändert oder mit Hilfe von Schrifttafeln einer anderen Bedeutung zugeführt. Es wurden Kanzeln in die Kirchenräume eingefügt und farbige Bilder auf Kanzeln gemalt oder in der Kirche aufgehängt, um die himmlische Wahrheit zu veranschaulichen oder die Predigtinhalte zu vertiefen. Das Stiftungswesen und die Pfründe wurden nicht mehr so weitergeführt, dass mit ihnen das Gebet für die Stifter gesichert wurde, womit ihre Seelen bald aus dem Fegefeuer kommen sollten. Stattdessen wurden nun reiche evangelische Bürger zu Stiftern und richteten ihre Stiftungen zur Ehre Gottes und der Nächsten (und zu ihrem eigenen Ruhm) ein. Das deutlichste Zeichen des reformatorischen Paradigmenwechsels ist die Veränderung des Chorraumes. War er bis zur Reformation der Raum für den liturgischen Dienst der Geistlichen, die nach ihrem Tod in Grüften vor dem Hochaltar bestattet wurden, so stand jetzt dieser Bestattungsort auch der weltlichen Oberschicht zu. Zudem konnte nun der Altar- und Chorraum für den Empfang des Abendmahls betreten werden; entsprechend wurden die Retabelbilder bald der neuen Glaubensauffassung angepasst. Auch Orgeln wurden in die Kirchenräume eingebaut. Offenbar hat die nachreformatorische Kirchenumgestaltung bis ins 19. Jh. Bestand gehabt. Danach haben sich Strömungen durchgesetzt, die – so Diederichs-Gottschalk – das finstere Mittelalter überwinden wollten, indem sie die Fensteröffnungen vergrößerten, die Decken erhöhten und altes Inventar durch neues ersetzten. Man versuchte eine ideale Form der Gotik zu rekonstruieren, die es in diesen Kirchen vorher nie gegeben hatte. Nach dem Zweiten Weltkrieg entleerte man die Kirchen noch weiter von übriggebliebenen Emporen, Kanzelaltären, Beichtkammern, um sie auf diese Weise den liturgischen Erfordernissen anzupassen.

Möhler, Hans: Gottes besondere Häuser. Eine Reise zu den ungewöhnlichsten Kirchen der Welt. Luther-Verlag: Bielefeld ²2020, 152 S., 149 farbige Abb.

Bei diesem Büchlein handelt es sich um kein wissenschaftliches Werk, sondern um ein schönes Bilderbuch über die ungewöhnlichsten Kirchenbauten. 149 Kirchbauten werden jeweils auf der linken Buchseite mit Namen, Land (mit Karte), Denomination

Deutschsprachige Länder 2020 (2019, 2018)

und einer kurzen Beschreibung vorgestellt. Auf der rechten Buchseite befindet sich das Bild der Kirche. Einige Beispiele: eine Bambuskirche in Kolumbien; die Kirchenburg in Viscri (Rumänien); die Kirche Santa Maria di Idris von Matera in Italien (eine Höhlenkirche); die Wallfahrtkirche Maria, Königen des Friedens in Neviges (Deutschland); die St. Ivan Rilski-Kapelle in Livingstone (südliche Shetlandinseln) – die südlichste Kirche der Welt, in der Antarktis gelegen: Diese bulgarisch-orthodoxe Kirche hat die Anmutung einer Blechtonne mit Kreuz (die allen Wettern trotzt); eine rosa aufblasbare Kirche für den Garten, in der geheiratet werden kann (Niederlande); die Flussschifferkirche in Hamburg; die Ice-Church in Jukkasjärvi (Schweden), die im Frühjahr schmilzt, im Winter wieder errichtet wird und jedes Jahr anders aussieht.

Thümmel, Hans Georg: Ikonologie der christlichen Kunst, Bd. 1: Alte Kirche. Schöningh: Paderborn 2019, 323 S., 126 schwarz-weiß Abb.

Das auf vier Bände angelegte Werk bietet eine historische Ikonologie der christlichen Kunst für die Alte Kirche, das Mittelalter, die Neuzeit und die Ostkirche. „Es geht darum, Bedingungen und Motive für die Entstehung und den Bestand von Darstellungen auf Gruppen christlicher Denkmäler darzulegen und überhaupt erst einmal den Bildbestand unter diesem Gesichtspunkt zu erfassen." (XIII) So kommt eine komplexe Geschichte des Bildes zustande, die von Darstellungen ausgeht, die sich auf ganz unterschiedlichen Bildträgern (Sarkophage, Gemälde etc.) finden. Aufgrund der historischen Anlage des Werkes wird der Wandel der Themenkreise deutlich. Thümmel führt in die Anlage seines Werkes einschließlich bestimmter Begriffsdefinitionen ein. Der vorliegende erste Band behandelt die Alte Kirche. Zuerst werden allgemeine Literatur und das Abkürzungsverzeichnis geboten. Es folgt eine Darstellung des zeitgeschichtlichen Hintergrunds, in welcher der Staat, die Umwelt und die Kirche, Constantin und seine Zeit, die christliche Theologie und die dinglich gebundene Heiligkeit beschrieben werden. Das nächste Kapitel beschreibt die Bedingungen und Möglichkeiten der Entstehung einer christlichen Bildkunst für die Spätantike und die Kirche. Es folgt ein Kapitel über die christlichen, heidnischen und häretischen Denkmäler. Das nächste Kapitel ist das umfangreichste und behandelt die frühchristliche Grabeskunst, darin geht es um Sarkophage, Katakomben in unterschiedlichen Zeitepochen, um die dargestellten Szenen aus dem Alten und Neuen Testament oder um Goldgläser, die als Grabbeigaben Inschriften und Bilder trugen. Weitere Kapitel befassen sich mit der Darstellung der Entstehung des christlichen Symbols, von Heidnischem und Christlichem in der Staatssymbolik. In einem ebenfalls umfangreicheren Kapitel geht es um frühchristliche Kirchdekoration, die nun unmittelbar zur Liturgie zu zählen ist (Darstellungen in der Altarregion, der Apsis oder auf den Fußböden); und um kirchliches und liturgisches Inventar (wie z. B. die Kirchentüren, Rauchfässer, Kathedra des Bischofs, Diptychen, Reliquiare). Thümmel bietet ein Kapitel über die christliche Kunst in der privaten Sphäre und im Alltag und als letztes ein Kapitel über die Größe und den Zerfall dieser Epoche der Alten Kirche. Jedem Kapitel oder größeren Abschnitt ist noch einmal ein eigenes Literaturverzeichnis vorangestellt. Der Band enthält zudem ein Abbildungsverzeichnis und ein Register.

Thümmel, Hans Georg: Ikonologie der christlichen Kunst, Bd. 2: Bildkunst des Mittelalters. Schöningh: Paderborn 2020, 578 S., 233 schwarz-weiß Abb.

Dieser zweite Band ist nach denselben Prinzipien aufgebaut wie der erste Band des Werkes. Mit „Mittelalter" wird die Zeitspanne von den Vorkarolingern bis zur Reformation bezeichnet. Der erste Teil befasst sich mit dem Frühmittelalter. Es wird in die Zeit der Karolinger, in die Scholastik und in die Kunstgeschichte dieser Epoche eingeführt, danach in die frühen Werke der Bildkunst (z. B. im Liber Pontificalis oder auf der Schatzkunst) in der Buchmalerei. Es folgen Beschreibungen der karolinigischen, ottonischen und romanischen Kirchdekorationen; der Gestaltung des Altars und des Antependiums, der Reliquiare, Tragaltäre und Bilder. Im nächsten Abschnitt wird über das Denken dieser Zeit und ihre typologische Argumentation gehandelt und im Weiteren über die Geräte, wie z.B. Patene und Kelch, Kreuze, Leuchter, Reliquienschreine, Taufbecken, Ambone und Kanzeln. Anschließend geht es um das Bildnisgrabmal, um Kruzifixe und Madonnen. Der zweite Teil behandelt die Gotik, in die zunächst anhand ihrer Geschichte und Geistesgeschichte, ihrer besonderen Sinnlichkeit, und in das christliche Leben etc. eingeführt wird. Es folgen die Ikonologie der Kathedrale, die Kirchdekoration in der gotischen Zeit und die Plastik im Architekturverband. Ein umfangreiches Kapitel beschäftigt sich Themen, die für die Gotik neu sind (z.B. die Heilige Familie, der Schmerzensmann, das Herz Jesu, der Rosenkranz, der Totentanz) und mit Liturgie und geistlichem Schauspiel und dem Heiligen Grab. Es folgt ein Kapitel über die neue Malerei aus Italien und Böhmen, danach geht es um das Altarretabel, die Fastentücher, die Sakramentshäuser, die Epitaphe, die Druckgraphiken; um das Wallfahrtswesen und die Pilgerkunst, die Porträts. Dieser Band wird beschlossen mit Darlegungen zur Mehrdeutigkeit, zur Renaissance und Endlichkeit.

V. Artikel

Bärsch, Jürgen: Liturgische Bewegung im Horizont neuer Aufbrüche am Beginn des 20. Jahrhunderts. Die Bedeutung gesellschaftlicher, kultureller und theologischer Wandlungen für eine neue Sicht der Kirche und ihres Gottesdienstes, in: JL 70 (2020), 71–95.

Bärsch, Jürgen: Rechnungen als Quelle für die Liturgiegeschichtsforschung, in: JL 70 (2020), 45–59.

Deeg, Alexander: Es wird nicht mehr sein wie vorher …, in: Pastoraltheologie 109 (2020), 417–435.

Ebenbauer, Peter: Was kann Liturgische Theologie zur Analyse und Kritik kirchlicher Machtverhältnisse beitragen?, in: JL 70 (2020), 147–160.

Eck, Sebastian: Gebetbücher als Quelle der neuzeitlichen Liturgiegeschichte, in: JL 70 (2020), 19–32.

Geldhof, Joris: Penetration – Permeation – Fermentation: Ponderings on the Being of Liturgy and its Memorial Modes, in: SL 50 (2020), 6–21.

Gerhards, Albert/de Wildt, Kim: Signaturen der Macht im sakralen Raum, in: JL 70 (2020), 191–206.

Gremse, Mirko: „Schon wieder die Engel …". Pastoralpsychologische Überlegungen zur Auswahl des Taufspruchs Psalm 91,11, in: Wege zum Menschen 72 (2020), 319–333.

Jeggle-Merz, Birgit: Sakrale Macht und die Rolle der Frau. Sichtungen in der römisch-katholischen Liturgie, in: JL 70 (2020), 177–190.

Köhle-Hezinger, Christel: Zur Kulturgeschichte des Gottesdienstes. Quellen aus kulturwissenschaftlicher Sicht – eine Umschau, in: JL 70 (2020), 11–18.

Kranemann, Benedikt: Machkonstellationen im Gottesdienst. Liturgiewissenschaftliche Perspektiven zu einem umstrittenen Thema, in: JL 70 (2020), 161–176.

Langbahn, Stefan K.: Die Anfänge der modernen Liturgischen Bewegung im deutschen Sprachraum und ihre „Akademische Phase" bei Romano Guardini im Spiegel der Quellen. Besichtigung einer Forschungsbaustelle aus Anlass von 100 Jahren Laacher Liturgieunternehmen, Teil 2, in: ALw 61 (2019), 47–97.

Deutschsprachige Länder 2020 (2019, 2018)

Lurz, Friedrich: Die neuen liturgischen Bücher der Christkatholischen Kirche der Schweiz. Resultat einer umfassenden Liturgiereform, in: ALw 61 (2020), 129–149.

Mills, Lynn: One Baptism Once, in: Early Christianity 11 (2020), 206–226.

Ohst, Martin: Ein Herrenmahl für alle Christen? Historische Hinweise zu einem aktuellen Anliegen, in: Kerygma und Dogma 66 (2020), 118–139.

Pondaag, Stenly Vianny: Zur Entstehungsgeschichte des Eucharistischen Hochgebets IV im Missale Romanum 1970, in: ALw 61 (2019), 98–128.

Schneider, Bernhard: Zeitschriften als Quelle zur Erforschung der Liturgie- und Frömmigkeitsgeschichte. Beobachtungen im Blick auf das frühe 19. Jahrhundert, in: JL 70 (2020), 33–44.

Spies, Miriam: Liturgische Vorstellungskraft in vollem Umfang. Möglichkeiten zur Leitung durch Menschen mit Behinderung, in: Concilium 56 (2020), 576–584.

VI. Einführungen und Lehrbücher

Engemann, Wilfried: Einführung in die Homiletik. Narr/Francke/Attempto: Tübingen [2002] ³2020, 709 S.

In diesem Jahrbuch wird auch einmal eine Predigtlehre gewürdigt, denn Engemann widmet ein Kapitel seiner Predigtlehre dem Predigen im Gottesdienst, und zwar so, dass sich daraus eine Frage nach dem liturgischen Bezug der Predigt ergibt (409–466). Engemann geht von einer Wechselwirkung zwischen Predigt und Gottesdienst aus und differenziert beide „Redeweisen" als rhetorische und rituelle Kommunikation des Evangeliums. Beide Kommunikationsweisen orientieren sich am Kirchenjahr. Das Verhältnis von Eucharistie und Predigt wird dargestellt und dabei die Liturgie- und Predigtgeschichte seit Beginn des Christentums referiert – bis hin zum Evangelischen Gottesdienstbuch von 1990. Auch das Verhältnis von Lesungen und Predigt im Gottesdienst wird anhand zahlreicher Perikopenordnungen einschließlich ihrer Geschichte und Reformen exemplifiziert. So wird deutlich, dass auch hier nicht einfach ein stimmiger Zusammenhang vorliegt, sondern dass er je nach Situation hermeneutisch ergriffen und gestaltet werden muss sowohl in Bezug auf die Gesamtheit des Gottesdienstes als auch in Bezug auf die Predigtaussage. Dasselbe gilt für das Verhältnis von ritualbezogener und freier Rede. Es folgen weitere Reflexionen zur Funktion von Proprium und Perikopen, zur Predigt, die immer Teil des Kommunikationsgeschehens Gottesdienst ist, wie es z.B. deutlich wird in der gegenseitigen Abhängigkeit von liturgischen und homiletischen Funktionen oder auch darin, wie digitale und analoge Kommunikationsstrukturen im Gottesdienst wirken. Die liturgischen Bedingungen der Predigt werden abschließend in Thesen zusammengefasst.

Karle, Isolde: Praktische Theologie (Lehrwerk Evangelische Theologie 7). Evangelische Verlagsanstalt: Leipzig 2020, 718 S.

Karle schreibt in ihrem Vorwort, dass das vorliegende Buch sowohl ein Lehrwerk als auch eine Gesamtdarstellung der Praktischen Theologie ist. Als Lehrwerk richtet es sich an Studentinnen und Studenten der Evangelischen Theologie, um ihnen einen Überblick über das Fach Praktische Theologie zu geben und sie mit der Komplexität und Vieldimensionalität dieser Disziplin vertraut zu machen. Als Gesamtdarstellung kommen sowohl die historische Genese des Faches wie auch seine gegenwärtigen Diskurse in den Blick. Gleichwohl ist in jedem Werk, auch wenn es sich um größtmögliche Objektivität bemüht, immer auch die Handschrift des Autors bzw. der

Autorin zu erkennen. Karle führt für sich zwei grundlegende Perspektiven an: „Es ist (1) interdisziplinär ausgerichtet und führt einen intensiven Diskurs mit den Sozialwissenschaften. Es fragt (2) nach der Relevanz der Evangeliumskommunikation für die Gegenwart und rezipiert dazu Forschungsergebnisse aus den anderen theologischen Disziplinen." (XV) Der Aufbau dieses Lehrwerkes: Es setzt ein mit der Frage, was Praktische Theologie eigentlich ist, und beginnt mit den reformatorischen Impulsen, geht über zu Schleiermacher und skizziert die Praktische Theologie der Gegenwart. Die nachfolgenden Kapitel befassen sich mit der Religion in der Moderne und mit der Relation von Kirche und Moderne; abschließend wird der Pfarrberuf in der Moderne in den Blick genommen. Nachdem so der Horizont der Praktischen Theologie beschrieben wurde, kommen die einzelnen Teildisziplinen der Praktischen Theologie zum Zuge: Homiletik, Liturgik, Poimenik, Theorie der Kasualien, Diakonie, Medienkommunikation. Das Kapitel zur Liturgik wird mit historischen Perspektiven zur biblischen Gottesdienstvielfalt – jüdische Wurzeln, die Praxis Jesu, urchristliche Gottesdienste – eröffnet. Es folgen die Gottesdienstentwicklung der Alten Kirche, der orthodoxe Gottesdienst, die römisch-katholische Messe, Luthers Gottesdienstreform einschließlich der Feier und Deutung des Abendmahls, der reformierte Gottesdienst in Zürich und Genf, Schleiermachers Gottesdienstdarstellung. Aktuelle Diskurse und Fragestellungen schließen sich an: der Gottesdienst als kulturelles Gedächtnis, der Gottesdienst in der Erlebnisgesellschaft, die rituelle Dimension des Gottesdienstes; das gottesdienstliche Gebet und die gottesdienstliche Musik; die Zeit des Gottesdienstes in Bezug auf den Sonntag und das Kirchenjahr; der Raum des Gottesdienstes; abschließend die zielgruppenorientierten Gottesdienste Kinder-, Jugend- und Salbungsgottesdienste. Bei fast allen diesen Teildisziplinen werden zuerst die historischen Perspektiven benannt, um dann die für die Gegenwart relevanten Diskurse darzustellen. Nur für die Medienkommunikation entfällt – selbsterklärend – eine historische Perspektive. (Die Religionspädagogik wird in diesem Band nicht behandelt, weil für sie ein eigener Band im Rahmen der Lehrbuch-Reihe der Ev. Verlagsanstalt vorgesehen ist.) In allen Kapiteln finden sich immer wieder Zusammenfassungen bzw. Merksätze, die für Studierende dieses umfangreichen Lehrwerks sicherlich dienlich sind, weil sie helfen, den Überblick zu bewahren und den roten Faden nicht zu verlieren. Der Anhang enthält ein ausführliches Literaturverzeichnis und ein Namen-, Sachen- und Bibelstellenverzeichnis.

Neijenhuis, Jörg: Liturgik (Kompendien Praktische Theologie 5). Kohlhammer: Stuttgart 2020, 141 S.

Diese Einführung in die Liturgik bzw. Liturgiewissenschaft ist in der Reihe *Kompendien Praktische Theologie* erschienen, die aus insgesamt zehn Einzelbänden bestehen wird. Die Reihe legt Wert auf die Verzahnung von Theoriebildung und Praxisreflektion sowie auf den Bezug zu Partnerwissenschaften außerhalb der Theologie. Angesprochen werden sollen Studierende und auch Vikare und Vikarinnen vor ihren Prüfungen sowie Pfarrer und Pfarrerinnen. Der Aufbau ist in allen Bänden ähnlich gestaltet; sie werden eröffnet mit gegenwärtigen Herausforderungen der jeweiligen Disziplin; es folgen eine geschichtliche Darstellung und eine systematische Entfaltung der Disziplin, danach die Darstellung der empirischen Erkenntnisse und die enzyklopädische Einordnung in das Ganze der Praktischen Theologie. Der Liturgik-Band beginnt mit der Frage, was Liturgie eigentlich ist, um dann die Fragestellungen an die Liturgik und ihre gegenwärtigen Herausforderungen zu beschreiben. Es folgt ein größeres Kapitel zur Liturgiegeschichte, das im Blick hat, welche Bedeutungen historisch-kirchliche Entscheidungen oder theologische und kulturelle Entwicklungen haben und heutiges Liturgie-Feiern beeinflusst haben oder weiterhin bestimmen. Danach werden gegenwärtige Agenden für die Sonn- und Feiertage, Kasualagenden, Perikopenbücher, Kirchenjahr, Gesangbuch und neuere Gottesdienstformate beschrieben. Es folgt ein Kapitel mit empirischen Erkenntnissen zur Liturgie, die sich aus großen Datenerhebungen der Kirchen, aus Milieustudien oder aus weltumspannenden Religionsdaten erheben lassen. Zum Schluss folgt ein Kapitel mit der systematischen Entfaltung der Disziplin Liturgik bzw. Liturgiewissenschaft, die nicht nur evangelische und römisch-katholischen Entwürfe, sondern auch die Verortung innerhalb der evangelischen und katholischen Praktischen Theologie beschreibt. Auch der Bezug zu den für die Liturgik bzw. Liturgiewissenschaft relevanten außertheologischen Wissenschaften (Kommunikationswissenschaft, Semiotik, Rezeptionsästhetik, Ritualwissenschaft, Theaterwissenschaft, Inszenierung, Performance) und abschließend der Bezug zu den anderen Disziplinen der Praktischen Theologie (Homiletik, Pastoraltheologie, Seelsorge, Religionspädagogik) wird dargelegt. Ein Literaturverzeichnis und ein Register beschließen das Buch.

VII. Lexika

Großes Lexikon der Bestattungs- und Friedhofskultur. Wörterbuch zur Sepulkralkultur. Bd. 4: Literatur/Musik/Theater/Film/Fotografie. Medienkultureller Teil: Von Absurdes Theater bis Zombie. Hg. v. Zentralinstitut für Sepulkralkultur Kassel. Fachhochschulverlag: Frankfurt a. M. 2020, 303 S., 29 Abb.
Dieser vierte Band des Großen Lexikons (Bd. 1/2002: JLH 44 [2005] 132f, Bd. 2/2005: JLH 47 [2008] 104f., Bd. 3/2010: JLH 51 [2012] 148f) betritt Neuland, denn die Anzahl der relevanten sepulkralen Stichworte aus den Bereichen von Literatur bis Fotografie, wie sie der Untertitel des Bandes anzeigt, jedes Bandformat sprengen würde. Deshalb wurde die Anzahl der Stichworte von vornherein begrenzt – was nicht ausschließt, dass Vorlieben der Autoren oder ihr eigener Medienkonsum bei der Auswahl der Stichworte ebenfalls leitend gewesen sind. „Insgesamt umfassen die Beiträge einen Zeitraum von den frühesten Schriften des westlichen Kulturraumes bis in die Gegenwart. Der Schwerpunkt liegt dabei auf dem deutschsprachigen Raum, wobei wichtige Werke der europäischen und außereuropäischen Kulturgeschichte einbezogen wurden, da sie in Übersetzungen auch den deutschen Kulturraum beeinflusst haben." (9) Einige Stichworte mögen verdeutlichen, welche Breite hier anvisiert wurde: Apokalypse, Bühnentod, Geisterfotografie, Horrormärchen, Musikvideo, Science-Fiktion, Traueranzeige, Untote etc. Es ist nicht nur eine wahre Fundgrube für alle, die Auskunft über die Bestattungs- und Friedhofkultur benötigen, sondern vermittelt auch ein außerordentlich weites Feld der vergangenen wie der gegenwärtigen Bestattungs- und Friedhofkultur, das bisher m. W. an keiner anderen Stelle so umfassend erschlossen wurde.

VIII. Arbeitshilfen

Arnold, Jochen/Baltruweit, Fritz (Hg.): Lesungen und Psalmen lebendig gestalten. Dialogische Inszenierungen der biblischen Lesungen und Psalmgebete im Gottesdienst (gemeinsam gottesdienst gestalten 2). Evangelische Verlagsanstalt: Leipzig ³2020, 292 S. Aufgrund der neuen Ordnung für gottesdienstliche Texte und Lieder zum Advent

2018 ist auch dieser Band der Reihe „gemeinsam gottesdienst gestalten" erheblich überarbeitet worden. Den Texten liegt jetzt die Ausgabe der Lutherbibel 2017 zugrunde. Da bei der Neuordnung eine ganze Reihe von biblischen Texten zwischen den Sonn- und Festtagen verschoben, neu aufgenommen oder nicht wieder aufgenommen wurden, ergibt sich ein anderer Zusammenklang der biblischen Texte. Das Grundprinzip der dialogischen Inszenierung ist geblieben, doch es sind in dieser dritten Auflage auch Korrekturen und neue Ideen, die sich aus der Praxis ergeben haben, aufgenommen worden.

Arnold, Jochen/Verwold, Christian (Hg.): Bitten, Loben und Bekennen. Die wiederkehrenden Stücke im Gottesdienst. Teil I (gemeinsam gottesdienst gestalten 12). Evangelische Verlagsanstalt: Leipzig ²2020, 250 S.

Das Buch ist 2010 in erster Auflage erschienen und wurde jetzt, nachdem es nicht mehr lieferbar war, in zweiter Auflage herausgegeben. Da mit dem Advent 2018 die neuen Ordnungen für gottesdienstliche Texte und Lieder eingeführt worden sind, wurden in dieser zweiten Auflage die Wochensprüche und Sonntagsnamen ebenfalls angeglichen.

Böntert, Stefan/Stockhoff, Nicole: Dem Wort Gottes eine Stimme geben. Leitfaden für den Lektorendienst. Herder: Freiburg i. Br. 2020, 47 S.

Das Büchlein führt zuerst in den Lektorendienst als eine Aufgabe im Gottesdienst der Kirche ein. Danach wird das Vorlesen des biblischen Textes thematisiert und die Frage behandelt, wie sich der Lektor, die Lektorin darauf einstellt und was er bzw. sie wissen sollte. Es geht um die Vorbereitung und Schriftbetrachtung, um den Ort der Schriftlesung in der Liturgie, um den Ambo als Ort im Kirchenraum, um die Leseordnung, die Schriftauswahl, um das lebendige Vortragen, um die liturgische Formel „Wort des lebendigen Gottes", um Lektionar und Evangeliar und darum, das Wort Gottes im Heute zu leben. Der zweite Teil des Bandes ist dem Fürbittgebet gewidmet. Darin geht es um das Beten selbst, um das Gebet der Gemeinde und um den Aspekt, dass Lektorendienst auch Fürbittdienst ist; es geht um den Ort der Fürbitten im Kirchenraum, um den Beitrag der feiernden Gemeinde, um das Vortragen der Fürbitten und darum, wie man selbst Fürbitten formuliert, anschließend um die Fürbitten und das persönliche Gebet des Lektors. Der Ausblick macht deutlich, dass die Gemeinde die Trägerin der Liturgie ist; hier werden das Mitwirken, Gestalten und Begleiten sowie die Vorstellung von neuen Lektoren in der Gemeindemesse behandelt; abschließend findet sich ein Gebet für den Lektorendienst.

Breitenbach, Roland: Bete – und jeder Tag wird zum Geschenk. Echter: Würzburg 2020, 95 S.

In diesem Gebetbuch fällt die sonst in Gebetbüchern übliche Einleitung in das Gebet oder in das Beten erstaunlich kurz aus: Sie besteht aus vier Sätzen, die als Hinweise zum Beten verstanden werden. Darauf folgt ein Gebet, in dem Gott gebeten wird, das Beten zu lehren. Gebete für alle Tage der Woche schließen sich an, dann Gebete, die ganz unterschiedlichen Motivationen in sich tragen, z. B. dass Gott da ist, wo der Himmel auf Erden ist; dass das Beten auch ein Zu-sich-selber-Kommen ist; wer nicht auf Menschen zugeht, entfernt sich auch von Gott; beten lernen im Alltag; Gebete zu besonderen Zeiten des Jahres; Gebete im Vertrauen auf Gott in besonderen Situationen und – ganz überraschend – Gebete der Bäume: Die Kiefer, Esche, Eiche, Birke und die Kastanie beten zu Gott, anschließend dankt ein menschlicher Beter Gott für die Natur. Ein Beispiel für ein solches Baum-Gebet: Die Esche spricht: „Man muss einen festen Standpunkt haben. Aufrecht stehen zu seinen Überzeugungen und sich nicht von den Stürmen, mögen sie noch so heftig sein, hin- und hertreiben lassen. Sonst wird alles hinfällig, was man sagt und tut. Wir Bäume weisen nach oben. Das tue ich für dich, Gott. Es ist Heimweh, das im Rauschen meines Baumseins vernehmbar wird. Das Irdische ist nicht alles." (78)

Deeg, Alexander/Schwier, Helmut (hg. im Auftrag der Liturgischen Konferenz): Lesungen im Gottesdienst. Theologie und Praxis der liturgischen Schrift-Lesungen. Eine Orientierungs- und Gestaltungshilfe der AG ‚Lesungen im Gottesdienst' der Liturgischen Konferenz. Gütersloher Verlagshaus: Gütersloh 2020, 125 S.

Drei Fragen haben den Ausschuss bewegt, über die Schriftlesungen im Gottesdienst nachzudenken und diese Arbeitshilfe zu publizieren: Warum lesen wir? Was lesen wir? Wie lesen wir? Dabei kamen liturgiesystematische und liturgiepraktische Überlegungen sowie inhaltliche und formale Aspekte zum Zuge. Die drei genannten Fragen gliedern auch das Buch. Auf die Frage, warum wir lesen, wird mit historischer Information und mit empirischen und kulturwissenschaftlichen Argumenten geantwortet. Auf die Frage, was wir lesen, wird mit den Leseordnungen – Perikopen oder lectio continua, die evangelische oder die katholische Leseordnung, unterschiedliche Textgruppen von Altem Testament, Epistel und Evangelium – geantwortet. Auf die Frage, wie wir lesen, wird am ausführlichsten eingegangen: Dargestellt werden die Dramaturgie des Verkündigungsteils, Lesung und Körperhaltung, Inszenierung und Gestaltung der Lesung (darunter die Kontroverse, ob dabei vom Tablet vorgelesen werden sollte oder nicht), das Vorlesen als Beziehungsgeschehen. Abschließend werden Praxistipps für das Lesen im Gottesdienst gegeben.

Dezernat Pastoral und Zukunftsbildprojekte des Bistums Essen (Hg.): Handbuch vielfältiger Gottesdienstformen. Echter: Würzburg 2020, 151 S.

Im Zuge eines Dialog- und Entwicklungsprozesses im Bistum Essen wird hier das Ergebnis für vielfältige Gottesdienstformen vorgelegt. Im ersten Teil des Buches werden einleitend die liturgischen Grundlagen, die aktive Teilhabe, Zeichenhandlungen, Raumgestaltungen, Zielgruppen- und Anlassorientierung, Sprache und Musik erklärt und beschrieben; im zweiten Teil werden vielfältige Gottesdienstformen vorgestellt: Apage-Feiern, Andacht, Bußgottesdienst, Praise and Worship, Segensfeiern, Tagzeitenliturgie, gemeinsames Gebet mit Gesängen aus Taizé, Wort-Gottes-Feier. Zu jeder Gottesdienstform gibt es eine Einführung sowie Übersicht mit Rubriken; anschließend wird daraus ein Beispiel mit allen Texten vorgestellt. Ein Literaturverzeichnis ist beigegeben.

Diefenbach, Stefan/Lang-Rachor, Lucia/Walbelder, David/Wolf, Barbara (Hg.): Paare. Riten. Kirche. Wenn eine katholische Trauung nicht möglich ist: liturgische Beispiele gesammelt und kommentiert. Bonifatius: Paderborn 2020, 235 S.

Es werden zahlreiche Beispiele für Segnungen vorgelegt, die für Paare gedacht sind, die nicht katholisch und das heißt: sakramental heiraten können oder wollen, aber in ihren Beziehungen gesegnet werden wollen. Dabei kann es sich um Paare handeln, bei denen der eine Partner geschieden ist oder die sich noch nicht reif genug fühlen für eine sakramentale Trauung oder sich gegen eine kirchliche Trauung entschieden haben oder gleichgeschlechtlich sind. Für diese Zielgruppen werden Entwürfe geboten. Für alle gleich stellt sich die Frage, wer diese Feier leitet (meistens ist es ein Priester, Pastoralreferent oder Diakon) und wie sie von der sakramentalen Trauung abgegrenzt ist. Das lässt sich offenbar generell nicht sagen, sondern kann nur von Fall zu Fall ersehen werden, denn alle Elemente wie Singen, Beten, biblischer Text und Predigt, Segnen kommen auch bei einer sakramentalen Trauung vor. Anschließend folgen Beobachtungen zum Ablauf und zur äußeren Form der Feiern, zu den Orten des Feierns (Standesamt; draußen; zu Hause; Kirche/Kapelle), zu den gewählten Segensformulierungen und zu den verwendeten Symbolen. Außerdem finden sich insgesamt 20 Bei-

194 Literaturbericht Liturgik. Jörg Neijenhuis

spiel solcher Segensfeiern für gleichgeschlechtliche Paare, für wiederverheiratete Geschiedene und für Paare, die keine oder noch keine kirchliche Trauung wünschen.

Ebach, Jürgen, mit Beiträgen von Alexander Deeg und Christian Lehnert: Gott nicht allein lassen. Zwei alttestamentliche Fürbitten und die gegenwärtige liturgische Praxis (Impulse für Liturgie und Gottesdienst 3). Evangelische Verlagsanstalt: Leipzig 2020, 118 S.

Mit den drei Beiträgen dieses Büchleins kann die eigene Praxis der Fürbitten gut reflektiert werden. Alexander Deeg führt ganz unterschiedliche Wahrnehmungen des tatsächlich gebeteten Fürbittengebets an, um aus ihnen Schlüsse und Vorschläge für eine geeignete Praxis zu gewinnen. Der Alttestamentler Jürgen Ebach widmet sich zwei Fürbitten, die paradigmatisch die ganze Problematik des Betens für andere vor Augen führen: Mose tritt vor Gott für das Volk ein, das das Goldene Kalb angebetet hat, und erinnert Gott an das, was er dem Volk versprochen hatte; Hiob soll für seine Freunde beten – das fordert Gott, weil die Freunde nicht recht von Gott gesprochen haben. „Mit Ebachs herausfordernden Bibellektüren gelingt es, die Fürbitte überraschend neu in die Dynamik des Verhältnisses zu Gott und dem Nächsten einzuzeichnen. Gott braucht die Fürbitte, wie Menschen sie brauchen." (6) Christian Lehnert befasst sich mit der Sprache der Fürbitten im Gottesdienst, denn Sprechen und Beten bzw. Bitten ist eine Handlung. Diese Handlung des betenden Ich erwirkt eine Beziehung zum Du Gottes und ist zugleich das Wir der betenden Gemeinde.

Eizinger, Werner: Heute Christ sein. Meditative Andachten für das Kirchenjahr. Friedrich Pustet: Regenburg 2020, 119 S.

Die Andachten in diesem Buch richten sich nicht nach den Sonntagen im Kirchenjahr aus und orientieren sich nicht an Heiligengedenken. Im Mittelpunkt steht der Mensch in unserer Zeit. Die Andachten gehen also von der Lebenswirklichkeit der Gegenwart und den Fragen unserer Zeit aus und begegnen auf diese Weise Gott. So versuchen sie, „aus der tätigen und verbalen Botschaft Jesu Christi Antwort und Hilfe zu geben." (7) Die Themen sind z. B. Barmherzigkeit, Zukunft, Verantwortung, Gottes Macht und Ohnmacht, Zivilcourage, Fanatismus – Begeisterung, Sicherheit, Gehorsam etc. Die Andachten werden mit Kreuzzeichen und Gruß eröffnet, es folgen ein Lied und ein Gebet, danach ein abwechslungsreicher Teil mit Betrachtungen, Schriftlesungen, Liedern, Gebeten, die das Thema meditieren. Ein Wechselgebet, Lied, Bitten, Segen und Lied beenden die Andachten.

Friedrichs, Lutz: Bestatten (Praktische Theologie konkret 2). Vandenhoeck & Ruprecht: Göttingen 2020, 150 S, 1 Abb., 8 Tabellen.

In dieser neuen praktisch-theologischen Reihe (zu den Einleitungsfragen siehe unten bei Band 1 von Christian Grethlein) wird das Bestatten von Friedrichs mit dem Ansatz der Kommunikation des Evangeliums (verstanden im Anschluss an Grethlein) in drei Grundformen reflektiert: Gemeinschaftlich feiern, Helfen zum Leben, Lehren und Lernen. Alle drei Grundformen sind beim Bestatten zu bedenken: Das Liturgische tritt beim gemeinschaftlichen Feiern in den Vordergrund, das Helfen zum Leben findet neues Interesse in diakonischen Initiativen, und Lehren und Lernen kommt zum Zuge, wenn für den Umgang mit Sterben und Tod einfallsreiche Formen als Fragen nach der Endlichkeit des Lebens zu reflektieren sind. Die drei Grundformen bestimmen Friedrichs' Ausführungen zum Bestatten. Er setzt ein mit der heutigen Situation, z. B. der Frage, welche gesetzlichen Regelungen gelten, welche gesellschaftlichen Entwicklungen zu verzeichnen sind und welche kirchlichen Herausforderungen sich stellen. Es folgt ein Update über neue Ansätze und Aufbrüche im Bestattungswesen, z. B. Trauergottesdienst als Übergangsritual, Dialog mit Bestattern, Bestatten als religiöse Dienstleistung oder Trauern auf virtuellen Friedhöfen. Das nächste Kapitel widmet sich den Handlungsspielräumen in den Spannungsfeldern von Amtshandlung und Kasualie, Intimität und Öffentlichkeit, Abschiedsritual und Gemeindegottesdienst, Lobrede und Auferstehungspredigt, Popmusik und Choral, Kirchenrecht und Seelsorge, und: einfach so da sein. Denn Pfarrpersonen erleben immer häufiger, dass sie ersetzbar sind, weil sich ein Bestattungsgewerbe etabliert, das nicht mehr nur die Bestattung organisiert, sondern auch seelsorgerliche Aufgaben übernehmen will. Das kann kränkend wirken. Darum gilt es so zu handeln, „dass Menschen Religion als etwas für sie Förderliches erleben" (92). Der Autor fährt fort mit Anregungen für die Praxis, so z.B. für die Aussegnung, das Trauergespräch, die Totenfürsorge, die Trauerpredigt oder auch für den Heiligabend auf dem Friedhof. Anschließend werden zehn goldene Regeln aufgestellt. Mit diesen zehn Sätzen kann sich diejenige Person selbst reflektieren, die die Bestattung durchführt, und sich mit Hilfe der Reflektion darauf einstellen, sich auf die Trauernden einzulassen. Das abschließende Kapitel nimmt sich besonderer Fälle an, z.B.: Sternenkinder; ein früh verstorbenes Kind; Bestattung ohne Angehörige; multireligiöses Trauern in der Schule; Bestatten von Tieren und Bestatten in Zeiten der Coronapandemie. Am Ende des Buches findet sich ein Literaturverzeichnis, das sowohl Agenden und Handreichungen wie auch Belletristik und Film und wissenschaftliche Literatur aufführt. Allerdings werden Bestattungsliturgien oder Bestattungsagenden im Text nicht berücksichtigt.

Goldschmidt, Stephan/Fromke, Annerose/Seifert, Manfred (Hg.): Das Himmelreich zum Greifen nahe. Schulgottesdienste, die existenziell ansprechen für Sekundarstufe I und II. Neukirchener Verlag: Neukirchen-Vluyn 2020, 168 S.
Die Evangelische Schulstiftung der EKD und die Stiftung zur Förderung des Gottesdienstes (Karl-Bernhard-Ritter-Stiftung) haben im Jahr 2019 gemeinsam einen Schulgottesdienstwettbewerb ausgeschrieben. Etwa 80 Schulen aus ganz Deutschland reichten Gottesdienstentwürfe ein, fünf Schulen wurden ausgezeichnet. In diesem Band ist die bei der Preisverleihung vom EKD-Ratsvorsitzenden Bedford-Strohm gehaltene Laudatio ebenso abgedruckt wie auch die fünf preisgekrönten Gottesdienste. Insgesamt wurden sogar 14 Gottesdienstentwürfe in diesen Band aufgenommen und Marcell Saß hat eine Einleitung mit konzeptionellen Überlegungen zu Gottesdienst und Schule beigesteuert. Die Gottesdienstentwürfe richten sich nach dem Schul- sowie nach dem Kirchenjahr und sind in voller Textlänge abgedruckt: Gottesdienste zu Beginn des Schuljahres, Reformationstag/Allerheiligen, Ende des Kirchenjahres/Friedensdekade, Weihnachten, Epiphaniaszeit, Passion, Sommerzeit, Ende des Schuljahres.

Grethlein, Christian: Taufen (Praktische Theologie konkret 1). Vandenhoeck & Ruprecht: Göttingen 2020, 142 S.
Für die mit diesem Band neu begonnene Reihe schreiben die beiden Herausgeber Hans-Martin Lübking und Bernd Schröder in ihrem Vorwort, dass sie Pfarrpersonen und Mitarbeiter „in Kirche und Gemeinde mit interessanten und innovativen Ansätzen in kirchlich-gemeindlichen Handlungsfeldern bekannt machen und konkrete Anregungen zu guter Alltagspraxis geben" wollen (7). Da sich kirchliche Arbeit in den letzten Jahren verändert, werden nicht vorrangig Grundlageninformationen gegeben, sondern der Schwerpunkt liegt auf konkrete Impulse für die pastorale Praxis. Dieses Konzept lässt sich schon am Inhaltsverzeichnis dieses ersten Bandes über die Taufe erkennen: Grethlein stellt im ersten Kapitel die heutige Situation dar, wie sie durch Kontinuität und Wandel in Geschichte und Gegenwart einschließlich der gegenwärtigen gesellschaftlichen Herausforderungen geprägt ist. Im nachfolgenden Kapitel

beschreibt er kurz und knapp die theologischen Grundlagen dar, um dann im dritten Kapitel neue Ansätze und Aufbrüche zur Taufpraxis vorzustellen, die er als praktisch-theologisches Update bezeichnet. Das vierte Kapitel enthält Anregungen für die Praxis, das nächste Kapitel ist mit „Goldene Regeln" überschrieben. Es enthält zehn Leitsätze für die Praxis: leibliche Präsenz, Inklusion, Tauffeste, Tauferinnerung, Zeit und Ort, Konzentration, Fotografieren, Taufe als Daueraufgabe, Kooperationen, Gemeindeverständnis, Spannungen. Das sechste Kapitel klärt besondere Tauffälle: Taufe mit kleinen Kindern, von Konfirmanden, im Umfeld einer schwierigen Geburt, von Geflüchteten aus islamischen Herkunftsländern, Paten ohne Kirchenmitgliedschaft. Das vorletzte Kapitel enthält Literaturhinweise und das letzte Kapitel hält Material zu fünf Taufsymbolen bereit: Kreuz, Name, Wasser, Hand, Licht. Taufliturgien oder Taufagenden werden nicht erwähnt.

Hempelmann, Heinzpeter/Schließer, Benjamin/Schubert, Corinna/Todjeras, Patrick/ Weimer, Markus (Hg.): Handbuch Milieusensible Kommunikation des Evangeliums. Reflexionen, Dimensionen, praktische Umsetzung (Kirche und Milieu 4). Vandenhoeck & Ruprecht. Göttingen 2020, 376 S., 26 Abb., 16 Tab.

Im ersten Teil des Buches wird mit vier Artikeln die Kommunikation des Evangeliums in milieusensibler Perspektive erörtert: grundlegend zuerst von Christian Grethlein, dann von Ralph Kunz in Bezug auf das Spannungsfeld von Mission und Inklusion; Jürgen Schuster befasst sich mit einer Kontextualisierung des Evangeliums, die sich an der Inkarnation Christi orientiert; abschließend wird von Heinzpeter Hempelmann der menschliche Faktor als Arbeit und Mühe dargestellt, in dieser Perspektive soll die milieusensible Kommunikation des Evangeliums geschehen. Der zweite Teil befasst sich mit der verbalen, medialen, temporalen, lokalen, performativen, personalen, diakonischen und sinnlichen Dimension der Kommunikation des Evangeliums. Jeder Teilaspekt wird mit mehreren Beiträgen erschlossen. Der dritte Praxisteil bietet Tabellen zu den acht Dimensionen der Kommunikation des Evangeliums, die darstellen, wie die jeweilige Dimension, z.B. das Verbale oder das Performative, in den zehn SINUS-Milieus gewertet wird. Die Tabellen werden anschließend mittels Illustrationen und Kurzübersichten bildlich dargestellt. Der Herausgeber Hempelmann zieht am Ende des Buches ein Fazit, indem er die Beiträge gewichtet und einen Ausblick für die mögliche zukünftige Arbeitsweise der Kirche vorlegt.

Jaklitsch, Alexander/Gabra, Eva/Heering, Kornelius/Jöxen, Astrid (Hg.): Leben braucht Segen. Ökumenische Segensfeiern. Herder: Freiburg i.Br. 2020, 271 S.

Das Besondere an den in diesem Buch vorgeschlagenen Segensfeiern ist, dass sie sich nicht an Einzelne richten, sondern immer an Gruppen oder Gemeinschaften. Zuerst wird über die Bedeutung des Segens, seine Theologie, über Berührung und die Frage, wer segnen darf und kann, über Segensgesten und die Ökumene informiert, dann werden zahlreiche Vorschläge für Segensfeiern von der Geburt bis zur Grundschule, für Jugendliche und junge Erwachsene, für Partnerschaft und Familie, bei Krankheit, Tod und Trauer, für Berufsgruppen und Ehrenämter, in Gemeinde und im Kirchenjahr geboten. Aus den vielen Abschnitten eine kleine Auswahl: Segensfeier für werdende Mütter und Väter, für Menschen in Prüfungssituationen, für Getrennte und Geschiedene, für pflegende Angehörige, für Polizisten und Feuerwehrleute, zum Muttertag. Jeder Vorschlag hält verschiedene Bausteine bereit: Vorüberlegungen führen in die Sachlage ein, dann gibt es Gebete, Lesungen, Lieder, Bibeltexte, Predigtgedanken und selbstverständlich auf die jeweilige Situation bezogene Segensgebete und Segensaktionen. Das Buch wird beschlossen mit einem Ausblick auf die Wirkungen von Segen und ihre Bedeutung für die Ökumene.

Joachim, Doris (Hg.): Übergänge II. Bestattung und Totengedenken. Zentrum Verkündigung: Frankfurt a. M. 2020, 272 S., 1 CD-ROM.

Die Herausgeberin führt anhand von Scherben in diese Materialsammlung ein, denn für die Angehörigen zerbricht unter Umständen das Leben, eine empfindsame Lücke ist entstanden durch den Tod eines lieben Angehörigen. Pfarrerinnen und Pfarrer treten in dieses Geschehen ein und begleiten Trauernde. Viele Autoren und Autorinnen haben Material für diese reiche Sammlung zur Verfügung gestellt. „Kriterium für die Auswahl der liturgischen und homiletischen Texte ist die Frage: Was hilft den Toten bei ihrem Übergang ins neue Leben? Und was hilft den Trauernden, ihr Leben trotz der Brüche wieder als Ganzes zu empfinden, das schön und offen ist für neue Erfahrungen des Glücks?" (19) Der erste Teil widmet sich grundlegend den theologischen, seelsorglichen, ethischen und pastoraltheologischen Überlegungen, fragt nach literarischen Impulsen für eine biografische Bestattungspredigt, nach der aktiven Mitgestaltung durch Angehörige, auch, wie mit Kindern während eines Trauerfalls umgegangen werden kann, wie es mit der Musik oder mit der Bestattung im FriedWald zu halten ist. Der nächste Teil ist der Situation am Totenbett gewidmet, danach folgen liturgische Bausteine zur Bestattung. Anschließend werden besondere Bestattungen geschildert und Formulare zur Verfügung gestellt, wie z. B. für Bestattungen ohne Zugehörige, für still Geborene, für ein ermordetes Kind. Es folgt ein Teil mit Totengedenken, z. B. im nächsten Sonntagsgottesdienst, Gedenkgottesdienst im Hospiz, Totengedenken in einfacher Sprache. Zum Schluss finden sich noch Predigten, Miniaturen und Trostworte. Die CD hält unterschiedliche zusätzliche Materialien bereit, z. B. eine Handreichung zur Sozialbestattung der Diakonie Hessen oder den Leitfaden zur Urnenbeisetzung am Schwanberg.

Kalisch, Marc J. (Hg.): Anbetung, Dank und Ehre. 12 Glaubenszeugnisse zur Eucharistie. Friedrich Pustet: Regensburg 2020, 88 S.

Das Buch vereint verschiedene Glaubenszeugnisse und Erfahrungen mit der Eucharistiefeier. Es wird persönlich, reflektiert und weitsichtig beschrieben, wie das eigene Erleben und Verstehen dieses Sakraments geschehen ist und geschieht. Es werden Beiträge als theologisch-spirituelle Zugänge sowie als biographisch-spirituelle Zugänge angeboten. Dabei kommen persönliches Erleben und theologische Reflektion in eine kommunikative Situation, die man als gelebten Eucharistie-Glauben bezeichnen könnte.

Kittel, Cäcilia: Eucharistische Anbetung. Andachten und Meditationen. Herder: Freiburg i. Br. 2020, 128 S.

In ihrem Vorwort fasst Kittel das, was eucharistische Anbetung ausmacht, in wenigen Worte zusammen: „Wenn Menschen sich darauf einlassen, in Stille vor dem ausgesetzten Allerheiligsten zu verweilen, kann ein innerer Raum eröffnet werden, in dem Gottes Gegenwart spürbar wird. Werden äußere und innere Stille zugelassen, kann heilsame Berührung im tiefsten Inneren geschehen, Trost und Frieden sich einfinden, schöpferische Kraft ans Licht kommen." (5) In diesem Sinne und für diesen Gebrauch finden sich im vorliegenden Buch 22 Gebete vor dem Allerheiligsten sowie zahlreiche kurze Anbetungs-Andachten, die thematisch orientiert sind. Danach folgen Anbetungsstunden: Die leitende Person spricht Texte und hält Stillezeiten ein (hier werden Zeiten der Stille in Minuten vorgeschlagen); Lieder, Gebete, Bibeltexte, Fürbitten und immer wieder Stille wechseln sich ab. Mit einem Segen werden diese Anbetungsstunden beschlossen.

Liturgiereferat der Diözese Würzburg: Gottes Wort feiern. Ein Ausbildungskurs für Gottesdienstbeauftragte. Echter: Würzburg 2020, 231 S.

In der Diözese Würzburg gibt es seit 1978 Wortgottesdienste, die von Ehrenamtlichen geleitet werden. Es entwickelte sich eine Ausbildung, die 2002 zu der jetzigen Konzeption führte, die in diesem Buch dargelegt wird. Es bildet die Grundlage für die einjährige Ausbildung der Ehrenamtlichen und orientiert sich an der seit 2004 geltenden Ordnung der Wort-Gottes-Feiern. Das erste Kapitel informiert über die Liturgie, also ihre Sprache, Musik, die liturgischen Bücher, liturgische Kleidung etc., das zweite über die verschiedenen Dienste bei der Wort-Gottes-Feier. Die nachfolgenden Kapitel erklären diese Feier anhand der Eröffnung, der Verkündigung des Wortes Gottes sowie Antwort der Gemeinde, Lobpreis und Bitte, Abschluss. Da die Ehrenamtlichen auch bei der Messfeier mitwirken, wird anschließend recht kurz über die Messfeier, Austeilung und Empfang der Kommunion, die Psychologie des Gottesdienstes und das Kirchenjahr informiert. Ein Literaturverzeichnis beschließt das Buch.

Modenbach, Siegfried: Wer mit Segen sät, wird mit Segen ernten. Segensfeiern für Liebende. Bonifatius: Paderborn 2020, 120 S.

Modenbach führt in das Segnen anhand von alt- und neutestamentlichen Textstellen ein, um im Anschluss daran über Segnungen nachzudenken, wenn eine römisch-katholische kirchliche Hochzeit für homosexuelle Partner und wiederverheiratete Geschiedene nicht möglich ist. Danach gibt er zahlreiche Argumente für solche Segnungen wieder, die er von katholischen Bischöfen oder aus der wissenschaftlichen Literatur gesammelt hat. Er schlägt dann drei Modelle für Segensfeiern für gleichgeschlechtliche Paare vor mit jeweils eigenen Leitgedanken: Es ist, was es ist, sagt die Liebe. Verbunden und frei. Die Liebe – ein Geschenk. Die Liturgie, die hier schon in einer ähnlichen Schrifttype gedruckt ist wie in den amtlichen Messbüchern, sieht folgenden Verlauf vor: Eröffnung – Eingangslied –Kyrie – Gloria – Gebet – Evangelium – Antwortgesang – Predigt – Lied – Glaubensbekenntnis (modern, frei formuliert). Dann kommen die beiden Partner nach vorne und versprechen einander gegenseitige Treue, Liebe, Respekt, Vergebung und für Mitmenschen und für Gott da zu sein. Danach streckt der Zelebrant seine Arme über beide aus und spricht einen persönlichen Segen: „N. und N., Ihr beide habt euch vorgenommen, gemeinsam den Weg durchs Leben zu gehen. Ihr wollte einander achten und füreinander sorgen. Ihr wollt euch gegenseitig helfen und einander stützen. Ihr wollte einander beistehen, auch dann, wenn schwere Zeiten ausbrechen. Gottes Segen sei mit euch. Er stärke euch in eurer Liebe zueinander und helfe euch, einander treu zu sein. Gott schütze eure gemeinsamen Wege. So segne euch Gott, + der Vater und der Sohn und der Heilige Geist. Amen." (48) Es folgen ein Lied oder ein Gesang – Fürbitten – Vaterunser – Lied – Gebet – Segen – Schlusslied. Der zugesprochene Segen wird für jedes Paar persönlich formuliert und ist bis auf die abschließende Segensformel kein Standardtext. Anlässlich von Segnungsfeiern für wiederverheiratete Geschiedene bietet der Autor denselben Verlauf, allerdings findet das gegenseitige Versprechen nicht statt. Der Segen ist wiederum persönlich formuliert und auch hier zunächst als Segensgebet mit Handausstreckung und anschließendem Segenszuspruch gestaltet. Das Segensgebet wird bei einem der Modelle im Wechsel zwischen Zelebranten und Gemeinde gebetet, die in das Gebet einstimmt mit dem Satz: Segne N. und N. Zum Abschluss meditiert Modenbach über die Verantwortung des Segnenden, denn letztendlich ist es immer Gott selbst, der segnet.

Nübold, Elmar: Zu Jesus Christus beten. Ein Christus-Gebet mit vielen möglichen Einfügungen. Bonifatius: Paderborn 2020, 255 S.

Nübold nimmt folgendes Christusgebet und schlägt dazu viele Einfügungen vor: „Sei

Deutschsprachige Länder 2020 (2019, 2018) 199

gepriesen, Herr Jesus Christus, Sohn des lebendigen Gottes. Du bist der Erlöser der Welt, unser Herr und Heiland. Komm, Herr Jesus, und steh uns bei, dass wir alle Zeit mit dir leben und in das Reich deines Vaters gelangen." (9) Er fügt Gebetssätze in das Gebet ein, so dass es zu vielen Anlässen und Gelegenheiten gebetet werden kann. Fünf Glaubensfelder schlägt er vor: Es kann mit Sätzen aus dem marianischen Rosenkranz, mit Gebetssätzen aus dem irdischen Leben Jesu bis zu seiner Vollendung, mit den Verkündigungen besonderer Sonn- und Werktage, mit den Aussagen des Kreuzweges und mit Bitten für Kranke und Sterbende verbunden werden. Für all diese Möglichkeiten sind Gebetsformulierungen abgedruckt.

Schambeck, Mirja/Wöhrle, Elisabeth: Im Innern Barfuß. Auf der Suche nach alltagstauglichem Beten (Franziskanische Akzente 25). Echter: Würzburg 2020, 112 S.

Barfuß beten soll bedeuten, dass man alles, was man zwischen sich und Gott schiebt, weglässt. Nur so wird man durchlässig für Gott: „Im Grunde könnte man das Beten auch als täglichen und andauernden Versuch beschreiben, immer durchlässiger zu werden auf das Eigentliche und den Eigentlichen, auf das Wirkliche und den Wirklichen, auf die Menschen und Gott hin." (7) In jedem Fall geht es um ein alltagstaugliches Beten, in das die beiden Autorinnen einführen und dabei eigene Erfahrungen der franziskanischen Spiritualität einfließen lassen. So ist eine kleine Einführung in das Beten entstanden. Im ersten Teil werden Fragen zum Beten sowie Hoffnungen und Ermutigungen zum Leben thematisiert, danach folgen biblische Texte, die aussagen, dass Gott den Menschen sucht. Das letzte Kapitel führt ganz praktisch in ein alltagstaugliches Beten ein.

Schlegel, Helmut: Mitten unter euch … Kreative Gottesdienste feiern in der Advents- und Weihnachtszeit. Friedrich Pustet: Regensburg 2020, 125 S.

Diese kreativen Gottesdienste haben alle eine meditative Ausrichtung. Es geht um die Gottesdienste zur Adventszeit, zum Christusfest und zu den nachfolgenden Sonntagen bis zum Fest der Darstellung des Herrn. Die kreativen und meditativen Gottesdienste hat der Autor alle erprobt. In der Adventzeit kommt natürlich der Adventskranz vor, aber auch Weihrauch, Josef, Barbara, Lucia und Nikolaus, die Propheten und ein Lichterlabyrinth. Für die Christusfesttage stehen die Krippe, ein roter Faden oder die Engel zur Verfügung; für die Folgefeste wird an Stefanus, die Heilige Familie, die Taufe Jesu etc. erinnert und der Gottesdienst dazu gefeiert. Die Beschreibung der Materialien und alle Texte sind im Buch zur Verfügung gestellt.

Schrader, Cornelia: Das Heilige Feuer in der Grabeskirche zu Jerusalem. Annäherungen an ein unbegreifliches Phänomen (Christsein aktuell 9). LIT: Berlin 2020, 100 S., 56 meist farbige Abb.

Dieses Büchlein ist keine Arbeitshilfe und auch kein wissenschaftliches Werk, sondern vielmehr ein Erlebnisbericht von Schrader. Sie beschreibt, was sie in Jerusalem in der Grabeskirche erlebt hat. Sie befasst sich anschließend mit Berichten und Untersuchungen dazu, denn es geht nicht nur um uralte Rituale, sondern auch um das unerschaffene Feuer, das der Patriarch aus dem Grab Christi bringt und an die Feiernden weitergibt. Im dritten Teil legt Schrader eigene Überlegungen zum unerschaffenen Feuer vor und berichtet über ihre Auseinandersetzungen mit einschlägigen biblischen Texten bis hin zu physikalischen Informationen. Der vierte Teil erzählt ihre Reise zur Grabeskirche zu Ostern 2013, im Nachwort wird von der Feier 2020 berichtet und das Gebet des Patriarchen abgedruckt, das er während seiner Anwesenheit im Grab betet. Die vielen Abbildungen geben einen guten Eindruck von der Grabeskirche, der Ädikula, dem Grab, den Gängen, den Altären, den feiernden Menschen und natürlich vom unerschaffenen Feuer.

Schwarz, Christian: Basics. Gottesdienste zu grundlegenden Texten und Themen (GottesdienstPraxis Serie B). Gütersloher Verlagshaus: Gütersloh 2020, 173 S., 1 CD-ROM.
Predigten und Gottesdienste zu grundlegenden Texten und Themen finden sich in diesem Buch in drei Abteilungen. Die erste Abteilung ist den liturgischen Texten gewidmet, z. B.: der Name Gottes, das Vaterunser, der Aaronitische Segen. Die zweite Abteilung wird mit zwei Texten als Bekenntnisse gestaltet: zum solus Christus nach Luther und zur Kirche der Freiheit aufgrund der Barmer Theologischen Erklärung. Die dritte Abteilung mit sehr vielen Beiträgen stellt Grundfragen des Glaubens vor: Trinitätslehre, Vergebung, Allmacht Gottes, ist Gott lieb, Glauben, für mich gestorben, Weiterleben nach dem Tod, was ist evangelisch? Zum Abschluss folgt ein Lied über den Glauben, der bleibt.

Schwarz, Christian (Hg.): Bestattung (GottesdienstPraxis Serie B). Gütersloher Verlagshaus: Gütersloh 2020, 173 S., 1 CD-ROM.
Viele Gottesdienste zur Bestattung mit Gebeten, Liedern, Lesungen, Predigten sind hier abgedruckt worden, die als Anregung für die eigene Bestattungspraxis dienen können. Die Anlässe waren Bestattungen im Umfeld der Geburt; nach Krankheit; wenn das Leben der Verstorbenen besondere Herausforderungen umfasste, wie z. B. Behinderung oder Schicksalsschläge; bei plötzlichem Tod; nach einem Suizid; im hohen Alter. Auch Bestattungen, die außergewöhnlich sind, wenn es z. B. keine Angehörigen des Verstorbenen gibt. Im Anschluss an diese Gottesdienste finden sich noch einige liturgische Stücke, wie z. B. Gebete oder ein Lied von der Todesstunde.

Schwarz, Christian (Hg.): Gottesdienste mit alten Menschen (GottesdienstPraxis Serie B). Gütersloher Verlagshaus: Gütersloh 2020, 176 S., 1 CD-ROM.
Zur Einführung in das Thema werden Überlegungen über Gemeindegottesdienste mit Menschen mit Demenz und ihren Angehörigen den vielen Gottesdienstvorlagen vorangestellt. Predigten und Gottesdienste zu Kirchenjahr und Jahreslauf bilden den ersten Teil; es folgen Gottesdienste zu biblischen Texten, z. B. zu Ps 139, zu Bildern und Symbolen, z. B. zu den Augenblicken wie Seifenblasen oder den Gliedern einer Kette, dann Predigten und Gottesdienste zu Themen, wie z. B. Predigten zum Alter, bei der Frauenhilfe. Am Schluss folgen Bausteine für den Gottesdienst, so z. B. meditative Gebete, ein Lebensjahreszeiten-Lied und ein Liebeslied für einen alten Menschen.

Schwarz, Christian (Hg.): Kleine Rituale. Gottesdienste und Feiern im öffentlichen Raum (GottesdienstPraxis Serie B). Gütersloher Verlagshaus: Gütersloh 2020, 174 S., 1 CD-ROM.
Zunächst wird in das Rituale-Gestalten eingeführt, dann werden Gottesdienste bzw. Feiern dokumentiert. Es beginnt mit Einführungen, Einweihungen und Eröffnungen, z. B. mit der Einführung eines Schulleiters, mit der Einweihung eines Kirchlichen Rechenzentrums, mit der Eröffnung einer Tagespflege. Es folgen Jubiläen z. B. zum 60. oder 100. Geburtstag, zum 100. Jubiläum der Freiwilligen Feuerwehr oder zum Vereinsjubiläum der Taubenzüchter. Danach Abschiede und Entwidmungen, z. B. eine Gedenkandacht zum ersten Todestag, die Bestattung eines Hundes, Entwidmung eines Gemeindezentrums. Zum Schluss bietet das Buch eine Reihe von sonstigen Anlässen, wie z. B. eine Predigt vor den Notfalldiensten im Landkreis oder eine Predigt zum Reitturnier. Als liturgische Bausteine werden Segensworte beigegeben.

Steins, Georg/Ballhorn, Egbert: Und es wurde Morgen. Die biblischen Lesungen der Osternacht. Friedrich Pustet: Regensburg [2010] ²2020, 175 S.
Die Lesungen der Osternacht, und davon ausgehend auch die Gestaltung der Osternachtfeier, werden von mehreren Autoren erläutert und erklärt. Zuerst geht es um die Osternacht als eine besondere Größe und Herausforderung im Kirchenjahr, dann um

die Osterbotschaft der alt- und neutestamentlichen Schriftlesungen einschließlich des österlichen Hallelujas. Es folgen ganz unterschiedliche Gestaltungsimpulse: Einleitungsformulierungen und Predigten zu den Lesungen; zwei vollständig ausgeführte Predigten. Zum Abschluss bietet das Buch einige Beiträge zum Leben aus dem Osterglauben. Der Band ist erstmals 2010 erschienen und liegt nun in einer vollständig neubearbeiteten zweiten Auflage vor.

Stiftung Haus der Action 365 (Hg.), Gerlinde Back (Redaktion): Zu Gott Du sagen. Gebete. Action 365: Frankfurt a. M., 2020, 221 S., 7 Abb.

Die abgedruckten Gebete sind unter folgende Überschriften eingeordnet worden: Zu Gott Du sagen / Lob und Dank / Gerechtigkeit und Frieden / Für den Tag / Versöhnung und Vergebung / Segen. Jeder Teil wird mit einem Bild eröffnet. Die Gebete sind von bekannten und unbekannten Autoren in den letzten Jahren bzw. vor Jahrzehnten oder Jahrhunderten geschrieben worden, sofern es sich um historische Autoren handelt. Die Gebete werden im Vorwort als Zwiegespräche definiert: „Die Zwiegespräche mit Gott in diesem Band sind nah an den Problemen unserer Zeit: Vereinsamung, Unglück, Suche nach Trost, Lebenskrisen, Verlust, Trauer und Dankbarkeit sind Themen, die alle Menschen betreffen. Die Gebete sind anspruchsvoll und verständlich, lyrisch und sachlich, klagend und versöhnlich – für jede Situation lässt sich die richtige Ansprache finden." (8)

Stockhoff, Nicole/Weishaupt, Heio: Dienst am Tisch des Herrn. Leitfaden für Kommunionhelferinnen und Kommunionhelfer. Herder: Freiburg i. Br. 2020, 48 S., 13 farbige Abb.

Dieses Heft informiert und führt ein in den Kommunionhelferdienst. Es kann zum Selbststudium ebenso gebraucht werden wie auch bei Schulungen eingesetzt werden. Der Dienst am Tisch des Herrn wird erläutert und die kirchliche Beauftragung erklärt. Die Dienste innerhalb der Eucharistiefeier schließen sich an. Zuerst wird die Messe im Überblick erklärt, dann die Spendeformel, der Kirchenraum und seine Funktionsorte, der Altar, das Tabernakel, Ziborium, Hostienschale und Pyxis, liturgische Kleidung, das Purifizieren. Danach werden noch praktische Hinweise und Tipps gegeben. Dienste außerhalb der Eucharistiefeier bei einer Haus- und Krankenkommunion, bei der Aussetzung des Allerheiligsten, dann die Kommunionfeier werden vorgestellt. Abschließend wird der Rat gegeben, dass die Kommunionhelfer im Austausch sein und sich weiterbilden sollen mit Themenabenden; neue Kommunionhelfer sollten in der Gemeindemesse vorgestellt werden.

Willms, Tina: Zwischen Abschied und Anfang. Ein Begleiter durch die Passions- und Osterzeit. Andachten, Gedichte und Gebete. Neukirchener Verlag: Neukirchen-Vluyn 2020, 151 S.

Für die Passions- und Osterzeit legt Willms Andachten vor, die aus einer Meditation, einem Gedicht und einem Gebet bestehen. Hier wird der Glaube in einer ästhetischen Perspektive ins Wort gebracht. Die dialogische Struktur der Texte ist schon an den Teilüberschriften zu erkennen: Gott und Mensch, Zittern und Zagen, Abschied und Vermächtnis, Tod und Sterben, Schuld und Scham, Erstarrung und Zweifel, Auferstehen und Aufstehen, Freude und Fülle, Vergeben und Versöhnen, Schmerz und Heilung, Zeit und Ewigkeit, Heute und Hier. Die Texte bewegen, aber sie bewegen in der Stille.

50 Jahre Arbeitsgemeinschaft für ökumenisches Liedgut

Einführung und Bibliographie

MATTHIAS SCHNEIDER/DANIELA WISSEMANN-GARBE

Vor mehr als 50 Jahren, im Jahr 1969, wurde die Arbeitsgemeinschaft für ökumenisches Liedgut (AÖL) gegründet, um für künftige Gesangbücher der christlichen Kirchen einheitliche Text- und Melodiefassungen für gemeinsame Lieder und Gesänge zu erarbeiten. Vertreterinnen und Vertreter aus den großen Konfessionen in Deutschland, Österreich und der Schweiz, aber auch aus der Alt-katholischen Kirche sowie von Freikirchen, beraten seither gemeinsam über Lieder und ihre Fassungen. Werden Lieder in dieser Fassung in ein Gesangbuch aufgenommen, so tragen sie neben der Nummer ein „ö", bei geringen Abweichungen von der ökumenischen Fassung ein „(ö)".

Aus Anlass dieses Jubiläums lud die Arbeitsgemeinschaft im Februar 2020 zu einer internationalen Tagung nach Mainz ein. Unter dem Thema „Die Einheit wächst im Gesang. Die interkonfessionelle Rezeption von Kirchenliedern" sprachen Referentinnen und Referenten aus unterschiedlichen Konfessionen über Aspekte der Migration von Kirchenliedern über konfessionelle Grenzen hinweg und boten so Einblick in das Kerngeschäft der AÖL. Dies hatte auch schon bei Gründung der AÖL eine wichtige Rolle gespielt: 1969 hatten bereits die Arbeiten am katholischen „Gotteslob" (1975) begonnen, in das eine größere Anzahl evangelischer Lieder aufgenommen wurde. Entsprechend der Zusammensetzung der Arbeitsgemeinschaft kamen dort Vertreterinnen und Vertreter der verschiedenen Mitgliedskirchen zu Wort, die das Migrationsthema aus ihrer je unterschiedlichen Perspektive beleuchteten. Neben konfessionellen Aspekten wurden auch solche der nationalen und der weltweiten Ökumene angesprochen. Die Referate der Tagung werden in diesem Band zusammengefasst. Auch wenn sie den Blick vornehmlich auf die Geschichte lenken, nicht zuletzt auf ein halbes Jahrhundert ökumenisch fruchtbare Arbeit, steht die AÖL auch in der nahen Zukunft vor wichtigen Aufgaben: Nach der zweiten Ausgabe des „Gotteslob" (2013) hat nun die Arbeit an einem neuen „Evangelischen Gesangbuch" begonnen. Auch die Gesangbucharbeit der Freikirchen, die sich nicht nur im deutschsprachigen Raum um das „ö" bemühen, sondern in besonderem Maße mit der weltweiten Ökumene abstimmen, geht weiter, und das neue Gesangbuch der Selbständigen Evangelisch-Lutherischen Kirche in Deutschland ist gerade

50 Jahre Arbeitsgemeinschaft für ökumenisches Liedgut

erschienen. In der Schweiz, die in der AÖL mit verschiedenen Konfessionen vertreten ist, wird gemeinsames Singen mit einem sehr breiten gemeinsamen Repertoire gepflegt. Der Beitrag aus Norwegen hat darüber hinaus gezeigt, dass Liedbestände in Skandinavien nicht nur über konfessions-, sondern auch Sprachgrenzen hinweg genutzt werden. Die Liste der ,ö-Lieder' im deutschsprachigen Raum ist in der Zwischenzeit beträchtlich angewachsen. Dies zeigt, wie selbstverständlich das gemeinsame Singen über Konfessionsgrenzen hinweg geworden ist – ohne dass deswegen das besondere Profil der einzelnen Gesangbücher in den Hintergrund treten würde. Die Grenzlinien verlaufen eher im Genre, dem Musikgeschmack und den Bedürfnissen bei der Verwendung der Lieder. Dass gleichwohl die Einheit im Gesang wächst, wie es das Tagungsthema anspricht, wird für die Arbeit der AÖL auch in Zukunft ein leitendes Motiv bleiben.

Die folgende Gesangbuchbibliographie dient nicht nur als Abkürzungsverzeichnis für die hier versammelten Beiträge, sondern bietet zugleich eine Übersicht über die wichtigsten deutschsprachigen seit 1950 erschienenen kirchlichen Gesangbücher. Gelegentlich haben sich unterschiedliche Abkürzungen eingebürgert, in solchen Zweifelsfällen gab in der Regel die Schreibweise in der Liste der Referenz-Gesangbücher[1], die der Arbeit der AÖL zugrunde liegt, den Ausschlag. Manchmal ergab sich die Abkürzung aus einer Nachfrage bei den zuständigen kirchlichen Stellen.

Chronologisches Verzeichnis der kirchlichen oder besonders verbreiteten und in den folgenden Beiträgen zitierten Gesangbücher ab 1950

EKG	Evangelisches Kirchengesangbuch (Stammausgabe). Berlin/Leipzig 1950
RKG	Gesangbuch der Evangelisch-reformierten Kirchen der deutschsprachigen Schweiz 1952
KKG	Kirchengesangbuch. Katholisches Gesang- und Gebetbuch der Schweiz 1966
CKG	Gesangbuch der Christkatholischen Kirche der Schweiz [11]1968
GKL	Gemeinsame Kirchenlieder (AÖL) 1973
EGB	Einheitsgesangbuch. Arbeitstitel für den Entstehungsprozess des Gesangbuches, das dann „Gotteslob"(1975) hieß
GL	Gotteslob. Katholisches Gebet- und Gesangbuch (Stammausgabe) 1975
GzB	„Gesänge zur Bestattung" (AÖL) 1978
KYA	Kumbaya. Oekumenisches Jugendgesangbuch (Arbeitsgemeinschaft „Neues Singen in der Kirche"). Zürich 1980
---	Wir loben Gott. Geistliche Lieder für Gemeinde und Heim (Gemeinschaft der Siebenten-Tags-Adventisten in Deutschland) 1982
LbR	Leuchte, bunter Regenbogen; gemeinsame geistliche Kinderlieder der deutschsprachigen Christenheit (AÖL) 1983

---

1 Fassung vom 18.11.2020; zugänglich unter http://www.oe-lieder.eu/ (7.9.2021).

ELKG	Evangelisch-Lutherisches Kirchengesangbuch (Selbständige Evangelisch-Lutherischen Kirche/SELK, Stammteil = EKG) 1987
IWDD	Ich will dir danken! Lieder für die Gemeinde. Neuhausen/Witten 1991
EG	Evangelisches Gesangbuch (Stammausgabe für Deutschland und Österreich) 1993. Regionalausgaben:
EG-BEP	Baden-Elsass-Pfalz 1995
EG-BT	Bayern-Thüringen 1994
EG-HK	Hessen/Nassau-Kurhessen/Waldeck 1994
EG-Me	Mecklenburg 1994
EG-NB	Niedersachsen-Bremen 1994
EG-Ne	Nordelbien 1994
EG-Öst	Österreich 1994
EG-RWLR	Rheinland-Westfalen-Lippe-Ref. Kirche 1996
EG-Ref	Reformierte Kirche (Psalmen) 1996
EG-Sa	(Lutherisch) Sachsen 1994
EG-Wü	Württemberg 1996
JF	Jesus unsere Freude. Gemeinschaftsliederbuch (Evangelischer Gnadauer Gemeinschaftsverband) 1995, ⁴2002
KG	Katholisches Gesang- und Gebetbuch der deutschsprachigen Schweiz 1998
RG	Gesangbuch der Evangelisch-reformierten Kirchen der deutschsprachigen Schweiz 1998
EM	Gesangbuch der Evangelisch-methodistischen Kirche Stuttgart/Zürich/Wien 2002
---	Ökumenisches Liederheft für Bestattungen. Gesänge und Texte aus dem Katholischen und dem Reformierten Gesangbuch der Schweiz 2002
RU	rise up. Ökumenisches Liederbuch für junge Leute (Verein für die Herausgabe des Katholischen Kirchengesangsbuches der Schweiz; Verein zur Herausgabe des Gesangsbuchs der Evangelisch-Reformierten Kirchen der Deutschsprachigen Schweiz) 2002
es	Eingestimmt (Katholisches Bistum der Alt-Katholiken in Deutschland) 2003
FL	Feiern & Loben. Die Gemeindelieder (Bund Evangelisch-Freikirchlicher Gemeinden und Bund Freier evangelischer Gemeinden) 2003
CG	Gebet- und Gesangbuch der Christkatholischen Kirche der Schweiz (Umschlagtitel: Christkatholisches Gebet- und Gesangbuch) 2004
MN	Mennonitisches Gesangbuch (Arbeitsgemeinschaft Mennonitischer Gemeinden in Deutschland und Konferenz der Mennoniten der Schweiz) 2004
LW	LebensWeisen. Beiheft 05 zum Evangelischen Gesangbuch (Ausgabe Niedersachsen-Bremen * Kirchentag Hannover 2005) 2005
---	Singt dem Herrn (Gb für die Apostolischen Gemeinden), Basel 2005
WWDL	Wo wir dich loben, wachsen neue Lieder. (Ergänzung zum EG. Ev. Kirchen in Baden, Württemberg, Pfalz, Union des Églises protestantes d'Alsace et de Lorraine) 2005
BG	Gesangbuch der evangelischen Brüdergemeine (Ev. Brüder-Unität/Herrnhuter Brüdergemeine) 2007
---	Ökumenisches Gesang- und Gebetbuch (Schweizer Armee) 2007
WL	WortLaute. Liederheft zum Evangelischen Gesangbuch (Liederheft zum

50 Jahre Arbeitsgemeinschaft für ökumenisches Liedgut   205

Evangelischen Gesangbuch/Evangelische Kirche im Rheinland, Evangelische Kirche von Westfalen, die Lippische Landeskirche in Gemeinschaft mit der Evangelisch-reformierten Kirche [Synode evangelisch-reformierter Kirchen in Bayern und Nordwestdeutschland] * Kirchentag Köln 2007) 2007

HuT	Durch Hohes und Tiefes. Gesangbuch der Evangelischen Studierenden-gemeinden in Deutschland (Supplement zum EG) 2008
SvH	Singt von Hoffnung. Neue Lieder für die Gemeinde (Ergänzung zum EG. Ev.-Luth. Landeskirche Sachsen) 2008
Kaa	Kommt, atmet auf. Liederheft für die Gemeinde (Ergänzung zum EG. Ev. Lutherische Kirche in Bayern) 2011
SJ	Singt Jubilate. Lieder und Gesänge für die Gemeinde (Ergänzung zum EG. Evangelische Kirche Berlin-Brandenburg-schlesische Oberlausitz) 2012
GGB	Gebet- und Gesangbuch. Arbeitstitel für den Entstehungsprozess des Gesangbuches, das dann GL2 wurde
GL2	Gotteslob. Katholisches Gebet- und Gesangbuch (Stammausgabe) 2013 Diözesane Eigenteile:
GL-AA	Aachen
GL-AU	Augsburg
GL-BA	Bamberg
GL-BO	Bozen-Brixen
GL-EI	Eichstätt
GL-ES	Essen
GL-FR	Freiburg
GL-FU	Fulda
GL-KÖ	Köln
GL-LI	Limburg
GL-LÜ	Lüttich
GL-MF	München-Freising
GL-MS	Münster
GL-MZ	Mainz
GL-Nord	Hamburg, Hildesheim, Osnabrück
GL-ÖS	Österreich
GL-Ost	Berlin, Magdeburg, Dresden, Erfurt, Görlitz
GL-PA	Paderborn
GL-PS	Passau
GL-RE	Regensburg
GL-RO	Rottenburg-Stuttgart
GL-SP	Speyer
GL-TR	Trier
GL-WÜ	Würzburg
unt	Unterwegs. Lieder und Gebete (Dt. Liturgisches Institut, Trier), 3. erweiterte Ausgabe 2013 (1. Auflage 1994)
HELM	Himmel, Erde, Luft und Meer. Beiheft zum Evangelischen Gesangbuch in der Nordkirche 2014
SuG	Singt unserm Gott (Kirche der Siebenten-Tags-Adventisten Österreich) 2014
ES	Eingestimmt (Katholisches Bistum der Alt-Katholiken in Deutschland), 2. erweiterte Ausgabe 2015

GHS	glauben hoffen singen. Liederbuch der Freikirche der Siebenten-Tags-Adventisten 2015
RUplus	rise up plus. Ökumenisches Liederbuch (Liturgie- und Gesangbuchkonferenz der evangelisch-reformierten Kirchen der deutschsprachigen Schweiz und Verein für die Heragabe des Katholischen Kirchengesangbuches der Schweiz, in Zusammenarbeit mit der Christkatholischen Kirche der Schweiz) 2015
LuthG	Lutherisches Gesangbuch (Evangelisch Lutherische Freikirche). Zwickau 2015
EGplus	EGplus. Beiheft zum Evangelischen Gesangbuch für die Evangelische Kirche in Hessen und Nassau und die Evangelische Kirche von Kurhessen-Waldeck 2017
fT	freiTöne. Liederbuch zum Reformationssommer 2017 (Dt. Ev. Kirchentag/EKD) 2017
EG.E	Ergänzungsheft zum Evangelischen Gesangbuch. Lieder und Psalmen für den Gottesdienst (Kirchenamt der EKD) 2018
WWDLplus	Wo wir dich loben, wachsen neue Lieder plus (s. WWDL 2005) 2018
MHM	Mit Herz und Mund – Rejoice, My Heart. (Gottesdienstinstitut der Evang.-Luth. Kirche in Bayern Mission EineWelt) 2020
ELKG²	Evangelisch-Lutherisches Kirchengesangbuch (Selbständige Evangelisch-Lutherischen Kirche/SELK) 2021

Alphabetisches Verzeichnis der zitierten Gesangbücher

BG	Gesangbuch der evangelischen Brüdergemeine (Ev. Brüder-Unität/Herrnhuter Brüdergemeine) 2007
CG	Gebet- und Gesangbuch der Christkatholischen Kirche der Schweiz (Umschlagtitel: Christkatholisches Gebet- und Gesangbuch) 2004
CKG	Gesangbuch der Christkatholischen Kirche der Schweiz [11]1968
EG	Evangelisches Gesangbuch (Stammausgabe für Deutschland und Österreich) 1993
EG.E	Ergänzungsheft zum Evangelischen Gesangbuch. Lieder und Psalmen für den Gottesdienst (Kirchenamt der EKD) 2018
EGB	Einheitsgesangbuch. Arbeitstitel für den Entstehungsprozess des Gesangbuches, das dann „Gotteslob" (1975) hieß
EGplus	EGplus. Beiheft zum Evangelischen Gesangbuch für die Evangelische Kirche in Hessen und Nassau und die Evangelische Kirche von Kurhessen-Waldeck 2017
EKG	Evangelisches Kirchengesangbuch (Stammausgabe). Berlin/Leipzig 1950
ELKG	Evangelisch-Lutherisches Kirchengesangbuch (Selbständige Evangelisch-Lutherischen Kirche/SELK, Stammteil = EKG) 1987
ELKG²	Evangelisch-Lutherisches Kirchengesangbuch (Selbständige Evangelisch-Lutherischen Kirche/SELK) 2021
EM	Gesangbuch der Evangelisch-methodistischen Kirche Stuttgart/Zürich/Wien 2002
es	Eingestimmt (Katholisches Bistum der Alt-Katholiken in Deutschland) 2003
ES	Eingestimmt (Katholisches Bistum der Alt-Katholiken in Deutschland), 2. erweiterte Ausgabe 2015

50 Jahre Arbeitsgemeinschaft für ökumenisches Liedgut   207

FL	Feiern & Loben. Die Gemeindelieder (Bund Evangelisch-Freikirchlicher Gemeinden und Bund Freier evangelischer Gemeinden) 2003
fT	freiTöne. Liederbuch zum Reformationssommer 2017 (Dt. Ev. Kirchentag/EKD) 2017
GGB	Gebet- und Gesangbuch. Arbeitstitel für den Entstehungsprozess des Gesangbuches, das dann GL2 wurde
GHS	glauben hoffen singen. Liederbuch der Freikirche der Siebenten-Tags-Adventisten 2015
GKL	Gemeinsame Kirchenlieder (AÖL) 1973
GL	Gotteslob. Katholisches Gebet- und Gesangbuch (Stammausgabe) 1975
GL2	Gotteslob. Katholisches Gebet- und Gesangbuch (Stammausgabe) 2013
GzB	„Gesänge zur Bestattung" (AÖL) 1978
HELM	Himmel, Erde, Luft und Meer. Beiheft zum Evangelischen Gesangbuch in der Nordkirche 2014
HuT	Durch Hohes und Tiefes. Gesangbuch der Evangelischen Studierendengemeinden in Deutschland (Supplement zum EG) 2008
IWDD	Ich will dir danken! Lieder für die Gemeinde. Neuhausen/Witten 1991
JF	Jesus unsere Freude. Gemeinschaftsliederbuch (Evangelischer Gnadauer Gemeinschaftsverband) 1995, ⁴2002
Kaa	Kommt, atmet auf. Liederheft für die Gemeinde (Ergänzung zum EG. Ev. Lutherische Kirche in Bayern) 2011
KG	Katholisches Gesang- und Gebetbuch der deutschsprachigen Schweiz 1998
KKG	Kirchengesangbuch. Katholisches Gesang- und Gebetbuch der Schweiz 1966
KYA	Kumbaya. Oekumenisches Jugendgesangbuch (Arbeitsgemeinschaft „Neues Singen in der Kirche"). Zürich 1980
LbR	Leuchte, bunter Regenbogen; gemeinsame geistliche Kinderlieder der deutschsprachigen Christenheit (AÖL) 1983
LuthG	Lutherisches Gesangbuch (Evangelisch Lutherische Freikirche). Zwickau 2015
LW	LebensWeisen. Beiheft 05 zum Evangelischen Gesangbuch (Ausgabe Niedersachsen-Bremen * Kirchentag Hannover 2005) 2005
MHM	Mit Herz und Mund – Rejoice, My Heart. (Gottesdienstinstitut der Evang.-Luth. Kirche in Bayern Mission EineWelt) 2020
MN	Mennonitisches Gesangbuch (Arbeitsgemeinschaft Mennonitischer Gemeinden in Deutschland und Konferenz der Mennoniten der Schweiz) 2004
---	Ökumenisches Gesang- und Gebetbuch (Schweizer Armee) 2007
---	Ökumenisches Liederheft für Bestattungen. Gesänge und Texte aus dem Katholischen und dem Reformierten Gesangbuch der Schweiz 2002
RG	Gesangbuch der Evangelisch-reformierten Kirchen der deutschsprachigen Schweiz 1998
RKG	Gesangbuch der Evangelisch-reformierten Kirchen der deutschsprachigen Schweiz 1952
RU	rise up. Ökumenisches Liederbuch für junge Leute (Verein für die Herausgabe des Katholischen Kirchengesangsbuches der Schweiz; Verein zur Herausgabe des Gesangsbuchs der Evangelisch-Reformierten Kirchen der Deutschsprachigen Schweiz) 2002

RUplus	rise up plus. Ökumenisches Liederbuch (Liturgie- und Gesangbuchkonferenz der evangelisch-reformierten Kirchen der deutschsprachigen Schweiz und Verein für die Herausgabe des Katholischen Kirchengesangbuches der Schweiz, in Zusammenarbeit mit der Christkatholischen Kirche der Schweiz) 2015
---	Singt dem Herrn (Gb für die Apostolischen Gemeinden), Basel 2005
SJ	Singt Jubilate. Lieder und Gesänge für die Gemeinde (Ergänzung zum EG. Evangelische Kirche Berlin-Brandenburg-schlesische Oberlausitz) 2012
SuG	Singt unserm Gott (Kirche der Siebenten-Tags-Adventisten Österreich) 2014
SvH	Singt von Hoffnung. Neue Lieder für die Gemeinde (Ergänzung zum EG. Ev.-Luth. Landeskirche Sachsen) 2008
unt	Unterwegs. Lieder und Gebete (Dt. Liturgisches Institut, Trier), 3. erweiterte Ausgabe 2013 (1. Auflage 1994)
---	Wir loben Gott. Geistliche Lieder für Gemeinde und Heim (Gemeinschaft der Siebenten-Tags-Adventisten in Deutschland) 1982
WL	WortLaute. Liederheft zum Evangelischen Gesangbuch (Liederheft zum Evangelischen Gesangbuch/Evangelische Kirche im Rheinland, Evangelische Kirche von Westfalen, die Lippische Landeskirche in Gemeinschaft mit der Evangelisch-reformierten Kirche [Synode evangelisch-reformierter Kirchen in Bayern und Nordwestdeutschland] * Kirchentag Köln 2007) 2007
WWDL	Wo wir dich loben, wachsen neue Lieder. (Ergänzung zum EG. Ev. Kirchen in Baden, Württemberg, Pfalz, Union des Églises protestantes d'Alsace et de Lorraine) 2005
WWDLplus	Wo wir dich loben, wachsen neue Lieder plus (s. WWDL 2005) 2018

„*So werden alle wir zugleich …*
für solche Gnade preisen dich."[1]

50 Jahre Arbeitsgemeinschaft für ökumenisches Liedgut (AÖL)

Franz Karl Prassl

Günter Vogelsang (1938–2021) zum Gedenken

1. Kurze Anmerkungen zur Vorgeschichte des ökumenischen Singens bis 1968/1969[2]

Die Idee, konfessionsverbindend gemeinsame Lieder zu singen, wurde schon 1819 von Ernst Moritz Arndt geäußert,[3] allein, mit Beginn der Restaurationsbewegungen und einer stärkeren Konfessionalisierung im 19. Jahrhundert hatte ein solches Projekt keinerlei Chance auf Realisierung.[4] Bemühungen zur Vereinheitlichung des Kirchengesangs erfolgten zunächst auf konfessioneller Ebene, jeweils verbunden mit Schwierigkeiten und Widerständen. Das auf Beschluss der Eisenacher Kirchenkonferenz 1854 erschienene „Stammgesangbuch" wurde in den landeskirchlichen Gesangbüchern nur sehr selektiv rezipiert, die auf der ersten deutschen Bischofskonferenz 1848 geforderte Schaffung einheitlicher Kirchenlieder für ganz Deutschland erreichten die weit verbreiteten Gesangbücher z. B. von Joseph Mohr SJ und Guido Maria Dreves SJ zumindest teilweise.[5] 1915 war ein „Deutsches Evangelisches Gesangbuch" Ausgangspunkt für vermehrte

---

1 *O Jesu Christe, wahres Licht* (GL 485ö, EG 72[ö]), letzte Strophe, erste und vierte Zeile.

2 Vergleiche dazu ausführlicher den Beitrag von Ansgar Franz und Christiane Schäfer.

3 Arndt, Ernst Moritz: Von dem Wort und dem Kirchenliede nebst geistlichen Liedern, Bonn 1819. Nachdruck Hildesheim 1970, 50–51: „Ich habe gesagt ein christlich teutsches Gesangbuch. […] Ich meine ein Gesangbuch für alle Christen ohne Unterschied des besonderen Bekenntnisses und der einzelnen Ansicht, […]: ein Gesangbuch, das alles das enthielte, was in frommer Inbrunst der Begeisterung in den letzten dreihundert Jahren – und wenn es schon frühere teutsche Hymnen giebt – von christlichen Sängern gedichtet ist."

4 Näheres s. Harnoncourt, Philipp: Gesamtkirchliche und teilkirchliche Liturgie. Studien zum liturgischen Heiligenkalender und zum Gesang im Gottesdienst unter besonderer Berücksichtigung des deutschen Sprachgebiets. Freiburg 1974, bes. 367–412. Ich folge dieser Darstellung.

5 Mohr, Joseph: Cäcilia. Katholisches Gesang- und Gebetbuch. Regensburg 1874; Ders.: Cantate. Katholisches Gesang- und Gebetbuch. Regensburg 1877; Ders.: Lasset uns beten! Katholisches Gebet- und Gesangbuch. Regensburg 1881; Dreves, Guido Maria: O Christ, hie merk! Ein Gesangbüchlein geistlicher Lieder. Freiburg i. Br. 1885.

210 Franz Karl Praßl

Bemühungen um ein einheitliches evangelisches Gesangbuch, die nach 1932 zu einem vorläufigen Stillstand gekommen sind; die 1916 auf katholischer Seite nach Vorarbeiten des Cäcilienvereins (ACV) publizierten „23 Einheitslieder"[6] blieben ein Projekt ohne große Nachhaltigkeit. Erfolgreicher war die Publikation der „Einheitslieder" der katholischen Bischofskonferenzen nach dem Zweiten Weltkrieg (Deutschland: 1947, Österreich: 1949), mit denen der Boden für das nachkonziliare Projekt „Gotteslob" (1975) bereitet wurde.[7] Die Generalsynode der Vereinigten Evangelisch-lutherischen Kirche Deutschlands erkannte 1949 das bereits vorliegende EKG an und empfahl dessen Einführung. 1966 erschien das KKG als gemeinsames Projekt der deutsch-schweizerischen Diözesen als erstes nachkonziliares Gemeindegesangbuch. 1963 begann die Arbeit an einem Einheitsgesangbuch (EGB) der deutschsprachigen Diözesen, die in das Erscheinen des GL 1975 mündete.[8] Mit diesem letzteren Projekt ist die Entstehung der AÖL und deren Arbeitsweise in den ersten Jahren auf Engste verbunden.

2. Die Gründung der AÖL[9] und ihre erste Sitzung

Die fortschreitenden Arbeiten am EGB führten auch unweigerlich zur Frage nach einer „Einheit im Gesang über Konfessionsgrenzen hinweg".[10] So wurde in einem ersten Schritt der reformierte Hymnologe, Pfarrer Markus Jenny, eingeladen, inoffiziell als Gast an den Beratungen der Subkommission 1, Lieder, teilzunehmen.[11] Bei der Synode der EKD 1968 in Berlin-Spandau brachte Weihbischof

---

6 Die 23 Einheitslieder, in: Musica Sacra 49 (1916), 161–170.

7 Kritischer sieht dies Harnoncourt, Philipp: Gesamtkirchliche und teilkirchliche Liturgie (wie Anm. 4), 395 f. Vgl. auch Praßl, Franz Karl: Liturgiereform in Österreich nach dem II. Vaticanum, in: Klöckener, Martin/Kranemann, Benedikt (Hg.): Liturgiereformen. Historische Studien zu einem bleibenden Grundzug des christlichen Gottesdienstes, 2. Bde. Münster 2002, 861–894, bes. 882–885.

8 Vgl. Nordhues, Paul/Wagner, Alois (Hg.): Redaktionsbericht zum Einheitsgesangbuch „Gotteslob". Paderborn 1988. Über die einzelnen Phasen der Entstehung und Erprobung des EGB ist regelmäßig und oft auch ausführlich in den kirchenmusikalischen Zeitschriften Musica Sacra und Singende Kirche berichtet worden. Die Schweiz war am EGB letztlich nicht beteiligt, wohl aber Diözesen mit deutschsprachigen Bevölkerungsanteilen außerhalb von Deutschland und Österreich, am wichtigsten davon: Südtirol.

9 Kurz beschrieben bei Harnoncourt, Philipp: Gesamtkirchliche und teilkirchliche Liturgie (wie Anm. 4), 428–432. Die Darstellung folgt ab hier den offiziellen Protokollen der AÖL (2021 war die 69. Sitzung). Diese sind nur den Mitgliedern der Arbeitsgemeinschaft und den beteiligten Kirchenleitungen zugänglich. Allgemein einsehbar ist der Internetauftritt der AÖL unter http://www.oe-lieder.eu (13.9.2021). Diese Website enthält die Richtlinien zur Vergabe des ö oder (ö) bei Liedern und Gesängen, die Listen der Referenzgesangbücher und Publikationen der AÖL sowie der Mitglieder seit 1969. Die verabschiedeten, aber von der AÖL nicht publizierten Liedfassungen selber dürfen aus urheberrechtlichen Gründen nicht veröffentlicht werden, sie werden aber Mitgliedern von Gesangbuchausschüssen über die Sekretariate temporär zugänglich gemacht.

10 Harnoncourt, Philipp: Gesamtkirchliche und teilkirchliche Liturgie (wie Anm. 4), 428.

11 Harnoncourt, Philipp: Gesamtkirchliche und teilkirchliche Liturgie (wie Anm. 4), 431.

„So werden alle wir zugleich ... für solche Gnade preisen dich." 211

Paul Nordhues, der als Gast anwesend war, den Wunsch der Kommission für das EGB vor, „Lieder zu bezeichnen oder zu erstellen, die in Zukunft sowohl im evangelischen wie im katholischen Gesangbuch mit gleichem Text und gleicher Melodie erscheinen könnten". Sein Brief an den Ratsvorsitzenden Bischof Hermann Dietzfelbinger war dann Anlass zur Beratung in den Gremien der EKD. Dies führte zu der Einladung, die Abt Christhard Mahrenholz im Auftrag des Rates der EKD an Weihbischof Nordhues aussprach. Von beiden Seiten wird zu Beginn die Bereitschaft zur Zusammenarbeit in den Fragen des gemeinsamen Liedgutes bekräftigt.[12] In einem Vorbereitungsgespräch am 5. August 1969 in Hannover unter Teilnahme von Abt Mahrenholz, Weihbischof Nordhues und Pfarrer Josef Seuffert als Sekretär der EGB-Kommission einigte man sich auf Aufgabenbereiche, Arbeitsweise und personelle Zusammensetzung des Gremiums, das offiziell von den jeweiligen Kirchenleitungen beschickt werden sollte, also kein privates Unternehmen engagierter Kirchenmusiker darstellte. Man wollte zunächst etwa 25 bis 45 in Text und Melodie gemeinsame Lieder vom Mittelalter bis in die Gegenwart bearbeiten, die bei der Neufassung oder Umgestaltung von Kirchengesangbüchern verwendet werden sollten und auch bei gemeinsamen Gottesdiensten und in Schulbüchern ihren Platz finden müssten. Dem Gremium sollten angehören „je 6 Beauftragte des VeK [Verbands evangelischer Kirchenchöre] und der Kommission für das EGB, darunter je einer aus der DDR, je ein Vertreter der reformierten Kirche der Schweiz, der evangelischen Freikirchen und der Altkatholischen Kirchen und zwei Beisitzer ohne Stimmrecht".[13] Die Beisitzer waren je ein katholischer und ein evangelischer Sekretär, welche die Protokolle zu führen und Organisatorisches zu erledigen hatten. Der zu bearbeitende Liederkanon sollte neben Gemeinsamem besonders den Bedarf für gemeinsame Gottesdienste befriedigen. So war von vornherein eine Mischung aus empirisch feststellbaren Gemeinsamkeiten und dem Wunsch, Gemeinsames zu schaffen und zu fördern, für die Arbeit bestimmend.

Die konstituierende Sitzung der AÖL fand vom 8. bis 12. Dezember 1969 im Predigerseminar St. Michael in Hannover statt. Entsandt[14] waren evangelischerseits: Abt Dr. Christhard Mahrenholz, Prof. Dr. Oskar Söhngen, Dr. Walter Blankenburg, Prof. Dr. Otto Brodde, Dekan Friedrich Hofmann, OKR Ingo Braecklein, OKR Wilhelm Gundert, OKR Prof. Erich Wilhelm (Österreich), PD Dr. Markus Jenny (Schweiz), Kantor Paul Ernst Ruppel (Freikirchen). Katholischerseits wurden beauftragt: Weihbischof Dr. Paul Nordhues, Dr. Walther Lipphardt, Domkapellmeister Erhard Quack, P. Hubert Sidler, Kan. Karl Schollmeier, Dr. Marie-Luise Thurmair, Domkapellmeister Dr. Walter Graf (Österreich), Sigisbert Kraft (altkath). Gegenüber dem Vorbereitungsgespräch am 5. August 1969 wurde das Gremium etwas vergrößert. Stimmberechtigt waren

---

12 Protokoll der Besprechung über die Bildung einer Arbeitsgemeinschaft für Ökumenische Lieder (AÖL) am 5. August 1969 in Hannover. Alle Protokolle der AÖL befinden sich z.B. im Deutschen Liturgischen Institut in Trier, sowie im internen Bereich der Website der AÖL.

13 Dieses und Folgendes: Protokoll, wie Anm. 12.

14 Anlage 1 zum Protokoll der ersten Sitzung Hildesheim 1969, Mitgliederliste.

jetzt acht „evangelische" und acht „katholische" Mitglieder, die Sekretäre (Josef Seuffert, kath., und wahrscheinlich Wilhelm Gundert, ev.) waren nicht stimmberechtigt. Auf evangelischer Seite gestaltete sich diese Angelegenheit jedoch etwas kompliziert. Die Liste der Mitglieder der AÖL seit 1969[15] weist bis 1980 keinen eigenen evangelischen Sekretär aus, auch die Protokolle der AÖL sind hier nicht eindeutig. Der Protokollführung nach zu schließen, war dies häufig die Aufgabe des OKR Gundert. Da aber für die Abstimmungen immer ein zahlenmäßig ausgeglichenes Stimmverhältnis zwischen den Konfessionen vorherrschen musste, hatte der evangelische Vertreter Österreichs zunächst kein Stimmrecht, ebenso wie ein weiteres evangelisches Mitglied (der beauftragte Sekretär). Zu Beginn jeder Sitzung wurden die Stimmberechtigung bzw. die Stimmübertragungen genau festgestellt, sodass sich ein konfessioneller Gleichstand immer ausgegangen ist, wenn nicht zu viele Mitglieder einer Seite gefehlt haben.

Zur Arbeitsweise der AÖL legt das Protokoll fest: „Für die Abstimmungen soll der gleiche Modus gelten, der sich bei der ALT (Arbeitsgemeinschaft für liturgische Texte) bewährt hat. Danach entscheidet die einfache Mehrheit, jedoch kommt kein Beschluss zustande, wenn die katholische oder die evangelische Seite einmütig widerspricht. Eine möglichst große Einmütigkeit ist anzustreben".[16] Damit war auch geklärt, dass in schwierigen Fällen keine Seite die andere überstimmen konnte, obschon es – den Protokollen nach zu schließen – in Einzelfragen immer wieder knappere oder größere Mehrheiten gegeben hat.

Den Teilnehmern wurden zwei Liederlisten vorgelegt: Liste 1 mit 83 Liedern aus dem EKG, Liste 2 mit 82 Liedern aus evangelischer und katholischer Tradition. Es zeigte sich, dass 31 Lieder nicht in Liste 2 und 20 Lieder nicht in Liste 1 enthalten waren, was bedeutete, dass es eine große Schnittmenge an Liedern gab, die zur Bearbeitung vorgeschlagen waren. Gleichzeitig wurde beschlossen, dass Jenny und Kraft Ergänzungslisten vorlegen, sowie eine Unterkommission eine Liste mit speziell ökumenischer Thematik erarbeiten soll. Bei der Prüfung der Liste 2 in Hinblick auf gemeinsame Text- und Melodiefassungen wurden die Lieder in drei Kategorien unterteilt:

Liste A – Lieder, die voraussichtlich nur geringe Schwierigkeiten machen.
Liste B – Lieder, die voraussichtlich längere Verhandlungen erfordern.
Liste C – Lieder, die für eine der Gruppen neu sind und daher eine andere Bearbeitungsmethode erfordern.

Die Frage der Behandlung von nicht liedmäßigen Gesängen wurde vertagt. Die Liederlisten wurden von damaligen kirchenmusikalischen Eliten erstellt, die – oft mit einem großen theoretischen Background – durchsetzungskräftig und auch praxiserfahren waren. Was Ästhetik, liturgisch Wünschenswertes und theologische Tendenzen anbelangt, war man sich in vielem einig. Noch heute sind von den damaligen Listen in EG und GL2 18 Lieder der Liste A vorhanden

---

15 www.oe-Lieder.eu, dort unter „Verzeichnisse": Die seit 1969 von den Kirchenleitungen in die AÖL entsandten Vertreterinnen und Vertreter (13.9.2021).
16 Protokoll der 1. Sitzung Hildesheim 1969.

„So werden alle wir zugleich ... für solche Gnade preisen dich." 213

(im GL2 fehlt lediglich *Erschienen ist der herrlich Tag*, im GL 1975 war es noch vorhanden). Von den 34 Liedern der Liste B fehlen im EG zwei Lieder, im GL2 (Österreich) vier. Von den 19 Liedern der Liste C sind hingegen im EG wie auch im GL2 jeweils neun Nummern nicht rezipiert, davon sieben in keinem der beiden Bücher. Insgesamt muss man dieser ersten Liedauswahl attestieren, dass sie sich als sehr nachhaltig und in 50 Jahren über den jeweiligen Zeitgeschmack erhaben erwiesen hat; heute stehen freilich einige Textfassungen erneut auf dem Prüfstand, vor allem in Hinblick auf die Erarbeitung eines neuen EG.

3. Die Arbeitsweise der AÖL am Beispiel des Liedes *Nun bitten wir den Heiligen Geist*

Grundsätzlich wurde jedes Lied in Text und Melodie Zeile für Zeile diskutiert. Unter den Änderungswünschen kehrt immer wieder, dass sprachliche Archaismen in Frage gestellt werden. Die Beseitigung bzw. der Ersatz etlicher Ausdrücke zog um des Reimes Willen Eingriffe in weitere Liedzeilen nach sich. Über jede Zeile wurde zunächst getrennt abgestimmt, am Schluss gab es eine Gesamtabstimmung. Als recht schwieriger Fall und als Dauerbrenner erwies sich die Erarbeitung und Fortschreibung einer ö-Fassung des mittelalterlichen Liedes *Nun bitten wir den Heiligen Geist*. Es beschäftigte die AÖL von 1970 bis 2010, also 40 Jahre lang, in insgesamt 15 Sitzungen. Dass sich in dieser Zeit auch die Paradigmen für Eingriffe in ein Lied geändert und auch zu neuen Konflikten geführt haben, soll nicht verwundern.

Das Protokoll der 2. Sitzung (21.–23.04.1970, Mainz) berichtet:

Die Melodie weist Unterschiede auf. Lipphardt berichtet über die Geschichte und singt verschiedene historische Fassungen. Die älteste Fassung sind Neumen in einer Medinger Handschrift von 1350.
Folgender Kompromiss wird erarbeitet:
1. Zeile: Melodie wie EKG, Notenlänge wie EGB
2. Zeile: Wie EGB
3. Zeile: Wie EGB
4. Zeile: ist schon gleich
Kyrieleis ohne Punktierung   einstimmig.

Im Text hat die evangelische Seite 3 Strophen mehr und legt Wert darauf, diese Strophen mit dabei zu haben. Die katholische Seite hat in der EGB-Kommission darüber gesprochen, aber wegen des Widerstandes der Diözesanvertreter nichts vorgelegt. Sie hat inhaltlich keine Bedenken gegen Strophe 2, in Strophe 3 nur gegen „süße Lieb" (auch altkatholische Bedenken) und „Brunst".

Folgender Kompromiss wird erzielt:
Strophe 2 wird aufgenommen   einstimmig
Strophe 3 wird mit 9 gegen 2 Stimmen bei 1 Enthaltung aufgenommen, nachdem die evangelische Seite „Brunst" aufgibt und bereit ist, „Glut" zu sagen.

Strophe 4 wird gestrichen.
Die katholische Seite wird sich für diesen Kompromiss in der EGB-Kommission einsetzen.
Einstimmig in die Sammlung ökumenischer Lieder aufgenommen.

Im Protokoll der dritten Sitzung (28.6.–1.7.1970 in Zürich) liest man über das Pfingstlied:

Die EGB-Kommission schlägt in der ersten Zeile andere Notenwerte und eine andere Textverteilung vor. Dies wird mit 12:0:1 Stimmen angenommen. Die zweite Hälfte der ersten Zeile hat danach folgende metrische Gliederung:
über „wir" (*f*) halbe, über „den" (*d*) viertel, über „Hei" (*c*) viertel, über „li" (*d*) viertel, über „gen" (*f*) viertel, über „Geist" (*f*) halbe Note.
Die EGB-Kommission hat die 2. und 3. Strophe in der vorgeschlagenen Textfassung akzeptiert.

Dieses Verfahren zeigt, dass man sich auch nicht scheute, neue Varianten zu bilden, um alte zu überwinden.[17] In der 5. Sitzung (Jänner 1971, Zürich) wurde der Antrag des VeK Gesangbuchausschusses, die 4. Strophe doch wieder aufzunehmen, abgelehnt. Im Zuge der Diskussion um die Endfassung des Manuskripts für eine erste Publikation von ö-Liedern in der 9. Sitzung im Jänner 1972 in Batschuns wurde der Beschluss, es bei drei Strophen zu belassen, bekräftigt. Beginnend mit dem Erscheinen des Büchleins „Gemeinsame Kirchenlieder" (GKL) 1973 und dem GL (1975) haben sich einige Fragestellungen der AÖL-Arbeit im Laufe der Zeit geändert (s. u.).

In der 12. Sitzung (Oktober 1974, Schnepfental/Thüringen) wurde mehrheitlich abgestimmt, die ersten beiden Strophen in das geplante Heft für Begräbnislieder (GzB 1978) aufzunehmen. Inzwischen war das GL 1975 erschienen; bei diesem Lied wurde die erste Strophe der AÖL übernommen, für die Strophen 2 bis 5 aber eine Neudichtung von Maria Luise Thurmair vorgesehen.[18] Dass solche Entscheidungen sowie die langen und intensiven Diskussionsprozesse auch zu Frustrationen führten, soll nicht verwundern. Es ist jedenfalls – bei allen Gesangbuchprojekten bis heute – Mitgliedern der AÖL, auch wenn sie

---

17 Vgl. Jenny, Markus: Variantenbildung zur Variantenüberwindung, in: Schumacher, Gerhard (Hg.): Traditionen und Reformen in der Kirchenmusik. Festschrift für Konrad Ameln zum 75. Geburtstag am 6. Juli 1974. Kassel 1974, 180–188. Der Beitrag wurde für die IAH-Tagung 1973 in Dubrovnik verfasst (IAH = Internationale Arbeitsgemeinschaft für Hymnolgie).

18 Somit wurde das Lied – im Nachhinein – als (ö) klassifiziert, vgl. Nordhues, Paul/Wagner, Alois (Hg.): Redaktionsbericht (wie Anm. 8), 642. Hier ist offengelegt, dass Thurmair bereits 1972 den Alternativtext geschaffen hatte, der 1973 – im Jahr des Erscheinens der GKL – dem Lied hinzugefügt worden ist. Wurde hier mit offenen Karten gespielt? – Seit der 40. Sitzung 1990 (s. u.) gibt es klare Regeln für die Vergabe des ö oder (ö). Ein so genanntes „Klammer-ö" (ö) wird gesetzt, wenn ein Lied in der Melodie und in Teilen des Textes, d. h. in mindestens einer Strophe, den Vorlagen der AÖL entspricht. Dazu zählen auch die Lieder, bei denen zu den ö-Strophen andere hinzugestellt worden sind, bei denen ö-Strophen weggelassen worden sind oder bei denen die Reihenfolge der Strophen von der ö-Fassung abweicht. Zitiert nach den „Richtlinien zur Verwendung des Buchstabens ö in den Gesangbüchern" unter http://www.oe-lieder.eu/ (13.9.2021).

„So werden alle wir zugleich ... für solche Gnade preisen dich." 215

führend bei der Erstellung „ihres" Gesangbuchs beteiligt waren, öfters nicht gelungen, eine AÖL-Fassung gegen Partikularinteressen und oftmals auch gegen ein großes Beharrungsvermögen durchzusetzen. Auch wenn der gute Wille zum ökumenisch Gemeinsamen vorhanden gewesen war, erlahmte so manche Initiative in den Mühen der Niederungen des Tagesgeschäftes. Dazu kommt für eine nächste Generation in der AÖL auch ein Umdenken in der Frage von Eingriffen in Lieder.

In der 17. Sitzung (März 1977, Schlüchtern) wurde mit großer Mehrheit der Vorschlag angenommen, das Lied in eine Publikation mit geistlichen Kinderliedern (LbR 1983) zu integrieren, in der 22. Sitzung (Oktober 1979, Batschuns) wurde dies wieder verworfen. Markus Jenny begehrte in Hinblick auf das geplante Schweizer Jugendgesangbuch (KYA 1980) eine Revision der AÖL-Fassung auf der 21. Sitzung (März 1979, Schloss Schwanberg bei Kitzingen). Der Antrag wurde aber nicht behandelt.

Ab der 36. Sitzung (April 1984, Erfurt) stellten die Gesangbuchausschüsse für das zukünftige EG Änderungen vieler ö-Fassungen zur Diskussion; dabei spielte das Pfingstlied eine neuerliche Rolle. Zunächst wurde vorgeschlagen, die Melodie wieder weitgehend an die alte Fassung des EKG anzupassen. Dazu vermerkt das Protokoll, dass Jenny auf die Schwierigkeit hingewiesen hat, eine Tenor-Stimme aus Walters Chorgesangbuch 1524 für den Gemeindegesang zu verwenden, wie es im EKG der Fall ist. Die AÖL rät also den Gesangbuchausschüssen, die leichtere AÖL-Melodie zu übernehmen. Weiters wurde der GL-Kommission geraten, in Hinkunft die ö-Fassung statt Thurmairs Ergänzungen zu verwenden. Die ursprüngliche vierte Luther-Strophe wurde der ö-Fassung angegliedert.

Auch die meisten evangelischen Mitglieder unterstützten also gemäß den Abstimmungsergebnissen[19] den Vorschlag, im künftigen EG bei der ö-Melodie zu bleiben. Die katholischen Mitglieder unterstützten mehrheitlich den Vorschlag, die Strophen von Maria Luise Thurmair (wie im GL) gegenüber den älteren Fassungen auszutauschen und die vierte Strophe von Luther hinzuzufügen. Hier zeichnet sich schon deutlich ab, dass eine jüngere Generation von AÖL-Mitgliedern anderen Prinzipien bezüglich der Textbehandlung folgt als die Gründergeneration.

Bei der 38. Sitzung (März 1988, St. Arbogast) wird die Fertigstellung des Entwurfs für das neue EG für 1988 angekündigt, der den beteiligten Kirchen zur Diskussion zugestellt werden soll. *Nun bitten wir den Heiligen Geist* ist als (ö) Version vorgeschlagen.

Im April 1989 werden auf der 39. Sitzung in Morschach die Rückläufe an die AÖL von der Kommission für das Schweizerische Katholische Gesangbuch beraten. Dabei wurde beantragt, in Str. 3,2 die Formulierung *lass uns empfinden der Lieb Inbrunst* zu tolerieren. Dies fand allerdings keine Mehrheit – die meisten Abstimmenden haben sich enthalten.

---

19 Ö-Melodie behalten: 16:0:3; GL-Revision mit ö-Fassung: 18:0:1; Anfügung der Luther-Strophe: 19:0:0.

Die 47. Sitzung (30.9.–2.10.2001, Amelungsborn) befasste sich mit den notwendigen Korrigenda im GL bezüglich der ö-Fassungen. Dabei wurde festgestellt, dass im Lichte der bis und nach 1973 gefassten Beschlüsse für das GL nur mehr ein (ö) zu vergeben ist.

Auf der 53. Sitzung (April 2008, Bern) wurden die Vorlagen der AG 1 (Lieder) der Unterkommission für die Erstellung des GL2 beraten. Die AG 1 favorisierte zu diesem Zeitpunkt die Fassung der katholischen Einheitslieder (1947) und stellte die Frage nach Toleranz.[20] Nach den bestehenden Regeln konnte dafür kein ö vergeben werden. Daran entzündete sich eine grundsätzliche Diskussion nach dem Wert der AÖL-Fassungen.

Die Frage nach dem Lied *Nun bitten wir den Heiligen Geist* sollte nun auf der 54. Sitzung (Mai 2009, Salzburger Priesterseminar) beraten werden, nachdem Günter Vogelsang eine Synopse der Fassungen in den Referenzgesangbüchern erstellt hatte. Nach einer gründlichen Aussprache rät die AÖL der AG 1, den Text in Richtung Luther-Fassung zu überdenken und die katholischen Bischöfe über die Melodiefassung entscheiden zu lassen. Ein formeller Beschluss wurde nicht gefasst.

Bei der 57. Sitzung (September 2010, Basel) beschließt die AÖL, die ö-Fassung zu ändern. In Str. 3 heißt es nun *der Lieb Inbrunst*. Die AG 1 wird gebeten, diese Fassung des EG zu übernehmen. Im GL2 steht das Lied trotzdem jetzt wieder mit den Thurmair-Strophen in der Version von GL 1975 als (ö).

Nicht immer hat es ein solches Ringen um Liedfassungen gegeben. EG und GL2 zeigen jedoch, dass volle Versionen der AÖL mehrheitlich ihren Weg in die Gesangbücher gefunden haben. (ö) ist demnach nicht so häufig vertreten, und im Falle weitergehender Überlegungen hat man vereinzelt auch auf ö-Fassungen verzichtet. Die Erfolgsgeschichte überwiegt also die Problemgeschichte.

4. Publikationen am Ende einer ersten Arbeitsphase der AÖL

Bei der 9. Sitzung (Jänner 1972, Batschuns) wurde die Liederliste für die erste Publikation der AÖL, „Gemeinsame Kirchenlieder" (GKL), verabschiedet. Es sollten etwa 100 Lieder für den Druck bereitgestellt werden, an „letzten" Fassungsfragen wurde noch gearbeitet. Bei der 10. Sitzung (Jänner 1983) konnte der Redaktionsausschuss ein fast fertiges Produkt vorstellen, dessen öffentliche Präsentation für den Mai 1973 vorgesehen war.[21] Mit dem Absatz des Buches konnte man zufrieden sein: im November 1973 waren bereits 30.000 Exemplare verkauft.[22]

---

20 Als „Toleranz" bezeichnet die AÖL geringfügige Differenzen im Text (ganz selten in der Melodie), die beim gemeinsamen Singen nicht stören. Beispiel: *im Reden und „Gedenken"* (statt: *Bedenken*), in GL2 ÖS 846 (*Der Tag ist aufgegangen*).

21 Eine umfassende Vorstellung ist: Christhard Mahrenholz: Die „Gemeinsamen Kirchenlieder" als ökumenisches Gesangbuch, in: Schumacher, Gerhard (Hg.): Traditionen und Reformen in der Kirchenmusik (wie Anm. 17), 167–179.

22 Protokoll der 11. Sitzung (November 1973, Einsiedeln).

„So werden alle wir zugleich ... für solche Gnade preisen dich." 217

Unverzüglich wurde ein weiteres Projekt begonnen: die Erstellung eines Heftes mit Liedern und Gesängen für Begräbnisse. Die „Gesänge zur Bestattung" (GzB) erschienen 1978 in einem Umfang von 52 Nummern und waren für Friedhofskapellen gedacht.

Parallel dazu wurde auch die Herausgabe eines Heftes mit geistlichen Kinderliedern ventiliert. Es dauerte aber noch bis 1983, bis „Leuchte, bunter Regenbogen" (LbR) erscheinen konnte. Das Konzept dazu wurde öfters geändert (siehe auch vorheriger Abschnitt), die Motivation für das Liederbuch war grundsätzlich anders: Die AÖL wollte aktiv im Segment der Kinderlieder gute Materialien bereitstellen und nicht nur das in den Kirchen tatsächlich vorhandene Repertoire evaluieren. Diese Rechnung ist nicht aufgegangen. In der Rückschau ist vielmehr festzustellen, dass ein Gutteil der Lieder in keinem einzigen Gesangbuch der beteiligten Kirchen rezipiert worden ist.

Ein letztes Publikationsprojekt konnte nicht realisiert werden: 1982 lag das Manuskript für die „Gesänge zur Trauung" vor. Zunächst hatte es so ausgesehen, dass die Deutsche Bischofskonferenz der Publikation zustimmt, 1984 musste Weihbischof Nordhues auf der 32. Sitzung jedoch mitteilen, dass es durch negative Stellungnahmen zu einem Umdenken gekommen sei, wodurch eine breite Zustimmung nicht zustande gebracht werden konnte. Die geplanten „Gesänge zur Taufe" wurden ebenfalls nicht finalisiert. So blieb es bei den drei genannten selbständigen Publikationen der AÖL: GKL, GzB und LbR.

5. Weiterarbeit, Krise, Neuausrichtung

Die folgenden Jahre waren von einer grundsätzlichen Diskussion über den Fortbestand der Arbeit in der AÖL gekennzeichnet. Dabei spielte neben dem inzwischen erfolgten Generationswechsel eine Rolle, dass die Mitglieder der AÖL zwar von den beteiligten Kirchen entsandt werden, nicht immer aber bei den Gesangbuchprojekten in die Entscheidungsprozesse eingebunden sind: Ihre Stärke besteht einzig und allein in der Überzeugungskraft ihrer Argumentation und dem Willen von Gesangbuchkommissionen, dem Anliegen der Ökumene im Kirchenlied möglichst weitgehend zu folgen.[23] So wurde später verstärkt auf den Dialog mit den kirchlichen Gesangbuchkommissionen gesetzt. Deren Wünsche wurden mitunter im direkten Austausch erörtert und behandelt, zumal viele Mitglieder der AÖL auch in den kirchlichen Gremien präsent waren.

Ein erstes offenes Thema war die Weiterarbeit an den noch nicht abgearbeiteten Liederlisten zwecks einer zukünftigen Vergabe des Prädikats „ö". Anders als noch bei den Arbeiten an den GKL wurde nun „auf Halde" produziert. Die seit 1973 neu erarbeiteten ö-Fassungen sind in eigenen Listen im internen Bereich der Website der AÖL erfasst, sie werden durch die Sekretäre für die Arbeit an Gesangbüchern zugänglich gemacht. Da sich bereits vermehrt urheberrechtlich

---

23 Diese Problematik ist im Protokoll der 10. Sitzung ausführlich dargelegt.

geschützte Materialien darunter befinden, ist es nicht möglich, diese Gesänge auf der Website zu veröffentlichen; solange sie nicht publiziert sind, können sie aber ohne Schaden für bestehende Gesangbücher auf Anfrage einzelner Gesangbuchkommissionen leichter geändert werden.

Die AÖL wandte sich nun auch den so genannten „nicht liedmäßigen Gesängen" zu, also allen offenen Formen, die zunehmend für gemeinsames ökumenisches Singen relevant geworden sind, z.B. den Gesängen aus Taizé. Dies betraf auch die gesungenen Ordinariumsteile eucharistischer Liturgien, sowie die Psalmodie. Ab 2005 kam schwerpunktmäßig das „Neue Geistliche Lied" in den Blick. Aufgrund der bestehenden Rechtssituation ging es hier kaum mehr um Fragen des Eingriffs in Texte und Melodien, sondern um die Feststellung, ob ein Lied oder ein Gesang bereits Konfessionsgrenzen übersprungen hat, und ob aufgrund der Rezeption eine ökumenische Verwendung festgestellt werden könne.

Mit dem Anlaufen der Diskussionen mit dem Gesangbuchausschuss der EKD um das neue EG bei der 28. Sitzung begann im September 1982 für die AÖL ein Krise, welche zu neuen Orientierungen in deren Weiterarbeit führen sollte. OKR Ernst Lippold stellte als Gast Kriterien vor, die für die Erarbeitung des EG gelten sollten:

- verständlicher Text
- dem Geist und der Sprache seines Dichters verbunden
- theologisch nicht verändert
- in seinem eingebürgerten Gebrauch nicht durch andre Rücksichten gefährdet
- so sparsam als möglich revidiert
- in seiner Singbarkeit nicht gestört
- bezüglich der Melodie auf Eingriffe hin überprüft[24]

Hinter diesen äußerlich harmlosen Formulierungen verbarg sich in Wirklichkeit eine große Unzufriedenheit mit den bisherigen ö-Fassungen und der Wunsch nach deren Revision. Die bisherige Arbeit der AÖL war damit zum Teil in Frage gestellt. So stellt das Protokoll eine Trendwende in der bisher gültigen Einstellung zu den bisherigen Liedrevisionen fest:

Wenn es zwischen der 1969 gegründeten AÖL und den heute eingesetzten Gesangbuchausschüssen ein Problem gibt, ist es nach Meinung von Lippold sprachlicher Art und betrifft die unterschiedliche Auffassung von Möglichkeit und Ziel einer Textrevision heute.

Eine erste Reaktion der katholischen Seite, welche 1975 nicht ohne Mühen und viel an Überzeugungsarbeit die ö-Fassungen ins GL eingeführt hatte, drückte Besorgnis aus. Es gab natürlich Versuche, diese Ideen als unfreundlichen Akt zu interpretieren, aber letztlich reifte die Erkenntnis, dass sich nach 20 Jahren Arbeitskriterien durchaus ändern und neue Sichtweisen ältere in Frage stellen. 1985 wollte die Deutsche Bischofskonferenz (DBK) die Mitarbeit in der AÖL einstellen. Bei der 34. Sitzung (30.9.–4.10.1985, Salzburg) war nach zahlreichen

---

24 Protokoll der 28. Sitzung (26.9.–1.10.1982 in Güstrow).

„So werden alle wir zugleich … für solche Gnade preisen dich." 219

Interventionen jedoch geklärt, dass die DBK bis zum Abschluss der Gesangbuchprojekte zur weiteren Mitarbeit bereit war. Zu diesem Zeitpunkt waren
neben dem EG auch die drei Schweizer Gesangbücher RG, KG und CG in Bearbeitung, was auch zu zahlreichen Anfragen an die AÖL geführt hatte. Die
weiteren Sitzungen sind vor allem von Diskussion um EG-Fassungen, sowie um
die Schweizer Gesangbücher geprägt. 1989 im April tauchen bei der 39. Sitzung
der AÖL in Morschach erstmals Fragen einer geschlechtergerechten Sprache
sowie versteckter oder offener Antijudaismen auf.

6. Neukonstituierungen 1990, 1997, 2003 und Weiterarbeit

Mit der 40. Sitzung (März 1990, Dortmund) wird die AÖL in veränderter Zusammensetzung neu konstituiert. Die Zahl der Mitglieder wird von 21 auf 14
reduziert, zahlreiche alte scheiden aus. Die Repräsentanzen der kleinen Kirchen
bleiben gleich, die großen reduzieren die Zahl ihrer entsandten Mitglieder. Als
Grund nennt das Protokoll:

Neuer Schwerpunkt der AÖL-Arbeit wird mit Beginn der Vorarbeiten am künftigen Evangelischen Gesangbuch die Zusammenarbeit mit konfessionellen Gesangbuch-
Kommissionen und die Klärung all der Probleme, die bei der Übernahme von ö-Fassungen erwachsen.

Dennoch wird auch weiterhin an neuen ö-Fassungen gearbeitet, vor allem dann,
wenn sich Konvergenzen bei Liedern zwischen den beteiligten Kirchen zeigen.
Bei dieser Sitzung werden klaren Regeln für die Setzung von ö und (ö) erörtert,
der derzeitige offizielle Stand dieser Diskussion stammt aus dem Jahre 2009
und ist auf der Website der AÖL zu lesen (vgl. Anm. 9). Zur Zeit sind freilich
wieder aufgrund neuer Fragestellungen weitergehende Überlegungen zur Vergabe des ö im Gange.[25] Die Beratungen der nächsten Jahre sind vor allem durch
die Fertigstellung des EG dominiert. Nach dessen Erscheinen 1993 sah die EKD
keine Notwendigkeit mehr, die AÖL in bisherigem Umfang weiterzuführen.[26] Es
wurde jedoch nach ausführlichen Konsultationsprozessen vereinbart, die Arbeit
der AÖL mit 1997 nicht einzustellen, sondern in nochmals reduzierter Besetzung
weiterzuführen. Die Zahl der Mitglieder wurde auf acht heruntergefahren. Diese
reduzierte AÖL sollte ihre eigenen Lieder und die dazu gehörigen, seit 1969 gene-
rierten Rechte weiterhin verwalten und für Expertisen auf Anfrage hin zur Verfügung stehen. Weiters sollte sie an „Liedthemen wie z.B. ‚Schöpfung', ‚Dritte
Welt', ‚Fremde in unserem Land' oder an der Übertragung von Gesängen aus
der fremdsprachigen Ökumene oder an Liedern neuer geistlicher Bewegungen"
arbeiten und diese Ergebnisse mit Gesangbuchkommissionen teilen.

---

25 Der Prozess ist auch erläutert bei Riehm, Heinrich: Die gemeinsamen Lieder und Gesänge
der deutschsprachigen Christenheit, in: JLH 39(2000), 154–178.
26 Protokoll der 44. Sitzung September 1996 in Därlingen.

Das Blatt wendete sich wieder mit dem Jahr 2003. In der 48. Sitzung im Oktober 2003 in Basel konnte Weihbischof Helmut Bauer als katholischer Vorsitzender mit erfreulichen Nachrichten aufwarten. Er „stellt fest, dass sich durch diese Zusammenkunft die AÖL neu konstituiert hat und dass Mitgliederzahl wie Kompetenz des Gremiums wiederhergestellt sind, so wie sie es bis November 1997 waren",[27] also 14 Vollmitglieder und zwei Sekretäre. Dieser Sinneswandel wurde möglich, weil 2001 der Startschuss für Neubearbeitung des GL erfolgte, das 2013 als GL2 publiziert worden ist.[28] So vermerkt das Protokoll, dass die beiden Vorsitzenden der AÖL im Zusammenhang mit der geplanten Erstellung eines neuen katholischen Gebet- und Gesangbuchs (GGB) eine Neubeauftragung im Rahmen, „wie er vor dieser Zeit üblich und dem Projekt angemessen war", erbitten sollten.

Ein gewisser Widerspruch zum Protokoll der 44. Sitzung ist nicht zu übersehen. Die wiederum „neue" AÖL startete mit einer umfangreichen Tagesordnung, in deren Rahmen auch über etliche neue freikirchliche Liederbücher zu berichten war. Andreas Marti stellte für eine neue strategische Ausrichtung der AÖL einige Prämissen auf. Da diese die zukünftige Arbeit stark prägen sollten, weil sie vor allem bei den „jungen" AÖL-Mitgliedern konsensfähig waren, wird diese Diskussion anhand des Protokolls ausführlicher dokumentiert:

Marti … stellt bezüglich der Weiterarbeit der AÖL drei Tendenzen fest, jeweils in der Spannung von Pro und Contra:

- Die 1969 bis 2001 erarbeiteten ö-Fassungen, ca. 531 Lieder, Gesänge, Kehrverse, Kanons und Rufe, sollen gültig bleiben und über die Gsb [Gesangbücher] der Kirchen rezipiert werden. Endgültige, unantastbare ö-Fassungen kann es, hymnologisch gesehen, allerdings nicht geben.
- Bei der Liedrevision ist eine höhere Originaltreue anzustreben, d. h. literarische Qualität und theologische Aussage sind wichtiger als der durch Bearbeitung angestrebte „Gegenwartsbezug". Die reine Originalfassung freilich ist in vielen Fällen weder feststellbar noch denkbar.
- Das Sprachempfinden der 1970er Jahre und die darauf basierenden Prinzipien der Liedrevision sind partiell überholt, die bestehenden ö-Fassungen sind anhand hymnologischer, theologischer und sprachwissenschaftlicher Erkenntnisse zu überprüfen und ggf. zu korrigieren, formale und inhaltliche Entstellungen zurückzunehmen sowie weiter führende Tendenzen im Sinn eines „Aggiornamento" zu berücksichtigen. Die Grenzen für ein solches Vorgehen sind aber schnell erreicht.

Als mögliche Strategien nennt Marti:

- Beibehalten der bisherigen ö-Fassungen, Zulassung weiterer Toleranzen und in Ausnahmefällen Versuch einer behutsamen Revision.

---

27 Protokoll der 48. Sitzung Oktober 2003 in Basel.

28 Vgl. dazu Praßl, Franz Karl: Komplexes Vorhaben. Ein Gebet- und Gesangbuch für das 21. Jahrhundert. [Das neue katholische Gebet- und Gesangbuch)] in: Herder-Korrespondenz 56 (2002), Heft 1, 31–35.

"So werden alle wir zugleich … für solche Gnade preisen dich." 221

- Erarbeitung einer Neu-Fassung, in den Fällen, wo der ö-Text nicht befriedigt oder die Eingriffe zu weitgehend waren. Das würde zu einer 2. Generation von ö-Fassungen führen, die zu kennzeichnen wären. Eine synchrone Erarbeitung der wichtigsten Gsb, vergleichbar der von KG und RG, würde die Erarbeitung und Rezeption wesentlich erleichtern.
- Eine stark erweiterte Definition von „Toleranz" bzw. von „Liedidentität trotz abweichender Fassung" könnte eine Gruppe „ökumenisch verwandter Lieder" zeitigen, die auch speziell zu kennzeichnen wären.
- Die Frage nach dem Gewicht eines ökumenischen Liedrepertoires in künftigen Gsb, einschließlich des „regionalen Repertoires", das für ö-Fassungen durchaus offen ist, v.a. wenn diese attraktiv genug sind, kann im Augenblick nicht beantwortet werden.
- Die Anwesenden nehmen die von Marti vorgebrachten Überlegungen zur Kenntnis, warnen vor einer Preisgabe des bisher Erreichten und plädieren für einen hohen Qualitätsstandard auch bei künftigen ö-Fassungen, was nicht hindern soll, bei neuem, v.a. jugendnahem Liedgut weniger rigoros zu verfahren.

Die nun folgenden Arbeitsjahre sind von mehreren Themen geprägt. Schwerpunktmäßig sind dies die Begleitung der Erarbeitung des GL2, das „ö-Werden" zahlreicher Neuer Geistlicher Lieder (NGL), welche bereits konfessionsverbindend verbreitet sind, und die Gesangbuchprojekte kleinerer Kirchen, darunter auch jenes der Selbständigen Evangelisch-Lutherischen Kirche (SELK).

Der Vorsitzende der AG 1 der Unterkommission[29] zur Herausgabe des GGB, Richard Mailänder, hat in den folgenden Jahren alle geplanten Lieder des GL2 der AÖL vorgestellt. Dabei konnten in nicht wenigen Fällen auch konfessionsverbindende Nutzungen festgestellt werden, sodass dieser Prozess zu zahlreichen neuen ö-Fassungen geführt hat. Die Auseinandersetzung mit den Fragen und Ideen der AG 1 brachte es auch mit sich, dass diese viele Vorschläge der AÖL übernehmen konnte. Bei der 59. und 60. Sitzung (September 2011, Mainz, Oktober 2012, Berlin) wurden dann „letzte Fälle" für das GL2 beraten.

Zuvor war auf der 56. Sitzung (März 2010, Lübeck) wieder einmal die Überarbeitung von ö-Liedern diskutiert worden. Dabei machte Diakon Vogelsang die Feststellung, dass aus den Veröffentlichungen der AÖL zwar zahlreiche Lieder keine Aufnahme in Gesangbücher der beteiligten Kirchen gefunden hätten, insbesondere 131 aus LbR. Aus den übrigen Sammlungen und der Liste II seien jedoch nur wenige Lieder nicht in Gesangbücher aufgenommen worden; weitere 30 Lieder fanden zumindest als (ö)-Lied Aufnahme in eines der Gesangbücher.[30]

Abgesehen vom Sonderfall LbR ist dies eine erfreuliche Beobachtung, was die Rezeption der ö-Fassungen durch die einzelnen Kirchen betrifft, zeigt sie doch, dass die Lieder mehrheitlich angenommen worden sind. Die weiteren Sitzungen befassten sich mit „Aufräumarbeiten", NGL und weiteren Gesangbüchern wie

---

29 Dass eine länderübergreifende Kommission zur Herausgabe eines gemeinsamen Gebet- und Gesangbuchs „Unterkommission" heißt, bedarf einer Erklärung. Die Arbeit am GL2 erfolgte offiziell in einer Unterkommission der Deutschen Liturgiekommission, in der Österreicher als „stimmberechtigte Gäste" teilgenommen haben. Anlass dafür waren neue Regelungen für internationale liturgische Projekte in der römischen Instruktion „Liturgiam authenticam" (2001).

30 Aus dem Protokoll der 56. Sitzung.

222 Franz Karl Praßl

dem deutschen Militärgesangbuch und anderen geplanten Neuerscheinungen. Der Internetauftritt der AÖL wird zunehmend problematisiert und auch die Handhabung der vielen Dateien im internen Bereich bzw. die Erstellung einer leistungsfähigen Datenbank.

Im Jubiläumsjahr der AÖL 2019 zeigt sich in der 67. Sitzung (September, Hofgeismar) am Horizont ein neues, großes Arbeitsfeld: die Neubearbeitung des EG. So wird auf absehbare Zeit auch der jetzigen AÖL die Arbeit nicht ausgehen. Für spannende Diskussionen ist gesorgt.

Abstract:

The Working Group for Ecumenical Hymnody (Arbeitsgemeinschaft für ökumenisches Liedgut = AÖL) was founded in 1969 to create common versions (text and melody) of hymns for congregational singing in the German-speaking Christian churches. In addition to the mainline Protestant and Catholic churches in Germany, Austria and Switzerland, the Old Catholic churches and the Free Churches also participate in the project. The working group (which has changed in size over the years) is made up of equal numbers of "Protestant" and "Catholic" members who have been officially commissioned by their respective churches. The reason for the formation was the work on the Catholic Gotteslob in 1975; in the meantime the AÖL has accompanied the development of new hymnals of all participating churches. In the confessional hymnals, common versions are marked with an "ö" next to the hymn number, and hymns that have only minor differences are marked with an "(ö)". In addition to the publications "Common Hymns", "Hymns for the Funeral" and "Shining Light, Colourful Rainbow", numerous other hymns and songs have been compiled in common versions which are available for hymnbook makers. The working method of the AÖL has changed over the years, criteria for interventions in hymns have changed according to the spirit of the times.

Verschlossene Türen

Die Liedwanderungen zwischen der katholischen und der evangelischen Kirche vom 16. bis zum 20. Jahrhundert

ANSGAR FRANZ / CHRISTIANE SCHÄFER

Vorbemerkungen

Durchsucht man das katholische Gebet- und Gesangbuch „Gotteslob" von 2013 nach Liedinitien, die auch im Evangelischen Gesangbuch (EG) von 1993 zu finden sind, so stößt man auf bemerkenswerte 78 Übereinstimmungen. Und zählt man die mit einem „ö" gekennzeichneten Lieder, so kommt man auf insgesamt 115. Allein diese Zahlen sind Zeichen dafür, dass die katholische und die evangelische Kirche begonnen haben, dem Liedgut der jeweils anderen Konfession weitherzig und respektvoll Tor und Tür zu öffnen. Dass dies nicht nur eine Idee von Gesangbuchkommissionen oder von Vereinigungen wie der AÖL ist, sondern in die Praxis hineinwirkt und gelebt wird, sieht man zum Beispiel daran, dass viele Lieder evangelischer Provenienz heute aus dem katholischen Repertoire nicht mehr wegzudenken sind.

Aber wie sah das im Verlauf der Jahrhunderte aus? Hat es das immer gegeben, oder ist das eine relativ junge Erscheinung? Sind die beiden Kirchen ähnliche Wege gegangen oder doch eher verschiedene? Und kann man auf solch allgemeine Fragen überhaupt gesicherte Antworten finden? Bei der folgenden Untersuchung haben wir uns in der Hauptsache auf die im Gesangbucharchiv der Johannes Gutenberg-Universität Mainz vorhandenen Buchbestände und die dort zur Verfügung stehenden digitalen Forschungsinstrumente gestützt; hier ist besonders die „Hymnologische Datenbank" (HDB) zu nennen.[1]

Der vorliegende Beitrag gliedert sich in zwei Hauptteile. Der erste fragt nach der Aufnahme evangelischer Lieder in die katholische Tradition, der zweite

---

1 Die Hymnologische Datenbank (HDB) führt die Daten der im Mainzer Gesangbucharchiv über viele Jahre hinweg aufgebauten Datenbanken „Gesangbuchbibliographie" (Datenbank sämtlicher gedruckter deutschsprachiger Gesangbücher der verschiedenen Konfessionen von der Reformation bis zur Gegenwart) und „Liedkatalog" (Datenbank, die die Liedbestände von rund 400 wirkungsgeschichtlich besonders relevanten Gesangbüchern verzeichnet) zusammen und verbindet damit die bibliographische Erfassung der Bücher mit der Erschließung der Lieder. Schon heute enthält die HDB rund 30.000 Gesangbuchtitel und ungefähr 39.000 Einzelliedtitel. Sie geht auf umfangreiche Vorarbeiten des Mainzer Gesangbucharchivs und des Straßburger Lehrstuhls für Kirchenmusik und Hymnologie (Prof. Dr. Beat Föllmi) zurück.

wird dann der umgekehrten Wanderbewegung nachgehen. Speziell im ersten Teil wird sich zeigen, dass es zu verschiedenen Zeiten ganz unterschiedliche Motivationen dafür gegeben hat, ausgewähltem Liedgut der anderen Konfession die Tür zu öffnen, und es wird sich auch zeigen, wie schnell sich diese Tür wieder geschlossen hat.

1. „Evangelische Lieder" in katholischen Gesangbüchern

1.1 Vehe und Leisentrit: Versuchte Nachahmung zweier Erfolgsmodelle

Die zwei ältesten katholischen Gesangbücher entstanden beide unter dem Schock des ungeheuren Erfolgs der Gesangbücher Martin Luthers. Das, was man dem entgegensetzen wollte, orientierte sich deutlich sichtbar und hörbar an den evangelischen Erfolgsmodellen.

Schon 1537 erschien in Leipzig „Ein New Gesangbüchlin Geystlicher Lieder"[2] des Dominikaners Michael Vehe,[3] das sich in Titel und Druckbild sowohl an das in Wittenberg verlegte Klug'sche Gesangbuch „Geistliche Lieder aufs neu gebessert"[4] als auch an die „Erfurter Enchiridien"[5] anlehnt, die seit 1524 in mehreren Ausgaben herausgekommen waren. Vehe und sein Mitarbeiter Caspar Querhammer setzten dabei aber nicht auf Konfrontation – das Buch ist sowohl im Vorwort als auch in den Liedfassungen weitgehend frei von konfessioneller Polemik –, sondern schmiegten sich an die lutherischen Vorbilder an, ohne das typisch Katholische aufzugeben: So werden die liturgischen Orte der Lieder ausdrücklich genannt, nämlich vor und nach der Predigt sowie bei Prozessionen und Wallfahrten. Mehr nicht. Das deutschsprachige Kirchenlied sollte also

---

2 Ein New Gesangbüchlin Geystlicher Lieder / vor alle gutthen Christen nach ordenung Christlicher kirchen. Gedruckt zu Leipzigk durch Nickel Wolrab 1537 (repr. Mainz 1970, hg. und mit einem Geleitwort versehen durch Walther Lipphardt [Beiträge zur Mittelrheinischen Musikgeschichte 11]).

3 Michael Vehe, nach seinem Theologiestudium zunächst Prior des Heidelberger Dominikanerkonvents, wurde 1532 vom Mainzer und Magdeburger Erzbischof Albrecht von Brandenburg als Propst nach Halle berufen, wo er in unmittelbarer Nähe zu Wittenberg dem raschen Vordringen der Reformation entgegenwirken sollte; er bediente sich dabei auch dem wirkungsvollsten Verbreitungsmedium der Reformation, der Stärkung des volkssprachigen Gemeindegesangs mit Hilfe eines Gesangbuchs; vgl. Lipphardt, Walther: Michael Vehe und das erste katholische Gesangbuch (1537), in: Musik und Altar 9 (1956/1957), 46–53; Scheidgen, Andreas: Katholische Gesangbücher im Reformationsjahrhundert, in: Fugger, Dominik/Scheidgen, Andreas: Geschichte des katholischen Gesangbuchs (Mainzer Hymnologische Studien 21). Tübingen 2008, 3–8.

4 Geistliche lieder auffs new gebessert zu Wittemberg. D. Mart. Luth. XXXiij (Faksimiledruck nach dem einzigen erhaltenen Exemplar der Lutherhalle zu Wittenberg erg. und hg. von Konrad Ameln. Kassel/Basel 1954).

5 Eyn Enchiridion oder Handbüchlein. Eynem ytzlichen Christen fast nutzlich bey sich zuhaben / zur stetter ubung und trachtung geystlicher gesenge und Psalmen / Rechtschaffen und kunstlich verteutscht. Erfurt 1524 (Reproduktion Kassel/Basel/London 1983, Faksimiledruck mit einem Geleitwort hg. v. Konrad Ameln [Dokumenta Musicologica, Erste Reihe, 36]).

Verschlossene Türen

nicht, wie in den evangelischen Gottesdiensten, die lateinischen Messgesänge ersetzen, sondern ihnen zur Seite treten. Das Buch enthält 52, wie es im Vorwort heißt, „geistliche Lieder und Lobgesang zum teyl von den Alten, zum theyl von [...] anderen gutherzigen Christen" verfasst. Gemeint sind hier der schon erwähnte Caspar Querhammer sowie Georg Witzel, der zunächst Anhänger Luthers war, sich dann aber wieder der katholischen Kirche zuwandte. Das Überraschende ist, dass die „Lieder der Alten" nicht in den vorreformatorischen Fassungen abgedruckt sind, sondern aus dem Wittenberger Gesangbuch übernommen wurden, wobei Vehe allerdings versuchte, die reformatorische Theologie Luthers durch Textänderungen abzuschwächen. Als Beispiel sei Luthers Bearbeitung der mittelalterlichen Leise *Gott sei gelobet und gebenedeiet* genannt.[6] Vehe übernahm wörtlich die erste Strophe, nicht aber die Weiterschreibung Luthers, sondern dichtete vier eigene, die an die katholische Kommunionpraxis der Zeit angepasst wurden. So steht etwa in Strophe 2 statt des realen Empfangs, der sumptio, die „geistliche weise" des Empfangs, die adoratio, im Blick: „Wider allen hunger und auch durst / Wie du in dir selbst erfahren würst / So du die heylge speyß / Gebrauchen würst auff geystlich weyß. Kyrieeleyson."

Deutlicher und weiterreichender als bei Vehe ist die Rezeption evangelischen Liedguts bei Johann Leisentrit, Domdekan in Bautzen, der als Administrator der Lausitz die unter Druck geratenen katholischen Positionen verteidigte.[7] In dem Entwurf eines Bittschreibens an Pius V. schilderte er die Dramatik der Lage:

[Die] eingepfarrten (Laien) wollen nicht lateinisch, sondern [...] so offte sie communicieren: die verba consecrationis mitt klarer stim in deutzscher sprach außgeschrien haben [...]: wenn jetzt nicht geholfen wird, so wer zu besorgen, man were an den eygenen pfarherrn sich vergreifen, sie todtschlagen.[8]

Das von Leisentrit herausgegebene Gesangbuch „Geistliche Lieder und Psalmen der alten Apostolischer recht und wargläubiger Christlicher Kirchen"[9] kopierte in Titel und Druckbild bis hin zu den Zierrändern das „Bapstsche Gesangbuch" von 1545,[10] das noch von Luther selbst zusammengestellt wurde und als eine Art Summe seines Liedschaffens gelten kann.

---

6 Vgl. dazu Franz, Ansgar: Gott sei gelobet und gebenedeiet, in: Franz, Ansgar/Kurzke, Hermann/Schäfer, Christiane (Hg.): Die Lieder des Gotteslob. Geschichte – Liturgie – Kultur. Stuttgart 2017, 399–404.

7 Vgl. grundlegend Heitmeyer, Erika: Das Gesangbuch von Johann Leisentrit 1567. Adaption als Merkmal von Struktur und Genese früher deutscher Gesangbücher (Pietas Liturgica. Studia 5). St. Ottilien 1988.

8 Gülden, Josef: Johann Leisentrits pastoral-liturgische Schriften (Studien zur katholischen Bistums- und Klostergeschichte 4). Leipzig 1963, 115.

9 Bautzen 1567, Reproduktion Kassel 1966, mit einem Nachwort von Walther Lipphardt.

10 Vgl. dazu auch Franz, Ansgar/Schäfer, Christiane: Vom Augenschmaus zum Gedankenstrich. Das Gesangbuch Johann Leisentrits (1567) und das „Gotteslob" (2013) der Deutschen Bischofskonferenz, in: Wipfler, Esther P. (Hg.): Das Gesangbuch und seine Bilder. Voraussetzungen, Gestaltung, Wirkung (Veröffentlichungen der Forschungsstelle Realienkunde 6). Wien/Köln/Weimar 2020, 145–165.

Ansgar Franz/Christiane Schäfer

Dabei geschah diese Annäherung mit dem klaren Ziel der Verdrängung. In einem Brief an seinen Freund Christoph Hecyrus, den Pfarrer von Budweis, schrieb Leisentrit:

Ich habe nicht eher Ruhe gegeben, bis ich etliche kirchliche Lieder zusammentrug, auch solche, die ins Deutsche übersetzt, teilweise auch von mir selbst verfaßt worden waren, und sie den Melodien unserer älteren rechtgläubigen Kirche unterlegte, soweit es möglich war. Ich habe es getan, um den katholischen Glauben zu erhalten und die wirkliche christliche Frömmigkeit zu fördern und zurückzugewinnen. Aus diesen Gründen habe ich das jetzt vorliegende Gesangbuch zusammengestellt [...] damit um so leichter die allzu bekannten Lieder der Sektierer den Händen der katholischen Gläubigen entrissen werden. Wenn Gott will und wenn wir lange genug leben, werde ich dafür sorgen, daß bald noch mehr von dieser Art gedruckt wird zum Nutzen der katholischen Gläubigen.[11]

Auf lange Sicht war der von Vehe und Leisentrit praktizierten Nachahmung der evangelischen Gesangbücher aber kein Erfolg beschieden. Schon zu Beginn des 17. Jahrhunderts entwickelte sich eine eigene katholische Tradition mit eigenen Charakteristika. Das war ganz wesentlich ein Verdienst der Jesuiten. Sie erkannten, dass sie dem so erfolgreichen evangelischen Medium „Gesangbuch" keine Kopien, sondern etwas Eigenes entgegensetzen mussten. Die großen Jesuitengesangbücher, wie sie ab 1600 in den auch mit weltlicher Macht versehenen Bistümern Köln, Mainz, Trier, Münster, Paderborn, Bamberg, Würzburg und Konstanz geschaffen wurden, enthalten in der Regel keine evangelischen Lieder.

1.2 Das „Rheinfelsische Gesangbuch" (1666): Trost für Konvertiten

Informiert man sich mit Hilfe der HDB über die Rezeption der Lieder Martin Luthers, so fällt auf, dass vier seiner Eigendichtungen,[12] nämlich *Erhalt uns, Herr, bei deinem Wort*; *Christ, unser Herr, zum Jordan kam*; *Mit Fried und Freud ich fahr dahin*; *Der du bist drei in Einigkeit*, Aufnahme in ein katholisches Gesangbuch gefunden hatten – nämlich in das „Rheinfelsische Gesangbuch" von 1666.[13]

Das überrascht zunächst, war doch das 17. Jahrhundert diejenige Epoche, in der man sich nicht zuletzt auch in den Gesangbüchern verstärkt um eine klare Abgrenzung der Konfessionen voneinander bemüht hatte. Das „Rheinfelsische Gesangbuch" stellt vor diesem Hintergrund in der Tat eine Besonderheit dar.

---

11 Das lateinische Original des Briefes steht am Beginn des zweiten Teils des Gesangbuchs nach der Vorrede (unpaginiert). Die Übersetzung stammt aus Heitmeyer, Erika: Das Gesangbuch von Johann Leisentrit 1567 (wie Anm. 7), 88.

12 Gemeint sind Dichtungen Martin Luthers, die nicht einen Psalm, einen altkirchlichen Hymnus oder eine mittelalterliche Leise als Vorlage haben.

13 Christliches Catholisches zu S. Goär übliches Gesang-Buch [...]. Augsburg 1666 (Reproduktion Münster 2003/2004; Bd. 1 bringt den Nachdruck der Ausgabe von 1666; Bd. 2 enthält Kommentare und Erläuterungen von Alexander Ritter, Stephan Christoph Müller und Winfried Schüler).

Verschlossene Türen

227

Herausgegeben wurde es von Landgraf Ernst von Hessen-Rheinfels (1623–1693), dem streng reformiert erzogenen und 1652 zum Katholizismus konvertierten Landesherrn der Grafschaft Katzenelnbogen, die im Rhein-Lahnkreis, südlich von Limburg und nördlich von Bingen, gelegen ist. Mit seinem Gesangbuch verfolgte der in Glaubensfragen weitsichtige Landgraf das Ziel, Konvertiten den Übertritt zur katholischen Kirche zu erleichtern. Das Titelblatt des „Rheinfelsischen Gesangbuchs" verrät, dass es einen solchen Versuch bereits wenige Jahre zuvor gegeben hatte:

Christliches | Catholisches zu S. Goär übliches Gesang=Buch / mit vorgesetzten Melodeyen auff alle hohe Feste durchs gantze Jahr / wie auch auff andere Zeiten vnd Fälle mit Fleiß zusammen getragen / vnd in dise Formb gebracht / vnd mehrentheils dem Wienerischen / Davidische Harmonj genannt / nachgedruckt. Permissu eorum, ad quos pertinet. Erstlich gedruckt zu Wien / bey Johann Jacob Kürner / im Jahr 1659. Vnd jetzo mit verscheidenen [!] Liedern vnd Psalmen vermehrt / nachgedruckt zu Augspurg / Bey Simon Vtzschneider / auff vnser lieben Frawen Thor. Im Jahr Christi 1666.

Auch die hier genannte „Davidische Harmonie" ist von einem Konvertiten herausgegeben worden und diente dem gleichen Zweck: Die konvertierten Protestanten sollten nicht ganz auf ihr vertrautes Liedgut verzichten müssen. Von den insgesamt 179 Liedern des Rheinfelsischen Gesangbuchs stammen 80 aus der katholischen, 99 aus der evangelischen Tradition. Mit den schon erwähnten Liedern Luthers bilden sie also die Mehrheit der Lieder.

Gemessen an der Auflagenstärke der bedeutenden, von den Jesuiten herausgegebenen Reihengesangbücher, die bis ins 19. Jahrhundert hinein immer wieder nachgedruckt worden sind,[14] blieb die Wirkung der „Davidischen Harmonie" und des „Rheinfelsischen Gesangbuchs" zeitlich und örtlich sehr begrenzt. Beide erlebten jeweils nur eine einzige Auflage. Den reformatorischen Liedern konnte auf diese Weise der Weg in die katholische Gesangbuchlandschaft nicht nachhaltig geebnet werden. Ihre Spuren haben sich schon bald wieder verloren. Das, was vom „Rheinfelsischen Gesangbuch" geblieben ist, ist etwas Anderes: Hier erscheint zum ersten Mal das heute über alle Konfessionsgrenzen hinweg geschätzte Spee-Lied *O Heiland, reiß die Himmel auf* mit seiner charakteristischen, kongenialen Melodie.

1.3 Die Aufklärung: Konfessionelle Irenik, aber ohne Martin Luther

Die geistesgeschichtliche Epoche der Aufklärung wirkte sich ganz konkret auf die Gesangbuchgeschichte aus, wenn auch mit etwas Verspätung. Ab der Mitte des 18. Jahrhunderts veränderte sich der Liedbestand in den Gesangbüchern radikal. Das alte Liedgut wurde entweder stark überarbeitet oder verschwand

---

14 Als Beispiel sei hier lediglich das „Geistliche Psälterlein" genannt, das in Köln 1638 zum ersten Mal erschien, 1653 bereits die 10. Auflage erlebte und dessen erstaunliche Karriere erst mit der 89. Auflage im Jahr 1813 endete.

228 Ansgar Franz/Christiane Schäfer

ganz. An die Stelle der ausgeschiedenen Lieder traten Neuschöpfungen und ganz im Geiste der konfessionellen Irenik der Aufklärung auch protestantische Lieder.[15] Ein Beispiel für den Versuch, den katholischen Liedbestand durch protestantische Lieder zu erweitern, ist das „Catholisch-Paderbornische Gesangbuch" von 1765.[16] Es enthält insgesamt 80 Lieder evangelischer Autoren (z. B. drei Lieder von Paul Gerhardt oder in größerem Umfang Lieder von Benjamin Schmolck). Dieser Versuch scheiterte allerdings sehr rasch. Schon in der folgenden Auflage des Paderborner Gesangbuchs von 1770 sind die allermeisten dieser Lieder nicht mehr enthalten,[17] so auch das Paul-Gerhardt-Lied *O Haupt voll Blut und Wunden*. Dennoch dürfte sich die Aufnahme dieses Liedes in das Paderborner Gesangbuch von 1765 positiv auf seine weitere katholische Überlieferung ausgewirkt haben, diente doch gerade dieses Gesangbuch den Protagonisten der hymnologischen Restauration – allen voran Joseph Mohr – als Quelle und Inspiration. So gelangte *O Haupt voll Blut und Wunden* in einige wichtige katholische Gesangbücher des 19. Jahrhunderts und wurde schon früher als andere in der katholischen Tradition heimisch.

Man hätte vermuten können, dass sich in den Gesangbüchern der Aufklärung auch einige der Eigendichtungen Martin Luthers finden würden. Aber das ist nicht der Fall. In der dreibändigen, von Kaspar Anton von Mastiaux zusammengestellten Anthologie „Katholisches Gesangbuch zum allgemeinen Gebrauch bei öffentlichen Gottesverehrungen",[18] die 1810/11 in München erschienen ist, gibt es unter den mindestens 380 Liedern evangelischen Ursprungs nur zwei Texte dieser Art: *Es wolle Gott uns gnädig sein* – allerdings in einer von Friedrich Gottlieb Klopstock überarbeiteten Fassung – und *Aus tiefer Not*, ebenfalls stark verändert. Das macht deutlich, dass selbst die in religiösen Fragen toleranten Gesangbuchmacher der Aufklärung vor den Lutherliedern zurückgeschreckt sind. In Hinblick auf den Reformator war es offensichtlich ganz besonders schwierig, den Graben zwischen den Konfessionen zu überwinden.

Auch diese Anthologie wurde von späteren Gesangbuchherausgebern immer wieder als Inspirationsquelle verwendet. Für einige Lieder (wie z. B. *Was Gott tut, das ist wohlgetan*) ist „der Mastiaux" in der HDB der einzige katholische Fundort vor der Sammlung „Kirchenlied" von 1938, von dem im nächsten Abschnitt die Rede sein wird.

---

15 Vgl. Fugger, Dominik: Die Aufklärung (18. und 19. Jahrhundert), in: Fugger, Dominik/ Scheidgen, Andreas: Geschichte des katholischen Gesangbuchs (wie Anm. 3), 21–32.

16 GOTT, und der allerseeligsten Gottes-Gebährerin, und Jungfrauen MARIAE gewidmetes, Neues, verbessert- und vermehrtes Catholisch Paderbornisches Gesang-Buch. [...]. Paderborn 1765.

17 Vgl. Bäumker, Wilhelm: Das katholische deutsche Kirchenlied in seinen Singweisen. Dritter Band. Nachdruck der Ausgabe Freiburg 1891, Hildesheim 1997, 78–81; Heitmeyer, Erika: Sursum Corda. Vom Wesen und Wirken eines geistlichen Bestsellers. Begleitheft zur Ausstellung der Erzbischöflichen Bibliothek Paderborn zur Geschichte des Paderborner Diözesan-Gesangbuchs. Paderborn 1999, 31–38.

18 Katholisches Gesangbuch zum allgemeinen Gebrauche bei oeffentlichen Gottesverehrungen. Erster und zweiter Band, München 1810; Dritter Band. München 1811.

1.4 Die Sammlung „Kirchenlied" 1938: „Gewaltiges Gottbekenntnis aller jungen Christen in deutschen Landen"

Zu den einflussreichsten katholischen Gesangbüchern des 20. Jahrhunderts zählt neben dem Einheitsgesangbuch „Gotteslob" von 1975 die Sammlung „Kirchenlied. Eine Auslese geistlicher Lieder für die Jugend". Das Buch erschien zuerst 1938 im Verlag des Jugendhauses Düsseldorf.[19] Es war ein Gesangbuch für die deutsche katholische Jugend und erlebte bis 1972 zahlreiche Auflagen in schätzungsweise ein bis zwei Millionen Exemplaren.[20] Drei Männer haben das Buch erarbeitet: Josef Diewald (Organisation), Georg Thurmair (Textbearbeitung) und Adolf Lohman (Melodien). Von den insgesamt 140 Liedern dieser Sammlung finden sich 79 im aktuellen Gotteslob (zum Teil allerdings überarbeitet). Im gesangbuchgeschichtlichen Zusammenhang gesehen ist „Kirchenlied" drei großen Traditionen verpflichtet: einer restaurativen, einer ökumenischen und einer modernen. Die ökumenische interessiert uns hier besonders.

Die Sammlung „Kirchenlied" enthält insgesamt 38 Lieder evangelischer Provenienz. 26 dieser Lieder gelangten durch dieses Buch erstmals in die katholische Tradition, viele von ihnen etablierten sich rasch und gehören heute – so als seien sie schon immer dagewesen – in den katholischen Kirchenliedkanon (z. B. *Lobe den Herren*; *Was Gott tut, das ist wohlgetan*; *Macht hoch die Tür*; *Wie schön leuchtet der Morgenstern* oder *Nun danket all und bringet Ehr*).

In einem vom Jugendhaus Düsseldorf herausgegebenen „Werkblatt für die Seelsorge männlicher Jugend" schrieb Josef Diewald 1938 einen Beitrag zu dem gerade erschienenen Büchlein und erwähnte darin eigens die evangelischen Kirchenlieder:

Es wird auffallen, daß wir einige Texte und einige Lieder unserer evangelischen Brüder in das Werk hineinnahmen. Für jeden Gutwilligen ist daran erkennbar, daß wir alles, was uns gemeinsam sein kann, fördern möchten „zu einem gewaltigen Gottbekenntnis aller jungen Christen in deutschen Landen!" Diesen Satz, den der Bischof von Mainz, Dr. Albert Stohr, in dem Geleitwort zum ,Kirchenlied' sagt, dürfen wir wohl als Gutheißung dieses Weges auffassen.[21]

---

19 Nach der Auflösung des Jugendhauses durch die Nationalsozialisten erschien die Sammlung „Kirchenlied" im Christophorus-Verlag in Berlin und Freiburg im Breisgau und ohne den Zusatz „für die Jugend".

20 Zur Geschichte und Bedeutung vgl. Labonté, Thomas: Die Sammlung „Kirchenlied" (1938). Entstehung, Corpusanalyse, Rezeption (Mainzer Hymnologische Studien 20), Tübingen 2008; Kurzke, Hermann: Das Einheitsgesangbuch Gotteslob (1975–2008) und seine Vorgeschichte, in: Fugger, Dominik/Scheidgen, Andreas: Geschichte des katholischen Gesangbuchs (wie Anm. 3), 51–64; Schäfer, Christiane: „Uns rufet die Stunde!" Die Sammlung „Kirchenlied" von 1938 im Kontext ihrer Entstehungszeit, in: Deeg, Alexander/Lehnert, Christian: „Wir glauben an das Neue". Liturgie und Liturgiewissenschaft unter dem Einfluss der völkischen Bewegung (Beiträge zu Liturgie und Spiritualität 27). Leipzig 2014, 223–235.

21 Diewald, Josef: Zum „Kirchenlied", in: Jugendseelsorger. Werkblatt für die Seelsorge männlicher Jugend, 42. Jahr, hg. v. Jugendhaus Düsseldorf. Düsseldorf 1938, 121. Hier zitiert nach: Labonté, Thomas: Die Sammlung „Kirchenlied" (1938) (wie Anm. 20), 16.

230 Ansgar Franz/Christiane Schäfer

Stohr hatte im Geleitwort der Sammlung „Kirchenlied" den Satz geschrieben: „Dank sei euch, daß ihr mit Liebe gesammelt habt, was uns an gemeinsamem Liedgut verbinden kann zu einem gewaltigen Gottbekenntnis aller Christen in deutschen Landen!" Doch nicht jeder wertete die Aufnahme der evangelischen Lieder derart positiv, wie wir noch sehen werden. Schaut man sich die Lieder evangelischer Herkunft genauer an, so zeigt sich schnell, dass kaum eines in Bezug auf die Strophenauswahl oder die Textfassung unverändert übernommen worden ist. Das Überschreiten der Konfessionsgrenze war zugleich Transformation.

Während etwa die Namen von Joachim Neander, Georg Neumark, Samuel Rodegast oder Paul Gerhardt in den ziemlich genauen Quellenangaben des „Kirchenlied" ohne Scheu genannt werden, fällt der Name Luthers übrigens kein einziges Mal, obwohl es eindeutig auf Martin Luther zurückgehende Strophen gibt (z. B. im Falle von *Es kam ein Engel hell und klar*, dessen Strophen 2 bis 6 dem Lutherlied *Vom Himmel hoch, da komm ich her* entsprechen).[22]

Insgesamt verdanken wir die meisten evangelischen Lieder, die heute im katholischen Gotteslob enthalten sind, der Sammlung „Kirchenlied" von 1938. Sie sind also eine eher junge Erscheinung und nicht Zeugen einer langen katholischen Tradition.

1.5 Die Einheitslieder 1947: Protestantisches im katholischen Kernbestand

Mitte der 1930er Jahre gab es verstärkt Bestrebungen, ein überdiözesanes Liedgut zu schaffen. Der konkrete Anlass war die wachsende Binnenmigration, die ausgelöst wurde durch Maßnahmen des NS-Regimes wie Reichsarbeitsdienst, Landjahr, Industrialisierungsprojekte oder Umsiedlungsprogramme. Hier erwies es sich als fatal, dass die deutschsprachigen Diözesen bis dahin nicht in der Lage gewesen waren, ein verbindendes Repertoire zu etablieren. Gläubige, die aus unterschiedlichen Bistümern stammten, konnten kaum gemeinsam singen. 1940 wurde deshalb von der Fuldaer Bischofskonferenz eine Kommission eingesetzt, die unter der Leitung des Trierer Weihbischofs Heinrich Metzroth einen Kanon von „Einheitsliedern" zusammenstellen sollte.[23] Ein wichtiger Orientierungspunkt war dabei natürlich die Sammlung „Kirchenlied", der es

---

22 Vgl. dazu: Schäfer, Christiane: Die Lieder Martin Luthers in der deutschsprachigen katholischen Gesangbuchrezeption, in: I.A.H. Bulletin 45 (2017), 91–93.

23 Zur Geschichte der Einheitslieder vgl. Franz, Ansgar: Die Idee des Einheitsgesangbuches. Theologie, Geschichte, Aktualität, Zukunft, in: Praßl, Franz Karl/Tarlinski, Piotr (Hg.): The Future of the Hymnbook / Die Zukunft des Gesangbuchs (26th Biennial IAH Conference / 26. IAH-Studientagung Timişoara / Temeswar (Romania) July 24th – 29th, 2011, Graz-Opole 2012 (I.A.H. Bulletin Nr. 40/2012), 29–46 (engl.: The Idea of a Unified Hymnal. Theology, History, the Present Day, the Future, a. a. O., 47–63). – An der Forschungsstelle Kirchenlied und Gesangbuch in Mainz wird derzeit im Rahmen eines DFG-Projekts eine kommentierte Quellenedition zur Entstehungsgeschichte des 1947 verabschiedeten Einheitslieder-Lied-Kanons erarbeitet.

Verschlossene Türen

in kürzester Zeit gelungen war, über alle Diözesangrenzen hinweg eine enorme Verbreitung zu erzielen.

Die Kommission konnte trotz der durch den Krieg und die wachsende Repression der NS-Behörden verursachten Widrigkeiten bereits 1943 eine Auflistung von Liedfassungen vorlegen, die allerdings erst 1947 verabschiedet und veröffentlicht wurde.[24] Die 74 Einheitslieder wurden dann in alle Diözesangesangbücher, die nach dem Krieg erschienen, aufgenommen und sollten den Grundstock für ein Einheitsgesangbuch bilden. Die Liste der Einheitslieder entstand unter zähem Ringen. Nicht nur mussten sich viele Diözesen von eingesungenen und liebgewonnenen Text- und Melodiefassungen trennen, auch die Aufnahme von Liedern evangelischer Provenienz in einen katholischen Kernbestand stieß auf einigen Widerwillen. Beispielhaft seien hier der Kölner Diözesanbibliothekar und renommierte Hymnologe Josef Gotzen[25] sowie der Freiburger Erzbischof Conrad Gröber[26] genannt.

Die folgenden Quellen stammen aus dem im Trierer Diözesanarchiv bewahrten Nachlass des Kommissionsvorsitzenden Metzroth.[27] In einem Schreiben vom Mai 1942 äußert sich Josef Gotzen über die Einheitsliederliste, die Metzroth ihm zur Beurteilung vorgelegt hatte:

Josef Gotzen, Köln-Sülz, Mommsenstr. 19, an Weihbischof Metzroth, 03.05.1942:

[...] An der Auswahl habe ich grundsätzlich nur zu bemängeln, daß unter den 55 Liedern wieder zum wenigsten 5 protestantische sind (O Haupt voll Blut und Wunden rechne ich nicht dazu), darunter natürlich auch der unvermeidliche Morgenstern,[28] der nicht fehlen darf, weil man an ihm, ich weiß nicht warum, nun einmal einen Narren gefressen hat. Ich habe immer gegen diese zwecklose Irenik angekämpft, die niemals einen Erfolg gehabt hat, weil man sie auf der andern Seite gar nicht anerkennt und nicht will. Ich weiß aber sehr wohl, daß mein Einspruch gegen dieses und die andern Lieder zwecklos sein [wird]. Bleiben wir also weiter bei diesem Eingeständnis unserer ei[genen] Armut! Aber haben wir dann auch den Mut zu sagen, woher diese Lieder stammen! Sonst wäre wohl zu der Auswahl noch einiges zu sagen; aber man müßte wissen, wie sie zustande gekommen ist, und das weiß ich nicht.[29]
[Gruß]

Einige Wochen später wurde die Liste auf der Bischofskonferenz diskutiert. Der Trierer Bischof Franz-Rudolf Bornewasser berichtete danach seinem Weihbischof, dem Kommissionsvorsitzenden Metzroth, vom Verlauf der Diskussion:

---

24 „Einheitslieder der deutschen Bistümer". Authentische Ausgabe. Freiburg/Mainz 1947.

25 Josef Gotzen (1875–1956) war Bibliothekar der Stadtbibliothek Köln, Hymnologe und Herausgeber des vierten Bandes der von Wilhelm Bäumker begründeten Edition „Das deutsche katholische Kirchenlied in seinen Singweisen" (1983–1911).

26 Conrad Gröber (1872–1948) war zunächst Bischof von Meißen, ab 1932 Erzbischof von Freiburg; er verbot die Benutzung der Sammlung „Kirchenlied" in seiner Diözese und verfasste 1943 ein Memorandum gegen die Liturgische Bewegung.

27 Die Akten wurden von Andrea Ackermann, Mitarbeiterin am DFG-Forschungsprojekt zu den Einheitsliedern, entdeckt und transkribiert.

28 Gemeint ist *Wie schön leuchtet der Morgenstern* von Philipp Nicolai (1599).

29 Handschriftlich, Trierer Bistumsarchiv, Sign.: B III 11,3 Bd. 12 (ohne Blattzahl).

232 Ansgar Franz/Christiane Schäfer

Dienstag, den 25.8.1942, erstattete der Bischof von Trier Herrn Weihbischof Metzroth Bericht über die Besprechung der Einheitsliederfrage auf der Fuldaer Bischofskonferenz.

[…] Der Erzbischof von Freiburg [Conrad Gröber], der Leiter der Konferenz, hält die Zeit für die Behandlung der Einheitsliederfrage für ungünstig; er habe Briefe von P. Kreitmaier und Prof. Goller erhalten, die mit der Arbeit des Arbeitskreises sehr unzufrieden seien. Er macht den Vorschlag, nichts darüber ins Protokoll aufzunehmen. Der Bischof von Trier erklärt, daß viele Bistümer anderer Ansicht seien, was aus den Zuschriften der Diözesen an den Arbeitskreis hervorgehe. […] Er erklärt, daß er, falls die Aufnahme in das Protokoll nicht gebilligt würde, den Vorsitz niederlege und dem Arbeitskreis Mitteilung mache, er solle die Arbeit einstellen.
Es wird daraufhin erklärt, daß so die Äußerung nicht gemeint sei. Es wird daraufhin einstimmig gegen die Stimme des Erzbischofs von Freiburg der vom Bischof von Trier für das Fuldaer Protokoll gemachte Vorschlag angenommen.
Mehr privat wurde dem Bischof von Trier gegenüber geäußert, die ausgewählten Lieder seien zu herb, zu nordisch; sie könnten vielfach den Süddeutschen nicht zusagen. Die Auswahl sei von Fachleuten vom grünen Tisch her, aber ohne hinreichende Berücksichtigung der seelsorglichen Belange und der Volkstümlichkeit der Lieder gemacht worden. Die Auswahl sei zu protestantisch.[30]

Im November 1942 nahm die Einheitslieder-Kommission dann ausdrücklich Stellung zu dem Vorwurf, zu viel protestantisches Liedgut aufgenommen zu haben und kommt dabei zu einer interessanten Definition:

Der Arbeitskreis zur Erstellung eines ELK [Einheitsliederkanons] hat sich mit der Frage der Aufnahme von prot. Liedern eingehend befaßt. Die Mitglieder des Arbeitskreises vertreten die Ansicht, daß ein Lied deshalb noch nicht protestantisch ist, weil es von einem evangelischen Dichter stammt. Niemand wird heute behaupten wollen das Lied „O Haupt voll Blut und Wunden", die Übersetzung eines lateinischen Hymnus von Paul Gerhardt, sei ein prot. Lied. Ebenso wenig wird man das Lied „Nun bitten wir den Heiligen Geist" als protestantisch bezeichnen können, weil Luther drei Strophen dazu gedichtet und in seinen Gesangbüchern aufgenommen hat. Ebenso wenig ist ein Lied deshalb schon katholisch, weil es von einem kath. Dichter stammt. Interessant dürfte in diesem Zusammenhang auch sein, daß Martin Luther sich gegen die Lieder von Nikolaus Decius „Allein Gott in der Höh sei Ehr" und „O du Lamm Gottes, unschuldig" ablehnend verhalten hat und es nicht in die von ihm herausgegebenen Gesangbücher aufgenommen hat.
Ein Lied, das durch Klarheit und Tiefe christlichen Glaubens, durch kraftvolle Sprache und theologische Korrektheit sich auszeichnet, kann nicht deshalb als protestantisches Lied bezeichnet werden, weil es von einem protestantischen Dichter stammt.
Es ist übrigens nicht so, als ob die fraglichen Lieder erst jetzt aus den heutigen prot. Gesangbüchern herübergenommen worden wären, vielmehr zeigt die Geschichte des deutschen Kirchenliedes, daß sie lange Jahrhunderte hindurch Gemeingut der beiden Konfessionen gewesen sind und sich in beiderseitigen Gesangbüchern gefunden haben.[31]
30.11.1942 (gez.) + H. Metzroth.[32]

---

30 Aktennotiz von Heinrich Metzroth, undatiert (Trierer Bistumsarchiv, Sign.: B III 11,3 Bd. 15,1).
31 Eine Einschätzung, die unzutreffend ist, wie eine Recherche in der HDB leicht zeigen kann.
32 Aktennotiz von Heinrich Metzroth (Trier Bistumsarchiv, Sign.: B III 11,3 Bd. 13,1).

Schlussendlich enthielten die Einheitslieder von 1947 insgesamt zehn Stücke aus der evangelischen Tradition:

Allein Gott in der Höh sei Ehr (Nicolaus Decius)
Aus meines Herzens Grunde (Georg Niege)
Es kam ein Engel hell und klar (Valentin Triller/Martin Luther)
Gott, heilger Schöpfer aller Stern (Thomas Müntzer)
Ihr Christen, hoch erfreuet euch (Johann Samuel Diterich)
Lobe den Herren, den mächtigen König der Ehren (Joachim Neander)
Nun danket all und bringet Ehr (Paul Gerhardt)
O du Lamm Gottes, unschuldig (Nicolaus Decius)
O Haupt voll Blut und Wunden (Paul Gerhardt)
O Herz des Königs aller Welt (Paul Gerhardt)

Der „Morgenstern", an dem laut Gotzen ja alle einen Narren gefressen hatten, ist übrigens nicht dabei.

2. „Katholische Lieder" in evangelischen Gesangbüchern

Es hat sich gezeigt, dass es im Laufe der katholischen Gesangbuchgeschichte Epochen gab, in denen evangelische Lieder aus unterschiedlichen Gründen und Motiven heraus in katholische Gesangbücher aufgenommen worden sind. Aber haben sich auch katholische Lieder in den evangelischen Gesangbüchern etablieren können?

2.1 Bestandsaufnahme: Dünn gesät und kaum aufgegangen?

Josef Gotzen kommt in einem Brief an Bischof Metzroth im Januar 1949 – also zwei Jahre nach dem Erscheinen der Einheitslieder – zu folgender Einschätzung:

Ein entschlossener Anfang ist mit den neuen EL [Einheitsliedern] jedenfalls gemacht, das ist verdienstlich, anzuerkennen und zu begrüßen. Das Gute wird sich durchsetzen, das andere überlassen wir der Zukunft. Ew Exz. kennen meinen Standpunkt gegenüber den prot. Liedern; er ist und bleibt, von einigen wenigen Ausnahmen abgesehen, grundsätzlich ablehnend. Darum bin ich dem „Kirchenlied" [...] so gram, weil es zu einem Drittel aus prot. Liedgut besteht und damit im Grunde wieder da angelangt ist, wo die vielgescholtene Aufklärung stand und vorher schon die Gegenreformation der Jesuiten mit ihrer Davidischen Harmonia 1659 und dem Rheinfelsischen Gsb. 1666. Und wenn ein Deutscher Bischof den beiden Büchlein ein so begeistertes und empfehlendes Geleitwort mit auf den Weg geben konnte, so nimmt man das zur Kenntnis mit einem Lächeln wie der Philosoph, der weiß, daß alles schon dagewesen und daß es nichts Neues gibt unter der Sonne. „Warum soll ich das Gute nicht nehmen, wo ich es finde?" erwiderte mir einer der Herausgeber, als ich gegen sein Verfahren Einwendungen machte. Das ist freilich ein Grundsatz, der nicht zu widerlegen ist; er gestattet sogar

234 Ansgar Franz/Christiane Schäfer

bei den Indern und Mohamedanern Anleihen zu machen, vorausgesetzt daß man über das, was man für gut hält, zu einiger Klarheit gekommen ist. Das prot. Gsb. möchte ich sehen, in dem etwas derartiges möglich ist, wie es bei uns immer mehr gang und gäbe wird; abgesehen von den vorreformatorischen findet man hin und wieder ein oder zwei katholische Lieder.[33]

Hat Gotzen mit dieser polemischen Bemerkung recht? Ein Blick in die 1950 erschienene Stammausgabe des „Evangelischen Kirchengesangbuchs"[34] lässt erahnen, dass er nicht ganz falsch liegt. Mit Ausnahme der vorreformatorischen Lieder, die hier nicht berücksichtigt werden sollen, finden sich dort in der Tat lediglich sechs Lieder, die aus der katholischen Tradition stammen. Zwei dieser Lieder gehen auf den Jesuiten Friedrich Spee zurück (*Die ganze Welt, Herr Jesu Christ* und das bekannte Adventslied *O Heiland, reiß die Himmel auf*). Die vier anderen Lieder stammen von Angelus Silesius, der zum katholischen Glauben konvertiert war, und in den evangelischen Gesangbüchern meistens mit seinem Geburtsnamen Johann Scheffler angeführt wird (*Auf, Christenmenschen, auf auf zum Streit*; *Ich will dich lieben, meine Stärke*; *Liebe, die du mich zum Bilde*; *Mir nach, spricht Christus, unser Held*).

Auch in der letzten Ausgabe des seit 1915 in mehreren Ausgaben erschienenen „Deutschen Evangelischen Gesangbuchs"[35] von 1926 fällt der Befund eher mager aus. Die Lieder von Spee fehlen ganz, und auch Angelus Silesius ist nur mit *Mir nach, spricht Christus, unser Held* vertreten. Dafür finden sich dort zwei schon seit dem 17. Jahrhundert in katholischen Gesangbüchern verbreitete Lieder, nämlich das Weihnachtslied *Es ist ein Ros entsprungen* und *Schönster Herr Jesu*. Darüber hinaus hat der katholische Schlager *Großer Gott, wir loben dich* – eine auf Ignaz Franz zurückgehende Übertragung des lateinischen „Te Deum" in ein deutschsprachiges Strophenlied – Aufnahme gefunden, außerdem die eher volkstümlichen und generell überkonfessionell bekannten Weihnachtslieder *Stille Nacht, heilige Nacht* von Joseph Mohr und *Ihr Kinderlein, kommet* von Christoph von Schmid.

Konsultiert man nun zusätzlich den Stammteil des EG von 1993, dann kommt zu den bereits genannten Liedern[36] lediglich ein weiteres dazu: das auf Friedrich Spee zurückgehende Weihnachtslied *Zu Bethlehem geboren*. Die Liste der Lieder katholischen Ursprungs enthält demnach verhältnismäßig viele Weihnachtslieder, deren Popularität auch über den kirchlichen Kontext hinaus sehr hoch ist. Dazu kommen zwei seit dem 17. Jahrhundert im katholischen Raum mehr oder weniger weit verbreitete Lieder (*Schönster Herr Jesu* und *Die ganze Welt, Herr Jesu Christ*) sowie *Großer Gott, wir loben dich*. Eine Gruppe für sich bilden die Lieder von Johann Scheffler/Angelus Silesius.

---

33 Gotzen an Metzroth, 20.01.1949 (Trierer Bistumsarchiv, B III 11,3 Bd. 22).

34 Evangelisches Kirchengesangbuch. Stammausgabe. Kassel 1950.

35 Deutsches Evangelisches Gesangbuch. Vom Deutschen Evangelischen Kirchenausschuß den deutschen evangelischen Gemeinden des Auslandes dargeboten. Berlin 1926.

36 Nicht berücksichtigt wurden die vorreformatorischen und diejenigen Lieder, die nach Gründung der AÖL entstanden sind.

Verschlossene Türen

2.2 Geistliche Lieder: Nicht für den liturgischen Gebrauch geeignet

Die Weihnachtslieder *Stille Nacht, heilige Nacht*; *Es ist ein Ros entsprungen*; *Zu Bethlehem geboren*; *Ihr Kinderlein, kommet* sind, wie die HDB zeigt, verstärkt Ende des 19. Jahrhunderts in die evangelischen Gesangbücher aufgenommen worden. Gleiches gilt für die Lieder *Schönster Herr Jesu* und *Großer Gott, wir loben dich*. Sie alle sind innerhalb dieser Gesangbücher der Rubrik „Geistliche Lieder" zugeordnet. Eine Rubrik, die solche Lieder enthält, die nach der damaligen Einschätzung nicht für den gottesdienstlichen Gebrauch geeignet erschienen, und die Wilhelm Nelle folgendermaßen charakterisiert hat:

Das geistliche Volkslied ist im Unterschiede vom Kirchenliede Stimmungslied, nichts als Stimmungslied. Es ist nicht Bekenntnislied, geschweige Lehrlied. [...] An das christliche Verständnis, die christliche Erfahrung stellt es keine besonderen Anforderungen. [...] Sein Gesichtskreis ist klein, mehr der eines Schmetterlings, als der eines Adlers.[37]

Im „Evangelischen Gesangbuch für Rheinland und Westfalen"[38] von 1912 finden sich von unseren Liedern in der entsprechende Rubrik *Es ist ein Ros entsprungen*; das von Nelle gar nicht geschätzte *Großer Gott, wir loben dich*; *Schönster Herr Jesu* und *Stille Nacht, heilige Nacht*. Und im „Gesangbuch für die Provinz Sachsen und Anhalt"[39] von 1933 sind unter den zur Unterscheidung von den eigentlichen Kirchenliedern mit einem * gekennzeichneten Volks- und Kunstliedern *O Heiland reiß die Himmel auf*; *Es ist ein Ros entsprungen*; *Zu Bethlehem geboren*; *Ihr Kinderlein, kommet*; *Stille Nacht, heilige Nacht*; *Schönster Herr Jesu* und *Großer Gott, wir loben dich*.

Die meisten Lieder mit katholischen Wurzeln sind also über die Rubrik „Geistliche Lieder/Volkslieder" in die evangelische Gesangbuchtradition gelangt. Dass darunter überproportional viele Weihnachtslieder waren, deckt sich mit einer weiteren Feststellung Nelles über Eigenschaften der volkstümlichen Lieder:

Im Vordergrunde stehen die Jesuslieder, die Himmellieder, die Weihnachtslieder. Zu Ostern weiß es wenig, zu Pfingsten nichts zu sagen. Loblieder, Naturlieder, Abendlieder und einige Heiligungslieder sind noch zu nennen, damit ist der Kreis erschöpft. [...] Auf der Weihnachtsflur konnte die Stimmung, die weiche, süße, weibliche sich wohlig ergehen, auf der Oster- und Pfingstflur nicht so.[40]

---

37 Nelle, Wilhelm: Schlüssel zum Evangelischen Gesangbuch für Rheinland und Westfalen, 3., verbesserte und vermehrte Auflage Gütersloh 1924, 307.

38 Evangelisches Gesangbuch für Rheinland und Westfalen. Dortmund 1912.

39 Gesangbuch für die Provinz Sachsen und Anhalt. Halle/Saale 1933.

40 Nelle, Wilhelm: Schlüssel zum Evangelischen Gesangbuch für Rheinland und Westfalen (wie Anm. 37), 307.

2.3 Die Lieder des Angelus Silesius: Katholischen Ursprungs und doch evangelisch?

In seiner „Geschichte des deutschen evangelischen Kirchenliedes" überschreibt Wilhelm Nelle ein Kapitel mit „Johann Scheffler und verwandte Dichter". Dort heißt es:

Treffen wir aber eine strenge Auswahl aus Schefflers Liedern, so ist da eine kleine Reihe von Liedern, so rein, so adelig in Gedanken und Sprache, daß wir sie dem höchsten in der geistlichen Poesie zuzählen müssen. [...] Es sind einzelne Lieder von der Liebe. Diese [...] Lieder sind kaum änderungsbedürftig. Ihrer wird sich unsere Kirche kaum wieder entschlagen. Hätte die römisch-katholische Kirche auch nicht so viel evangelisches Liedgut aufgenommen, als sie getan hat, wir würden doch kein Bedenken tragen, diese Lieder römischen Ursprungs beizubehalten. Wir wollen über ihren Ursprung keine Unklarheit walten lassen. Und sie vermögen nicht, unsern eigenen Besitz in Schatten zu stellen.[41]

Zu den Liedern, auf die Wilhelm Nelle sich in diesem Zitat bezieht, gehören aus unserer Liste *Ich will dich lieben, meine Stärke*; *Liebe, die du mich zum Bilde* und *Mir nach, spricht Christus, unser Held*. Schaut man sich die Verbreitung dieser Lieder in der HDB genauer an, so fällt auf, dass sie nach ihrem Erscheinen in der „Heiligen Seelenlust"[42] von 1668 zunächst nur in evangelische Gesangbücher aufgenommen worden sind und somit eine eher klassisch evangelische Rezeption erfahren haben. So ist das Lied *Ich will dich lieben, meine Stärke* bereits ab dem Beginn des 18. Jahrhunderts in bedeutenden evangelischen Reihengesangbüchern nachweisbar: etwa ab 1703 in der „Praxis pietatis melica",[43] ab 1704 im „Geistreichen Gesangbuch"[44] von Freylinghausen oder ab 1748 im Gesangbuch von Johann Porst.[45]

Im Gegensatz dazu dauert es gut 100 Jahre, bis das Lied nach 1668 wieder in ein katholisches Gesangbuch gelangt, und zwar in das bereits oben erwähnte „Paderbornisch Gesangbuch" von 1765. Nach weiteren gut 80 Jahren wird *Ich will dich lieben, meine Stärke* im Trierer Diözesangesangbuch von 1847[46] aufgegriffen und in der Folge von der katholischen Gesangbuchrestauration entdeckt (Joseph Mohr, Guido Maria Dreves), so dass das Lied ab der Mitte des 19. Jahrhunderts gleichermaßen im katholischen und evangelischen Raum anzutreffen

---

41 Nelle, Wilhelm: Geschichte des deutschen evangelischen Kirchenliedes. 2., erw. und verb. Auflage Hamburg 1908, 172.

42 Heilige Seelen=Lust / Oder Geistliche Hirten=Lieder / Der in jhren JESUM verliebten Psyche [...]. Breßlaw 1668.

43 Johann Kruegers Neu zugerichtete Praxis pietatis melica: Das ist: Ubung der Gottseligkeit/ Jn Christlichen und trostreichen Gesaengen. Ratzeburg 1703.

44 Geist=reiches Gesang=Buch / Den Kern Alter und Neuer Lieder / Wie auch die Noten der unbekannten Melodeyen / [...] herausgegeben von Johann Anastasio Freylinghausen / [...] Halle 1704.

45 Geistliche und Liebliche Lieder, Welche Der Geist des Glaubens [...] Von Johann Porst Königl. Preußischen Consistorial-Rath, Probst und Inspectore. Berlin 1748.

46 Gesang= und Gebetbuch für die Diözese Trier [...] Herausgegeben vom Bischöflichen General=Vicariat. Trier 1847

Verschlossene Türen 237

ist. Die „so früh" einsetzende katholische Rezeption dieses ansonsten klassisch evangelisch überlieferten Liedes kann als Besonderheit angesehen werden, und sie gilt – wie sich zeigen wird – nicht für alle Lieder von Johann Scheffler.

Liebe, die du mich zum Bilde hat dagegen eine regional begrenzte katholische Überlieferung, die auf die ebenfalls schon erwähnte Anthologie von Mastiaux von 1810 zurückgeht. Wahrscheinlich dort entdeckten es die Herausgeber des „Christkatholischen Gesang- und Andachtsbuches für das Bistum Konstanz", das 1812 erstmals erschien und bis 1865 zahlreiche Auflagen erlebte (ab 1827 mit dem Zusatz „für das ehemalige Bistum Konstanz").[47] Dieses Buch war stark den liturgischen Reformen der Aufklärung verpflichtet und entfaltete eine nachhaltige Wirkung, so dass *Liebe, die du mich zum Bilde* auch über das Konstanzer Gesangbuch hinaus in den Gebieten des ehemaligen Bistums Konstanz (z.B. im Bistum Rottenburg oder in der Schweiz) noch längere Zeit rezipiert worden ist. Eine katholische Breitenwirkung hat es allerdings nicht entfalten können. Das Gotteslob von 1975 nimmt es weder in den Stammteil auf noch findet es sich in den Diözesananhängen. Im aktuellen Gotteslob ist es für die Eigenteile von Mainz und Köln wiederentdeckt worden. Insgesamt liegt die Verbreitung des Lieds also überwiegend im evangelischen Bereich. Seine katholische Überlieferung verdankt es der Aufklärung.

Nimmt man die Rezeption von *Mir nach, spricht Christus, unser Held* hinzu, so haben wir ein geradezu „klassisches" Beispiel dafür, wie ein überwiegend und durchgängig breit evangelisch tradiertes Lied über die „Sammlung Kirchenlied" von 1938 in die katholischen Gesangbücher gelangt, sich von dort aus in den Diözesangesangbüchern der 1950er Jahre verbreitet hat und schließlich sowohl im Gotteslob von 1975 als auch im Gotteslob von 2013 Stammteillied geworden ist.

Die Lieder des Angelus Silesius haben demnach eine typisch evangelische Überlieferungsgeschichte. Ihre Aufnahme in katholische Gesangbücher geschieht in Zeiten, in denen die Katholiken dem evangelischen Liedgut die Tür mehr oder weniger weit geöffnet hatten (z.B. in der Aufklärung). Ungewöhnlich ist nur, dass *Ich will dich lieben, meine Stärke* auch von der konfessionell geprägten katholischen Gesangbuchrestauration erfasst worden ist – das dürfte sich wahrscheinlich seinem „katholischen" Autor verdanken.

2.4 Die ganze Welt, Herr Jesu Christ: Ein katholisches Fundstück der Jugendbewegung?

Bevor das Lied *Die ganze Welt, Herr Jesu Christ* im Stammteil des Evangelischen Kirchengesangbuchs (EKG) auftaucht, ist es lediglich in zwei – inhaltlich identischen – Gesangbüchern für die evangelische Jugend zu finden, nämlich in den von Otto Heinrich Riethmüller herausgegebenen Liederbüchern „Ein neues

---

47 Schäfer, Christiane: Konstanz – Freiburg i. Br. – Rottenburg – St. Gallen – Sitten – Basel – Chur – Metz – Nancy – Straßburg – Speyer, in: Fugger, Dominik/Scheidgen, Andreas: Geschichte des katholischen Gesangbuchs (wie Anm. 3), 118–122.

Lied" von 1932 und „Der helle Ton" von 1935. Diese Bücher enthalten auch die meisten anderen Lieder, die wir betrachtet haben. Inwieweit sie diesen Liedern mit katholischen Wurzeln den Weg in das EKG geebnet haben, müsste bei anderer Gelegenheit genauer in den Blick genommen werden. Es ist gut möglich, dass analog zum katholischen „Kirchenlied" die evangelischen Jugendgesangbücher einzelnen katholischen Liedern die Tür zum EKG und damit auch zum EG von 1993 geöffnet haben. Dann wäre *Die ganze Welt, Herr Jesu Christ* ein katholisches Fundstück Riethmüllers.

3. Reiß ab, wo Schloß und Riegel für …

Über die hier behandelten Lieder hinaus finden sich im EG von 1993 auch solche, die in den 1970er und 1980er Jahren entstanden sind. Autorinnen und Autoren sind hier das Ehepaar Maria Luise und Georg Thurmair, der routinierte Hymnenübersetzer Friedrich Dörr, der Mainzer Dominikanerpater Diethard Zils und der ehemalige Frankfurter Stadtjugendpfarrer Lothar Zenetti. Sie sind in einer Zeit entstanden, in der die Kirchen begonnen haben, relativ unbefangen den Liedern der jeweils anderen Konfession die Türen der eigenen Tradition zu öffnen. Der Blick in die Gesangbuchgeschichte zeigt, dass diese Türen in den zurückliegenden Jahrhunderten meist verschlossen waren. Die AÖL hat ganz wesentlich zu ihrer Öffnung beigetragen und sorgt sich seitdem erfolgreich darum, dass sie nicht wieder verriegelt werden.

Abstract:

For centuries, church hymns could hardly cross denominational boundaries. After an initial phase in which Catholic hymnbooks imitated the very successful Protestant books, there were only isolated and ultimately unsuccessful attempts on the Catholic side to include songs of Protestant origin (Rheinfelsisches Gesangbuch 1666; hymnbooks committed to the Enlightenment). It was not until the 1938 songbook of the youth movement "Kirchenlied" (Church Song) that Protestant hymns could be permanently incorporated into the Catholic tradition. The "Einheitslieder" (1947) and – flanked by the work of the AÖL – the "Gotteslob" (1975) build upon this success. On the Protestant side, too, there is a clear reserve regarding Catholic hymns. In the first four centuries, hardly a dozen were granted inclusion in a hymnal, and when they were, it was usually under the section "Geistliche Volkslieder" ("spiritual folk songs"). Only the EG (1993) contains a larger number of songs of Catholic provenance, which were written from the 1970s onwards.

Kleine Kirchen und ihr weltweit großer Liederschatz

GÜNTER BALDERS

Zwei kleine konfessionelle Verbände „kleiner Kirchen" im deutschsprachigen Europa sind in der „Arbeitsgemeinschaft für ökumenisches Liedgut" (AÖL) vertreten: die Vereinigung Evangelischer Freikirchen in Deutschland (VEF) sowie – abwechselnd – die Altkatholiken Deutschlands und die Christkatholische Kirche der Schweiz. Das Spektrum der beteiligten „kleinen" Kirchen ist in sich schon sehr breit. Allein zur VEF gehören zwölf Freikirchen, u. a. die Evangelisch-methodistische Kirche, der Bund Evangelisch-Freikirchlicher Gemeinden (Baptisten und Brüdergemeinden[1]), ferner die Freien evangelischen Gemeinden, die Mennoniten, die Heilsarmee sowie verschiedene Gruppierungen der Pfingstbewegung. Hinzu kommen – als Gastmitglieder – die Siebenten-Tags-Adventisten, die Apostolische Gemeinschaft und die Evangelische Brüder-Unität, also die Herrnhuter Brüdergemeine, die aber zugleich Vollmitglied der Evangelischen Kirche (EKD) ist. Mit Ausnahme der Mennoniten und der Herrnhuter liegen die Wurzeln der Freikirchen im deutschsprachigen Raum frühestens im 19. Jahrhundert. Sie sind Bestandteil der sogenannten Erweckungs- teilweise auch der danach folgenden Heiligungsbewegung. Die meisten Freikirchen haben einen angelsächsischen Hintergrund oder sind – wie die Freien evangelischen Gemeinden – in der zeitgleichen französischen „reveil" verwurzelt.

Als diese „Freikirchen" in den staatskirchlich geprägten Ländern Europas noch vielfach bedrängt, mancherorts gar verfolgt wurden, sind viele ihrer Mitglieder ausgewandert, vor allem nach Nordamerika, aber auch nach Südamerika und in östliche Länder, z. B. nach Russland. Besonders in Nordamerika fanden sie bei den englischsprachigen Glaubensgeschwistern ein vielfältiges „erweckliches" Liedgut vor und wurden dadurch geprägt. Bald gelangte dieses Liedgut dann auch nach Deutschland und wanderte von dort hinüber in etliche Nachbarländer, nach Polen, ins Baltikum und nach Osteuropa. Nicht von ungefähr haben z. B. die Russlanddeutschen noch lange an diesem Liederschatz festgehalten, der ein Teil ihrer Identität wurde. Etliche handschriftliche Liederbücher

---

1 Diese „Brüdergemeinden" darbystischen Ursprungs – nicht zu verwechseln mit den Herrnhuter Brüdergemeinen – haben sich in Deutschland unter dem Druck des Dritten Reiches 1941 mit den Baptisten zum Bund Evangelisch-Freikirchlicher Gemeinden zusammengeschlossen.

240 Günter Balders

sind erhalten geblieben.[2] Als in den 1970er Jahren viele als „Heimkehrer" nach Deutschland einwanderten, hatten sie ihre Liedschätze immer noch in Kopf und Herz. Und Nachdrucke sowie neu zusammengestellte Liederbücher ließen nicht lange auf sich warten.[3]

1. Freikirchliche Beiträge im deutschsprachigen ökumenischen Liedgut

„Kleine Fische – Kanons und Singsprüche" lautet der Titel eines Liederheftes von Paul Ernst Ruppel (1913–2006).[4] Ruppel war Mitgründer der AÖL und hatte sich bereits in deren Vorläuferorganisation engagiert, der Arbeitsgemeinschaft „Einheit des christlichen Lied-Gutes".[5] Seine Biographie zeigt, dass er zeitlebens ein Ökumeniker in Person war: baptistischer Herkunft, mehr als 40 Jahre „Singwart", also Kantor des freikirchlichen Chorverbandes „Christlicher Sängerbund" (CS), aktiv in der sogenannten „Singbewegung".[6] In den Jahren der Kriegsgefangenschaft in England durfte er als Organist in einer Anglikanischen Kirche tätig sein. Später war er – bis zu seinem Lebensende – wohnhaft in Neukirchen-Vluyn und dort seit 1970 zugleich Kantor der evangelisch-reformierten Kirchengemeinde.[7] Nicht von ungefähr ist er in der EG-Ausgabe für Rheinland-Westfalen mit 16 Beiträgen vertreten. Davon hat die Hälfte ein „ö". Seine autobiographischen Auskünfte und Kurzkommentare zu diesen Liedern sind lesenswert.[8] Etliche seiner Melodien sind weit verbreitet, insbesondere *Vom Aufgang der Sonne bis zu ihrem Niedergang*. Dieser Kanon erklingt mittlerweile in mindestens 15 Sprachen – ein Beleg dafür, dass „ökumenisch" ja nicht nur bedeutet: katholisch und evangelisch, sondern nicht zuletzt auch „weltweit". Dass Ruppel auch ein Herz für die Adaption „fremder" Musikstile hatte, zeigt z. B. sein Zugriff auf den Spiritual *Singing with a sword in my hands, Lord* für seinen Song *Erd*

---

2 S. Plänitz, Asta Christa: Die Liederhandschriften der Russlanddeutschen. Quellensammlung und Untersuchung (Schriftenreihe der Kommission für deutsche und osteuropäische Volkskunde in der Deutschen Gesellschaft für Volkskunde e. V. 70). Marburg 1995.

3 Das Liedgut der Singbewegung hat die Auslanddeutschen nicht erreicht. Meine Beobachtung bei einigen der freikirchlichen Heimkehrer-Gemeinden: Ihr Liedgebrauch ist mancherorts gekennzeichnet von einem Sprung vom Erweckungsliedgut hinüber zu den – von Bands begleiteten – „Anbetungsliedern", den worship-songs. S. auch Anhang.

4 Zu Ruppel s. Meyer, Dietrich: Das neue Lied im Evangelischen Gesangbuch. Lieddichter und Komponisten berichten. Düsseldorf ²1997, 228–235 und Schubert, Dietrich in: Herbst, Wolfgang: Komponisten und Liederdichter des Evangelischen Gesangbuchs (Handbuch zum Evangelischen Gesangbuch 2), 266–268.

5 Näheres s. Christenlieder heute. Ein Angebot aus Vergangenheit und Gegenwart. Hamburg 1971, Anhang S. 1–13: Nachwort von Otto Brodde. – Ruppel selbst ist darin mit zehn Liedbeiträgen vertreten.

6 Näheres s. bei Krüger, Horst: Die Singbewegung – Paul Ernst Ruppel und der Christliche Sängerbund, in: FreikirchenForschung 22 (2013), 110–133.

7 Postum erschien 2010 im Verlag Singende Gemeinde, Wuppertal, sein „Vluyner Psalmenbuch".

8 Meyer, Dietrich: Das neue Lied im Evangelischen Gesangbuch (wie Anm. 4), 228–235.

Kleine Kirchen und ihr weltweit großer Liederschatz

und Himmel sollen singen. Dass er bei seinem Text zur Melodie eines Spirituals auf einen altkirchlichen Hymnus zurückgegriffen hat, zeigt seine weitherzige Offenheit.[9]

Außer Ruppel sind noch etliche andere Texter und Komponisten mit frei-kirchlicher Identität oder zumindest freikirchlichen Wurzeln nennen, deren Beiträge im deutschsprachigen Raum ökumenisch rezipiert worden sind. Die meisten davon waren oder sind ebenfalls im CS verankert. Hartmut Handt zum Beispiel, von 1979 bis 1998 dessen Bundeswart, engagierte sich als Metho-dist bei den Evangelischen Kirchentagen und ist Mitglied der Gruppe TAKT.[10] Von ihm findet man im Gesangbuch der Evangelisch-methodistischen Kirche 34 Liedtexte, darunter etliche Übertragungen aus anderen Ländern (Däne-mark, Schottland, Schweden, Argentinien, Neuseeland, Singapur), also aus der „weltweiten" Christenheit. Sein 1978 entstandenes Lied *Glauben heißt: Christus mit Worten zu nennen* mit der Melodie von Ruppel war eines der Lieder des Evangelischen Kirchentages 2007.[11] Sein Passionslied *Vielleicht, dass das Kreuz allzu oft beschrieben* stammt aus einem Wettbewerb der Evangelischen Kirche von Kurhessen-Waldeck 2010.[12] Seine Paraphrase zum Magnifikat *Ein Lied hat die Freude sich ausgedacht*[13] wurde in das EG Niedersachsen-Bremen aufgenom-men.[14] Handt hat sich auch in der hymnologischen Forschung mehrfach zu Wort gemeldet, als Herausgeber und Beiträger des methodistischen Standardwerkes „… im Lied geboren" sowie beispielsweise auch mit dem Aufsatz „Singen im populären Ton. Das Neue Geistliche Lied".[15]

---

9 Zu diesem Lied s. Meyer, Dietrich: Das neue Lied im Evangelischen Gesangbuch (wie Anm. 4), 232 f. und Herbert Ulrich in: Liederkunde zum Evangelischen Gesangbuch 16, 82–88. In der ö-Fassung mit drei Strophen von Ruppel findet man es in: Schalom – Ökumenisches Lieder-buch. Gelnhausen/Berlin/München 1971 (42), im 1983 von der AÖL herausgegebenem Kinder-liederbuch LbR (191) sowie in RG 249/KG 584/EM 65/CG 840. Das Lied ist auch in mehreren Kinder- und Schulliederbüchern enthalten. – EG 499/JF 229/ES 657/GL2-ES 769 haben zwei von Ruppels Strophen sowie eine dritte von Paulus Stein. GL2-WÜ 838 hat vier Strophen, die 4. von Stein. – Die längste Fassung findet man im jüngst erschienenen ELKG² (770; vier Str. von Ruppel, drei von Stein). – Auch für ein Chorlied zu einem Text Zinzendorfs hat Ruppel auf einen Spiritual zurückgegriffen: *Wir wolln uns gerne wagen, in unsern Tagen der Ruhe abzusagen, die's Tun ver-gisst"* (Bundesgaben des Christlichen Sängerbundes 1969, Nr. 1011).

10 Zu dieser Tagungsgruppe s. Veit, Lothar: Freiwillige Selbstkontrolle. Zur Arbeitsweise und Wirkung der Gruppe TAKT, in: MuK 89 (2019), 108–111.

11 Singheft 1979, Wuppertal 1978, S. Oktober. – EM 306. – WortLaute. Liederbuch zum 31. Deutschen Evangelischen Kirchentag, Köln 2007, 54.

12 EGplus (2017), 13 (im dortigen Register endet das Incipit versehentlich mit „besungen"); WWDLplus 2018, 204.

13 EM 598; MN 238.

14 Nr. 580. – Zu diesem Lied vgl. Bitsch-Molitor, Mechthild: „Mit Maria preist den Herren". Marias Lied in neuen Tönen, in: Religionsunterricht heute 38 (2010), Heft 2/3, 18–22, hier 21 f.

15 Handt, Hartmut (Hg.); „… im Lied geboren". Beiträge zur Hymnologie im deutschspra-chigen Methodismus (EmK Geschichte 54). Frankfurt a.M. 2010. Darin u.a. sein Beitrag „Me-thodistisches Profil in ökumenischer Kontext im Gesangbuch von 2002", a.a.O. S. 19–37; s. auch: „Singen im populären Ton. Das Neue Geistliche Lied", in: Bubmann, Peter/Klek, Konrad: Davon ich singen und sagen will. Die Evangelischen und ihre Lieder. Leipzig 2012, 193–209.

242 Günter Balders

Der methodistische Kirchenmusiker Horst Krüger war von 1977 bis 2017 Bundeskantor des CS, vorübergehend auch Vertreter der Freikirchen in der AÖL. Etliche seiner Melodien und Tonsätze findet man in verschiedenen freikirchlichen Gesangbüchern, besonders zahlreich natürlich im Gesangbuch seiner eigenen Kirche. Drei seiner Liedtexte wurden in Diözesanhängen des neuen Gotteslob aufgenommen.[16] – Von Hans-Georg Lotz[17] ist das Lied *O Herr, nimm unsre Schuld* breit rezipiert und hat entsprechend ein ö bekommen.[18] – Zu erwähnen ist auch das Liedschaffen von Otmar Schulz.[19] Die von ihm mitgestaltete Übertragung *Christus, das Licht der Welt* aus dem Jahr 1972 ist weit bekannt,[20] aber bisher ohne das Kennzeichen ö, ebenso wie sein inhaltlich gezielt „ökumenisches" Lied *Herr, du hast darum gebetet, dass wir alle eines sein. Hilf du selber uns zur Einheit, denn die Kirche ist ja dein.*[21] Das breit rezipierte ö-Lied *Du hast mich, Herr, zu dir gerufen und in der Taufe bekenn ich dich* ist nachweislich 1974 im Kontext einer Bekenntnistaufe entstanden.[22] – Sowohl Lotz als auch Schulz waren viele Jahre als Mitglieder des Bundes Evangelisch-Freikirchlicher Gemeinden aktiv, insbesondere im Christlichen Sängerbund. Beide haben aber später die Konfession gewechselt.[23]

Peter Strauch,[24] viele Jahre bis zum Ruhestand Präses des Bundes Freier evangelischer Gemeinden, gehört zu den sogenannten evangelikalen Liedermachern. Weit verbreitet ist sein Song *Herr, wir bitten: Komm und segne uns.* Nicht nur in den freikirchlichen Liederbüchern ist es zu finden,[25] sondern auch

---

16 GL2-KÖ 807: *Gott, ich suche dich*, 822: *Sei unser Gott*; GL2-FR 837/ -SP 813: *Auf, singet dem Herrn.* – In WWDL 64 findet man seinen gemeinsam mit Hartmut Handt gestalteten liturgischen Gesang *Kommt, es ist alles bereit.*

17 Meyer, Dietrich: Das neue Lied im Evangelischen Gesangbuch (wie Anm. 4), 187f.; Herbst, Wolfgang: Komponisten und Liederdichter des Evangelischen Gesangbuchs (wie Anm. 4), 202f.

18 EG 235; GL2 273; CG 570; RG 212; KG 67; FL 321. Zuerst (3st.) in: Bundesgaben 1967, Christlicher Sängerbund, Wuppertal 1967, Nr. 971.

19 Meyer, Dietrich: Das neue Lied im Evangelischen Gesangbuch (wie Anm. 4), 257–260; Herbst, Wolfgang: Komponisten und Liederdichter des Evangelischen Gesangbuchs (wie Anm. 4), 288f.

20 EG 410; RG 289; CG 856; EM 128; FL 350; JF 2; ES 989.

21 EG 267.

22 Meyer, Dietrich: Das neue Lied im Evangelischen Gesangbuch (wie Anm. 4), 257. – Zuerst in: Gemeindelieder. Wuppertal-Kassel/Witten 1978, 122. Ferner in EG 210; EM 520; FL 143; MN 159; GHS 179; SuG 512; RG 185; KG 35.

23 Der auch selbstkritische Artikel von Otmar Schulz: Fremd in vertrauter Sprache, in: Deutsches Pfarrblatt 7/2014, 408–410 löste eine kontroverse Debatte aus, s. z.B. Tietze, Ulrich: Endlich erwachsen glauben – und „ich" sagen: eine Antwort auf Otmar Schulz, a.a.O. 8/2014, 471f.; Heymel, Michael: Warum ein „Holzweg" keine Lösung sein kann, a.a.O. 8/2014, 470f, nachgedruckt in: Confessio Augustana 3/2014, S. 47–52; s. auch idea Pressedienst 244, 1. Sept. 2014, 7–8; Auel, Hans-Helmar: „Wes' Brot ich ess …", in: Ders./Giesecke, Bernhard: Bibel und Evangelisches Gesangbuch. Eine Konkordanz. Göttingen 2017, 9–13.

24 Meyer, Dietrich: Das neue Lied im Evangelischen Gesangbuch (wie Anm. 4), 284–286. – Strauch, Peter: Meine Zeit steht in deinen Händen. Biografie. Holzgerlingen ²2015.

25 IWDD 133; EM 493; FL 165; MN 152; BG 665.

Kleine Kirchen und ihr weltweit großer Liederschatz

in vier EG-Regionalteilen[26] und drei EG-Ergänzungsbänden.[27] Dieses Lied wird inzwischen auch in einigen fremden Sprachen, z. B. bei den Baptisten in Litauen, bei Lutheranern in Polen und Italien gesungen.[28] Strauchs „Hit" *Meine Zeit steht in deinen Händen* ist in über 40 Liederbüchern zu finden, darunter elf Regionalteilen bzw. Ergänzungsheften des EG, sieben Diözesananhängen des GL2 sowie „Eingestimmt" (ES) der Altkatholiken.[29] Sein Lied *Kommt, atmet auf* ist in etlichen Liederbüchern zu finden, darunter – zugleich als Buchtitel – im „Liederheft für die Gemeinde" der Evangelisch-Lutherischen Kirche in Bayern.[30] Eine besondere Überraschung: Im Teil „Lieder und Gesänge" des Gebet- und Gesangbuchs der Diözese Schlesiens „Weg zum Himmel/Droga do neiba" findet man das deutschsprachige Abendmahlslied von Peter Strauch: *Jesus nahm das Brot und gab es seinen Jüngern.*[31]

Zu erwähnen ist auch das Wirken des Adventisten Wolfgang Kabus.[32] Er gilt als musik- und hymnologiewissenschaftlicher Vorreiter in Sachen „Popularmusik".[33] Ein Blick in das neue, sehr progressive Gesangbuch der Adventisten „glauben – hoffen – singen" lässt erkennen, welche Bedeutung diesem Kirchenmusiker und Hymnologen bei der Modernisierung der adventistischen Gesangbuchtradition zukommt.[34]

Von den Altkatholiken sei Sigisbert Kraft genannt, von 1969 bis 1983 Mitglied der AÖL. Seine Mitarbeit hat Spuren hinterlassen. So ist seine Bereimung des Psalms 23 *Der Herr ist mein getreuer Hirt* aus dem Jahr 1974 zur Melodie *Nun danket all und bringet Ehr* bereits mit einem ö versehen worden, denn es findet sich in dieser Form nicht nur in den beiden Alt- bzw. Christkatholischen

---

26 EG-RWLR 607; -BT 572; -NB 561; -HK 590.

27 SvH 64; HELM 38; SJ 75. Außerdem in HuT 232.

28 Giesmių vainikas, 1998, 235. – Śpiewnik Ewangelicki, 2008, 316. – Gesangbuch der Evangelisch-Lutherischen Kirche in Italien/Innario della Chiesa Evangelica Luterana in Italia, 2010, 182 (zweisprachig).

29 Zur Entstehung dieses Liedes s. Strauch, Peter: Meine Zeit steht in deinen Händen (wie Anm. 24), 206ff. – Sein Lied *Jesus Christus segne dich* (IWDD 124/FL 110) wurde auch in WWDL aufgenommen (61).

30 Kaa 062; JF 326; EM 286; FL 298; SvH 99.

31 Weg zum Himmel/Droga do neiba, Opole 2007, [Teil 2]: Lieder und Gesänge, Nr. 94. Quelle: Jesu Name nie verklinget 5. Neuhausen-Stuttgart 1986, 1331; s. auch IWDD 117.

32 Biographische Angaben s. Hartlapp, Johannes/Cramer, Andreas (Hg.): „Und was ich noch sagen wollte ..." Festschrift für Wolfgang Kabus zum 80. Geburtstag. Berlin 2016, 345–348.

33 Vgl. Wolfgang Kabus (Hg.): Popularmusik und Kirche: Ist es Liebe? Das Verhältnis von Wort und Ton. Dokumentation des dritten interdisziplinären Forums „Popularmusik und Kirche" [...] 2005. Frankfurt/M. 2006. – Ders. (Hg.): Popularmusik und Kirche – kein Widerspruch. Dokumentation des Ersten Interdisziplinären Forums „Popularmusik und Kirche" [...] 2000. Frankfurt/M. 2001. – Ders.: Christliche Popularmusik. Die Kirche als postkultureller Partner wider Willen, in: FreikirchenForschung 22 (2013), 146–155.

34 Viele der Tonsätze in GHS dürften von Kabus stammen, auch wenn als Quelle oft nur das Vorgängerbuch „Wir loben Gott" (Hamburg 1982) genannt wird. – Die Adventisten Österreichs erstellten fast zeitgleich ein deutlich konservativeres „neues" Gesangbuch: SuG 2014. Man konnte sich offensichtlich diesmal nicht auf ein einheitliches deutschsprachiges Gesangbuch einigen.

244   Günter Balders

Gesangbüchern, sondern auch im Katholischen und im Evangelisch-reformierten Gesangbuch der Schweiz.[35] Im freikirchlichen und landeskirchlichen „evangelikalen" Milieu Deutschlands ist Psalm 23, der sogenannte „evangelische Rosenkranz", noch anders bereimt in Gebrauch. Deren Textfassung *Der Herr, mein Hirte, führet mich* schuf 1954 Charlotte Sauer. Gesungen wird sie auf die weltweit verbreitete Melodie der Pfarrerstochter Jesse Seymour Irvine von 1872.[36] Die Adventisten haben diese Melodie übernommen, aber nun mit der Übertragung des Psalms 23 von Sigisbert Kraft.[37]

In jüngster Zeit der AÖL hat auch noch eines der Lieblingslieder freikirchlicher Gemeinde- und Jugendchöre ein „ö" bekommen: *Auf, Seele, Gott zu loben.* Dabei handelt es sich um eine Nachdichtung des Psalms 104 durch die baptistische Dichterin Martha Müller-Zitzke[38] aus dem Jahr 1947, unterlegt der ursprünglich „weltlichen" Melodie *Mit Lieb bin ich umfangen* des Komponisten Johann Steurlein von 1575, der sogleich 1581 der geistliche Text *Wie lieblich ist der Maien* zugeordnet worden war.[39] Das Lied Martha Müller-Zitzkes ist in allen freikirchlichen Gesangbüchern zu finden, im EG lediglich in zwei Regionalausgaben, nun aber – da nach dem neuen Plan Wochenlied zum Erntedankfest – auch im offiziellen Ergänzungsheft der EKD.[40] Die Kennzeichnung mit einem „ö" ist den Altkatholiken zu verdanken, denn sie hatten bereits: „Eingestimmt".[41]

---

35 ES 611; CG 775; KG 555; RG 15.

36 JF 379; EG-BT 594; EM 86; FL 404; MN 73; MHM 158. – Dieses Psalm 23-Lied ist in mehr als 20 Sprachen nachweisbar.

37 GHS 70. – Sigisbert Krafts Text *Alle Menschen, höret auf dies neue Lied* (ES 232), eine freie Übertragung aus dem Holländischen, ist mit der Melodievariante des holländischen Originals durch Ruppel in mehreren GL2-Ausgaben enthalten, jedoch in völlig uneinheitlicher Textgestalt.

38 Martha Müller-Zitzke (1899–1972) war als Dichterin bei dem Poetologen Johannes Pfeiffer in die Schule gegangen und nahm regelmäßig am Lippoldsberger Dichtertreffen teil, sie wohnte ganz in der Nähe im niedersächsischen Bodenfelde. Vgl. Günter Balders: Das neue Evangelische Gesangbuch und die Freikirchen, in: Meyer, Dietrich: Das neue Lied im Evangelischen Gesangbuch (wie Anm. 4), 35–41, hier 38.

39 EG 501.

40 EM 64; FL 500; MN 80; SuG 550; GHS 80; ebenfalls in JF 607; BG 55; EG Württemberg 602; EG Rheinl.-Westf./Lippe/Ref. 690; Lieder und Psalmen für den Gottesdienst. Ergänzungsheft zum EG, 2018, 15.

41 ES 679. – Dieser Beitrag ist nicht der Ort, die Geschichte und die Spezifika des überlieferten freikirchlichen Liedgutes zu detailliert darzustellen. Näheres s. Musik in Geschichte und Gegenwart, Kassel 1996, Band 5, Kirchenlied IV. Freikirchen Sp. 103–110.125–126. Der Beitrag müsste inzwischen aktualisiert werden, sowohl in Bezug auf die Integration sogenannter Neuer Geistlicher Lieder als auch das – in einigen Freikirchen kontrovers behandelte – Gebiet „Anbetungslieder", der sogenannten worship-songs, Hillsongs sowie anderer Lieder neueren Stils.

Kleine Kirchen und ihr weltweit großer Liederschatz 245

2. Mission als Nährboden für den weltweit großen Liederschatz

Vor schon 70 Jahren erschien eine missionshymnologische Studie von Gerhard Rosenkranz mit dem Titel „Das Lied der Kirche in der Welt".[42] Darin findet man im Schlusskapitel[43] „das Ergebnis einer zwanzigjährigen Untersuchung des norwegischen Hymnologen Dr. Carl Doving [korr.: Døving], der Gesangbücher in 300 Sprachen und Dialekten durchforscht und folgende Liste mit 14 Liedern, geordnet nach der Häufigkeit ihrer Übersetzungen [...] aufgestellt hat".

Ein feste Burg ist unser Gott. M. Luther	(176)
Rock of ages. A. M. Toplady	(148)
Nearer, my God, to Thee. S. F. Adams	(141)
Just as I am, without one plea. Ch. Elliot	(128)
Abide with me, fast falls the eventide. H. Lyte	(128)
O come, all ye faithfull (Adeste, fideles)	(119)
Holy, Holy, Holy, Lord God Almighty. R. Heber	(116)
Jesus, lover of my soul. Ch. Wesley	(116)
What a friend we have in Jesus. J. Scriven	(110)
Nun danket alle Gott. M. Rinkart	(108)
Onward, Christian soldiers. S. Baring-Gould	(107)
All hail the power of Jesus' name. E. Perronet	(106)
Jesu, geh voran. N. L. von Zinzendorf	(104)
Safe in the arms of Jesus. F. J. van Alstyne [bekannt als: Fanny Jane Crosby]	(102)

Das Ergebnis ist erstaunlich: Diese 14 Lieder hat der Sammler damals in jeweils mehr als hundert Sprachen nachweisen können. Sie werden noch heute gesungen. Die Mehrheit der genannten Lieder stammt aus dem „weltweit großen Liederschatz" angelsächsischer Kirchen und Freikirchen, und sie wurden durch deren Missionsarbeit und die interkontinentale Zusammenarbeit weltweit rezipiert.

Auch heute muss auf die Bedeutung der Mission für das weltweit bekannte Liedrepertoire hingewiesen werden. Das wurde bei der Tagung der AÖL in Basel 2017 sehr deutlich. Pfarrer Benedict Schubert berichtete über „Musik in der Mission", zugleich konnten die Anwesenden aus dem Liederbuch der Basler Mission „Thuma Mina" mitsingen.[44] Dabei hat Schubert seine Fallstudie *„Blest be the tie that binds. Damit das fremde Wort leichter vertraut wird – Lieder in der Mission"* aus dem Buch „Klangwandel" vorgestellt.[45] Darin geht es um einen Schweizer Musikpädagogen, einen amerikanischen Musikreformer und einen englischen Baptistenprediger (so die Zwischenüberschrift) und die Ent-

---

42 Rosenkranz, Gerhard: Das Lied der Kirche in der Welt. Eine missionshymnologische Studie. Berlin 1951.

43 Ebd., 182.

44 Thuma Mina. Singen mit den Partnerkirchen. Internationales ökumenisches Liederbuch. Basel/München 1995.

45 Grüter, Verena/Schubert, Benedict (Hg.): Klangwandel. Über Musik in der Mission. Frankfurt am Main 2010, 283–295.

246 Günter Balders

stehungsgeschichte des genannten Liedes. Bei dem Schweizer handelt es sich, wie zu erwarten, um Hans Georg Nägeli (1773–1836), bei dem Amerikaner um den Gründer der Bostoner Musikakademie Lowell Mason (1792–1872), der auf einer Forschungsreise nach Europa 1837 unbedingt den „berühmten Nägeli" besuchen wollte – leider war der schon im Jahr zuvor verstorben. Mason bekam jedoch Einblick in den Nachlass von Nägeli und hat dort Notenmaterial übernehmen (oder erwerben?) können. Darunter dürfte sich auch Nägelis „Christliches Gesangbuch" befunden haben. Darin findet man unter der Überschrift „Der Segen des Gebets" das Lied *O selig, selig, wer vor dir des Herzens innigste Begier hinströmt in kindlichem Gebet und festen Glauben zu dir steht.*"[46] Mason hat – so der derzeitige Forschungsstand – diese Melodie bearbeitet, mit einem eigenen Tonsatz versehen und den Text *Blest be the tie that binds* des englischen Baptistenpredigers John Fawcett (1740–1817) unterlegt. *Gesegnet sei das Band, das uns im Herrn vereint* – so die deutsche Fassung[47] – ist vor allem, aber nicht nur bei den Baptisten bis heute weltweit in Gebrauch. Ich habe es in meiner privaten Sammlung in 30 verschiedenen Sprachen gefunden, und es gehört immer noch zum festen Bestand aller Kongresse der Baptist World Alliance, dem Baptistischen Weltbund. Manche mögen den weiteren Text als zu sentimental, zu „weinerlich" empfinden. Wenn man aber die Lage christlicher Gruppen als bedrängte Minderheiten in diversen Ländern damals und heute im Blick behält, merkt man, dass es sich um ein tröstendes Lied handelt.[48]

Benedict Schubert ging in seinem Referat auch auf die heute in Hymnologie und Musikwissenschaft vielfach erörterte weltweit voranschreitende Indigenisierung bzw. Kontextualisierung der Musik ein. Er berichtete davon, wie sich in einigen Regionen die Kirchen bemühen, der eigenen kulturellen Identität Vorrang zu verschaffen, zum Teil sogar die „alten" Lieder gezielt verbannen. Ein anderer Weg ist, integrativ vorzugehen. Die Europäische Baptistische Mission (EBM International) beispielsweise hat vor kurzem ein entsprechendes Liederbuchprojekt veröffentlicht.[49] Die ungarische Musikwissenschaftlerin Szilvia Papp hat in Mosambik die Gemeinden vor Ort besucht, deren Lieder elektronisch erfasst und dann ein Gesangbuch mit Noten erstellt. Das Buch aus dem Jahr 2012 enthält 570 Lieder, davon 165 in der offiziellen Landessprache Portugiesisch und 405 Lieder in sechs der indigenen Sprachen jenes Landes. Und nicht nur in indigenen Sprachen, sondern zum Teil auch indigenen Musikstilen. Der Inhalt solcher Lieder ist, wie schon Rosenkranz analysierte, oft etwas mager, „wichtiger ist den Sängern der Rhythmus".[50] Rosenkranz berichtet aber im Blick auf die Inkulturation auch von einer Begebenheit in Kamerun aus den 1930er Jahren:

---

46 Christliches Gesangbuch [...] Zweyte Abtheilung. Zürich 1829, Nr. 76.
47 Übersetzung von Julius Carl Grimmell 1885; s. FL 134.
48 So heißt es in der 3. Strophe der deutschen Fassung von Julius Carl Grimmell 1885: *Wir tragen jede Last mit Schwergeprüften gern; des Mitleids Tränen fließen oft vereint vor unserm Herrn*; zit. nach FL 134 (*Gesegnet sei das Band*).
49 [Papp, Szilvia(Hg.)]: Coloctânea de Hinos Coros Cristãos, Budapest 2012.
50 Rosenkranz, Gerhard: Das Lied der Kirche in der Welt (wie Anm. 42), 152.

Kleine Kirchen und ihr weltweit großer Liederschatz

In den Gemeinden des Graslandes, die erst 1927 durch die Tätigkeit von der Küste heimgekehrter eingeborener Christen entstanden sind, tauchte die Frage auf, ob eingeborene Lieder aus heidnischer Zeit (z.B. Totenklagelieder) christliche Verwendung finden könnten. Missionar Schirrmacher war bereit, sie zuzulassen; aber die Gemeindeversammlungen erhoben Einspruch dagegen, da ihnen die Texte zu verfänglich erschienen.[51]

Hinzuzufügen ist, dass solche traditionellen Lieder auch ohne die originalen Texte wegen der vertrauten Melodien mit Erinnerungen und Empfindungen „besetzt" sind. Zu untersuchen wäre, wann in jedem Einzelfall die Zeit dafür reif war, neue christliche Lieder im indigenen Stil zu schaffen. Nun sind geistliche Kontrafakturen hymnologiegeschichtlich ja keine Seltenheit. Ein neueres Beispiel wurde schon erwähnt: *Auf, Seele, Gott zu loben* hat mit seiner „weltlichen" Melodie hat ein ö bekommen, den ursprünglichen „weltlichen" Text haben aber wohl nur wenige „im Kopf". Anders ist es bei fest verankerten und breit rezipierten säkularen Liedern. Für mich persönlich als gebürtigem Deutschen wäre es zum Beispiel schwer erträglich, auf die Melodie des Deutschlandliedes einen dezidiert christlichen Text zu singen – was im englischsprachigen Nordamerika kein Problem zu sein scheint. Dort findet man sie als Lehnmelodie in einigen Gesangbüchern, ebenso wie z.B. die Melodie *Freude, schöner Götterfunken* von Beethoven.[52] Mir als Baptist fällt sogleich ein umgekehrtes Beispiel ein: *Brüder, seht die Bundesfahne.* Dieses Lied basiert in der Tat auf einem politischen Motiv, einem berühmten Flaggensignal von 1864 aus dem amerikanischen Bürgerkrieg 1861–1865. Die englische Fassung dieses „christlichen" Kampfliedes heißt *Hold the fort!* und beginnt mit den Worten *Ho! my comrades, see the signal.* Die politische Version *Brüder, seht die rote Fahne* von Edwin Hoernle, als Streiklied bekannt und bei der SPD lange Zeit beliebt, entstand unmittelbar nach dem III. Weltkongress der Komintern in Moskau 1921.[53] Die deutsche Version der „christlichen" Originalfassung stammt vom Methodisten Ernst Gebhardt: *Brüder, seht die Bundesfahne in den Lüften wehn.*[54] Hier geht es um das Durchhalten bis zur Wiederkunft Christi und gezielt um den geistlichen Kampf gegen „Satans mächt'ge Heere". Mit einem anderen, ebenfalls christlichen Text von 1922 versehen findet man die Melodie auch im aktuellen evangelischen Gesangbuch für Polen und Tschechien.[55]

---

51 Ebd. – Willy Schirrmacher war Missionar der baptistischen Neuruppiner Missiongesellschaft.

52 Zu finden z.B. in: Sing with all the saints in glory. The United Methodist Hymnal. Nashville (1989) [11]1994, 702.

53 Weitere Informationen s. Volksliederbuch für gemischten Chor, hg. von Dietrich Knothe, kommentiert von Martina Jung. Band 1. Politische Lieder. Leipzig 1986, 48f., 128.

54 Frohe Botschaft in Liedern. Basel 1876, 22. Das Lied ist bei Russlanddeutschen noch in Gebrauch, s. Anhang: Neuer Evangeliumssänger 1992, 164; Gemeinschaftslieder, Gummersbach 1997, 449; Liederbuch, Marienheide [2]2001, 162. – Die ersten fünf Töne der Melodie waren in Deutschland lange Zeit als sog. „Baptistenpfiff" beliebt.

55 Śpiewnik Ewangelicki. Bielsko-Biala 2008, 566: *Święta miłość Jezusowa*, Str. 1 zusätzlich in tschechisch, deutsch und slowakisch.

248 Günter Balders

Dass in den Missionsgebieten die gerade neu entstandenen christlichen Gemeinschaften geistliche Kontrafakturen bisheriger „heidnischer" Kultgesänge ablehnten, ist nachvollziehbar, zumal die jeweilige gesamte Kultur ja nicht „säkular" war. Inzwischen haben sich in mancher Hinsicht die Zeiten geändert. Jetzt steht zumeist das Thema Kontextualisierung im Vordergrund.[56] Aus dem freikirchlichen Umfeld kann ich berichten, dass nicht nur in Mosambik eine neue hymnologische Ära zu erkennen ist, sondern zum Beispiel auch in China. Meinem Exemplar eines chinesischen Gesangbuchs aus dem Jahr 1985 liegt eine englischsprachige Broschüre bei.[57] Sie enthält eine englische Übersetzung des Vorwortes, u. a. mit einem Abschnitt „Indigenization of sacred music". Und man findet dort ein Incipit-Register der 442 enthaltenen Lieder. In diesem Register sind zwei Gruppen separat markiert: 41 „Hymns by Chinese Christians in the Past or with Adapted Chinese Melodies" und 52 „New Hymns Written by Chinese Christians". Eine weitere Fundquelle ist auch das gemeinsame Hymnal 1990 der Christian Conference of Asia: „Sound the Bamboo".[58] Die weltweite Entwicklung spiegelt sich auch wider in dem Buch „World Praise", das 1995 in Zusammenarbeit mit dem Baptistischen Weltbund erschienen ist.[59] Die Lieder darin sind in zwei Gruppen geordnet worden. Die „Section I" umfasst „Hymns and songs of the worldwide church" und enthält 171 Lieder, und zwar aus 80 verschiedenen Ländern. In der zweiten „Section" findet man unter dem Titel „International Hymns and Songs" lediglich 46 altüberlieferte Lieder. Der 80 Länder umfassende Country Index verzeichnet Lieder aus 14 Ländern Afrikas, 9 Asiens, einige aus Australien, Neuseeland, der Karibik und Jamaika, danach neue Lieder aus 13 Ländern Europas und dem Mittleren Osten sowie 9 Ländern Südamerikas. Die USA sind nur mit zwei Folk Songs vertreten. Eine weitere Besonderheit des Buches: Alle Lieder sind jeweils in den originalen Sprachen enthalten, danach folgen einige Übersetzungen, meist in Englisch. Im Kapitel „International Hymns" mit überlieferten Liedern findet man ebenfalls Lieder in verschiedenen Sprachen, darunter auch einige in deutscher Fassung. Inzwischen ist ein zweiter Band von „World Praise" erschienen, in dem vorrangig die ja auch schon weltweit verbreiteten Worship Songs („Anbetungslieder") und andere aus der Popularmusik einen Platz gefunden haben.[60]

---

56 Nicht von ungefähr befasst sich die Zeitschrift „Musik und Kirche" unlängst mit dem Thema der Kontextualisierung – nicht nur von Kirchenliedern, sondern überhaupt der Kirchenmusik (Jahrgang 2019, H. 4).

57 New Hymnal (English Supplement). […] China Christian Council an National Comittees of The Three-Self Movement of Protestant Churches in China 1985.

58 Übersetzt: „Lasst die Bambusrohre erklingen". Auf dem Umschlag sind Bambusrohre abgebildet.

59 World Praise. Ed. by David Peacock and Geoff Weaver. London 1995.

60 World Praise 2. Ed. by David Peacock. Nasville 2000.

3. Stichproben zum Thema „weltweit großer Liederschatz"

Die Grundlage der folgenden Recherchen waren mehr als 250 Liederbücher aus 60 Ländern und in 50 verschiedenen Sprachen, in denen mindestens eines der folgenden Lieder zu finden war. Ich habe mir mehr oder weniger spontan vier davon ausgewählt. Prüfen wollte ich vor allem, ob und wie weit diese Lieder verbreitet sind.

3.1 *For all the Saints*

Die deutsche Fassung von *For all the Saints* wurde mit dem Text *Für alle Heilgen in der Herrlichkeit* zuerst 2005 im „Gebet- und Gesangbuch der Christkatholischen Kirche" der Schweiz veröffentlicht.[61] Diese deutsche Version hat umgehend den Weg in das Gotteslob 2013 gefunden[62] und ist nun auch in das zweisprachige Liederbuch „Mit Herz und Mund – Rejoice, My Heart"[63] sowie das Evangelisch-Lutherische Kirchengesangbuch aufgenommen worden.[64] Dieses Lied ist also in doppeltem Sinn nun auch im deutschsprachigen Raum „ökumenisch": konfessionsverbindend und „ökumenisch" im Sinne von „weltweit". Das Lied stammt aus dem Fundus der Anglikanischen Kirche, mit der die Altkatholiken in *full communion* verbunden sind. Das Lied wird in mehr als 20 Sprachen und noch mehr Ländern gesungen. Man findet es in Gesangbüchern von mindestens 17 verschiedenen Konfessionen, darunter auch solchen der Baptisten, nicht nur in Großbritannien, sondern z.B. auch in Brasilien, Dänemark, Hongkong, Schweden und den USA. In drei neueren betont ökumenisch gestalteten Liederbüchern findet man es auch, allerdings dort (noch) nicht in einer deutschen Version.[65]

Der englische Originaltext von William Walsham How stammt aus dem Jahr 1864 und wurde zunächst mit einer Melodie von Joseph Barnby von 1868 verbreitet.[66] Die Beliebtheit der Liedes dürfte aber nicht zuletzt auf der faszi-

---

61 CG 721. Die 5 Strophen umfassende Übertragung geht zurück auf mein Gespräch mit Christoph Bächtold am Rande einer AÖL-Sitzung.

62 GL2 548; s. dazu den Kommentar von Anne Smets in: Franz, Ansgar Kurzke, Hermann/ Schäfer, Christiane: Die Lieder des Gotteslob. Geschichte – Liturgie – Kultur. Stuttgart 2017, 338–343.

63 MHM 229.

64 ELKG² 533.

65 In dem von der Internationalen Arbeitsgemeinschaft für Hymnologie (IAH) herausgegebenen Buch „Unisono. Ökumenische mehrsprachige Lieder der Christenheit", Graz 1997, Nr. 113 in englisch, niederländisch, französisch und norwegisch. Im aktuellen Gesangbuch katholischer und evangelischer Esperanto-Vereine „Adoru Ekumenia Diserva Lobro", Rom/Rotterdam 2001, Nr. 701, in deren Sondersprache. In „Colours of Grace", München 2006, Nr. 73 in englisch, dänisch, französisch, norwegisch und niederländisch.

66 In einigen Ländern, z.B. in China und Korea, benutzt man diese weiterhin, in anderen findet man daneben Vaughan Williams' Melodie, z.B. in „Den svesnka Psalmboken", 1986, Nr. 171A; „Den Danske Salmebog", 2005, Nr. 574A.

nierenden Melodie von Ralph Vaughan Williams beruhen. Seine Vertonung aus dem Jahr 1906 erschien 1907 im von ihm gemeinsam mit Percy Dearme herausgegebenen „English Hymnal" und 1925 in „Songs of Praise", herausgegeben von Vaughan Williams und Martin Shaw. Dieses Buch wurde lange im Schulunterricht verwendet und hat breite Resonanz und Akzeptanz gefunden.

Eine erste deutsche Übertragung mit fünf Strophen von C. Lechler (1923) findet sich neben einer französischen im Liederbuch „Cantate Domino. World's Student Christian Federation Hymnal", Genf 1924. In der Neuausgabe von 1951 (Nr. 102) sind es acht Strophen, so wie in der frühen englischen Originalfassung. Die Übertragung der drei weiteren Strophen stammt von Johann Christoph Hampe (1951) und thematisiert nacheinander die Apostel, Evangelisten und Märtyrer. Im EG (154) ist die Melodie mit der Nachdichtung *Herr, mach uns stark im Mut, der dich bekennt* von Anna Martina Gottschick (1972) enthalten. Nach einem * folgt als Strophe 6 eine einstrophige „Zusammenfassung" des englischen Originaltextes *Mit allen Heilgen beten wir dich an* aus der Feder von Jürgen Henkys (1988) – als ö-Lied auch im GL2 (552).

3.2 *What a friend we have in Jesus*

Das Lied gehört zu den internationalen Spitzenreitern freikirchlichen Liedguts. Allein in meiner privaten Sammlung habe ich es in 189 Büchern gefunden. Die Internetplattform hymnary.org der amerikanischen Hymn-Society bietet Abbildungen des Liedes aus 1510 (!) Liederbüchern. Schon die o. g. Liste von Døving verzeichnete das Lied in 110 Sprachen. In meiner Sammlung (40 Sprachen) reicht das Spektrum von Afrikaans, Arabisch über Indonesisch, Isländisch und Japanisch bis hin zu Vietnamesisch, Walisisch und Xangane, einer der Sprachen in Ostafrika. Das Lied ist also fraglos „ökumenisch" im Sinne von „weltweit". Zudem singt man es in über 20 Konfessionen. Nur eine Rezeption in genuin römisch-katholischen Büchern konnte ich nicht ermitteln. Lediglich im gemeinsam benutzten Buch Australiens „With one voice" ist es zu finden, auffälligerweise mit zwei verschiedenen Melodien, wobei keine der beiden die weltweit verbreitete ist.[67]

Das Original in englischer Sprache stammt von dem Iren Joseph Medlicott Scriven, der 1845 nach Kanada auswanderte. Schon 1908 heißt es in einem hymnologiegeschichtlichen Werk aus Kanada, dieses Lied sei „undoubtely the most popular Canadian contribution to Christin hymnody".[68] Scriven hatte sich in Kanada einer freikirchlichen Gruppe angeschlossen, den Plymouth Brethren, den sogenannten Darbysten. Von Scrivens wohl 1855 entstandenem Lied gibt es

---

67 With One Voice. A Hymn Book for All the Churches with Catholic Supplement. London 1979. – Die erste Ausgabe von 1977 hatte noch den Titel „The Ausstralian Hymn Book". Unser Lied findet sich unter Nr. 165 I und II, also nicht im zugehörigen Catholic Supplement (Nr. 580–624).

68 Zitiert nach Haeussler, Armin: The Story of Our Hymns. The Handbook to the Hymnal of the Evangelical and Reformed Church. Saint Louis 3, Missouri 1952, 475.

Kleine Kirchen und ihr weltweit großer Liederschatz 251

zwei Übertragungen ins Deutsche. Die eine stammt auch aus Kanada, dort übersetzt von einem methodistischen Auswanderer aus Bremen, August Flammann *Welch ein treuer Freund ist Jesus*. Diese Version hat der deutsch-amerikanische Baptist Walther Rauschenbusch[69] in sein – gemeinsam mit Ira Sankey herausgegebenes – Buch „Evangeliumssänger" (engl. Gospel Hymns) aufgenommen, das spätestens seit 1890 auch auf dem europäischen Kontinent weite Verbreitung fand und noch 1992 auf dringenden Wunsch russlanddeutscher Lutheraner (!) nachgedruckt wurde.[70]

Der absolute Bestseller unter den Liederbüchern mit derlei „erwecklichen" Liedern erschien bereits 1875: „Frohe Botschaft in Liedern, meist aus englischen Quellen ins Deutsche übertragen", herausgegeben von dem Methodisten Ernst Gebhardt. Gebhardt war auch der erste, der in Deutschland eine Spiritual-Sammlung herausgab, beeindruckt von den – auch von der Presse neugierig begleiteten – Auftritten eines Studentenchores, den sogenannten Jubilee-Singers, „ehemalige[n] Sclaven aus Nord-Amerika", die in Europa auf einer Fundraising-Tour zum Besten ihrer Fisk-University waren. Ein weiteres von Gebhardt 1878 herausgegebenes Büchlein trug nicht von ungefähr den Titel „Jubiäumssänger".[71] Von diesem Gebhardt stammt die zweite deutsche Übertragung, *Welch ein Freund ist unser Jesus*, die zum festen Erbe des Neopietismus gehört, präziser: der Erweckungsbewegung insgesamt. Nicht nur die Freikirchen singen sie, sondern auch z. B. die evangelischen Landeskirchler in Württemberg[72] sowie die russlanddeutschen Lutheraner. Die haben im Jahr 2000 ein voluminöses vierstimmiges Liederbuch herausgegeben, 1300 Lieder enthält ihr „Geistlicher Liederschatz".[73]

Unterschiedliche Textfassungen gibt es am Ende der ersten Strophe. Im EG-Würt und in „Jesus unsere Freude" des Gnadauer Gemeinschaftsverban-

---

69 Evangeliums-Sänger No. I. Autorisierte Ausgabe der Gospel Hymns. Ausgewählt und herausgegeben von Walther Rauschenbusch und Ira D. Sankey, Kassel/New York/Cincinatti 1890, Nr. 27. Vgl. Neuer Evangeliumssänger, Kassel 1925, Neudruck Kassel 1960, 248. – Rauschenbusch ist bekannt als Initiator der Social Gospel-Bewegung; er „forderte die Christen auf, Sozialreformen als Verpflichtung des Glaubens ernstzunehmen" (so Mark G. Toulouse, RGG⁴ 7, Sp. 68).

70 S. Anhang. – Der „Evangeliumssänger" hat auch im Roman „Levins Mühle" von Johannes Bobrowski seinen Platz gefunden. Bobrowski entstammte einer Baptistenfamilie. Der im Roman genannte Baptistenprediger Feller „tut vor lauter Entschlossenheit die Glaubensstimme [der Baptisten; G.B.] in die linke Hand [...] zu dem Evangeliumssänger, um die Rechte frei zu haben." (Levins Mühle. 34 Sätze über meinen Großvater, Berlin ⁵1965, S. 8). Aus beiden Liederbüchern werden in diesem Roman mehrere Lieder zitiert, s. Jürgen Henkys: Kirchenlieder im Werk von Johannes Bobrowski, in: JLH 35 (1994/95), 136–152, bes. 140.

71 Gebhardt, Ernst (Hg.): Jubiläumssänger. Auserwählte Amerikanische Negerlieder in deutschem Gewand nebst anderen beliebten Hymnen. Basel 1878. Näheres s. Voigt, Karl Heinz: Ernst Gebhardt und die Fisk-Jubilee-Singer, in: Handt, Hartmut: „... im Lied geboren" (wie Anm. 15), 216–241, sowie Hauzenberger, Hans: Ernst Gebhardt (1832–1899) – Sein Liedschaffen als Brückenbauen zwischen Kirchen, Kontinenten und Kulturen, ebd. 190–215.

72 EG Württemberg 642.

73 Geistlicher Liederschatz. Hg. von der Kirchlichen Gemeinschaft der Ev.-Luth. Deutschen aus Russland, Notenausgabe. Bad Sooden-Allendorf 2000, Nr. 578. – Weitere deutsche Verbreitung ist z. B. FL 77.

des[74] findet sich die ursprüngliche Version Gebhardts: „Wer kann sagen und ermessen, wieviel *Heil verloren geht*, wenn wir nicht an ihn uns wenden und ihn suchen im Gebet". Diese Formulierung war bei den Evangelisch-Freikirchlichen Gemeinden auf erhebliche theologische Bedenken gestoßen. Für die „Gemeindelieder"[75] wurde daher eine andere Fassung gewählt: „Wer kann sagen und ermessen, wieviel *Segen uns entgeht*, wenn wir nicht zu ihm uns wenden und ihn suchen im Gebet." Diese Änderung am Text eines Methodisten haben inzwischen auch die Methodisten selbst 2002 übernommen.

Wenn man Gebhardts deutschen Text mit dem englischen Original vergleicht, gibt es eine Besonderheit. In dem Schweizer Buch mit Kommentaren erwecklicher Lieder von Theophil Bruppacher heißt es:

Eine wertvolle Dichtung ist das amerikanische Lied nicht, aber Gebhar[d]t übertrug es kräftig und klar in ein ansprechendes Deutsch und bereicherte es mit einem starken Schluß, der dem Original fehlt: >König, Priester und Prophet<. Diese ungemein fruchtbare Aussage der alten Dogmatik vom dreifachen Werk des Christus begegnet uns im Kirchenlied sonst kaum mehr. In seiner Frage 31 redet der Heidelberger Katechismus davon. Heilsam wird so zum Schluß der Sänger daran erinnert, daß der Heiland für uns noch etwas mehr bedeutet als nur der wohlwollende Freund.[76]

Die Melodie des Liedes stammt von dem US-Amerikaner Charles Crozat Converse (1832–1918). Er hatte zunächst von 1855–1859 in Leipzig und Berlin Musik studiert und danach in den USA Jura. Er war sowohl als Richter wie auch als Komponist und Musikschriftsteller tätig. Seine Melodie zu unserem Lied fand breite Zustimmung und wurde auch dem Lied *Freuet euch, ihr Menschenkinder* von Christian Heinrich Zeller zugeordnet.[77]

3.3 *Hark! The herald-angels sing*

Der englische Originaltext stammt von einem der ersten Methodisten, von Charles Wesley (1707–1788), dem jüngeren Bruder von John Wesley. Die Melodie wurde aus dem „Festgesang zur Säcularfeier der Buchdruckerkunst" von Felix Mendelssohn-Bartholdy, der sogenannten „Gutenbergcantate" für Männerchor und Orchester (1840) entlehnt. Dort hieß das „Lied"[78]:

Vaterland, in deinen Gauen
brach der gold'ne Tag einst an,
Deutschland, deine Völker sah'n

---

74 JF 422.

75 Gemeindelieder (hg. im Auftrag des Bundes Evangelisch-Freikirchlicher Gemeinden und des Bundes Freier evangelischer Gemeinden). Wuppertal/Kassel/Witten 1978, 72.

76 Bruppacher, Theophil: Was töricht ist vor der Welt. 44 Gemeinschaftslieder erläutert. Bern 1959, 262. – Das Buch erhielt übrigens für die 1968 in der DDR erschienene – gekürzte – Ausgabe einen anderen Titel. Statt des Bibelzitats lautet er dort: „Stern auf den ich schaue".

77 Geistlicher Liederschatz (wie Anm. 73), Nr. 96.

78 https://de.wikipedia.org/wiki/Festgesang_zum_Gutenbergfest (Abruf 20.8.2021).

seinen Schimmer niederthauen:
Gutenberg, der deutsche Mann,
zündete die Fackel an.
Ob die Finsternis sich wehrt ... [usw.]

Der eingängigen Melodie unterlegte der Musiker William Hayman Cummings (1831–1915) 1856 den Weihnachtstext von Charles Wesley aus dem Jahr 1739: *Hark! The herald-angels sing glory to the new-born King.* So hat es weltweite Verbreitung erlangt. Ich habe es in über 210 Büchern in 32 Sprachen gefunden. Das ist durchaus beachtlich, auch wenn es natürlich nicht mit *Stille Nacht* verglichen werden kann, was nicht zuletzt auch an der sicher höheren Qualität der Melodie und dem mehrschichtigen Text liegen dürfte.

Die wohl älteste Übertragung ins Deutsche *Hört: Die Engelchöre singen: Heil dem neugebornen Kind!* findet man in Band 2 des baptistischen Chorbuchs „Gemeinde-Harfe" aus dem Jahr 1913.[79] Das Lied taucht dann 1930 so auch in der Neuausgabe des „Singvögelein" auf, einem weitverbreiteten Sonntagsschul-Liederbuch der Baptisten.[80] Heute steht das Wesley-Lied, wie zu erwarten, im Gesangbuch der Evangelisch-methodistischen Kirche Deutschlands und der Schweiz (2002; EM 176), und zwar in einer hier erstveröffentlichten Übertragung von Armin Jetter und Ulrike Voigt aus dem Jahr 2000. Es handelt sich offensichtlich eine Auftragsarbeit. Dass die ersten zwei Zeilen der neuen Übertragung identisch sind mit jener der „Gemeinde-Harfe", ist vielleicht ein Zufall.

Die Methodisten haben weltweit in den letzten Jahrzehnten eine Wesley-Renaissance erlebt. Im vierstimmigen „Wesley-Hymnbook"[81] sind 154 Wesley-Lieder enthalten, einige von John, die allermeisten von Charles Wesley. In Deutschland startete die Wesley-Renaissance vor etwa 30 Jahren. Sie spiegelt sich nicht nur in umfangreichen hymnologischen Veröffentlichungen wider,[82] sondern auch im Bestand der Charles-Wesley-Lieder im EM. Fand man von diesem „ihrem" Dichter in der vorherigen Ausgabe aus dem Jahr 1971 sechs Lieder, so sind es jetzt 22. Im Blick auf das gesamte Liedschaffen Charles Wesleys ist die

---

79 Gemeinde-Harfe. Zweiter Band. Hundert geistliche Gesänge für Gemischten Chor. Kassel 1913, Nr. 65.

80 Bickel, Philipp (Hg.): Das Neue Singvögelein. Eine Sammlung von Liedern für Sonntagsschulen, Kassel 1930, 231. – In Deutschland waren bis etwa 1980 450 Tsd. Exemplare dieses Buches erschienen. Auf Wunsch der Rußlanddeutschen wurde es 2015 noch einmal nachgedruckt.

81 Hildebrandt, Franz (Hg.): Wesley Hymnbook. Kansas City, Missouri 1983. (Nachdruck des in England 1958 in England erschienenen Originals.) – Überraschend, dass der Herausgaber Franz Hildebrandt war, der Freund Dietrich Bonhoeffers. Er war in der NS-Zeit gezwungenermaßen emigriert, zunächst nach England. Da die Anglikanische Kirche seine in Deutschland erfolgte Ordination nicht anerkannte, hat er sich den Methodisten angeschlossen. Und offenbar den Liederschatz der Wesleys entdeckt. Weitere Hinweise zu Hildebrandts Beitrag zur Wesleyrezeption s. Handt, Hartmut: „... im Lied geboren" (wie Anm. 15), 296.

82 Brose, Martin E.: Zum Lob befreit. Charles Wesley und das Kirchenlied. Stuttgart 1997. – Weitere Hinweise s. Handt, Hartmut: „... im Lied geboren" (wie Anm. 15), 300.

Zahl aber als „gering" einzuschätzen. Allein in John Julians Klassiker „Dictionary of Hymnology" werden über 200 dargestellt.[83]

Das Weihnachtslied hat in der neuen, methodistischen Übertragung von Jetter/Voigt schon einen ersten „ökumenischen" Schritt geschafft. Man findet es auch in den GL2-Diözesananhängen Regensburg (767) und Würzburg (894). Im Gebet- und Gesangbuch der Christkatholischen Kirche der Schweiz (CG 565) sind Melodie und Satz mit einer Textversion aus dem Jahr 1973 von mir unterlegt, die im EM (177) auf die neuere folgt. Die ältere Fassung hatten die Methodisten bereits 1987 in ihr interimistisches Ergänzungsheft „leben und loben. Neue Lieder für die Gemeinde" (745, auch in FL 218) aufgenommen. Sie beginnt mit einer modifizierten Fassung der Anfangszeilen eines älteren Weihnachtsliedes als *Freut euch, freut euch, Menschenkinder / freut euch beide, Groß und klein*. Die ursprünglichen Anfangszeilen *Freuet euch, ihr Menschenkinder / freut euch beide, groß und klein* gehen auf Christian Heinrich Zeller (1779–1860) zurück, einen dem Pietismus nahestehenden Lehrer, der sowohl in Deutschland als auch in der Schweiz tätig war, vor allem sozialpädagogisch. – Die Verse 5–8 der Eingangsstrophe sowie deren zweite Strophe beruhen erkennbar auf dem Weihnachtsevangelium Lk 2. Strophe 3 verknüpft dann die Geburt Christi soteriologisch mit der Wiedergeburt, in meiner Fassung: *Freuen wird sich, wer gefunden seinen Heiland Jesus Christ, / freudig wird er dann bekunden, dass er neu geboren ist.*

Die Mendelssohn-Melodie ist auch anderorts schon genutzt worden, ebenfalls für Übertragungen oder auch Unterlegungen mit weihnachtlichen Texten. Die Version *Horch, der Engel Jubelton* findet man – anonym und undatiert – im „Liederbuch der Heilsarmee",[84] eine andere von Johannes Haas von 1960 beginnt mit dem Ausruf *Unser Heiland ist nun da!*.[85] Auf 1986 datiert ist die Übertragung von Erika Hertlein *Hört der Engel Lied voll Freud*.[86] In der Kölner GL2-Ausgabe findet man zwei, im neuen Evangelisch-Lutherischen Kirchengesangbuch alle drei Strophen einer Übertragung von Christina Falkenroth aus dem Jahr 2005: *Hört der Engel große Freud* – die siebte deutsche Version.[87]

Fazit: Es dauert bei Liedübertragungen manchmal recht lange, bis eine „ökumenisch" rezeptionsfähige und mehrheitlich akzeptierte Version ihren Platz findet.

---

83 Julian, John (ed.): Dictionary of Hymnology. Bd. I: A to O; Bd. 2: P to Z. Index. 1907. Reprint Michigan 1985, s. Register Bd. 2, 1768. – Im „Verzeichnis der Autorinnen und Autoren" des Herrnhuter BG heißt es S. 245 über Charles Wesley: „Dichter von über 6000 Liedern".

84 Ausgabe 1971 Nr. 455; 1994, Nr. 389.

85 Ich will dir danken. Neuhausen/Stuttgart 1991, Nr. 149; Jesus unsere Freude. Gießen 1995, 76; RG 407.

86 Kaa 0139.

87 GL2-KÖ 737; ELKG[2] 359/360 (4st. Satz); s. auch MHM 33. Diese Version erschien zuerst in Wülfing, Hans (Hg.): Glory to God. Englische Chormusik aus fünf Jahrhunderten. Oxford, 2005.

Kleine Kirchen und ihr weltweit großer Liederschatz

3.4 *Holy, Holy, Holy! Lord God Almighty*

Schon das Incipit lässt erkennen, dass es sich um ein Lied für den Sonntag Trinitatis handelt. Und die zugehörige Melodie hat nicht von ungefähr den Tune-name „Nicea". Der Text stammt von dem gebürtigen Engländer Richard Reginald Heber (1783–1826), der in seiner Zeit als Vikar einige Liedtexte schuf, die aber erst ein Jahr nach seinem Tod veröffentlicht wurden. Die Anglikanische Kirche hatte ihn nach Indien entsandt, wo er seit 1823 als Bischof in Kalkutta tätig war und bereits 1826 dort verstarb. Die Melodie wurde 1861 in der Erstausgabe des verbreitetsten englischen Gesangbuchs „Hymns Ancient & Modern" veröffentlicht. Komponiert hat sie John Bacchus Dykes (1823–1876). Dieser ist auch in der neuesten Ausgabe jenes Liederbuches von 2013 noch mit 18 Melodien vertreten, zuvor (1972) waren es sogar 31. Dykes war Vikar (Pfarrer) der Church of England, zugleich aber promovierter Musiker.[88]

Auch dieses Lied gehört zum ökumenisch weltweit rezipierten Schatz. Die älteste mir bekannte Übertragung ins Deutsche *Heilig, heilig, heilig! Gott, Ewig Vater* stammt von dem Baptisten Walther Rauschenbusch. Seine Version wurde zeitnah 1890 veröffentlicht.[89] – *Holy, Holy, Holy!* fand ich in 160 Büchern von insgesamt 38 verschiedenen Konfessionen, dabei auffällig oft unter Nr. 1 oder 2. Es nimmt also vielerorts einen ähnlichen Platz ein wie früher im deutschsprachigen Raum das Kopflied *Allein Gott in der Höh sei Ehr.* – Wie ist hier der Stand der Rezeption von *Holy, Holy, Holy!*? Wer singt es auf deutsch in welcher Übertragung? Die Katholische Kirche braucht es wohl nicht, denn trinitarische Gesänge gibt es dort ohnehin reichlich.[90] Im Konferenz-Gesangbuch „Laudamus" des Lutherischen Weltbundes steht das Lied seit (1947?) 1952 in englisch, schwedisch und deutsch.[91] Die deutsche Version von Theodor Werner aber ist vor allem im Blick auf das Wort-Ton-Verhältnis misslungen und für den Gemeindegesang nicht geeignet. Wer sie singen will, muss bei den vier Strophen zehnmal an verschiedenen Stellen eine Note für zwei Silben teilen und dann auch noch gelegentlich eine Silbe über zwei Noten hinziehen. In der Folge entstanden zahlreiche weitere Übertragungen:

---

88 Dykes gehörte der sogenannten *Low Church* an, einer – im 19. Jahrhundert entstandenen – „Widerstandsbewegung gegen den Anglokatholizismus" ... [Deren Vertreter] „lehnen ausgiebige Zeremonien ab und wenden sich allgemein gegen alles, was die Anglikanische Kirche an Rom annähern könnte [...]" Ihre Anhänger „betrachten üblicherweise die Predigt als Mittelpunkt des Gottesdienstes", so Christian Wiese im Artikel: Low Church, in: RGG⁴, 5, 527f.

89 Evangeliums-Sänger No. I. (wie Anm. 69), 27. Vgl. Neuer Evangeliumssänger (ebd.), 8.

90 Enthalten ist es jedoch zumindest in dem dänischen katholischen Gesangbuch: Lovsang. Katolsk salmebog til brug i Bispedømmet. København 1982, 210, Die Übersetzung schuf 1911 der evangelische Bischof Christian Ludwigs.

91 Laudamus [...], Hannover 1952/Minneapolis 1947/Helsinki 1963: 39; 4. Aufl. Genf 1970, 32.

Konfession	Übersetzer (ggf. mit vom Druck abweichendem Entstehungsjahr)	Druck	Incipit: *Heilig, heilig, heilig*
Baptist	Walther Rauschenbusch	1890[92]	… *Gott Ewig-Vater*
Evangelisch	Christian Ludwigs 1911/ bearb. 1951/Martin Rößler 1986[93]	1911	… *Gott, ewig prächtig* [?]
Lutheraner	Theodor Werner	1952[94]	… *Herr Gott, du König*
Adventist	Horst Gehann [1976]	1982[95]	… *ewiger Vater*
Methodist	Walter Klaiber	1987[96]	… *bist du, Gott, und prächtig*
EKD	Jürgen Henkys	1991[97]	… *Herr allgewaltig*
Freie ev. Gem.	Ulrich Betz	1991[98]	… *Gott, du bist heilig*
BEFG/Baptist	Günter Balders	1992[99]	… *Gott, dir sei Ehre*
EKD	Eugen Eckert 2010 (nur 1 Str.)	2010	… *ist er, der Herr Gott Zebaoth*

Neun Fassungen! Auch hier besteht also dringender Klärungsbedarf, falls z. B. die Evangelische Kirche in Deutschland das international verbreitete Lied in ihr bevorstehendes nächstes Gesangbuch aufzunehmen gedenkt.

∗∗∗

„Vielsprachig klingt der Jubel süßer" – so lautete die Überschrift eines Berichtes von Anja-Rosa Thöming über die weltweite Musikarbeit der Herrnhuter.[100] Dies gilt sicher für viele Lieder des weltweit großen Liederschatzes. Dass bei Übertragungen in andere Sprachen verschiedene Fassungen entstehen, ist nur natürlich. Handlungsbedarf entsteht jedoch da, wo ökumenisch gesungen wird: Angesichts der inzwischen großen Schnittmenge überlieferten, neuen und neu zu entdeckenden Liedgutes ist ein zwischenkirchlicher Austausch unverzichtbarer denn je.

---

92 Wie Anm. 89.

93 Angabe nach Salmer på dansk og tysk/Deutsch-Dänisches Kirchengesangbuch, Kopenhagen 2015, 422; EG-WÜ 695 nur: Martin Rößler 1986.

94 Wie Anm. 91.

95 Wir loben Gott, Hamburg 1982, 51.

96 EM 13.

97 Colours of Grace, München 2006, 57.

98 IWDD 1.

99 Neue Gemeindelieder, Wuppertal/Kassel 1992, 1; FL 13.

100 Frankfurter Allgemeine Zeitung, 24.12.2019, S. N 5. – Auffallend „vielsprachig" sind auch die Liederhefte, die für die Mennonite World Conferences herausgegeben werden. Deren „International Songbook/Cancionero Internacional/recueil International de Chants" mit dem Titel: „walking with God/caminemos con Dioa/en marche avec Dieu", Kittchener 2015, enthält Lieder in etlichen Sprachen, darunter zahlreiche „indigene" aus diversen Kulturkreisen.

Anhang

Nachdrucke und neue Liederbücher der russlanddeutschen Heimkehrer

Titel	Druckjahr	Verlag/Gemeinde/Besonderheit		Lieder
Sammlung Christlicher Lieder für die öffentliche und häusliche Andacht, zum Gebrauch der deutschen evangelischen Kolonien an der Wolga	[¹1979] ⁶1995	Reprint der Ausgabe 1831	Tx	878
Wolga Gesangbuch	Sammlung Christlicher Lieder für die öffentliche und häusliche Andacht ursprünglich zum Gebrauch der deutschen evange-lischen Kolonien an der Wolga	[2005]	Lutherische Buchhandlung Groß Oesingen [Neusatz]	Tx	878
Gemeinschafts-Lieder von Peter Weinand zu Saratow, Rußland	1981	Brücke zur Heimat Missionswerk G. K. Wessel, Kassel	4st	702
Liederbuch	1983	Evangeliums-Christen-Baptisten-Brüdergemeinden in	Tx	1191
Erweiterte Textausgabe	¹³1994	der Bundesrepublik Deutschland/Verlag Friedensstimme Gummersbach		1311
Dass., Notenausgabe	2000 ²2001	Evangeliums-Christen-Baptisten Gemeinden in Deutschland/Verlag Friedensstimme …	4st.	1311
Unpartheyisches Gesang-Buch Enthaltend Geistreiche Lieder und Psalmen […]	[1841] 1988	Bruderschaft der Mennonitengemeinen Reprint Lancaster USA 1988	Tx	471
Geistlicher Liederschatz, Textausgabe Notenausgabe	1989 2000	Kirchliche Gemeinschaft der Ev.-Luth. Deutschen aus Russland e. V.	Tx 4st.	1300
Neuer Evangeliumssänger Vierstimmig gesetzte Lieder für Chöre und besondere Versammlungen	Neudruck 1992	Oncken Verlag Wuppertal/Kassel [für den] Missionsverlag der Evangelisch-Lutherischen Gebetsgemeinschaften Bielefeld	4st.	423
Unser Glaube. Lieder für die ganze Gemeinde	1996 ²1997	Taufgesinnte Gemeinden/ Mennoniten-Brüdergemeinden	4st.	475
Gemeinschaftslieder für Gemeinde und Familie	1997	Missionswerk FriedensBote Gummersbach	1st. Akk	780
Liederbuch	2000 ²2001	Evangeliums-Christen-Baptisten Gemeinden in Deutschland	4st.	1311
Singt dem Herrn	2009	Christlicher Missionsverlag Bielefeld [Mennoniten]	1st. Akk	890

Abstract:

The author of the article is the representative of the Free Churches in the AÖL and reports on the hymnody with Free Church and Old Catholic roots. In a first part, authors and songs are presented that are included in today's songbooks of churches represented in the AÖL. Secondly, it is shown how strongly mission has shaped the Free Church hymnody. And finally, four songs are examined at random, from which a large number of different versions have emerged when they were translated into German. A challenge for ecumenical singing and the work of the AÖL.

Der Weg zu den Schweizer Gesangbüchern – römisch-katholisch, christkatholisch, reformiert

Andreas Marti

Um zu verstehen, weshalb die Deutschschweiz gesangbuchpolitisch einen Sonderweg geht, müssen wir zuerst einen kleinen historischen Rückblick unternehmen.

Vom 16. zum 20. Jahrhundert

Entgegen einer offenbar unausrottbaren Fehlinformation gehörten die Schweizer Städte wenigstens teilweise zu den Pionieren des Gemeindegesangs. Allerdings wurde dieser in der Reformationszeit und den Jahrzehnten danach örtlich in sehr unterschiedlichem Tempo eingeführt, ausgerechnet in Zürich erst 1598, was wohl für den letztlich falschen Eindruck einer reformierten Gesangsfeindlichkeit verantwortlich ist. Sehr schnell waren dagegen Basel (1526) und St. Gallen (1529), danach auch Calvins Genf, die übrigen Orte liegen dazwischen. In der Deutschschweiz war das Repertoire des Konstanzer Gesangbuchs maßgeblich, das ab etwa 1534 oder 1536 in vielen Auflagen in Zürich (ausgerechnet in Zürich!) gedruckt wurde. Teils wurden solche Bücher inoffiziell verwendet, teils entstanden örtliche Ausgaben auf seiner Basis oder unter Übernahme eines Teils seines Repertoires. Dabei ist festzustellen, dass das Konstanzer Gesangbuch und damit das reformierte Schweizer Repertoire ausgesprochen gemischt war: Lieder aus dem Wittenberger Kreis, aus Straßburg, aus Konstanz selbst und aus verschiedenen reformatorischen Zentren und Regionen.[1]

Anders liegt die Sache bekanntlich in Genf. Dort entstand nach Straßburger Vorbild im Laufe von etwa 20 Jahren ein kompletter Liedpsalter, der danach in der Nachdichtung des Königsbergers Ambrosius Lobwasser (Leipzig 1573) die deutschsprachigen reformierten Gebiete eroberte.

Während die französischsprachigen Gemeinden sich fast ausschließlich auf die Liedpsalmen beschränkten und die reformierten Gemeinden in Deutschland zusätzlich auch einen großen Teil des lutherischen Repertoires im Gebrauch hatten – im Düsseldorfer Gesangbuch von 1612 ist dieser Teil etwa gleich stark wie der Psalmenteil – lagen die Deutschschweizer Städte zwischen diesen beiden

---

1 Einzelheiten bei Jenny, Markus: Geschichte des deutsch-schweizerischen evangelischen Gesangbuches im 16. Jahrhundert. Basel 1962.

260 Andreas Marti

Positionen. Vom Beginn des 16. Jahrhunderts an wurde der Lobwasser-Psalter schrittweise eingeführt, zunächst gemischt mit dem Konstanzer und Straßburger Repertoire wie in Bern und St. Gallen 1606, danach dann mit allen 150 Psalmen.[2] Weiter in Gebrauch blieben aber einige der „alten", d. h. Straßburger Psalmen, dazu einige „Festlieder" für die Feste im Kirchenjahr. Zwar hatte jeder Ort sein eigenes Psalmenbuch, doch weil überall der Lobwasser-Psalter die Grundlage bildete und auch bei den „Festliedern" und „alten Psalmen" manche Gemeinsamkeit bestand, war das Repertoire im gesamten Gebiet gleich oder doch ähnlich, wobei die nördlich gelegenen Städte Basel und Schaffhausen sich etwas stärker ans deutsche Repertoire anlehnten. So übernahm Schaffhausen bezeichnenderweise 1668 die Crügerschen Sätze zum Lobwasser-Psalter aus dessen „Psalmodia Sacra".

Seit dem 18. Jahrhundert wuchs jedoch die Kritik an den als veraltet empfundenen Lobwasser-Texten. Das führte zunächst zu retouchierten Fassungen, dann aber zu einigen völlig neu angelegten Bereimungen – immer natürlich auf die Genfer Melodien. Während Basel und Bern solche modernisierten Fassungen einführten, blieb Zürich bei Lobwasser, was die Kritik soweit verschärfte, dass die Psalmlieder im 19. Jahrhundert fast vollständig ausgemerzt wurden. Die komplizierte Gemengelage von Aufklärung, Erweckung und Romantik führte nach 1800 zu einer starken Diversifizierung des Repertoires und auch zu Gesangbüchern von sehr unterschiedlichem Profil. Die durch Lobwasser und einige „Festlieder" gegebene Einheit war zerbrochen; die um die Jahrhundertmitte erschienenen Kantonalgesangbücher entstanden in der Zeit des heterogenen eidgenössischen Staatenbundes nach dem Wiener Kongress und waren das Abbild dieser Divergenzen und unterschiedlichen Kulturen.

1848 erfolgte unter Führung der reformierten liberalen Kräfte die Gründung des Bundesstaates, der ein halbes Jahrhundert lang um eine nationale Identität ringen musste – zuerst gab es noch nicht einmal eine einheitliche Währung. Das Postulat eines gemeinsamen deutschschweizerisch-reformierten Gesangbuchs gehört damit einerseits in diesen Prozess des „nation building", wie man heute sagen würde, andererseits steht es auch in Parallele zu den in Deutschland seit der Zeit nach 1815 laut gewordenen Rufen nach einem gemeinsamen Gesangbuch für ganz Deutschland, mindestens evangelisch, aber eventuell auch evangelisch und katholisch zusammen.[3]

Es war der Zürcher Pfarrer und Hymnologe Heinrich Weber, der 1870 die Arbeit an einem Schweizerischen Kirchengesangbuch anstieß. Er hatte damit nur einen Teilerfolg: 1891 wurde eine solches Gesangbuch von 8 reformierten Kantonalkirchen eingeführt, während 4 Ostschweizer Kantone bei ihrem 1868 erschienenen Buch blieben. So führten nebeneinander das „achtörtige" und

---

2 Vgl. dazu Marti, Andreas: Die Rezeption des Genfer Psalters in der deutschsprachigen Schweiz und im rätoromanischen Gebiet. In: Grunewald, Eckhard u. a. (Hg.): Der Genfer Psalter und seine Rezeption in Deutschland, der Schweiz und den Niederlanden, 16.–18. Jahrhundert. Tübingen 2004, 359–369.
3 Arndt, Ernst Moritz: Von dem Wort und dem Kirchenliede. Bonn 1819.

Der Weg zu den Schweizer Gesangbüchern

261

das „vierörtige" Gesangbuch die Deutschschweizer reformierten Kirchen ins 20. Jahrhundert.

Ein neuer Anlauf wurde 1927 auf Initiative des Schweizerischen Kirchenbundes unternommen. Resultat war der so genannte „Probeband" von 1941, der wegen seiner aus der Singbewegung und der kirchenmusikalischen Erneuerungsbewegung stammenden strengen Kriterien heftig unter Beschuss kam. Als Kompromiss zwischen strenger Qualität und Bedürfnissen einer gewissen Volkstümlichkeit wurde 1952 das erste gesamtdeutschschweizerische Gesangbuch eingeführt, als „Reformiertes Kirchengesangbuch" (RKG) bezeichnet, und 1998 vom jetzigen Gesangbuch (RG) abgelöst.[4]

Die katholische Seite der Geschichte können wir nicht so weit zurückverfolgen. Offizielle Diözesangesangbücher gab es in der Schweiz erst nach der Mitte des 19. Jahrhunderts.

– Das Bistum St. Gallen, auf dessen Gebiet vorher das bekannte Konstanzer Gesangbuch von 1812 verbreitet gewesen war, erhielt 1863 ein offizielles Gesangbuch, das 1923 abgelöst wurde. Die letzte Diözesanausgabe, „Orate", erschien 1947.

– In Basel wurde 1890 Joseph Mohrs „Psälterlein" offiziell eingeführt, setzte sich aber nicht durch. 1908 erschien ein eigenes Diözesangesangbuch, das 1927 und 1942 unter dem Titel „Laudate" revidiert wurde.

– Ein einheitliches Gesangbuch mit dem Titel „Cantate" erhielt die Diözese Chur erst 1947, im selben Jahr erschien die revidierte Ausgabe des Gesangbuchs von 1929 für die deutschsprachigen Teile der Diözese Sitten.[5]

Die Koordinationstendenzen, zunächst innerdiözesan, später dann auch zwischen den Diözesen, können in einer gewissen Entsprechung zu den Bemühungen im übrigen deutschsprachigen Raum gesehen werden, die etwa die Sammlung „Kirchenlied" (1938) und den ersten Bestand von „Einheitsliedern" (1947) hervorbrachten.

Die christkatholische Kirche (wie die altkatholische Kirche in der Schweiz heißt) hatte von Anfang an nur ein einziges Gesangbuch für das ganze Gebiet der Schweiz. 1893 von Adolf Thürlings herausgegeben ist es im Laufe des 20. Jahrhunderts mehrfach in überarbeiteten Auflagen (CKG [11]1968) erschienen.[6] Auch da begann gegen Ende des 20. Jahrhunderts eine Gesangbuchrevision, in Kenntnis und unter Einbezug der Arbeit in den anderen beiden Konfessionen.

---

4 Kommentierte Bibliographie der reformierten Gesangbücher in: Ökumenischer Liederkommentar zum Katholischen, Reformierten und Christkatholischen Gesangbuch der Schweiz (Loseblattsammlung; ÖLK). Freiburg CH/Basel/Zürich 2001–2009, Sachreferenz C4.

5 Angaben nach Küppers, Kurt: Diözesan-Gesang- und Gebetbücher des deutschen Sprachgebietes im 19. und 20. Jahrhundert. Münster 1987, 41 f.

6 Kraft, Sigisbert: Der deutsche Gemeindegesang in der alt-katholischen Kirche. Diss. Bern. Karlsruhe 1976, 74–78.

Die Ausgangslage nach der Jahrhundertmitte

Die deutschsprachigen reformierten Kantonalkirchen haben anstelle der beiden Gesangbücher des 19. Jahrhunderts jetzt endlich ein gemeinsames Buch, trotz Kompromissen deutlich von der qualitätsbewussten Sing- und Reformbewegung bestimmt, mit antiromantischen, „asketischen" Zügen, aber in der modernisierenden Textredaktion sehr viel weiter gehend als das fast gleichzeitig erschienene Evangelische Kirchengesangbuch Deutschlands. Daneben ist etwa das Jugendgesangbuch „Mein Lied"[7] verbreitet, das einer vergleichbaren Ästhetik verpflichtet ist.

Die Deutschschweizer katholischen Bistümer geben sich 1966 ein neues Buch, das erste gemeinsame, dazu eine klare Reaktion auf die Neuorientierung der Liturgie durch das 2. Vatikanische Konzil. Für die Weiterentwicklung der katholischen Kirche in der Schweiz – auch in Bezug auf Gottesdienst und Kirchengesang – war die „Synode 72" von großer Bedeutung. Sie war von den Bischöfen einberufen worden mit dem Ziel, die vom Konzil angestoßenen Reformen in den Gemeinden umzusetzen. Beteiligt waren Bischöfe, Priester, Ordensleute und Laien, alle mit gleichem Rede- und Stimmrecht – allerdings wurden viele Entscheide danach von Rom zurückgewiesen. Das durch die Synode gestärkte Selbstbewusstsein an der Basis sollte sich dann aber in der Gesangbuchfrage noch auswirken, gerade in ökumenischer Hinsicht.

Im darauffolgenden Jahrzehnt zogen die reformierten Kirchen nach mit der „Schweizerischen Evangelischen Synode", die nun nicht von den Kirchenleitungen, sondern aus den Gemeinden initiiert war, die Leitungen aber einbezog. Eines ihrer gewichtigen Themen war die Gottesdienstgestaltung. Gerade auf diesem Gebiet fand eine intensive ökumenische Annäherung statt, nicht zuletzt vermittelt durch die französischsprachigen Westschweizer Kirchen, die seit den 1930er Jahren eine Gottesdienstreform auf der Basis einer evangelischen Messe erlebt hatten und damit die Brücke zwischen den Konfessionen schlagen konnten.

Man kann füglich für die 1970er und 1980er Jahre von einer Aufbruchzeit sprechen, was die Beziehungen zwischen den Konfession betrifft: Das Konzil, die Dynamisierung von Strukturen und Vorstellungen durch die 68er, die beiden synodalen Prozesse und nicht zuletzt eine Reihe von engagierten Persönlichkeiten auf beiden Seiten hatten die Lage gründlich verändert, als es um 1980 um ein neues reformiertes Gesangbuch ging. Die Beteiligung an der AÖL tat das Ihre dazu.

Im offenen ökumenischen Klima begann schon in den 1970er Jahren die reformiert-katholische Zusammenarbeit für den Gemeindegesang. Herzstück war zunächst die gemeinsame Herausgabe einer kommentierten Liedblattreihe unter dem Titel „Neues Singen in der Kirche" (NSK), mit welcher das „Neue Geist-

---

7 Mein Lied. Liederbuch für die evangelische Jugend der deutschen Schweiz. Bern 1928, 3., völlig überarbeitete Ausgabe 1953, 15. Aufl. 1965.

Der Weg zu den Schweizer Gesangbüchern

liche Lied" (NGL) in die Gemeinden gebracht wurde. Später, in der Zeit der Arbeit am neuen Gesangbuch, wurde daraus eine Zeitschrift gleichen Namens. Sie war ein wichtiges Werkzeug für die Vorbereitung des Gesangbuchwechsels. Lieder und Liedfassungen wurden in den Gemeinden bekannt gemacht, und die Rückmeldungen konnten in die Überlegungen einbezogen werden. Ebenfalls in überkonfessioneller Zusammenarbeit erschien 1980 das Jugendgesangbuch „Kumbaya", das allerdings in konservativen Kreisen auf massive (und teilweise höchst unsachliche) Kritik stieß und der Gesangbucharbeit einige Gegnerschaft bescherte. Im Ganzen gab es aber für die Gesangbücher ein ökumenisch aufgebautes und verantwortetes Vorfeld.

Weichenstellungen

Die rechtliche Zuständigkeit für eine Neubearbeitung des Reformierten Gesangbuchs war ziemlich unklar und führte zu einigen Konflikten. Immerhin bekam eine Vorbereitungskommission den Auftrag, in den Jahren 1981 und 1982 eine zuvor in den Kirchgemeinden durchgeführte Umfrage auszuwerten und ein Gesangbuchkonzept zu erstellen. Gefragt worden war nach unbedingt beizubehaltenden und nach neu aufzunehmenden Liedern und nach einigen grundsätzlichen Punkten.

Gesangbuch-Ökumene gehörte in dem von dieser Kommission erarbeiteten und von den kirchenpolitisch verantwortlichen Gremien bestätigten Konzept von Anfang an dazu; der Vorrang ökumenischer Fassungen war darin ausdrücklich formuliert. Als allerdings kurz die Idee aufkam, ein gemeinsames deutschschweizerisches Gesangbuch für Reformierte und Katholiken zu schaffen, kam – auch von durchaus ökumenisch engagierten Leuten – der Einwand, man solle nicht den übernächsten vor dem nächsten Schritt tun. Dieser nächste Schritt bestand nun darin, für beide Konfessionen ein Gesangbuch in enger Kooperation und Absprache zu schaffen.

Für die katholische Seite hatte sich inzwischen ein gesangbuchpolitisches Problem gezeigt: Bekanntlich erschien 1975 das Einheitsgesangbuch „Gotteslob" für das deutsche Sprachgebiet. Die Schweizer Bischöfe wollten es auch für die Schweiz einführen, scheiterten aber am Widerstand aus Gemeinden und Pastoralkonferenzen – die Mobilisierung der Basis in der „Synode 72" wirkte offensichtlich nach. Beschlossen wurde dann, das Gesangbuch von 1966 durch einen Anhang mit den wichtigsten „Gotteslob"-Liedern zu ergänzen und die Erarbeitung eines neuen schweizerischen katholischen Gesangbuchs an die Hand zu nehmen, das einerseits auf das „Gotteslob" und seine ökumenischen Fassungen Rücksicht nehmen, andererseits eine möglichst breite Gemeinsamkeit mit dem Reformierten Gesangbuch anstreben sollte.

Die analoge Frage auf reformierter Seite, ob man sich nicht dem deutschen Evangelischen Gesangbuch anschließen solle, wurde kaum ernsthaft gestellt. Für beide Seiten galt das etwas flapsig formulierte Argument, dass die Gemein-

264 Andreas Marti

schaft mit der jeweils anderen Gemeinde am selben Ort wichtiger sei als ein gemeinsames Buch mit Gemeinden in Norddeutschland oder in Kärnten – nicht zuletzt ein Ausdruck der starken konfessionellen Durchmischung in den städtischen und halbstädtischen Gebieten der Schweiz – diese umfassen inzwischen etwa drei Viertel der Bevölkerung.

Die Arbeit der Gesangbuch-Kommissionen

In den beiden großen Konfessionen wurden Gesangbuchkommissionen eingesetzt, wobei auf reformierter Seite die Struktur etwas kompliziert war: Eine kleine Fachkommission hatte den Auftrag, den Gesangbuchentwurf zu erarbeiten, der anschließend von einer „Großen Gesangbuchkommission" aus Vertretern und Vertreterinnen der Kantonalkirchen entgegengenommen und genehmigt werden sollte, zur Weiterleitung an die Gesangbuchkonferenz der Kirchen, das juristisch zuständige Organ. Auf katholischer Seite gab es die von der Deutschschweizer Ordinarienkonferenz bestellte Gesangbuchkommission.

Die ökumenische Kooperation fand auf zwei Ebenen statt: Pater Walter Wiesli vertrat mit beratender Stimme die katholische Seite in der „Kleinen Gesangbuchkommission", umgekehrt war Markus Jenny beratendes Mitglied der katholischen Kommission. Da für das Reformierte Gesangbuch die Beschlüsse über Aufnahme oder Ablehnung von Liedern und über deren Fassung in der „Großen Gesangbuchkommission" gefasst wurden, behandelte man Lieder, die für beide Gesangbücher vorgesehen waren, ab 1988 in gemeinsamen Sitzungen dieses Gremiums mit der katholischen Kommission, und zwar mit gemeinsamer Diskussion und getrennter Abstimmung.

Für viele Lieder lagen bereits Fassungen der AÖL vor, die in jedem Fall als maßgebliche Vorlage dienten; allerdings hatten auch die über das Reformierte Kirchengesangbuch im Gebrauch verankerten Fassungen einiges Gewicht, so dass es öfter eines längeren Entscheidungsprozesses bedurfte, der nicht immer für beide Gesangbücher zu Gunsten der ö-Fassung ausging. Wenn die Einigung gelang, setzte man zur Liednummer ein kleines Kreuz (+), das also nicht als Pluszeichen, sondern als Schweizerkreuz zu lesen ist. Den Gipfel an ökumenischer Geltung erhalten also Lieder mit ö und Kreuz, daneben gibt es solche mit der einen oder der anderen Auszeichnung oder mit Einklammerung der einen oder der anderen oder beider.

Psalm 100, *Nun jauchzt dem Herren, alle Welt* beispielsweise, hat zwar das Kreuz, aber nur ein eingeklammertes ö wegen textlicher Differenzen in zwei Strophen, wo beiden Kommissionen die Fassung des RKG 1952 eleganter erschien. Diese Varianten betreffen

Str. 4:

ö (GL2 Nr. 144): *Die ihr nun wollet bei ihm sein,* / kommt geht zu seinen Toren ein / mit Loben durch der Psalmen Klang, / zu seinem Vorhof mit Gesang.

+ (RG/KG/CG): *Die ihr sein Eigen wollet sein,* / kommt geht zu seinen Toren ein / mit Loben durch der Psalmen Klang, / zu seinem Vorhof mit Gesang.

Str. 5:

ö: *Dankt unserm Gott, lobsinget ihm,* / rühmt seinen Namen mit lauter Stimm; / lobsingt und danket allesamt. / Gott loben, das ist unser Amt.

+: Dankt unserm Gott, lobsinget ihm / <u>und rühmet ihn mit lauter Stimm.</u> / <u>Dankt und lobsinget allesamt.</u> / Gott loben, das ist unser Amt.

Hindernisse

„Ökumenische Fassungen haben Vorrang". So stand es im Arbeitskonzept für das Reformierte Gesangbuch. Die Umsetzung dieses Prinzips war aber, wie gerade beschrieben, nicht so einfach, weil jedes Lied wieder als Einzelfall diskutiert wurde. Die „Große Gesangbuchkommission" beanspruchte auch in Detailfragen das letzte Wort gegenüber der aus Fachleuten zusammengesetzten „Kleinen Gesangbuchkommission" und auch den diversen Spezialkommissionen. Argumentiert wurde meist mit dem Begriff der „Vertrautheit". Man befürchtete mangelnde Akzeptanz des gesamten Gesangbuchs, wenn es Änderungen gegenüber dem aktuellen Buch enthielt. Das ist ein Stück weit verständlich, ist aber durch meine Beobachtungen nach der Einführung des Gesangbuchs keineswegs gedeckt.

Schwieriger nachvollziehbar war die Berufung auf „reformierte Tradition"; diese bestand häufig lediglich in der Erfahrung von Pfarrern, die in den 1950er Jahren die Einführung des Gesangbuchs von 1952 in Gemeinden und Jugendgruppen erlebt und mitgetragen hatten – zweifellos eine Menge positiver persönlicher Erinnerungen, aber für eine gesangbuchpolitische Generalisierung wenig hilfreich.

Neben diesen indirekten Hindernissen für die Gesangbuch-Ökumene gab es in der Großen Kommission allerdings auch direkte konfessionelle Vorbehalte, die manchmal geradezu absurd anmuten. So wurde die Verwendung halsloser Notenköpfe in der so genannten Choralnotation auf wenige Stücke beschränkt, da das Notenbild sonst zu „katholisch" aussehen würde. Ebenfalls als „zu katholisch" erschienen manchen Mitgliedern der Großen Kommission die neu für den reformierten Kirchengesang vorgeschlagenen Leitverse. Danach wurde die Liste der Leitverse so rabiat zusammengestrichen, dass die Auswahl jetzt für die liturgische Praxis deutlich zu schmal ist.

Natürlich gab es auch auf der katholischen Seite die eine oder andere Schwierigkeit. Dass sie auf theologischer Ebene gelegen hätte, war eher selten und zudem – wenn schon – bereits im Rahmen der AÖL diskutiert worden. Ich erinnere hier an Luthers *Aus tiefer Not schrei ich zu dir* nach Psalm 130. Die Zeilen „es ist doch unser Tun umsonst / auch in dem besten Leben" (Str. 2, 3–4) sind katholischem Verständnis nicht angemessen und mussten durch eine klärende Fußnote kommentiert werden: „Sittliche Leistung und persönliche Verantwortung werden in dem Lied (Strophe 2) nicht ausgeschlossen, sondern vorausgesetzt ...".[8] Interessanterweise hat das Schweizer Katholische Gesangbuch auf die

---

8 GKL 50.

Absicherung durch diese Fußnote verzichtet. Die Rechtfertigungslehre ist eben offensichtlich interpretierbar und nicht mehr kirchentrennend.

Häufiger – und durchaus nachvollziehbar – zeigten sich Probleme mit Texten des 16. und 17. Jahrhunderts, die im reformierten Kirchengesang eine längere oder kürzere Tradition haben. Altertümliche Formulierungen genossen daher eine gewisse Vertrautheit und Akzeptanz, während sie für eine Neueinführung, wie sie katholischerseits nötig gewesen wäre, hohe Hürden bedeuteten. Ich erinnere mich an eine Sitzung der Kleinen Gesangbuchkommission, in der es um die Bearbeitung von Textfassungen solcher Lieder ging. Walter Wiesli, unser katholischer Verbindungsmann, verlangte nach einiger Zeit eine Pause – er bekomme sonst von diesen Texten eine Staublunge …

Ergebnisse

Dennoch: Die Ergebnisse der ökumenischen Zusammenarbeit dürfen sich sehen lassen. Gut 200 Gesangsstücke tragen das +, das Zeichen für die deutschschweizerische Gemeinsamkeit, dazu kommen etwa zwei Dutzend mit eingeschränktem +. Für das Reformierte Gesangbuch macht das etwa ein Drittel aus, für das Katholische mit seinem etwas geringeren Liedbestand noch mehr. Ähnlich sind die Zahlen für die Übereinstimmung mit dem ö-Repertoire der AÖL, wobei sich ö und +-Markierung im Reformierten Gesangbuch in etwa 100 Fällen ganz, in weiteren etwa 40 Fällen teilweise überschneiden, d. h. mit Einklammerung einer oder beider Markierungen. Das Christkatholische Gesangbuch (CG), 2005 in Gebrauch genommen, übernahm sämtliche +-Lieder, womit die Deutschschweizer Gemeinsamkeit alle drei landeskirchlichen Konfessionen umfasst. In der Folge war das christkatholische Gesangbuch bei den Folgearbeiten einbezogen.

Dazu gibt es einen Punkt, an dem die Schweizer Gesangbücher gemeinsam weiter gegangen sind als das EG. Eine Gruppe kirchlich engagierter Frauen arbeitete den gesamten 1995 vorgelegten Entwurf zum Reformierten Gesangbuch durch und machte Vorschläge zur geschlechtergerechten Sprache und zur Entpatriachalisierung des Gottesbildes. Die meisten dieser Vorschläge waren aus metrischen oder stilistischen Gründen nicht umsetzbar, dennoch konnte eine ganze Reihe aufgenommen werden, auch in ökumenischen Fassungen, für die dann „Toleranz beantragt"[9] werden musste. Das Verständnis dafür hielt sich bei den Vertretern und Vertreterinnen der deutschen Evangelischen in engen Grenzen – es muss aber berücksichtigt werden, dass die Traditionsbindung im Kirchenlied schon bei den Schweizer Reformierten und erst recht bei den Katholiken deutlich lockerer ist, so dass Änderungen leichter akzeptiert werden können.

---

9 Als „Toleranz" bezeichnet die AÖL Differenzen, die beim gemeinsamen Singen nicht stören.

Der Weg zu den Schweizer Gesangbüchern

Die Gemeinsamkeit geht über den Gesangbuchinhalt, hinaus:
– Schon früh wurde beschlossen, für beide Bücher dieselbe Gestaltung, dasselbe Layout, dieselben Schrifttypen zu verwenden – mit Ausnahme des Einbands zur schnellen Unterscheidung in der Praxis. So konnten auch Satzdaten gemeinsam benützt werden, und die Entwicklungskosten fielen nur einmal an. Da war ökumenisch also gleichbedeutend mit ökonomisch.
– Vor der Einführung der Bücher waren Werkhefte erarbeitet worden, die für alle drei Bücher bestimmt waren.
– Im ersten Jahrzehnt nach Einführung des reformierten (RG) und des römisch-katholischen (KG) Gesangbuchs verfasste eine Arbeitsgruppe den „Ökumenischen Liederkommentar"[10], der alle gemeinsamen Lieder der drei Gesangbücher, also alle +-Lieder behandelte. Aus reformierter Sicht muss bedauert werden, dass eine Ergänzung durch Kommentare zu den wichtigsten nur im RG enthaltenen Liedern von der Kirchenpolitik verhindert wurde.
– Reformierte und Katholiken gaben 2002 gemeinsam die Sammlung „rise up" mit neueren Liedern heraus, inzwischen bereits durch den Nachfolger „rise up plus" (2015) ersetzt. Ebenfalls ökumenisch erarbeitet wurden ein Auswahlheft (2002) für Friedhofs- und Krematoriumskapellen und das Militärgesangbuch (2007) mit einer Auswahl aus allen drei Gesangbüchern.
– Schließlich ist die elektronische Ausgabe auf DVD[11] zu nennen, die den Gesamtbestand des Reformierten und des Römisch-katholischen Gesangbuchs enthält, dazu das reformierte Orgelbuch und das katholische „Cantionale", das liturgische Vorsänger- und Chorbuch zum katholischen Buch.

Ökumene in der Schweiz – einige Eindrücke

Als Symbol der Ökumene wurde die Einführung der beiden neuen Gesangbücher inszeniert. Am 1. November 1998 wurde sie in einem ökumenischen Gottesdienst in der Jesuitenkirche Luzern gefeiert. Im katholischen Feiertagskalender ist das bekanntlich das Fest Allerheiligen, für die Schweizer Reformierten der Reformationssonntag. Was auf den ersten Blick als größtmöglicher Widerspruch erscheint, wurde als Gemeinsamkeit verstanden, nämlich als Fest der Kirche als „communio sanctorum", die ebenso für beide Konfessionen gilt wie der Grundsatz der „ecclesia semper reformanda". In meiner Kirchgemeinde haben wir anstelle des 1. Advent, der eigentlich für die Einführung in den Gemeinden vorgesehen war, ebenfalls das Wochenende des 1. November gewählt – mit einer Messe am Samstagabend in der katholischen Kirche, einem Abendmahlsgottesdienst am Sonntag in der reformierten, unter Mitwirkung beider Kirchenchöre, deren regelmäßige Zusammenarbeit bis in die 1970er Jahre zurückreicht.

---

10 ÖLK (wie Anm. 4).
11 Gesangbücher digital. Digitale Ausgabe der offiziellen Gesangbücher der Katholischen und der Evangelisch-reformierten Kirchen der Schweiz. DVD. Basel 2011.

Ein Detail, das eher ungeplant entstanden ist, kann die selbstverständliche Nähe der Konfessionen und ihrer Gesangbücher illustrieren: Das erste Lied im Reformierten Gesangbuch ist *Hoch hebt den Herrn mein Herz und meine Seele*, der Lobgesang der Maria, das Magnificat, das erste Lied im katholischen Buch ist *Gott hat das erste Wort* – Text von einem holländischen, Nachdichtung von einem Schweizer Reformierten. In beiden Fällen liegt der Grund im Gesang-buch-Aufbau: Das reformierte beginnt – reformierter Tradition gemäß – mit den Psalmen, und diese sind in diesem Fall durch die neutestamentlichen Cantica gerahmt. So kommt das Magnificat an den Anfang, das schon in manchen früheren reformierten Gesang- und Psalmenbüchern durchaus seinen Platz hatte. Im katholischen Gesangbuch ging es um den lebenstheologischen Aufbau, der den Liedern zur Taufe noch das schöpferische Wort Gottes voranstellt.

Die gute ökumenische Atmosphäre in der Schweiz hat sich aber auch breiter gezeigt, so in einer Umfrage, die 2001 von der Konferenz der Liturgiekommissionen beim Schweizerischen Evangelischen Kirchenbund SEK[12] durchgeführt wurde. Es ging um die Frage, ob, wie und wie regelmäßig ökumenische Gottesdienste gefeiert wurden. Die Ergebnisse waren sehr erfreulich und ermutigend, allerdings in Sachen Eucharistie einigermaßen brisant, so dass die Resultate nur intern den Antwortenden mitgeteilt und nicht breiter publik gemacht wurden, offenbar, um die Bischöfe nicht in Verlegenheit zu bringen. Inzwischen gibt es in der Stadt Bern ein Quartier, in dem sich reformierte und katholische Gemeinde zwar nicht kirchenrechtlich, aber doch organisatorisch weitgehend zusammengeschlossen haben.

Es mag sein, dass bei alledem eine zunehmende Distanz vieler Menschen zu Institutionen mitspielt; bei den Verantwortlichen ist es aber mit Sicherheit eine Gemeinsamkeit aus Überzeugung, so wie ich das in meiner eigenen Kirchgemeinde und unserer örtlichen katholischen Gemeinde erlebe.

Die Gesangbücher sind nicht nur Ergebnis ökumenischer Zusammenarbeit, sondern sie befördern auch die weitere Annäherung. Dies geschieht natürlich über das gemeinsame Repertoire, dem Christinnen und Christen hier wie da begegnen können. Es geht aber noch weiter: Die Reformierten haben gelernt, dass nicht alles, was man singt, ein Lied sein muss, sondern dass auch freie liturgische Formen – Leitverse und liturgische Antworten vor allem – sinnvoll sind, und die Katholiken haben, wie auch sonst im deutschsprachigen Bereich, den Liedgesang in die Liturgie integriert, auch wenn im Ersatz von Ordinariumsstücken durch irgendwelche halbwegs passende Lieder aus Sicht der liturgischen Korrektheit oft übers Ziel hinausgeschossen wird. Die musikalische Gestalt reformierter und katholischer Gottesdienste (römisch- und christkatholisch) hat sich damit ein gutes Stück angenähert und ist sowohl Ausdruck wie Grundlage der Gemeinsamkeit von Kirchen, die auf dem Weg zu Minderheitskirchen sind oder dort schon angekommen sind.

---

12 Heute: Evangelische Kirche Schweiz (EKS).

Gestatten Sie mir eine ungeschützte persönliche Bemerkung zum Schluss: Sollten sich die Schweizer Diözesen dem „Gotteslob" anschließen, könnte ich das aus der gesamtkirchlich katholischen Sicht verstehen – für uns vor Ort wäre es ein Verlust.

Die aktuellen Deutschschweizer Gesangbücher und ihre Vorläufer

Reformiert

- Gesangbuch der evangelisch-reformierten Kirchen der deutschen Schweiz. Probeband. Zürich o.J. (1941). (PB)
- Gesangbuch der evangelisch-reformierten Kirchen der deutschsprachigen Schweiz. Winterthur 1952. (RKG)
- **Gesangbuch der evangelisch-reformierten Kirchen der deutschsprachigen Schweiz.** Basel/Zürich 1998. (RG)

Katholisch

- Kirchengesangbuch. Katholisches Gesang- und Gebetbuch der Schweiz. Zug 1966. Ausgabe mit Anhang aus dem „Gotteslob" Zug 1978 (KKG).
- **Katholisches Gesangbuch. Gesang- und Gebetbuch der deutschsprachigen Schweiz.** Zug 1998 (KG).
- Cantionale. Kantoren- und Chorbuch zum Katholische Gesang- und Gebetbuch der deutschsprachigen Schweiz. Zug 1999.

Christkatholisch

- Gesangbuch der Christkatholischen Kirche der Schweiz. Elfte Auflage. Allschwil 1968 (CKG).
- **Gebet- und Gesangbuch der Christkatholischen Kirche der Schweiz.** Basel o.J. (2004) (CG).
- Gebet- und Gesangbuch der Christkatholischen Kirche der Schweiz. Begleitband (Psalmodie, Kurzbiographien, Verzeichnisse). Basel o.J. (2004).

Ökumenische Ausgaben

- Kumbaya. Oekumenisches Jugendgesangbuch. Lieder und Texte. Zürich/Luzern/Freiburg CH 1980. (KYA)
- rise up. Ökumenisches Liederbuch für junge Leute. Luzern 2002 (RU).
- rise up plus. Ökumenisches Liederbuch. Luzern/Basel/Zürich 2015 (RUplus)
- Ökumenisches Liederheft für Bestattungen. Gesänge und Texte aus dem Katholischen und dem Reformierten Gesangbuch der Schweiz. Freiburg CH/Basel/Zürich 2002.
- Ökumenisches Gesang- und Gebetbuch. Schweizer Armee 2007.

Andreas Marti

Abstract:

Congregational singing was introduced in German-speaking Switzerland from the beginning of the Reformation, although at different rates depending on the place. The mixed repertoire based on the model of the Constance hymnal of about 1534 was replaced from the 17th century by the Lobwasser Psalter, this in turn was replaced in the 19th century by the strongly divergent cantonal hymnals. The Reformed received a common hymnal in 1952, the Catholic dioceses in 1966. The Second Vatican Council and the social upheavals after 1968 shaped the work on the new hymnals and favored the close cooperation of the Reformed and the Catholic leaders. The hymnals introduced in 1998 are both the result and the motor of the good interconfessional relationship in Switzerland.

Shared hymns and ecumenical practice in recent Scandinavian Catholic hymnals 2000–2013

A majority-church perspective from Norway

DAVID SCOTT HAMNES

Preamble

In this article, I compare the contents of current Scandinavian (Norwegian, Danish and Swedish) Catholic hymn books with a single majority-church[1] hymn book from Norway, "Norsk salmebok" (2013), focusing primarily on content commonality. Connected through language, ecclesiology and geography, the Scandinavian region provides an exciting opportunity to evaluate how hymns are shared across borders, as well as interdenominationally. While hymn book creation processes are not evaluated, some remarks related to editorial consequences are noted. Empirical research into the use and reception of Protestant hymnody in the Catholic church is identified as a requisite component in future studies, as is an evaluation of the paucity of recent Catholic hymnody in the majority-church hymn books in Scandinavia. The Scandinavian countries share forms of the North Germanic languages, and enjoy a high degree of mutual language intelligibility. The Scandinavian languages are so alike that speakers often communicate each using their own language, sometimes called semi-communication. Such communication can be asymmetric, and studies have shown Norwegian speakers to be the best in Scandinavia at understanding other languages within the language group; additionally, Swedish is more easily understandable for a Dane, than Danish for a Swede.[2] A study of language intelligibility in the interchange of hymns in the region is identified as a valuable future contribution to the field.

---

1 Majority (Lutheran) churches in the Nordic region include more than 60 % of their respective regional populations as members. Founded as state churches following the reformation, and while declining in membership, these churches retain an important cultural, ecclesial and political role in present day society.

2 Conditional entropy measures intelligibility among related languages; Moberg, Jens/Gooskens, Charlotte/Nerbonne, John/Vaillette, Nathan: LOT Occasional Series 7 (2007), 51–66. See https://t1p.de/i4qg (23.9.21).

Core hymns, commonality and ecumenism

A core of common hymn repertoire (both established and more recent) may be found in every modern hymnal across the globe. During a visit to Australia in January last year, I found the usual trends in Catholic and Protestant Australian hymn collections of recent date. Most post-war hymn books contain material from many different song traditions. This is an accepted though often unacknowledged interdenominational starting point, which over the past 50 years has been strengthened by organised and comprehensive ecumenical work in ecclesial song. It may also be seen as a convergence of interdenominational heritages influenced by the liturgical movement of the early 19th century until the present day.

Since the turn of the millennium, key societal changes related to employment migration and humanitarian immigration, as well as changes to church/state alliances have influenced what many imagine to be homogenised Scandinavian cultures. The majority-churches of Sweden and Norway are now disestablished. In addition, church-goers now impart a corpus of individual preferences which inform local practices. In the Catholic church, no pressure is greater now than that from immigrant families who miss their favourites. Hymn book committees must also reflect a strong awareness of equal representation in terms other than geography and gender. Perhaps church musicians have a certain influence: Erik Routley's oft-cited quote that church musicians are "denominationally promiscuous"[3] might also have had an impact in our region. Aside from secularity and a growing indifference to ecclesial institutions, the exponential growth of the Catholic church directly related to EEC and EU-labour regulations, and a growing awareness that equality requires tackling equity and social justice issues have also contributed towards shaping the ecclesiology of the region today.

The fruits of interdenominational initiatives are found globally; inculturation, non-vernacular song and local practices form a symbiosis which informs and frames congregational song. Internationally, hymn commonality has been openly encouraged by many denominations since the second Vatican council (Vatican II, 1962–1965), and certainly existed earlier, as shown in efforts as diverse as "Arbeitsgemeinschaft für ökumenisches Liedgut" (AÖL), "Gotteslob" (1975), The Australian hymnbook project (also known as "With one voice", 1977, initiated in the mid 1960s) and "Sampsalm" (Sweden, 1969–1986). Although not consolidated into an ecumenical hymn book, significant mapping has also taken place in Great Britain and in the USA. An article by C. Michael Hawn in 1997[4] analyses two decades of hymnal publication in the USA and Canada

---

3 Bear, Carl: Singing ecumenically. An analysis of a core repertoire in recent English-language American hymnals, in: The hymn 70/3 (2019), 21.

4 Hawn, C. Michael: The tie that binds. A list of ecumenical hymns in English language hymnals published in Canada and the United States since 1976, in: The hymn 48/3 (1997), 25–37.

Shared hymns and ecumenical practice

(1976–1996) for ecumenical hymn commonality, building upon earlier work by the Consultation on ecumenical hymnody.[5] A more recent article by Carl Bear follows up Hawn's study.[6] Bear finds in his analysis of nine recent (2006–2018) North American hymn books from six different denominations that merely 37 hymn texts and 49 tunes are shared in all hymn books, with a primary core related to material for Christmas and Easter written before 1900. His findings on secondary and emerging cores of shared hymnody show that dissemination here is also limited: just 34 hymn texts and 30 tunes are found in eight of the nine books. Bear categorises five areas where an emerging core of shared hymnody is apparent in the USA: 1. Global songs (hymns from countries not associated with the Western canon); 2. Songs from Taizé and Iona communities; 3. Contemporary hymn texts; 4. Contemporary Catholic hymnody; 5. Contemporary worship music. These findings (both in the emerging and secondary cores) are relevant to the majority hymn traditions in the Scandinavian region, especially in the first three categories. Local ecumenical commonality in core repertoire in this region is customary, although as we shall see, the influence of Catholic hymnody on majority-church hymnals remains slight.

Ecumenism in Scandinavian hymn books

Ecumenical relations, as defined by the Lutheran Church of Norway, consist of collaborations and agreements between Christian denominations and organisations both in Norway and internationally. Ecumenism requires active, conscious and full participation from involved churches.[7] Its advocates refer to John 17.21: "that all of them may be one, Father, just as you are in me and I am in you (…)."[8] The Catholic church and most Protestant denominations, as well as minority churches such as the Nordic Catholic church are members of the dialogue organisation Norges Kristne Råd (Christian Council of Norway). Some dissent is apparent and not confined to the region; conservative Catholics believe that ecumenism could alter the theology and ecclesiology of the Catholic Church by bringing in Protestant tendencies which redefine faith, and, moreover, without the *quid pro quo* of Protestant denominations accepting Catholic influence on themselves. The contents of Catholic hymn books after 2000 in Scandinavia are all heavily influenced by local hymn tradition, and although post-Vatican II influences on Church of Norway are many, and have had an impact on recent

---

5 See Hymns and tunes recommended for ecumenical use, in: The hymn 28/4 (1977), and C. Michael Hawn: The consultation on ecumenical hymnody. An evaluation of its influence in selected English language hymnals published in the United States since 1976, in: The hymn 47/2 (1996), 26–37.

6 Bear, Carl: Singing ecumenically (cf. N. 3).

7 Kirkerådet: Hva er økumenikk? https://kirken.no/nb-NO/om-kirken/slik-styres-kirken/mellomkirkelig-rad/okumenikk-og-kirkesamarbeid/hva-er-okumenikk/

8 Bible: New international version, Harper Collins 2011. https://www.thenivbible.com

274 David Scott Hamnes

service order revisions (2020),[9] the majority-church hymn book (2013) contains comparatively few Catholic hymns.

The Church of Norway is progressive in its ecumenical work, and many fruits of a long tradition of ecumenical borrowing are also found in "Norsk salmebok" (2013). Committee documents from 2005–2013 describe warmly the advantages of enriching and renewing hymn traditions through borrowing from different cultures, faiths and times. Such articulated borrowing commenced over 150 years ago in the first Norwegian hymn book (1870). In Sweden, many denominational hymn books were revised collectively through the 1970s and 1980s in a process called "Sampsalm". Renewal in the Danish Lutheran church has been more unhurried. The Danish hymnal from 2002 was a conservative revision of the 1953 edition, which in turn had its roots firmly planted in N. E. Balle's "Evangelisk-Christelig Psalmebog til Brug ved Kirke- og Huus-Andagt" (1798). A more recent and dynamic hymn writing revival is currently changing the form and use of hymns in service life in Denmark.[10]

Scandinavian Catholic hymn books differ greatly in their contents, histories and levels of local inculturation. The three regional Catholic hymn books embrace local hymn traditions, as well as a core repertoire of Lutheran hymns. There is significant cultural and ethnic diversity in the region, especially in minority churches. This diversity, as well as the Nordic social model based on solidarity, trust, equality and emancipation, also plays an influential role in these hymn books. In this overview, I have investigated the majority-church and Catholic hymnals in Norway, cross-referencing to Swedish and Denmark sources where I have data, in order to identify trends in shared hymnody. Although two of the Scandinavian Catholic hymn collections ("Lov Herren" and "Lovsang") are actually called hymn books, they are all hybrid publications, amalgamating the functions of a hymnarium, graduale and kyriale.

The following primary sources are used:

Norwegian hymnals:
LH   Lov Herren – katolsk salmebok (Catholic hymn [service] book, Oslo 2000)[11]
N13   Norsk salmebok (Oslo 2013)
–   The Norwegian interdenominational hymn list (2005–2008).

Swedish hymnals:
C13   Cecilia – katolsk gudstjänstbok (Catholic service book, Stockholm 2013)
–   The Sampsalm-project and Den svenska psalmbok (Stockholm 1986)

---

9 Den norske kirke: Gudstjenestebok for Den norske kirke, Eide forlag 2020.

10 Skovsted, Morten: Syng nyt salmenetværket, https://www.salmer.dk/salmestof/syng-nyt-salmenetvaerk/1668

11 A supplementary hymn books has been published in Norway since LH: Adoremus – sangbok for Norges unge katolikker, NUK, Oslo 2008. As it is a catechetical publication for children and adolescents this hymn book has not been investigated for this paper. It does, however, contain a number of Protestant and Catholic hymns of more recent date.

Danish hymnals:

L6 Lovsang – katolsk salmebog (Catholic hymn [service] book, Copenhagen 2006)

– Den danske salmebog (Copenhagen 2002)

Ecumenical development in Norway 1850–2013

In the Nordic region, Norway's Magnus Brostrup Landstad (1802–1880) may be seen as a pioneer figure, second to Denmark's Nicolai Frederik Severin Grundtvig (1783–1882), albeit at a temporal, geographical and certainly a theological and principal distance. Landstad's "Kirkesalmebog" (1870) was the first authorised Norwegian hymn book, which in 2020 celebrated its 150th anniversary. Both Grundtvig and Landstad wrote and translated many shared hymns in the 19th century, though Grundtvig was to wait a century before his hymns were widely incorporated into Nordic hymnals. Landstad's motto "alle kirkens tidsaldre skulle synge med oss og vi med dem" (all the ages of the church should sing with us, as we do with them)" is no hyperbolic statement. Landstad was an orthodox Lutheran, and interdenominational hymnody was hardly an aspect he held in high regard. In fact, quite to the contrary. The King's Church of Norway in the 19th century held such an all-encompassing position in the lives of the population that it provided Landstad's hymn book a legitimacy which may be seen as a constitutional statement for Norwegian national identity and language. While Landstad's motto may be seen as a sign of openness to hymns from pious former times, it did not allow for theological dissent. Landstad's hymnal stands as a landmark in a landscape in which the Norwegian hymn, despite the growing spirit of liberal Grundtvigian Lutheranism of the time, is not challenged by the dissenter law changes of the 1840s, which allowed for (almost) full religious freedom.

The footnote "For at forstaa Stemningen … " in the 1879 edtion of Landstad's "Sange og Digte", which includes his rather ferocious poem on the dangers of diluting the majority-church, "Morten Luthers Minde" (In memorium Morten Luther, 1856), allows us to understand where he placed his allegiances:

In order to understand the circumstances and character of this poem, it should be noted that it was written during the time when dissenter laws were brought into practice, and the effects of division and confusion in our congregations were first being felt. Our congregations became a prized missionary field for all types of foreign sects, proselytes and heretics; this continues to this day.[12]

---

12 Translation by the author.

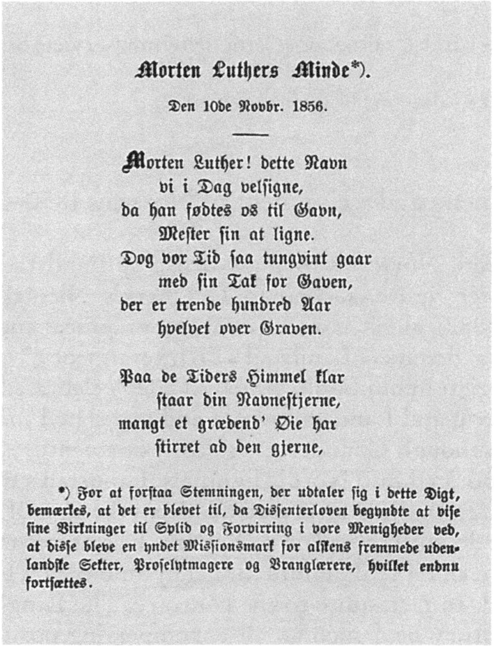

276 David Scott Hamnes

Morten Luthers Minde*).

Den 10de Novbr. 1856.

———

Morten Luther! dette Navn
vi i Dag velsigne,
da han født es os til Gavn,
Mester sin at ligne.
Dog vor Tid saa tungvint gaar
med sin Tak for Gaven,
der er trende hundred Aar
hvælvet over Graven.

Paa de Tiders Himmel klar
staar din Navnestjerne,
mangt et græbend' Øie har
stirret ad den gjerne,

*) For at forstaa Stemningen, der udtaler sig i dette Digt, bemærkes, at det er blevet til, da Dissenterloven begyndte at vise sine Birkninger til Splid og Forvirring i vore Menigheder ved, at disse blev en yndet Missionsmark for alskens fremmede udenlandske Sekter, Proselytmagere og Vranglærere, hvilket endnu fortsættes.

Figure 1: Morten Luthers Minde, 1856[13]

The first hymn book to proclaim ecumenical impulses as an important source is associated with Gustav Jensen (1845–1922), who edited (with the assistance of a committee) "Landstads reviderte salmebok" (Revision of Landstad's hymn book, 1926). In his draft edition of 1915, Jensen states that the character of the church hymn book must be "… based upon the foundation of faith, with the characteristics of the evangelical Lutheran denomination."[14] While this seems at first glance to be a continuance of Landstad's principle, the admission that it is the characteristics of the Lutheran denomination is a new development. Jensen confirms this in his next paragraph: "At the same time, the hymnbook should display an openness to and allow room for the various forms of living Christian traditions which have sprung forth in the church of the Norwegian people."[15] Within this scope, Jensen places a significant number of ecumenical hymns from both Great Britain and Sweden, as well as from local protestant sources discon-

---

13 Landstad, M. B.: Sange og Digte af forskjellige Slags, mest fra gamle Dage, Jacob Dybwad, Christiania 1879, 165. Source: https://t1p.de/kx6w (7.9.2021).

14 Jensen, Gustav: Forslag til en revideret salmebog, Oslo 1915, 438. The original quote reads: "paa troens grund og med den evangelisk-lutherske kirkeavdelings præg."

15 Ibid. The original quote reads: "Men samtidig bør salmeboken have en aapen favn og på troens grund gi rum for de forskjellige avsygninger av levende kristendom som er vokset frem inden den norske folks kirke."

nected from the majority-church. As we shall see, the sole post-reformational Catholic hymn included in 1926 was J. H. Newman's already widely accepted *Lead, kindly light.*[16]

Jensen's work was strongly criticised in the years following. One criticism was for its inclusion of hymns (and tunes) from which "arose the aroma of coffee and Christmas cake,"[17] in other words, traditions not previously accepted as adequately ecclesiastical. By the 1950s, when a call for a replacement was made by Bishop Johannes Smemo (1898–1973), ecumenical relations were again to play an important role. Smemo's publications "Salmer fra søsterkirker" (Hymns from sister churches, 1964), "Gamle salmer og nye" (Old hymns and new, 1965) and "Ung sang" (Youthful song, 1967) all follow the same earlier tendencies established by Jensen. Smemo assumes that fellow Christians across the globe have something to teach us, and by so doing, encourages the church to accept the fruits of insight and experience from without. While Smemo is now largely forgotten in Norway, he introduced (and translated) hymns by Fred Pratt Green, Georgia Harkness and Anders Frostenson. A broadening ecumenical perspective emerges, confirmed also in the Catholic church's post-Vatican II trial hymn book "Lov Herren", published in 1974–1975 in Trondheim, which contained a significantly larger number of Protestant hymns sourced from "Landstads reviderte salmebok" (1926), and a reduction in the number of Catholic hymns which were considered outmoded in their musical style.[18]

The following majority-church hymn book "Norsk salmebok" (NoS 1985) operates on several levels in this context. On the one hand, it partially fills in some gaps in Landstad's "all the ages of the church," and on the other, it allows more room for a diverse range of hymnody which could be considered challenging to modern Lutheran understandings of theology. Hymns such as Johann Heermann's (1585–1647) *O Jesu Christe, wahres Licht / O Herre Krist, vårt lys på jord* NoS: 504 (omitted in N13), Christian David (1690–1751), Johann Christian Nehring and Christian Gottlob Barth's *Sonne der Gerechtigkeit / Rettferds sol, med signing blid* (NoS: 532, omitted in N13) and Count Nicholas Ludwig von Zinzendorf's (1700–1760) *Herz und Herz vereint zusammen / Kristne la oss søke sammen* (N13: 527) provide a window into hitherto unknown panoramas. It is possible that some of these theological views were interpreted as focusing on social justice issues, thus providing their rationalisation. Other changes in NoS 1985 include the introduction of orthodox hymns, and a small number of Catholic writers appear, together with further Catholic pre-reformational material.

---

16 This hymn was written in 1833, prior til Newman's conversion in 1845.

17 Cited in many sources, including Hamnes, David Scott: In service to the church. The neue Sachlichkeit and the organ chorale prelude in Norway. A study of Pro organo (1951–1958) by Rolf Karlsen and Ludvig Nielsen. PhD-dissertation, ACU, Melbourne 2009, 73 (https://t1p.de/xvpz; 7.9.2021), and Apeland, Sigbjørn: Folkemusikk og kunstmusikk i Den norske kyrkje, Novus forlag 2017, 24, (https://t1p.de/r4gf; 7.9.2021).

18 Strazynski, Sara: Liturgisk vokalmusikk i den Katolske kirke i Norge 1843–2011. Master of music-dissertation, Norwegian Music Academy 2011, 74.

278 David Scott Hamnes

A further strengthening of the British non-Anglican component from William Cowper, Charles Wesley to Fred Pratt Green is also evident. And in line with most hymn books across the globe from the early 1980s, global hymnody starts to provide an echo of the gospels in folk traditions from both missionary and disconnected fields, not least through World Council of Churches hymn book "Cantate Domino" (1974); however, the inclusion of Sami texts and tunes was not prioritised until N13. The ecumenical inclusions in NoS 1985 are largely uncontroversial, and have been accepted without substantial susurrations. This acceptance may have also influenced theological broadness, for example in Svein Ellingsen's re-working of Johann Franck's *Schmücke dich, o liebe Seele* N13: 604), in which transubstantiation is implied. Nevertheless, controversy, already found in explicitly non-Christian texts (N13: 666 *Å leva, det er å elska*, included since 1926) and more recently in Bill Withers' *Lean on me / Sometimes in our lives* has not been absent. Theological eclecticism in hymn books is not necessarily an intended or desirable attribute; all borrowing requires wisdom and a vision of diversity must be weighed against internal ecclesial unity and common sense.

The Norwegian interdenominational list (2005–2008)

In a landmark decision in 2004, the Church of Norway made a commitment to compile an interdenominational list of hymns together with nine other denominations and seven lay-persons organisations.[19] This process was undertaken in part to inform the proposed hymn book revision, which was to be part of a complete service life reform (2005–2020). The list was intended as a possible foundation for an ecumenical section in the forthcoming hymn book (similar to the "Sampsalm"-ideal), and consists of rudimentary text (and tune) agreements between denomination and lay-persons movements in Norway.[20] The list differs significantly from the Swedish "Sampsalm"-ideals, which were based on identical shared texts and tunes: commonality was a primary goal, and denominational singularity was positioned in the second section. The interdenominational list contains 269 hymns compiled through a majority consensus process, where reservations from any participant organisation effectively vetoed inclusion.

---

19 Haavik, Åge: Grunnleggende perspektiver, in: Salmebokforslaget – supplerende materiale, Kirkerådet, Oslo 2008, 36.

20 Haavik, Åge: Grunnleggende perspektiver (cf. n. 19), 37. The following denominations participated: Adventist Church, Evangelical Lutheran Free Church, Catholic Church in Norway, Norwegian Baptist Church, Evangelical Lutheran Church, Norwegian Missionary Federation, Salvation Army, Methodist Church in Norway and the Pentecostal Movement in Norway. The following organisations participated: Norwegian Missionary Society, Internal Mission Society, Norwegian YMCA/YWCA, Norwegian Christian Student Union, Norwegian Christian Student and School Youth Team, Normisjon and Norwegian Lutheran Missionary Association.

The selection of hymns is thus arbitrary, as inclusion signifies only agreement without negotiation. It is for this reason that I call the list interdenominational rather than actively ecumenical.

The aims of the common list were threefold:
1. To identify a common form (textual and melodic) for a set number of the most central hymns in Norwegian Christianity.
2. To enable each denomination to recognise common hymns in all involved organisations/churches.
3. To give forthcoming hymn book committees the possibility of including common hymns as a preliminary segment, as in "Sampsalm".

The second goal was achieved. The first has only been partially evaluated, as random tests showed that there were significant differences in both textual and melodic traditions. These differences provide a useful starting point for future research into how denominations have addressed theological issues in translation variants. The third goal was discarded, as the parameters of "Sampsalm" (several hymn book revisions were carried out concurrently in Sweden in the 1980s) were not present in Norway at the turn of the millennium. According to the secretary of the committee, Åge Haavik, the list was a step towards greater understanding and acknowledged acceptance between each denomination, while showing deference to the multifaceted confessional foundations of the Church of Norway,[21] building upon the vision of Gustav Jensen.

Contents and imbalances in the Norwegian interdenominational list

The ecumenical core of hymnody is gender and geopolitically imbalanced, as are the contents of most hymn books. This situation has been noted elsewhere in the world, especially related to gender.[22] The interdenominational list[23] provides cause for reflection. The majority of the hymns are more than a century old, and many are related to outmoded theological thought in the western sphere. Similar to Bear's findings in North America, hymns for Advent/Christmas, Easter and Pentecost predominate, contrasted against few Passiontide, Marian, eucharistic and baptismal hymns. Only eight hymns were written after 1985, few women are represented (writers, translators and composers), and Sami (indigenous) hymn and tunes are not included. Even the widely popular hymns of Lina Sandell-Berg (Sweden) are limited in number, and the list eschews hymns written

---

21 Haavik, Åge: Grunnleggende perspektiver (cf. n. 19), 37.
22 Bear, Carl: Singing ecumenically (cf. N. 3), 27.
23 Kirkerådet: Den felleskirkelige salmeskatten, in: Salmebokforslaget – supplerende materiale, Kirkerådet, Oslo 2008, 195–201. The list may be downloaded here: https://t1p.de/rdlb (7.9.2021).

280 David Scott Hamnes

with a modernist, socio-ethical and/or environmentally-conscious approach. The majority of the hymns included in the list were thus written by men in a Eurocentric context in the period 1700–1950. Emerging cores of global hymnody from the Taizé and Iona communities, as well as contemporary texts and worship music, have yet to achieve a clear position, although Iona hymns are amongst few written since 1985. N13 includes 241 of the 269 hymns on the list, or about 90 % of the hymns. The relevant hymns are therein marked by an encircled Maltese cross, similar to the method used in "Gotteslob" (1975). LH includes 113 of the 269 hymns, or about 42 % of the hymns on the list. The interdenominational list represents not an attempt to find room for the greatest possible cultural diversity, but is rather a collection of hymns that all denominations individually and collectively value.

Catholic content in "Norsk salmebok" (2013)[24]

The current Norwegian hymn book N13 is first and foremost a revision of NoS 1985, expanded to 900 hymns, of which 272 are new. A proportional strengthening of the Swedish hymn component, and a corresponding weakening of earlier Danish hegemony, is evident. 38 pre-reformational Catholic texts are included, most of which are also found in LH and are part of a common core for the region. Ongoing translation and reworking processes have probably contributed towards retaining dynamic interest in these texts.

1500–1899	1900–2011
*27 Puer natus in Bethlehem (1820)	*2 Veni redemptor (1905)
*28 In dulci jubilo (1856)	*3 Veni, veni Emmanuel (1978)
*30 Dies est laetitiae (1529)	*29 Resonet in laudibus (1973)
*31 Gelobet seystu Jhesu Christ (1855)	*93 Conditor alme siderum (1938)
*154 Lauda Sion salvatorum (1861)	*#121 A solis ortis cardinae (1978)
166 Salve, caput cruentatum (1738)	*122 There is no rose (1986)
168 DEt hellige kaars vor Herre (1553)	*123 Maria durch eyn' Dornwald ging (2011)
*275 Te Deum laudamus (1729)	*#153 Ad coenam agni providi (1978)
*#512 Veni creator spiritus (1855)	155 Jesus Christus nostra salus (1917)
*513 Nun bitten wyr (1861)	*#164 Pange, lingua, gloriosi (1978)
*229/789 Then signadhe dagh (1569)	*167 Stabat mater dolorosa (1927)
	*187 Victimae paschali/Christ lag (1918)
	*188 Christ ist erstanden (1959)
	*#248 Lux illuxit lætabunda (1923)
	*#249 Rex Olavus gloriosus (2002)
	*289 Jubilemus cordis voce (1938)
	482 Rob tu mo bhoile (1978)
	*505 Dies irae, dies illa (1918)

---

24 Norsk salmebok 2013, Eide forlag, Stavanger 2013.

Shared hymns and ecumenical practice

1500–1899	1900–2011
	545 Ápo dóxhç eiç dóxan (1978)
	664 Discendi, amor santo (1978)
	730 Da pacem, Domine (1965)
	*#805 O lux beata, trinitas (1975)
	*#806 Te lucis ante terminum (1975)
	*807 Christe, qui lux es et dies (1972)
	855 Heyr, himna smiðr (1921)
	*879 Urbs beata Hierusalem (1978)

Table 1: Translations of pre-reformational Catholic hymns in N13, listed according to primary Danish and/or Norwegian translation years. Earlier and subsequent translations exist in many cases. Original language incipits are shown; numberings refer to "Norsk salmebok" (2013).

As Table 1 shows, the majority of N13s pre-reformational texts have been updated during the last century, and in many cases have had extended translation, tune and trading histories. The 29 hymns marked by a star (*) are also included in LH, although eight are translated according to differing principles (marked by a hash symbol (#).

Translated hymns from 1744–1899

# 40 Adeste fideles (Latin/London)	England	1744	N13/LH
* 43 Stille Nacht! (Mohr/Gruber)	Austria	1816	N13/LH
# 280 Großer GOtt! (Franz/Sagen)	Germany	1768	N13/LH
# 345 There's a wideness (Faber/Paderborn)	England	1862	N13
∞ 858 Lead, kindly light (Newman/Purday)	England	1833	N13/LH

Translations and original texts since 1900

* 70 Djupaste mørker (Haram/Ramirez)	Norway	1995	N13/LH
* 126 The angel Gabriel (Baring-Gould)	Italy	1922/2008	N13/LH
# 206 Le tue mani (Giombini)	Ireland/Australia	1970	N13/LH
§ 221 Hail, Redeemer (Brennan/Flood)	England	1930	N13
§ 263 O God of earth and altar	Philippines	1972	N13
§ 620 Hindi ko maisip (Feliciano/Bicol)	England	1984	N13
§ 708 There is a longing (Quigley)	England	1992	N13
* 733 Make me a channel (Temple)	Norway	1967	N13/LH
§ 834 Det finst ei jord (Fosse/Utnem)		2008	N13

∞ – First published in "Landstads reviderte salmebok" (1926).
– First published in "Norsk salmebok" (1985).
* – First published in "Lov Herren" (2000).
§ – First published in "Norsk salmebok" (2013)

Table 2: Post-reformational Catholic hymns in N13. Original language incipits are shown, as well as country of origin, year of first publication and inclusion in LH.

Fourteen Catholic hymns from the post-reformation period are included in N13. These shared hymns have been accrued since 1926, with the majority published first in LH and/or N13. Four were published first in NoS in 1985. Six of these hymns are not included in LH; these hymns were mainly included in N13 for the first time. Table 2 provides an indication of how growing awareness of Catholic hymnody has influenced the contents of the majority-church hymn book in Norway. The Catholic repertoire is international and, while largely foreseeable, it is dominated by English language sources. Some regional disparities are apparent: the Italian Easter song *Le tue mani / Dine hender er fulle av blomster* is found in few hymn books outside Sweden and Norway, and the more recent evening/funeral hymn *Det finst ei jord* is published only N13.

"Sampsalm" and ecumenical Swedish hymn books

The ecumenical sections (325 hymns) of 15 Swedish hymn books from 1986–2010 form the basis of member church's collections and contain identical text and tune forms, thus creating a unique project in scope and structure. "Sampsalm" was an ecumenical hymn group formed in 1978, with roots in the late 1960s. As well as the majority church, all the larger denominations were involved, including the Catholic, Methodist, and Baptist churches, as well as 11 free church and lay movements. The breadth of representation resulted in probably the most comprehensive, uniform and wide-ranging ecumenical hymn books published.[25] Four possible hymn book proposals were considered:
1. A common or core hymn book with denominational or organisational supplements;
2. A separate ecumenical hymn book for use with each denomination/organisational hymn book;
3. A complete common hymn book for all denominations/organisations;
4. A common hymn book for some denominations and organisations.[26]

The first alternative was chosen as the most realistic. Between 300 and 500 hymns were considered in choosing the common material. At commencement, just 10 hymns were entirely identical to the 15 denominations. Many hymns, especially those from more recent collections, were common to several churches. On the other hand, textual and melodic differences abounded. In the selection of hymns, member churches showed great generosity towards each other. Some theological

---

25 In addition to the Church of Sweden, the following groups were represented: Adventist samfundet, Evangeliska fosterlandsstiftelsen, Fribaptistsamfundet, Frälsingsarmén, Helgelsefördundet, Katolska kyrkan i Sverige, Metodistkyrkan i Sverige, Pingsrörelsen, Svenska Alliansmissionen, Svenska Baptistsamfundet, Svenska frälsningsarmén, Svenska missionsförbundet and Örebromissionen.

26 Hamnes, David Scott: A common heritage? Aspects of unified hymnody and the hymn tune in Scandinavia, in: IAH Bulletin 40 (2012), 130.

Shared hymns and ecumenical practice 283

issues were, however, not resolved: baptismal hymns, without exception, were placed in the denominational sections of each hymn book.[27]

The level of agreement reached in terms of textual and melodic unity in the Swedish hymn book project from 1986 remains nothing short of sensational.[28] Tunes found in the first section are not always identical to those in the denominational sections. Rhythmic and melodic alterations, re-barring and metre changes proliferate, and as a result, there are a number of research challenges associated with investigating this project. Few of the editorial decision-making processes have been specified, and while translations has been retained in subsequent hymn books, some of the textual changes have been reversed in "Cecilia" 2013. "Sampsalm" was a corporate project with the overall intention to assist in the production of a common hymn book basis. The timing of the project was a key to its success: several churches were at the time considering new hymn books, and several important international ecumenical counterparts existed at the time. The full impact of the Swedish model has yet to be documented. The 2013 Swedish Catholic hymn book "Cecilia" (2013) has an independent structure and the literary and melodic material no longer follow the "Sampsalm" model.

Catholic hymn books in Scandinavia

Sweden: Cecilia (C13, 2013)[29]

C13 is a post-Benedict document which replaced "Cecilia" (C87, 1987). C87, like other "Sampsalm" hymn books, contains the identical initial ecumenical section of 325 hymns. This hymn book was long considered ripe for revision, and a new version planned in 2005. Even before 2005, the Catholic diocese indicated that the "Sampsalm"-concept was to be abandoned, thereby causing dismay in ecumenical circles. Nevertheless, more than half of the "Sampsalm"-hymns were retained (171 of 325), and a further 129 hymns are included from other "Sampsalm" hymn books, thus modifying and safeguarding a firm ecumenical basis.[30] The 171 common hymns are now incorporated into the entire hymn book. The reductions made were informed by a survey in 2001–2002, and over 50 new hymns (mainly of Catholic origin) were added.[31]

---

27 Nisser, Per Olof: En ekumenisk psalmbok, in: Per Olof Nisser: Vår nya psalmbok, Verbum förlag, Stockholm 1987, 158.

28 Balslev-Clausen, Peter: Om det svenske salmebokarbejde, in: Hymnologiske meddelelser, May 1988, 68.

29 Cecilia: Katolsk gudstjänstbok. 4th edition, Veritas förlag, Stockholm 2013.

30 Hedin, Annamaria: Cecilia. En gudstjänstbok, in: Signum 2015 (2), http://www.signum.se/archive/read.php?id=5121 (7.9.2021).

31 Ibid.

284 David Scott Hamnes

Denmark: Lovsang (L6, 2006)[32]

At first glance this hymn book seems to perpetuate Danish conservatism in all its grandeur. Few international writers have gained entry, and the bulk of the content is Danish in origin. Although a number of recent folk-church hymns and several Taizé songs have been included, the hymn book is as narrow in scope as the majority-church "Den danske salmebog" (2002). Ellingsen and Landstad from Norway are included, along with a handful of Swedish authors. No international hymns written since 1950 are included. There has been, however, significant activity in hymn publishing in Denmark since 2015, and together with three supplements to the 2002 hymnal now in use, a highly regarded hymn database is operative.[33] A comparative study of the Danish Lutheran and Catholic hymn books has not been undertaken.

Protestant hymns in Catholic hymn books in Scandinavia

The German-speaking Catholic congregational singing tradition that emerged during the latter part of the 19th century, building upon the "Allgemeiner Deutsche Cäcilien-Verein",[34] eventually arrived in Sweden in the early 20th century. It was undoubtedly influenced by Protestant hymn practices, and modified to take advantage of community-building merits of hymn singing established in the Lutheran church.[35] Shared hymns from Protestant traditions remain a significant component in all the Scandinavian Catholic hymn books, as the following table shows.

Author (text)	Lov Herren (2000)	Lovsang (2006)	Cecilia (2013)
N. F. S. Grundtvig (DK)	30	114	6
Anders Frostenson (SE)	7	1	60
M. B. Landstad (NO)	33	3	2
Britt Hallqvist (SE)	7	0	35
J. O. Wallin (SE)	0	0	29
Elias Blix (NO)	25	0	0
Hans A. Brorson (DK)	10	21	1

---

32 Lovsang. Katolsk salmebok til brug i bispedømmet København, Ansgarstiftelsens forlag 2006.

33 Skovsted, Morten: Salmedatabasen, www.salmer.dk (7.9.2021).

34 Ruff, Anthony: Sacred music and liturgical reform: Treasures and transformations, Hillenbrand Books, Chicago 2007, 108–109. See also Hamnes, David Scott: In service to the church (cf. n. 17), 31.

35 Garratt, James: Palestrina and the German Romantic imagination: Interpreting historicism in nineteenth-century music, Cambridge University Press, Cambridge 2002, 96.

Author (text)	Lov Herren (2000)	Lovsang (2006)	Cecilia (2013)
B. S. Ingemann (DK)	8	18	1
Petter Dass (NO)	15	1	0
Eyvind Skeie (NO)	15	0	1
Svein Ellingsen (NO)	11	5	3
Martin Luther (DE)	9, 2 tunes	8	5, 2 tunes
Paul Gerhardt (DE)	2	9	4

Table 3: Hymn texts (original and translations) by significant national writers in Scandinavia represented in Catholic hymn books 2000–2013. Luther and Gerhardt are included for comparative purposes.

Table 3 provides an overview how the most significant national hymn text writers in Scandinavia, as well as Gerhardt and Luther, are represented in each national Catholic hymn book. Significance is defined by tallying hymn writers represented by more than 10 texts in any one hymn book. The proportional representation is unsurprising, given the importance of these writers in each tradition, and corresponds roughly with the proportions found in each majority-church hymn book. Established political, linguistic and geographical links remain relevant, as little cross-pollination occurs between Denmark and Sweden. Only Grundtvig may be seen as a truly Nordic writer, although his popularity is primarily confined to Denmark/Norway. Ellingsen and Landstad are also found throughout the region, while Brorson, Frostensen, Hallqvist and Ingemann are represented in two countries only (Norway/Sweden; Norway/Denmark). Wallin, Blix, Dass and Skeie are primarily found only in their countries of origin.

Recent ecumenical English language hymnody has yet to influence Catholic hymn books in Scandinavia. Shirley Erena Murray, Brian Wren, Fred Kaan and Marty Haugan are not represented, and only one John Bell hymn is included (C13). It is notable that neither the Swedish nor the Norwegian hymn books include indigenous peoples' (Sami-language) hymns (or tunes), and the number of Lithuanian and Polish (important immigrant populations) hymns is minimal. While this may be a practical assessment, as immigrant populations tend to celebrate church services using liturgies and hymn books from their own language areas, it reveals a telling underlying reluctance to unify internal hymn traditions related to various diaspora.

286   David Scott Hamnes

Norway: Lov Herren (LH, 2000)[36]

Several important statements about LH are made in the afterword written by the compiling committee. An articulated need for singable, appropriate and communicative texts from around the world, adapted to the local vernacular is recognised. Hymns from the Norwegian Protestant traditions were acknowledged as having superior poetic, linguistic and musical qualities.[37] Additionally, the committee states that the ecclesial confession of the hymn writer is unimportant as a selection criterion. Far more so is the content of the verses, which must form the primary selection criteria. To the committee, the role of the hymn is to communicate the biblical message about the creation of the world and humankind, the life of Christ, death and resurrection, the influence of the Holy Spirit, salvation and the Christian life. A majority of the central Lutheran hymns are seen to comply with these demands, and in so doing, are common to Christianity and are thus ecumenical.[38] LH is therefore a bridge across a perceived divide, uniting itself with the Church of Norway and its rich hymn tradition, and to other denominations that value hymns as forms of ecclesial fellowship and communication. The committee states that "Catholic means universal, and the universal is boundless diversity. We wanted to show the diversity in the treasures of Norwegian and Nordic hymn traditions (…)".[39]

The Catholic Church in Norway has accepted protestant hymns since the 1950s, both as propers and as expressions of personal devotion, and the chorale books of the Church of Norway have provided both harmonisations as well as alternative tunes since LH 1975. In 2000, this flexibility has been stretched to included texts and tunes from secular spheres. This in turn is related to changes from Vatican II, which acknowledged that the church might consider the existence of other denominations and religions as a positive phenomenon.[40]

LH introduced a small number of then unknown Norwegian hymns by established writers (Johan S. C. Welhaven, Aasmund Vinje and Bjørnstjerne Bjørnson) and more recent texts by otherwise well-known literary figures. In some cases, these texts may be considered extensions of the hymn genre, and many were not intended for ecclesial use. The particularly generous stance taken by the LH-committee introduced well-known 20th century Norwegian authors such as Einar Skjæraasen, Edvard Hoem, Arnulf Øverland, Arnold Eidslott, Halldis Moren Vesaas, Nordahl Grieg and Olav Aukrust. While Skjæraasen and Hoem were included in the Church of Norway's the hymn book supplement Salmer 1997, the remainder were for first time included in an official Norwegian hymn book in LH.

---

36   Lov Herren. Katolsk salmebok. St Olav forlag, Oslo 2000.
37   Salmebokkomiteen. Appendiks, Etterord, in: ibid., 2.
38   Ibid., 2.
39   Ibid., 3.
40   Ibid., 3.

Shared hymns and ecumenical practice

Incipit	Author/composer	N13	LH
*Alt har du gitt oss	Eidslott/Kverno	106	416
*Bleik på krossen heng han	Hoem/Sommerro	177	442
*Du søv under himlens	Hoem/Kverno	741	667
*Herre, du strenge	Vesaas/Kverno	535	610
*Snehvit er natten	Øverland/Karlsen	838	402
*Så stilt som berre vinden	Hoem/Sommerro	829	716
*Tal vennlig til Jerusalem	Skeie/Folk tune	247	365
*Vi roper i denne natten	Skjæraasen/Abbaye S. M. de Maumont	704	414

Table 4: Hymns by significant Norwegian authors first published in LH and later incorporated into N13.

With the exception of Nordahl Grieg, all the above-mentioned authors were subsequently included in N13, as shown in Table 4. Aukrust is represented in N13 by hymns other than those chosen for LH. A few examples suffice to show a diverse range of material. While Nordahl Grieg's *Kringsatt av fiender* was a popular choice for N13, copyright restrictions prevented the inclusion of his potent anti-war text in N13, which was effective during national grief processing following the massacre in Oslo and Utøya ten years ago. Halldis Moren Vesaas' text *Herre, du strenge, Herre, du milde* (tune: Trond Kverno, 1991) is unexpected but effective addition. Vesaas was a highly respected children's author and poet. She wrote no texts which are unequivocal hymns; nevertheless, this text is an excerpt from her evocative poem *Pan og munkane* (1929) which has been reconceptualised in LH. Pan and the church are played out against each other; Pan is, however, ultimately victorious! This hymn is found in unaltered form in N13. Edvard Hoem's text *Så stilt som berre vinden snur* has two recognised tunes, the first in LH by Wolfgang Plagge (1993), and second by Henning Sommerro (1992), which is found in N13. Hoem's text from 1992 is characterised by temperate descriptions of human empathies and interactions with nature. Hoem is an awarded writer of historical and biographical novels, and although his hymn texts have only recently gained traction, they were established through LH. Arnold Eidslott's *Alt du har git toss Herre* (ca. 1990), is set to a tune by Trond Kverno (1993). A pioneer of Norwegian poetic modernism, Eidslott renewed modern religious poetry through mystical and perceptive texts which explore new words and historical concepts.

288 David Scott Hamnes

Shared hymns in Scandinavian Catholic hymn books based on data from LH and N13

An overview which identifies the shared contents of LH and N13, and the occurrence of the same hymns in "Lovsang" (L6) and "Cecilia" (C13), is shown in Table 5. This information is of particular interest in identifying shared material in all four hymn books. Nevertheless, more study is required to identify trends in Danish and Swedish hymn books in other areas, such as where ecumenical material is used as a subsidiary criterion, and what other material is shared between these hymn books. 250 hymns are common to both LH and N13. A smaller proportion of these shared hymns are also found in Danish and Swedish Catholic traditions: L6 includes 65 of these, and C13 includes 58. However, only 24 of these 250 hymns are common to all three Scandinavian Catholic hymn books. These lists are based on primary text translations into official Norwegian languages. Additional translations exist for many of the core hymns, both in Sami and other official Norwegian languages, as well as differing and multiple translations for some texts (*Den signede dag, Adeste fideles* and *Stabat mater, dolorosa* amongst several others).

1: Eight hymns are from German-language sources.

Incipit	N13	LH	L6	C13
#ALlein Gott in der Höh	276	284	212	29
#Christ ist erstanden	188	480	408	314
#ES ist ein Ros entsprungen	33	377	301	233
#Großer Gott! Wir loben dich (Catholic)	280	281	200	1
#LObe den Herren, den mächtigen	309	306	201	4
#MAcht hoch die thür, die thor	5	356	295	207
#NVn dancket alle GOtt	308	304	205	5
#Stille Nacht!	43	385	426	240

2: Seven hymns are from the Scandinavian Lutheran traditions: four from Denmark, two from Norway and one Nordic hymn of uncertain provenance. No shared Swedish hymns are included.

Incipit	N13	LH	L6	C13
Blomstre som en rosengård (DK)	10	357	294	210
Deilig er jorden (DK)	48	389	329	483
Den signede dag (Nordic)	229 (789)	668	664	387
Fylt av glede (NO)	586	778	819	146
Kjærlighet fra Gud (DK)	651	794	575	39
Som korn fra vide åkrer (NO)	601	787	282	171
Sorgen og gleden (DK)	466	432	231	426

3: Five hymns are from English-language sources.

Incipit	N13	LH	L6	C13
#Abide with me! Fast falls (Anglican)	818	708	589	405
#For all the Saints (Anglican)	268	648	554	378
#Holy, Holy, Holy! (Anglican)	281	288	284	7
#Lead, kindly light (Catholic)	858	659	226	457
#Nearer, my God, to Thee (Unitarian)	471	797	584	458

4: Three hymns are based on Latin sources.

Incipit	N13	LH	L6	C13
#Adeste fideles	40	382, 383	156	238
#Puer natus in Bethlehem	27	367	309	229
#Stabat mater dolorosa	167	469	529	108

5: One hymn is from the Taizé-tradition.

Incipit	N13	LH	L6	C13
#Laudate omnes gentes	384	750	610	25

Table 5: Shared hymns in N13 and LH, cross-referenced to L6 and C13.
 # – incipits are shown in their original language except for Scandinavian texts, where Norwegian translations from N13 are shown in order to easily identify non-regional hymns.

Category two includes hymns found in three of four hymn books: in N13 and LH, and in either L6 or C13. 76 such hymns are identifiable in Table 6 (which is a concordance table showing all shared contents in LH and N13)[41], and are predominately from Norway and the Scandinavian Lutheran churches (47), the remaining 29 are proportionally distributed according to category one excepting these regional sources. Category three includes 150 hymns common only to N13 and LH, and is also shown in Table 6. Again, these hymns are from a variety of sources. Unsurprisingly, original Norwegian-language hymns predominate, with 99 texts from a wide variety of traditions. Many of these are core hymns within the Norwegian churches and lay-persons movements, and as such represent a form of local hymn inculturation in this context. 39 hymns are translated texts from outside the region, making up almost half of the texts in this category which includes 83 texts in total. The remaining 12 hymns are shared hymns from the Nordic region.

---

41 Available here: https://iah-hymnologie.de/de/publikationen/jahrbuch-fuer-liturgik-und-hymnologie-jlh/.

Summary

In examining these four hymn books from Scandinavia, we have found that ecumenical and common core hymn repertoire in Scandinavia is a well-established phenomenon dating from the the mid 20th century. The majority-church hymn book in Norway from 1870 paved a path which has been increasing trodden by both Catholic and Lutheran hymn book committes. Both the majority-church and the Catholic hymn books have been shown to provide a range of national and international hymnody common to several denominations, much of which is also common to all three Catholic hymn books. Less interchange between Denmark and Sweden has been noted, and the influence of Sweden and Denmark in Norway has been limited to principal writers and composers. Heavily influenced by Danish hymnody until the turn of the century, Norway is now more influenced by the Swedish hymnody. It is not known whether this is connected to language intelligibility differences in the region, although both language intelligibility and ecclesiology are probable influencing factors. A growing national awareness in the hymn genre in Denmark since 2002 may also change traditional interchange relationships in the future. Catholic hymnody has had a narrow impact on majority-church hymn books in the region, and is primarily focussed on pre-reformational material. Some evidence of change is apparent in N13. The forthcoming Swedish majority-church hymn book (no publication date has been set) may also be an opportunity to address equity issues.

An ecumenical hymn tradition in the Church of Norway was established as a program almost 100 years ago in "Landstads reviderte salmebok" (1926), and the more recent Norwegian interdenominational list (2005–2008) provides insights into the role and impact of the majority-church in disseminating hymnody. While the list is not a negotiated ecumenical document, it has stimulated dialogue and sharing between denominations. It has been found that the ecumenical core of hymnody in this list is gender and geopolitically imbalanced, with very large a majority of the hymns composed by men in a Eurocentric context between 1700 and 1950. More data collection and analysis is needed to evaluate the impact of these imbalances, which in ecumenical contexts can only be addressed through representation equity and diversity management. Sami (indigenous) hymnody is overlooked in all Scandinavian Catholic hymn books. LH has paved new paths which have been embraced by the Norwegian majority-church through the use of material from a wider literary sphere. While comparatively few in number, these hymns have played a key role in renewal in both LH and N13, and form a foundation for further developments.

Reception studies in hymnology inform us that the use of and reactions towards hymns can provide valuable insights into how hymns function in ecclesioscapes in todays's society;[42] in other words, why they are chosen and how

---

42 For example, a Dutch study shows that hymn books themselves may portray an evocative image of their contents, and any content sharing is potentially weighed against this image. See Van

they affect their users. How then might a mere book tell us about its use and how its contents relate to its users? What criteria qualified the selection process, and how did the compilation committee members gain relevant insights? Might also the potential overlapping of cultures in hymnody be inhibited by authorised books, simply because they are denominational? Hymn book committee documents rarely reveal all the details of a discussion processes, and the subjective and objective criteria used often vary from one selection to another. Posing such questions requires a rethink into how we approach hymn book collation. The examination of hymn books to gain insights into how hymns are approached by different denominations must be weighed against empirical data related to actual usage. In this regard, an empirical research project into the use and reception of Protestant hymnody in the Catholic church would be apposite. A paucity of recent Catholic hymnody in majority-church hymn books in Scandinavia should be noted, and tackled as a justifiable ecumenical challenge to future hymn compilers.

Abstract:

Dieser Artikel bietet einen grundlegenden Vergleich der aktuellen skandinavischen katholischen Gesangbücher mit einem einzelnen Gesangbuch der Mehrheitskirche aus Norwegen, dem „Norsk salmebok" (2013). Der Fokus liegt dabei vor allem auf inhaltlichen Gemeinsamkeiten. Redaktionelle Konsequenzen und Proportionalität werden erwähnt, die Auswahlverfahren jedoch nicht bewertet. Es werden auch einige Vorschläge für weitere Forschungen gemacht, wie z. B. empirische Untersuchungen zur Verwendung und Rezeption des protestantischen Liedguts in der katholischen Kirche sowie Studien zur Sprachverständlichkeit beim Austausch von Kirchenliedern in der Region. Das ökumenische und das gemeinsame Kernrepertoire an Kirchenliedern in Skandinavien sind etablierte Phänomene, die auf die Mitte des 20. Jahrhunderts zurückgehen, wobei auch zuvor schon manches konfessionelle Repertoire ausgetauscht wurde. Es wird ein kurzer Überblick über die Geschichte des ökumenischen Austauschs in Norwegen und Schweden gegeben, und es werden auch latente Ungleichgewichte aufgezeigt, einschließlich eines Mangels an indigenem (samischem) Liedgut, der besonders in den besprochenen katholischen Gesangbüchern deutlich wird. Darüber hinaus sind nur wenige neuere katholische Lieder in den Gesangbüchern der Mehrheitskirche in Skandinavien enthalten. Dieser Faktor sollte als ökumenische Herausforderung für künftige Gesangbuchkompilatoren angegangen werden.

Andel, Niecke/Hoondert, Martin/Barnard, Marcel: Images of a hymnal. Criteria for selecting songs derived from constructed meaning of a hymnal, in: JLH 53 (2014), 143–158.

„Der Geist weht, wo er will"

Taizé als Modell ökumenischen Singens

Richard Mailänder

Mit dieser Tagung feiert die Arbeitsgemeinschaft Ökumenisches Liedgut (AÖL) ihr 50jähriges Bestehen. Geht man vom Begriff Liedgut aus, so gehört an diese Stelle in erster Linie die Auseinandersetzung mit strophisch metrischen Gesängen. Und genau die gibt es in Taizé – bis zu dem Zeitpunkt, da in Taizé eine neue Musik kommt. Denn das, was landläufig unter dem Begriff „Gesang aus Taizé" subsummiert wird, sind in der Regel keine Lieder im Sinne strophisch metrischer Gesänge, sondern es haben sich ganz neue, andere Formen entwickelt. Warum beschäftigt sich die AÖL also mit Taizé?

Schauen wir dazu einmal in vorhandene Gesangbücher der Ökumene. Zweifellos habe ich dazu nicht alle Gesangbücher eruiert, aber in folgenden nach Taizé-Gesängen gesucht: EG 1993, KG 1998, RG 1998, EM 2002, JF ⁴2002, FL 2003, MN 2004, Singt dem Herrn 2005, GL2 2013, SuG 2014, ES 2015, LuthG 2015. In nahezu allen Gesangbüchern sind Gesänge aus Taizé. Die häufigsten:

9 × Kyrierufe
5 × Bleibet hier und wachet mit mir
5 × Gloria, gloria
5 × Laudate omnes gentes
4 × Magnificat
4 × Ubi caritas (das erste: $aagg|f\_.f|b\_a\_|g\_\_$)
3 × Laudate Dominum
3 × Jesus le Christ
3 × Meine Hoffnung und meine Freude
3 × Veni sancte spiritus

Daraus wird deutlich, dass eine Auseinandersetzung mit den Gesängen von Taizé berechtigt eine Thematik der AÖL ist.

Einige Vorbemerkungen persönlicher Art: Der Beitrag ist nicht ganz ohne „Vorbelastung" entstanden, denn Taizé hat mich im positiven Sinne sehr geprägt. Ja, vor allem durch Taizé habe ich gelernt, wie es für mich als katholischen Christen ist, mich um die Ökumene zu bemühen. Wie wichtig es ist, nach Gemeinsamkeiten zu suchen und von der Offenheit der Kommunität in Taizé zu lernen. Ich war sehr häufig dort und habe viele der heute längst bekannten Gesänge von Taizé in ihrem Erprobungsstadium vor Ort noch kennengelernt.

Insofern will ich nicht ausschließen, dass meine Brille, den Gegenstand der Gesänge von Taizé darzustellen, durchaus etwas gefärbt sein kann.

Will man sich den Gesängen von Taizé nähern, so ist es wichtig, sich mit der Kommunität von Taizé vertraut zu machen bzw. sich den Anliegen der Gründung von Taizé und der Jugendtreffen zuzuwenden: 1998 ist in Taizé ein wirklich dünnes Heft unter dem Titel „Vertrauen auf der Erde – Taizé" erschienen. Darin sind, versehen mit zahlreichen Bildern, ganz zentrale Sätze von Taizé, die einfach sind. Sie stellen für mich im Wesentlichen die Intention von Taizé dar, und ich möchte einige in dieser Einfachheit vorstellen.[1]

Schlichtes Verlangen
„Tief im Menschen liegt die Erwartung einer Gegenwart, das stille Verlangen nach einer Gemeinschaft ... Es zeigt sich, dass der Glaube, das Vertrauen auf Gott, etwas ganz Einfaches ist." (Frère Roger)

Gott kann nur seine Liebe schenken.
„Jesus Christus ist nicht auf die Erde gekommen, um die Welt zu richten, sondern damit durch ihn jeder Mensch gerettet, versöhnt wird ..."

Geist der Einfachheit
„... Es gehört zu den reinen Freuden des Evangeliums, immer wieder eine Einfachheit des Herzens anzustreben, die zu einer schlichten Lebensgestaltung führt."

Stille Freude
„Nie sieht das Evangelium schwarz ... es entfacht in uns stille Freude ... Der Ruf zur inneren Freude stellt uns vor eine grundsätzliche Wahl: Können wir uns jederzeit dafür entscheiden, den Geist des Lobpreises zu leben?"

Wege der Solidarität
„Wer für Gott lebt, entscheidet sich zu lieben. Wer sich entscheidet zu lieben und es durch das Leben zu zeigen, fragt sich eines Tages unwillkürlich: Wie kann ich das Leid unschuldiger Menschen in Nah und Fern lindern?"

Diese Schlichtheit scheint mir konstitutiv für Taizé. Das Zugeben eines Verlangens nach Gemeinschaft, nach Gott, die Erfahrung von Liebe, das Evangelium mit einfachem Herzen aufzunehmen, sich daran zu freuen und diese Freude mit allen Menschen in Not zu teilen. Lassen Sie mich im Folgenden zwei Themen anhand von Beispielen aus der Literatur besonders herausstellen.

---

1 Da das Heft keine Seitenzahlen hat, können diese nun auch nicht angegeben werden. Die folgenden Zitate beziehen sich alle auf die genannte Publikation.

Gratuité – Gebet

„Das Gebet ist der exklusive spirituelle Mittelpunkt der Communauté. Wollten die Brüder je auf ihn verzichten, bräche die Communauté, wie sie selbst sagen, binnen Kurzem auseinander."[2]

„Der andauernde Erfolg von Taizé liegt letztlich weniger in einem ausgearbeiteten Projekt der Jugendarbeit begründet als vielmehr in der Beweglichkeit seiner Gestaltung, in der Freiheit eines Ortes, der sich stets eine tiefe geistliche Verwurzelung bewahrt hat. Am Anfang steht das Gebet."[3]

„Das Gebet hat absoluten Vorrang."[4]

„Das prägnante, sich wiederholende, spiralförmige Gebet öffnet sie [die Jugendlichen] für ihre eigene Tiefe, für ihr Herz, für die Mitte, in der der Mensch sich finden, sich öffnen, aber auch über sich hinauswachsen kann."[5]

Versöhnung/Ökumene

„Um es wagen zu können, alle Getauften zur sichtbaren Einheit zu rufen, wollen wir bei uns selbst anfangen und täglich die Einheit in uns und unter uns herstellen. Es hieße, den Pflug vor den Ochsen spannen zu wollen, wollte man diese Reihenfolge umkehren."[6]

„Die einzige Voraussetzung des Ökumenismus: Die sichtbare Einheit der Kirche wird allein das Werk Gottes sein."

„Er [der Papst] verfügt als einziger über die Macht, die erforderlich ist, um alle diejenigen, die einen gleichen grundlegenden Glauben bekennen, als „zur Kirche gehörend" erklären."[7]

„Dem Bischof von Rom wird abverlangt, dafür Vorkehrungen zu treffen, dass die Versöhnung der Christen sich so vollzieht, dass die Nichtkatholiken nicht aufgefordert werden, eine Verleugnung ihrer Herkunftsländer vorzunehmen."[8]

„Die Einheit entsteht, indem man gemeinsam unterwegs ist, und das tun Sie in Taizé; machen Sie damit weiter!"[9]

„… ist die Hauptaufgabe der Gemeinschaft der Brüder von Taizé, einen spürbaren und anhaltenden Beitrag zur Überwindung der Trennung zu leisten."[10]

„Wir verlieren den Frieden, wenn wir, bei alten und neuen Spaltungen unter den Christen, instinktiv die Fehler des anderen betrachten. Dann werden wir unfähig, auf den anderen zuzugehen und ihm zu sagen: Ich trage meinen Anteil an der Schuld für unsere Spaltungen. Ich habe geglaubt, die Kirche Christi auf eine reinere, kompromißlosere,

---

2 Stöckl, Andreas: Taizé, Geschichte und Leben der Brüder von Taizé. Gütersloh 1977, 110.

3 Escaffit, Jean-Claude/Rasiwala, Moiz: Die Geschichte von Taizé. Freiburg 2009, 191.

4 Brico, Rex: Taizé. Freiburg 1979, S. 90.

5 Clément, Olivier: Taizé – Einen Sinn fürs Leben finden. Freiburg 1999, 57.

6 Schutz, Roger: Einmütig im Pluralismus. Gütersloh 1968, 29.

7 Schutz, Roger: Die Gewalt der Friedfertigen. Freiburg 1974, 74.

8 Roger Schutz in einem Brief an Kardinal Woytyla am 25. Mai 1975, zitiert nach Escaffit, Jean-Claude/Rasiwala, Moiz, Die Geschichte von Taizé. Freiburg 2009, 178f.

9 Papst Franziskus zu Frère Alois – http://taize.fr/de_article25932.html (13.1.2020).

10 Albus, Michael: Taizé – Die Einfachheit des Herzens. Gütersloh 2006, 116.

von der Bürde der Jahre und der Last der Jahrhunderte besser befreite Form zu erbauen. Aber ich habe es nicht fertig bekommen, denn ich wollte es ohne dich tun, den ich nicht begriffen, das heißt nicht geliebt habe."[11]

Die Communauté von Taizé und ihre Musik

Grundlage und Quelle von Taizé ist die Communauté, die Gemeinschaft von Taizé, die ihre Gottesdienste gemeinsam feiert.[12] An dieser Stelle kommt nun die Musik in unser Blickfeld, denn sie ist konstitutiv für die Feier des Gottesdienstes. Die Kommunität hatte sich 1940 gebildet, und es stellte sich sehr früh die Frage: Was können wir wie gemeinsam singen? Es war die Idee, ein monastisches Stundengebet zu feiern für zunächst ausschließlich reformierte Christen. Von vorne herein konzentrierte sich das Gebet auf Morgen-, Mittags- und Abendgebet. Es fand zunächst in der kleinen romanischen Kirche von Taizé statt, die ganz in der Nähe des Wohnhauses der Brüder liegt. Abgesehen davon, dass die Brüder in der Anfangszeit eine besondere Genehmigung des Ortsbischofs zur Benutzung einer katholischen Kirche benötigten, wurde diese Kirche schnell Heimat der neuen Kommunität. Aber wollten sie nun das gemeinsame Gebet gestalten, so knüpfte die Gemeinschaft an monastische Traditionen an. Neben Hymnen/Liedern standen das Singen von Psalmen und die dazu gehörigen liturgischen Akklamationen, Versikuli etc. Zu der Zeit gab es noch keine zum Singen geeigneten französischen Übertragungen der Psalmen. Zufällig hatte der Jesuit Joseph Gelineau zu der Zeit einen Psalter übersetzt und begonnen, Singweisen einzurichten, vielfach mehrstimmig. Die Kommunität von Taizé hat diese Übersetzung und Gesänge sehr schnell übernommen und auch verbreitet. Neben Joseph Gelineau tritt als weiterer Komponist der Kapellmeister der Kathedrale von Dijon, Joseph Samson, aber auch schon ein in Paris lebender Komponist namens Jacques Berthier. Glücklicherweise gibt es aus dieser Zeit noch Aufnahmen, sogar heute greifbar auf der CD „Taizé dans l'église romane", in deren Booklet es heißt „Ce disque reprend les plus beaux chants de cette epoque où les frères étaient peu nombreux."[13] Wir hören hier einen starken Männerchor, der sehr intensiv singt und wenig von der relativen Weichheit späterer Zeit hat, mit zum Teil komplexer Mehrstimmigkeit. Wenn wir diese Gesänge heute hören, sind wir einerseits fasziniert davon, andererseits fällt es schwer zu glauben, dass das dieselbe Kommunität ist, die später berühmt wird für ihre eigenen Gesänge. Neben mehrstimmigen Psalmvertonungen finden sich Antwortgesänge, Litaneien, Lieder auf dieser CD und spiegeln damit auch die Formen wider, die gepflegt wurden.

---

11 Schutz, Roger: Die Gewalt der Friedfertigen. Freiburg 1974, 57.

12 Die Geschichte der Communauté findet sich in zahlreichen Publikationen, siehe z.B. Anm. 3, daher wird hier nicht weiter darauf eingegangen.

13 „Diese Platte enthält die schönsten Lieder aus dieser Zeit, als die Brüder noch nicht so zahlreich waren." – Sie beinhaltet im Wesentlichen Aufnahmen aus den 1960er Jahren und erschien im Oktober 1994.

Abb. 1: Romanische Kirche von Taizé

Bereits Anfang der 60er Jahre war die Kirche viel zu klein geworden, da immer mehr Menschen von Taizé hörten und nach Taizé strömten. So wurde eine neue Kirche gebaut, die sogenannte Versöhnungskirche. Vielleicht geben die drei Bilder aus der Versöhnungskirche Abbildung 2–4 am Besten wieder, wie sich Taizé musikalisch verändert hat von einer klaren, nur von den Mönchen gesungenen Liturgie über eine emotional zweifellos reichere bis in die Buntheit der heutigen Tage reichende Musik.

Um die immer größer werdende Gemeinde zu beteiligen, erschien Anfang der 1970er Jahre ein Buch – man kann es Stundenbuch nennen – unter dem Titel „La Louange des jours" im Eigenverlag von Taizé mit immerhin 781 Seiten. In der Einführung zu dem Buch heißt es „La liturgie à Taizé est le fruit d'une expérience de prière ... C'est la prière d'une communauté ... Elle reste une étape dans la recherche liturgique de l'Eglise et dans l'attente de l'unité visible de tous les chrétiens ..."[14] Die dort angegebene liturgische Struktur lautet:

---

14 Die Liturgie in Taizé ist die Frucht einer Gebetserfahrung ... Sie ist das Gebet eines einfachen Volkes ... Sie bleibt ein Sprungbrett in der liturgischen Suche der Kirche und in der Erwartung der sichtbaren Einheit aller Christen.

„Der Geist weht, wo er will" 297

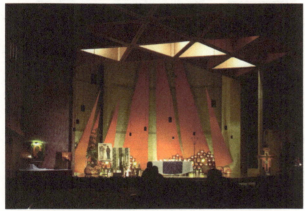

Abb. 2–4: Versöhnungskirche innen: in den Anfängen bis etwa 1980/ von etwa 1980 bis etwa 2016/2020

298   Richard Mailänder

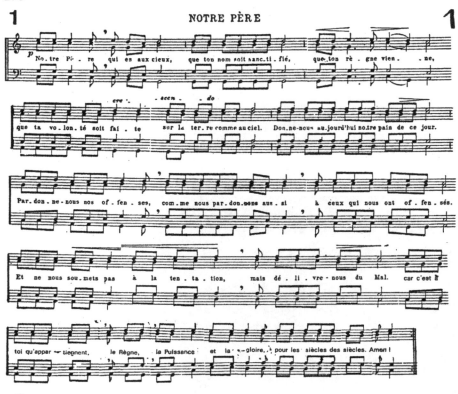

Abb. 5

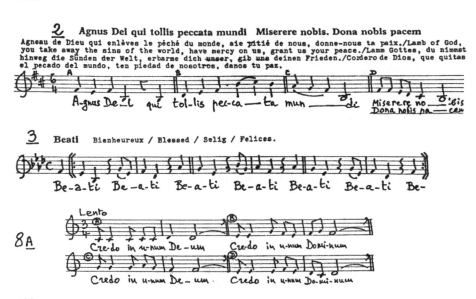

Abb. 6

"Der Geist weht, wo er will"

1c

1) Vater unser im Himmelreich; Geheiligt werd der Name dein. Es komm dein Reich zu dieser Zeit/ und dort hernach in Ewigkeit. Dein Wille, Herr, gescheh zugleich, auf Erden wie im Himmelreich.

2) Gib uns heut unser täglich Brot; All unsre Schuld, vergib uns, Gott, Wie wir auch unsern Schuldigern, ihr Schuld und Fehl vergeben gern. Fern von uns die Versuchung sei; Von allem Bösen uns befrei.

Abb. 7: O Père qui es dans les cieux / Vater unser im Himmelreich

Psalmodie
Lesung
Antwortgesang
Meditation
Chant (hier ist Kirchenlied gemeint)
Gebet
Freies Gebet

In dem Band findet sich nicht eine Note. Als ich zum ersten Mal in Taizé war, wurde nur aus diesem Buch gesungen, als damals Siebzehnjähriger konnte ich nichts mitsingen, weil es alles etwas kompliziert war. Aus dieser Zeit finden sich auch Aufnahmen auf einer Langspielplatte, ebenfalls unter dem Titel „La Louange des jours". Für das Morgengebet (Matin) gibt es folgenden Ablauf:

Orgelspiel (Bach)
Psalm
Kyrieruf (bereits mit Summchor)
Lesung (englisch)
Antwortgesang
Evangelium (französisch, anschließend Auszüge in deutsch und spanisch)
Kyrieruf plus gesprochene Bitten
Amen
Vater unser

Dieses Vater unser wird bis heute gesungen. Abbildung 5 zeigt die Fassung für den damaligen Männerchor aus der Sammlung „Cantiques", soweit ich sehe, der ersten Notensammlung der Gesänge von Taizé.

Das Mittagsgebet lief wie folgt ab:

Heilig-Ruf
Choral
Lesung
Antwortgesang
Alleluja, dazu (von Frère Roger gesprochenes) Gebet
Gebet (wieder Frère Roger)
Choral
Orgel

Das Abendgebet:

Orgel
Psalm aus Genfer Psalter
Kyrieruf
Lesung
Antwortgesang La tenèbre
Credo (Orthodox)
Kyrierufe
Gebet Frère Roger

"Der Geist weht, wo er will"

Amen
Choral
Orgelnachspiel

Diese Formen spiegeln sich im Inhaltsverzeichnis von „Cantiques" wider:

Canons
Alleluia
Kyrie
Accamations (Eucharistie)
Répons (Semaine Sainte)
Psalm 113a (Pâques)
Psalm 85 (Carême)/Amen
Introduction Pentecote + Psalm 116
Psalm 84 (Avent)

Gleich am Anfang dieses Buches mit handgeschriebenen Noten stehen drei damals neu geschaffene Kanons (vgl. Abb. 6).

Ein sehr schönes Beispiel für die Adaption anderer Traditionen ist das ins Französische übertragene Vaterunser-Lied von Martin Luther (EG 1993 Nr. 344) mit einem Cantionalsatz und Text in verschiedenen Sprachen. Schaut man jedoch den deutschen Text an, so sieht man, dass Taizé hier offensichtlich eine eigene Tradition pflegt: s. Abbildung 7.

Erstmalig greifbar werden in dieser Sammlung auch die für uns heute typischen Kyrie-Rufe aus Taizé, die sich in zahlreichen Gesangbüchern finden, und die Übernahme orthodox wirkender Elemente: frei rezitierter Text auf einfachen harmonischen Verbindungen, wie z.B. ein Credo. Ein weiteres Merkmal dieser Sammlung ist bereits hier die Mehrsprachigkeit. So wird z.B. das Canticum Simeonis abgedruckt in französisch, deutsch, italienisch, englisch, spanisch, niederländisch und portugiesisch, also mehr oder weniger allen westeuropäischen Sprachen, wodurch deutlich wird, aus welchen Ländern in der damaligen Zeit die meisten Besucher kamen. Auch ein gregorianischer Gesang findet sich in dieser Sammlung, der Hymnus *Veni creator spiritus*, jedoch ohne die Strophen 2 und 3.

Interessante Eingriffe finden sich auch in weiteren Liedern, z.B. in dem Lied *Herzliebster Jesu, was hast du verbrochen*. Das Lied ist zunächst in einer französischen Fassung unter dem Titel *Seigneur Jésus, par ta grande souffrance* abgedruckt. Darunter findet sich eine deutsche Übertragung – und interessant ist, dass die Anfangsformulierung „Herzliebster Jesus" geändert wurde in „*Herr Jesus Christus*". Offensichtlich hat die Brüder dasselbe bewegt, was Viele auch in den 70er Jahren beim Gotteslob bewegt hat, mögliche Ausdrücke von süßer Herzlichkeit etc. herauszunehmen und zu einer nüchterneren Sprache zu kommen. Ein weiteres Beispiel für die Eingriffe von Taizé ist das Lied *Lobe den Herren*, wo es in der zweiten Strophe heißt „der kunstvoll und fein dich bereitet" statt „der künstlich und fein dich bereitet".

1974

Etwa mit der Einberufung des „Konzils der Jugend", das am 30. August 1974 in Taizè begonnen hat[15], beginnt nun die Musik zu wachsen, die wir heute als „Gesänge von Taizé" bezeichnen. Die Brüder hatten im Laufe der Zeit immer mehr bemerkt, dass viele Besucher überfordert waren, die Gesänge der Kommunität mitzusingen. Es stellte sich die Frage, in welcher Weise alle Gottesdienstbesucher beteiligt werden können. So kam man zunächst auf die Idee, einige alte Kanons – hier wird immer wieder der Kanon *Jubilate Deo* von Michael Praetorius genannt – zu benutzen, die sofort auf großen Wiederhall stießen. Es war nun vor allen Dingen Frère Robert (Giscard),[16] der sich daran begab, diese Spur weiter zu verfolgen und gemeinsam mit dem in Paris lebenden Jacques Berthier neue Formen suchte. Eine erste Publikation erschien ohne Jahr[17] unter dem Titel „Jubilate Deo – 12 canons de Jacques Berthier pour voix et instruments". Im zunächst französisch, dann deutsch abgedruckten Geleitwort schreibt Frère Robert:

Jacques Bertier komponierte auf Bitten der Communauté de Taizé diese Kanons, deren einprägsame Themen sich auch ein großer Kreis schnell und gern aneignet, wie ihre Verwendung bei den Gottesdiensten während der internationalen Treffen in Taizé zeigt. Die lateinischen Texte können ihrer Kürze wegen ohne Schwierigkeit auch von einer vielsprachigen Menge gesungen und verstanden werden. Im Inhaltsverzeichnis findet sich zu jedem Text die deutsche Übersetzung. Texte, die sich auf eine bestimmte Zeit im Kirchenjahr beziehen, sind eigens gekennzeichnet.

Die Kanons eignen sich für eine große Menge ebensogut wie für eine kleine Gruppe. Im äußersten Fall kommt man mit drei bis vier Singstimmen, einer Gitarre und einer Flöte aus. Die Instrumentalstimmen dienen nicht nur zur Untermalung, sondern können auch für sich allein verwendet werden. Die Kanons sind für die verschiedensten Aufführungsmöglichkeiten angelegt, die am Ende dieses Heftes nach den Erfahrungen von Taizé zusammengefasst sind.

In dieser Sammlung finden sich sogleich bis heute wichtige Kanons, die ihren Weg in viele Gesangbücher gefunden haben, wie das Magnificat als zwei verschiedene vierstimmige Kanons, und als vierstimmigen Chorsatz mit Instrumentalstimmen. Kurz nacheinander kamen dann weitere undatierte Hefte heraus, nun nummeriert als:

2. Chantez le Christ
3. Chantez l'Esprit
4. Laudate Dominum

jeweils mit dem Untertitel „Canons, Litanies et Réponds de Taizé". Entsprechend ist das Inhaltsverzeichnis gegliedert:

---

15 https://www.katholisch.de/artikel/1833-glaube-oeffnet-uns-die-augen (9.6.2021).
16 Er arbeitete in Taizé und Umgebung vor allem als Hausarzt.
17 Es müsste etwa 1974 gewesen sein.

„Der Geist weht, wo er will"

Kanons
Litaneien
Antwortgesänge, Ostinati und Diverses

Das Format der Hefte entspricht schon dem, was bis heute in Taizé jährlich neu herausgegeben wird, DIN A5 quer. Der wichtigste Komponist bis zu seinem Tod 1994 war sicherlich Jacques Berthier, aber auch Joseph Gelineau hat immer weiter für Taizié komponiert. Insbesondere seit 1994 jedoch beginnen die Brüder, selbst zu komponieren. Im Rechteverzeichnis werden sie namentlich nie erwähnt, und es scheint auch für Taizé wichtig, hier in der Anonymität der Gemeinschaft nicht erkennbar zu sein.

Bevor Gesänge in die Jahreshefte aufgenommen werden, sind sie zunächst einmal auf Zetteln zu finden, die im Gottesdienst verwendet werden, um die Gesänge auszuprobieren. Stellt sich heraus, dass ein Gesang gut aufgenommen wird und auch funktioniert, kommt dieser Gesang dann später in die jährlichen Hefte. Vielfach müssen dafür andere Gesänge weichen, so dass es bis heute immer wieder Gesänge gibt, die Menschen in der Jugendzeit in Taizé kennengelernt haben, mit Taizé verbinden, die heute aber schon lange nicht mehr dort gesungen werden.[18]

Was ist den Gesängen von Taizé (Chants de Taizé) gemeinsam?

Taizè-Gesänge sind als gesungenes Gebet zu verstehen, weniger unter rein musikalischen Aspekten.[19]
Es handelt sich in der Regel nicht um strophisch metrische Gesänge.
Sie sind alle in einer Sprache konzipiert und es gibt möglichst viele Übertragungen in andere Sprachen, vielfach extra zum Singen eingerichtet, ansonsten finden sich auch als nicht singbar ausgewiesene Übersetzungen.
Im Bestreben, möglichst alle Besucher zu beteiligen, finden sich auch Übertragungen in Sprachen, die in Taizé ansonsten nur wenig gesprochen werden.
Ein Singen in mehreren Sprachen gleichzeitig ist für Taizé kein Problem.
Sie haben klare Proportionen, meist vier, acht oder zwölf Takte und sind dadurch gut memorierbar.
Fast alle sind vierstimmig gemischt besetzt.
Es gibt nahezu keine jahreszeitlichen Gesänge.[20]
Sie lassen sich meist durch Tropierungen ergänzen.
Vielfach werden die Basisgesänge, wie z.B. die Ostinati, ergänzt durch Sologesang (meist Psalmverse).
Sie sind harmonisch schlicht gehalten.

---

18 Sollte man einen davon veröffentlichen wollen, ist es schwierig, von Taizé die Abdruckrechte zu bekommen.

19 Das hätten sie damit mit dem Gregorianischen Choral gemeinsam, so wie Godehard Joppich ihn einmal beschrieben hat: Klang gewordenes Gebet.

20 Anders als noch in „La Louange des jours".

304 Richard Mailänder

Abgesehen vom strophisch metrischen Bau entsprechen sie also der Definition des Kirchenliedes von Markus Jenny, wonach das Kirchenlied „ein deutschsprachiger geistlicher Text christlicher Prägung, gleichgültig welchen Bekenntnisses, in metrischer Form, von strophischem Bau, der mit einer für den Gesang einer Gruppe geeigneten Melodie zu wiederholtem Gebrauch angeboten wird" ist.[21] Damit haben wir die Antwort auf die Ausgangsfrage, warum sich die AÖL mit den Gesängen von Taizé beschäftigt.

Ausblick

Schaut man in die vorhandenen Gesangbücher, so trifft man im Wesentlichen immer auf die gleichen Gesänge, die größtenteils aus den 1970er bis 90er Jahren stammen. Soweit ich es sehe, ist noch keiner der Gesänge der Brüder, die diese nach 1994 verfasst haben, in eines der genannten Gesangbücher aufgenommen. Auf die Frage, ob die Repertoirebildung abgeschlossen sei, antwortete Frère Sébastien aus Taizé, der mit einigen anderen Brüdern für die Musik zuständig ist, in einem persönlichen Gespräch kurz vor dieser Tagung, dass es durchaus neue Gesänge gäbe und nannte mir gleich sechs aus den letzten drei Jahren:

Atme in uns
Jubelt und freut euch
Gib mich ganz zu eigen dir
Heureux qui s'abandonnait à toi
Il Signore ristora
Ô toi, l'au-delà de tout

Offenkundig wird in Taizé immer weitergewirkt – aber die neuen Gesänge finden zur Zeit nicht mehr die frühere Verbreitung.

Angesichts der zur Verfügung stehenden Zeit ist mir klar, dass ich viele Felder nur angerissen habe. Mein Anliegen war es, etwas von der Entwicklung von Taizé deutlich zu machen und seine Bedeutung für das ökumenische Singen. Noch nie dürfte es in der Kirchengeschichte den Fall gegeben haben, dass sich innerhalb einer Generation – von einem Ort und einer Gemeinschaft ausgehend – Musik in fast alle Konfessionen, Kontinente, Sprachen, Nationen und Länder verbreitet hat, wie dies mit den Gesängen aus Taizé geschehen ist. Und jedes Jahr, an Pfingsten, denke ich besonders beim Hören des Pfingstereignisses an das lebendige Sprachengewirr in Taizé.

Als sich das Getöse erhob, strömte die Menge zusammen und war ganz bestürzt; denn jeder hörte sie in seiner Sprache reden. Sie waren fassungslos vor Staunen und sagten: Seht! Sind das nicht alles Galiläer, die hier reden? Wieso kann sie jeder von uns in seiner Muttersprache hören: Parther, Meder und Elamiter, Bewohner von Messopotamien, Ju-

---

21 Jenny, Markus: RISM B VIII/2, 1980, S. 11*.

„Der Geist weht, wo er will"

däa und Kapadokien, von Pontus und der Provinz Asien, von Phrygien und Pamphylien, von Ägypten und dem Gebiet Libyens nach Kirene hin, auch die Römer, die sich hier aufhalten, Juden und Proselyten, Kreter und Araber – wir hören sie in unseren Sprachen Gottes große Taten verkünden.[22]

Abstract:

Although the Taizé Community has not yet existed for 80 years, it has become of great importance for singing in ecumenism. After the community had initially developed a liturgical form for its own prayer within the community, based on the monastic Liturgy of the Hours, and had also developed musical forms, especially with the help of the Jesuit Joseph Gelineau, it broke with this own tradition in view of the flow of people coming to Taizé, which could not be foreseen at the time of its foundation. Almost all religious orders and communities have a tradition of welcoming guests. But Taizé went further: in order to include the guests, they had a completely new musical language and new forms developed, which are typical of Taizé for us today. They are not usually strophic metrical chants. They are all conceived in one language and then there are as many translations as possible into other languages. They have clear proportions, mostly four, eight or twelve bars, and are therefore easy to memorise. In many cases, the basic group chants serve as ostinati that are supplemented by solo singing. They are kept harmonically simple. There has probably never been a case in the history of the Church where within one generation – starting from one place and one community – music has spread to almost all denominations, continents, languages, nations and countries, as has happened with the songs from Taizé.

---

22 Apg 2, 6–11 (Einheitsübersetzung 2016).

Die Einheit wächst im Gesang

Orgelkonzert mit Singstunde

MECHTHILD BITSCH-MOLITOR/ANSGAR FRANZ/ MATTHIAS SCHNEIDER

„In Herrnhut ist eine ‚Singstunde' – eine Art Liedgottesdienst, bestehend nur aus hintereinander gesungenen Liedversen zu einem Thema (meistens der Losung des Tages)."[1]

Auf einer Reihe von Kirchenliedseminaren in Kloster Kirchberg konnte man solche Singstunden zum jeweiligen Thema der Tagung erleben. Sie vermochten jeweils, in meditativer Form, Aspekte im Klingen aufscheinen zu lassen, die die Erkenntnisse der Vorträge außerordentlich bereicherten.

Diese Vorerfahrung führten Mechthild Bitsch-Molitor und Ansgar Franz zu der Idee, das Thema der Tagung zum 50-jährigen Bestehen der AÖL auf diese Weise ebenfalls zum Klingen zu bringen: „Die Einheit wächst im Gesang". Die gemeinsam zu singenden Lieder sollten bedeutende Stücke aus evangelischen und katholischen Traditionen zusammenführen – bekannte und vielleicht erst noch zu entdeckende, aus verschiedenen Epochen und verschiedenen Ländern – und so eine konfessionelle, zeitliche und räumliche Ökumene repräsentieren.

Parallel fasste Matthias Schneider den Plan, evangelische Lieder in der Vertonung katholischer Komponisten und Melodien katholischen Ursprungs in Orgelbearbeitungen evangelischer Komponisten vorzustellen. Sehr schnell entstand daraus die Idee, Orgelspiel und Singen miteinander zu verbinden: Auf jedes der fünf Orgelstücke folgt eine Reihe von Liedern, die von der textlichen oder melodischen Motivik des Orgelstücks ihren Ausgang nehmen und in einer losen Folge von Assoziationen und Stichwortanknüpfungen die vorgegebene Thematik weiterverfolgen. Daraus ergaben sich fünf Abschnitte, die jeweils mit Orgelmusik eröffnet wurden:[2]

---

1 https://www.ebu.de/aktuelles/singstunde-aus-herrnhut/ (15.9.21).

2 In den Tabellen werden folgende Abkürzungen gebraucht: A Alle/Ch Chor/F Frauen/ Kv Kehrvers/M Männer/S Solo/Sch Schola/4st vierstimmig/Die übrigen Ziffern in der Spalte Text bezeichnen die gesungenen Strophen.

Die Einheit wächst im Gesang

Teil 1: Krippe und Kreuz

Elias Nikolaus Ammerbach (um 1530–1597): *Josef, lieber Josef mein* (*Resonet in laudibus*) aus: „Orgel oder Instrument Tabulaturbuch" (1583)

Lied	Textautor/ Textquelle	Melodiekomponist/ Melodiequelle	Quelle der gesungenen Fassung	Komponist des Satzes
Singen wir mit Fröhlichkeit 1.+2. Sch/A	nach Kirchenlied 1938, 2.–4. Str.: 1973/nach *Resonet in laudibus* 14. Jh.	Seckau 1345/ Moosburg 1365	RG 387 GL2-MZ 781	
Zu Bethlehem geboren Ch (2. F/5. M)	Friedrich Spee	Paris 1599/geistlich Köln 1638	GL2 239	nach Erich Ehlers
Du Kind, zu dieser heilgen Zeit 1.+5. A/2–4 S	Jochen Klepper (1937) 1938	Gerhard Schwarz 1939	RG 415	
O Haupt voll Blut und Wunden A 4st/M/F/M/ A 4st	Paul Gerhardt (1653) 1656/nach *Salve, caput cruentatum* des Arnulf von Löwen 13. Jh.	Hans Leo Hassler 1601/geistlich Brieg nach 1601/ Johann Crüger 1648	EG 85 | GL2 289	nach Johann Hermann Schein 1627 (wie RG 445)
Wachet auf, ruft uns die Stimme S/A/A 4st	Philipp Nicolai (1597/1598) 1599	Philipp Nicolai (1597/1598) 1599	EG 147 | RG 850 KG 210 | ES 304 CG 699 | EM 668 GL2 554	nach Jakob Praetorius 1604

Ammerbachs Bearbeitung von *Josef, lieber Josef mein* ist eine Adaption eines Kantionalsatzes für die Orgel. Seine Vorlage ist nicht klar zu ermitteln; der deutsche Text der mittelalterlichen Cantio *Resonet in laudibus* mag auf den Mönch von Salzburg zurückgehen.[3] Das erste Lied *Singen wir mit Fröhlichkeit* ist eine volkssprachige Fassung von *Resonet in laudibus*. Kann sich *Singen wir mit Fröhlichkeit* noch ganz ungeteilt der Freude und dem Jubel über die Geburt des Heilands hingeben, kommt in dem Lied des Jesuiten Friedrich Spee *Zu Bethlehem geboren* auch schon das zukünftige Leiden in den Blick: „*O Kindelein von Herzen / dich will ich lieben sehr / in Freuden und in Schmerzen / je länger mehr und mehr*" (Str. 3). Was hier nur angedeutet ist, rückt in dem Weihnachtslied Jochen Kleppers *Du Kind, zu dieser heilgen Zeit* in den Mittelpunkt der Betrachtung: *Das Kreuz ist dir schon aufgestellt* (Str. 2); „vor deiner Krippe gähnt das Grab" (Str. 3). Von da aus ist es nur ein kurzer Schritt zu dem Passionslied *O Haupt voll Blut und Wunden*, das Paul Gerhardt nach dem lateinischen Hymnus *Salve, caput cruentatum* verfasste. Die Schönheit des Bräutigams aus dem Hohelied

---

3 Wachinger, Burghart (Hg.): Deutsche Lyrik des späten Mittelalters, Frankfurt/M. 2006, 959.

(Hld 5,10–16) ist in ihr Gegenteil verkehrt: „*Die Farbe deiner Wangen,* / *der roten Lippen Pracht* / *ist hin und ganz vergangen,* / *des blassen Todes Macht hat alles hingenommen*" (Str. 3). Die Erniedrigung, die in der hölzernen Krippe ihren Anfang nahm, findet am Holz des Kreuzes ihren Höhepunkt. – Das Ende des Liedes von Paul Gerhardt betrachtet dann das eigene Sterben: „*Wenn ich einmal soll scheiden,* / *so scheide nicht von mir*" (Str. 9); „wer so stirbt, der stirbt wohl" (Str. 10). Dieser leise, sehr persönliche Akt gläubigen Vertrauens wird überführt in den vernehmlichen Weckruf, der nun nicht eine, sondern alle ‚klugen Jungfrauen' zur Auferstehung in das neue Leben ruft: *Wachet auf, ruft uns die Stimme!* Nach der Logik des in Pestzeiten verfassten Trostbuches „Freudenspiegel des ewigen Lebens" (Frankfurt/M. 1599), in dem Philipp Nicolai sein Lied zum ersten Mal veröffentlichte, sind es ja die Verstorbenen, die aus ihren Gräbern gerufen und zum himmlischen Gastmahl geladen werden. Der unaussprechliche Jubel der 3. Strophe, der keine artikulierbaren Worte mehr findet („des sind wir froh / jo jo / ewig in dulci jubilo" heißt es bei Nicolai) trifft sich dann wieder mit dem Jubel des Weihnachtsliedes *Singen wir mit Fröhlichkeit*: „*Eja, eja, eine Jungfrau wunderbar* Gott den Heiland uns gebar nach ewgem Rat".

Teil 2: Psalmlieder

Jan Pieterszoon Sweelinck (1562–1621): *Ick heb den Heer lief / J'aime mon Dieu* (Ps 116) Psalmbearbeitung aus dem Genfer Psalter

Lied	Textautor/ Textquelle	Melodiekomponist/ Melodiequelle	Quelle der gesungenen Fassung	Komponist des Satzes
Lieb hab ich Gott S/A	nach Psalm 116 Hans Bernoulli	Genf 1562		
Nun jauchzt dem Herren, alle Welt F/M/Ch	nach Psalm 100 David Denicke 1646 nach Cornelius Becker 1602 (Str. 1–6)/Lüneburg 1652 (Str. 7)	14. Jh. / Hamburg 1598 / Hannover 1646	EG 288 | KG 40 RG 57 | CG 798	nach Choralbuch Göttingen um 1780 und Bernhard Henking 1952
Wir an Babels fremden Ufern A (3. M/4. F)	nach Ps 137; Diethard Zils nach einer lettischen Vorlage	aus Lettland	GL2 438	
Aus tiefer Not schrei ich zu dir A 4st (2.+4. S)	nach Psalm 130 Martin Luther 1524	Martin Luther 1524	EG 299 | KG 384 RG 83 | CG 806 EM 289	nach Heinrich Schütz 1628
Tief im Schoß meiner Mutter geborgen S/F/M/A/A	nach Ps 139 Jürgen Henkys [1997] 1999/nach Sytze de Vries: *In de schoot van mijn moeder geweven* 1995	Willem Vogel (1920–2010)	GL2 419	

Der zweite Teil gibt mit der Sweelinck'schen Bearbeitung von Ps 116 aus dem Genfer Psalter das Thema „Psalmlied" vor. Sweelinck, der als Katholik an der Oude Kerk in Amsterdam wirkte, blieb wohl auch nach der Alteration (1578) katholisch – was ihn nicht daran hinderte, sich intensiv mit den neuen reformierten Psalmliedern auseinanderzusetzen: Als von der Stadt angestellter Organist blieb er zwar im Amt, durfte aber die Orgel fortan nicht mehr im Gottesdienst spielen. Vielmehr hatte er nun die Aufgabe, jeweils vorher über die Psalmlieder zu improvisieren, damit die Gemeinde die neuen Melodien besser kennenlernen konnte. Seine handschriftlich überlieferten Psalm-Variationen dürften auf solche Improvisationen zurückgehen.[4] Als erstes schließt sich an das Orgelstück *Ick heb den Heer lief / J'aime mon Dieu* eine zeitgenössische Liedfassung von Ps 116 des Schweizers Hans Bernoulli an: *Lieb hab ich Gott.* Danach folgt eines der bekanntesten und ökumenisch weit verbreitetsten Stücke aus dem Becker-Psalter, das auf der Grundlage von Ps 100 Gott als den Herrscher über alle Völker preist: *Nun jauchzt dem Herren, alle Welt.* Kontrastiv wird diesem gemeinschaftlichen Jubel die gemeinschaftliche Klage gegenübergestellt; der in Mainz lebende Dominikaner Diethard Zils verfasste nach einer aus Lettland stammenden Vorlage auf der Grundlage von Ps 137 *Wir an Babels fremden Ufern.* Die beiden nächsten Stücke spiegeln diese gemeinschaftlichen Erfahrungen dann im persönlichen Bereich. Auf das Klagelied der an die Flüsse Babels Verbannten folgt Martin Luthers berühmte Bereimung von Ps 130 *Aus tiefer Not schrei ich zu dir,* das bis heute zu ökumenischen Irritationen führen kann (im „Gotteslob" 2013 fehlt absichtsvoll die 2. Strophe). Der Vorsatz der 4. Strophe („doch soll mein Herz an Gottes Macht / verzweifeln nicht noch sorgen") wird aufgenommen in dem Vertrauenslied *Tief im Schoß meiner Mutter geborgen,* das der Niederländer Sytze de Vries auf der Grundlage des 2. Teils von Ps 139 geschaffen hat und das durch Jürgen Henkys eine kongeniale deutsche Fassung erhielt.

---

4 Vgl. Dirksen, Pieter: The Keyboard Music of Jan Pieterszoon Sweelinck, Utrecht 1997, 146.

Teil 3: Halleluja

Johann Sebastian Bach (1685–1750): *Meine Seele erhebt den Herren*
Choralbearbeitung BWV 648 aus den ‚Schübler-Chorälen'

Lied	Textautor/ Textquelle	Melodiekomponist/ Melodiequelle	Quelle der gesungenen Fassung	Komponist des Satzes
Gottes Lob wandert M/F/A; Kv A	Jürgen Henkys (1983) 1986 nach dem norwegischen *Lovsangen toner og jorden får høre* von Svein Oluf Ellingsen 1978 zum Lobgesang der Maria („Magnificat") Lk 1,46–55	Manfred Schlenker 1985	RG 2 | KG 762 CG 713	Manfred Schlenker 1996
Für alle Heiligen in der Herrlichkeit A (2. F/4. M)	Günter Balders [1998]/ Christoph Bächtold [2001] 2004 nach *For all the Saints* von William Walsham How 1864	Ralph Vaughan Williams 1906	GL2 548	
Der Geist des Herrn erfüllt das All A 4st (2. M/3. F)	*Maria Luise Thurmair* (1941) 1946	nach Melchior Vulpius 1609	KG 232 | CG 690 ES 443 | GL2 347	nach Melchior Vulpius 1609

Der dritte Teil nimmt seinen Ausgang von einer Orgelbearbeitung Bachs zu *Meine Seele erhebt den Herren*, dem Lobgesang Mariens. Man hätte nun ohne Schwierigkeiten sicherlich eine Handvoll guter „Magnificat"-Lieder finden können, doch sind wir einen anderen Weg gegangen. Das wiederum von Jürgen Henkys übertragene Lied des Norwegers Svein Ellingsen *Gottes Lob wandert* ist keine Bereimung, sondern eine poetische Transformation des Lobgesang Mariens, die in jeder Strophe mit einem zweimaligen Halleluja endet. Dieser Halleluja-Ruf hallt auch durch die beiden folgenden Lieder: *Für alle Heiligen der Herrlichkeit* von Günter Balders und *Der Geist des Herrn erfüllt das All* von Maria Luise Thurmair; beide, Balders und Thurmair, sind bzw. waren Mitglieder der AÖL. Das Halleluja verbindet nicht nur die Konfessionen und Länder, sondern, wie Augustinus in seinem Sermo 256 schreibt, auch hier Lebende und ewig Lebende:

Hier singen wir das Halleluja noch in Sorge, damit wir es einst singen dürfen in Sicherheit. [...] Dort [im Himmel] gibt es Gotteslob, und hier [auf Erden] gibt es Gotteslob.

Die Einheit wächst im Gesang 311

Aber hier von Menschen, die in Sorge sind, dort von denen, die sich in Sicherheit wissen, hier von Menschen, die sterben müssen, dort von denen, die ewig leben. Hier in Hoffnung, dort in Wirklichkeit. Hier auf dem Weg, dort in der Heimat.[5]

Teil 4: Sünde und Gnade

Max Reger (1873–1916): *Jauchz, Erd' und Himmel, juble hell* aus den 52 leicht ausführbaren Choralvorspielen zu den gebräuchlichsten evangelischen Chorälen op. 67 (Leipzig 1903)

Lied	Textautor/ Textquelle	Melodiekomponist/ Melodiequelle	Quelle der gesungenen Fassung	Komponist des Satzes
O Mensch, bewein dein Sünde groß A	nach Sebald Heyden um 1530/ AÖL 1973	Matthäus Greiter 1525	EG 76 | KG 380 RG 438 | CG 614 ES 363 | EM 208 GL2 267	
Und suchst du meine Sünde S/F/A	Schalom Ben-Chorin (um 1950) 1966	Kurt Bossler 1967	EG 237	
Herr, gedenke doch der Namen S/A	Matthaeus Verdaasdonk 1960, Ü: Jürgen Henkys (1984) 2001	M: Herman Strategier 1960	GL2-MZ 909	
Ich steh vor dir mit leeren Händen, Herr S/M/A	Huub Oosterhuis 1966, Ü: Lothar Zenetti 1973	Bernhard Huijbers 1964	EG 382 | KG 544 RG 213 | CG 895 ES 511 | GL2 422	

Der vierte Teil beginnt mit einer melodischen „concatenatio" (Stichwortverknüpfung), die einen emotionalen Kontrast bereithält: Matthäus Greiters Melodie zu *Es sind doch selig alle, die* fand im Laufe der Zeit ganz unterschiedliche Textpartner. Legt Max Reger seiner stürmisch-bewegten Choralbearbeitung den Pfingsttext *Jauchz, Erd' und Himmel, juble hell* zugrunde, so ist sie im ersten Lied mit dem Passionstext *O Mensch, bewein dein Sünde groß* (nach Sebald Heyden) verbunden. „Pein" und „bittres Sterben" Christi haben ihren Grund in „unsrer Sünden schwere[r] Bürd". Das Thema wird dann weitergeführt durch den ganz anders gearteten Text von Schalom Ben-Chorin *Und suchst du meine Sünde*, der seinerseits im Kern auf ein Gebet des im 11. Jahrhundert in Spanien lebenden jüdischen Philosophen Solomon Ibn Gabriol zurückgeht. Die Schlusspointe „Gericht und Gnad, die beiden, bist du – und immer du" (Str. 3) leitet über zu einer Verarbeitung der mittelalterlichen Totensequenz *Dies irae*, die angesichts des Gerichtes einzig und allein auf Gottes Gnade vertraut: *Herr, gedenke doch der Namen* des Niederländers Matthaeus Verdaasdonk in der Übertragung wiederum von Jürgen Henkys: „Herr, lässt du dich nicht be-

---

5 Lateinisch in: Patrologia Latina 38,1191.1193; deutsche Fassung aus: Lektionar zum Stundenbuch II/7, Freiburg 1980, 89.91.

312 Mechthild Bitsch-Molitor/Ansgar Franz/Matthias Schneider

wegen – einen Andern hat er nicht" (Str. 4,7–8). Die Spannung „Gericht und Gnade" klingt modern variiert auch in dem Lied von Huub Oosterhuis an; das „Gericht" erscheint nun als „Zweifel", „Unvermögen" und Todesverfallenheit, die „Gnade" im Modus der Frage: „Hast du mit Namen mich in deine Hand, in dein Erbarmen fest mich eingeschrieben? Nimmst du mich auf in dein gelobtes Land? Werd ich dich noch mit neuen Augen sehen?" (Str. 2,3–6).

Teil 5: Jesus

Siegfried Reda (1916–1968): Marienbilder (1955), 3. Engelskonzert: *Salve regina*

Lied	Textautor/ Textquelle	Melodiekomponist/ Melodiequelle	Quelle der gesungenen Fassung	Komponist des Satzes
Selig du und hochbegnadet A/S	Olov Hartmann 1964 nach Lk 1,26–38.46–56, Ü: Jürgen Henkys 1999	Kaj-Erik Gustafsson 1987	GL2-MZ 765	
Schönster Herr Jesu A 4st (2. F/3. M)	Münster in Westfalen 1677	Münster in Westfalen 1677	EG 403 | KG 196 ES 470 | GL2 364	Hans Eugen Frischknecht 1998
Die Kirche steht gegründet A 4st	Anna Thekla von Weling 1898 nach dem englischen *The church's one foundation* von Samuel John Stone 1866	Samuel Sebastian Wesley 1864	EG 264 | RG 803 EM 395 | CG 823 GL2 482	Samuel Sebastian Wesley 1864

Johann Sebastian Bach Fuge Es-Dur BWV 552.2 aus dem ‚Dritten Teil der Clavier-Übung'

Der fünfte und letzte Teil beginnt mit einem Orgelspiel zum *Salve regina*, jener sogenannten ‚marianischen Antiphon', die in der Tagzeitenliturgie der katholischen Kirche traditionell am Ende der Komplet gesungen wird. Im ökumenischen Kontext ist sie sicherlich nicht ganz einfach zu beheimaten, da u. a. die ursprünglich Christus zugewiesenen Titel „König" und „Leben" in mittelalterlichem Überschwang auf Maria übertragen werden (wobei interessanterweise eine Textvariante, die bis heute bei den Kartäusern gebräuchlich ist, von „Königin der Barmherzigkeit" [*regina misericordiae* statt *regina, mater misericordiae*] und „des Lebens Süßigkeit" [*vitae dulcedo* statt *vita, dulcedo*] überliefert, was eine marianische Usurpation christologischer Hoheitstitel deutlich relativiert). Dem folgt das ursprünglich aus Schweden stammende Lied *Selig du und hochbegnadet*, das wie das *Salve regina* Maria direkt anredet, sie aber ganz auf der Seite der singenden Menschen sieht: „Sing mit uns den neuen Lobpreis" (Str. 1), „Noch am letzten aller Tage singt die Kirche mit Maria Gottes Lob im Abendsegen" (Str. 6). Maria ist „Jesu Mutter, die das WORT barg" (Str. 1); darum endet das Lied auch konsequent mit der dreimaligen Wiederholung des „Gnadennamen(s) Gottes:

Jesus, Jesus, Jesus." (Str. 7). *Schönster Herr Jesu* webt um diesen Gnadennamen eine Liebeserklärung ganz besonderer Art, und *Die Kirche steht gegründet allein auf Jesus Christ* bekennt ihn als Fundament aller Ökumene im Himmel und auf Erden, und damit auch als Grund allen gemeinsamen Singens.

Die Aufteilung der Einzelstrophen auf unterschiedliche Ausführende ist ausgesprochen wichtig. Alle werden so abwechselnd zu Hörenden und Zu-Singenden; schlichte Einstimmigkeit – teilweise unbegleitet – als Einzelstimme oder als Scholagesang von Frauen- und/oder Männerstimmen transportieren den Liedtext deutlich anders als der kraftvolle Gesang aller. Mehrstimmigkeit entfaltet ihre Wirkung ganz besonders, wenn sie ausgewählten Strophen vorbehalten bleibt.

Abstract:

The text documents a musical worship service according to the Herrnhut model, combined with an organ concert: five choral adaptions for organ from five centuries, adapted by composers who each belong to a different denomination than the creator(s) of the original hymn, are contrasted with song verses of differing provenance. The latter are chosen according to the textual or melodic motif of the organ piece and pursue the given theme in a loose series of associations and catchword connections. In doing so, the songs that are meant to be sung together combine important works from Protestant and Catholic traditions – well-known works as well as those that, perhaps, still need to be discovered, from different eras and countries – and thus represent an ecumenical unity crossing denominational, temporal and regional borders. The chorals range from *Resonet in laudibus* from the Late Middle Ages to newer songs like *Ich steh vor dir mit leeren Händen, Herr* (Huub Oosterhuis), from the choral adaptation from Elias Nikolaus Ammerbach's *Tabulaturbuch* to Siegfried Reda's *Marienbilder*. The work is consistently sung with cast roles – single solistic singers (with or without instrumental accompaniment), small groups/schola and all together, so that everybody alternately becomes a listener and a performing singer.

Gertrud Möller as author of "anonymous" songs

Patricia Milewski

Introduction

Two anonymous songs found in the 1714 edition of Johann Anastasius Freylinghausen's "Neues Geist=reiches Gesangbuch":[1] the Christmas song No. 26, *Gott lob, die hoch gewünschte Zeit*, and the Pentecost song No. 129, *Sey willkomm'n, werther Freuden=Geist*, continue to maintain this lack of designation in a recently published critical edition of this songbook.[2] However, my research[3] on the early modern Königsberg poet Gertrud Möller (1641–1705) and her two published volumes "Erster Theil der Parnaß=Blumen" (Hamburg 1672) and "Ander Theil" (Hamburg 1675)[4] shows that these songs were originally composed by her, and set to music by the Kurfürstlich Brandenburg=Preußische Kapellmeister, Johann Sebastiani (1622–1683).[5] While previous scholarship proposes that none of Möller's spiritual songs from the "Parnaß=Blumen" volumes found their way into Protestant hymnbooks,[6] this discovery proves that at least two of her texts were taken up into the most influential book of pietistic hymnody in the

---

1 Freylinghausen, Johann Anastasius: Neues Geist=reiches Gesang=Buch, auserlesene / so Alte als Neue / geistliche und liebliche Lieder [...]. Halle 1714.

2 McMullen, Dianne Marie/Miersemann, Wolfgang (eds.): Johann Anastasius Freylinghausen. Geistreiches Gesangbuch. Edition und Kommentar. Band 2/III: Johann Anastasius Freylinghausen. Neues Geist=reiches Gesang=Buch (Halle 1714). Apparat. Halle/Berlin/Boston 2020, p. 30 (No. 26); p. 77 (No. 129).

3 My doctoral dissertation project "Flowers of Parnassus. A Critical Survey and Analysis of Two Seventeenth-Century German Songbooks by Gertrud Möller and Johann Sebastiani" is kindly supported by a fellowship from the Social Sciences and Humanities Research Council of Canada (SSHRC).

4 Erster Theil Der Parnaß=Blumen / Oder Geist= und Weltliche Lieder / Welche bey müssiger Abend=weile abgebrochen Gertraudt Müllerin / gebohrne Eifflerin / Und in Melodeyen übersetzet Von Johan Sebastiani, Churfürstl. Brandenb. Preussischen Capell=Meister. Hamburg: Naumann u. Wolff, Wolfenbüttel: Weiß 1672. – Ander Theil Der Parnaß=Blumen / Oder Geist= und Weltliche Lieder / Bey müssiger Abend=Weile abgebrochen Von Gertraut Müllerin / gebohrnen Eiflerin/K.G.D. und unter den Blumen=Genossen Mornille Und in Melodeyen gesetzet / von Johan Sebastiani, Chur=Fürstl. Brandenb. Preusischen Capell=Meister. Hamburg/Wolfenbüttel 1675.

5 Parnaß=Blumen (cf. n. 4) I, no. IV *Gott lob, die hoch gewünschte Zeit* and no. XII *Sey willkomm'n werther Freuden=Geist*.

6 Kaminski, Ernst: Gertrud Möller, die Pregelhirtin I, in: Altpreußische Monatschrift 57 (1920), 194.

eighteenth century. It can also be shown that, although Freylinghausen was not the first editor to borrow Möller's texts devoid of Sebastiani's musical settings, their anonymous inclusion in his songbook triggers an ongoing dissemination without attribution into diverse songbooks and hymnals throughout Germany and onwards to North America in the 18th and 19th centuries.

Spiritual Songs by Female Poets

The inclusion of a poet's words or a composer's melody in a hymnbook is indicative of their significance and reception in confessional culture. For women of the early modern period, the socio-historical context of the time limited their literary output to the private sphere, wherein it was acceptable for them to express their piety and loyalty by means of occasional and devotional vernacular verse. The spiritual song, the most popular genre for private devotion and edification during this period, is characterized by themes and motifs of an inward reflective nature that were suited for performance in intimate settings.[7] In practice however, the boundaries between private and public devotional spaces were permeable, and we find examples of paraliturgical vocal music finding its way into public worship and hymnbooks.[8] Möller's two songs are examples for this. The fact that they anonymously survived in hymnody over centuries indicates the liturgical and technical quality of her work and permits the recovery of her authorship.

Poet and Composer

Gertrud Möller was one of the few women publishing works in her own name in the seventeenth century.[9] She was born 1637 into a well-educated Lutheran household in Königsberg.[10] Her mother, Elisabeth Eifler (née Weiß), came from a long line of scholars, and her father, Michael Eifler, was a professor of Logic

---

7 Scheitler, Irmgard: Das geistliche Lied im deutschen Barock. Berlin 1982. – Dies.: Musik zur privaten Andacht und Erbauung, in: Hochstein, Wolfgang (ed.): Geistliche Vokalmusik des Barock (Bd. 2). Laaber 2019, 102–132.

8 cf. Marti, Andreas: Die Rezeption des geistlichen Liedes als Gegenstand der Hymnologie, in: JLH 57 (2018), 165–178.

9 cf. Jürgensen, Renate: Mornille. Gertrud Möller, in: Melos conspirant singuli in unum. Repertorium bio-bibliographicum zur Geschichte des Pegnesischen Blumenordens in Nürnberg (1644 bis 1744). Wiesbaden 2006, 395–399. Other women publishing in their own names include Anna Ovena Hoyers, Catharina Regina von Greiffenberg, Sophie Elisabeth von Braunschweig-Lüneburg, Barbara Helena Lang-Kopsch, Maria Catharina Stockfleth, Susanna Elisabeth Zeidler, Sibylla Schuster. Posthumously: Sibylla Schwarz (1650).

10 Kaminski, Ernst: Gertrud Möller, die Pregelhirtin I (cf. n. 6), 175–176. Baptismal registry of the Kneiphof Cathedral: Catalogus baptisatorum: October 14,1637 "H. M. Michael Eiflerus lässt taufen Gertrudem".

316 Patricia Milewski

and Metaphysics at the prominent Albertus University. In 1656, Simon Dach, Professor of Poetry at the University at that time, wrote a poem on the occasion of her marriage to Peter Möller, Professor and Doctor of Medicine, praising the bride's lyric talents.[11] These talents did not go unnoticed by Sigmund von Birken, the president of the far-reaching Nürnberg Pegnesische Blumenorden (PBO), a literary society which accepted women members. Möller's 1671 appointment as poet laureate in this society linked her to a far-reaching network of supportive members who promoted her work.[12] The distinguished poets and scholars contributing congratulatory poems to the preface of "Erster Theil Der Parnaß= Blumen" indicate the high esteem they had for her. These included members of the PBO: Johann Röling, Martin Kempe (also a member of the "Fruchtbringende Gesellschaft" and the "Elbschwanenorden"), along with Johann Georg Pellicer, Daniel Bärholz, and Gottfried Wilhelm Sacer (likewise members of the Elbschwanenorden) and Johann Peter Titz (a member of the "Königsberger Dichterkreis").[13] The "Parnaß=Blumen" volumes are the only known songbooks to be published by a woman in collaboration with a distinguished composer in the 17th century.

Collaboration

The "Parnaß=Blumen" volumes are considered the last of 16 songbooks published between 1638 and 1675 that fall within the Heinrich Albert-inspired Königsberg tradition of poet-musician collaboration.[14] Characteristics of this tradition include the combination of devotional and secular songs in the same volume presented in partiture format offering flexibility with respect to the mixing of voice and instruments.[15] It is likely that the collaboration between Möller and Sebastiani ensued from their mutual acquaintance with Johann Röling (Simon Dach's successor as Professor Poeseos), who had previously collaborated

---

11 Dach, Simon: Lungite concordes mansura in foedera dextras! Oder Einfältige Hochzeit-Reime. Königsberg 1656.

12 Laufhütte, Hartmut/Schuster, Ralf (eds.): Sigmund von Birken: Werke und Korrespondenz. Der Briefwechsel zwischen Sigmund von Birken und Mitgliedern des Pegnesischen Blumenordens und literarischen Freunden im Ostseeraum (Bd. 13.1). Berlin/Boston 2012, LXVI–LXVIII.

13 While members of the same order were likely to praise each other, the praise of members of other literary societies was especially significant.

14 Braun,Werner: Thöne und Melodeyen, Arien und Canzonetten. Zur Musik des deutschen Barockliedes. Tübingen 2004, 166. Composers and works in this sub-genre include: Heinrich Albert ("Arien", Theil 1–8, 1638–1650), Johann Weichmann ("Sorgen=Lägerin. Geistliche und weltliche Lieder in drei Teilen", 1648). Christoph Werner ("Musicalische Arien, Oden, Melodeyen". Königsberg 1649), Georg Weber ("Wohlriechende Lebens=Früchte", Teil 1–4 Königsberg 1648, 5–7 Danzig 1649), Christoph Kaldenbach ("Deutsche Sappho", 1651), Johann Sebastiani in Gertraud Möllers Parnaß=Blumen 1672/75).

15 Braun, Werner: Thöne und Melodeyen (cf. n. 14), 163–164.

Gertrud Möller as author of "anonymous" songs

with Sebastiani.[16] Johann Sebastiani was a sought-after composer of songs, as his occasional works prove.[17] He arrived in Königsberg sometime before 1650 and in 1661 he became the Kapellmeister of the Prince Elector's Court Church. His best-known works are his "Matthäus Passion, Pastorello musicale" (thought to be the oldest extant German opera manuscript), and "Parnaß=Blumen".[18] Ten of Sebastiani's solo melodies are found in the "Preußisches Neu verbessert-vollständiges Kirchen- Schul- und Hauß-Gesangbuch" (Königberg 1675).[19] Although Sebastiani is the primary composer of musical settings for Möller's spiritual and secular verses, four of the melodies in Erster Theil (Part I) are attributed to other composers: Johann Weichmann,[20] Heinrich Albert (2), and Johann Reinhard, while six melodies in "Ander Theil" (Part II) are attributed to a composer with the initials J. G.

Part I of "Parnaß=Blumen" is a collection of 60 songs dedicated to Eleonora Maria, Queen of Poland, and grouped into spiritual and secular themes: 31:29, respectively. The spiritual songs begin with prayers of thanks for protection and comfort, then follow the events of Christ's life from birth to resurrection chronologically, correlating with church year celebrations. The majority are inward reflections on devout Christian living: the love of Christ, Christian patience, and the ars morendi (the art of dying). Their settings exhibit a wide variety of rich voicing patterns ranging from 1 to 6 voices which include obligatory and suggested instrumental accompaniments or substitutions (voce ò viola) and basso continuo. In this volume, *Gott lob, die hoch gewünschte Zeit* (IV) is set as a solo with basso continuo (see Figure 1), while *Sey willkomm'n, werther Freuden=Geist* (XII) is set for three voices and basso continuo (Figure 2). There are also several examples of five-part settings, which likely have their origins in Sebastiani's funeral music.[21] The secular songs are set in solo with basso continuo style (21 with ritornellos), and deal predominately with pastoral themes related to unrequited love and nature, but also include moralistic warnings and parodistic songs critically poking fun at human characteristics. The variety and

---

16 Johann Röling/P. P. and Johann Sebastiani began collaborating as early as 1663. See *Mein Gott, ich sehe wie die Welt* (1663) in the Düben Collection, as well as eight other exemplars listed on VD 17 printed between 1665 and 1676.

17 For a comprehensive bibliography of Sebastiani's works see: Die musikalischen Schätze der königlichen und Universitätsbibliothek zu Königsberg in Pr. aus dem Nachlasse Friedr. Aug. Gotthold's, nebst Mittheilungen aus dessen musikal. Tagebüchern. Bonn 1870, 331–336.

18 Maul, Michael: Sebastiani, Johann, in: Die Musik in Geschichte und Gegenwart (Personenteil). Kassel 2005, 492–494.

19 Zahn, Johannes: Die Melodien der deutschen evangelischen Kirchenlieder (Bd. 1–6). Gütersloh 1889–1893. Reprint Hildesheim 1963, Bd. 6, No.737.

20 Braun, Werner: Thöne und Melodeyen (cf. n. 14), 10. See footnotes 40 and 41. Nr. 38 of Gertrud Möller's Erster Theil der Parnaß=Blumen 1672 is set to Johann Weichmann: Sorgen=Lägerin, 1, Nr. 12.

21 Scheitler, Irmgard: Königsberger Leichencarmina. Ein Sonderweg, in: Tenhaef, Peter/Walter, Axel E. (eds.): Dichtung und Musik im Umkreis der Kürbishütte. Königsberger Poeten und Komponisten des 17. Jahrhunderts. Berlin 2016, 153–190.

318   Patricia Milewski

sophistication of the musical settings indicate that these books were meant for social circles where instruments were at hand and participants could read music.

Part II of "Parnaß=Blumen" is dedicated to the unnamed District Administrator [Landrat] and Captain of Brandenburg-Prussia, having distinguished himself in many military campaigns.[22] In keeping with this, Möller creates a dedicatory narrative based on the theme of war which has a mildly rhetorical tone: War disrupts the pastoral peace of the shepherds and silences the muses of Helicon, untuning and breaking their strings. This collection of 67 solo songs with basso continuo (36 spiritual and 31 secular) includes six songs with ritornellos. Again, the thematic material focuses on Christ's sacrifice, devotional Christian living, and pastoral unrequited love. The inward-reflection and emotionality of Möller's "geistliche Lieder" indicate that they were intended for extra-liturgical devotional practice, as was generally the function of spiritual songs composed during the 17th century.[23]

The "Parnaß=Blumen" volumes are an example of a woman's participation in the interurban culture trade of the 17th century.[24] Although both poet and composer usually engaged the Reusner print shop in Königsberg, the "Parnaß= Blumen" songbooks were printed by Paul Weiß in Wolfenbüttel and published by Johann Naumann and Georg Wolff in Hamburg. Although no archival documentation survives in either case,[25] it is likely that Sigmund von Birken was the connection to the Wolfenbüttel printshop,[26] and Möller's friend, Daniel Bärholz, who was also on friendly terms with the Naumanns,[27] takes credit for arranging

---

22 In 1675, Georg Christoph Finck von Finckenstein (1632–1697) held this post. See Bahl, Peter: Der Hof des Großen Kurfürsten. Studien zur höheren Amtsträgerschaft Brandenburg Preußens (Veröffentlichungen aus den Archiven Preußischer Kulturbesitz, Beiheft 8). Köln/Weimar/Wien 2001, 472.

23 Scheitler, Irmgard: Das geistliche Lied im deutschen Barock (cf. n. 7), 403.

24 Scheitler, Irmgard: Poesie und Musik im Umkreis der Nürnberger Pegnitzschäferinnen, in: Rode-Breymann, Susanne (ed): Orte der Musik. Kulturelles Handeln von Frauen in der Stadt. Köln u. a. 2007, 35–65. See pages 54–55 for an overview of the Möller/Sebastiani collaboration.

25 Philip Haas of the Niedersächsiches Landesarchiv Abteilung Wolfenbüttel responded to my inquiry regarding the printer Paul Weiß: "I have searched our holdings for the Paul Weiß you mentioned and found some archival records about him. Unfortunately, there are no documents on the background of "Parnass-Flowers." (Az: WO-56500-Mil/2019-PH, Correspondence, 19 November 2019). Regarding my inquiries into record of the publication of Parnaß=Blumen in Hamburg by Johann Naumann and Georg Wolff, Alexandra Quauck of the Freie und Hansestadt Hamburg Behörde für Kultur und Medien, Amt Staatsarchiv writes: "In den Beständen des Staatsarchivs Hamburg konnte ich leider keine Unterlagen zu den von Ihnen genannten Liederbüchern von Gertrud Möller und Johann Sebastiani ermitteln." (Az: 4223/2019, Correspondence, 03 January 2020).

26 Weiß printed Birken's "Ecologia Diana" the same year as "Erster Theil der Parnaß=Blumen".

27 The relationship between Bärholz and the Naumanns was likely prompted by his membership in Johann Rist's Elbschwanenorden, who also published with Naumann. Bärholz publishes a eulogy for the elder Naumann "aus freundschuldigster Pflicht": Letztes Ehrengedächtnüs Dem […] H. Johan Naumanne […]. Hamburg 1668. Naumann publishes Bärholz' "Des Chariclyts Denckwürdiger Wein-Monath" in 1670.

the books' publication in Hamburg in a letter to Sigmund von Birken (1672).[28] Records show that the "Parnaß=Blumen" volumes were advertised under Sebastiani's name in the Musikalien section of Book Fair Catalogues: Part I appears in the 1672 Leipzig Fall Fair Catalogue [Groß]; Part II appears in the Leipzig Fall Fair Catalogue of 1674, as well as both the Frankfurt and Leipzig Spring Fair Catalogues of 1676.[29]

Four extant copies[30] demonstrate that they were sold and distributed, bound with other texts, and used by their owners. In the Russian State Library, Part I is bound with three voce I/Canto part books: Adam Krieger's "Neue Arien" (1676), Caspar Kittel's "Arien und Cantaten" (1638), and Johann Caspar Horn's "Scherzende Musen-Lust" (1674), and concludes with basso continuo songs in Gabriel Voigtländer's "Allerhand Oden und Lieder" (1664). The marginalia of the Düben Collection exemplar (Part I and II bound together)[31] suggest a practical function with corrections to the score, the addition of figures to the bassline, and overwriting of existing figures.[32] The Austrian exemplar (Part II) contains a bibliographic note attributed to author and professor of German Literary History, Karl Goedeke (1814–1887), while the Regensburg exemplar is from the collection of Dominicus Mettenleiter (1822–1868), a Catholic theologian, composer, and church musician, who was influential in the church music reforms in 19th century Regensburg.[33] Here, Part I is bound with Voigtländler's "Allerhand Oden und Lieder" and user marks inside the front cover illustrate transactions of exchange: the inscriptions: "Viel freud dir" (crossed out) and "viel Freude" [to enjoy] indicate it may have been given as a gift, and the adjacent monetary calculations add up to a total price in "florin" (f. = Gulden).[34]

---

28 "Briefwechsel Birken – Bärholz" (cf. n. 12), 294–295. "das 1 theil ihrer [Möller]Geist= und Weltlichen Lieder, unserer allergnädigsten Königin gewiedmet, ist auf Meine Mühsame beförderung, endlich neülich in Wolfenbüttel drukfärtig worden, Noch hat Sie dergleichen 2 theil schon färtig, die ohne zweifel derselbe Verleger zu Hamburg zum druk geben Wird."

29 Göhler, Albert: Verzeichnis der in den Frankfurter und Leipziger Meßkatalogen der Jahre 1574 bis 1759 angezeigten Musikalien. Hilversum 1965, 79.

30 Austrian National Library Music Collection, Vienna (A-Wn); Central Library of the Diocese of Regensburg, Proske Music Collection (D-Rp); Carolina Rediviva University Library, Uppsala, Sweden (S–Uu); Russian State Library, Moscow (Rus-Mrg).

31 S–Uu: Uvmtr 874.

32 My thanks to Kia Hedell of Uppsala University for providing the images of user markings (08 September 2019).

33 D-Rp: 9995/AN 38

34 My thanks to Dr. Raymond Dittrich, Director of the Central Library of the Diocese of Regensburg, for this information (07 October 2019).

Figure 1: „Parnaß=Blumen" 1672 (cf. n. 4): IV Gott lob, die hoch gewünschte Zeit

Gertrud Möller as author of "anonymous" songs

(XII.)

Figure 2: "Parnaß=Blumen" 1672 (cf. n. 4): XII Sey willkomm'n, werther Freuden=Geist

322 Patricia Milewski

The appropriated texts

The appropriation of Möller's unnotated spiritual songs begins as early as 1697 while she is still living. Of her 67 spiritual songs found in both volumes, 57 matching titles appear in the register of Johann Günther's (1660–1710) "Andächtiger Seelen geistliches Brand- und Gantz-Opfer".[35] Although no authors are named in this eight-volume anthology of sixteenth and seventeenth century chorale texts that have been paired with familiar melodies whenever possible (including *Gott lob, die hoch gewünschte Zeit* and *Sey willkomm'n, werther Freuden=Geist*), it is remarkable to find seven of Möller's texts cross-referenced to melodies in Parnaß=Blumen with direct reference to the songbooks and her authorship, implying that these volumes were still in circulation and important enough for Günther to mention.[36]

The assignment of contrafact melodies played an important role in the reception of spiritual songs as hymns for public worship.[37] This mnemonic strategy facilitates a song's accessibility to a wider audience, increasing its chances of popularity. When the Pietist theologian Johann Anastasius Freylinghausen (1670–1739) includes Möller's songs in his 1714 edition of "Neues Geistreiches Gesangbuch",[38] he assigns melodies which accompany them in the amalgamated editions of the "Geistreiches Gesangbuch" (1741 and 1771),[39] and onwards to other songbooks. Freylinghausen makes distinct editorial changes to Möller's texts which support the thesis that their dissemination stems from his songbook rather than Günther's. Specifically, Freylinghausen retains Möller's bracketed phrase: (o Himmels=Zier) in *Gott lob, die hoch gewünschte Zeit* (VI:5) and omits the third verse of *Sey willkomm'n, werther Freuden=Geist*, while Günther does the opposite.

Editorial Modifications as Markers

Freylinghausen's modifications to Möller's text, which target her stylistic idiosyncrasies, act as markers. In the case of *Sey willkomm'n, werther Freuden=Geist*, he alters Möller's Komposita "du Weisheit-Wasser" to "du Brunn der Weisheit"

---

35 Günther, Johann (ed): Andächtiger Seelen geistliches Brand- und Gantz-Opfer / Das ist vollständiges Gesangbuch. In acht unterschiedlichen Theilen [...]. (8). Leipzig 1697, 443.

36 Ander Theil Der Parnaß=Blumen: II (vol. 4, p. 1443); V (vol. 2b, p. 492); VI (vol. 6, p. 1168); XXIV (vol. 2b, p. 473, "Such in Gertr. Müllerin Paradieß-blum. 29"); XXVIII (vol. 2a, p. 903); XXX (Vol. 8, p. 489); XXXII (Vol. 3, p. 306, "Such in G. Müllerin Parn. B. Th. I": an error or typo as this text is found in Part 2). In addition, nine are marked: "In eigener Melodie", and the rest are paired with contrafact melodies.

37 Marti, Andreas: Die Rezeption des geistlichen Liedes (cf. n. 8), 165–178.

38 Freylinghausen: Neues Geistreiches Gesangbuch (cf. n. 1).

39 Freylinghausen, Johann Anastasius/Francke, Gotthilf August: Geistreiches Gesangbuch. Den Kern alter und neuer Lieder in sich enthaltend [...]. Halle ¹1741, ²1771.

Gertrud Möller as author of "anonymous" songs

(I:3), "Unglücksfall" to "Feind, so stark" (III:3), and manipulates the semantics of VII:1 and 2. These markers, as well his choice of Luther's Pentecost hymn *Komm Gott Schöpfer*[40] as the contrafact melody, are carried forward into the "Colmarisches Lutherisches Lob=Opffer" (Decker 1722 and 5 ed. to 1766).[41] It would seem that the dissemination of this song from Freylinghausen is limited to these Colmar editions, which offer new songs of praise for congregational and personal edification for use in church, school, home and when travelling abroad.[42]

Erster Theil Der Parnaß=Blumen / Oder Geist= und Weltliche Lieder (Gertrud Möller/Johann Sebastiani). Hamburg 1672

Neues Geist=reiches Gesang=Buch (Johann Anastasius Freylinghausen). Halle 1714, p. 172.

Headline: Joh. Sebast. XII.
With sheet music

Headline: 129. Mel. *Komm / GOtt Schöpfer* ꝛc. (Decker 1722 No. 152, p. 123/ Komm Gott Schöpffer &c.)

Arrangement of the lines: Line by line

Arrangement of the lines: Continuous

SEy willkomm'n werther Freuden=Geist / Der unser Trost und Beystand heist / Du **Weißheit=Wasser** / Gottes Hand / Und unsers Erbes Unter-Pfand.

SEy willkomm'n werther Freuden-Geist /der unser trost und beystand heißt / du **Brunn der weisheit** / GOttes hand /und unsers erbes unterpfand.

2. Nun **ist durchaus** die Schrifft erfüllt; **Nach dem** des Höchsten Zorn gestillt / Giest Er auf sein geweihtes Hauß / Dich aller Christen Salbe aus.

2. Nun **sehen wir** die Schrift erfüllt; **denn weil** des Höchsten zorn gestill / gießt er auf sein geweyhtes haus dich / aller Christen salbe / aus.

3. Du als der rechte Wunder=Mann / So tausend Gaben geben kan / Bind'st aller Jünger Zunge loß / Und machest deine Kirche groß.

4. O niemahls gnug gepriesne Zeit!Es schadet uns in Ewigkeit / **Kein Unglücks=Fall** / so groß er ist / Weil selbst du unser Zuflucht bist.

3. O niemals gnug gepriesne zeit! nun schadet uns in ewigkeit **kein feind / so starck** und groß er ist / weil du selbst unsre zuflucht bist.

5. Wenn JEsus unsre Schuld verbitt Dem Vater an die Seiten tritt / Sind deine Seufftzer auch dabey / Bis daß der Höchste gnädig sey.

4. Wann JEsus unsre schuld verbitt't / dem Vater an die seite trit / sind deine seuftzer auch dabey / bis daß der Höchste gnädig sey.

6. Du bist / der wahres Zeugniß gibt / Daß dennoch GOtt die Seinen liebt / Und denen / die mit ihm versöhnt / Creutz / Noht und Tod zum besten dient.

5. Du bist / der wahres zeugniß gibt / daß dennoch GOtt die seinen liebt / und denen / die mit ihm versühnt / creutz / noth und tod zum besten dient.

---

40 Zahn, Johannes: Die Melodien der deutschen evangelischen Kirchenlieder (cf. n. 19), Bd. 1, Nr. 294–295.

41 Decker, Johann Heinrich: Colmarisches Lutherisches Lob=Opffer, oder Neu=verbessertes Kirchen-, Schul- Haus- und Reise-Gesang-Buch. Colmar ¹1722, 123 (http://colmarisches.free.fr/LOpf1722/indexcp.html).

42 "Vorrede." ebd.

7. **Wie selig lebet / wie wol verschont / In welches Herz** diß Leben wohnt / Das ihn für allem Fall der Welt / Dem Teuffel zum Verdruß **erhellt.**	6. **Wie selig ist der nicht belohnt / in wessen geist** diß leben wohnt / das ihn für allem fall der welt / dem teufel zum verdruß / **erhält.**
8. Es halte doch wer immer kan / Den übergrossen Pfingst=Gast an / Der unser Hertz durchaus entzünd't / Daß wir nun seine Tempel sind.	7. Es halte doch / wer immer kan / den übergrossen Pfingst=Gast an / der unser hertz durchaus entzündt / daß wir nun seine tempel sind.
9. Bleib / höchster Lehrer / auch bey mir / Damit ich jederzeit mit dir / Dem Teuffel Hand und Rachen bind / Und alle Sünden überwind.	8. Bleib / höchster Lehrer / auch bey mir / damit ich iederzeit mit dir dem teufel hand und rachen bind / und alle sünden überwind.

Table 1: Text comparison Sey willkomm'n / werther Freuden=Geist: Möller and Freylinghausen/Decker

Freylinghausen leaves similar editorial markers in his version of *Gott lob, die hoch gewünschte Zeit.* Most notably, he transposes Möller's compound "Adams-Zucht" into "uns Menschen" (I:5), modifies the exclamation "Ach, großes Glück" to the invocation "O großes Heil" (II:4), replaces Möller's reference to Christ as the "zweigestammte große Held" with "wunderbare große Held (IV:5) and changes "auch schauen" to "anschauen" (V:6). (See columns 1 and 2 of Table 2). The traditional Schweifreimform of Möller's poem matches songs already engrained in devotional culture.[43] Freylinghausen assigns to it the familiar melodies of *Kommt her zu mir, spricht Gottes Sohn*[44] and *Geh aus, mein Herz, und suche Freud*[45] with the latter cross-referenced to the melody printed in an earlier "Geist=reich edition". *Kommt her zu mir* is the traditional melody consistently assigned to Möller's poem in all editions following Freylinghausen (1714; see Figure 3).

Erster Theil Der Parnaß=Blumen/Oder Geist= und Weltliche Lieder (Gertrud Möller/ Johann Sebastiani). Hamburg 1672	Neues Geist=reiches Gesang=Buch (Johann Anastasius Freylinghausen). Halle 1714, p. 30.	Albrecht, Johann (pub.): Ein Unparteyisches Gesang= Buch. Lancaster 1804, p. 19.
Headline: Joh. Sebast. IV. With sheet music	Headline: Mel. *Kommt her zu mir / spricht* ꝛc. Oder: *Geh aus mein hertz und* ꝛc. p. 295.*	Headline: 24. Mel. *Kommt her zu* (6)
Arrangement of the lines: Line by line	Arrangement of the lines: Continuous	Arrangement of the lines: Continuous

---

43 Six-line strophic verses with the rhyme scheme aabccb.

44 Das deutsche Kirchenlied (DKL). Kritische Gesamtausgabe der Melodien, Abteilung III: Die Melodien aus gedruckten Quellen bis 1680. Band 1: Die Melodien bis 1570, Teil 1 Melodien aus Autorendrucken und Liederblättern. Kassel 1993, B37 und Fassungen. Zur weiteren Entwicklung dieser Melodie vgl. DKL III/Abschließender Registerband, Kassel usw. 2010, S. 177. – Zahn, Johannes: Die Melodien der deutschen evangelischen Kirchenlieder (cf. n. 19), Bd. 2, No. 2496.

45 Zahn, Johannes: Die Melodien der deutschen evangelischen Kirchenlieder (cf. n. 19), Bd. 2, No. 2532.

GOtt lob / die hochgewünschte Zeit / der Anfang unsrer Seligkeit / und unsrer Hülf ist kommen / des ew'gen Vaters ewges Kind / sich mit **der Adams-Zucht** verbind / hat Fleisch an sich genommen.

2. Zu Bethlehem in Davids Stadt / Wie Micha das verkünd'get hat / Ist er ein Mensch gebohren; **Ach grosses Glück!** wär dieses nicht / Würd' alles / was geschaut das Licht / Und schauen soll / verlohren.

3. Sein armer Stand / sein dürftig-seyn / Bringt uns den grösten Reichthum ein /In ihm sind wir **geborgen** / Hat Adam uns in Schuld gesetzt; All' unsre Hab' im Grund verletzt / Er wird uns wohl versorgen.

4. Seht nicht de schlechte Windlen an / **Den Stall / und was man** tadlen kan: In dieser Krippen-änge / Ist eingehüllt das Heyl der Welt / Der **zweygestammte** grosse Held / Der Herrscher vieler Mänge.

5. Der ew'ge Gott / des Vaters Wort / **Und** unser Bruder / Hülf und Hort / Auf den wir sicher trauen / Komm gantze Welt! Ach komm herbey /Hier kanst du / daß GOtt gnädig sey / **Ohn dein Verdienst auch schauen.**

6. Sey willkomm / theurer / werther Gast / Sey willkomm / Träger meiner Last / Mein Licht / mein Trost / mein Segen / Mein ein'ges Gut / was sol ich dir. Zur Danckbarkeit (o Himmels-Zier) Zu deinen Füssen legen?

GOtt lob! die hochgewünschte zeit / der Anfang unsrer seligkeit / und unsrer hülf ist kommen! des ewgen Vaters ewges Kind / sich mit **uns menschen** nun verbindt / hat fleisch an sich genommen.

2. Zu Bethlehem in Davids stadt / wie Micha das verkündigt hat / ist er ein mensch gebohren; **O grosses heyl!** wär dieses nicht / würd alles / was geschaut das licht / und schauen soll / verlohren.

3. Sein armer stand / sein dürftig seyn / bringt uns den größsten reichthum ein / in ihm sind wir **geborgen**; hat Adam uns in schuld gesetzt; all unsre haab in grund verletzt; Er wird uns wohl versorgen.

4. Seht nicht die schlechten windeln an / **und was vernunft hie** tadeln kan: in dieser krippen enge ist eingehüllt das heil der welt / der **wunderbahre** grosse held / der herrscher vieler menge.

5. Der ewge GOtt / des Vaters wort / und unser bruder / hülf und hort / auf den wir sicher trauen. Komm / gantze welt! ach komm herbey /hier kanst du / daß GOtt gnädig sey / **ohn dein Verdienst / anschauen.**

6. Sey willkomm / theuer werther gast / sey willkomm / träger meiner last / mein licht / mein trost / mein segen / mein einges gut / was soll ich dir / zur danckbarkeit (o Himmels-Zier) zu deinen füssen legen?

Gott lob! die hochgewünschte zeit, Der anfang unsrer seligkeit, Und unsrer hülf ist kommen! Des ewgen Vaters ewges kind, Sich mit **uns menschen** nun verbindt; Hat fleisch an sich genommen.

2. Zu Bethlehem in Davids stadt, Wie Micha das verkündigt hat, Ist er ein mensch geboren; **O grosses heil!** wär dieses nicht, Würd alles, was geschaut das licht, Und schauen soll, verlohren.

3. Sein armer stand, sein dürftig seyn, Bringt uns den grösten reichthum ein, In ihm sind wir **geboren**, Hat Adam uns in schuld gesetzt, All unsre haab im grund verletzt? Er wird uns wohl versorgen.

4. Seht nicht die schlechten windeln an, **Und was vernunft hie** tadeln kan: In dieser krippen enge Ist eingehüllt das heil der welt, Der **wunderbare** grosse held, Der herrscher vieler menge.

5. Der ewge Gott, des Vaters wort, **Ist** unser bruder, hülf, und hort, Auf den wir sicher trauen, Komm ganze welt, ach komm herbey, Hier kanst du, daß Gott gnädig sey, **Aus klaren augen schauen.**

6. Sey willkommen, theurer, werther gast, Sey willkomm, träger meiner last, Mein licht, mein trost, mein segen. Mein einges gut, was soll ich dir Zur dankbarkeit, o himmelszier, Zu deinen füssen legen?

7. Mich selbst / nim mein Geschenck / HERR / an / Denck /
daß ich sonst nichts geben
kan / Dir / der du alles hegest /
Durch den der Welt-Kreiß
selbst gemacht / Mein schlechtes Opffer nicht veracht / Der
du den Himmel trägest.

7. Mich selbst / nimm mein
geschenck / HErr / an / denck /
daß ich sonst nichts geben
kan / dir / der du alles hegest /
durch den der welt-kreis selbst
gemacht / mein schlechtes
opfer nicht veracht / der du den
himmel trägest.

7. Mich selbst, nimm mein
geschenk, Herr, an, Denk, daß
ich sonst nichts geben kan Dir,
der du alles hegest, Durch den
der weltkreis selbst gemacht,
Mein schlechtes opfer nicht
veracht, Der du den Himmel
trägest.

8. Zeuch' HErr / in **meinem
Hertzen ein / Laß diß dein
sanfftes Bettlein seyn /
Verwirff nicht diese Wiege /
Ich hab' es** mit dir selbst geschmückt / Und alles Eytle
weggerückt / Mein JEsu /
drinnen **liege!**

8. Zeuch / HErr / in **diß mein
hertz hinein / laß es dein
sanftes bettlein seyn; verwirf
nicht diese wiege: laß sie seyn**
mit dir selbst geschmückt / und
alles eitle weggerückt; Mein
JEsu / drinnen **liege.**

8. Zeuch, Herr, in **diß mein
herz hinein, Laß dirs ein
heilige wohnung seyn, Dir
Jesu ich es gebe; Laß es mit
dir seyn ausgeschmückt,** Und
alles eitle weggerückt, Mein
Jesu drinnen **lebe.**

*Table 2: Gott lob, die hoch gewünschte Zeit. Text comparison: Möller/Freylinghausen/
Albrecht*

The Travels of *Gott lob, die hoch gewünschte Zeit*

Moving forward in the reception of *Gott lob, die hoch gewünschte Zeit* from
Freylinghausen, Christian Nicolaus Möllenhof (1698–1748) includes it in "Kern
Geistlicher lieblicher Lieder" (1731 and four editions to 1758) with only minor
orthographic changes for use in Lutheran congregations.[46] The song then crosses
confessional boundaries when Heinrich Ludwig Brönner includes it in the
Calvinistic "Neu=vollständiges Evangelisch=Reformiertes Kirchen=Gesang=
Buch" (1744).[47] This comprehensive book, which includes Lobwasser's Psalms
of David, traditional and new hymns correlated to the attached Heidelberg
Catechism and Joachim Neander's Geistreiche Bundeslieder und Dankpsalmen,[48]
was designed to be bound to a hand Bible for travel. The Brönner edition features
two distinct changes to the text: "ohn dein Verdienst auch schauen" is changed
to "Aus klaren augen schauen" (V:6) and the Christian heart metaphor changes
from "Wiege" to "heilige Wohnung" (VIII:2).

These changes are transmitted to the Marburg edition of the "Neu-vermehrt-
und vollständiges Gesang-Buch" (1752),[49] published for the Reformed churches
in Hessen-Hanau-Pfalz and their bordering provinces. *Gott lob, die hoch
gewünschte Zeit* is found in the second part of the songbook entitled "Kern Alter
und neuer, in 700. bestehender, Geistreicher Lieder", which becomes the song's

---

46 Möllenhof, Christian Nicolaus (ed.): Kern Geistlicher Lieblicher Lieder (cf. n. 46), Vorrede.

47 Brönner, Heinrich Ludwig (pub.): Neu=vollständiges Evangelisch=Reformiertes Kir-
chen=Gesang=Buch (cf. n. 46), 32.

48 Neander, Joachim: Glaub- und Liebes=übung. Auffgemuntert Durch Einfältige Bundes-Lie-
der und Danck-Psalmen. Neugesetzet Nach bekant- und unbekante Sang-Weisen [...]. Bremen 1680.

49 Stock, Joh[ann] Henr[ich] (pub.): Neu-vermehrt- und vollständiges Gesang-Buch (cf. n. 46), 27.

Gertrud Möller as author of "anonymous" songs

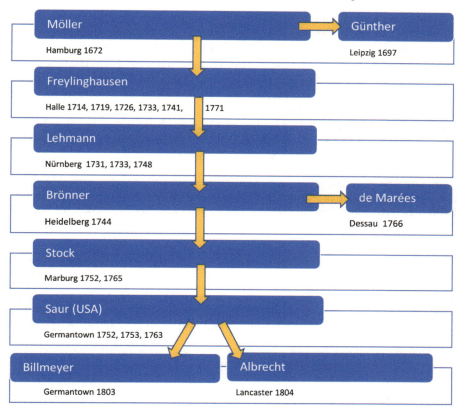

Figure 3: Travels of Gott lob, die hoch gewünschte Zeit[50]

---

50 Möller: Erster Theil Der Parnaß=Blumen/ (cf. n. 4). D-Rp: 9995/AN 38 – Heading: IV. Joh. Sebast.
   Günther, Johann (ed.): Andächtiger Seelen geistliches Brand- und Gantz-Opfer (cf. n. 35), 1241. Niedersächsische Staats- und Universitätsbibliothek Göttingen: 8 Cant. Geb. 97:8. – Heading: M. *Kommt her zu mir / spricht GOttes Sohn.*
   Freylinghausen, Johann Anastasius (ed.): Neues Geist=reiches Gesang=Buch (cf. n. 1), 30. München BSB: Liturg. 1374u. – Heading: 26. Mel. *Kommt her zu mir / spricht* ꝛc. Oder: *Geh aus mein Herz* und ꝛc. p. 295.* [* = melody in the first songbook]
   Freylinghausen, Johann Anastasius/Francke, Gotthilf August (eds.): Geistreiches Gesangbuch (cf. n. 39), 36. München BSB: Liturg. 430 r. – Heading: 59. 2. Th. 26. – [Melodies in Register I: Die 30. Art. *Geh aus, mein herz, und suche freud,* 272; *Kommt her zu mir, spricht GOttes Sohn,* 620].
   Möllenhof, Christian Nicolaus (ed.): Kern Geistlicher Lieblicher Lieder / dem Herrn mit Herz und Mund zu singen, oder Neu-auserlesenes Gesang-Buch. Nürnberg ¹1731, 27–28/²1733/³1748/⁴1751/⁵1753, 20. – Heading: 53. Mel. *Kommt her zu mir spricht.*
   Brönner, Heinrich Ludwig (pub.): Neu=vollständiges Evangelisch=Reformiertes Kirchen=Gesang=Buch, worinnen so wol die verbesserten Psalmen Davids nach D. AMBROSII Lobwassers Reim=Weise, als auch der Kern sämtlicher alter und neuer Kirchen=Gesänge, nach der Ordnung des Heidelbergischen Catechismi [...]. Frankfurt am Main 1744, 32. München BSB: Liturg. 1368y. – Heading: 92. Mel. *Kom[m]t her zu mir / spricht.*

Patricia Milewski

container for 'export' overseas. In all of the songbooks to this point, the distinct phrase "O Himmels-Zier" is preserved. This is not the case when the song is taken up in the Calvinistic "Neues Anhalt-Dessauisches Gesang-Buch (1766)",[51] where the editor, Simon Ludwig Eberhard de Marées (1717–1802), changes line VI:5 from "zur Dankbarkeit, o Himmels-Zier!" to "Zum Zeugnis meiner Dankbegier" and retains the metaphor of the cradle in the final stanza. These differences point to the de Marées edition as a sidetrack from the trajectory we are following. "Kern alter und neuer, in 700. bestehender, geistreicher Lieder" was reprinted 1752 by Christoph Saur (1695–1758) in Germantown, Pennsylvania with direct reference to the Marburg connection:

Kern alter und neuer, in 700. bestehender, geistreicher Lieder welche sowohl bey dem öffentlichen Gottesdienste in denen Reformirten Kirchen der Hessisch- Hanauisch-Pfältzsich- Pensilvanischen und mehrern andern angräntzenden Landen, als auch zur Privat-Andacht und Erbauung nützlich können gebraucht werden. [...] Nach dem neu-

---

Stock, Joh[ann] Henr[ich] (pub.): Neu-vermehrt- und vollständiges Gesang-Buch, Worinnen sowohl die Psalmen Davids, Nach D. AMBROSII Lobwassers Ubersetzung hin und wieder verbessert, Als auch 700. auserlesener alter und neuer Geistreichen Lieder begriffen sind [...], Auch Mit dem Heydelbergischen Catechismo und erbaulichen Gebätern versehen [...; Zwischentitel: Kern Alter und neuer, in 700. bestehender, Geistreicher Lieder ...] zu finden bey Joh[ann] Henr[ich] Stocks, Fürstl. Hess. Cantzley-Buchdr. nachgel. ältesten Tochter, Ebersbachischer Wittib. Marburg 1752, 27. UB Greifswald: 527/FuH 34540. – Heading: 37. Mel. *Kommt her zu mir.*

Saur, Christoph (pub.): Kern alter und neuer, in 700. bestehender, geistreicher Lieder welche bey dem öffentlichen Gottesdienste in denen Reformirten Kirchen der Hessisch- Hanauisch-Pfältzsich- Pensilvanischen und mehrern andern angräntzenden Landen, als auch zur Privat-Andacht und Erbauung nützlich können gebraucht werden. [...] Nach dem neuesten Gesang-buch, welches gedruckt zu Marburg, bey Johann Henrich Stock. Germanton [Germantown Pa.] 1752, 20. – Heading: 37. *Kom[m]t her zu mir.*

Saur, Christoph (pub.) Neu-vermehrt- und vollständiges Gesang-Buch, Worinnen sowohl die Psalmen Davids, Nach D. AMBROSII Lobwassers [...]. Als auch 700. auserlesener alter und neuer Geistreichen Lieder begriffen sind [...]. Gedruckt und zu finden bey Christoph Saur. Germanto[w]n 1753, 20. – Heading: 37. *Kom[m]t her zu mir.*

Saur, Christoph (pub.) Neu-vermehrt- und vollständiges Gesang-Buch, Worinnen sowohl die Psalmen Davids, Nach D. AMBROSII Lobwassers [...] als auch 730. auserlesener alter und neuer Geistreichen Lieder begriffen sind [...]. Germanto[w]n ²1763, 18. – Heading: 37. *Kom[m]t her zu mir.*

de Marées, S[imon] L[udwig] E[berhard] (ed.): Neues Anhalt-Dessauisches Gesang-Buch, darin die Psalmen Davids nach einer neuen, auf die bekanten Melodien eingerichteten Uebersetzung, Nebst einer Sammlung der besten alten und neuen geistreichen Lieder [...]. Dessau 1779, 23. UB Greifswald: 527/FuH 23993. – Heading: 27. Mel. *Kommt her zu mir* ꝛc.

Billmeyer, Michael (pub.): Die kleine geistliche Harfe der Kinder Zions, oder auserlesene geistreiche Gesänge [...] allen Christlichen Gemeinden des Herrn zum Dienst und Gebrauch [...] Auf Verordnung der Mennonisten Gemeinden. Germantaun [Germantown Pa.]: ¹1803, 18. urn:oclc:record:1042953762 (accessed 31 January 2021). – Heading: 26. Mel. *Kom[m]t her zu mir.*

Albrecht, Johann (pub.): Ein Unpartheyisches Gesang-Buch, enthaltend Geistreiche Lieder und Psalmen, zum Allgemeinen Gebrauch des Wahren Gottesdienstes auf Begehren der Brüderschaft der Men[n]onisten Gemein[d]en aus vielen Liederbüchern gesammelt. Lancaster 1804, 19. Theological Commons: https://commons.ptsem.edu/id/einunpartheyisch00lanc (accessed 31 January 2021). – Heading: 24. Mel. *Kommt her zu* (6) [Melody index].

51 de Marées, S[imon] L[udwig] E[berhard] de (ed.): Neues Anhalt-Dessauisches Gesang-Buch (cf. n. 46), 23.

Gertrud Möller as author of "anonymous" songs   329

esten Gesang-buch, welches gedruckt zu Marburg, bey Johann Henrich Stock, nun zum ersten Mahl gedruckt in Germanto[w]n by Christoph Saur, 1752.

Möller's text is further disseminated into American churches when Saur reprints the complete Marburg "Neu-vermehrt- und vollständiges Gesang-Buch" as the "Neu-Vermehrtes Gesangbuch" in 1753.[52] This songbook was also used by the Mennonite congregations in Pennsylvania up until the early 19th century,[53] whereby the song crosses yet another confessional boundary. *Gott lob, die hoch gewünschte Zeit* is included in the first Mennonite Hymnals, "Die kleine geistliche Harfe der Kinder Zions" (Germantown 1803)[54] and "Ein Unpartheyisches Gesang=Buch" (Lancaster 1804).[55] Both were very popular and reprinted throughout the 19th century. It was thought likely that American Mennonites settling in southern Ontario brought these songbooks with them.[56] There are three copies of "Ein Unpartheyisches Gesang=Buch" in the Mennonite Archives of Ontario.[57] One of these bears the inscription: "Henry Shantz songbook July 8 1829". Henry Schantz (1804–1877)[58] was farmer and ordained Mennonite minister and bishop in the Waterloo district of southern Ontario. His grandfather Jacob Schantz (1710–1781) arrived in Pennsylvania from Switzerland in 1737, and his father Christian R. Schantz immigrated to Canada in 1810,[59] when Henry would have been only six years old. Therefore, we find *Gott lob, die hoch gewünschte Zeit* crossing yet another international border to become part of the history of settlement in Canada. When we compare Möller's 1672 text and the version found in "Ein Unpartheyisches Gesang=Buch" we find that the original text remains remarkably intact through time and space (See Table 2).

---

52 Saur, Christoph (pub.) Neu-vermehrt- und vollständiges Gesang-Buch (cf. n. 46), 20.

53 Bender, Harold S.: The Literature and Hymnology of the Mennonites of Lancaster County, Pennsylvania, in: The Mennonite Quarterly Review (1956), 156–168, see page 165.

54 Billmeyer, Michael (pub.): Die kleine geistliche Harfe (cf. n. 46), 1803. Additional publications Germantown 1811, 1820, Northhampton 1834, Doylestown 1870, Lancaster 1870, Elkhart 1904.

55 Albrecht, Johann (pub.): Ein Unpartheyisches Gesang-Buch (cf. n. 46).

56 Bender, Harold S.: Hymnology of the North American Mennonite, in: Global Anabaptist Mennonite Encyclopedia Online, 1956, p. 165–167. 14 editions published 1804 to 1883. "The hymnal was published again in 1923 and 1941 in a special edition for the Old Order Amish and other branches in Lancaster County which still use the book. It also seems to have been used in Southwestern Pennsylvania, in Ontario, and in Virginia, at least for a time".

57 Unpartheyisches Gesang-Buch, enthaltend Geistreiche Lieder und Psalmen, zum allgemeinen Gebrauch des Wahren Gottesdienstes. Lancaster, Pa.: Johann Bär, 1820, in: First Mennonite Church (Kitchener, ON) fonds, III-12.; Unpartheyisches Gesang-Buch, enthaltend Geistreiche Lieder und Psalmen, zu allgemeinen Gebrauch des Wahren Gottesdienstes. Lancaster, Pa.: Johann Bär, 1829 in: Blenheim Mennonite Church (New Dundee, ON) fonds III-6; and in: Mannheim Mennonite Church (Petersburg, ON) fonds III-16. University of Waterloo, Mennonite Archives of Ontario https://uwaterloo.ca/mennonite-archives-ontario/ (accessed 01 February 2021).

58 Henry Schantz, Mennonite Archives of Ontario. Hist.Mss.1.267 (s.c.).

59 Jacob Schantz (Schantz) family, Mennonite Archives of Ontario. Hist.Mss.2.83.

Summary

The longevity and reception of Möller's spiritual song *Gott lob, die hoch gewünschte Zeit* across confessional and geographic boundaries can be attributed to both its subject matter, which was meaningful and interconfessional, as well as its form, which facilitated its pairing with familiar melodies. While the dissemination of *Sey willkomm'n, werther Freuden=Geist* is not so widespread, the evidence indicates that via Freylinghausen, both 'anonymous' songs are attributable to the seventeenth century Königsberg poet, Gertrud Möller.

Abstract:

Der Artikel identifiziert die Königsberger Dichterin Gertrud Möller (1641–1705) als Autorin zweier anonym bei Johann Anastasius Freylinghausen (Neues Geist=reiches Gesangbuch, Halle 1714) überlieferter Liedtexte: das Weihnachtslied Nr. 26, *Gott lob, die hoch gewünschte Zeit* und das Pfingstlied Nr. 129, *Sey willkomm'n, werther Freuden=Geist*. Beide Lieder stammen aus Teil 1 von Möllers „[…] Parnaß=Blumen oder Geistliche und Weltliche Lieder", Hamburg 1672 (der zweite Teil erschien 1675; vgl. Anm. 4), wo sie von dem kurfürstlich Brandenburg-Preußischen Kapellmeister Johann Sebastiani (1622–1683) vertont wurden. Obwohl Freylinghausen nicht der erste Herausgeber war, der Möllers Texte entlieh, wird gezeigt, dass ihre Aufnahme in sein Liederbuch ihre anonyme Verbreitung in verschiedenen Liederbüchern und Gesangbüchern in ganz Deutschland und weiter in den USA und Kanada im 18. und 19. Jahrhundert befördert hat. Damit wird die bisherige Forschungsmeinung, dass keines von Möllers geistlichen Liedern rezipiert worden sei, korrigiert.

Es ist das Heil uns kommen her

Anmerkungen zur Entstehungs- und Wirkungsgeschichte einer Melodie

HELMUT LAUTERWASSER

Es mag überraschen, dass die Melodie, die in lutherischen Kirchen vor allem mit dem Text von Paul Speratus assoziiert wird, zu den erfolgreichsten in der Geschichte des deutschsprachigen Kirchengesangs gehört. Und doch gibt es wohl keine andere Weise, die je auf so viele verschiedene Texte gesungen wurde und in so vielen verschiedenen Gesangbüchern Verwendung fand. Schon im 16. Jahrhundert gehörte sie zum Liedrepertoire sowohl der lutherischen als auch der Zürcher Reformation, der katholischen Kirche und der böhmischen Brüdergemeinden. Der ‚Sitz im Leben‘ war schon bei der vorreformatorischen Melodievorlage die Osterliturgie; eine Verbindung zum Osterfest hat sie bis heute, und zwar konfessionsübergreifend, behalten: Im EG ist sie mit dem Text *O Tod, wo ist dein Stachel nun* (EG 113) verbunden, und im katholischen „Gotteslob" findet sie zu den Texten *Nun freue dich, du Christenheit* (GL 770) und *O Licht der wunderbaren Nacht* (GL 334) Verwendung.

Gattungsgeschichtlich handelt es sich um einen *Regina coeli laetare*-Tropus, vereinfacht gesagt also um eine Textierung des melismatischen „Alleluja" am Ende der Verse der österlichen Antiphon *Regina coeli (caeli) laetare*. In dieser Form, quasi schon als deutsches Strophenlied, zwischen den lateinischen Antiphon-Versen gesungen, muss der Gesang bereits lange vor der Reformation im deutschsprachigen Raum eine beträchtliche Verbreitung erfahren haben.

Die Geschichte der Melodie als deutschsprachiges Kirchenlied lässt sich anhand von vier wichtigen Stationen veranschaulichen, wobei wir uns hier auf die ersten beiden Zeilen beschränken wollen.[1] Der vorreformatorische Gesang

---

1 Siehe Notenbeispiel. Um der besseren Vergleichbarkeit willen sind alle drei Varianten in die gleiche Tonart transponiert. Die Quellen der Notenbeispiele (Zur Abkürzung DKL s. S. 337): 1. Handschrift Mainz: Zentralbibliothek der bayerischen Franziskanerprovinz (St. Anna, München), 12° cmm 82, Prozessionale aus der Pfarrkirche St. Christoph in Mainz (früher auch als ‚Prozessionale aus dem Franziskanerkloster zu Miltenberg‘ bekannt), hier wiedergegeben nach DKL II/4, 139 f.; 2. Heinrich Finck: Schöne außerlesne Lieder (posthum gedruckt), Nürnberg 1536, DKL I Mi Finck 1536, DKL III c7, hier wiedergegeben nach Finck, Heinrich: Ausgewählte Werke, Bd. 2: Messen, Motetten und deutsche Lieder, hg. v. Lothar Hoffmann-Erbrecht (Das Erbe Deutscher Musik, Bd. 70), Nr. 14; 3. Erfurt 1524: „Erfurter Enchiridien", DKL I ErfL 1524, DKL III ea1, hier wiedergegeben nach DKL III/1, Teil 2 (Melodiebd.), 97 (Melodie Ea2); 4. DKL I BBr

(Nr. 1 im Notenbeispiel) ist ohne Rhythmus notiert; es gibt jedoch Anhaltspunkte dafür, dass er im ‚tempus perfectum‘, also quasi im Dreiertakt, gesungen wurde.[2] Dies tritt unter all den zahlreichen späteren, gedruckten Verbreitungen und Fassungen einzig in dem katholischen Andernacher Gesangbuch von 1608 explizit in Erscheinung, dort zweisprachig zu den Texten *Laetare nunc ecclesia* bzw. *Freu dich, du werte Christenheit*.[3]

Die Tenorstimme des vierstimmigen Satzes von Heinrich Finck (Nr. 2 im Notenbeispiel) kommt den späteren Lesarten in den ersten Kirchenlieddrucken der Wittenberger Reformation schon sehr nahe. Da Paul Speratus 1521/22 mit Finck zusammen in Salzburg war, kann man davon ausgehen, dass er das Osterlied in dieser Form und wohl auch Fincks Satz kannte. Die markanteste Veränderung im Zusammenhang mit der Anpassung der Melodie an den reformatorischen Text ist wohl der Ersatz des Grundtons am Anfang durch die Quinte.[4] Dafür gibt es keinen stilistischen Grund. Ganz im Gegenteil: Im 16. Jahrhundert wurde der Beginn auf dem Grundton und die Septimen-Spannung im Initium sicher als schöner empfunden als das Übergewicht auf der Quinte ohne Ausgleich nach unten und ohne Berührung des tonalen Zentrums der Gesamtmelodie in der Eingangszeile. Es müssen also textlich-inhaltliche Erwägungen den Ausschlag gegeben haben. Möglicherweise hätte der Quintsprung am Anfang in Verbindung mit dem Auftakt der zweiten Silbe zu viel Gewicht verliehen, während die neue kleinräumige, quasi neutralere Eingangszeile einer variablen, textgemäßen Betonung der unterschiedlichen Strophenanfänge entgegenkommt.

Diese ‚neue‘ Melodiefassung dürfte in enger zeitlicher Nachbarschaft zu der Textdichtung 1523 in Wittenberg entstanden sein.[5] Sehr wahrscheinlich wurde sie im gleichen Jahr erstmals in einem heute verschollenen Liedblatt gedruckt, das neben *Es ist das Heil uns kommen her* den Text von Luthers *Nun freut euch, lieben Christen gmein* enthalten haben muss. Auf die Frage der genauen Reihenfolge der ersten erhaltenen Drucke, die die Melodie enthielten, soll hier nicht eingegangen werden. Klar ist jedoch, dass das Lied in dieser Melodie-Textverbindung unmittelbar nacheinander in allen frühen Gesangbuchdrucken der jungen lutherischen Kirche ohne substanzielle Varianten enthalten war, in den vier Ausgaben des sogenannten ‚Achtliederblatts‘[6], den ‚Erfurter Enchiri-

---

1531, DKL III eg1, hier wiedergegeben nach DKL III/1, Teil 2 (Melodiebd.), 98 (Melodie Ea2A; die Pausen fehlen in der Quelle); 5. Melodiefassung im EG.

2 Vgl. hierzu den Rhythmisierungsversuch von Walther Lipphardt: Lipphardt, Walther: Ein Mainzer Prozessuale (um 1400) als Quelle deutscher geistlicher Lieder, in: JLH 9 (1964), 111.

3 DKL I d/lat And 1608, DKL III et3; s. Melodiefassung Ea2K in DKL III/4. Das lateinische Widmungsvorwort der Andernacher Bruderschaft Santa Caeciliae in diesem Gesangbuchdruck ist übrigens an Ferdinand, Herzog in Bayern, Pfalzgraf bei Rhein, gerichtet.

4 Ausführlich zur Ausbildung melodischer Varianten in der Rezeptionsgeschichte s. Korth, Hans-Otto: Melodische Aufwärtsverlagerungen bei frühen Kirchenliedern, in: JLH 58 (2019), 171.

5 Alle Angaben zur frühen Druckgeschichte nach DKL III/1, Teil 2, Textbd., 79–81.

6 DKL I 8LBl Augs 1524, 8LBl Nbg 1524a, 8LBl Nbg 1524b, 8LBl Nbg 1524c u. ö., bzw. DKL III b16a–b16d.

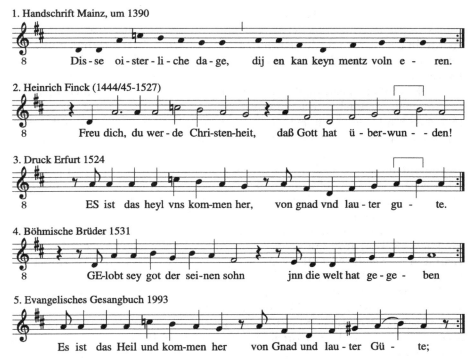

Abbildung: Gegenüberstellung verschiedener Fassungen des ersten Melodieteils

dien'[7] (Nr. 3 im Notenbeispiel) und auch in Johann Walters ‚Geistlichem Gesangbüchlein'.[8]

Von da aus trat die Melodie ihren Siegeszug durch die Gesangbücher des 16. Jahrhunderts an, der, wenngleich deutlich vermindert, bis heute anhält. Es ist wahrscheinlich nicht übertrieben, die Melodie zu *Es ist das Heil uns kommen her* als die am häufigsten gedruckte und am weitesten verbreitete Melodie der Gesangbuchgeschichte zu bezeichnen. Dabei verdankt sie einen Großteil ihrer Wirkungsmacht nicht der originären Melodie-Text-Verbindung, sondern vielmehr der unmittelbar einsetzenden und bis heute andauernden Verbindung mit sehr vielen anderen – auch gewichtigen – Texten. Das ist durchaus als Wertschätzung ihrer Qualität zu interpretieren. Vermutlich hat auch Martin Luther seine drei Psalmlieder *Ach Gott, vom Himmel sieh darein, Es spricht der Unweisen Mund wohl* und *Aus tiefer Not schrei ich zu dir* auf diese Melodie gedichtet, auch wenn diese frühzeitig andere Melodien erhielten.[9] Die Beliebtheit der Melodie

---

7 DKL I ErfL 1524a, ErfL 1524b, ErfM 1524, bzw. DKL III ea 1–3.

8 DKL I Mi Walt 1524 und 1525, bzw. DKL III ec1a und ec1b u. ö.

9 Vgl. hierzu Ameln, Konrad: Eine neue Ausgabe der geistlichen Lieder und Kirchengesänge Luthers, in: JLH 30 (1986), 115, sowie Jenny, Markus (Hg.): Luthers geistliche Lieder und Kirchen-

in der Kirchenliedgeschichte des deutschsprachigen Raums war von Anfang an transkonfessionell; auch in vielen katholischen Gesangbüchern ist sie zu finden, ebenso in den Kirchenlieddrucken der Böhmischen Brüdergemeinden und der reformierten Kirche. Während jedoch die Reformierten die Weise bis heute auf Paul Speratus' Text singen, war sie in der katholischen Kirche von Anfang an mit österlichen Inhalten verknüpft, meist mit Textfassungen von *Freu dich, du werte Christenheit*; sie blieb also in gewisser Weise in der Tradition der vorreformatorischen Funktion. Auch melodisch scheinen sich die frühen katholischen Gesangbuchredakteure vom Luthertum abgrenzen zu wollen; die Lesarten zeigen fast durchweg Abweichungen von den lutherischen Fassungen. Was sie jedoch alle übernehmen ist die oben beschriebene Eliminierung des Quintsprungs am Anfang, d. h. den Verzicht auf die Berührung des Grundtons in der Eingangszeile. Ein Beginn auf dem Grundton wie im zugrunde liegenden Tropus ist nur in einem einzigen Brüder-Gesangbuch von 1531 zu finden (Nr. 4 im Notenbeispiel).[10] Die Aussagen zum quantitativen Vorkommen lassen sich immerhin für die Jahre 1523 bis 1610 mit gesicherten konkreten Zahlen belegen:[11] In diesem Zeitraum wurde die Melodie ca. 370mal gedruckt und zwar in Verbindung mit mehr als 20 verschiedenen Texten.

Die Anzahl von 20 verschiedenen Melodie-Text-Verbindungen beschränkt sich hierbei jedoch auf jene Vorkommen, bei denen die Weise unmittelbar zusammen mit einem Text abgedruckt ist. Da der Notendruck aufwändiger war als der Abdruck von Texten, oft aber einfach auch aus Platz- und damit zugleich Kostengründen, gibt es in der Gesangbuchgeschichte von Anfang an zahlreiche Beispiele, bei denen von einem Kirchenlied nur der Text abgedruckt wurde und in einem Zusatz, meist in der Überschrift, auf eine oder auch mehrere passende Melodien verwiesen wird, auf die das Lied zu singen sei. In der hymnologischen Literatur werden diese Verweise meist als Tonangaben bezeichnet. So ist z. B. die hier behandelte Melodie in dem *Erfurter Enchiridion* ,zum schwarzen Horn'[12] auf Blatt A3/recto zunächst unter der Überschrift „Folget eyn hubsch Evangelisch lied / welches man singt vor der Predig" zusammen mit dem direkt nachgestellten Luther-Text *Nun freut euch, lieben Christen gmein* abgedruckt, danach folgt, unten auf Blatt A4/recto beginnend, ohne Noten der Text von Paul Speratus mit folgendem Tonverweis in der Überschrift: „Eyn hubsch lied D. Sperati. auff den Thon / wie mann oben singt / Nu frewt euch lieben christe[n] gemein."[13]

---

gesänge. Vollständige Neuedition in Ergänzung zu Bd. 35 der Weimarer Ausgabe, Köln/Wien 1985, Nr. 8A, 9A und 11A.

10 DKL I BBr 1531, DKL III eg1, vgl. die Melodiefassung Ea2A in DKL III/1, Teil 2.

11 DKL III/1–4, Melodie Ea2 und Melodiefassungen Ea2A–Ea2K. Berücksichtigt sind alle bekannten Kirchenlieddrucke mit Noten, darunter auch mehrstimmige, in denen die Melodie in mindestens einer Stimme durchgeführt ist.

12 DKL I ErfM 1524, DKL III ea3.

13 Vgl. hierzu auch Korth, Hans-Otto (Hg.): Lass uns leuchten des Lebens Wort. Die Lieder Martin Luthers, Halle/Beeskow 2017, 52, 62, 69 und 99.

Die kritische Gesamtausgabe der Kirchenliedmelodien liefert auch für diese ‚mittelbaren Text-Melodieverbindungen' einen Eindruck der Größenordnung.[14] Allein für den Zeitraum von 1524 bis 1570 sind dort nicht weniger als 219 verschiedene Texte nachgewiesen, die mit der hier behandelten Melodie durch Tonangaben verknüpft sind. Dabei sind in dieser Zahl nur diejenigen Gesangbuchdrucke enthalten, in denen die Melodie an anderer Stelle tatsächlich auch abgedruckt ist; und auch Gesangbücher, die ganz ohne Noten sind, sind dabei nicht berücksichtigt. Das heißt: Die tatsächlich mit unserer Melodie im Lauf ihrer Wirkungsgeschichte verbundenen Texte dürfte in Wirklichkeit um ein Vielfaches höher liegen.

Allein mit der beliebten Strophenform, der sogenannten ‚Luther-Strophe', lässt sich die immense Verbreitung der Melodie nicht erklären, denn es gibt viele andere Melodien mit derselben Strophenform – darunter sehr berühmte und gute –, die gleichwohl eine sehr viel engere und beschränktere Text-Melodieverbindung behalten haben.

Wollte man die Melodie in ihrer heutigen Form charakterisieren, wären an erster Stelle die auftaktigen Zeilenanfänge zu nennen, die typisch sind für viele mitteldeutsch-reformatorische Kirchenlieder und die das jambische Versmaß so passend musikalisch umsetzen. Gleichzeitig verschleiert die Weise ihre Tonalität und ihr tonales Zentrum zunächst, darauf deuten schon optisch die beiden Akzidenzien in den ersten beiden Zeilen hin (vgl. Notenbeispiel 5). Während das *c*, die kleine Septime über dem Grundton, eindeutig das alte kirchentonale Mixolydisch markiert, ist das *gis* als Leitton zur Quinte eine eigentlich unpassende Zutat aus späterer Zeit, die sich gleichwohl im Gemeindegesang schon seit dem 18. Jahrhundert so eingeschliffen hat, dass bisher keine Gesangbuchrevision es gewagt hat, die ursprüngliche Gestalt wieder herzustellen. Nur in den zahlreichen Chorsätzen vergangener Jahrhunderte, z.B. von Michael Praetorius oder Hans Leo Hassler, kann man auch heute noch die Urform hören, oder besser gesagt, die Form, auf die Paul Speratus seinen Text einst gedichtet hat. Rein quantitativ erklingt der Grundton *d* im Verlauf einer Strophe nur sieben Mal, die Quinte dagegen 22 Mal, sodass dem *a* stellenweise fast die Qualität eines Rezitationstons zukommt.

Die syllabische Deklamation wird jeweils nur am Ende des Stollens und des Abgesangs durchbrochen, wodurch die betreffenden Silben, die auf diese Ligaturen gesungen werden, besonderes Gewicht haben. Weitere Schwerpunkte sind zweifellos jene Silben, die auf den Spitzenton der Melodie, die Oktave über dem Grundton, zu singen sind, noch dazu wenn sie, wie am Beginn der fünften und sechsten Zeile nach einem Quartsprung erreicht werden.

---

14 DKL III/1 Registerbd., Angaben zu Melodie Ea2, 62–67.

Abstract:

The melody examined here is one of the most successful and most sung melodies in German-language vocal church music. One of the reasons for this is that it has been combined with many different lyrics during its history. In this essay, after a short analysis of the melody the various disparate research results regarding its genesis from the Easter antiphon *Regina coeli laetare* and the history of its reception are summarized.

Literaturbericht Hymnologie
Deutschsprachige Länder (2018, 2019) 2020

Daniela Wissemann-Garbe

Abkürzungen:

DKL   Das deutsche Kirchenlied. Kritische Gesamtausgabe der Melodien. Kassel usw. 1975–2019: I Verzeichnis der Drucke (1975–1980). II Geistliche Gesänge des deutschen Mittelalters (2003–2019; auch abgekürzt als GGdM). III Die Melodien aus gedruckten Quellen (1993–2010; auch abgekürzt als EdK[1])

EG   Evangelisches Gesangbuch, Stammausgabe 1993

FKM   Forum Kirchenmusik, München (früher: Der Kirchenmusiker)

GL2   Gotteslob. Katholisches Gebet- und Gesangbuch, 2013

KMJ   Kirchenmusikalisches Jahrbuch, Regensburg/Köln

LK   Liturgie und Kultur, Hannover

MGD   Musik und Gottesdienst, Basel

MuK   Musik und Kirche, Kassel

MS(D)   Musica Sacra, Regensburg

MuL   Musik und Liturgie, Gossau CH (früher: Singen und Musizieren im Gottesdienst/Katholische Kirchenmusik)

SiK   Singende Kirche. Zeitschrift für katholische Kirchenmusik, Salzburg

WBK   Württembergische Blätter für Kirchenmusik, Stuttgart

Wir danken Leserinnen und Lesern des Jahrbuchs für Hinweise auf Neuerscheinungen.

Übergreifende Sammelschriften

Geistliches Singen in Kindheit, Jugend und Erziehung/Religious Singing in Childhood, Youth and Education. Tagungsbericht der 30. Studientagung der IAH/Proceedings of the 30th Biennial IAH Conference. Halle/Saale DE, Juli/August 2019. Teil/Part I Hauptreferate/Main lectures (I.A.H. Bulletin 47). Tilburg 2019.
Enthält jeweils mit Zusammenfassung und Abstract: Tenbergen, Teresa: Singen mit Kindern und Jugendlichen im Kontext des Religionsunterrichts (8–24); Strauman, Ragnhild/Urponen, Jenni: Church music pedagogy inside and outside the church context. Two nordic perspectives (25–45); Sharp, Ian: „O, what may happy children

---

1 Die Abkürzung steht für „Edition deutsches Kirchenlied", obwohl es sich hierbei nicht um einen gedruckten Titel handelt.

sing?" Some principles and practice of children's worship (46–61); Popp, Ekkehard: Kirchenlieder im Unterricht einer staatlichen Schule. Ein Bericht aus der Praxis (62–74); Moser, Tilmann: Segen und Gefahr von laut gesungenen Hymnen (75–85); Pfister, Stefanie: Johann Jacob Rambach als Pädagoge, Katechet und Liederdichter. Historische und aktuelle religionspädagogische Perspektiven zum „Erbaulichen Handbüchlein für Kinder" (1734) (86–104).

Hochstein, Wolfgang: Geistliche Vokalmusik des Barock (Handbuch der Musik des Barock 2/1+2), Laaber-Verlag: Lilienthal 2019, 338 + 351 S.

Folgende Gliederung ist dem im Internet einsehbaren Inhaltsverzeichnis entnommen, die in Klammern genannten Komponisten werden in „Portraits" ausführlicher behandelt: Teilband 1: Hintergründe: Unterburger, Klaus: Die konfessionelle Situation in Europa nach den Reformationen; Kranemann, Benedikt: Gottesdienstliche Formen; Krummacher, Christoph: Institutionelle Träger der Kirchenmusik; Hochstein, Wolfgang: Stilistische und formale Aspekte – Gattungen: Krummacher, Christoph: Liturgischer Gesang und Kirchenlied (Paul Gerhardt, Friedrich Spee von Langenfeld, Johann Crüger und Johann Georg Ebeling); Bahr, Reinhard: Der Kantionalsatz (Melchior Vulpius); Hochstein, Wolfgang: Die Messe (Johann Stadlmayr, Maurizio Cazzati, Girolamo Chiti, Johann Joseph Fux, Jan Dismas Zelenka, František Xaver Brixi); Hochstein, Wolfgang: Das Requiem; Hochstein, Wolfgang: Das Proprium Missae (Giuseppe Ottavio Pitoni, Johann Ernst Eberlin, Mikołaj Zieleński); Hochstein, Wolfgang: Musik zum Offizium und zu weiteren Andachtsformen (Claudio Monteverdi, Johann Valentin Rathgeber, Johann David Heinichen, Francesco Durante, Francesco Antonio Vallotti, Alessandro Scarlatti); Krieg, Gustav A.: Psalmen, Cantica und Te Deum in den Reformationskirchen des Kontinents (Michael Praetorius, Johann Hermann Schein); Bärwald, Manuel: Geistliches Konzert und Dialogkomposition (Heinrich Schütz, Andreas Hammerschmidt); Leßmann, Benedikt: Die Kirchenkantate (Dieterich Buxtehude, Friedrich Wilhelm Zachow, Georg Philipp Telemann, Johann Sebastian Bach) – Teilband 2 [Fortsetzung Gattungen]: Hochstein, Wolfgang: Passion und Historia (Thomas Selle); Krieg, Gustav A.: Die Chormotette (Samuel Scheidt, Gottfried August Homilius); Hochstein, Wolfgang: Die konzertierende Motette (Lodovico Viadana, Isabella Leonarda, Johann Adolf Hasse); Hochstein, Wolfgang: Das Oratorium (Giacomo Carissimi, Marc Antoine Charpentier, Antonio Caldara, Georg Friedrich Händel); Scheitler, Irmgard: Musik zur privaten Andacht und Erbauung (Laurentius von Schnüffis, Heinrich Albert); Montagnier, Jean-Paul C.: Die Motette in Frankreich in der Zeit von 1600 bis 1750 (Guillaume Bouzignac, Henry Du Mont, Michel-Richard de Lalande); Webber, Geoffrey: Anglikanische Kirchenmusik: Anthem and Service (Orlando Gibbons, Matthew Locke, Henry Purcell, Maurice Greene); Waisman, Leonardo J.: Kirchenmusik in Lateinamerika (Domenico Zipoli, Manuel de Sumaya, Juan de Araujo); Krieg, Gustav A.: Kirchenmusik in Nordamerika; Glowotz, Daniel: Orthodoxe Kirchenmusik (Nikolaj Pavlovič Dileckij, Vasilij Polikarpovič Titov); Stellmacher, Martha: Musik zum jüdischen Gottesdienst (Salamone Rossi, Abraham Casseres).

Höink, Dominik/Bauer, Thomas/Leonhard, Clemens (Hg.): Musik und Religion (Religion und Politik 20). Ergon Verlag: Baden-Baden [2019], 290 S.

Der Sammelband mit der Abbildung von *Nun freut euch, lieben Christen gmein* aus dem Achtliederblatt von 1524 auf dem Cover enthält folgende Beiträge: Leonhard, Clemens: Religion und Musik im antiken Judentum und Christentum (9ff); Buchinger Harald: „... der römischen Liturgie eigen"? Anspruch und Geschichte der sogenannten Gregorianik (35ff); Lüstraeten, Martin: „Und wir wissen nicht: Sind wir im Himmel gewesen oder auf der Erde?" Die Byzantinische Vesper und ihre Genese (51ff); Nikolakopoulos, Konstantin: Die byzantinische Musik beim Vollzug der griechisch-orthodoxen Gottesdienste (73ff); Heidrich, Jürgen: Lieder der Reformationszeit: Konfessionelle, politische und gesellschaftliche Implikationen (85ff); Bauer, Thomas: Zwischentöne. Das deutsche Kunstlied des 19. Jahrhunderts zwischen Religion und Bürgerlichkeit (97ff); Rathert, Wolfgang: *Swing low, sweet chariot?* Gospel und Spiritual zwischen Religion und Politik (129ff); Sandmeier, Rebekka: Missionsstationen im südlichen Afrika – Fluch oder Segen für die musikalische Praxis? (143ff); Bleibinger, Bernhard: Indigene Musik im katholischen Gottesdienst. Dave Dargie, Ntsikana und das Zweite Vatikanische Konzil (163ff); Wilke, Annette: Klang der Welt und Yoga für jedermann. Religion und Musik in Indien (183ff); Jäger, Ralf Martin: Musik im Kontext des Islams in der Türkei. Zwischen Moschee und Derwisch-Bruderschaft (215ff); Grüter, Verena: Musik in interreligiösen Begegnungen. Religionstheologie und ästhetische Wende (235ff); Krems, Eva-Bettina: Musik, Religion und Kunst: Die Hl. Cäcilie (15.–17. Jahrhundert; 257ff); Kampe, Gordon: Fragen, Zweifel, Instabilitäten: Geistliche und religiöse Aspekte in zeitgenössischer Musik (277ff).

I. Theologie und Kirchenmusik

A
Grundsätzliches, Übergreifendes, Aktuelles, Verschiedenes

Bölling, Jörg/Wick-Alda, Ulrike: Oratorium und Papstkapelle. Zur musikalischen Mystik im posttridentinischen Rom, in: KMJ 103–104 (2019–2020), 7–25.

Brödel, Christfried: Kirchenmusik als Brücke in die Welt, in: Zimmerling, Peter (Hg.), Handbuch Evangelische Spiritualität, Bd. 3: Praxis. Vandenhoeck & Ruprecht: Göttingen 2020, 341–356.
Der Autor setzt bei der Berneuchener Bewegung als einer kirchenmusikalischen Erneuerungsbewegung und der Michaelsbruderschaft, 1931 in Marburg gegründet, an. Das folgende Kapitel steht unter der Überschrift „Gegenwart: Säkularisierung und Pluralisierung und ihre Konsequenzen für die Kirchenmusik heute" und betrachtet dann aus der Perspektive des Kantors und Kirchenmusikers die Bedeutung der Kirchenmusik für eine zukünftige evangelische Spiritualität.

Dremel, Erik: Musik und Theologie, in: Jahn, Bernhard (Hg.): Die Musik in der Kultur des Barock (Handbuch der Musik des Barock 7): Laaber-Verlag: Lilienthal 2020, 23–76

Holzer, Irene: „Das ist wol singen in gaÿstlicher fröd". Musik der theologia mystica im Kloster Tegernsee, in: KMJ 103–104 (2019–2020), 27–41.

Koch, Alois: Musik – ein „Wahrheitsbeweis des Christentums"? Aspekte einer katholischen Theologie der Kirchenmusik, in: MuL 145 (2020), Heft 5, 20–23.

Krieg, Gustav A[dolf]: Die anglikanische Kirchenmusik – historisch und praktisch. Einführung und Repertoirekunde. Verlag Dohr: Köln 2020, 436 S.
Die Monographie bietet auf 330 Seiten eine Einführung in die anglikanische Kirchenmusik (wie die zugrunde liegende, aber stark erweiterte Arbeit des Autors von 2007 hieß) in drei Kapiteln: Das erste befasst sich mit Gestalt und Frömmigkeit, Liturgie und kirchenmusikalischen Gattungen. Das zweite ist eine geschichtliche Darstellung

340 Literaturbericht Hymnologie. Daniela Wissemann-Garbe

von Epochen, Komponisten, Werken. Und das dritte will eine Hilfestellung sein, die anglikanische Kirchenmusik „auf den Kontinent" (gemeint ist aber der deutschsprachige Raum) zu bringen und bietet praktische Tipps z. B. zur Umsetzung des Gesamtkunstwerkes aus Raum, Klang und Bewegung oder zur Aussprache. – Der mit rund 250 Seiten umfangreichste zweite Teil streift immer wieder hymnologische Themen, z. B. wenn die Wesleys (John, Charles, Samuel und Samuel Sebastian) vorgestellt oder das Gesangbuch „Hymns Ancient and Modern" behandelt wird. Wollte man das Buch als Ganzes lesen, sind die vielen Aufzählungen mit kurzen Bewertung etwas mühsam, als Nachschlagewerk und auf der Suche nach Anregungen kommt man aber kaum daran vorbei. – Wesentlich ist der 100seitige Anhang mit einem Werkverzeichnis zu 141 Komponisten, das neben Messen, Anthems und Orgelwerken auch Einzelsätze aufführt, die für den gottesdienstlichen Gebrauch geeignet sind – darunter solche von Mendelssohn und Spohr, die, wie im zweiten Kapitel dargestellt, stark rezipiert wurden und in Einzelteilen sogar liturgische Bedeutung erlangen (S. 143). Diskographie, Literaturverzeichnis und Personenregister runden das Buch ab.

Krummacher, Christoph: Kirchenmusik (Neue Theologische Grundrisse). Mohr Siebeck: Tübingen 2020, 511 S.
Krummacher versteht sein Buch als Lehrbuch der „Kirchenmusikwissenschaft" und bezieht sich damit auf die Definition von Franz Karl Praßl in der 4. Auflage der RGG. Es intendiert eine groß angelegte Interdisziplinarität und klammert nur die „liturgische Theologie" unter Hinweis auf die Gottesdienstlehre von Michael Meyer-Blanck (2011) in derselben Reihe aus. Der Fokus liegt auf der evangelischen Kirchenmusik deutscher Provenienz. Das Buch richtet sich vorwiegend an Theologinnen und Theologen, aber auch Kirchenmusikerinnen und Kirchenmusiker. Die vier Hauptteile sind untergliedert in durchgezählte Kapitel und Paragraphen, welche wiederum einzeln gezählte Absätze haben. Jedem Paragraphen ist ein Literaturverzeichnis voran- und eine Zusammenfassung nachgestellt. I „Zugänge" (Kapitel 1–2, ca. 60 S.): Problemanzeige und Bündelung der später vertieften Themen sowie eine Literaturschau. II „Geschichte der Kirchenmusik" (Kapitel 3–5): Mit gut 100 Seiten ist dem Kirchenlied, „Ausdrucksvielfalt des Glaubens", in chronologischer Folge viel Platz eingeräumt. Es folgen zwei Kapitel (70 bzw. 50 S.) zur mehrstimmigen vokalen und zur instrumentalen (vorwiegend Orgel-) Kirchenmusik. III „Zum Selbstverständnis der Kirchenmusik". Kapitel 6 (gut 100 S.) informiert „zur Wahrnehmung der Musik" mit „Beispielen aus der Geschichte der Theologie und der Ästhetik", gefolgt von Kapitel 7 (20 S.) zu „Kirchenmusik als ästhetische Wahrnehmung und Praxis des Glaubens". IV „Die Praxis der Kirchenmusik" (Kapitel 8–10) widmet sich dem kirchenmusikalischen Amt (30 Seiten), der gottesdienstlichen Praxis, sowie Gemeindeaufbau und gesellschaftlicher Öffentlichkeit (je 20 Seiten). Ein Personen- und ein Sachregister runden das Werk, das man wohl als Lebenswerk des Kirchenmusikers und Theologen Krummacher bezeichnen kann, ab.

Krummacher, Christoph: Neue Literatur zu Kirchenmusik und Hymnologie, in: Theologische Rundschau 84 (2019) Heft 1, 1–39.
Sammelrezension von zahlreichen Publikationen etwa aus den Jahren von 2010–2017, die der Theologischen Rundschau von Verlagen und Autoren angeboten wurden.

Metzdorf, Justina C. OSB: Die Melodie Gottes, oder: Warum Christen singen. Ein Streifzug durch die Theologie des Singens bei den Kirchenvätern, in: Uhl, Markus/Weyer, Christoph (Hg.): Erklingendes Wort. Festschrift für Stefan Klöckner zum 60. Geburtstag (Schriftenreihe des Allgemeinen Cäcilien-Verbandes für Deutschland 24). Vier-Türme-Verlag GmbH: Münsterschwarzach 2018, 113–120.

Deutschsprachige Länder (2018, 2019) 2020 341

Der Streifzug führt durch folgende Abschnitte: „Die Psalmen als Spiegel des Lebens vor Gott – Singen schafft Freude am Glauben – Singen bringt den Menschen eine ganzheitliche Gottesbeziehung – Gottes Schöpfung ist Gesang – Der Mensch als Instrument der kosmischen Melodie – Die Melodie betont das Wort – Gemeinsames Singen schafft Frieden – Christus der Sänger und die Melodie Gottes".

Neumayr, Eva/Laubhold, Lars E./Hintermaier, Ernst (Hg.): Musik am Dom zu Salzburg. Repertoire und liturgisch gebundene Praxis zwischen hochbarocker Repräsentation und Mozart-Kult (Schriftenreihe des Archivs der Erzdiözese Salzburg 18). Hollitzer: Wien 2018, 415 S.

Als Ergebnis der Katalogisierung der Bestände des Salzburger Domarchivs erfasst die umfangreiche Darstellung im Wesentlichen Zeugnisse aus der Zeit zwischen dem 17. Jh. und der Gründung von Dommusikverein und Mozarteum 1841. Die Musikalien selbst sind bei RISM erfasst, hier aber aufgearbeitet und ausgewertet.[2] Sie bringen viel Neues und in mancher Hinsicht Erstaunliches und sind insgesamt unbedingt zu beachten, einerseits wegen ihrer Reichhaltigkeit, andererseits auch, weil sie Vorstellungen, die sich als Communis opinio eingeschlichen und eingegraben haben, revidieren. Bisher war der Blick allzu sehr auf Mozart und Fürsterzbischof Colloredo fokussiert, über das Gesamtgefüge der Musik am Dom St. Rupert und Virgel wusste man zu wenig. Wichtig ist, dass das Gotteshaus seit 1635 nicht nur als Bischofs-, sondern auch als Pfarrkirche fungierte und infolgedessen die liturgischen Gebräuche und die Musikpflege doppelläufig waren. Die Stadtpfarrmusikanten („Thurner", d. i. Türmer und „Totensinger") standen in einer eigenen rituellen Überlieferung der Salzburger Pfarreien und ihrer liturgischen bzw. liturgiebegleitenden Musik. Feste und Umzüge, verbunden mit Gottesdiensten in Stationskirchen, wie sie das Kirchenjahr bestimmten, hatten ihre je besondere episkopale bzw. parochiale Tradition. Dieser Aspekt wurde bislang kaum berücksichtigt. Colloredos Eingriff in die Musikpraxis[3] stellt sich durch die Lektüre des vorliegenden Bandes daher in etwas anderem Lichte dar: Betroffen von der Reform waren die Pfarrmusikanten, nicht aber der Domchor und die Kathedralliturgie. Die Einführung des Salzburger Kirchengesangbuches „Der heilige Gesang zum Gottesdienste in der römisch-katholischen Kirche" (Salzburg 1781, Auszug aus dem „Kohlbrenner-Gesangbuch" Landshut 1777) mit Beginn des Jahres 1783 bezog sich auf jene Kirchen des Erzstiftes, an denen „kein ordentlicher Chor gehalten wird".[4] Folglich war die Pfarrei zu deutschen Liedern verpflichtet und ihre Musikanten hatten unter dem Verbot begleitender Instrumente zu leiden, das sie

---

2 Als Vorgängerpublikation ist zu beachten: Bircher, Patrick: Ad maiorem gloriam Dei: Aspekte der Beziehungen zwischen Architektur, Kunst, Musik und Liturgie am Hohen Dom zu Salzburg im 17. Jahrhundert. Regensburg 2015. Ursprünglich Diplomarbeit Fribourg/Schweiz 2004, postum veröffentlicht. In liturgiewissenschaftlicher Hinsicht kann diese Arbeit das von der RISM Arbeitsgruppe Salzburg Vorgelegte ergänzen, freilich nur für den zeitlich begrenzten Rahmen und nur für die Kathedralliturgie. Die Pfarrliturgie wird von Bircher ausgeblendet. Seine Ausführungen „Der volkssprachliche Kirchengesang" (S. 117–119) sind enttäuschend.

3 Da die Kenntnis des Reformprogrammes stillschweigend vorausgesetzt wird, sei verwiesen auf: Hieronymus Colloredo Graf von Waldsee-Mels: Hirtenbrief auf die am 1ten Herbstm. dieses 1782ten Jahrs, nach zurückgelegten zwölften Jahrhundert. eintretende Jubelfeyer Salzburgs. Die Abstellung des unnöthigen religiösen Aufwandes, die Anpreisung des fleißigen Bibellesens, die Einführung eines teutschen Kirchengesangbuches, dann verschiedene Pastoralverordnungen und Ermahnungen an die Seelsorger, zu würdiger Führung ihres wichtigen Amtes betreffend. Salzburg: Waisenhausdruckerei 1782.

4 Hirtenbrief (wie Anm. 3), 63.

342 Literaturbericht Hymnologie. Daniela Wissemann-Garbe

aber nach gewisser Zeit zu umgehen wussten. Colloredos Reform stieß auf äußerst wenig Gegenliebe; es gibt Grund anzunehmen, dass nach 1800 auch die Stadtpfarrmusikanten wieder gelegentlich lateinisch gesungen haben (S. 99).

Nimmt man den ganzen Reichtum der Musikpflege an der Kathedrale in den Blick, so relativiert sich die Rolle Mozarts. Nicht erst durch ihn kam die Musik, die in der Metropolis zu hören war, auf ein erstaunliches Niveau. So umfangreich auch sein Beitrag zum Repertoire gewesen ist, so bedeutete er doch keineswegs eine Zäsur, denn die älteren Kompositionen wurden eifrig weitergepflegt – eine Anhänglichkeit an das gute Hergebrachte, wie sie sich auch andernorts beobachten lässt. Interessant ist es auch zu verfolgen, wie viele Musikalien in weit entfernte Orte wie Einsiedeln in der Schweiz, ja selbst Florenz verschickt wurden und dort die Musikpraxis beeinflussten. – Staunenswert ist die große Zahl der Aufgaben, die der Domchor (zu dem die Kapellknaben gehörten) zu übernehmen hatte, denn er war auch für die Tagzeiten und die Litaneien zuständig. Gemäß seiner Traditionsverhaftung sang er bis ins 19. Jh. die aus dem 17. Jh. stammenden Motetten bzw. gestaltete die Werktagsgottesdienste im Gregorianischen Choral oder im Falsobordone-Stil. Wie erwähnt waren auch nach der Reform Colloredos die Texte ausschließlich lateinisch. An hohen Festtagen musizierte der Domchor mit der Hofmusik und deren Solisten. Die Posaunen freilich hatten die Thurner zu stellen. Weil die Musik im Altarraum positioniert war, konnten Frauen (bis 1847) nicht beteiligt werden, auch wenn sie andernorts bereits seit dem späten 17. Jh. in den Kirchen sangen. Ungeachtet dessen wurden bereits um die Mitte des 18. Jahrhunderts junge Frauen an venezianische Mädchenkonservatorien zur Ausbildung geschickt. – Eine Fülle von Informationen ist dem Band über die verschiedenen Musikergruppen zu entnehmen, ihre Ausbildung, ihre Pflichten, ihre Auswahl, Anstellung und Vergütung; desgleichen über die Gottesdienstordnung, die musikalischen Gewichtungen unter den einzelnen Kirchenfürsten, die stilistischen Wandlungen, das Repertoire und dessen Schöpfer. Zu den wichtigsten Beiträgern gehörte in den 1770er Jahren fraglos Mozart, obwohl er kein Amt bekleidete, das ihn dafür prädestinierte. Besonders aufschlussreich sind die Darstellungen zur festgefügten Besetzung der Kompositionen für bestimmte Anlässe. An ihr lässt sich jeweils der liturgische Rang des jeweiligen Festes ablesen. Es steht zu hoffen, dass die betreffenden Ausführungen (Kapitel 5, aber auch Kapitel 3.5) bei der Beurteilung Salzburger kirchenmusikalischer Werke in Zukunft angemessen berücksichtigt werden. – Der wertvolle Band wird abgerundet von Informationen zu den Beständen des Domarchivs, Erhebungen zu Salzburger Musikalien an anderen Orten sowie einem bescheiden „Personenverzeichnis" genannten, sehr erhellenden biographischen Anhang zu den örtlichen Musikern. Ein guter Stil, klarer Aufbau und eine erfreuliche Übersichtlichkeit machen die Lektüre angenehm. Zusätzlich dienen Tabellen und Abbildungen der Orientierung und Illustration. Der Band ist für jeden Liturgiker wie auch einschlägig interessierten Kirchenmusiker grundlegend. Der Hymnologe wird, wenn er sein Augenmerk auf volkssprachlichen Gesang richtet, nicht fündig. Auskünfte über die tatsächlich in Umlauf gekommenen deutschen Lieder, ihre Akzeptanz und ihren liturgischen Ort sind in dem hier ausgewerteten Fundus nicht zu erwarten.[5] Vielmehr könnte die Liturgie auf Pfarrebene für die Zukunft ein lohnendes Forschungsgebiet sein.

(Irmgard Scheitler)

---

5 Vgl. Zerfaß, Alexander: „Erbaulich und zur Erweckung religiöser Gefühle beförderlich". Erzbischof Colloredo und der volkssprachliche Kirchengesang in Salzburg, in: Heiliger Dienst 71

Scheitler, Irmgard: Gryphius und die Musik, in: Bach, Oliver/Dröse, Astrid (Hg.): Andreas Gryphius (1616–1664; Frühe Neuzeit 231). De Gruyter: Berlin [2020], 601–638. Angesichts der Tatsache, dass zu Gryphius Zeit Lyrica als Gesamtwerke verstanden wurden und, anders als bisher wahrgenommen, ein hoher Prozentsatz von Gryphius' Dichtung mit Melodieangaben versehen ist, geht Scheitler den diesbezüglichen offenen und verdecken Musikspuren nach (607–623). Ein zweiter Focus liegt auf dem Sprechtheater, das sich zeittypisch ebenfalls mit Vokal- und Instrumentalmusik verbunden haben muss. Dabei spürt sie vorhandene, aber vergessene Kompositionen auf (624–636). Erstaunlich häufig legten Komponisten des 20. Jahrhunderts Texte von Gryphius ihren Vertonungen zugrunde. Auch hier (636–638) tun sich neue Aspekte auf. – Von den geistlichen Dichtungen sind eine ganze Reihe in verschiedene Hausgesangbücher aufgenommen worden. Gryphius selbst hatte zahlreiche Melodien aus dem 16. Jh., auch aus dem Genfer Psalter, zugrunde gelegt, aber auch zeitgenössische. Ein Beispiel für musiktragende Poesie ist ein in Breslau 1657 erschienenes theatralisches Kirchenstück zum Dank für das Ende der Pest, das im Vor- und Nachmittagsgottesdienst gesungen wurde.

Wiesenfeldt, Christiane/Menzel, Stefan (Hg.): Musik und Reformation. Politisierung, Medialisierung, Missionierung (Beiträge zur Geschichte der Kirchenmusik 22). Ferdinand Schöningh: Paderborn 2020, 390 S. Lodes, Birgit: Die Rezeption von Ludwig Senfls „Nisi Dominus"-Kompositionen im Kontext der Psalmauslegungen Martin Luthers (41–94; hier kommt auch Lazarus Spenglers Psalmlied *Vergebens ist all Müh und Kost* zur Sprache); Voigt, Boris: Die Gemeinde in den aufführungspraktischen Konzeptionen von Michael Praetorius und in der Praetorius-Rezeption im Nationalsozialismus (109–127); Bremer, Kai: Bekenntnis und Bekehrung. Überlegungen zu Text und Kontext von Luthers *Eyn newes lied [wir heben an]* (175–186); Pietschmann, Klaus: Messen und Motetten als Propagandamedien in der Reformationszeit: Die anonyme Motette „Iuxta est dies domini" in Susatos 4. Motettenbuch und Clemens non Papas „Missa Ecce quam bonum" (187–199); Groote, Inga Mai: Musikalische Katechismen und „kunstreiche Componisten" für Schule und Haus – eine „Sozialisierung" von Musik in lutherischen Kontexten? (201–220); Menzel, Stefan: Deus ex machina oder Deus ex valli? St. Joachimsthal, ein vergessenes Ursprungsgebiet der lutherischen Kirchenmusik (221–237); Sandmeier, Rebekka: Missionsdrucke und mittelalterliche Manuskripte – Wie die Grey Collection in der National Library of South Africa die Kolonisation Südafrikas widerspiegelt (259–273; die Autorin geht Berührungspunkten zwischen indigener Musik und westlicher Kunstmusik im 19. Jh. im südlichen Afrika nach. In dem Zusammenhang wird die Sammlung „Amaculo ase Lovedale!" [„Musik aus Lovedale", das ist eine schottischen Missionsstation] aus dem Jahr 1885 von John Knox Bokwe betrachtet, die überwiegend geistliche Lieder mit englischen Texten oder solchen auf isiXhosa aus dessen Feder mit Noten in Sol-Fa Notation enthält. Ausführlicher wird „Ntsikana's Great Hymn" *Ulo Tixo Mkulu/Thou great God* berücksichtigt.); Busse Berger, Anna Maria: Der afrikanische Musikforscher Nicholas Taylor-Ballanta und die Musik der deutschen Missionsstationen im Tanganyika der

---

(2017), 297–312. Für die generell negative Einstellung im Hochstift vgl. Walterskirchen, Gerhard: „Christus habe uns bethen, nicht singen geheissen". Der lange Weg der Kirchenmusikreform des Salzburger Fürsterzbischofs Hieronymus Graf Colloredo, in: Hochradner, Thomas (Hg.): Wege zu „Stille Nacht" (s.u. Abschnitt II.C.2), 108–119.

344 Literaturbericht Hymnologie. Daniela Wissemann-Garbe

1920er Jahre (275–291; entgegen der Empfehlung von Erich Moritz von Hornbostel, Gregorianischen Choral und mittelalterliche Polyphonie als Alternative/Ergänzung zu einheimischer Musik einzuführen, empfahl Ballanta, die Afrikaner ihre eigene Musik singen zu lassen und wies auf die Entstehung von Missverständnissen bei der Übersetzung von englischen Texten durch entstehende Sprachmelodien hin); Schmidt, Thomas: Choral in den Kolonien. Konfessionelle Traditionen liturgischer Musik in Nordamerika (339–356); Wiesenfeldt, Christiane: Romantischer Kolonialismus um 1900 – Musik und Konfession in Carl Alexander von Sachsen-Weimar-Eisenachs Japan-Mission (369–386).

B
Kirchenlied und Musik in der Ordnung des Gottesdienstes

Eiffler, Felix/Scheuermann, Andreas: Mit frischem Ausdruck. Kirchenmusik im Kontext von „Fresh Expressions of Church", in: MuK 90 (2020), 256–259.

Krieg, Matthias: Theologische Improvisation. Bluechurch und Jazzkirche, in: MuK 89 [recte: 90] (2020), 36–40.

Leube, Bernhard: Die Musik des Gottesdienstes – der Gottesdienst der Musik. Erwägungen zu einigen liturgischen Aspekten der Tübinger „Motette", in: WBK 87 (2020) Heft 4, 11–15.
Mit der „Tübinger Motette" ist ein seit 1945 samstags abends stattfindender musikalischer Abendgottesdienst („Geistliche Musik in liturgischer Form") gemeint.

Otte, Peer: Improvisation als „Praxis Pietatis". Theologische Überlegungen zur gottesdienstlichen Orgelimprovisation, in: MuK 89 [recte: 90] (2020), 6–10.

Walter, Meinrad/Franke, David/Maierhofer, Matthias (Gespräch): Improvisieren – katholisch und evangelisch, in: MuK 89 [recte: 90] (2020), 12–14.

II. Hymnologie

A
Hymnologische Forschung,
Geschichte und Quellen des Kirchenliedes

Bachmann-Geiser, Brigitte: Geschichte der Schweizer Volksmusik. Schwabe-Verlag: Basel 2019, 399 S.
Das Buch enthält ein Kapitel über „Liturgische Volkslieder – Lobwasser-Psalmen – Geistliche Volkslieder." (S. 84–90). Hier werden kursorisch und mit sechs großformatigen Abbildungen verschiedene Lieder vorgeführt und knapp eingeordnet. Interessant ist ein Zitat aus dem 18. Jahrhundert, dass mangels Kenntnis anderer Lieder selbst in der Kneipe Lobwasserpsalmen gesungen würden, nämlich in der Reihenfolge 42, 25, 27, 103.

Bostelmann, Annika/Braun, Hellmut: „Jn Sassyscher sprake klarer wen tho vorn verduodeschet." Die ältesten niederdeutschen Gesangbücher der Reformation, in: Holze, Heinrich/Skotti, Kristin (Hg.): Verknüpfungen des neuen Glaubens. Die Rostocker Reformationsgeschichte in ihren translokalen Bezügen (Refo500 Academic Studies 56). Vandenhoeck & Ruprecht: Göttingen 2020, 153–170.
Im Zentrum stehen die notenlosen Gesangbücher, deren Edition derzeitig in Rostock geplant wird: „Ein gantz || schone vnde seer nut=||te gesangk boek", [Rostock] 1525

(VD16 E 1166) sowie der in der Bibliotheka Jagiellonska, Krakau, wieder zugängliche Kölner Nachdruck von 1526 (DKL 1525[06]) und Joachim Slüters „Geystlyke leder", Rostock 1531 (VD16 G 930).

Deckert, Peter: Ein „vergiftetes" NGL. *Singt dem Herrn alle Völker*! und Rassen?, in: MS(D) 140 (2020), 204–205.

Herrmann, Heiko: Der Teufel im Gesangbuch. Eine hymnologisch-satanologische Studie über das Evangelische Gesangbuch und ausgewählte Lieder (Mainzer hymnologische Studien 29). Narr Francke Attempto: Tübingen 2020, 613 S. + 75 S. Tabellen (https://meta.narr.de/9783772086915/Tabellenband.pdf – [7.12.2021]).

Bereits Titel und Umfang der vorliegenden Arbeit lassen auf eine Dissertation schließen: Sie ist 2018 an der Theologischen Fakultät der Universität Leipzig angenommen worden. Herrmanns Interesse gilt nicht nur theologisch-systematisch dem, was in Liedern über den Themenkreis Teufel zum Ausdruck gebracht wird, sondern auch dem derzeit gültigen Evangelischen Gesangbuch (EG), dessen Entstehung vor dem Hintergrund des EKG im ersten Kapitel ausführlich dargestellt wird. Die Rede vom Teufel untersucht er sodann bei Martin Luther und Paul Gerhardt sowie in den Gesangbuchrubriken, die er Weihnachts- und Osterfestkreis (EG 1–74/ 75–137), Bitt-, Lob- und Trostgesänge (316–420) und Tageslauflieder (437–493) benennt. Dabei wird jeder Abschnitt gleich erschlossen: Textbasis, Rubriken/Themenfelder, Teufelsnamen und weitere Textgegenstände, pragmatische Einsichten, Wesen und Werk, Detailbetrachtung und Konklusion. Was sich nach trockener „Abarbeitung" anhört, ist sprachlich und inhaltlich spannend aufgearbeitete systematische Theologie. In den Detailbetrachtungen werden behandelt: *Ein neues Lied wir heben an* (146–155), *Auf den Nebel folgt die Sonn* (247–256), *Ihr lieben Christen, freut euch nun* (297–304), *O Tod, wo ist dein Stachel nun* (353–361), *Jesu, hilf siegen, du Fürste des Lebens* (430–440), *Werde munter, mein Gemüte* (502–510). Hilfreiche Tabellen können parallel online aufgeschlagen werden (Adresse s. o., die im Buch abgedruckte stimmt nicht). – Den Begriff „Satanologie" aus dem Titel relativiert Herrmann gleich am Anfang in einer Fußnote, indem er sagt, dass es sie im eigentlichen Sinne nicht geben kann und darf (S. 15). Tatsächlich wird auch keine Lehre vom Satan entworfen, es geht – wie schon bei Martin Luther – nicht um diesen selbst, sondern es wird beschrieben, auf welche Weise das Wirken des Widersachers in den Liedern begriffen wird: im 16. und 17. Jh. als derjenige, der den Menschen an seiner Sünde verzweifeln lassen will, im späten 18. und 19. Jh. als einer, der zu ethischen Vergehen verlockt. Als Exorzist wirkt das Wort Gottes, das Evangelium, dessen Sieg bereits feststeht. Gebündelt wird das Ergebnis der Untersuchungen in zehn zusammenfassenden Thesen. Das letzte Kapitel ist der Frage gewidmet, wie die gefundenen Sprach- (und Sing-)formen für Liturgie und Seelsorge fruchtbar gemacht werden können. Bilder vom Teufel haben wohl die meisten Menschen in sich – die Dissertation eröffnet Perspektiven, wie ihnen mit dem Gesangbuch begegnet werden kann.

Kirschbaum, Christa: Rassismus im Kirchenlied, in: FKM 71 (2020), Heft 6, 27–28.

Klek, Konrad: Spiritualität und Lied, in: Zimmerling, Peter (Hg.), Handbuch Evangelische Spiritualität, Bd. 3: Praxis. Vandenhoeck & Ruprecht: Göttingen 2020, 320–340.

Kleks Beitrag zum 926 Seiten umfassenden „Handbuch Evangelische Spiritualität" folgt historischen Stationen, wobei die Singvollzüge im Fokus stehen, nicht die Inhalte. Der erste Abschnitt über die Lieder des Reformationsjahrhunderts ist mit „Lieder als Vademecum" überschrieben, der zweite blickt auf „mystische Ekstase im Lied" und geht dabei u. a. auf *In dir ist Freude*, *Wie schön leuchtet der Morgenstern* und *Wachet auf, ruft uns die Stimme* ein. Unter den Überschriften „Lehre und Pathos im

346 Literaturbericht Hymnologie. Daniela Wissemann-Garbe

Lied" und „Harre meine Seele – regressive Bergung im Lied" folgen zwei Abschnitte zum Rationalismus und zur Volksfrömmigkeit. Der fünfte Abschnitt fokussiert auf die Kirchenlied-Restauration und die Jugendbewegung und der sechste setzt bei der Singbewegung ein und betrachtet aktuelle alternative Singformen. Recht pessimistisch klingt die Zusammenfassung unter dem Titel „Zwischen Verstummen und Massengesang", während es in der Einleitung noch optimistisch klang: „im Medium Lied befindet sich die Kirche geistlich in stetem Wachstum [...]. Dies kann spirituelles Erleben immer wieder neu anstoßen und befördern."

Lange, Barbara/Kaiser, Hans-Jürgen: Basiswissen Kirchenmusik. Carus-Verlag: Stuttgart 3. aktualisierte und erweiterte Ausgabe 2020. 4 Bde. mit Registerbd und DVD.
In Bd. 1 (Theologie – Liturgiegesang), 99–137: Kirchenlied und Gesangbuch (Barbara Lange), vgl. dazu den Literaturbericht im JLH 49 (2010), 226f.

Scheitler, Irmgard: Musik zur privaten Andacht und Erbauung, in: Hochstein, Wolfgang: Geistliche Vokalmusik des Barock. Teilbd. 2 (Handbuch der Musik des Barock 2/2), Lilienthal 2019, 102–132.
Anhand von annähernd 100 Quellen zeichnet Scheitler ein anschauliches Bild des privaten andächtigen Singens und Musizierens. Dass die Grenzen zwischen kirchlichem und privatem Singen nicht scharf zu ziehen sind, wird dabei deutlich: Aus geistlichem Lied kann Kirchenlied werden und umgekehrt. In zwei „Portraits" geht die Übersichtsdarstellung etwas mehr ins Detail, nämlich zu Laurentius von Schnüffis und Heinrich Albert.

Pavanello, Agnese (Hg.): Kontrafakturen im Kontext (Basler Beiträge zur historischen Musikpraxis 40). Schwabe: Basel 2020, 407 S.
Dem seit etwa 100 Jahren gebräuchlichen Begriff Kontrafaktur für Melodien und Kompositionen, denen neue Texte unterlegt wurden, und den vielfältigen Erscheinungsformen wird in dem Dokumentationsband einer Basler Tagung an der Schola Cantorum kultur- und epochenübergreifend nachgegangen. Im Zusammenhang mit religiösem Liedgesang seien nach dem Einführungsvortrag (Gröbner, Valentin: „Gunderfey, contrafetten, Konterfei". Ein Wort und seine Geschichte zwischen dem 14. und 16. Jahrhundert, 15–24) folgende Beiträge genannt: Deeming, Helen: The Performance of Devotion. Multi-lingual Networks of Songs and Sermons in the Thirteenth and Fourteenth Centuries (79–100; England/Irland); Rosmer, Stefan: Wiederverwendung von Melodien und Strophenformen in der deutschsprachigen Liedkunst des Mittelalters (149–182); Lewon, Marc: „Den Techst vber das geleÿemors Wolkenstainer". Investigating the Workshop of a Professional Contrafactor (183–210); Föllmi, Beat: Die unterschiedliche Praxis der Kontrafaktur bei Lutheranern und Reformierten im 16. Jahrhundert. Theologie, Liturgie, Gesang (211–232). Föllmi zeigt, dass in der lutherischen Konfessionskultur Kontrafakturen problemlos möglich waren. Sie dienten mit der Übernahme weltlichen Gutes oft der „Propaganda" (Beispiel : *Nun treiben wir den Papst hinaus* auf *So treiben wir den Winter aus*), mit der Verwendung kirchlicher Melodien stellte man sich mit " gereinigten Texten » als rechtmäßige Erben der Tradition dar. Mit Neuschöpfungen aber aber gelang am ehesten eine eigene konfessionelle Identität (Beispiel : *Ein feste Burg ist unser Gott*). Anders im calvinistischen Bereich : hier gab es kaum Kontrafakturen. Durch das einheitliche, aber beschränkte Repertoire entstand eine starke innere Identiät.

Weber, Fabian: Protestantische Kirchenmusik in Regensburg 1542–1631. Aspekte des Repertoires vor dem Hintergrund von Stadtgeschichte, Kantorat und Gottesdienst im ersten Reformationsjahrhundert (Regensburger Studien zur Musikgeschichte 14). Conbrio Verlagsgesellschaft: Regensburg 2020, 491 S.

Deutschsprachige Länder (2018, 2019) 2020

In der 2016 in Regensburg angenommenen Dissertation liegt eine historisch gründlich eingebettete Repertoirestudie vor, in der in hohem Maße nicht nur zur Figuralmusik – Katalog der Notendrucke (Anhang 2) mit Untersuchung des Repertoires –, sondern auch zum Kirchenliedgebrauch geforscht wurde. Nach einer Einführung in das Spannungsfeld der Konfessionen in Regensburg ist ein Kapitel der Liturgie und der Musik im „neuen Bekenntnis" gewidmet. Dabei werden zunächst die Kirchenordnungen sehr übersichtlich in kommentierten Tabellen – Rubriken: Ausführende/Gottesdienstelemente/diplomatisch wiedergegebener Text – vorgestellt. Hier stößt man auch immer wieder auf interessante Belege zur Kirchenliedpraxis, z.B. wenn in der Kirchenordnung von 1543 zu Wochengottesdiensten bestimmt wird, dass das Volk „mit gesang und predigt" „nit zu lange werd aufgehalten" und dass „alsda erstlich gesungen werd ein psalm oder sünst ein gesang zu teutsch, umbs volks willen, das das volk dieselben lerne und mit der zeit mitsingen müge, darzu sie den[n] sollen in der predigt zuweilen vermanet werden." (S. 71) oder dass bei Krankenbesuchen („Sterbebegleitung") deutsche Kirchenlieder statt der alten Gebete gesungen werden sollten (S. 72). In der Kirchenordnung von 1567 wird zur „Früepredigt und communion des sontags" gefordert, dass „so der organist vorhanden ist" er „im ganzen ampt immerdar mit unter [schlegt]", auch bei den deutschen Gesängen während der Kommunion, doch sollen „alle verse gesungen werden". Damit das nicht zu lang wird, sollen die „kürzesten gesäng nach gelegenheit genommen werden". (S. 89f). Nach den Kirchenordnungen werden Kantoren und Organisten biographisch vorgestellt und Entwicklungen der Kirchenmusik gezeichnet. Für das Kirchenlied kommt dabei der Zeit von Andreas Raselius besondere Bedeutung zu, von dem der Rat der Stadt 1586 gefordert hat, den bisher nur einstimmig gepflegten Kirchengesang mit einem Chorsatz zu unterstützen, woraufhin er 1587/88 seinen Dienstherren ein handschriftliches Cantionale übergab. Dieses ist wie weitere Sammlungen und Gesangbücher im Kapitel über die Entwicklung des Kirchenliedrepertoires aufgeschlüsselt. Eine alphabetisch-chronologische Tabelle bietet eine Übersicht über die 130 Lieder, die nach und nach in das Repertoire aufgenommen oder ggf. auch wieder abgestoßen wurden. Außerdem gibt ein Katalog (Anhang 3) Aufschluss über die Regensburger Lieddrucke des 16. Jahrhunderts. Im Anhang 1 ist der „Regenspurgische Kirchen Contrapunct" (DKL 1599[04]) ediert. In dem kurzen Apparat vermisst man zu Satz und Text relevante wissenschaftliche Editionen. Wenn die Standardwerke von Johannes Zahn und DKL III benutzt worden wären, wären einige bei Weber mit Fragezeichen bezeichnete Melodien identifiziert worden. Bei Nr. 20 (*Geht durch die Gass Jerusalems*) hätte der Autor die Melodie nicht Raselius zugeschrieben (so auch S. 211), sondern gefunden, dass sie bereits 1527 auf einem Straßburger Liederblatt und dann 1530 in einer Straßburger Agende gedruckt wurde (Z IV 7553/ DKL III/1.1 B 24). Umgekehrt wäre die Weise von Nr. 26 (*O Gott Vater im Himmelreich*) Raselius zugeschrieben worden (wie korrekt von Nr. 21 *Herr, straf mich nicht in deinem grimmen Zoren*; DKL III/4 A 1056 und A 1057). – Insgesamt ist die Studie eine wertvolle und gut lesbare Bereicherung für die Kirchenmusik- und Kirchenliedgeschichte in einem konkreten zeitlich und räumlich definierten Bereich.

Wipfler, Esther P. (Hg.): Das Gesangbuch und seine Bilder. Voraussetzungen, Gestaltung, Wirkung (Veröffentlichungen der Forschungsstelle Realienkunde 6). Böhlau Verlag Wien/Köln/Weimar: Göttingen 2020, 190 S., Abb.

Der Band versammelt die Beiträge einer Tagung am Münchner Zentralinstitut für Kunstgeschichte in Zusammenarbeit mit der Stiftung Luthergedenkstätten in Sachsen-Anhalt 2018. Schwerpunkt ist der deutschsprachige Raum. Schilling, Johannes: Die Geburt des Gesangbuchs aus dem Geist des Evangeliums (11–21); Rhein, Stefan:

348 Literaturbericht Hymnologie. Daniela Wissemann-Garbe

Latein im evangelischen Gesangbuch der Reformationszeit (23–44); Wipfler, Esther: Frontispiz und Titelblatt evangelischer Gesang- und Gebetbücher – Typen, Entwicklungen, Funktionen und Gestalter. Versuch eines Überblicks (45–82); Limbeck, Sven: Das bebilderte Gesangbuch der lutherischen Reformation. Eine Mediengeschichte zwischen Kontinuität, Innovation und Konventionalisierung (83–108); Föllmi, Beat: Die Straßburger Gesangbücher aus der ersten Hälfte des 16. Jahrhunderts (109–122); Grutschnig-Kieser, Konstanze: Blumen, Gärten und andächtige Seelen in evangelischen Gesangbüchern des 17. und 18. Jahrhunderts (123–143); Franz, Ansgar/Schäfer, Christiane: Vom Augenschmaus zum Gedankenstrich. Das Gesangbuch Johann Leisentrits (1567) und das „Gotteslob" (2013) der Deutschen Bischofskonferenz (145–165); Fischer, Michael: Bilder – Objekte – Texte. Plurimedialität von Kirchenlied-Illustrationen im 19. und 20. Jahrhundert (167–184).

Zimmerling, Peter: Evangelische Mystik. 2. Auflage mit einem Geleitwort von Nikolaus Schneider. Vandenhoeck & Ruprecht: Göttingen ²2020, 283 S.

Im Rahmen der Zielsetzung, nicht so sehr theologische Außenseiter zu betrachten, sondern „innerkirchliche" Mystiker – auch wenn sie sich selbst nicht so bezeichnet hätten –, die im Mainstream der Theologie verortet waren bzw. diesen mitgeprägt haben (S. 6), liegt auch die Nennung bzw. Analyse einiger Lieder im Hinblick auf ihre „mystische Verwurzelung" nahe: Das betrifft Martin Luthers *Vom Himmel hoch, da komm ich her* (52), Philipp Nicolais *Wie schön leuchtet der Morgenstern* (60–66), drei Lieder Paul Gerhardts: *Ich steh an deiner Krippen hier* (69f), *O Haupt voll Blut und Wunden* (69–73), *Geh aus, mein Herz* (73–75), gefolgt von einer Darstellung mystischer Charakteristika von dessen Liedern in Hinblick auf künstlerische, theologisch-spirituelle und seelsorgerliche Qualität (75–79) und einer Zusammenfassung: Das lutherische Gesangbuchlied als Mittel zur Weitergabe mystischer Spiritualität (80–83). Ausführliche Kapitel sind unter anderen Johann Sebastian Bach, Gerhard Tersteegen, Nikolaus Ludwig von Zinzendorf und Dietrich Bonhoeffer (*Von guten Mächten wunderbar geborgen*; 186–188) gewidmet. – Vgl. zur 1. Auflage (die nicht verändert wurde) JLH 55 (2016), 146 f.

B
Leben und Werk der Dichter und Melodieschöpfer
(nach deren Namen alphabetisch geordnet)

Scheitler, Irmgard: Eine unbeachtete Liederhandschrift des Nürnberger Dichters Sigmund von Birken (1626–1681), in: Archiv für Musikwissenschaft 77 (2020), 223–238. Es geht um die Handschrift PBlO. B.3.2.2 aus dem Archiv des Pegnesischen Blumenordens im Germanischen Nationalmuseum Nürnberg, die vor 1670 (terminus ante quem von Scheitler ermittelt) entstand. Sie enthält 40 Lieder verschiedener Dichter, 35 davon mit Melodie und Bass. Schreiber der Texte ist Sigmund von Birken, der Notenschreiber ist unbekannt. Die Bedeutung des Manuskriptes liegt darin, dass eine Reihe von später üblich gewordenen Text-Melodie-Verbindungen hier zum ersten Mal erscheint. Die Handschrift erweist sich als Primärquelle für die Nürnberger Gesangbuchtradition. Scheitler hält es für möglich, dass Birken die Sammlung als Melodiefundus angelegt hat, um bei eigenen Dichtungen darauf zurückgreifen zu können. Jedenfalls ist diese kein Auszug beliebter Lieder aus Gesangbüchern, sondern gezielt aus dem aktuellen Repertoire zusammengestellt. Hingewiesen sei auf zwei Besonderheiten: Erstmals liegt hier Adam Kriegers verschollenes *Seit dass der Tugend Pfad hat*

Deutschsprachige Länder (2018, 2019) 2020

Hercules betreten mit Noten vor (später zu: *O Gott, du frommer Gott*). Als interkonfessionelles Kuriosum beschreibt Scheitler *Ach, wann wird doch endlich kommen die so lang erwünschte Stund* mit dem Satz Friedrich Spees aus der Trutznachtigall, das 1683 im Mainzer Gesangbuch als Kontrafaktur *Ach, wann wird doch endlich kommen Jesus der Geliebte mein* enthalten ist. – Weitere Lieder sind: *Ach, du Menschenblum; Ach, was soll ich Armer machen; Ach wie flüchtig, ach wie nichtig; Ach, wie sehnlich wart ich der Zeit; Die helle Sonn ist nun dahin; Eitelkeit fahr immer hin; Fromme Herzen finden nicht; Gott sorgt für dich; Gott sorgt für dich, was darfst du dich; Hast du dann, Jesu, dein Angesicht; Hieher, gottergebne Seele; Ich bin müde mehr zu leben; Ich sag dir Dank, Herr Jesu Christ; Ihr hohen Berge, lehret mich; Jesu, des Vaters ein'ger Sohn; Jesu, du mein liebstes Leben; Jesu, meine Freude, meines Herzens Weide; Jesu, meines Herzens Freud; Jesulein, du bist mein, weil ich lebe; Jesus ist mein Aufenthalt; Lieber Mensch, was hilft dein Sorgen; Liebster Jesu, meine Freude; Lobt Gott, lobt alle Gott; Mein Gott gab mir das Leben; Meine Seele, willst du ruhn; Meinen Jesum lass ich nicht; O Gott Vater, o Jesu Christ, o Gott heiliger Geiste; O Jesu Christ, wie bös doch ist; O Jesu, deine Pracht; Sag, was hilft alle Welt; Seele, was ist Schöners wohl; Sei wohlgemut, lass Trauren sein; Selig, ja selig, wer willig erträget; Sollt es gleich bisweilen scheinen; Valet will ich dir geben; Wann ich hab mein Jesulein; Was quälet mein Herz für Trauren und Schmerz; Welt packe dich, ich sehne mich.*

Arnold, Jochen: Franziskus für die Gemeinde. Der Sonnengesang im geistlichen Lied, in: MuK 90 (2020), 236–239.

Enthält auch Text und Noten zu *Herr, dich loben die Geschöpfe* (Text: Kurt Rose; M: Johann Crüger 1653) und *Dich lobt, mein Gott, was du gemacht* (Text: Alexander Ziegert; Melodie: August M. Harder zu *Geh aus, mein Herz*).

Böttler, Winfried (Hg.): „Wach auf, mein Herz, und singe". Paul Gerhardts Lieder im Ostseeraum (Beiträge der Paul-Gerhardt-Gesellschaft 11). Frank & Timme: Berlin 2020, 186 S.

Die meisten Beiträge des Bandes sind zur Tagung der Paul-Gerhardt-Gesellschaft 2016 in Lübeck entstanden. Das im Buchtitel zitierte Lied spielt dabei keine besondere Rolle. Die Beiträge befassen sich mit der Paul-Gerhardt-Rezeption in Lübeck (Ada Kadelbach, 13–38 – etwas ausführlicher wird *O Haupt voll Blut und Wunden* in Aufklärungsgesangbüchern behandelt), Stettin (Susanne Weichenhan, 39–44 – hier geht es um die ebenda angesiedelte Ausgabe der Praxis Pietatis Melica von 1660; Elke Liebig, 45–49 – Johann Georg Ebeling war seit 1668 Kantor in Stettin), Estland (Kristel Neitsov-Mauer, 51–69), Russland (Anton Tikhomirov, 71–84), Finnland (Suvi-Päivi Koski, 85–119), Dänemark (Claus-Michael Friemuth, 121–142; Wolfgang Miersemann, 143–176 – hier wird speziell das deutschsprachige Gesangbuch von Johann Hermann Schrader, Tondern 1731, betrachtet; ein Exkurs gilt dem Lied *Wie ist es möglich, höchstes Licht*). Der Band endet mit einer Andacht über *Nun ruhen alle Wälder* (Winfried Böttler; 177–184).

Junker, Johannes: Zwei Kirchenliederdichter vom Schloss Neu-Augustusburg, in: Lutherische Beiträge 25 (2020), 139–147.

Betrifft Johannes Olearius und Erdmann Neumeister.

Pöche, Juliane: Thomas Selles Musik für Hamburg. Komponieren in einer frühneuzeitlichen Metropole (Musica poetica. Musik in der Frühen Neuzeit 2). Peter Lang: Bern/Berlin 2019, 486 S.

Die Dissertation – die auch im folgenden Sammelband (hg. von Ivana Rentsch) viel zitiert wird – enthält u. a. ein ausführliches Kapitel zur Musikanschauung in Hamburgs theologischen Kreisen, zur vokalen und zur instrumentalen Kirchenmusik.

350   Literaturbericht Hymnologie. Daniela Wissemann-Garbe

Rentsch, Ivana (Hg.): Hamburger[6] Gottseligkeit. Thomas Selle und die geistliche Musik im 17. Jahrhundert (Musica poetica/Musik der frühen Neuzeit 3). ortus musikverlag: Beeskow 2020, 287 S.

Der mit Notenbeispielen und Abbildungen gut ausgestattete Band enthält die Beiträge zur gleichnamigen Tagung, die 2017 an der Hamburger Staats- und Universitätsbibliothek stattgefunden hat. Anlass war der Abschluss des DFG-Projektes, in dem die digitale kritische Edition (seit 2018 kostenfrei zugänglich unter www.selle. uni-hamburg.de) erarbeitet worden ist. 281 geistliche Kompositionen, die Selle selbst unter „Opera omnia" rubriziert hat, sind in Hamburg, weitere in Salzwedel erhalten. Zu dem breitgefächerten Kaleidoskop der geistlichen Musik in Hamburg um Thomas Selle gehört auch ein Vergleich zwischen dem dortigen Johanneum und der Leipziger Thomasschule (Michael Maul; 241–253). Juliane Pöche berichtet über Instrumentalmusik in der Kirche (25–51; die Autorin führt „Tanzsätze in der Kirche", „Englische Besonderheiten" und „Orgelsatztechnik und zeitgenössische Violinmusik" vor). Im engeren Sinn hymnologisch sind folgende Beiträge: Huck, Oliver: „daß Sie nach angehöretem Göttlichem Worte/desselben Sontages Evangeliumslied für Sich nehmen". Thomas Selles Vertonungen von Evangelienperikopen und Johann Rists Perikopenliedern (229–240); Steiger, Johann Anselm: Seelenlust. Zur Kooperation Johann Rists mit Thomas Selle und Franz Steuerhelt sowie zur Kupferstichausstattung der „Sabbahtischen Seelenlust" im Verhältnis zu Athanasius Kirchers „Musurgia universalis" (205–229).

Gasch, Stefan/Tröster, Sonja (Hg.): Ludwig Senfl (c. 1490–1543). A Catalogue Raisonné of the Works and Sources. Vol. 1: Catalogue of the Works. Vol. 2: Catalogue of the Sources. Abbreviations, Bibliography, Indexes. Brepols Publishers: Turnhout 2019, 682/ 409 S. und open access.

Das Werkverzeichnis ist kostenfrei online zugänglich unter https://www.brepolsonline.net/doi/book/10.1484/M.EM-EB.5.117090 (Bd. 1) bzw. https://www.brepolsonline.net/doi/book/10.1484/M.EM-EB.5.117438 (Bd. 2; Abruf 22.7.21). Die Gattung „songs" enthält 356 Nummern. Jeder Eintrag enthält ein musikalisches Incipit, Kommentare zur musikalischen Struktur, umfassende Informationen zur Überlieferung und zur Authentizität der Komposition sowie Editions- und Literaturhinweise.

Tröster, Sonja: Senfls Liedsätze. Klassifikation und Detailstudien eines modellhaften Repertoires (Wiener Forum für ältere Musikgeschichte 10). Hollitzer Verlag: Wien 2019, 406 S.

Die Arbeit ist Trösters Wiener Dissertation, die mit dem dortigen Dissertationspreis ausgezeichnet worden ist. Dabei wird die im 19./20. Jh. entstandene musikwissenschaftliche Terminologie „Tenorlied", „Hofweise" und „Volkslied" überdacht. Stattdessen wird eine neue Klassifikation des Liedschaffens der Zeit versucht: in musikalischer Hinsicht durch „Stilregister und Liedtypen", in germanistischer durch eine Typologie der Liedtexte. Ein Kapitel (S. 256–289) befasst sich speziell mit den geistlichen Liedsätzen Senfls. *Also heilig ist dieser Tag; Christ ist erstanden; Da Jesus an dem Kreuze hing; Dem ewigen Gott; Ewiger Gott aus des Gebot; Fortuna desperata / Herr, durch dein Blut; Gott all's in allem wesentlich; Gott hat sein Wort; Gott nimmt und geit; Gottes Gewalt, Kraft und auch Macht; Gottes Namen fahren wir* [sic]*; Herr, durch dein Blut; Media vita in morte sumus / In mitten unsers Lebens Zeit; Maria, du bist Genaden voll; Maria zart, von edler Art; O allmächtiger Gott; O du armer*

---

6 Umschlagtitel: Klingende Gottseligkeit.

Deutschsprachige Länder (2018, 2019) 2020   351

Judas; *O Herr, ich klag*; *O Herr, ich ruf dein Namen an*; *O Herre Gott, begnade mich*;
Vergebens ist all Müh und Kost.

Möller, Christian: Theologia Mystica – eine geheime Gemeinschaftslehre mit Gott,
welche der Christen höchstes Wissen ist" (Angelus Silesius), in: Lutherische Beiträge
25 (2020), 148–161.

Dietze, Reimer (Hg.): Symposium 2019: Gerhard Tersteegen (1697–1769). Zeitgenössische
Beziehungen und freikirchliche Rezeption (Freikirchen Forschung 29). Münster 2020,
269 S.

Die Reihe Freikirchen Forschung hat einen Teil des 29. Bandes dem 250. Todestag Tersteegens gewidmet. Eine eigentliche Abhandlung über seine Lieder ist nicht
darunter, doch findet die Liedrezeption mit einem eigenen Beitrag und passim Beachtung: Meyer, Dietrich: Tersteegens Schreiben wider die Leichtsinnigkeit und
seine Nachwirkungen (13–26). Hier geht es vor allem um Tersteegens Verhältnis zu
Graf Nikolaus Ludwig von Zinzendorf und dessen Aufnahme und Bearbeitung von
Tersteegens Liedern ins Herrnhuter Gesangbuch 1735. – Balders, Günter: Die Lieder
Gerhard Tersteegens in freikirchlicher Rezeption (74–94). Hier werden verschiedene
freikirchliche Gesangbücher ausgewertet. – Barnbrock, Christoph: Geliebt und verachtet – Die Rezeption Gerhard Tersteegens im konfessionellen Luthertum (95–105).
Gemeint sind Gesangbücher der Selbständigen Evangelisch-lutherischen Kirche.

C
Untersuchung und Auslegung einzelner Lieder

C.1 Kommentarwerke

Alpermann, Ilsabe/Evang, Martin (Hg.): Liederkunde zum Evangelischen Gesangbuch.
Ausgabe in Einzelheften. H. 26. Vandenhoeck & Ruprecht: Göttingen 2020, 95 S.
Enthält einen Nachtrag zum Literatur- und ein aktualisiertes Abkürzungsverzeichnis
im Anschluss an die Hefte 1, 8, 14 und 19 sowie Kommentare zu folgenden Liedern:
Herr Christ, dein bin ich eigen (Ilsabe Alpermann/Andreas Marti, 15–19) – *Voller
Freude über dieses Wunder* (Bernhard Schmidt, 20–25) – *Von Gott will ich nicht lassen*
(Bernhard Schmidt, 26–32) – *Herr, wie du willst, so schick's mit mir* (Wolfgang Herbst,
33–35) – *Lasset uns mit Jesus ziehen* (Alexander Bitzel, 36–41) – *Ein ist not! Ach Herr,
dies eine* (Bernhard Leube, 42–47) – *Ein reines Herz, Herr, schaff in mir* (Wolfgang
Herbst, 48–49) – *Gott, weil er groß ist* (Bernhard Leube, 50–53) – *Liebe, du ans Kreuz
für uns erhöhte* (Dietrich Meyer/Andreas Marti, 54–58) – *Dona nobis pacem* (Wolfgang Herbst, 59–61) – *Du höchstes Licht, du ewger Schein* (Andreas Marti, 62–64) –
Wir danken Gott für seine Gaben (Maximilian-Friedrich Schiek, 65–67) – *Die Sonn
hoch an dem Himmel steht* (Bernhard Leube, 68–71) – *Alle guten Gaben* (Wolfgang
Herbst, 72–74) – *Nun sich der Tag geendet hat* (Andreas Marti, 75–78) – *Du Schöpfer
aller Wesen* (Thomas Schmidt, 79–83) – *In Gottes Namen fang ich an* (Andreas Lindner, 84–89) – *Jesus, meine Zuversicht* (Lukas Lorbeer/Andreas Marti, 90–95).

Alpermann, Ilsabe/Evang, Martin (Hg.): Liederkunde zum Evangelischen Gesangbuch.
Ausgabe in Einzelheften. H. 27. Vandenhoeck & Ruprecht: Göttingen 2020, 95 S.
Enthält Kommentare zu folgenden Liedern: *O Gott, du höchster Gnadenhort* (Ilsabe Alpermann, 3–4) – *Herr, öffne mir die Herzenstür* (Martin Evang, 5–7) – *Ach
lieber Herre Jesu Christ, der du ein Kindlein worden bist* (Maximilian-Friedrich

Schiek/Steffen Mark Schwarz, 8–12) – *Komm, sag es allen weiter* (Andreas Marti, 13–16) – *Allein zu dir, Herr Jesu Christ* (Konrad Klek, 17–22) – *So wahr ich lebe, spricht dein Gott* (Wolfgang Herbst, 23–24) – *Hoch hebt den Herrn mein Herz und meine Seele* (Andreas Marti, 25–28) – *Jesus, der zu den Fischern lief* (Bernhard Schmidt, 29–33) – *Jesus nimmt die Sünder an* (Konrad Klek, 34–38) – *Die ganze Welt hast du uns überlassen* (Ilsabe Alpermann/Wolfgang Herbst, 39–43) – *Jesu, hilf siegen, du Fürste des Lebens* (Bernhard Leube, 44–49) – *Liebe, die du mich zum Bilde deiner Gottheit hast gemacht* (Frieder Dehlinger, 50–54) – *Lass die Wurzel unsers Handelns Liebe sein* (Bernhard Schmidt, 55–60) – *Die güldene Sonne bringt Leben und Wonne* (Anne-Dore Harzer, 61–64) – *Wir danken dir, Herr Jesu Christ, dass du unser Gast gewesen bist* (Maximilian-Friedrich Schiek, 65–66) – *Der Tag hat sich geneiget* (Ansgar Franz, 67–70) – *Werde munter, mein Gemüte* (Siegfried Meier, 71–75) – *Lass dich, Herr Jesu Christ* (Wolfgang Herbst, 76–77) – *Laudato si* (Dorothee Bauer, 78–82) – *Wenn mein Stündlein vorhanden ist* (Lukas Lorbeer, 83–88) – *Wer weiß, wie nahe mir mein Ende* (Lukas Lorbeer/Andreas Marti, 89–95).

C.2 Einzeluntersuchungen (nach Liedanfängen alphabetisch geordnet)

Hofmann, Peter: Das erste Gebet meiner Kindheit. Zinzendorfs Kirchenlied *Christi Blut und Gerechtigkeit* in Karl Mays Werk, in: Karl-May-Haus Information 34 (2019), 47–62.

Lengerich, Martina van: Ein neues Lied. *Dein Segen sei ein großes Dach* (Text: Helmut Schlegel; Melodie: Stephan Sahm), in: MuK 90 (2020), 336.

Möller, Hartmut: Zur Notation des Liedes „*En hillich dach*" (RLB 6) im Rostocker Liederbuch, in: Uhl, Markus/Weyer, Christoph (Hg.): Erklingendes Wort. Festschrift für Stefan Klöckner zum 60. Geburtstag (Schriftenreihe des Allgemeinen Cäcilien-Verbandes für Deutschland 24). Vier-Türme-Verlag GmbH: Münsterschwarzach 2018, 131–140.
Bei dem Eintrag im Rostocker Liederbuch aus der zweiten Hälfte des 15. Jahrhunderts handelt es sich um das älteste niederdeutsche Weihnachtslied, das mit einer zeitgenössischen Melodie erhalten ist. Es ist eine Kontrafaktur des *Corde natus ex parentis*, zu dem im Stralsunder Stadtarchiv eine norddeutsche Melodievariante gefunden wurde. Durch diesen Vergleich wird der Anfang der Melodie, der im Rostocker Liederbuch durch Papierverlust nicht lesbar ist, neu – und anders als in der bisher üblichen Form von Ranke/Müller-Blattau – rekonstruiert.

Karas, Markus: Ein neues Lied. *Gott hat mir längst einen Engel gesandt* (Text: Eugen Eckert; Melodie: Thomas Gabriel), in: MuK 90 (2020), 185.

Koll, Julia: Ein neues Lied. Himmel-Land (Liedanfang: *Himmel grüßt blau weiß grau*; Text und Melodie: Elisabeth Rabe-Winnen/Bettina Gilbert), in: MuK 90 (2020), 260–261.

Zündorf, Carsten: Ein neues Lied. *Ich glaube* (Text und Melodie: Elke Braun), in: MuK 89 [recte: 90] (2020), 50–51.

Junker, Johannes: Mit Theodor Harms auf den Spuren eines Liedes, in: Lutherische Beiträge 24 (2019), 84–98.
Betrifft das Lied *Ich will mich mit dir verloben* (Amadeus Creutzberg) zur Melodie *O Durchbrecher aller Bande*.

Fischer, Michael: *Laudato si*. Das Lob der Schöpfung in der Endlosschleife, in: MuK 90 (2020), 240–241.
Betrifft das gleichnamige Lied EG 515.

Walter, Meinrad: Ein neues Lied: *Kommt her zum Weihnachtsspiel* (Text und Melodie: Matthias Degott), in: MuK 90 (2020), 404.

Blindow, Martin: Die 250-jahrige Geschichte des Liedes „*O du fröhliche*", in: FKM 71 (2020), Heft 6, 2–6.

Der Autor zeigt zu Beginn, dass die Melodie bereits 1792 zum Text *O sanctissima, o piissima!*) in London gedruckt worden ist und wohl über Charles Burney und nicht über Gottfried Herders Italienreise in Herders Sammlung „Stimmen der Völker" (1807) gelangt ist. Dies sei seit über 10 Jahren bekannt, die Quelle wird aber leider nicht genannt. Auch die weitere Geschichte des Liedes wird referiert.

Magin, Markus: Wo da Güte ist und Liebe. Liedbetrachtung zu Beginn der Jahrestagung des ACV in Passau 2019, in: MS(D) 140 (2020), 76–77.

Betrifft das Lied *Seht, uns führt zusammen Christi Liebe* (Text: Johannes van Acken).

Hochradner, Thomas (Hg.): Wege zu *Stille Nacht*. Zur Vor- und Nachgeschichte einer „einfachen Composition". Bericht einer Tagung des Arbeitsschwerpunktes Salzburger Musikgeschichte […] 2018 (Veröffentlichungen des Arbeitsschwerpunktes Salzburger Musikgeschichte 8). Hollitzer Wissenschaftsverlag: Wien 2020, 176 S. – open access über die Seite des Verlages bzw. über jstor: https://t1p.de/hk0j (7.12.2021).

Enthält folgende Beiträge: Trummer, Johann: Katholische Kirchenmusik und kirchlicher Volksgesang im katholischen Reichsgebiet an der Wende vom 18. zum 19. Jahrhundert. Über den Hintergrund der Zeit, in der *Stille Nacht* entstand (11–24); Hochstein, Wolfgang: Katholische Kirchenmusik zur Zeit der Aufklärung (25–43); Ortner, Sonja: Punktuelle Einblicke zum Platz deutschsprachiger Weihnachtslieder in der Kirche bis vor die Zeit der Entstehung von *Stille Nacht* (44–80); Jung-Kaiser, Ute: Volksnahes Singen und Sagen von der Geburt Christi (81–107); Walterskirchen, Gerhard: „Christus habe uns bethen, nicht singen geheissen". Der lange Weg der Kirchenmusikreform des Salzburger Fürsterzbischofs Hieronymus Graf Colloredo (108–119); Neumayr, Eva: Zur musikalischen Topographie der Stadt und des Landes Salzburg vom Ende des 18. bis zum zweiten Drittel des 19. Jahrhunderts (120–132); Zerfaß, Alexander: *Stille Nacht* auf rauer See. Weihnachten in den Salzburger Gesangbüchern des 19. Jahrhunderts (133–145); Hochradner, Thomas: Warum *Stille Nacht* ein und kein Volkslied ist (146–158); Petermayr, Klaus: Von Michael Haydn zu Anton Bruckner. Stationen einer Wirkungsgeschichte (159–173).

Klek, Konrad. Suche „*Geh aus, mein Herz*" – finde Neues zu „*Stille Nacht!*", in: FKM 71 (2020), Heft 6, 7–8.

Arnold, Jochen: Ein neues Lied. *When you will / Wenn du willst* (Text: Holger Lissner; Melodie: Christian Praestholm), in: MuK 90 (2020), 116–117.

Wort im Anfang aller Welt (Text Str. 1+3: Frieder Dehlinger/Text Str. 2 + Melodie: Marc Neufeld; nur Edition), in: FMK 71 (2020), Heft 2, 44.

D
Gesangbücher und Liedersammlungen
(Ausgaben und Kommentare; Ausgaben und Kommentare einzelner Personen s. II.B)

Herrmann-Schneider, Hildegard: Wo die Engel musizieren. Musik im Stift Stams. Verlag A. Weger: Brixen 2020, 544 S.

Die umfassende Studie enthält auch ein kleines Kapitel zum „Gsangbüchlin" Innsbruck 1587 (S. 142–144). Davon war bisher nur ein Fragment bekannt (DKL I.2 1587[05]),

354 Literaturbericht Hymnologie. Daniela Wissemann-Garbe

nämlich zwei Druckbögen, von denen einer u. a. auch das Titelblatt enthält. Von eben
diesem hat die Autorin in Stams mehrere weitere entdeckt und vermutet, dass es sich
dabei um Probedrucke handelt, die zeitgleich von mehreren Konventualen begutachtet
werden sollten. Sie sieht in dem Fragment einen Vorläufer des vom Titel her ähnlichen
Gesangbuches DKL I.1 1588[05]. Während bei ihr das Gesangbuch DKL I.1 1586[10] nur
zum Vergleich herangezogen wird, um die Probedrucktheorie zu stützen, wird bei
DKL III/3 (S. 78) dieses und eben nicht DKL I.2 1587[05] als dasjenige benannt, das
DKL I.1 1586[10] beeinflusst hat.

McMullen, Dianne Marie/Miersemann, Wolfgang (Hg.): Johann Anastasius Freylinghausen. Geistreiches Gesangbuch. Edition und Kommentar. Band II. Johann Anastasius Freylinghausen. Neues Geist=reiches Gesang=Buch (Halle 1714). Teil 3. Apparat.
Bearbeitet von Dianne Marie McMullen, Rainer Heyink und Wolfgang Miersemann.
Mit einem Autorenregister sowie einem Text- und Melodienregister zum Gesamtwerk. Verlag der Franckeschen Stiftungen Halle bei De Gruyter: Berlin/Boston 2020,
571 S.
Die unter der Abkürzung „GGEK" (so in der Vorbemerkung der vorliegenden Edition genutzt) oder „FreylEd"[7] zitierte Ausgabe der beiden von Johann Anastasius
Freylinghausen herausgegebenen Gesangbücher ist mit dem vorliegenden Band zum
Abschluss gekommen. Das Gesamtwerk ist symmetrisch aufgebaut. Band I: Geist=
reiches Gesang=Buch Halle [4]1708 und II: Neues Geist=reiches Gesang=Buch Halle
1714 beinhalten je drei Teile, nämlich zwei Text- [und Melodien]bände und einen
Apparatband.[8] I/3 und II/3 sind miteinander verschränkt, indem I/3 neben dem Edi-
torischen Bericht auch eine Bibliographie des Freylinghausenschen Gesangbuches von
Oswald Bill, ein Verzeichnis der Siglen, allgemeinen Abkürzungen und Zeichen enthält und II/3 ein Gesamtregister der Autoren, Texte und Melodien. Der vorliegende
jüngste Teil II/3 enthält außerdem die Edition verschiedener Texte aus späteren Ausgaben (1718, 1719, 1741, 1771) und Noten-Faksimiles aus unterschiedlichen Edition
sowie Corrigenda et Addenda zu den Bänden I/3 und II/1–2. Wer eine zuverlässige
Edition oder hymnologische Information zu Liedern „des Freylinghausen" sucht,
kommt um die Ausgabe von McMullen/Miersemann nicht mehr herum. Dass sie eine
zuverlässige Basis für die Forschung ist, wird nicht durch neuere Erkenntnisse gemin-
dert – wie die Zuschreibung zweier Texte an Gertrud Möller durch Patricia Milewski
im vorliegenden Band des JLH.

Kommt nur her und helft mir singen. 24 ausgewählte Lieder aus dem Freylinghausenschen Gesangbuch. Musikalisch eingerichtet von Axel Gebhardt auf Grundlage
der kritischen Edition des Freylinghausenschen Gesangbuches von Dianne Marie
McMullen und Wolfgang Miersemann. Mit einem Nachwort von Wolfgang Miersemann. Verlag der Franckeschen Stiftungen Halle/ortus musikverlag: Halle/Beeskow
2020, 75 S.
Der schmucke Band im Querformat bietet die Lieder mit ausgesetztem Generalbass
und allen Strophen, trotz diplomatischer Schreibweise angenehm lesbar. Auf dunklem
Papier eingestreut sind Abbildungen aus den beiden Gesangbüchern Freylinghausens
und dem Halleschen Waisenhaus. Im umfangreichen Nachwort fasst Miersemann die
Editionsgeschichte „des Freylinghausen" übersichtlich zusammen, beleuchtet seine
Stellung in der Gesangbuchgeschichte und geht kursorisch auf die edierten Lieder ein.

---

7 So z. B. in der „Liederkunde zum Evangelischen Gesangbuch" ab Heft 26 (Handbuch zum
Evangelischen Gesangbuch Band 3), Göttingen 2020.
8 Zu GGEK I/1+2 s. JLH 45 (2006), 255 und JLH 46 (2007), 226.

Junker, Johannes: Gesangbücher aus der Geschichte der SELK. Das Cromesche Gesangbuch (1), in: Lutherische Beiträge 25 (2020), 242–253.

Die auf 7 Beiträge geplante Reihe wird fortgesetzt.

Reinmuth, Eckart/Scharnweber, Karl: Werkbuch Gottesdienst. 120 Texte und Gesänge. Im Auftrag des Zentrums für evangelische Predigtkultur hg. von Dietrich Sagert. Evangelische Verlagsanstalt: Leipzig 2020, 238 S.

Das Buch ist eine Zusammenstellung von kurzen freien und biblisch basierten Texten, (mehrstimmigen) Singsprüchen, Kanons und Liedern aus der Feder der Rostocker Reinmuth (Neutestamentler) und Schwarnweber (Kirchenmusiker und Komponist). Sie sind den Verben hören, sehen, folgen, danken, bitten, fühlen, leben und denken zugeordnet.

Literaturbericht Hymnologie
Französischsprachige Länder (2019) 2020

Beat Föllmi, Édith Weber

I. Liturgie und Musik

Föllmi, Beat: Liturgie et processions au Moyen Âge du XIᵉ au XIVᵉ siècle. La cathédrale au cœur d'une topologie sacrée, in: Grappe, Christian: La cathédrale de Strasbourg en sa ville. Le spirituel & le temporel. Presses universitaires de Strasbourg: Strasbourg 2020, 39–51.
Darstellung der Prozessionen und der damit zusammenhängenden Liturgie im Straßburg des 11. bis 14. Jahrhunderts.

II. Hymnologie

A. Zur Geschichte und Bibliographie des Kirchenliedes

Laurent, Jean-Sébastien: Cantiques et tambours à Kinshasa. Un siècle de musique liturgique (Histoire des mondes chrétiens). Éditions Karthala: Paris 2020, 240 S.
Überblick über die Geschichte des liturgischen Gesangs im Kongo seit der Missionierung im 19. Jahrhundert.
Ludbrook, Stuart: Le chant protestant de langue française (1705–2005). Excelsis: Charols 2020, 533 S.
Überblicksdarstellung über die Gesangspraktiken in den französischsprachigen Ländern.

C. Psalm und Hugenotten-Psalter

Föllmi, Beat: Du bûcher au champ de bataille. Le chant des psaumes pendant les conflits confessionnels au XVIᵉ siècle", in: Revue d'histoire du protestantisme 5 (2020, avril-septembre), 357–377.
Behandelt die Rolle des Psalmengesangs in den Konflikten der französischen Religionskriege des 16. Jahrhunderts, mit einer kritischen historiografischen Auseinandersetzung.

Französischsprachige Länder (2019) 2020

D. Gregorianik

Aubert, Eduardo Henrik: Sur les traces d'une culture musicale. Notations musicales occasionnelles dans les manuscrits de Cluny jusqu'au XIIᵉ siècle, in: Études grégoriennes XLVII (2020), 25–59.

Boudeau, Océane: Un office médiéval en l'honneur de saint Déodat, in: Études grégoriennes XLVII (2020), 61–94.

Guilmart, Jacques-Marie: L'origine du chant grégorien. Éditions de Solesmes: Solesmes 2020, 286 S.
Zusammenstellung von Artikeln des Autors über den Gregorianischen Choral.

Hala, Patrick: Le voyage new-yorkais de dom Mocquereau au Congrès international de chant grégorien (1er–3 juin 1920), in: Études grégoriennes XLVI (2019), 103–159.

Huglo, Michel: Solesmes pendant l'occupation allemande (1940–1944). Pages d'histoire sur l'atelier de la 'Paléographie musicale', in: Études grégoriennes XLVI (2019), 161–177.

Perrin, Xavier: 'Lingua mea calamus scribæ velociter scribentis' ou de la spiritualité des neumes, in: Études grégoriennes XLVII (2020), 141–153.

Saint-Arroman, Gilles: L'influence des livres solesmiens sur l'enseignement et l'oeuvre de Vincent d'Indy: l'exemple du Liber Gradualis (1883)", in: Études grégoriennes XLVI (2019), 81–101.

III. Kirchenmusik

A. Zur Geschichte und Bibliographie der Kirchenmusik

Baal, Aurore: Le diapason, in: Musique sacrée/L'organiste 327 (janvier 2020), 2–6.

Dompnier, Bernard: Les langages du culte aux XVIIᵉ et XVIIIᵉ siècles (Histoires croisées). Presses universitaires Blaise Pascal: Clermont-Ferrand 2020, 488 S.
Sammelband mit Beiträgen zu Fragen von Liturgie und Musik nach dem Konzil von Trient.

Sabo, Hector: Voix hébraïques. Un voyage dans la musique juive d'Occident: accompagné d'analyses et d'exemples musicaux (Feuilles. Questions d'histoire). Feuilles: Paris 2020, 351 S.
Übersichtsdarstellung über die jüdische Musik in der westlichen Kultur.

C. Zur Aufführungspraxis der Kirchen- und Orgelmusik

Baltazar, Marie: Du bruit à la musique. Devenir organiste (Ethnologie de la France et des mondes contemporains 38). Editions de la Maison des sciences de l'homme: Paris 2019, 273 S.
Studie über die Rolle des Organisten im heutigen Frankreich.

Bovet, Guy: Quelques pas sur les traces d'Eberhard Friedrich Walcker (1794–1872), in: La Tribune de l'Orgue 72 (2020), n°1, 7–10, n°2, 7–11, n°3, 7–14.

Bovet, Guy: Un orgue dans un camp de prisonniers. L'orgue de Rimini, in: La Tribune de l'Orgue 72 (2020), n°1, 27–29.

Bovet, Guy: La musique à l'abbaye bénédictine d'Einsiedeln, in: La Tribune de l'Orgue 72 (2020), n°1, 30–33.

Bovet, Guy: L'orgue extraordinaire du docteur Blackstone, in: La Tribune de l'Orgue 72 (2020), n°2, 42–43.

Bovet, Guy: La réalisation des 15 sonates pour deux instruments à clavier de Bernardo Pasquini par L. F. Tagliavini et M.-C. Alain, in: La Tribune de l'Orgue 72 (2020), n°3, 30–36.

Bovet, Guy: L'institut des orgues historiques de Oaxaca (IOHIO), au Mexique, in: La Tribune de l'Orgue 72 (2020), n°3, 39–41.

Bovet, Guy: L'Organopole de Saint-François à Lausanne, in: La Tribune de l'Orgue 72 (2020), n°4, 7–13.

Bovet, Guy: Les 30 Voluntaries de John Stanley (1713–1786), in: La Tribune de l'Orgue 72 (2020), n°4, 31–35.

Côté, Robin: La genèse et le grand relevage du Beckerath de l'église Immaculée-Conception, à Montréal, in: Mixtures. Bulletin de liaison de la Fédération Québécoise des Amis de l'Orgue 50 (2020), 13–19.

Geoffroy, Olivier: Au sujet des orgues polyphones Debierre, in: Musique sacrée/L'organiste 329 (juillet 2020), 3–4.

Muster, Thilo: Le nouvel orgue du Stadtcasino de Bâle, in: La Tribune de l'Orgue 72 (2020), n°2, 46–48.

Ploquin, Florent: Clavier bien tempéré et justesse numérique. Un aperçu de l'évolution de l'accord des instruments à clavier des origines à nos jours. Aedam Musicae: Château-Gontier 2020, 91 S.

Thévenaz, Vincent: Une brève histoire de l'orgue à Genève, in: La Tribune de l'Orgue 72 (2020), n°1, 21–26, n°2, 23–27.

Thévenaz, Vincent: L'enseignement de l'orgue à Genève, in: La Tribune de l'Orgue 72 (2020), n°3, 23–29.

Thévenaz, Vincent: L'orgue au conservatoire de Genève, in: La Tribune de l'Orgue 72 (2020), n°4, 15–20.

D. Leben und Werk der Meister
(alphabetisch geordnet)

Dahan, Gilbert: Lire la Bible avec Haendel, in: Cahier Évangile supplément 194 (décembre 2020),
Enthält folgende Beiträge: Tournu, Christophe: Les Bibles de Haendel (8–16); Föllmi, Beat: Les Passions (17–23); Dahan, Gilbert: La mise en musique des Psaumes (24–32); Dahan, Gilbert/Föllmi, Beat/Rillon-Marne, Anne-Zoé/Tournu, Christophe: Les oratorios (33–84); Burnet, Régis: L'incroyable prospérité du „Messie" de Haendel (85–88); Dahan, Gilbert: Une exégèse? (89–96).

La musique en questions. Entretiens avec Philippe Manoury. Aedam Musicae: Château Gontier 2020, 212 S.

Schauerte-Maubouet, Helga: Jehan Alain. Mourir à trente ans. Delatour-France: Sampzon 2020, 299 S.

Spiegelberg, Daniel: Georges Migot et Jean-Jacques Werner, in: Bulletin de l'Association Georges Migot 32 (mai 2020; zusammen mit: Bulletin Les Amis de l'œuvre de Jean-Jacques Werner).

Weber, Édith: Louis Vierne (1870–1937): 150e anniversaire de sa naissance, in: Musique sacrée/L'Organiste 328 (avril 2020), 2–3.

IV. Zur Geschichte

L'aventure de la rénovation de la Bibliothèque du Protestantisme français. Société de la Revue d'Histoire du Protestantisme français, in: Revue d'Histoire du Protestantisme 4 (2019), n°4, 635–691.
Enthält auch wichtige Informationen zur Musik.

Blandenier, Jacques: Martin Bucer: une contribution originale à la Réforme. Je sème/ Excelsis: Charols 2020, 210 S.

de Coninck, Christine: Etienne Dolet (1509–1546), humaniste insoumis. Maisons-Lafitte: Ampelos 2019, 255 S.

Maillebouis, Christian/Perre, Didier: Complaintes des Huguenots en Velay. Mazet-Saint-Voy 1776–1838. Les Éditions des Cahiers de la Haute-Loire: Le Puy en Velay 2019, 296 S.
Betrifft die in einer katholischen Region gesungene Klage anonymer Hugenotten.

Guillo, Laurent: Les bibliothèques de musique privées au miroir des catalogues de vente, in: Revue de Musicologie 106/2 (2020), 407–453.
Betrifft Verkaufskataloge von privaten Musikbibliotheken.

Hoareau, Muriel/Poton de Xaintrailles, Didier/Pairault, Louis-Gilles (ed.): Libraires et imprimeurs protestants de la France atlantique, XVIᵉ-XVIIᵉ siècle. Presses Universitaires de Rennes: Rennes 2020, 176 S.
Betrifft protestantische Buchverleger und Drucker in Westfrankreich.

Opitz, Peter: Ulrich Zwingli. Prophète, hérétique, pionnier du protestantisme. Labor & Fides: Genf 2019, 106 S.

V. Ästhetik

Dahan, Gilbert: Thomas d'Aquin et la musique, d'après son commentaire du psaume 32, in: Revue thomiste 120 (2020), 607–622.

Jacquemier, Myriam: La métaphore musicale de l'harmonie du monde à la Renaissance. Beauchesne: Paris 2020, 560 S.

Samson, Sylvain: L'œuvre musico-théâtrale de Luigi Dallapiccola. Une esthétique du sacré et de l'initiatique. Delatour France: Sampzon 2020, 333 S.

VERZEICHNIS
DER ZITIERTEN LIEDER UND STROPHEN

Å leva, det er å elska 278
A solis ortis cardine 280
Abide with me 245, 289
Ach Gott, vom Himmel sieh darein 333
Ach lieber Herre Jesu Christ, der du ein
    Kindlein worden bist 351
Ach wie flüchtig, ach wie nichtig 349
Ach, du Menschenblum 349
Ach, wann wird doch endlich kommen
    die 349
Ach, wann wird doch endlich kommen
    Jesus 349
Ach, was soll ich Armer machen 349
Ach, wie sehnlich wart ich der Zeit 349
Ad coenam agni providi 280
Adeste fideles 281, 288 f.
All hail the power of Jesus' name 245
Alle guten Gaben 351
Alle Menschen, höret auf dies neue Lied
    244
Allein Gott in der Höh sei Ehr 84, 232 f.,
    255, 288
Allein zu dir, Herr Jesu Christ 352
Also heilig ist dieser Tag 350
Alt du har git toss Herre 287
Alt har du gitt oss 287
Ápo dóxhç eiç dóxan 281
Atme in uns 304
Auf den Nebel folgt die Sonn 345
Auf, Christenmenschen, auf auf zum
    Streit 234
Auf, Seele, Gott zu loben 244, 247
Auf, singet dem Herrn 242
Aus meines Herzens Grunde 233
Aus tiefer Not schrei ich zu dir 228, 265,
    308 f., 333

Bleib, höchster Lehrer, auch bei mir 324
Bleibet hier und wachet mit mir 292
Bleik på krossen heng han 287
Blest be the tie that binds 245 f.
Blomstre som en rosengård 288

Brüder, seht die Bundesfahne 247
Brüder, seht die rote Fahne 247

Christ ist erstanden 280, 288, 350
Christ lag in Todesbanden 280
Christ, unser Herr, zum Jordan kam 226
Christe, qui lux es et dies 281
Christi Blut und Gerechtigkeit 352
Corde natus ex parentis 352

Da Jesus an dem Kreuze hing 350
Da pacem, Domine 281
Dankt unserm Gott, lobsinget ihm 265
Deilig er jorden 288
Dein Segen sei ein großes Dach 352
Dem ewigen Gott 350
Den signede dag 288
Der du bist drei in Einigkeit 226
Der ew'ge Gott, des Vaters Wort 325
Der Geist des Herrn erfüllt das All 310
Der Herr ist mein getreuer Hirt 243
Der Herr, mein Hirte, führet mich 244
Der Tag hat sich geneigt 352
Der Tag ist aufgegangen 216
Det finst ei jord 281 f.
Det hellige kaars vor Herre 280
Dich lobt, mein Gott, was du gemacht
    349
Die Farbe deiner Wangen 308
Die ganze Welt hast du uns überlassen
    352
Die ganze Welt, Herr Jesu Christ 234,
    237 f.
Die güldene Sonne bringt Leben und
    Wonne 352
Die helle Sonn ist nun dahin 349
Die ihr nun wollet bei ihm sein 264
Die Kirche steht gegründet 312 f.
Die letzte gute Nacht 97
Die Sonn hoch an dem Himmel steht 351
Dies est laetitiae 280
Dies irae 280, 311

Verzeichnis der zitierten Lieder und Strophen

Dine hender er fulle av blomster 282
Discendi, amor santo 281
Djupaste mørker 281
Dona nobis pacem 351
Du bist's, der wahres Zeugnis gibt 323
Du hast mich, Herr, zu dir gerufen 242
Du höchstes Licht, du ewger Schein 351
Du Kind, zu dieser heilgen Zeit 307
Du Schöpfer aller Wesen 351
Du søv under himlens 287
Du, als der rechte Wundermann 323

Ein feste Burg ist unser Gott 245, 346
Ein Lied hat die Freude sich ausgedacht 241
Ein neues Lied wir heben an 343, 345
Ein reines Herz, Herr, schaff in mir 351
Eins ist not! Ach Herr, dies eine 351
Eitelkeit fahr immer hin 349
Eja, eja, eine Jungfrau wunderbar 308
En hillich dach 352
Erd und Himmel sollen singen 241
Erhalt uns, Herr, bei deinem Wort 226
Erschienen ist der herrlich Tag 213
Es halte doch, wer immer kann 324
Es ist das Heil uns kommen her 331–333
Es ist ein Ros entsprungen 234 f., 288
Es kam ein Engel hell und klar 230, 233
Es sind doch selig alle, die 311
Es spricht der Unweisen Mund wohl 333
Es wolle Gott uns gnädig sein 228
Ewiger Gott aus des Gebot 350

For all the Saints 249, 289, 310
Freu dich, du werte Christenheit 332, 334
Freude, schöner Götterfunken 247
Freuen wird sich, wer gefunden 254
Freuet euch, ihr Menschenkinder 252, 254
Freut euch, freut euch, Menschenkinder 254
Fromme Herzen finden nicht 349
Für alle Heilgen in der Herrlichkeit 249, 310
Fylt av glede 288

Geh aus, mein Herz, und suche Freud 324, 327, 348 f., 353
Geht durch die Gass Jerusalems 347

Gelobet seist du, Jesu Christ 280
Gesegnet sei das Band, das uns im Herrn vereint 246
Gib mich ganz zu eigen dir 304
Glauben heißt: Christus mit Worten zu nennen 241
Gloria, gloria 292
Gott all's in allem wesentlich 350
Gott hat das erste Wort 268
Gott hat mir längst einen Engel gesandt 352
Gott hat sein Wort 350
Gott lob, die hoch gewünschte Zeit 314, 317, 320, 322, 324–327, 329 f.
Gott nimmt und geit 350
Gott sei gelobet und gebenedeiet 225
Gott sorgt für dich 349
Gott sorgt für dich, was 349
Gott, heilger Schöpfer aller Stern 233
Gott, ich suche dich 242
Gott, weil er groß ist 351
Gottes Gewalt, Kraft und auch Macht 350
Gottes Lob wandert 310
Gottes Namen fahren wir 350
Großer Gott, wir loben dich 234 f., 281, 288

Hail, Redeemer 281
Hark! The herald-angels sing 252 f.
Hast du dann, Jesu, dein Angesicht 349
Heilig, heilig, heilig! Gott, Ewig Vater 255
Herr Christ, dein bin ich eigen 351
Herr Jesus Christus, was hast du verbrochen 301
Herr, dich loben die Geschöpfe 349
Herr, du hast darum gebetet, dass wir alle eines sein 242
Herr, durch dein Blut 350
Herr, gedenke doch der Namen 311
Herr, mach uns stark im Mut, der dich bekennt 250
Herr, öffne mir die Herzenstür 351
Herr, straf mich nicht in deinem grimmen Zoren 347
Herr, wie du willst, so schick's mit mir 351
Herr, wir bitten: Komm und segne uns 242

362 Verzeichnis der zitierten Lieder und Strophen

Herre, du strenge, Herre, du milde 287
Herz und Herz vereint zusammen 277
Herzliebster Jesu, was hast du verbrochen 301
Heyr, himna smiðr 281
Hieher, gottergebne Seele 349
Himmel grüßt blau weiß grau 352
Hindi ko maisip 281
Ho! my comrades, see the signal 247
Hoch hebt den Herrn mein Herz und meine Seele 268, 352
Hold the fort! 247
Holy, Holy, Holy! 245, 255, 289
Horch, der Engel Jubelton 254
Hört der Engel große Freud 254
Hört der Engel Lied voll Freud 254
Hört: Die Engelchöre singen: Heil dem neugeborenen Kind! 253

Ich bin müde mehr zu leben 349
Ich glaube 352
Ich sag dir Dank, Herr Jesu Christ 349
Ich steh an deiner Krippen hier 348
Ich steh vor dir mit leeren Händen, Herr 311
Ich will dich lieben, meine Stärke 234, 236 f.
Ich will mich mit dir verloben 352
Ick heb den Heer lief 308 f.
Ihr Christen, hoch erfreuet euch 233
Ihr hohen Berge, lehret mich 349
Ihr Kinderlein, kommet 234 f.
Ihr lieben Christen, freut euch nun 345
Il Signore ristora 304
In de schoot van mijn moeder geweven 308
In dir ist Freude 345
In dulci jubilo 280
In Gottes Namen fang ich an 351
In Gottes Namen *s. a.* Gottes Namen
In mitten unsers Lebens Zeit 350

J'aime mon Dieu 308 f.
Jauchz, Erd' und Himmel, juble hell 311
Jesu, des Vaters ein'ger Sohn 349
Jesu, du mein liebstes Leben 349
Jesu, geh voran 245
Jesu, hilf siegen, du Fürste des Lebens 345, 352

Jesu, meine Freude 349
Jesu, meines Herzens Freud 349
Jesulein, du bist mein 349
Jesus Christus nostra salus 280
Jesus Christus segne dich 243
Jesus ist mein Aufenthalt 349
Jesus le Christ 292
Jesus nahm das Brot und gab es seinen Jüngern 243
Jesus nimmt die Sünder an 352
Jesus, der zu den Fischern lief 352
Jesus, lover of my soul 245
Jesus, meine Zuversicht 351
Josef, lieber Josef mein 307
Jubelt und freut euch 304
Jubilate Deo (Kanon) 302
Jubilemus cordis voce 280
Just as I am, without one plea 245

Kjærlighet fra Gud 288
Komm, Gott Schöpfer, heiliger Geist 323
Komm, sag es allen weiter 352
Kommt her zu mir, spricht Gottes Sohn 324, 327 f.
Kommt her zum Weihnachtsspiel 353
Kommt, atmet auf 243
Kommt, es ist alles bereit 242
Kringsatt av fiender 287
Kristne la oss søke sammen 277

Laetare nunc ecclesia 332
Lass dich, Herr Jesu Christ 352
Lass die Wurzel unsers Handelns Liebe sein 352
Lasset uns mit Jesus ziehen 351
Lauda Sion salvatorum 280
Laudate Dominum 292, 302
Laudate omnes gentes 289, 292
Laudato si 352
Le tue mani 281 f.
Lead, kindly light 277, 281, 289
Lean on me 278
Lieb hab ich Gott 308 f.
Liebe, die du mich zum Bilde 234, 236 f., 352
Liebe, du ans Kreuz für uns erhöhte 351
Lieber Mensch, was hilft dein Sorgen 349

Verzeichnis der zitierten Lieder und Strophen

Liebster Jesu, meine Freude 349
Liebster Jesu, wir sind hier 85
Lobe den Herren, den mächtigen König
    der Ehren 229, 233, 288, 301
Lobt Gott, lobt alle Gott 349
Lovsangen toner og jorden får høre 310
Lux illuxit lætabunda 280

Macht hoch die Tür 229, 288
Magnificat 292, 302
Make me a channel 281
Maria durch ein Dornwald ging 280
Maria zart, von edler Art 350
Maria, du bist Genaden voll 350
Media vita in morte sumus 350
Mein Gott gab mir das Leben 349
Mein Gott, ich sehe wie die Welt 317
Meine Hoffnung und meine Freude 292
Meine Seele erhebt den Herren 310
Meine Seele, willst du ruhn 349
Meine Zeit steht in deinen Händen 243
Meinen Jesum lass ich nicht 349
Mich selbst, nimm mein Geschenk,
    Herr, an 326
Mir nach, spricht Christus, unser
    Held 234, 236 f.
Mit allen Heilgen beten wir dich an 250
Mit Fried und Freud ich fahr dahin 226
Mit Lieb bin ich umfangen 244

Nearer, my God, to Thee 245, 289
Nun bitten wir den Heiligen Geist 213,
    215 f., 232, 280
Nun danket all und bringet Ehr 229, 233,
    243
Nun danket alle Gott 245, 288
Nun freue dich, du Christenheit 331
Nun freut euch, lieben Christen
    gmein 332, 334, 338
Nun ist durchaus die Schrift erfüllt 323
Nun jauchzt dem Herren, alle Welt 264,
    308 f.
Nun ruhen alle Wälder 349
Nun sehen wir die Schrift erfüllt 323
Nun sich der Tag geendet hat 351
Nun treiben wir den Papst hinaus 346

O allmächtiger Gott 350
O come, all ye faithfull 245

O du armer Judas 351
O du fröhliche 353
O Durchbrecher aller Bande 352
O God of earth and altar 281
O Gott Vater im Himmelreich 347
O Gott Vater, o Jesu Christ 349
O Gott, du frommer Gott 349
O Gott, du höchster Gnadenhort 351
O Haupt voll Blut und Wunden 228,
    231–233, 307, 348 f.
O Heiland, reiß die Himmel auf 227,
    234 f.
O Herr, ich klag 351
O Herr, ich ruf dein Namen an 351
O Herr, nimm unsre Schuld 242
O Herre Gott, begnade mich 351
O Herre Krist, vårt lys på jord 277
O Herz des Königs aller Welt 233
O Jesu Christ, wie bös doch ist 349
O Jesu Christe, wahres Licht 209, 277
O Jesu, deine Pracht 349
O Kindelein von Herzen 307
O Lamm Gottes, unschuldig 232 f.
O Licht der wunderbaren Nacht 331
O lux beata, trinitas 281
O Mensch, bewein dein Sünde groß 311
O niemals gnug gepriesne Zeit 323
O Père qui es dans les cieux 299
O sanctissima, o piissima 353
O selig, selig, wer vor dir 246
O Tod, wo ist dein Stachel nun 331, 345
Ô toi, l'au-delà de tout 304
Onward, Christian soldiers 245

Pan og munkane 287
Pange, lingua, gloriosi 280
Puer natus in Bethlehem 280, 289

Regina caeli/coeli laetare 331
Resonet in laudibus 280, 307
Rettferds sol, med signing blid 277
Rex Olavus gloriosus 280
Rob tu mo bhoile 280
Rock of ages 245

Så stilt som berre vinden 287
Safe in the arms of Jesus 245
Sag, was hilft alle Welt 349
Salve regina 312

364 Verzeichnis der zitierten Lieder und Strophen

Salve, caput cruentatum 280, 307
Schmücke dich, o liebe Seele 278
Schönster Herr Jesu 234f., 312f.
Seele, was ist Schöners wohl 349
Seht nicht die schlechten Windeln an 325
Seht, uns führt zusammen Christi Liebe 353
Sei unser Gott 242
Sei willkomm'n, teurer, werter Gast 325
Sei willkomm'n werther Freuden=Geist 314
Sei willkomm'n, werter Freudengeist 314, 317, 321f., 330
Sei willkomm'n, werter Freudengeist 324
Sei willkomm'n, werter Freudengeist 323
Sei wohlgemut, lass Trauren sein 349
Seigneur Jésus, par ta grande souffrance 301
Sein armer Stand, sein Dürftigsein 325
Seit dass der Tugend Pfad hat Hercules betreten 349
Selig du und hochbegnadet 312
Selig, ja selig, wer willig erträget 349
Singen wir mit Fröhlichkeit 307f.
Singing with a sword in my hands, Lord 240
Singt dem Herrn alle Völker 345
Snehvit er natten 287
So treiben wir den Winter aus 346
So wahr ich lebe, spricht dein Gott 352
Sollt es gleich bisweilen scheinen 349
Som korn fra vide åkrer 288
Sometimes in our lives 278
Sonne der Gerechtigkeit 277
Sorgen og gleden 288
Stabat mater dolorosa 280, 288f.
Stille Nacht 234f., 253, 281, 288, 343, 353
Sulamith im Grünen 97
Święta miłość Jezusowa 247
Swing low, sweet chariot 339

Tal vennlig til Jerusalem 287
Te Deum laudamus 280
Te lucis ante terminum 281
The church's one foundation 312
Then signadhe dagh 280
There is a longing 281
There is no rose 280

There's a wideness 281
Thou great God 343
Tief im Schoß meiner Mutter geborgen 308f.

Ubi caritas 292
Ulo Tixo Mkulu 343
Und suchst du meine Sünde 311
Unser Heiland ist nun da! 254
Urbs beata Hierusalem 281

Valet will ich dir geben 349
Vater unser im Himmelreich 299, 301
Vaterland, in deinen Gauen 252
Veni creator spiritus 280, 301
Veni redemptor gentium 280
Veni sancte spiritus 292
Veni, veni Emmanuel 280
Vergebens ist all Müh und Kost 343, 351
Vi roper i denne natten 287
Victimae paschali laudes 280
Vielleicht, dass das Kreuz allzu oft beschrieben 241
Voller Freude über dieses Wunder 351
Vom Aufgang der Sonne bis zu ihrem Niedergang 240
Vom Himmel hoch, da komm ich her 230, 348
Von Gott will ich nicht lassen 351
Von guten Mächten wunderbar geborgen 348

Wachet auf, ruft uns die Stimme 307f., 345
Wann ich hab mein Jesulein 349
Was Gott tut, das ist wohlgetan 228f.
Was quälet mein Herz für Trauren und Schmerz 349
Welch ein Freund ist unser Jesus 251
Welch ein treuer Freund ist Jesus 251
Welt packe dich, ich sehne mich 349
Wenn du willst 353
Wenn ich einmal soll scheiden 308
Wenn mein Stündlein vorhanden ist 352
Wenn/Wann Jesus unsre Schuld verbitt 323
Wer kann sagen und ermessen 252
Wer weiß, wie nahe mir mein Ende 352
Werde munter, mein Gemüte 345, 352

Verzeichnis der zitierten Lieder und Strophen

What a friend we have in Jesus 245, 250
When you will 353
Wie ist es möglich, höchstes Licht 349
Wie lieblich ist der Maien 244
Wie schön leuchtet der Morgenstern 229, 231, 233, 345, 348
Wie selig ist der nicht belohnt 324
Wie selig lebet, wie wohl verschont 324
Wir an Babels fremden Ufern 308 f.
Wir danken dir, Herr Jesu Christ, dass du unser Gast gewesen bist 352

Wir danken Gott für seine Gaben 351
Wir tragen jede Last mit Schwergeprüften gern 246
Wir wolln uns gerne wagen 241
Wort im Anfang aller Welt 353

Zeuch, Herr, in dies mein Herz hinein 326
Zeuch, Herr, in meinem Herzen ein 326
Zu Bethlehem geboren 234 f., 307
Zu Bethlehem in Davids Stadt 325

Verzeichnis der Personennamen

Achelis, Ernst Christian 55
Acken, Johannes van 353
Ackermann, Andrea 231
Adams, Sarah Flower 245
Adrian, Matthias 119
Alain, Jehan 358
Alain, Marie-Claire 358
Albert, Heinrich 316 f., 338, 346
Albrecht, Johann 324, 326, 328 f.
Albus, Michael 294
Alkier, Stefan 129
Allwohn, Adolf 53
Alpermann, Ilsabe 351 f.
Ameln, Konrad 214, 224, 333
Ammerbach, Elias Nikolaus 307
Araujo, Juan de 338
Arndt, Ernst Moritz 209, 260
Arnold, Jochen 47, 191 f., 349, 353
Arnulf von Löwen 307
Assmann, Jan 160
Atkins, J. D. 108
Aubert, Eduardo Henrik 357
Auel, Hans-Helmar 242
Auf der Maur, Hansjörg 164
Augustin, George 161
Augustinus von Hippo 39, 310
Aukrust, Olav 286 f.

Baal, Aurore 357
Babst, Valentin 225
Bach, Johann Sebastian 310, 312, 338, 348
Bach, Oliver 343
Bachmann-Geiser, Brigitte 344
Bächtold, Christoph 249, 310
Back, Gerlinde 201
Backhaus, Knut 123
Bahl, Patrick 125
Bahl, Peter 318
Bahr, Reinhard 338
Balders, Günter 239, 244, 256, 310, 351
Balle, N. E. 274
Ballhorn, Egbert 200
Balme, Christopher 30
Balslev-Clausen, Peter 283

Baltazar, Marie 357
Baltruweit, Fritz 191
Bär, Johann 329
Bärholz, Daniel 316, 318 f.
Baring-Gould, S. 245
Barnard, Marcel 291
Barnbrock, Christoph 351
Barnby, Joseph 249
Bärsch, Jürgen 188
Barth, Christian Gottlob 277
Bärwald, Manuel 338
Bauer, Dorothee 352
Bauer, Helmut 220
Bauer, Thomas 338 f.
Bauer, Tobias 161
Bäumker, Wilhelm 228, 231
Bayer, Oswald 58, 63, 163
Bayreuther, Rainer 93
Bear, Carl 272 f., 279
Beck, Ernst 93
Becker, Cornelius 308 f.
Becker, Eve-Marie 125, 127
Becker, Matthias 118
Becker, Patrick 174
Bedenbender, Andreas 116
Beethoven, Luedwig van 247
Bell, John 285
Ben-Chorin, Schalom 311
Bender, Harold S. 329
Benga, Daniel 163
Benini, Marco 162
Benrath, Gustav Adolf 96
Berdozzo, Fabio 135
Bernet, Walter 17
Bernoulli, Hans 308 f.
Berthier, Jacques 295, 302 f.
Betz, Ulrich 256
Bickel, Philipp 253
Bieritz, Karl-Heinrich 24
Bill, Oswald 354
Billmeyer, Michael 328 f.
Birken, Sigmund von 316, 318 f.
Bitsch-Molitor, Mechthild 241, 306
Bitzel, Alexander 351

Verzeichnis der Personennamen

Bjørnson, Bjørnstjerne 286
Blandenier, Jacques 359
Blankenburg, Walter 211
Bleibinger, Bernhard 339
Blindow, Martin 353
Blix, Elias 284 f.
Blumenthal, Christian 115
Bobrowski, Johannes 251
Boenneke, Sven 183
Boeßenecker, Helen 185
Bohren, Rudolf 68
Bokwe, John Knox 343
Bölling, Jörg 339
Bonhoeffer, Dietrich 253
Böntert, Stefan 192
Bornewasser, Franz-Rudolf 231
Bossler, Kurt 311
Bostelmann, Annika 344
Böttler, Winfried 349
Böttrich, Christoph 119
Boudeau, Océane 357
Bouzignac 338
Bovet, Guy 357 f.
Braecklein, Ingo 211
Braun, Elke 352
Braun, Hellmut 344
Braun, Werner 316 f.
Breitenbach, Roland 192
Bremer, Kai 343
Breu, Clarissa 130
Breytenbach, Cilliers 105
Brico, Rex 294
Bricout, Hélène 163
Brixi, Franti'ek Xaver 338
Brodde, Otto 211, 240
Brödel, Christfried 339
Brönner, Heinrich Ludwig 326 f.
Brorson, Hans A. 284 f.
Brose, Martin E. 253
Bruckner, Anton 353
Brückner, Johann Georg 83
Brunner, Peter 23
Bruppacher, Theophil 252
Bubmann, Peter 75, 241
Bucer, Martin 359
Buchinger, Harald 165, 338
Bühner, Jan-A. 107
Bühner, Ruben A. 106
Bunyans, John 39

Burnet, Régis 358
Burney, Charles 353
Burz-Tropper, Veronika 120
Busch, Gudrun 93
Busse Berger, Anna Maria 343
Butcher, Brian 173
Buxtehude, Dieterich 338

Caldara, Antonio 338
Calhoun, Robert Matthew 113
Calvin, Johannes 259
Carissimi, Giacomo 338
Carl Alexander von Sachsen-Weimar-
     Eisenach 344
Casel, Odo 163
Casseres, Abraham 338
Cazzati, Maurizio 338
Chaniotis, Angelos 134
Charpentier, Marc Antoine 338
Chiti, Girolamo 338
Christensen, James L. 41
Claussen, Johann Hinrich 53
Clemens non Papa 343
Clément, Olivier 294
Colloredo, Hieronymus von 341–343,
     353
Conrad, Sven Leo 177
Converse, Charles Crozat 252
Cornehl, Peter 12
Côté, Robin 358
Couillaud, Louis-Marie 154
Cowper, William 278
Cramer, Andreas 243
Cramer, Malte 104
Creutzberg, Amadeus 352
Crosby, Fanny Jane 245
Crüger, Johann 236, 260, 307, 338, 349
Cummings, William Hayman 253
Cyprian, Ernst Salomon 94, 96, 98

d'Indy, Vincent 357
Dach, Simon 316
Dahan, Gilbert 358 f.
Dahlgrün, Corinna 180
Dalferth, Ingolf U. 63
Dallapiccola, Luigi 359
Dannecker, Klaus Peter 183
Dannenmann, Tanja 116
Danz, Christian 106

Verzeichnis der Personennamen

Dargie, Dave 339
Dass, Petter 285
David, Christian 277
de Coninck, Christine 359
de Marées, Simon Ludwig Eberhard 328
de Maumont, Abbaye S. M. 287
de Vries, Sytze 308 f.
Dearme, Percy 250
Decius, Nikolaus 232 f.
Decker, Johann Heinrich 323
Deckert, Peter 345
Deeg, Alexander 43, 69, 75, 163, 188,
    193 f., 229
Deeming, Helen 346
Degott, Matthias 353
Dehlinger, Frieder 352 f.
Denicke, David 308
Diederichs-Gottschalk, Dietrich 186
Diefanch, Stefan 193
Dietze, Reimer 351
Dietzfelbinger, Hermann 211
Diewald, Josef 229
Dileckij, Nikolaj Pavlovič 338
Dirksen, Pieter 309
Diterich, Johann Samuel 233
Dittrich, Raymond 319
Dix, Gregory 22
Doering, Lutz 135
Dolet, Etienne 359
Dompnier, Bernard 357
Dorn, Klaus 106, 123
Dörr, Friedrich 238
Dörrfuß, Ernst Michael 180
Døving, Carl 245, 250
Dremel, Erik 339
Dreves, Guido Maria 209, 236
Drimbe, Amiel 110
Dröse, Astrid 343
Du Mont, Henry 338
du Toit, David S. 108
Durante, Francesco 338
Dykes, John Bacchus 255

Ebach, Jürgen 194
Ebeling, Johann Georg 338, 349
Ebenbauer, Peter 188
Eberlin, Johann Ernst 338
Ebertz, Michael N. 169
Ebner, Martin 102

Eckert, Eugen 256, 352
Eckhard, Herrmann 74
Eckhard, Stefan 117
Ehlers, Erich 307
Ehrensperger, Alfred 42
Ehrensperger, Kathy 106
Eidslott, Arnold 286 f.
Eiffler, Felix 344
Eifler, Elisabeth 315
Eifler, Michael 315
Eisele, Wilfried 61
Eisenschmid, Gottfried Benjamin 72
Eizinger, Werner 194
Eleonora Maria (Königin von Polen) 317
Ellingsen, Svein Oluf 278, 284 f., 310
Elliot, Charlotte 245
Emminghaus, Johannes Heinrich 164
Engemann, Wilfried 189
Erlemann, Kurt 107
Ernst, Landgraf von Hessen-Rheinfels
    227
Escaffit, Jean-Claude 294
Evang, Martin 25, 351

Falkenroth, Christina 254
Fawcett, John 246
Feldmeier, Reinhard 109
Ferdinand, Herzog in Bayern 332
Feulner, Hans-Jürgen 164
Finck von Finckenstein, Georg
    Christoph 318
Finck, Heinrich 331 f.
Fischer, Martin 49, 52
Fischer, Michael 348, 352
Flammann, August 251
Fleck, Nils 77
Focken, Friedrich-Emanuel 104
Föllmi, Beat 223, 346, 348, 356, 358
Förster, Hans 122
Franck, Johann 278
Francke, Gotthilf August 322, 327
Franke, David 344
Franz von Assisi 349
Franz, Ansgar 209, 223, 225, 230, 249,
    306, 348, 352
Franz, Ignaz 234
Franziskus (Papst) 294
Frederick, John 127
Frenschkowski, Dominic 183

Verzeichnis der Personennamen

Frère Alois 294
Frère Robert 302
Frère Roger 293
Frère Sébastien 304
Frey, Jörg 109, 129, 131, 134
Freylinghausen, Johann Anastasius 236, 314f., 322–324, 326f., 330, 354
Friemuth, Claus-Michael 349
Frischknecht, Hans Eugen 312
Fromke, Annerose 195
Frostenson, Anders 277, 284
Fugger, Dominik 224, 228f., 237
Fux, Johann Joseph 338

Gabra, Eva 196
Gabriel, Thomas 352
Gabriol, Solomon Ibn 311
Garratt, James 284
Gasch, Stefan 350
Gebhardt, Axel 354
Gebhardt, Ernst 247, 251f.
Gehann, Horst 256
Geldhof, Joris 188
Gelineau, Joseph 295, 303, 305
Geoffroy, Olivier 358
Gerber, Christine 108
Gerhardt, Paul 228, 230, 232f., 285, 307f., 338, 345, 348f.
Gese, Michael 126
Gidion, Anne 67
Giesecke, Bernhard 242
Gigl, Maximilian 165
Gilbert, Bettina 352
Glass, Salomon 84
Glowotz, Daniel 338
Goedeke, Karl 319
Göhler, Albert 319
Goldmann, Alexander 125
Goldschmidt, Stephan 195
Gooskens, Charlotte 271
Gotthold, Friedrich August 317
Gottschick, Anna Martina 250
Gotzen, Josef 231, 233f.
Graf, Walter 211
Green, Fred Pratt 277f.
Green, Joel B. 119
Greene, Maurice 338
Greifenstein, Johannes 47f., 57
Greiter, Matthäus 311

Gremse, Mirko 188
Grethlein, Christian 195
Grieg, Nordahl 286f.
Grimmell, Julius Carl 246
Gröber, Conrad 231f.
Gröbner, Valentin 346
Groote, Inga Mai 343
Grundtvig, Nicolai Frederik Severin 275, 284f.
Grunewald, Eckhard 260
Grüter, Verena 245, 339
Grutschnig-Kieser, Konstanze 348
Gryphius, Andreas 343
Guillo, Laurent 359
Guilmart, Jacques-Marie 357
Gülden, Josef 225
Gumbrecht, Hans U. 43
Gundert, Wilhelm 211f.
Günther, Johann 322, 327
Gustafsson, Kaj-Erik 312
Gutteberger, Gudrun 112

Haacker, Klaus 122
Haas, Johannes 254
Haase, Daniel 117
Haavik, Åge 278f.
Haeussler, Armin 250
Hagen Pifer, Jeanette 109
Hala, Patrick 357
Hallqvist, Britt 284f.
Hammerschmidt, Andreas 338
Hammerskjöld, Dag 163
Hamnes, David Scott 271, 277, 282, 284
Hampe, Johann Christoph 250
Händel, Georg Friedrich 338, 358
Handt, Hartmut 241f., 251, 253
Hangler, Rainer 177
Harbsmeier, Götz 53
Harkness, Georgia 277
Harnack, Theodosius 48, 59
Harnoncourt, Philipp 209f.
Harrison, James R. 123
Hartlapp, Johannes 243
Hartmann, Olov 312
Harzer, Anne-Dore 352
Haslwanter, Elias 164
Haspelmath-Finatti, Dorothea 165
Hasse, Johann Adolf 338
Hassler, Hans Leo 307, 335

Verzeichnis der Personennamen

Hastetter, Michaela C. 166
Hauck, Marion Christina 124
Haugan, Marty 285
Hauzenberger, Hans 251
Hawkes-Teeples, Steven 173
Hawn, C. Michael 272f.
Haydn, Michael 353
Heber, Reginald 245
Heber, Richard Reginald 255
Heckel, Theo K. 128
Hecyrus, Christoph 226
Hedell, Kia 319
Hedin, Annamaria 283
Heering, Kornelius 196
Heermann, Johann 277
Heidel, Andreas-Christian 128
Heidrich, Jürgen 339
Heil, Christoph 112
Heilig, Christoph 124
Heinichen, Johann David 338
Heitmeyer, Erika 225f., 228
Hempelmann, Heinzpeter 196
Henking, Bernhard 308
Henkys, Jürgen 250f., 256, 308–312
Herbers, Klaus 166
Herbst, Wolfgang 240, 242, 351f.
Herder, Gottfried 353
Herrmann-Schneider, Hildegard 353
Herrmann, Heiko 345
Hertlein, Erika 254
Herzer, Jens 109, 133
Herzig, Ferenc 166
Heyden, Sebald 311
Heyink, Rainer 354
Heymel, Michael 242
Hildebrandt, Franz 253
Hiller, Doris 103
Hintermaier, Ernst 341
Hirsch-Hüffell, Thomas 67
Hirsch-Luipold, Rainer 135
Hoareau, Muriel 359
Hochradner, Thomas 353
Hochstein, Wolfgang 338, 346, 353
Hoem, Edvard 286f.
Hoernle, Edwin 247
Hoff, Gregor Maria 167
Hoff, Victor vom 167
Hoffmann-Erbrecht, Lothar 331
Höfling, Johann Wilhelm Friedrich 59, 62

Hofmann, Friedrich 211
Hofmann, Mechtildis M. R. 174
Hofmann, Peter 352
Höink, Dominik 338
Holland, Wilhelm Ludwig 78
Holze, Heinrich 344
Holzer, Irene 339
Homilius, Gottfried August 338
Homolka, Walter 106
Hoondert, Martin 291
Horn, Johann Caspar 319
How, William Walsham 249, 310
Hoyers, Anna Ovena 315
Huck, Oliver 350
Huglo, Michel 357
Huijbers, Bernhard 311
Hunte, Laura J. 121
Hupfeld, Renatus 50
Huschke, Wolfgang 78, 98

Ihmels, Carl 12f.
Ingemann, B. S. 285
Irvine, Jesse Seymour 244

Jacquemier, Myriam 359
Jäger, Ralf Martin 339
Jahn, Bernhard 339
Jaklitsch, Alexander 196
Jeggle-Merz, Birgit 188
Jenny, Markus 210–212, 214f., 259, 264, 304
Jensen, Gustav 276f., 279
Jetter, Armin 253f.
Joachim, Doris 197
Joppich, Godehard 303
Jost, Michael R. 113, 129
Josuttis, Manfred 23
Jöxen, Astrid 196
Julian, John 254
Julians, John 254
Jung, Martina 247
Jung-Kaiser, Ute 353
Junker, Johannes 349, 352, 355
Junker, Lothar 115
Jürgensen, Renate 315

Kaan, Fred 285
Kabel, Thomas 35
Kabus, Wolfgang 243

Verzeichnis der Personennamen

Käfer, Anne 109
Käfer, Eduard 122
Kaiser, Andreas Peter 168
Kaiser, Hans-Jürgen 346
Kaldenbach, Christoph 316
Kalisch, Marc J. 197
Kaminski, Ernst 314 f.
Kampe, Gordon 339
Kämpf, Jürgen 168
Kapp, Georg Friedrich Wilhelm 56, 61, 72
Karas, Markus 352
Karle, Isolde 189
Karlsen, Rolf 277, 287
Kelley, Andrew J. 118
Kelly, Thomas Forrest 152
Kempe, Martin 316
Kerner, Hanns 11, 31, 163
Kesting, Marianne 33
Kircher, Athanasius 350
Kirschbaum, Christa 345
Kirsner, Inge 42
Kittel, Cäcilia 197
Kittel, Caspar 319
Klaiber, Walter 128, 256
Klauck, Hans-Josef 121
Kleiner, Paul 56
Klek, Konrad 241, 345, 352 f.
Klepper, Jochen 307
Klie, Thomas 161
Klöckener, Martin 163, 210
Klöckner, Stefan 340, 352
Klopstock, Friedrich Gottlieb 228
Klug, Joseph 224
Knop, Julia 167, 169
Knothe, Dietrich 247
Koch, Alois 339
Koch, Ernst 77, 93 f.
Koch, Kurt Kardinal 161, 164
Köcher, Renate 169
Köhle-Hezinger, Christel 188
Koll, Julia 352
Kopp, Stefan 169 f.
Körner, Johanna 124
Korsch, Dietrich 51
Korth, Hans-Otto 332, 334
Koski, Suvi-Päivi 349
Koslowski, Jutta 170
Kraft, Sigisbert 211 f., 243 f., 261

Kranemann, Benedikt 163, 167, 169, 188, 210, 338
Krannich, Conrad 171
Kraus, Wolfgang 104
Krauß, Alfred 52
Krems, Eva-Bettina 339
Krieg, Gustav A. 338 f.
Krieg, Matthias 344
Krieger, Adam 319, 348
Krüger, Horst 240, 242
Krummacher, Christoph 338, 340
Krysmann, Benjamin 170
Kumlehn, Martina 161
Küppers, Kurt 261
Kurzke, Hermann 225, 229, 249
Kverno, Trond 287

Labonté, Thomas 229
Lächele, Rainer 93
Lalande, Michel-Richard de 338
Lamparter, Hanne 42
Landmesser, Christof 103
Landstad, Magnus Brostrup 275–277, 284 f.
Lang-Kopsch, Barbara Helena 315
Lang-Rachor, Lucia 193
Langbahn, Stefan K. 188
Lange, Barbara 346
Lange, Benjamin 121
Lange, Ernst 16, 18
Latinovic, Vladimir 171 f.
Lau, Markus 116
Laubhold, Lars E. 341
Laufhütte, Hartmut 316
Laurent, Jean-Sébastien 356
Lauterwasser, Helmut 331
Lechler, C. 250
Lehnert, Christian 163, 194, 229
Leisentrit, Johann 224–226, 348
Lengerich, Martina van 352
Leonarda, Isabella 338
Leonhard, Clemens 338
Leppin, Volker 173
Lerdon, Saskia 111
Leßmann, Benedikt 338
Leube, Bernhard 344, 351 f.
Lewald, August 26
Lewon, Marc 346
Lichtenberger, Hermann 129

Verzeichnis der Personennamen

Liebig, Elke 349
Limbeck, Sven 348
Lindner, Andreas 351
Lipphardt, Walther 211, 213, 224 f., 332
Lippold, Ernst 218
Lissner, Holger 353
Lobwasser, Ambrosius 259 f., 270, 326–328, 344
Locke, Matthew 338
Lodes, Birgit 343
Löhe, Wilhelm 39
Lohff, Wenzel 64
Lohman, Adolf 229
Löhr, Hermut 125
Lomidze, Givi 166
Lorbeer, Lukas 351 f.
Lotz, Hans-Georg 242
Ludbrook, Stuart 356
Ludwigs, Christian 255 f.
Lurz, Friedrich 189
Lüstraeten, Martin 173, 338
Luther, Martin 62, 70 f., 215 f., 224–228, 230, 232 f., 245, 265, 275 f., 285, 301, 308 f., 323, 332–335, 343, 345, 348
Lutz, Friedrichs 194
Lyte, Henry Francis 245

Magin, Markus 353
Mahrenholz, Christhard 10, 12 f., 22, 211, 216
Maierhofer, Matthias 344
Mailänder, Richard 221
Maillebouis, Christian 359
Manoury, Philippe 358
Martelet, Gustave 174
Marti, Andreas 220 f., 259 f., 315, 322, 351 f.
Mason, Lowell 246
Maul, Michael 317, 350
May, Karl 352
McMullen, Dianne Marie 314, 354
Meese, Karin 152
Meier, Siegfried 352
Melzl, Thomas 9
Mendelssohn-Bartholdy, Felix 252, 254
Menzel, Stefan 343
Merz, Georg 12 f.
Mettenleiter, Dominicus 319
Metzdorf, Justina C. 340
Metzroth, Heinrich 230–234

Meyer, Dietrich 240–242, 244, 351
Meyer, Harding 22
Meyer-Blanck, Michael 28, 47, 54, 75, 161, 340
Meyer zu Uptrup, Klaus 16 f.
Miersemann, Wolfgang 97, 314, 349, 354
Miesner, Anje Caroline 174
Migot, Georges 358
Mihálykó, Agnes T. 113
Mikhail, Ramez 175
Mildenberger, Friedrich 69
Mildenberger, Irene 26
Milewski, Patricia 314, 354
Mills, Lynn 189
Moberg, Jens 271
Modenbach, Siegfried 198
Möhler, Hans 186
Mohr, Joseph 209, 228, 234, 236
Möllenhof, Christian Nicolaus 326 f.
Möller, Bernhard 79
Möller, Christian 351
Möller, Gertrud 314–319, 322, 324, 326 f., 329 f., 354
Möller, Hartmut 352
Möller, Peter 316
Mönch von Salzburg 307
Montagnier, Jean-Paul C. 338
Monteverdi, Claudio 338
Moser, Tilmann 338
Mössinger, Richard 68
Mozart, Wolfgang Amadeus 341 f.
Müller-Zitzke, Martha 244
Müller, Karl Ferdinand 60, 67 f., 70
Müller, Stephan Christoph 226
Müntzer, Thomas 233
Murray, Shirley Erena 285
Muster, Thilo 358

Nägeli, Hans Georg 246
Naumann, Johann 318
Neander, Joachim 230, 233, 326
Nehring, Johann Christian 277
Neijenhuis, Jörg 152, 190
Neitsov-Mauer, Kristel 349
Nelle, Wilhelm 235 f.
Nerbonne, John 271
Nesselrath, Heinz-Günther 135
Neufeld, Marc 353
Neumark, Georg 230

Verzeichnis der Personennamen

Neumayr, Eva 341, 353
Neumeister, Erdmann 349
Newman, J. H. 277, 281
Nicol, Martin 40, 64
Nicolai, Philipp 231, 307f., 348
Niebergall, Friedrich 63
Niebuhr, Karl-Friedrich 133
Niege, Georg 233
Niehoff, Maren R. 133
Nikolakopoulos, Konstantin 339
Nisser, Per Olof 283
Nitzsch, Carl Immanuel 68, 70
Nordhues, Paul 210f., 214, 217
Ntsikana 339, 343
Nübold, Elmar 198

Odenthal, Andreas 176
Oefele, Christine 118
Ohly, Christoph 177
Ohst, Martin 189
Olearius, Johannes 349
Oosterhuis, Huub 311f.
Opitz, Peter 359
Ortmann, Sabine 77
Ortner, Sonja 353
Ostmeyer, Karl-Heinrich 112, 134
Otte, Peer 344
Otter, Josef 177
Otto, Rudolf 163
Øverland, Arnulf 286f.

Pacik, Rudolf 165
Pairault, Louis-Gilles 359
Papp, Szilvia 246
Pasquini, Bernardo 358
Paulsen, Thomas 129
Pavanello, Agnese 346
Peacock, David 248
Peier-Plüss, Martin 42
Pellicer, Johann Georg 316
Perre, Didier 359
Perrin, Xavier 357
Perronet, Edward 245
Pesenti, Davide 163
Petermayr, Klaus 353
Peters, Frank 25
Peters, Philip 177
Peuckmann, Niklas 184
Pfeiffer, Johannes 244

Pfeiffer, K. Ludwig 43
Pfister, Stefanie 338
Pietschmann, Klaus 343
Pitoni, Giuseppe Ottavio 338
Pius V (Papst) 225
Plagge, Wolfgang 287
Plänitz, Asta Christa 240
Ploquin, Florent 358
Plüss, David 30, 43
Pöche, Juliane 349f.
Pondaag, Stenly Vianny 189
Popp, Ekkehard 338
Porst, Johann 236
Portenhauser, Friederike 123
Poton de Xaintrailles, Didier 359
Praestholm, Christian 353
Praetorius, Jakob 307
Praetorius, Michael 335, 338, 343
Praßl, Franz Karl 209f., 220, 230, 340
Preul, Reiner 24, 47, 55, 57, 63–65
Purcell, Henry 338

Quack, Erhard 211
Quauck, Alexandra 318
Querhammer, Caspar 224f.

Rabe-Winnen, Elisabeth 352
Rahmsdorf, Olivia L. 121
Rambach, Johann Jakob 338
Raschke, Bärbel 98
Raschzok, Klaus 11, 22, 26, 178
Raselius, Andreas 347
Rasiwala, Moiz 294
Rathert, Wolfgang 339
Rathgeber, Johann Valentin 338
Ratzinger, Joseph / Benedikt XVI. 166, 177
Ratzmann, Wolfgang 26
Rauschenbusch, Walther 251, 255f.
Reda, Siegfried 312
Reger, Max 311
Reinhard, Johann 317
Reinmuth, Eckart 355
Reiser, Marius 114
Renner, Christiane 178
Rentsch, Ivana 350
Rexer, Jochen 179
Rhein, Stefan 347
Rheindorf, Thomas 12, 23

Verzeichnis der Personennamen

Riehm, Heinrich 219
Riethmüller, Otto Heinrich 237f.
Rietschel, Georg 50, 53
Riley, Paul C. J. 120
Rillon-Marne, Anne-Zoé 358
Rinkart, Martin 245
Risch, Christina 110
Rist, Johann 318, 350
Ritschel, Georg 63
Ritter, Alexander 226
Rode-Breymann, Susanne 318
Rodegast, Samuel 230
Röling, Johann 316f.
Roloff, Jürgen 18
Rose, Christian 127
Rose, Kurt 349
Rösel, Martin 104
Rosenkranz, Gerhard 244–246
Rosenmüller, Johann Georg 70
Rosmer, Stefan 346
Rossi, Salamone 338
Rößler, Martin 83, 256
Roth, Ursula 26
Routley, Erik 272
Ruff, Anthony 284
Ruppel, Paul Ernst 211, 240f., 244
Rupschus, Nicole 134

Sabo, Hector 357
Sacer, Gottfried Wilhelm 90f., 316
Sagert, Dietrich 355
Sahm, Stephan 352
Saint-Arroman, Gilles 357
Samson, Joseph 295
Samson, Sylvain 359
Sandell-Berg, Lina 279
Sandmeier, Rebekka 339, 343
Sankey, Ira 251
Saß, Marcell 195
Sattler, Dorothea 173
Sauer, Charlotte 244
Saur, Christoph 328f.
Scarcez, Alicia 153
Scarlatti, Alessandro 338
Schäfer, Christiane 209, 223, 225, 229f., 237, 249, 348
Schambeck, Mirja 199
Schantz, Christian R. 329
Schantz, Henry 329

Schantz, Jacob 329
Scharnweber, Karl 355
Schauerte-Maubouet, Helga 358
Scheffler, Johann 234, 236f.
Scheidgen, Andreas 224, 228f., 237
Scheidhauer, Gerhard 10
Scheidt, Samuel 338
Schein, Johann Hermann 307, 338
Scheitler, Irmgard 93, 315, 317f., 338, 343, 346, 348f.
Scheuermann, Andreas 344
Schiek, Maximilian-Friedrich 351f.
Schillhahn, Wolfgang 72
Schilling, Johannes 347
Schirr, Bertram J. 49
Schirrmacher, Willy 247
Schiwy, Günther 18
Schlegel, Helmut 199, 352
Schleiermacher, Friedrich 49
Schlenker, Manfred 310
Schließer, Benjamin 109, 131, 196
Schlink, Edmund 56
Schmid, Konrad 102
Schmidt, Bernhard 351f.
Schmidt, Kurt 78
Schmidt, Thomas 344, 351
Schmidt-Lauber, Hans-Christoph 165
Schmolck, Benjamin 228
Schneider, Bernhard 189
Schneider, Jörg 61, 68
Schneider, Matthias 202, 306
Schneider, Nikolaus 348
Schnelle, Udo 132
Schoeberlein, Ludwig 53
Schollmeier, Karl 211
Scholtissek, Klaus 120
Schorn-Schütte, Luise 80
Schottroff, Luise 115
Schrader, Cornelia 199
Schrader, Johann Hermann 349
Schreiber, Stefan 102
Schröder, Bernd 180
Schröter, Jens 102
Schubert, Benedict 240, 245f.
Schubert, Corinna 196
Schuerhoff, Carsten 180
Schüler, Winfried 226
Schult, Maike 163
Schulz, Frieder 21, 25, 55, 72

Verzeichnis der Personennamen

Schulz, Otmar 242
Schumacher, Gerhard 214, 216
Schuster, Ralf 316
Schuster, Sibylla 315
Schütz, Heinrich 308
Schutz, Roger 294f.
Schwarz, Christian 200
Schwarz, Gerhard 307
Schwarz, Sibylla 315
Schwarz, Steffen Mark 352
Schwemer, Anna Maria 130
Schwier, Helmut 21, 23, 36, 102, 193
Scriven, Joseph Medlicott 245, 250
Sebastiani, Johann 314–319, 330
Seglenieks, Chris 122
Sehling, Emil 152
Seibt, Ilsabe 25
Seifert, Andreas 117
Seifert, Manfred 195
Selle, Thomas 338, 349f.
Senfl, Ludwig 343, 350
Seuffert, Josef 211f.
Sharp, Ian 337
Shaw, Martin 250
Sidler, Hubert 211
Silesius, Angelus 234, 236f., 351
Sinperl, Matthias 166
Skeie, Eyvind 285, 287
Skjæraasen, Einar 286f.
Skotti, Kristin 344
Skovsted, Morten 274, 284
Slüter, Joachim 345
Smemo, Johannes 277
Smets, Anne 249
Smith, Daniel A. 112
Söhngen, Oskar 211
Sommer, Michael 134
Sommerro, Henning 287
Sophie Elisabeth von
    Braunschweig-Lüneburg 315
Spangenberg, Volker 22
Spee von Langenfeld, Friedrich 227, 234,
    307, 338, 349
Spengler, Lazarus 343
Speratus, Paul 331f., 334f.
Spiegel, Yorick 18
Spiegelberg, Daniel 358
Spies, Miriam 189
Spieß, Tabea 25

Stadlmayr, Johann 338
Stanley, John 358
Stäudlin, Carl Friedrich 49
Steiger, Johann Anselm 350
Stein, Paulus 241
Steinmetz, Uwe 163
Steins, Georg 200
Stellmacher, Martha 338
Stettler, Christian 126
Steuerhelt, Franz 350
Steurlein, Johann 244
Stock, Johann Heinrich 326, 328f.
Stockfleth, Maria Catharina 315
Stockhoff, Nicole 192, 201
Stöckl, Andreas 294
Stohr, Albert 229f.
Stölzel, Gottfried Heinrich 77
Stone, Samuel John 312
Strategier, Herman 311
Strauch, Peter 242f.
Strauman, Ragnhild 337
Strazynski, Sara 277
Strecker, Christian 108
Strotmann, Angelika 105
Sumaya, Manuel de 338
Sweelinck, Jan Pieterszoon 308f.

Tagliavini, Luigi Ferdinando 358
Tarlinski, Piotr 230
Taylor-Ballanta, Nicholas 343f.
Telemann, Georg Philipp 338
Tenbergen, Teresa 337
Tenhaef, Peter 317
Tersteegen, Gerhard 163, 348, 351
Theißen, Gerd 103
Theißen, Henning 181
Theobald, Michael 114
Thévenaz, Vincent 358
Thiessen, Jacob 126
Thomas von Aquin 359
Thöming, Anja-Rosa 256
Thümmel, Hans Georg 187
Thürlings, Adolf 261
Thurmair, Georg 229, 238
Thurmair, Maria Luise 211, 214–216, 238,
    310
Tietze, Ulrich 242
Tikhomirov, Anton 349
Titov, Vasilij Polikarpovič 338

Verzeichnis der Personennamen

Titz, Johann Peter 316
Tiwald, Markus 114
Todjeras, Patrick 196
Toplady, Augustus Montague 245
Tóth, Franz 129
Toulouse, Mark G. 251
Tournu, Christophe 358
Trapp, Michael 135
Trautwein, Dieter 18
Triller, Valentin 233
Tröster, Sonja 350
Trummer, Johann 353
Tück, Jan-Heiner 182
Tümpel, Wilhelm 97

Uhl, Markus 340, 352
Unterburger, Klaus 338
Urponen, Jenni 337

Vaillette, Nathan 271
Vallotti, Francesco Antonio 338
Van Alstyne, Frances Jane 245
Van Andel, Niecke 291
van den Berg, Johannes 91
van der Watt, Jan G. 121
van Oorschot, Frederike 104
Vaughan Williams, Ralph 249 f., 310
Vehe, Michael 224–226
Veit, Lothar 241
Verdaasdonk, Matthaeus 311
Verwold, Christian 192
Vesaas, Halldis Moren 286 f.
Viadana, Lodovico 338
Vierne, Louis 358
Vieweger, Dieter 132
Vinje, Aasmund 286
Vockerodt, Gottfried 93
Vogel, Willem 308
Vogelsang, Günter 209, 216, 221
Voigt, Boris 343
Voigt, Gottfried 53
Voigt, Ulrike 253 f.
Voigtländer, Gabriel 319
Volgger, Ewald 183
Vollenweider, Samuel 108, 133
von Birken, Sigmund 348
von der Osten-Sacken, Peter 126
von Greiffenberg, Catharina Regina 315
von Hornbostel, Erich Moritz 344

von Mastiaux, Kaspar Anton 228, 237
von Schmid, Christoph 234
von Schnüffis, Laurentius 338, 346
von Weling, Anna Thekla 312
von Zinzendorf, Nikolaus Ludwig Graf 241, 245, 277, 348, 351 f.
Vouga, François 128
Vulpius, Melchior 310, 338

Wachinger, Burghart 307
Wagner, Alois 210, 214
Wagner, Gerald 128
Wagner, Jochen 170
Waisman, Leonardo J. 338
Walbelder, David 193
Walcker, Eberhard Friedrich 357
Wald-Fuhrmann, Melanie 183
Wallin, J. O. 284 f.
Wallmann, Johannes 94
Walter, Axel E. 317
Walter, Johann 215, 333
Walter, Meinrad 344, 353
Walterskirchen, Gerhard 353
Wannenwetsch, Bernd 63
Weaver, Geoff 248
Webber, Geoffrey 338
Weber, Édith 356, 358
Weber, Fabian 346 f.
Weber, Georg 316
Weber, Heinrich 260
Wegscheider, Florian 183
Weichenhan, Susanne 349
Weichmann, Johann 316 f.
Weigandt, Peter 116
Weigelt, Horst 94
Weiler, Christel 31
Weimer, Markus 196
Weinrich, Lorenz 153
Weishaupt, Heio 201
Weiß, Paul 318
Weiß, Ulman 95
Welhaven, Johan S. C. 286
Wengst, Klaus 119
Werner, Christoph 316
Werner, Jean-Jacques 358
Werner, Theodor 256
Wesley, Charles 245, 252–254, 278, 340
Wesley, John 252 f., 340
Wesley, Samuel 340

Verzeichnis der Personennamen

Wesley, Samuel Sebastian 312, 340
Weyer-Menkhoff, Stephan 183
Weyer, Christoph 340, 352
Wick, Peter 104
Wick-Alda, Ulrike 339
Wiefel-Jenner, Katharina 163
Wiese, Christian 255
Wiesenfeldt, Christiane 343f.
Wiesli, Walter 264, 266
Wilhelm, Erich 211
Wilke, Annette 339
Willems, Herbert 27
Willms, Tina 201
Wipfler, Esther P. 225, 347f.
Wissemann-Garbe, Daniela 202, 337
Withers, Bill 278
Witt, Christian Friedrich 77
Witzel, Georg 225
Wöhrle, Elisabeth 199
Wolf, Barbara 193
Wolf, Jean-Claude 184
Wolff, Georg 318
Wolgast, Eike 152
Wolter, Michael 105, 124

Wotschke, Theodor 99
Woytyla (Kardinal) 294
Wren, Brian 285
Wülfing, Hans 254
Wustmans, Clemens 184
Wypadlo, Adrian 134

Zachow, Friedrich Wilhelm 338
Zahn, Johannes 317, 323f.
Zehnder, Markus 39
Zeidler, Susanna Elisabeth 315
Zelenka, Jan Dismas 338
Zeller, Christian Heinrich 252, 254
Zenetti, Lothar 238, 311
Zerfaß, Alexander 353
Ziegert, Alexander 349
Zieleński, Mikołaj 338
Zillessen, Alfred 66, 72
Zils, Diethard 238, 308f.
Zimmerling, Peter 163, 339, 345, 348
Zimmermann, Hans Dieter 163
Zipoli, Domenico 338
Zündorf, Carsten 352
Zwingli, Ulrich 359

Ständige Berater

Pfarrerin Dr. Ilsabe Alpermann, Berlin
Dozent Günter Balders, Berlin
Kantor Pfarrer Peter Ernst Bernoulli, Rümlingen/BL (Schweiz)
Prof. Dr. Christfried Böttrich, Greifswald
Prof. Dr. Bruno Bürki, Neuchâtel (Schweiz)
Prof. Dr. Joachim Conrad, Püttlingen
Prof. Dr. Peter Cornehl, Hamburg
Dr. Ilona Ferenczi, Budapest (Ungarn)
Prof. Dr. Gerhard Hahn, Regensburg
Canon Prof. Dr. David R. Holeton, Toronto/Prag (Kanada/Tschechische Republik)
Dr. Ada Kadelbach, Lübeck
Prof. Dr. Konrad Klek, Erlangen
Prof. Dr. Dr. Elsabé Kloppers, Pretoria (Südafrika)
Prof. Dr. Hermann Kurzke, Mainz
Dr. Helmut Lauterwasser, München
Rev. Prof. Dr. Robin A. Leaver, Dover (USA)
Pfarrer em. Dr. h.c. Jens Lyster, Broager (Dänemark)
Dr. Andreas Marti, Liebefeld (Schweiz)
Prof. Dr. Michael Meyer-Blanck, Bonn
Prof. Dr. Michael Niemann, Rostock
Prof. Dr. Franz Karl Praßl, Graz/Rom (Österreich/Italien)
Prof. ém. Dr.ès lettres Édith Weber, Paris (Frankreich)

AUTORINNEN UND AUTOREN

Autoren Liturgik

Prof. Dr. E. Byron Anderson
Garrett-Evangelical Theological Seminary
2121 Sheridan Road
Evanston, Illinois 60201 (USA)
E-Mail: ron.anderson@garrett.edu
www.garrett.edu

PD Dr. Johannes Greifenstein
Evangelisch-Theologische Fakultät
der Ludwig-Maximilians-Universität
München
Geschwister-Scholl-Platz 1
80539 München
E-Mail: johannes.greifenstein@lmu.de
www.pt1.evtheol.uni-muenchen.de/
personen/greifenstein/index.html

Prof. Dr. Ernst Koch DD
Georg-Schwarz-Straße 49–12
04177 Leipzig
E-Mail: Koch_Ernst@web.de
www.theologie.uni-jena.de/fakultät/
fachgebiete/kirchengeschichte/
honorarprofessur

Dr. Thomas Melzl
Gottesdienst-Institut der Evangelisch-
Lutherischen Kirche in Bayern
Sperberstr. 70
90461 Nürnberg
E-Mail: melzl@gottesdienstinstitut.org
www.gottesdienstinstitut.org/Team.
htm

Prof. Dr. Jörg Neijenhuis
Ruprecht-Karls Universität Heidelberg
Praktische Theologie
Mombertstr. 11
69126 Heidelberg
E-Mail: joerg.neijenhuis@pts.uni-
heidelberg.de
www.neijenhuis.de
www.theologie.uni-heidelberg.de/
fakultaet/personen/neijenhuis.html

Prof. Dr. Helmut Schwier
Theologische Fakultät der Universität
Heidelberg
Karlstraße 16
69117 Heidelberg
E-Mail: helmut.schwier@pts.uni-
heidelberg.de
www.theologie.uni-heidelberg.de/
fakultaet/personen/schwier.html

Autoren Hymnologie

Pastor i. R. Günter Balders
Erlenstraße 4–5
12167 Berlin
E-Mail: r.g.balders@gmx.de

Kantorin Mechthild Bitsch-Molitor
Himmelgasse 7
55116 Mainz
E-Mail: regionalkantorat.mainz@bistum-mainz.de
https://bistummainz.de/musik/institut-fuer-kirchenmusik/ueber-uns/regionalkantoren/mainz-stadt/

Prof. Dr. Beat Föllmi
Professeur de Musique sacrée et d'hymnologie
Université de Strasbourg
Faculté de Théologie Protestante
Palais Universitaire
9 place de l'Université/BP 90020
F-67084 Strasbourg Cedex
E-Mail: bfollmi@unistra.fr
http://theopro.unistra.fr/presentation/enseignants-chercheurs/equipe-actuelle/b-foellmi/

Prof. Dr. Ansgar Franz
Johannes Gutenberg-Universität
Katholisch-Theologische Fakultät
Wallstraße 7a
55122 Mainz
E-Mail: ansgar.franz@uni-mainz.de
https://www.liturgie.kath.theologie.uni-mainz.de/personen/prof-dr-ansgar-franz/

Ass. Prof. Dr. David Scott Hamnes
Institutt for musikk Det humanistiske fakultet
Olavskvartalet
NO-7004 Trondheim
E-Mail: david.scott.hamnes@ntnu.no
https://www.ntnu.no/ansatte/david.scott.hamnes

Dr. Helmut Lauterwasser
Edlingerstraße 8
81543 München
E-Mail: h.lauterwasser@freenet.de

Prof. Richard Mailänder
Erzdiözesankirchenmusikdirektor
Marzellenstr. 32
50668 Köln
E-Mail: richard.mailaender@erzbistum-koeln.de

Dr. Andreas Marti
Könizstr. 252
CH-3097 Liebefeld
E-Mail: marti3097@bluewin.ch

Patricia Milewski, MA
PhD Candidate, Central, Eastern and Northern European Studies
University of British Columbia
20569 Dewdney Trunk Road
Maple Ridge B.C., Canada
V2X 3E2
E-Mail: patriciamilewski@outlook.com

Univ.Prof. Mag. Dr. Franz Karl Praßl
Kunstuniversität Graz, Institut für Kirchenmusik und Orgel
Bürgergasse 3
A-8010 Graz
Pontificio Istituto di Musica Sacra
Via di Torre Rossa
I-00165 Roma
E-Mail: franz.prassl@kug.ac.at
https://www.kug.ac.at/personendetailseite-studien/persondetail/magart-drtheol-franz-karl-prassl/

Autorinnen und Autoren

Dr. Christiane Schäfer
Johannes Gutenberg-Universität
FB05: Deutsches Institut
Gesangbucharchiv
55099 Mainz
E-Mail: christiane.schaefer@uni-mainz.de
https://www.liturgie.kath.theologie.uni-mainz.de/personen/dr-phil-christiane-schaefer-m-a/

Prof. Dr. Matthias Schneider
Institut für Kirchenmusik und Musikwissenschaft der Universität Greifswald
Bahnhofstraße 48/49
17489 Greifswald
E-Mail: matthias.schneider@uni-greifswald.de
https://musik.uni-greifswald.de/personen-ensembles/personen/schneider

Prof. ém. Dr. Édith Weber
1016 rue Thibaud
F-75014 Paris
E-Mail: edithweber@orange.fr

Dr. Daniela Wissemann-Garbe
Moischter Str. 52
35043 Marburg
E-Mail: daniela.wissemann@posteo.de